Alfred Edmund Brehm

Ergebnisse einer Reise nach Habesch

Alfred Edmund Brehm

Ergebnisse einer Reise nach Habesch

ISBN/EAN: 9783744700009

Hergestellt in Europa, USA, Kanada, Australien, Japan

Cover: Foto ©Andreas Hilbeck / pixelio.de

Weitere Bücher finden Sie auf **www.hansebooks.com**

Ergebnisse

einer

Reise nach Habesch

im Gefolge

Seiner Hoheit des regierenden Herzogs von Sachsen-Koburg-Gotha

Ernst II.

von

Dr. A. E. Brehm

Direktor des zoologischen Gartens zu Hamburg, Mitglied der Kaiserlich Leopoldinisch-Karolinischen deutschen Akademie der Naturforscher, der „Isis" zu Dresden, der naturforschenden Gesellschaften des Osterlandes, der Wetterau und zu Leipzig, des naturwissenschaftlichen Vereins zu Hamburg, der Gesellschaft deutscher Ornithologen und der Zoological Society zu London.

Hamburg

Otto Meißner.

1863.

Seinem Lehrer und Freunde

Herrn Dr. G. Hartlaub,

dem gründlichsten Kenner und eifrigsten Beförderer der Vogelkunde Afrikas,

widmet diese Blätter

als ein geringes Zeichen seiner Hochachtung

der Verfasser.

Vorwort.

In den nachfolgenden Blättern übergebe ich der Oeffentlichkeit einige Beobachtungen, welche ich während der Reise Seiner Hoheit des regierenden Herzogs von Sachsen-Koburg-Gotha in den Bogosländern zu sammeln Gelegenheit hatte und im ausdrücklichen Auftrage Seiner Hoheit ausgearbeitet habe. Sie waren bestimmt, einen wissenschaftlichen Anhang zu dem Reisewerke des Herzogs zu bilden; Verschiedenheit der Ansichten aber, wie solche zwischen Verlegern und Schriftstellern stattzufinden pflegen, und die Denen, welche zwischen den Zeilen lesen können, nicht erst erörtert zu werden brauchen, haben es räthlich erscheinen lassen, Nachstehendes mit Genehmigung des Herzogs gesondert herauszugeben.

Es gereicht mir zur Beruhigung, daß ich hinsichtlich der Geringfügigkeit, Dürftigkeit und Unvollständigkeit meiner „Ergebnisse" im Voraus der Nachsicht meiner Leser, einschließlich der Fachgenossen, sicher sein darf. Zwei böse Feinde haben mich während der Reise gehindert und gequält: der Mangel an Zeit und das Fieber! Ich bin nicht lässig gewesen. Vom Bord des Schiffes und vom Rücken des Maulthiers aus habe ich rastlos nach Rechts und Links gespäht und mit dem Merkbuche in der Hand die reichhaltigen Gegenden durcheilt, welche zu durchforschen mir nicht vergönnt war. Hätten mich meine Reisegefährten und zwar Seine Hoheit selbst und mein eifriger und liebenswürdiger Freund Leibarzt Dr. Hassenstein nicht wesentlich unterstützt: es würde mir nicht möglich gewesen sein, auch dies Wenige zu bieten.

Meine Beobachtungen beanspruchen übrigens, all' ihrer Mängel ungeachtet, den Werth der Ursprünglichkeit. Ich berichte nur über Thiere, welche wir wirklich gesehen haben. Aeltere Erinnerungen laufen freilich zuweilen mit unter; es sind sogar Anderer Angaben der Vergleichung, Erweiterung oder Berichtigung halber mit eingeflochten worden: Dies aber wird, meine ich, das Ganze eher gefördert, als beeinträchtigt haben. Soviel kann ich versichern: Das Wenige, welches ich biete, ist mit der größten Gewissenhaftigkeit gegeben.

Vor allem Andern habe ich die Lebensverhältnisse der Thiere ins Auge gefaßt. Auch Dies dürfte gerechtfertigt sein. In einem Gebiet, welches so große Meister wie Ehrenberg und Rüppell durchforscht haben, hält der Schüler nur Nachlese: aber gerade in den Arbeiten der Meister soll er das Ziel seiner Bestrebungen erkennen. Beobachtung der Lebensverhältnisse abissinischer Thiere war mir geboten: die Thiere selbst sind von Meisterhand gezeichnet worden.

Egipten habe ich hier ausgeschlossen — nicht aber ganz vergessen. Noch habe ich die Feder nicht aus der Hand gelegt!

Mit aller Absicht sind meine Mittheilungen im volksthümlichen Tone niedergeschrieben worden. Ich habe eben nicht ausschließlich für den engen Kreis meiner Fachgenossen schreiben wollen. Diesen sind hauptsächlich die Mathematik und das eingeflickte Latein — die Maße und die Verzeichnisse — bestimmt, welche die übrigen Leser großmüthig überschlagen und überlesen wollen. Ob ich meine anerkennenswerthe Absicht, den Einen, wie den Andern gerecht zu werden, erreicht habe — darüber werden die im Dunkeln hausenden Richter entscheiden, welche berufen sind, den Werth oder Unwerth meines Buches abzuwägen.

Ihnen lege ich auch ein Geständniß ab: Jagd auf Druckfehler ist nicht diejenige, welche ich mit Lust und Geschick betreibe. Ein lieber

Freund aus der alten Heimat hilft mir zwar regelmäßig mit arbeiten: aber der sechste Sinn, welcher zu solcher Jagd unerläßlich ist, mangelt uns Beiden. Es sind also viele Druckfehler stehen geblieben. Die sinnentstellenden habe ich berichtigt, die übrigen berichtigt der geneigte Leser selbst.

Somit wissen die Herren Beurtheiler, wo sie Milde walten lassen können oder Strenge üben müssen. Gleichwohl empfehle ich auch ihnen diese Bruchstücke mit dem Wunsche, daß ihnen die eigenen Werke weniger Mühe und Ungelegenheiten verursachen mögen, als vorliegendes mir bereitet hat.

Hamburg, im Juli 1863.

Der Verfasser.

Inhalts-Verzeichniß.

	Seite
Reisebericht	1
Die Beobachtungsgebiete	23
Verzeichniß der gesehenen Säugethiere	33
Zur Lebenskunde einiger Säugethiere	69
Verzeichniß der gesehenen Vögel	203
Beobachtungen über einige Vögel und deren Leben	231

Reisebericht.

Seine Hoheit der Herzog beauftragte mich, der übrigen Gesellschaft voraus zu reisen, um in Massaua soviel als möglich alles Nothwendige vorzubereiten. Ich verließ am achten Februar Leipzig und reiste mit der Ueberlandpost in einem Zuge bis nach Aden. Von dort aus nahm ich ein kleines arabisches Fischerboot, mit welchem ich nach Massaua fuhr. Bei der großen Eile der Reise hatte ich erklärlich sehr wenig Zeit, unterwegs Beobachtungen zu machen; dennoch drängten sich mancherlei Thiere meinen Blicken förmlich auf, und als ich nun später von Massaua aus unser eigentliches Jagdgebiet untersuchte, konnte ich doch wenigstens Einiges beobachten.

Das mittelländische Meer war merkwürdiger Weise gerade jetzt, während der Winterzeit, sehr arm an Vögeln. Ich hatte gehofft, große Massen von jenen Wasservögeln zu finden, welche hier den harten Winter verbringen, fand mich aber sehr getäuscht. Außer wenigen gemeinen Möven arten, einer und der andern Scharbe, konnte ich Nichts beobachten. Während der ganzen Reise bekam ich weder die im Mittelmeere so häufigen Sturmschwalben (Thalassidroma), noch Sturmtaucher (Puffinus), welche sonst jeden Forscher auf dieser Reise zu unterhalten wissen, zu Gesicht. Erst in der Nähe der afrikanischen Küste wurde es besser. Ich war nunmehr in die Winterherberge unserer nordischen Vögel eingetreten. Im Hafen von Alexandrien schwärmten unter dem gewöhnlichen Getümmel auch seltene Fischer- und die noch in jeder Sammlung gern gesehenen Zwergmöven (Chroicocephalus Ichthyactos und Chr. minutus) lustig umher. Drei Arten von Scharben (Phalacrocorax Carbo, Ph. africanus und Ph. pygmaeus) tauchten auf und nieder, und ein vereinsamter Haubensteißfuß (Podiceps cristatus) schwamm stolz umher.

Auf der vermittelst der Eisenbahn zurückgelegten Reisestrecke von Alexandrien bis Kairo überkamen mich liebe, alte Erinnerungen. Ich fand eine große Anzahl meiner früheren Bekannten wieder und hatte die Genugthuung, zu bemerken, daß die Eisenbahn, welche sonst doch überall die Vögel zu vertreiben pflegt, hier noch keinen großen Einfluß geübt hat. Die überall gemeinen Sporenkibitze (Hoplopterus spinosus) liefen ebenso ruhig in dem mit Wasser gefüllten Graben neben dem Eisenbahndamme umher, wie sie früher geblieben waren, wenn ein Reiter an ihnen vorüberzog; die Strandreiter (Himantopus rufipes) kümmerten sich nicht im Geringsten um den Lärm des dahinbrausenden Bahnzuges; der gescheckte Eisvogel (Ceryle rudis) fing nach wie vor seine Fische, jetzt unmittelbar an dem Eisenbahnwege; die eben recht häufige Rosenmöve (Gavia gelastes) flog unbesorgt über dem Bahnzuge hin und her und spähte nach den Kerbthieren unten in den Feldern, welche gegenwärtig ihre hauptsächlichste Nahrung ausmachten. Verschiedene Enten, welche zu beiden Seiten der durch den Mareotissee geführten Bahn die Wasserflächen bedeckten, flogen gar nicht auf, als wir vorüberrasselten. Nur die großen Reiher (Ardea cinerea, A. purpurea, Egretta alba und E. garzetta) und Löffler (Platalea leucorodia) erhoben sich trägen Fluges, und die rosenroth schimmernden Reihen der Flamings (Phoenicopterus antiquorum) standen jetzt tiefer im See, als früher. Der Nachtreiher (Nycticorax griseus) dagegen ließ sich durch den Lärm des Zuges kaum stören in seinem Tagesschlummer, welchen er auf Bäumen dicht an der Bahn gelegener Gärten abhielt, und mein ganz besonderer Liebling, der Kuhreiher (Ardeola Bubulcus), flog nicht auf vom Rücken der dumm glotzenden Büffel (Bubalus vulgaris), sondern that ihnen nach wie vor jene beiden Theilen zusagenden Liebesdienste an, als habe es für ihn niemals eine Eisenbahn in Egipten gegeben. Krähen (Corvus cornix) und Sperlinge (Passer domesticus) hatten sich natürlich, wie bei uns, mit der neuen dampfenden Bewegungsmaschine ganz vertraut gemacht und ließen sich nicht beunruhigen, und der Schmarotzermilan (Milvus parasiticus) war auf den Bahnhöfen ebenso heimisch geworden, als in den Gehöften der Stadt und des Fellahdorfes oder auf den Mastbäumen der Nilschiffe. In der Nähe von Kairo sah ich, zu meiner großen Freude, auch ein paar Bekannte aus der Klasse der Säugethiere, zwei Ichneumons (Herpestes Ichneumon) und einen Sumpfluchs (Lynx Chaus) nämlich, welche in dem schon ziemlich hohen Getreide einen Raubzug ausführten, durch den plötzlich heranrauschenden Bahnzug erschreckt worden waren und nun in großen Sprüngen eilig das Weite suchten. Thiere, welche besonderer Theilnahme würdig gewesen wären, beobachtete ich übrigens nicht; denn die Bahn führt nicht durch die eigentlichen Schatzkammern des Naturforschers.

Der Wüstenstreifen zwischen Kairo und Sues, welcher namentlich den Vogelkundigen viele Beschäftigung zu geben weiß, zeigte mir diesmal nur einige wenige Gazellen (Gazella dorcas). Sonst beoachtete ich auf der ganzen Strecke kein anderes Thier; die kleinen Vögel (Saxicola, Galerita, Melanocorypha, Certhylauda, Cursorius, Pterocles) mochten sich vor dem Lärm zurückgezogen haben, und die Wüstenmäuse (Dipus aegyptiacus) schliefen in ihren Löchern.

Der Meerbusen von Sues war verhältnißmäßig reich belebt. Eine ziemliche Anzahl von Möven (Chroicocephalus ridibundus und capistratus, Gavia gelastes, Larus fuscus etc.) begleitete unser Schiff mehrere Tage lang, auch dann noch, als schon längst alles Land aus den Augen gekommen war. Unweit des Ras Mahammed bemerkte ich die ersten braunen Tölpel (Dysporus fuscus oder D. brasiliensis), in der Nähe von Jebba Seeschwalben (wahrscheinlich Thalassipora infuscata); aber erst bei Mocha zeigten sich auch Pelekane (Pelecanus rufescens), an denen das rothe Meer so reich ist. Delphine folgten uns während der ganzen Reise; es verging kaum eine Stunde des Tages, wo wir ihrer nicht ansichtig wurden. Schon kurz hinter Jebba nahmen die Seevögel in überraschender Weise zu. Die braunen Tölpel flogen jetzt schaarenweise an unserem Schiff vorüber und über dasselbe weg, selbst durch die Rauchsäule; unter ihnen zeigten sich auch bereits die ersten weißen Tölpel des rothen Meeres (Sula melanops), die südlichen Möven (Larus crassirostris), die schnelle Raubseeschwalbe (Sylochelidon velox), und hoch in den Lüften schwebten und spielten die früher von mir noch nie gesehenen Tropikvögel (Phaëton aethereus), während über das Meer kleine, schwarz und weißgescheckte Wasservögel dahinflogen, oft auf den Wellen ausruhend, in die Tiefe derselben hinabtauchend, wieder erscheinend, immer aber schon vor dem Schiffe entfliehend. Sie hielten sich stets so weit von uns, daß wir nicht einmal das Fernrohr Aufklärung über sie verschaffen konnte. Einige Male sahen wir auch Edelfalken (Dendrofalco concolor) und einen **Wanderfalken** (Falco spec?) von Klippe zu Klippe oder von Insel zu Insel streifend. Der **Fischadler** (Pandion haliaëtos) war überall eine ganz gewöhnliche Erscheinung; er stieß mehr als ein Mal dicht neben dem Dampfschiff in das Wasser hinab und arbeitete sich dann, zum großen Ergötzen der aufmerksamen Reisenden, mühselig durch Flügelschläge wieder aus den Wellen empor, mit seiner glücklich erwischten Beute hierauf der nächsten Insel zufliegend. Auch auf dem rothen Meere sahen wir keinen **Sturmvogel** und ebensowenig irgend einen **Taucher**.

Die wenigen Stunden, welche ich in **Aden** verbrachte, erlaubten mir wenigstens einen Blick auf die dortige Thierwelt. Die weidenden **Schafe**, welche ich sah, gehörten sämmtlich der Rasse an, welche wir das **persische Fettschwanzschaf** (Ovis platyura persica) zu nennen pflegen, derselben Rasse, welche auch längs der afrikanischen Südküste des rothen Meeres fast ausschließlich gezüchtet wird. Die **Ziegen**, welche auf den schwarzen, vulkanischen Bergen umherkletterten, waren klein und den **Zwergziegen** ähnlich, welche vom weißen Nil bis nach Guinea das bevorzugte Hausthier der Neger sind. Eigentliche Zwergziegen (Hircus reversus) waren es aber nicht: es schienen mir vielmehr Bastarde zwischen diesen und einer der größeren Rassen zu sein, welche Arabien bewohnen. Die **Hunde** glichen ganz dem rothen, abscheulichen Köter Egiptens und liefen auch herrenlos in großer Menge, wie diese, auf den Bergen umher, standen bettelnd vor den Buden des Marktes, wie ihre egiptischen Brüder, oder waren eifrig beschäftigt, die Auswurfstoffe des menschlichen Leibes zu vertilgen, welche die biederen Bewohner Adens, wie in den innerafrikanischen Städten und trotz der englischen Polizei, in den Straßen abgelegt hatten. Unter allen Hausthieren fiel mir besonders die **Katze** auf, welche in Aden eben keine Seltenheit zu sein schien. Sie zeigt sich so recht eigentlich als Nachkömmling der **kleinpfötigen Wildkatze** (Cutus maniculatus); — doch ich werde auf sie zurückkommen. Die **Esel** Adens sind kleine, schmächtige, ziemlich vernachlässigte Thiere, die Pferde dagegen durchgehends wohlgebaut: sie künden, daß sie eben auf der arabischen Halbinsel geboren und groß geworden sind. Alle hier lebenden **Kamele** gehören zu der einbuckligen Art (Camelus Dromedarius); sie sind aber bei weitem nicht so schön, als die innerafrikanischen, sondern ziemlich schwer gebaute Thiere, der in Unteregipten gezüchteten Rasse entfernt ähnelnd. Die wenigen **Rinder**, welche ich sah, gehörten sämmtlich zu der äthiopischen Raffe des afrikanischen Zebu (Bos africanus aethiopicus).

Von wildlebenden Säugethieren sah ich blos einige Hamadryaden (Cynocephalus Hamadryas), junge Weibchen, welche, wie die Araber mir sagten, in der Nähe der Stadt gefangen worden waren. Vor einigen Häusern waren auch Gazellen angebunden und zwar persische (Gazella subgutturosa), Thiere, mit welchen Pallas und Güldenstädt uns schon zu Ende des vorigen Jahrhunderts bekannt machten, selten noch in unseren Museen und Thiergärten, durch Größe und die graue Färbung von der afrikanischen Art leicht zu unterscheiden.

Reicher zeigte sich die Klasse der Vögel. Auf allen Bergen saß der schmuzige Aasgeier (Neophron percnopterus); denn für die Lieblingsnahrung dieses Reinigers der Straße sorgte, wie bemerkt, die Bevölkerung in großartiger Weise. Er war fast häufiger, als der Schmarotzermilan, welcher sich hier ebenfalls mit der ihm eigenthümlichen Dreistigkeit massenhaft umhertrieb. Sonst sah ich noch einige Felsentauben (wahrscheinlich Columba glauconotos) und tiefer unten an den Bergwänden den kleinen, schwarzschwänzigen Steinschmätzer (Saxicola melanura) in ziemlicher Anzahl. Am Meeresstrand saßen in langen Reihen die Möven, welche ich schon im rothen Meer so häufig gesehen hatte, und einige Seeschwalben, während der schwarzköpfige Reiher (Ardea schistacea) langsamen Schrittes unter dem recht zahlreich vorhandenen Strandgewimmel umher schritt.

Das kleine Boot, mit welchem ich noch am Tage meiner Ankunft in Aden meine Reise fortsetzte, bot mir kaum mehr Gelegenheit, Beobachtungen zu machen, als das Dampfschiff sie mir gegeben hatte. Die Eile unsrer Reise und die Nothwendigkeit, günstigen Wind immer bestmöglichst zu benutzen, verhinderte mich, da auszusteigen und zu jagen, wo ich sicher gute Erfolge erzielt haben würde. Alles, was ich wahrnahm, sah ich gleichsam nur im Fluge, und nur zweimal erlaubte es mir Wind und Wetter, das Land auf einige Stunden zu betreten.

Ich verließ Aden mit leichtem Wind in der zehnten Abendstunde. Das Boot war gut gebaut, und die Fahrt förderte, so daß wir mit Tagesanbruch schon ein Dritttheil der Strecke zwischen Aden und Bab el Mandeb zurückgelegt hatten. Wir steuerten an der Südküste Arabiens hin; allein die Furcht unseres Schiffsführers vor den räuberischen Arabern, welche diese Küste bewohnen, ließ meine Bitte, so nahe als möglich längs des Küstensaumes hinzusteuern, spurlos verhallen. Der gute Seemann fürchtete, auch wenn er tausend Schritte von der Küste entfernt dahinfuhr, irgend eine vom Lande abgesandte Kugel könne sich nach seinem edlen Herzen verirren, und hielt es deshalb für unumgänglich nothwendig, dem so gefährlich dünkenden Lande möglichst aus dem Wege zu gehen. So kam es, daß ich außer der überaus häufigen weißäugigen Möve nur noch die bereits oben erwähnten schwarz und weißgefleckten Taucher und die herrlichen Tropikvögel beobachten konnte. Sie waren es, welche die sonst so langweilige Fahrt erträglich machten. Ich sah mit immer erneuter Lust ihren herrlichen Flugkünsten zu.

Vor Sonnenuntergang liefen wir in den Hafen der jetzt von den Engländern besetzten und mit einem Leuchtthurm gezierten Insel Perim ein, und ich begab mich, von einigen hier wie in der Verbannung lebenden Engländern aufgefordert, alsbald ans Land. Die Insel ist ein ausgebrannter Feuerspeier und mit Lavablöcken so bedeckt, daß man nur mit schwerer Mühe einen gangbaren Weg von einem Ende zum andern hat herstellen können. Blos in einigen wenig vertieften Rinnsalen wachsen dürftige Gräser; sonst ist die ganze Insel todt und öde. Kaum eine Möve wagt es, sich in ihrer Nähe umherzutreiben; kein eigentlicher Seevogel weiter nähert sich ihrem Strand. Der kleine schwarzschwänzige Steinschmätzer allein ist es, der hier festen Fuß gefaßt hat und Jagd auf die wenigen Kerbthiere betreibt, welche hier leben. Zu meiner nicht geringen Verwunderung sah ich in der Wohnung meines Gastfreundes, mit welchem ich die ganze Insel durchstreift hatte, mehrere Jagdgewehre und glaubte schon annehmen zu dürfen, daß die Offiziere von Perim aus zuweilen Jagdzüge nach der benachbarten asiatischen oder afrikanischen Küste unternähmen. Die Sache verhielt sich aber anders: alle Jagdgewehre waren einzig und allein zur Vertilgung der Wanderratte (Rattus decumanus) bestimmt. Dieser häßliche Nager hatte gleichzeitig mit den Engländern festen Fuß auf der Insel gefaßt und hier sich, aller Verfolgung ungeachtet, so vermehrt, daß er jetzt von der Besatzung die größte aller Plagen genannt wurde. In den drei Monaten seines Aufenthaltes hatte der englische Offizier wohl unzählige Ratten erlegt, sonst aber weiter keinen Schuß gethan.

Von Perim fuhren wir am andern Tage binnen wenigen Stunden

Geographischen Mittheilungen noch im neunten Hefte des Jahrgangs 1860 dieses Dorf als französisches Besitzthum an. Die ganze vermeintliche Besitznahme aber beruht auf einem großartigen Schwindel. Das Dorf mit seiner ganzen Umgebung ist auch wahrhaftig nicht geeignet, jemals für Europäer ersprießlich zu werden. Es liegt auf einer ziemlich weiten Ebene, welche beinah vollkommen Wüste genannt werden darf. Gelber Wüstensand und Lavablöcke bedecken die Ebene, welche nur dürftig von krüppelhaften **Mimosen** bestanden ist. So weit das Auge reicht, findet sich keine Stelle, wo jemals ein Feld angelegt werden könnte. Es mangelt sogar an Wasser; denn die Löcher, welche man im Bette eines Regenstromes eingräbt, um Trinkwasser zu erlangen, dienen nur von einem Tage zum andern. Heute werden sie gegraben, morgen ist das Wasser schon so salzig, daß es höchstens zum Tränken der Herden benutzt werden kann. **Niemals ist das Dorf und die Umgegend an die Franzosen abgetreten worden**; niemals ist es das gewesen, und niemals wird es das sein, für was es von den großsprecherischen Welschen ausgegeben ward! Die ganze Küste hier ist traurig, entsetzlich öde und arm; sie bietet kaum dem Eingebornen genügenden Lebensunterhalt: ein Europäer müßte in Ed geradezu verhungern!

Ich durchstreifte die Wüste, weil mir gesagt worden war, daß **Gazellen** und **Straußen** in ihr nicht zu den Seltenheiten gehören. Allein nicht einmal die Spur der genannten Thiere fand ich auf. In der Nähe des Dorfes konnte ich einige Paare des **weißbrüstigen Raben** (Corvus scapulatus), einen **Aasgeier** (Neophron percnopterus) und drei oder vier **Schmarotzermilane** bemerken. In der Wüste sah ich **Haubenlerchen** (Galerita lutea), **Steinschmätzer** (Saxicola saltatrix), **Honigsauger** (Nectarinia metallica), und einen **Laubsänger** (Phyllopneuste spec.?), weiter Nichts: so arm ist die von betrügerischen Franzosen „paradiesisch" genannte Gegend von Ed!

Auf unserer ferneren Reise hatten wir durchgehends nur sehr schwachen Wind und kamen deshalb äußerst langsam vorwärts. Wir segelten mehrmals an Klippen vorüber, welche von Guano bedeckt waren und stark nach diesem werthvollen Dung rochen. Immer sahen wir sie von dichten Vogelwolken umgeben. Jemehr wir uns den Dahlakinseln näherten, um so häufiger und reichhaltiger wurde die Vogelwelt. **Pelekane** zeigten sich jetzt zu Hunderten und zu Tausenden; **Reiher**, **Möven**, **See-**

schwalben waren überraschend häufig. Auf der kleinen, unbewohnten Djesihret el Namuhs — Mückeninsel — konnte ich, weil Holzmangel den Schiffer zum Anlegen zwang, ein Mal den hier zur Nachtruhe vereinigten Pelekanen einen Besuch abstatten. Die Insel war so dicht mit Gebüsch, hauptsächlich Schoragesträuch bewachsen, daß ich mich mit meinem Begleiter förmlich in dem Dickicht verirrte und erst nach langem Mühen wieder an den Strand gelangte. Ich hatte viele Pelekane geschossen, der Dunkelheit wegen aber nur zwei aufgefunden, bekam jedoch eine Kenntniß von dem Reichthum des Meeres, wie sie mir nicht hätte besser werden können. Gelegentlich der Beschreibung des Pelekans werde ich auf dieses in vieler Hinsicht merkwürdige Eiland zurückzukommen haben.

Lange vor Sonnenaufgang setzten wir unsere Reise fort, fuhren den ganzen Tag hindurch und vernahmen mit Sonnenuntergang den Kanonenschuß, welcher den gläubigen Massauern anzeigte, daß der Tag zu Ende gegangen. Am Morgen des 6. März lag die Stadt vor uns, und wenige Stunden später hatte die Meerfahrt ihr Ende erreicht.

Im Hafen von Massaua schwammen die Pelekane sorglos zwischen den Schiffen umher; die weißäugigen Möven und die schnellen Seeschwalben saßen auf den Dächern zwischen Mönchsgeiern und Schmarotzermilanen. Einige Tölpel flogen zuweilen hoch in der Luft über die Häuser hinweg, hielten sich aber immer vorsichtig außer Schußnähe. In den seichteren Buchten liefen der Reiherläufer (Dromas ardeola), der Löffler und der schwarzköpfige Reiher umher. Ueber dem Schoragebüsch der benachbarten Insel wimmelte es von Aasgeiern und Milanen; denn diese Raubvögel hatten dort ihre Horste angelegt. Silberreiher waren sehr selten, obgleich noch immer häufiger als Enten: — von dieser Familie habe ich auf dem ganzen rothen Meere nur eine einzige Art gesehen.

Die Anordnung der nothwendigen Vorbereitung für die Reise des Herzogs hielt mich hier und in dem nahen Umkullu bis zum 9. März fest. Dann brach ich in Gesellschaft eines Holländers, des Barons van Arkel d'Ablaing, von neuem auf, um das mir von den dortigen Europäern besonders gerühmte Jagdgebiet der Samchara und des Gebirges der Bogos in Augenschein zu nehmen, die nöthigen Erkundigungen einzuziehen und zugleich, soviel die Zeit es erlaubte, Beobachtungen zu sammeln.

Umkullu ist blos eine starke halbe Meile von Massaua entfernt und hat vor diesem einzig und allein das gute Wasser und das frische Grün der Parkingsonien voraus. Die Umgegend ist verhältnißmäßig reich. In unmittelbarer Nähe des Dorfes findet der Jäger schon vielfach Gelegenheit zu edlem Waidwerk.

Gazellen (Gazella Dorcas und G. Soemmeringii), Zwergböckchen oder Beni-Israel (Cephalophus Hemprichiana), Hasen (Lepus abyssinicus) und Wüstenhühner (Pterocles quadricinctus) sind die jagdbaren Thiere, welchen von den Europäern nachgestellt wird; die Bewohner selbst sind viel zu faul, als daß sie Gazellen, und viel zu abergläubisch, als daß sie den durch ihre Glaubenslehren verbotenen Hasen nachstreben sollten. Allnächtlich besucht die gefleckte Hiäne (Hyaena crocuta) das Dorf, um Das aufzusuchen, was ihr die Geier übrig gelassen haben. Letztere scheinen geradezu ständige Bewohner der Gehöfte zu sein; man sieht sie mit dem Milan täglich in großer Menge. Recht hübsch sind die Gärten. Manche Parkingsonien sind ganz bedeckt von den Nestern des Webervogels (Ploceus flavoviridis); auf andern hört oder sieht man die geperlten Bartvögel (Trachyphonus margaritatus), Drößlinge (Pycnonotus Arsinoe), die Baumnachtigallen (Acodon minor), Honigsauger (Nect. metallica), Lach- und Kaptauben (Turtur risorius, Oena capensis), zuweilen auch einen Madenhacker (Buphaga erythrorhyncha), welcher von seinen Geschäften ausruht. Zwischen den Häusern läuft die anmuthige, kleine Ammerlerche (Pyrrhullauda crucigera) traulich umher; auch die Haubenlerche ist häufig. Doch ist die Umgegend des Dorfes verhältnißmäßig noch immer sehr thierarm; denn erst im Innern der Samchara bekommt man einen Begriff von dem Reichthum, welchen diese armerscheinende Steppenwüste enthält.

Am Nachmittag des 9. März verließ ich mit dem neugewonnenen Freunde das Dörfchen Umkullu und ritt der ersten Haltestelle unseres Weges zu, einem baumreichen Regenbette, in welchem während der trockenen Jahreszeit hier und da Brunnen eingetieft werden. Der Ort heißt Desset und liegt in nordwestlicher Richtung etwa anderthalb Meilen von Umkullu entfernt. Der Regenstrom selbst hat seinen Ursprung viel weiter nördlich und etwas westlich in dem Gebirge und nimmt während der Regenzeit alle Gewässer auf, welche ihm von einem Theile des Gebirges und den niedrigen

Bergen der Samchara gespendet werden. Nur da, wo er sich zwischen nahe aneinanderstehenden Bergen durchgebrochen hat, ist er arm an Pflanzen: während des größten Theils seines Laufes zieht er sich in einem ziemlich breiten Thale hin und gewährt diesem die Möglichkeit, sich mit einem stellenweise recht üppigen Steppenwalde zu bekleiden. Er ist der erste Ort, in welchem man den Reichthum der Samchara kennen lernt. Alle bei Umkullu genannten Thiere bewohnen auch seine Ufer; dazu treten jedoch noch mehrere neue hinzu. Wir spürten den Jagdleoparden (Cynailurus guttatus) und sahen Mangusten (Herpestes gracilis und H. fasciatus), viele Gazellen, Zwergböckchen, eine Menge Hasen und große Herden von Kamelen, Rindern, Ziegen und Schafen. Aus der Klasse der Vögel beobachteten wir Steppenweihe (Circus pallidus), Sperber (Nisus sphaenurus), Raubadler (Aquila rapax), den Gaukler (Helotarsus ecaudatus), den Amseling (Cercotrichas erythroptera), Erdtauben (Chalcopelia afra oder Peristera chalcopsilos), Frankoline (Francolinus rubicollis), Wüstenhühner, Trappen (Otis arabs).

Die folgende Tagereise führte uns bis zu dem nächsten Regenstrom, Amba genannt, welcher ungefähr in gleicher Richtung wie der Chor Desset dem Meere zuläuft. Er enthält noch süßes Wasser, und deshalb rasteten wir hier, weil der zweitfolgende, Gonzal geheißen, nur Salzwasser bieten kann. Auf dem Wege sahen wir einige zwanzig Antilopen, drei verschiedenen Arten angehörend, aber außer den schon gestern gesehenen Trappen wenig bemerkenswerthe Vögel. Die Richtung des Weges blieb ziemlich gleichmäßig dieselbe: wir gingen immer nach Nordwesten hin weiter.

Schon von Amba aus zogen wir durch Straßen, welche hin und wieder ganz der reinen Wüste glichen. Nur die flacheren Thäler sind begrünt und belebt, die Hochebenen und Hügel dagegen ganz kahl; hier konnte sich kaum ein Gräschen zwischen der Kiesdecke hervordrängen. Von Gonzal aus wurde die Gegend lebendiger, die Pflanzenwelt in den Thälern üppiger und die Berge grüner. Wir durchzogen eine etwa anderthalb bis zwei Meilen breite Ebene, welche zwischen den höheren Gebirgszügen der Samchara und dem eigentlichen Gebirge liegt. Hier sahen wir zum ersten Male förmliche Wälder. Sie ziehen sich zu beiden Seiten eines langen Regenstroms dahin und sind so dicht, daß man sie nur hier und da durchbringen kann. Wir spürten Hiänen in ihnen, störten Füchse (Vulpes famelica) und Schakale (Canis mesomelas) auf und fanden vielfach Gelegenheit zur Jagd des Hochwildes, obgleich die Gazellen um so seltner wurden, je reichhaltiger die Pflanzenwelt sich zeigte. Auf einem ziemlich begrünten Hügel bemerkte ich die ersten Paviane (Cynocephalus Hamadryas); in der weiten Ebene trieben sich die Sömmerings-antilopen (Gazella Soemmeringii) umher. Zwergböckchen waren gemein: eine Jagdgesellschaft hätte in einer Stunde Dutzende von ihnen erlegen können; Hasen wurden gar nicht beachtet. In den Lüften kreiste neben dem Raubadler und Gaukler der erste Sekretär (Gypogeranus serpentarius), auf den hohen Mimosen saßen Singsperber (Melierax polyzonus), Thurmfalken (Cerchneis guttatus?) und Würger; aus einer dichtverschlungenen Laube klang uns zum ersten Male der Flötenruf des Orgelwürgers (Telephorus aethiopicus) entgegen. Prachtvolle Glanzdrosseln (Pholidauges leucogaster und Lamprocolius rufiventris) trieben sich auf den Ebenen umher, wie unsere Staren; einige Mimosen trugen die wirr zusammengeschichteten Nester des kohlschwarzen Büffelwebervogels (Textor alecto); an der pflanzenreichsten Stelle des Regenstroms fanden wir zuerst die prächtige abissinische Papagaitaube (Treron abyssinica) auf; Spornkukuke (Centropus monachus) durchkrochen die Wipfel der höheren Bäume, Erdwürger (Telephonus erythropterus) die Hecken, an den Stämmen kletterte ein kleiner niedlicher Specht (Dendrobates Hemprichii) auf und nieder, und von den Wipfeln der höheren Bäume herab riefen die gemeinen Nashornvögel (Tockus nasutus und T. erythrorhynchus) uns ernsthaft ihren sonderbaren Willkommensgruß entgegen. Wir waren in eine der Schatzkammern der Samchara eingetreten.

Leider erlaubte die Kürze der Zeit mir nicht, dieses reiche Jagdgebiet zu durchstreifen. Acht Tage Aufenthalt hier würden gewiß eine reiche Ausbeute geliefert haben; denn vom Strauße bis zu den kleinsten Wüstenlerchen und Ammern herab sollen hier alle Vögel der östlichen Steppe zu finden sein.

Gegen Abend kamen wir an dem ersten Lager der Mensa vorüber, einer ziemlich großen Umhürdung, Serieba, welche etwa zwanzig Familien und vielleicht sechs bis achthundert Rinder beherbergen mochte. Von hier aus wandte sich unser Weg dem nahen Gebirge zu. Wir ritten durch die immer dichter werdenden Mimosen nach dem Brunnen des Schech Mahammed, einer schwefel- und eisenhaltigen Mineralquelle, welche dicht am Fuße des ersten Gebirgswalles liegt.

Ihn selbst überschritten wir am nächsten Morgen. Auf der Höhe des Kammes oder des Passes hatte sich eine andere Abtheilung der Mensa niedergelassen. Ihre Herden weideten ringsum auf den prächtig begrünten Bergen. Die Leute warteten gleichzeitig ihrer Felder, d. h. waren eifrig beschäftigt, die massenweis einfallenden Webervögel von der reifenden Durrah abzutreiben. Nach anderthalbstündigem Reiten kamen wir in das ziemlich lange, vielfach verschlungene Thal von Mensa und damit in das eigentliche Gebirge. Gleich beim Eintritt begrüßte uns eine ganze Schar Hamabryaden, auf welche sofort Jagd gemacht wurde; bald darauf sahen wir die ersten Klippspringer (Oreotragus saltatrix) hoch oben auf den Felsblöcken stehen. In der Niederung des Thales bemerkte ich zu meiner großen Freude ein fließendes Wässerchen, den ersten Bach, welchen ich jemals in Afrika gesehen habe. An ihm trieb sich ein kleiner prächtiger Eisvogel (Alcedo — Ispidina — cyanotis?) umher, welcher leider meiner Nachstellungen spottete, dagegen erlegte ich zu meiner Befriedigung mehrere Schattenvögel (Scopus umbretta), welche hier gar nicht selten zu sein scheinen. Das Thal wurde um so schöner, je weiter wir vorwärts ritten, und bot nicht blos dem Thierkundigen, sondern auch dem Reisenden besondere Genüsse. Mich entzückte vor Allem der lebendige Gesang, welcher von allen Wänden herabklang: ich durfte schwelgen im Belauschen und Beobachten der so zahlreich sich findenden geflügelten Bewohner dieses reizenden Stückchens Erde. Auf sie werde ich zurückkommen; hier habe ich nur zu berichten, daß unser Weg beständig im Thale sich fortzog und immer ziemlich bedeutend anstieg. Wir übernachteten mitten im Thale unter einer prächtigen Laube, welche hauptsächlich durch eine Winde gebildet worden war, die eine Mimose gänzlich übersponnen hatte.

Der nächste Tag führte uns bis zum Fuß des eigentlichen Mensaberges selbst. Wir waren bereits in den Gürtel der Kolquall- oder Kronleuchtereuphorbien eingetreten. Auf dem Wege hatten wir viele, wenigstens jetzt für mich neue Thiere beobachten können: Meerkatzen (Cercopithecus grisco-viridis), einen Leopard (Leopardus antiquorum) — welcher auch glücklich erlegt wurde —, einen Honig-

bachs (Ratelus capensis), das von **Rüppell** entdeckte kleine **Baumeichhorn** (Sciurus multicolor) und **Klippschliefer** (Hyrax abyssinicus), mehrere **Adler** (Aquila rapax, Spizaëtos spec?), einen
Edelfalk, die afrikanische **Ohreule** (Otus africanus), einen **Segler**
(Cypselus abyssinicus), zwei **Schwalben** (Cercropis abyssinica und
Atticora pristoptera), viele **Webervögel** (Ploceus larvatus, Pl. galbula und Pl. griseoviridis), **Witwen** (Vidua paradisea), **Paradiesfliegenfänger** (Tchitrea melanogastra), **Buschschlüpfer**
(Drymoica rufifrons und Dr. lugubris?) **Nashornvögel** (Bucorax
abyssinicus), **Raben** (Corvus affinis), **Helmvögel** (Corythaix
leucotis), **Turteltauben** (Turtur semitorquatus), **Störche** (Ciconia Abdimii) ꝛc.

Am 13. März zogen wir auf einem zuerst sehr steilen, später aber nur
sanft aufsteigenden, durch reichbelebte Thäler und Waldstrecken führenden
Wege vollends zu dem Dorfe Mensa empor und suchten in einer der
niederen Hütten Herberge. Zu meiner großen Freude fand ich hier einen
sehr kundigen Jäger in der Person eines zu der italienischen Mission ge-
hörenden Laienbruders, des Paters Fillipini, welcher seit mehr als
zwanzig Jahren in Abissinien lebt und Land, Menschen und die hervorragendsten Thiere genau kennt. Ihm danke ich viele für mich sehr
wichtige Erfahrungen.

Ich benutzte die drei Tage unsres Aufenthaltes zu fleißigen Aus-
flügen in die Umgegend des Dorfes und lernte schon jetzt bedauern, daß
mir es nicht vergönnt war, das reiche Land nach Wunsch zu durchforschen.
Vor allen andern Thieren fesselten mich diesmal besonders die **Klippschliefer**, welche in unmittelbarer Nähe des Dorfes einen Felsen bewohnten und sich mir bei jedem Ausgange zur Schau stellten. Ich konnte
mit aller Muße das noch so wenig bekannte Leben und Treiben dieser
Zwergdickhäuter studiren. Nächst ihnen nahm die Jagd des **Klippspringers** meine Zeit am meisten in Anspruch; denn auch er gehört ja
zu den Thieren, von denen wir im Ganzen noch gar wenig wissen, und
fordert deshalb jeden Forscher zu genauen Beobachtungen auf.

Zu unsrer Rückreise nach Umkullu wählten wir denselben Weg, welchen wir gekommen waren; dennoch bot er mir noch viele Gelegenheit,
meine Beobachtungen zu vervollständigen und zu bereichern. Zu meiner
größten Freude begegneten wir zwei Mal der herrlichen **Beisa** (Oryx

Beisa), und nur ein ganz besonderes Jagdunglück brachte mich um den sehnlich gewünschten Besitz eines dieser stolzen Wiederkäuer. An einem Tage sahen wir, ohne vom Wege abzugehen, acht und dreißig Antilopen!

Am 21. März unternahm ich von Umkullu aus einen zweiten Jagdausflug in die Gegend von Assus und Eilet. Beide Dörfer liegen bereits zwischen den Vorbergen des eigentlichen Hochgebirges, und die Gegend vereinigt somit Thiere des Gebirgs und der Samchara. Unsere Jagd und meine Beobachtungen galten hauptsächlich den Antilopen; doch wurde zu allgemeiner Freude auch ein Jagdleopard (Cynailurus guttatus) erlegt, und ich erfuhr, daß dieser eifrige Wildjäger in der Gegend gar nicht selten wäre. Das Gebirge selbst zeigt in den tieferen Thälern genau dasselbe Gepräge wie der Chor von Mensa nahe seinem unteren Ausgange. Man schilderte es uns sehr reich an Thieren und hob namentlich hervor, daß gerade in Eilet der Löwe eine häufige Erscheinung wäre. Zum Beweis der Wahrheit des Gesagten berief man sich auf eine Jagd, welche der englische Konsul Plowden vor etwa fünf oder sechs Jahren gemacht hatte! Er war so glücklich gewesen, zwei Löwen zu erlegen, und die Erinnerung an diese ruhmvolle That lebte noch heute so frisch in Aller Gedächtniß, daß man von ihr sprach, als wäre sie erst gestern geschehen.

Ich erwähne dieses Vorfalls ausdrücklich deshalb, weil mir bei meinen früheren Reisen in Afrika und Arabien ähnliche Erfahrungen geworden sind. In der Nähe des Sinai machte mich ein Beduine auf zwei weiße Steine aufmerksam: sie bezeichneten die in den Augen des guten Mannes ungeheure Entfernung eines glücklichen Schusses auf einen Steinbock und sollten beweisen, daß hier dieses Wild in Menge vorhanden wäre. In den Urwäldern am blauen Fluß versicherte man mir wiederholt, daß ich Elefanten finden würde, weil ja diese Halbinsel geradezu die „Elefanteninsel" genannt werde und jener Waldestheil der „Elefantenwald" heiße. Beide Male sah ich mich getäuscht. In Eilet würde es wohl nicht anders gewesen sein. Der Ort, welcher einmal ein merkwürdiges Thier beherbergte oder gar Gelegenheit zu glücklicher Jagd gab, wird von den Eingebornen hartnäckig als ein an diesen Thieren sehr reicher bezeichnet, und der Forscher oder Jäger kann sich sehr betrügen, wenn er solchen Angaben Glauben schenkt.

Unsere ebenso unterhaltende, als ergiebige Jagd in der Nähe der genannten Dörfer währte nur kurze Zeit, weil ich die Ankunft seiner Hoheit des Herzogs mit Gefolge jeden Tag erwarten mußte. Ich kehrte also schon am 26. März nach Umkullu zurück und war auch wirklich gerade rechtzeitig angekommen; denn am folgenden Mittag lief das von mir so ersehnte Dampfschiff im Hafen von Massaua ein.

Das Ordnen des Gepäcks und andere Vorbereitungen hielten uns bis zum 1. April gegen Abend in Umkullu fest. Kurz vor Sonnenuntergang wurde aufgebrochen und für heute noch bis Desset gezogen. Am folgenden Tage früh begann die eigentliche Jagd. Wir sahen einige dreißig Antilopen; doch wurden bis Mittag nur ein Paar Zwergböckchen und einige Frankoline erlegt. Nachmittags zog die Gesellschaft bis Scharafa, einem Wasser, welches in demselben Chor liegt, wie Amba. Der 3. April brachte uns die ersten Affen, und zwar eine Gesellschaft von etwa fünfzehn bis zwanzig Hamadryaden, welche längs eines Berges dahinzogen und die ankommende starke Karavane mit ihrem gewöhnlichen Gebell begrüßten. Nachmittags wurde eine ziemlich erfolglose Jagd auf Antilopen gemacht, die Spuren eines Löwen aufgefunden, aber wegen der großen Hitze und des Mangels an Treibern das Dickicht, welches das Raubthier möglicherweise bergen konnte, nicht abgetrieben. Am 4. April war die Jagd glücklicher. Die Gesellschaft erlegte mehrere Antilopen und eine ziemliche Anzahl von Frankolinen. Nachmittags wurde in dem Thale von Mensa gerastet. Der 5. April führte uns bis Laba, einer Ausbuchtung des Thales, in welcher einige Durrahfelder der Mensa, sowie Gräber liegen, deren kegelartige Steinhaufen schon von fern her dem Wanderer entgegenschimmern. Hier erlegte der Herzog den ersten Klippspringer. Am 6. April zogen wir, des schweren Gepäcks halber nur langsam, auf den für Kamele sehr schwierigen Pfaden dahin, und somit erreichten wir nicht einmal den Fuß des Berges von Mensa. Das Wässerchen war in der kurzen Zeit meiner Abwesenheit bedeutend zusammengeschrumpft und auf große Strecken hin gänzlich verschwunden, wenigstens von der Oberfläche. Man hatte deshalb bereits Brunnen in der Thalsohle eintiefen müssen, um Tränke für die Herden zu gewinnen. Diese trotz den letzten Gewittern der kleinen Regenzeit rasch überhand nehmende Dürre mochte wohl auch die Elefanten bewogen haben, in der vorigen Nacht das Wasser des Thales aufzusuchen. Ich fand die Spur einer ziemlich starken Herde auf, welche von Norden her gekommen, im Thale etwa eine Stunde weit aufwärts gegangen war und hierauf die nach Süden hin gelegenen Berge bestiegen hatte. Als ich die freudige Nachricht der Reisegesellschaft mittheilte, erntete ich Unglauben und Widerspruch, weil es Allen unmöglich schien, daß in dieser Alpengegend die gewöhnlich schwerfällig gescholtenen Riesen sich bewegen könnten. Ich habe Dies meinen Reisegenossen nicht verdacht. Die Gebirge von ganz Habesch sind in der That so steil, daß schon ein sehr inniges Vertrautsein mit der Lebensweise der Elefanten dazu gehört, um ihnen das Betreten solcher Wege zuzutrauen. Vor den Bergwänden, an welchen die massigen Geschöpfe emporgeklommen waren, würde selbst ein Maulthier zurückgeschreckt sein!

Am 7. April wanderten wir endlich vollends nach Mensa hinauf und bezogen die nach meiner Anordnung von dem liebenswürdigen Pater Fillipini errichteten, leichten Strohhütten. Nun begannen unsre Jagden und Arbeiten. Die fürstlichen Herren waren sehr glücklich; aber auch ich fand Gelegenheit zu anziehenden Beobachtungen. Während des ganzen Aufenthaltes wurden von der Jagdgesellschaft ungefähr folgende Thiere erlegt: einige **Schakale** und eine **gefleckte Hiäne**, ein **Honigbachs** oder **Ratel**, drei **Algaseen** (Strepsiceros Kudu), sechs bis acht **Klippspringer**, viele **Zwergböckchen**, eine Menge **Hasen**, ein **Erd-** und ein **Baumeichhörnchen**; **Klippschliefer** und zwei **Elefanten** (Elephas africanus); — **Perlhühner** (Numida ptilorhyncha) und **Frankolinhühner** (Francolinus Erckelii) brachte jede Jagd mit ein. Ich betrieb meine wissenschaftlichen Jagden, deren Ergebnisse aus dem weiter unten folgenden Verzeichnisse hervorgehen, so eifrig als möglich; leider aber setzte schon am 9. April das Fieber meinen Arbeiten ein Ziel, und so kam es, daß die Beobachtungen noch dürftiger ausfielen, als ich schon von allem Anfang an gefürchtet hatte.

Vom 12. bis zum 16. April unternahm der Herzog mit dem Fürsten von Hohenlohe und dem Prinzen von Leiningen einen Jagdausflug nach Keren. Die Schilderung desselben war für mich besonders aus dem Grunde anziehend; weil ich erfuhr, daß der Ain-Saba, welchen der Herzog zwei Mal überschritten hatte, gewissermaßen die Grenze zwischen der Fauna der östlichen Länder Afrikas und des Innern bildet. In den Wäldern dort hatte man viele Thiere angetroffen, welche ich bis jetzt zu meiner großen Verwunderung noch vermißt hatte. So war ich nicht wenig überrascht, im Mensathale nur die graugrüne **Meerkatze**, nicht aber ihren sonst ständigen Begleiter, den **Halsbandsittig** (Palaeornis torquatus), auch zu beobachten: am Ain-Saba wurde er aber richtig bemerkt. Gleichzeitig mit ihm war auch die abissinische Mandelkrähe (Coracias abyssinicus) aufgetreten, und neben den bis jetzt uns bekannt gewordenen Frankolinen hatte sich die im Innern Afrikas häufige Art (Francolinus Clappertonii) eingefunden. Leider hatten die hohen Herren nicht Zeit genug, die so thierreichen Ufer des Ain-Saba zu durchjagen; Das, was beobachtet worden war, hatten sie blos vom Wege aus gesehen.

Am 18. April verließen dieselben Jäger Mensa neuerdings, um den Elefanten, von deren Vorhandensein sie sich schließlich doch hatten überzeugen müssen, nachzujagen. Zwei Eingeborne begleiteten sie, und ihre Bestrebungen wurden auch über alle Erwartung gekrönt. Es glückte der Jagdgesellschaft, gleich am ersten Tage eine starke Elefantenheerde aufzufinden und Mutter und Kind zu erlegen: — doch die ganze Jagd ist von besserer Feder bereits beschrieben und hierdurch wohl allen meinen Lesern bekannt geworden.

Wir traten schon am 20. April unseren Rückzug an. Ich schleppte mich, fieberkrank, hinter der übrigen Gesellschaft her und hatte deshalb weder Gelegenheit noch Kraft, meine wissenschaftlichen Arbeiten fortzusetzen. Dennoch habe ich jeden Augenblick soviel als möglich wahrgenommen; denn die Zeit, welche ich in dem schönen und reichen Lande verweilen konnte, erschien mir allzu kostbar. Noch heute kann ich nur mit Bedauern an die Bogosländer denken; — ich habe aus ihnen weiter Nichts mitgebracht, als die Ueberzeugung, daß sie ein weites, reiches Feld zur Beobachtung und Belehrung geboten haben würden! Gerade auf dieser Reise ist mir wieder einmal der Beweis geworden, daß der schlimmste Feind des reisenden Naturforschers der Mangel an Zeit ist. Mehr, als jeder andere Reisende, muß er die Stunde, den Augenblick wahrnehmen können, in seiner Weise, ohne sonstwie behindert zu sein. Die einmal gebotene Gelegenheit kehrt oft nie wieder! „Freie Zeit" giebt es für den sammelnden oder beobachtenden Forscher nicht; denn die Zeit ist es, welche für ihn das alleinige, allzeit nothwendige Mittel zu Verständigung mit der Natur ist und bleibt!

Solche Gedanken waren es, welche mich auf unserer Rückkehr fast noch mehr quälten, als das Fieber. Ich weiß kaum noch, was wir unterwegs gesehen und erbeutet haben. Viel war es nicht; denn wir zogen

gelegenen Berge besttegen hatte. Als ich die freudige Nachricht der Reisegesellschaft mittheilte, erntete ich Unglauben und Widerspruch, weil es Allen unmöglich schien, daß in dieser Alpengegend die gewöhnlich schwerfällig geschilderten Riesen sich bewegen könnten. Ich habe Dies meinen Reisegenossen nicht verdacht. Die Gebirge von ganz Habesch sind in der That so steil, daß schon ein sehr inniges Vertrautsein mit der Lebensweise der Elefanten dazu gehört, um ihnen das Betreten solcher Wege zuzutrauen. Vor den Bergwänden, an welchen die massigen Geschöpfe emporgeklommen waren, würde selbst ein Maulthier zurückgeschreckt sein!

Am 7. April wanderten wir endlich vollends nach Mensa hinauf und bezogen die nach meiner Anordnung von dem liebenswürdigen Pater Stillpini errichteten, leichten Strohhütten. Nun begannen unsre Jagden und Arbeiten. Die fürstlichen Herren waren sehr glücklich; aber auch ich fand Gelegenheit zu anziehenden Beobachtungen. Während des ganzen Aufenthaltes wurden von der Jagdgesellschaft ungefähr folgende Thiere erlegt: einige Schakale und eine gefleckte Hyäne, ein Honigdachs oder Ratel, drei Agazeen (Strepsiceros Kudu), sechs bis acht Klippspringer, viele Zwergböckchen, eine Menge Hasen, ein Erd- und ein Baumeichhörnchen; Klippschliefer und zwei Elefanten (Elephas africanus); Perlhühner (Numida ptilorhyncha) und Frankolinhühner (Francolinus Erkelii) brachte jede Jagd mit ein. Ich betrieb meine wissenschaftlichen Jagden, deren Ergebnisse aus dem weiter unten folgenden Verzeichnisse hervorgehen, so eifrig als möglich; leider aber setzte schon am 9. April das Fieber meinen Arbeiten ein Ziel, und so kam es, daß die Beobachtungen noch dürftiger ausfielen, als ich schon von allem Anfang an gefürchtet hatte.

Vom 12. bis zum 16. April unternahm der Herzog mit dem Fürsten von Hohenlohe und dem Prinzen von Oettingen einen Jagdausflug nach Keren. Die Schilderung desselben war für mich besonders aus dem Grunde anziehend, weil ich erfuhr, daß der Ain-Saba, welchen der Herzog zwei Mal überschritten hatte, gewissermaßen die Grenze zwischen der Fauna der östlichen Länder Afrikas und des Innern bildet. In den Wäldern dort hatte man viele Thiere angetroffen, welche ich bis jetzt zu meiner großen Verwunderung noch vermißt hatte. So war ich nicht wenig überrascht, im Mensathale nur die graugrüne Meerkatze, nicht aber ihren sonst ständigen Begleiter, den Halsbandsittig (Palacornis torquatus), auch zu beobachten; am Ain-Zaba wurde er aber richtig bemerkt. Gleichzeitig mit ihm war auch die abissinische Maubelkrähe (Corvicus abyssinicus) aufgetreten, und neben den bis jetzt uns bekannt gewordenen Frankolinen hatte sich die im Innern Afrikas häufige Art (Francolinus Clappertonii) eingefunden. Leider hatten die hohen Herren nicht Zeit genug, die so thierreichen Ufer des Ain-Zaba zu durchjagen; Das, was beobachtet worden war, hatten sie blos vom Wege aus gesehen.

Am 18. April verließen dieselben Jäger Mensa neuerdings, um den Elefanten, von deren Vorhandensein sie sich schließlich doch hatten überzeugen müssen, nachzujagen. Zwei Eingeborne begleiteten sie, und ihre Bestrebungen wurden auch über alle Erwartung gekrönt. Es glückte der Jagdgesellschaft, gleich am ersten Tage eine starke Elefantenherde aufzufinden und Mutter und Kind zu erlegen: doch die ganze Jagd ist von besserer Feder bereits beschrieben und hierdurch wohl allen meinen Lesern bekannt geworden.

Wir traten schon am 20. April unseren Rückzug an. Ich schleppte mich, fieberkrank, hinter der übrigen Gesellschaft her und hatte deshalb weder Gelegenheit noch Kraft, meine wissenschaftlichen Arbeiten fortzusetzen. Dennoch habe ich jeden Augenblick soviel als möglich wahrgenommen; denn die Zeit, welche ich in dem schönen und reichen Lande verweilen konnte, erschien mir allzu kostbar. Noch heute kann ich nur mit Wehmuth an die Boghosländer denken; ich habe aus ihnen weiter Nichts mitgebracht, als die Ueberzeugung, daß sie ein weites, reiches Feld zur Beobachtung und Belehrung geboten haben würden! Gerade auf dieser Reise ist mir wieder einmal der Beweis geworden, daß der schlimmste Feind des reisenden Naturforschers der Mangel an Zeit ist. Mehr, als jeder andere Reisende, muß er die Stunde, den Augenblick wahrnehmen können, in seiner Weise, ohne sonstwie behindert zu sein. Die einmal gebotene Gelegenheit kehrt oft nie wieder! „Freie Zeit" giebt es für den sammelnden oder beobachtenden Forscher nicht; denn die Zeit ist es, welche für ihn das alleinige, allzeit nothwendige Mittel zu Verständigung mit der Natur ist und bleibt!

Solche Gedanken waren es, welche mich auf unserer Rückkehr fast noch mehr quälten, als das Fieber. Ich weiß kaum noch, was wir unterwegs gesehen und erbeutet haben. Viel war es nicht; denn wir zogen mit Hast der Küste zu. Am ersten Tage gelangten wir bis in die Mitte des Thales von Menſa, am folgenden bis an deſſen Ende. Die dritte, ſehr ſtarke und mir, meiner Krankheit wegen, höchſt beſchwerliche Tagereiſe führte uns bis Scharafa, dem ſchon genannten Ruheplatze in dem zweiten Chor. Am 23. April erreichten wir Umkullu; am 25. ſchifften wir uns ein, und am 26. verließen wir das Land, welches ich mit ſo großen Hoffnungen betreten hatte. —

Ueber die Rückreiſe ſelbſt habe ich Nichts zu berichten. Ich habe mich in Abiſſinien krank eingeſchifft und in Trieſt die heimiſche Erde als Kranker betreten.

Die Beobachtungsgebiete.

Von der Ansicht ausgehend, daß zur vollkommenen Kenntniß eines Thieres auch die Kunde seiner Heimat nothwendig ist, und sei diese Kunde auch noch so oberflächlich, versuche ich, hier die Gebiete zu beschreiben, auf welchen ich Beobachtungen sammeln konnte. Es genügt nicht, zu wissen, daß dieses Geschöpf im Walde, das andere in der Steppe, das dritte im Meere sich findet: es ist nöthig, zu erfahren, wie der Wald, wie die Steppe, wie das Meer beschaffen ist, in welchen das Geschöpf lebt. Jedes einzelne Thier ist, wenn man will, ein **Charakterthier** seiner Heimat. Es zeigt immer eine große Uebereinstimmung mit Klima, Bodenfläche und der von beiden abhängigen Pflanzenwelt: es trägt somit das Gepräge seiner Heimat im Allgemeinen an sich; und erst, wenn wir seine Heimat, Gestalt und Lebensweise zusammenstellen, umfassen wir seinen Lebenskreis.

Mögen uns auch die Ursachen der verschiedenen Gestaltung und Färbung vieler Geschöpfe noch dunkel sein: soviel ist sicher, daß eine möglichst genaue Kenntniß des Heimatskreises dem Forscher wie dem Laien neue, anziehende Gesichtspunkte eröffnet. Das Thier tritt in seinem Heimatsgebiete nicht einzeln vor uns hin, sondern in Gesellschaft, im Zusammenleben mit anderen; und deshalb gewinnen wir bei Betrachtung der Heimat eines Thieres zugleich auch einen Ueberblick über die hauptsächlichsten Thierformen, welche die bezügliche Gegend aufzuweisen hat.

Diese Worte versuchen, es zu rechtfertigen, wenn ich mich unterfange, gewissermaßen auch in das Gebiet der Erdkunde hinüberzugreifen, um meiner Wissenschaft förderlich zu sein.

Auf unserer Jagdreise nach Ostafrika habe ich hauptsächlich drei Beobachtungsgebiete zu unterscheiden gelernt: das **rothe Meer**, die **Samchara**, d. i. jener schmale Wüstenstreifen zwischen dem Meere und dem Hochgebirge, und endlich **dieses Hochgebirge** selbst.

Der langgestreckte, schmale arabische Meerbusen zeigt im Süden ein ganz anderes Gepräge, als im Norden. Hier waltet noch die reine Wüste vor; sie überträgt sich gleichsam auch bis auf das Meer selbst. Hohe, kühn gestaltete, prachtvoll gezeichnete und glühend gefärbte Gebirgszüge begrenzen zu beiden Seiten den tiefblauen Wasserspiegel. Die Gebirge sind öde und arm, so entzückend sie auch für das Auge sein mögen. Die eigentliche Wüste beherrscht sie und erlaubt ihnen nur an den günstigsten Stellen, sich neben den dunkelen Farben des Gesteins und den lichten, blendenden der Sandfläche auch mit dem freundlicheren Grün zu schmücken, welches die Pflanzenwelt hervorruft. Blos in bedeutender Höhe, da wo sich die aus dem Meer aufgestiegenen Dünste noch am häufigsten niederschlagen, findet sich eine dürftige, aber duftige Alpenflora; und in den tiefsten Thälern, in welchen sich hier und da ein Fädlein des lebensspendenden Wassers verfolgen läßt, ist die Möglichkeit gegeben, daß eines der bevorzugten Kinder der Pflanzenwelt, die Palme, leben und gedeihen kann. An andern Orten findet sich wohl auch noch die Tamariske; aber mit diesen beiden höheren Pflanzen gipfelt sich auch die Erzeugungsfähigkeit dieses Theiles der Wüste. So arm sind die Küsten des nördlichen rothen Meeres.

Kaum reicher sind die wenigen kleinen, steinichten, meist wild zerrissenen Eilande, auf welchen die glühende Sonne jedes Zerbröckeln, jedes Umwandeln der Felsmassen durch die allgewaltige Macht des Wassers vereitelt; und da, wo sich neben den durch Pluto emporgehobenen Inseln solche finden, welche ihren Ursprung der unermüdlichen Thätigkeit der Korallenthiere verdanken, ist es nicht anders.

Die Inseln im nördlichen rothen Meer lassen sich mit denen des südlichen Theiles oder mit jenen, welche im großen stillen Meer liegen, gar nicht vergleichen. Ihnen fehlt die freundliche Kokospalme, welche im stillen Meere jedes über das Wasser hervorragende Riff bekleidet und begrünt, welche es möglich macht, daß Hunderte von Geschöpfen dort ihr tägliches Brod sich erwerben können; ihnen fehlen die wenigen Büsche, die Euphorbien, die Mimosen, Dompalmen, die Nabakhbäume, die dichtwipfligen Schorasträuche, welche auf den Madreporeninseln des südlichen rothen Meeres so oft zu undurchbringlichen Dickichten sich vereinen und die Eilande lieblich schmücken. Sie sind so arm, daß sie wohl Ruhepunkte der Thiere bilden, diese selbst aber nicht auf die Dauer ernähren können. Gleichwohl sind sie nicht so thierarm, als man wohl meinen möchte. Eine große Menge von Seevögeln findet in ihnen den heimischen, wirthlichen Strand, welcher das Nest mit Eiern und Jungen aufnimmt, findet in ihnen im übrigen Jahre die so erwünschten Plätze zur Ruhe während der Verdauung und während der Nacht; eine nicht unbeträchtliche Zahl der Wandervögel ersieht sich in ihnen günstige Haltestellen auf der Reise, und die leichtbeschwingte, bewegliche Gesellschaft der Raubvögel nutzt sie als passende Orte zur Ausübung ihres Gewerbes.

Solcher Reichthum wird aber erst dem Reisenden offenbar, welcher im kleinen arabischen Boote von Insel zu Insel, von Klippe zu Klippe steuert und oft genug durch ungünstiges Wetter seine Reise fortzusetzen verhindert wird, also Zeit genug erhält, diese Eilande genauer zu prüfen. Die große Menge der Wandernden, welche die Weltstraße durchzieht, deren einen Theil die Rothsee bildet, eilt auf dem geflügelten Dampfschiff an den Eilanden vorüber, ohne ihren Reichthum nur zu ahnen. Es kommt vor, daß selbst die Möven, welche doch jedem Fahrzeuge soviel als möglich das Geleite geben, tagelang vom Bord des Schiffes aus gar nicht gesehen werden, daß man nur ab und zu einen der pfeilschnell dahinjagenden Tölpel oder die leichte Seeschwalbe wahrnimmt, welche, mit dem Fischfang beschäftigt, gerade vor dem Bug des Fahrzeuges vorbeizieht; ja es geschieht sogar, daß auch die im rothen Meere so häufigen Delphine sich gerade außerhalb der Fahrlinie des Schiffes umhertummeln. Dann freilich erscheint das nördliche rothe Meer unglaublich arm. Man sieht außer den bunten Fischen, welche überall sich finden, Stunden, halbe Tage lang kein einziges lebendes Wesen und fühlt sich so recht eigentlich inmitten einer großen, traurigen, öden Wasserwüste.

Jemehr man südlicher kommt, um so reicher wird die Thierwelt. Etwa mit dem 18. Grade nördlicher Breite tritt man in das Gebiet der tropischen Regen ein. Die unendliche Gewalt des Wassers offenbart sich jetzt. Grün überhaucht zeigen sich die Inseln; der Regen hat auf ihnen eine, wenn auch noch dürftige Pflanzenwelt ins Leben gerufen. Noch sind es blos Gräser und heideartige Gesträuche, welche man wahrnimmt: aber sie begrünen doch wenigstens das Eiland; sie gewähren doch mancherlei Kerbthieren Wohnung und Nahrung. Und so finden sich denn auch gleich kleine Nagethiere, vor Allem die weltverbreitete Wanderratte; es finden sich freundliche Vögel, welche man am Lande so ungern vermißt, **Steinschmätzer, Sänger** und **Stelzen**, welche eifrig Busch und Gras durchsuchen; man gewahrt sofort das kleine Strandgewimmel, die **Strand-** und **Uferläufer, Regenpfeifer**; man sieht schon den **schwarzköpfigen Reiher** (Ardea schistacea, *Lichtenstein*), eine und die andere **Limose**, einen **Brachvogel** unter den langen Reihen am Strande sitzender **Möven, Seeschwalben** und **Tölpel**; kurz, das frischfröhliche Leben der Vogelwelt zeigt sich bereits in mannichfaltiger Gestalt.

Von nun an nimmt die Pflanzenwelt und gleichzeitig mit ihr die Thierwelt in überraschender Weise zu. Das rothe Meer zeigt sich jetzt für alle Annehmlichkeiten des Thierlebens so günstig, als es nur sein kann. Vulkanismus und Madreporen im Verein haben hier ungleich mehr geschaffen, als im nördlichen Theile der Rothsee. Insel drängt sich an Insel, und die Ausläufer der Eilande setzen sich noch meilenweit unter dem Meere fort, nur schmalen, jedem größeren Schiffe unzugänglichen Sunden und Buchten Raum gebend. Die glühende Sonne durchstrahlt das hier sehr seichte Wasser bis zum Grund herab und weckt den vollen Reichthum der unterseeischen Pflanzenwelt. Hier sammeln sich nun die Fische zu Tausenden, zu Millionen; hier findet selbst die ungeschlachte **Sirene**, die **Dauile** oder **Näkhe el Bahar** (Kamelstute des Meeres), wie die Araber sie nennen (Halicore cetacea), Nahrung in Fülle. Hier sammeln sich alle die Räuber, welche dem Fischfang obliegen. Am flachen Strande dieser Inseln sitzen in langen Reihen die blendenden **Pelekane** (Pelecanus rufescens), ausruhend von ihrer Fischerei, verdauend und ihr Gefieder putzend. Sie sind in solcher Menge vorhanden, daß man sie zu den gemeinsten Vögeln des rothen Meeres zählen darf; sie erscheinen von weitem wie eine zahlreiche Schafherde, und dem Reisenden wird es hier klar, wie der Schiffer die im Süden Afrikas oft in gleicher Menge auftretenden **Albatrosse** „Kapschafe" nennen konnte. Nachts ziehen die Pelekane sich nach den mit dichteren Bäumen und Gesträuchen, zumal mit **Schora**gebüschen bestandenen, meist unbewohnten Eilanden zurück, um dort zu schlafen. Recht günstig gelegene Inseln werden Sammelpunkte für viele Hunderte, ja selbst Tausende. Auf dem felsigen Eilande wohnen die **Tölpel** und zwar zwei Arten, obgleich der braune (Sula fusca) bei weitem häufiger ist, als der schwarzgesichtige (S. melanops), welchen Heuglin erst vor wenig Jahren auffand und beschrieb. Die, wie die Pelekane, einzig und allein auf den Fischfang angewiesenen Tölpel sind so häufig, daß die Inseln, welche sie bevorzugen, förmliche Vögelberge sind. Auf mehreren derselben haben sie bereits so viel Guano niedergelegt, daß die Ausbeutung dieses werthvollen Stoffs sich bezahlt machen würde. Wenn man auf dem kleinen arabischen Boote über das rothe Meer setzt, kommt man oft in Schwärme dieser Vögel hinein, welche Wolken gleichen, und ein ohrenzerreißendes Geschrei füllt dann die Luft. Neben den Tölpeln sind es hauptsächlich die Möven (Chroicocephalus leucophthalmus und Larus crassirostris), welche helfen, Guano zu bereiten. Sie sieht man in langen Reihen am niederen, tieferen Strande sitzen, um auszuruhen. In gewissen Buchten, welche niedere Sandbänke haben, sind sie so häufig, daß man schon von weitem ein weißschimmerndes Land und darüber ein grauliches Gewimmel bemerkt. Aufgeschreckt erheben sie sich wolkenartig in die Luft und suchen sich einen anderen Ruheplatz. Auch Seeschwalben (Hydrochelidon caspia, H. velox, Thalassipora infuscata, Thalasseus affinis und Sternula minuta) sind hier gemein. Neben diesen echten Wasservögeln ist der erwähnte Reiher einer der gewöhnlichsten Meerbewohner. Ihn sieht man in allen seichten Buchten unter Möven, Seeschwalben, Löfflern, Brachvögeln, Limosen und dem kleinen Strandgewimmel herumlaufen; ihm begegnet man auf den Vogelbergen; ihn beobachtet man dicht vor den Thoren der Seestädte, sorglos, den Menschen vertrauend; ihn trifft man endlich auf denselben Schlafplätzen, welche die jagdmüden Pelekane bezogen.

Stillere, von dem zerbröckelten Madreporenkalk und zerriebenen Muschelschalen sehr licht erscheinende Buchten hat sich der prächtige Flaming (Phoenicopterus minor) auserkoren; und wenn er auch nicht so häufig auftritt, als zur Winterszeit in den Seen Unteregiptens sein Verwandter (Ph. antiquorum), so darf er doch wenigstens keine Seltenheit genannt werden. Aber das Meer zeigt sein tropisches Gepräge in einem anderen Vogel noch deutlicher an, als in dem Flaming: ich meine in dem Tropikvogel (Phaëton aethereus), welcher hoch in der Luft eilenden Fluges dahinjagt und plötzlich wie ein Pfeil herab aufs Wasser stürzt, um einen erspähten Fisch zu erfassen. Das schöne Thier wird zur wahren Augenweide des einsamen Reisenden: Gestalt, Färbung und Wesen vereinigen sich, ihn zu einem höchst anziehenden Gegenstand zu stempeln.

Außer den Genannten sieht man die kleineren Fischer in großer Menge: der **Reiherläufer** (Dromas ardeola), welcher in seinem Wesen am meisten an den **Verkehrtschnabel** (Recurvirostra avocetta) erinnert, steht fischend in den seichten Buchten und auf den Korallenbänken, der **Strandreiter** (Himantopus rufipes) findet sich zwar nicht in bedeutenden Gesellschaften, ist aber doch recht häufig.

Daß eine so zahlreiche Vogelmenge auch die Räuber herbeizieht, ist erklärlich. Gerade auf den Inseln des rothen Meeres findet sich der sonst so seltene und deshalb sehr gesuchte **einfarbige Falk** (Dendrofalco concolor) in ziemlicher Menge. Er ist der Feind des kleineren Geflügels am Strande wie im Gebüsch und erwirbt sein tägliches Brod mit spielender Leichtigkeit. Neben ihm hat sich der überall häufige **Thurmfalk** (Cerchneis spec?) auch hier eingefunden, um seine Kerbthierjagd zu betreiben. In der Nähe der Vogelberge bemerkte ich einen mir leider vollkommen unbekannten Raubvogel, einen **Edelfalken**, beinahe von der Größe des nordischen **Jagdfalken** (Hierofalco islandicus), diesem auch darin ähnlich, daß er ebenfalls gerade die Vogelberge zu seinen Wohnsitzen wählt, weil sie ihm am leichtesten zur Beute verhelfen. Den mehr mit dem Fischfang, als mit der Vogeljagd beschäftigten **Seeadler** (Haliaëtos funereus) und den seinen Klassenverwandten vollkommen unschädlichen **Fischadler** (Pandion haliaëtos) erwähne ich nur der Vollständigkeit halber.

Mehr Namen aufzuführen, bin ich leider nicht im Stande, weil es mir nicht vergönnt war, den reichen Meerbusen so kennen zu lernen, wie ich es wohl gewünscht hatte.

Betritt man vom rothen Meere aus die afrikanische Küste, so hat man im Norden die reine Wüste, im Süden dagegen die **Samchara** vor sich. Dieser, der Theilnahme des Thierkundigen sehr würdige Landstreifen, ist als ein Mittelding zwischen der Wüste und der reicheren Steppe anzusehen. Auf Stellen hin erinnert er durchaus an die Wüste, an anderen Orten wieder an die Steppe und längs der Regenbetten sogar an die waldigen Stromufer des tieferen Innern. Das ganze Gebiet liegt im Regengürtel und zeigt gleichwohl nur an den günstigsten Stellen den Reichthum und die Fülle der Wendekreisländer. Der alte Pluto hat hier ebenso gehaust und gewirthschaftet, wie in dem angrenzenden rothen Meere oder im benachbarten Hochgebirge, und es der milden Hand Floras oft ganz unmöglich gemacht, ihren grünen Pflanzenschmuck auf die Bodendecke zu legen. Die Samchara ist trotz des belebenden Wassers im Ganzen arm und dürftig geblieben. Unter dem Gürtel gelegen, welcher im Innern Afrikas alle Ebenen zu Steppen umgewandelt hat, ähnelt sie noch jenen Gegenden, über denen jahraus jahrein ein niemals bewölkter Himmel blaut, auf welche kein Tropfen des lebenerweckenden Wassers niederfällt. Eigentliche Wüste freilich kann sie nirgends genannt werden.

Hart an der Küste zieht sich gewöhnlich ein dunkelgrünes, von der S ch o r a gebildetes Land dahin. Diese dichtwipflige, etwa zwanzig Fuß hohe Pflanze gedeiht nur innerhalb der Flutgrenze, bringt aber immer weiter und weiter nach dem Meere zu vor, weil zwischen ihrem Gewurzel und den von diesem ausgehenden Schößlingen Alles, was die See ans Ufer wirft, zurückgehalten und somit neuer Boden gebildet wird. Kein Sonnenstrahl durchdringt das Dickicht, welches die Schora bildet; eine beängstigend feuchtheiße Luft herrscht in ihm vor: es gleicht vollständig den üppigen und so verrufenen Pflanzengürteln, welche die Stromufer und Meeresküsten Indiens, Westafrikas und Südamerikas besäumen. Nur wenige S ch i l d k r ö t e n und K r a b b e n bewohnen es, denn die Vögel, deren Nester man so häufig hier findet, hausen nicht in, sondern auf diesem Dickicht.

Erst hinter dem grünen Uferbande beginnt die Samchara. Sie bildet einen für das Auge unendlich traurigen Gegensatz mit ihm. Eine Wüste mit dürftigen, sonnenversengten Pflanzen breitet sich vor den Blicken aus. Oede, grau, farblos erscheinen die Pflanzen, nur der Boden selbst zeigt lebendige Farben; die hellstrahlende Sonne beweist an ihnen die Meisterschaft: sie zaubert farbenreiche Bilder vor das Auge, wie in der eigentlichen Wüste.

In der Samchara wechselt ein wahres Wirrsal von vulkanischen Hügelreihen und Bergen mit Niederungen und Thälern ab. Auf den tiefschwarzen Erhebungen klettern die M i m o s e n, wenn auch nur in verkrüppelten, einzelstehenden Büschen bis zu den Gipfeln empor; in den

Niederungen erheben sich über verschiedene Gräser und Kräuter Tamarisken und Christusdornen, Balsamsträuche (Balsamodendron africanum), Euphorbien, Asclepiasbüsche und Salsoleen. Blos da, wo das dem Gewirr der Gebirge entsprechende Netz der Regenbetten sich ausspannt, offenbart sich der Reichthum und die Pracht der Tropen. Hier sind die Mimosen wassergesättigt und zu gewaltigen Bäumen emporgewachsen; hier hat ein ganzes Heer von Schlingpflanzen aller Art ihre Wipfel umrankt und umzogen; hier haben sich die prachtvollsten Lauben und auf Strecken hin Dickichte gebildet, welche, so schmal sie auch sind, dem Auge doch nicht erlauben, sie zu durchdringen. Manche Thäler sind überaus malerisch, der Boden ist fruchtbarer, als anderswo, und die Regen haben hier eine ziemlich üppige Pflanzendecke hervorgerufen, welche einen erfrischend grünen Teppich bildet. Hier zeigt sich dem Kundigen eine verhältnißmäßig große Menge von Pflanzen. Den verschiedenen Akazien und Nabakhgebüschen hat der Cissus einen großen Schmuck verliehen; seine vierseitigen Ranken fallen wie reiche Gewinde hernieder. Mehrere Winden, zum Theil solche, welche prächtige Blüthen haben, klettern mit ihm um die Wette und vervollständigen die Lauben, welche er bildet. Zu den obengenannten Pflanzen treten nun in großer Anzahl: Stapelien, Staticeen, Ricinus, Capparis und andere. Kurz, die Samchara zeigt hier deutlich genug, daß sie nicht Wüste ist.

Solche Verschiedenheit der Oertlichkeit der Pflanzenwelt bedingt nothwendigerweise eine reichhaltige Thierwelt. Manche von den schwarzen Gebirgen haben genug Pflanzen und Bäume, um selbst dem vielbegehrenden Affen, und zwar dem grauen Mantelpavian (Cynocephalus Hamadryas), zu genügen. Andere bieten wenigstens der lieblichen Gazelle (Gazella Dorcas), deren Aeßung fast ausschließlich aus Mimosenblättern besteht, alle Erfordernisse zum erwünschten Aufenthalt, während die breiteren Thäler und die Ebenen, welche von den Hügelzügen eingefaßt werden, zwei andere Antilopen ernähren, die prachtvolle Beisa (Oryx Beisa) der Eingeborenen, den eigentlichen Oryxbock der Alten, und die stattliche Sömmerings-Gazelle, welche, zu kleinen Trupps vereint, schon von fern die Aufmerksamkeit des Forschers und Jägers auf sich zieht. Im Dickicht an den Ufersäumen der Regenbecken findet sich überall häufig der Zwerg dieser Familie, die kleine, allerliebste Antilope, welche den Namen des Naturforschers trägt, der auf einer Insel in der Bucht von Massaua seine Ruhestätte fand (Cephalophus Hemprichiana). Man findet sie nur paarweise, weil sie — eine seltene Ausnahme unter den Säugethieren! — in treuinniger Ehe lebt. Nächst den Gazellen darf dieses schmucke Geschöpf wohl das häufigste aller Säugethiere der Samchara genannt werden; der Jäger kann auf einem einzigen Ausfluge von wenigen Stunden längs eines einzigen Regenbettes leicht 40 bis 60 Paare antreffen. Große Herden von stattlichen Rindern, dem afrikanischen Zebu angehörend, weiden hier Monate lang unter jenem Gewilde; das muntere Volk der Ziegen und mehrere Rassen der haarigen Schafe mit gewichtigem Fettschwanze (Ovis platyura persica) beleben in anziehender Weise die dunkelen Berge. Diese Herden ziehen beständig die ihnen überall folgende, nächtlge Schaar der kerbthierfressenden Fledermäuse (Rhynolophus und Dysopes, Synotus und Vesperugo), aber auch die großen Räuber nach sich. Denn daß bei solchem Reichthum an leicht zu überwältigender Beute das Heer der Raubthiere nicht fehlt, läßt sich erwarten.

Der gewaltige Löwe (Leo senegalensis) streift von seinen Gebirgen herunter, um hier Jagd zu machen. Er findet in dem von Schlingpflanzen umsponnenen Gebüsch überall eine sichere Zufluchtsstätte und wird, weil ihm hier kein Feind lebt, so dreist, daß er am hellen, lichten Tage zur Jagd oder wenigstens zur Umschau hinauszieht. Der Leopard (Leopardus antiquorum) ist seltener; verhältnißmäßig um so häufiger aber ist der afrikanische Gepard oder Jagdleopard (Cynailurus guttatus), für welchen die Samchara gerade das geeignete Gebiet zu sein scheint. Der Schakal (Canis mesomelas) ist gemein, der Fuchs (C. famelicus) weniger häufig; außerdem treiben sich aus der Familie der Hunde noch mehre Arten hier herum: so z. B. der Wolfshund (Canis Anthus), welcher, wenn auch selten, aus den westlichen Steppen herüberstreift, und der gemalte Hund (Lycaon pictus), welcher einzeln an allen günstigen Orten zu treffen ist, zu gewissen Zeiten aber scharenweise herbeikommt, den Herdenthieren eifrig nachstellt und deren Besitzern oft große Verluste bereitet. Ueberaus häufig ist allerorten die gefleckte Hiäne (Hyaena crocuta); ihr Gebiet beginnt an der Grenze der tropischen Regen; nördlich davon vertritt sie ihre gestreifte Verwandte (H. striata).

Neben diesen großen Raubgesellen finden sich auch die beutegierigen

Schleichkatzen oder Manguſten in zwei Arten (Herpestes fasciatus und H. gracilis); denn für ſie gerade iſt die Gegend beſonders günſtig. In allen weiteren Thälern, zumal nahe am Meere, wächſt eine Euphorbie, welche dicht verſchlungene Gebüſche bildet, in großer Menge. Sie bildet das rechte Jagdgebiet für die Schleichkatze. Im Euphorbiengebüſch verbirgt ſie ſich, wenn ihr Gefahr droht; in ihm ſchleicht ſie leiſe und unhörbar umher, Jagd auf alle die kleinen Vögel machend, welche von der Armuth der Höhen in das reichere Thal herabgetrieben wurden. Nach übereinſtimmenden Angaben der Eingebornen ſoll auch die Zibethkatze (Viverra Civetta) und die von Rüppell in Abiſſinien aufgefundene Ginſterkatze (Viv. abyssinica) hier vorkommen.

Die Familie der Nager bietet wenige, aber doch einige anziehende Erſcheinungen, ſo zunächſt den langöhrigen Haſen (Lepus abyssinicus), welcher dem Fremden als der ſonderbarſte Burſch unter der Sonne erſcheinen muß, weil er eine Dummdreiſtigkeit beſitzt, wie keiner ſeiner Verwandten. Er iſt unglaublich häufig, in der Ebene ſowohl, wie auf den Bergen, auf den ſteinichten Hügeln, wie in den mehr ſandigen Ebenen. Ungleich ſeltener ſieht man eines jener behenden, biſſigen Erdeichhörnchen (Xerus rutilus), welche zwiſchen dem Wurzelwerk der Bäume oder in Geſteinen ihr Lager aufgeſchlagen haben und von hier aus bei Tage umherſtreifen, ziemlich ohne Scheu vor dem Menſchen, welchen ſie ja auch nicht zu fürchten brauchen. Da, wo die Ebenen auf weite Strecken hin Sand ſind, haben ſich Mäuſe (wohl Mus variegatus) angeſiedelt, während andere Mitglieder dieſer Familie mehr das Gebüſch bevorzugen. An einigen Orten der Samchara ſieht man auch den „Vater der Dornen", wie die Araber ſagen, das Stachelſchwein (Hystrix cristata), oder wenigſtens deſſen Höhlen, da das ſcheue Thier viel zu furchtſam iſt, als daß es bei Tage aus ſeinen Löchern hervorkommen ſollte.

Auch die Ordnung der Einhufer hat hier, aber wahrſcheinlich mehr gegen die Steppen der Habahbländer hin, einen Vertreter, den wilden afrikaniſchen Eſel (Asinus africanus). Ich ſelbſt habe ihn leider nicht zu Geſicht bekommen, bin aber über das Vorhandenſein deſſelben in der Samchara durch glaubhafte Ausſagen belehrt worden. Im nahen Barka kommt das noch ſehr wenig bekannte Thier in Menge vor.

Zur Regenzeit, aber selten, kommt von den Gebirgen hernieder und aus den westlichen Steppen herein eine Herde Elefanten gezogen, verweilt einige Tage oder auch nur Stunden in unserem Gebiete und zieht sich dann wieder in ihre noch einsameren und noch weniger von dem störenden Menschen besuchten Gebirge und Steppen zurück. Häufiger ist ein zweiter Dickhäuter, das gewaltige Warzenschwein (Phacochoerus), welches Rüppell zu Ehren des alten Aelian benannte. Dieses findet man einzeln oder in Trupps von 10 bis 15 Stück in den buschreichen Thälern in der Nähe des Gebirges; denn bis an das Meer selbst kommt es nicht herab.

Dies sind die bemerkenswerthesten Erscheinungen aus der Klasse der Säugethiere.

Ungleich häufiger tritt das leichtbewegliche Volk der Vögel in der Samchara auf. Für sie, die Leichtbeschwingten, ist es ja ein Kleines, von Ort zu Ort zu gelangen; sie verweilen in der Samchara, so lange es ihnen behagt, und suchen sich, wenn die Nahrung knapp wird, andere günstig gelegene Orte auf. Hier will ich nur die größten und bekanntesten Vögel hervorheben; wir werden ja doch alle, welche ich beobachten konnte, weiter unten kennen lernen.

Die Ordnung der Raubvögel ist, wie leicht erklärlich, in einem so reich bewohnten Gebiet stark vertreten. Als den gemeinsten Raubvogel haben wir den Mönchsgeier (Cathartes monachus) anzusehen. Ihm begegnet man überall, im Gehöft des Küstenbewohners, wie in den Straßen der Städte, mitten in der Steppe, wie vor dem Zelt des nur zeitweilig hier sich aufhaltenden Hirten. Außerdem kommen noch der von mir Rüppell zu Ehren benannte langhalsige Geier (Gyps Rueppellii) und der Ohrengeier (Otogyps nubicus) vor. Selten sind dagegen die sonst so gemeinen schmutzigen Aasgeier und ein andrer dieser Familie angehöriger Vogel (Gyps bengalensis), welcher im Sudahn häufig ist. Die eigentlichen Räuber habe ich nicht oft gefunden, wahrscheinlich aber nur, weil unsere Reise eben nicht in die günstigste Jahreszeit fiel. Wir beobachteten blos den Raubadler (Aquila rapax), welcher hauptsächlich den Hasen nachgeht, den Singsperber (Melierax polyzonus), den Steppenweih (Circus pallidus), den überall gemeinen Milan, ein oder zwei Sperberarten (Nisus sphaenurus) und den Thurmfalken. Mehrere Male sah ich die so ausgezeichneten Schlan-

genjäger, den Sekretär (Gypogeranus serpentarius), den Gauk=
ler (Helotarsus ecaudatus) und auch den von mir schon im Westen
entdeckten Schlangenadler ohne Brustschild (Circaëtos orientalis).

In den Schrei= und Singvögeln prägt sich die Samchara so
recht deutlich aus. Weit häufiger als die Haubenlerche (Galerita
lutea) ist die kleine Wüstenlerche, von der ich mindestens zwei Arten
(Melanocorypha isabellina und M. deserti) beobachtete. Gar nicht
selten finden sich mehrere Ammern, welche ich früher auch immer in der
Wüste fand (Emberiza caesia, E. striolata); und auch der schöne
Honigsauger (Nectarinia metallica), welcher alle Mimosen um=
schwirrt und aller Mimosen Blüthen durchsucht, ist mehr Wüsten= als
Steppenthier. Er findet sich ausschließlich in der Samchara, während
das benachbarte Gebirge mehrere andere Arten aufzuweisen hat, welche
wiederum nicht bis hierherunter sich verirren.

Unter ihren Verwandten sind die Lachtauben (Turtur risorius),
die eigentlichen Stammeltern unseres Hausgeflügels, die häufigsten; ihnen
begegnet man, so zu sagen, bei jedem Schritt, in den Thälern ebensowohl,
wie auf den Bergen: sie sind überaus gemein. In den reicheren Thälern
tritt zu ihnen die langgeschwänzte, prächtige, zimmtflügelige oder Kap=
taube (Oena capensis), welche mehr die zusammenhängenderen Ge=
büsche bevorzugt, aber noch eigentlicher Baumvogel ist, während eine
kleinere, seltnere Art, die purpurflügelige Erdtaube (Chalcopelia
afra), mehr der Tiefe angehört und in den dichtesten Gebüschen auf dem
Boden herumläuft. Jene Säume an den Ufern der Regenbetten sind
überhaupt eigentliche Versammlungsorte der Vögel. Hier streifen die
Schiller= oder Glanzdrosseln (Lamprotornis) umher; hier
finden sich die rothkehligen Frankolinhühner (Francolinus rubricollis) und die Perlhühner (Numida ptilorhyncha) oft in sehr
großer Anzahl. Von den Wüstenhühnern beherbergt sonderbarer
Weise die Samchara nur eine einzige Art (Pterocles quadricinctus), und
auch die in den Steppen so häufigen Trappen sind selten und ebenfalls
nur in einer Art (Otis arabs) vertreten. Straußen kommen vor, an
manchen Orten auch in größeren Trupps; wir aber haben keine gesehen.

Merkwürdiger Weise hat die Samchara auch ihre Sumpf= und
Wasservögel. Da, wo sich ein dürftiger Faden Wassers mühselig durch
ein Regenbett schlängelt, hier und da Lachen bildend, finden sich augen=

blicklich Vögel der genannten Ordnungen ein, um die Plätze bestens
auszunutzen. So gewahrten wir einen Flug der schönen egiptischen
Gans (Chenalopex aegyptiacus) und waren auch so glücklich, ein
Stück zu erbeuten. Sumpf- und Strandvögel (Charadrius,
Totanus, Tringa, Hoplopterus) sahen wir häufig; der getüpfelte
Wasserläufer oder Grünfuß (Totanus achropus) fehlte an keinem
Gewässer. Wenn man bedenkt, daß die genannte Gans ein erwählter
Flußbewohner ist, muß man sich billig wundern über das Geschick, mit
welchem die Klasse der Vögel jedes nur einigermaßen Nahrung ver-
sprechende Plätzchen aufzufinden und auszunutzen versteht.

Aber ich habe in der Samchara noch Merkwürdigeres gesehen, als
egiptische Gänse. In einem Flußbett, wo ein schwaches, stark salzhal-
tiges Wässerchen dahinfließt, sah ich in einem Tümpel zu meinem nicht
geringen Erstaunen ein etwa vier Fuß langes Krokodil (Crocodilus
niloticus)! Ein Blick auf die Karte belehrt, daß in dem von uns bereisten Gebiet kein einziger Fluß vom Gebirge aus zum Meere läuft; denn
selbst die dunkelen Linien, welche eine Karte vielleicht zeigt, sind nichts
weniger als Flüsse, sondern nur jene Strombetten, in welchen blos während der Regenzeit Wasser dahinbraust. Eine Verbindung mit größeren
Strömen, etwa dem Nil oder einem seiner Zuflüsse, mit dem noch nicht
erforschten, vielleicht mündungslosen Ain-Saba giebt es nicht: wie
kam also das Krokodil an den Ort, wo ich es auffand, in den Tümpel,
in welchem es kaum mehr Platz zu freier Bewegung hatte, als in einem
Becken, wie sie ihm und seinen Sippschaftsverwandten in unseren Thiergärten geboten werden können? Ueber Nahrungsmangel brauchte es
freilich nicht zu klagen; denn Tausende von kleinen Fischen erfüllten den
Tümpel. Sie waren vom Meere aus zum Flusse heraufgezogen: sollte
auch das Krokodil mit ihnen aufgestiegen sein? Ich habe mir über dieses
Räthsel vergeblich den Kopf zerbrochen.

Außer diesem harm- und machtlosen Sproß gefürchteter Ahnen zeigte
die Klasse der Lurche hauptsächlich in den Eidechsen zahlreiche Vertreter. In der Samchara findet sich von fast allen Sippen dieser
schmucken, beweglichen Gesellschaft wenigstens ein Mitglied vor. Jeder
Steinhaufen ist ein Tummelplatz der gewandten, farbenprächtigen Geschöpfe, welche unter den glühenden Strahlen der tropischen Sonne eine
ganz andere Regsamkeit in geistiger, wie in leiblicher Hinsicht offenbaren, als

bei uns zu Lande. Schlangen sind viel seltener. Sie drängen sich nicht beim Auge auf; man muß lange nach ihnen suchen, wenn man sie finden will. Dagegen kommen Frösche und Kröten in der Nähe der Wasserbecken vor, und ebenso kann man mit ziemlicher Sicherheit darauf rechnen, in den größeren Tümpeln eine Wasserschildkröte zu finden.

Vier bis sechs Meilen von der Küste des rothen Meeres steigt das von uns besuchte Gebirge ziemlich schroff aus der Samchara empor. Von weitem erscheint es wie ein ungeheurer Wall, über welchen die zackigen Gipfel des eigentlichen Hochgebirges von Bogos emporragen. Von den wenigen nach der Samchara ausmündenden, meist von steilen Wänden eingeschlossenen Thälern gewahrt man jetzt nicht viel; sie treten erst beim Näherkommen ins Auge. Im Lichte der abissinischen Sonne erscheint das Hochgebirge ungleich schöner, als eine ähnliche Landschaft in unseren Breiten. Jedes Gebirge, und liege es inmitten der Wüste, zeigt hier einen Reichthum an Farben, welcher geradezu in Erstaunen setzt. Es ist ein ewiger Wechsel von Licht und Schatten, Helle und Dunkel bemerkbar. Und da nun die Berge selbst durch ihre schwarzen Felsmassen hervorstechen und die überall, wo ein Plätzchen sich findet, in üppigster Fülle an steilen Wänden wuchernde Pflanzenwelt eigene, feststehende Farben besitzt, giebt das Ganze ein Schaubild zum Entzücken. Es wird Einem wohl in der Seele, wenn man dem Gebirge näher und näher kommt; man treibt das Maulthier zu frischerem Lauf an, um bald die Luft genießen zu können, sich mit ganzem Herzen in eines jener wunderbaren Thäler zu versenken, jener Thäler, welche alle Schönheiten unserer Alpenwelt mit dem Reichthum der Tropen vereinen.

Sobald man das Gebirge betritt, d. h. in eines jener Thäler gelangt, in denen, noch immer schwierig genug, dürftiger Verkehr der wenig begehrenden Kinder der Höhe mit den Küstenbewohnern stattfindet, ist man wie durch Zauberschlag in eine neue Welt gekommen. So reich auch die Samchara als Wüste genannt werden kann: sie will als die ärmste, schrecklichste Einöde erscheinen, wenn man sich von einem Reichthum umgeben sieht, den man erschaut haben muß, um ihn zu verstehen. Gern

möchte ich auch sagen, den man besessen haben muß: aber wer
darf sich hier wohl Herr und Besitzer nennen? Hier verläßt den Forscher
seine Kenntniß; hier wird er selbst arm, wie der kenntnißlose Laie, weil
er nicht im Stande ist, die unendliche Fülle auch nur abzuschätzen,
geschweige denn zu bewältigen und somit sich anzueignen. Hunderterlei
verschiedene Eindrücke bestürmen alle Sinne auf einmal. Die reiche
Pflanzenwelt giebt Nahrung und Wohnung für ein zahlreiches Heer von
Thieren, und Pflanze und Thier verbinden sich, die Sinne des Menschen
anzuregen. Nur der Sinn des Geschmacks bleibt verschont; alle übrigen
werden unausgesetzt in Thätigkeit erhalten. Gesicht, Gehör und Geruch
schwelgen in den Eindrücken, welche auf sie einstürmen, blos das Gefühl
theilt den Genuß nicht mit jenen: es wird belästigt, während die anderen
sich weiden. Der an den steilen Felswänden emporkletternde Blick,
welcher erst entscheiden möchte, was für ein Gestein die Wände zusammen=
setzt, wird durch diese oder jene Pflanze, durch eine der blüthenreichen
Kaktus arten, durch die wundervollen Kronleuchtereuphorbien,
durch die vorher kaum noch gesehenen Mimosen aufgehalten und ver=
wirrt; das Ohr, welches eben dem anmuthigen Gesang eines kleinen
Finken lauschen wollte, ward durch die glockenreinen Flötenlaute eines
Würgers abgeleitet: und so findet der Neuling in diesem Reiche an=
fänglich kaum Zeit, sich dem Beschauen und Belauschen eines Gegen=
standes mit ruhiger Geschäftigkeit hinzugeben! —

  Die Bogosländer erlangen unweit des auf einer Hochebene gelegenen
Dorfes Mensa ihre größte Höhe. Zu beiden Seiten dieser Hochebene
erheben sich schroff prachtvolle Berge. Die nach Süden hin gelegenen
sind die höchsten. Man sieht die gewaltigen Felszinnen schon vom Meere
aus über die Vorberge hinwegreichen; ja man soll sie, wie ich erfuhr,
bereits in nicht großer Ferne von der asiatischen Küste des Meerbusens
wahrnehmen können. Sie sind etwa 8000 Fuß hoch. Von ihnen aus
fällt das Gebirge nach Westen, Norden und Osten hin, während es nach
Süden zu unmittelbar mit den Alpen des eigentlichen Abissiniens zu=
sammenhängt. Sehr tiefe, außerordentlich schmale Gebirgsthäler laufen
strahlenförmig nach den drei genannten Seiten hin von diesen Vorbergen
der Alpen aus. Nur wenige dieser Thäler sind so lang, daß die in ihrem
Grunde während der Zeit der Regen stromartig dahin brausenden Wässer
auch in den trockenen Monaten des Jahres sich erhalten und als

Bächlein dahinrieseln können. In den vielen, durch ihre Kürze sich aus=
zeichnenden Querthälern findet man gewöhnlich blos die Spur des
Wassers, aber nur nach den starken Regengüssen ein fließendes Bächlein,
welches freilich gar bald zum wüthenden Strome sich verstärken kann.

Das Gebirge selbst beweist, wie die Samchara, daß es durch vul=
kanische Kräfte emporgehoben wurde. Auf den höchsten Spitzen tritt ein
sehr grobkörniger, bröcklicher Granit, an einzelnen, aber wenigen Stellen,
auch ein feinerer Porfir zu Tage: beide bilden überall die zackige
Krone der erhabensten Gipfel. Um sie herum, einem um die Schultern
der Bergreihen geschlagenen Mantel vergleichbar, steht überall die herr=
schende Gesteinart, der Thonschiefer, an: er, der Granit und der Porfir
bedingen die eigentliche Schroffheit des Gebirges und die Kühnheit der Gipfel.

Leider war es mir nicht vergönnt, das Gebirge, dieses Kleinod in
den Augen jedes Forschers, auch nur einigermaßen kennen zu lernen!
Meine Erfahrungen beschränken sich auf ein tiefes Thal, den bereits oben
erwähnten Chor von Mensa, auf die Hochebene, in welcher das
gleichnamige Dorf liegt, und auf zwei oder drei der nächsten Spitzen.
Von ihnen aus habe ich freilich eine prächtige Rundschau halten und einen
großen Theil des Bogoslandes übersehen können; aber diese Vogelschau
hat mich nur über das Eine belehrt: daß ich das Gebirge selbst so gut
wie gar nicht kennen gelernt habe!

Jener erwähnte Chor ist ein tiefes Felsenthal, welches sich in ziem=
lich gerader Richtung von Osten nach Westen hin etwa acht Meilen lang
durch das Gebirge zieht und von Anfang bis zu Ende ununterbrochen und
zwar sehr merklich ansteigt. Ein Wässerchen, welches in seiner ganzen
Stärke dicht unterhalb des Dorfes Mensa zu Tage tritt, durchläuft ihn,
hier und da Tümpel bildend, manchmal auf große Strecken hin ver=
schwindend und dann wieder, aber jedes Mal schwächer und wasserärmer,
zum Vorschein kommend. In die Samchara selbst reicht es nicht hinaus:
es versiegt etwa anderthalb Meilen vor dem Ende des Thales im Sande.
Mit Ausnahme des Ain=Saba ist dieses Wässerchen wahrscheinlich
eine der größeren, wo nicht die größte Lebensader der ganzen Gegend;
wenigstens waren alle übrigen Chuar, welche wir gesehen haben, bereits
zur Zeit unseres Aufenthaltes, während des letzten Theiles der
kleinen Regenzeit vertrocknet, und man mußte in ihnen schon ziemlich
tief graben, wenn man Wasser finden wollte. Wie hoch dieses Bächlein

während der Regenzeit selbst anschwellen kann, zeigt sich überall an den Thalwänden. Bis zu einer gewissen Höhe hinauf hat die Pflanzenwelt es nicht vermocht, sich auszubreiten. Der jährlich hier durch das Thal fluthende Wogenschwall reißt alle Pflanzen mit sich fort, nur diejenigen ausgenommen, welche an den breiteren Stellen des Thales Wurzel gefaßt haben, da, wo die Wassermassen ihre verderbliche Kraft nicht äußern können. Von den hohen Bergspitzen herab haben die Wässer große und schwere Blöcke in das Thal gerollt, bis weit nach unten hin, wo man sie als die einzigen ihrer Art wirr durcheinandergeworfen liegen sieht.

Der Chor von Mensa bildet eine der Heerstraßen der Bogosländer. In ihm bewegt sich fast ausschließlich der Verkehr des Menschen. Der Chor selbst ist für Kamele, wenigstens theilweise, ein noch immer begehbarer Weg; die Mensa gebrauchen diese Lastthiere aber gar nicht, sondern laden ihr geringes Hab und Gut dem im Hochgebirg geborenen und großgewordenen, wie Antilopen kletternden Ochsen auf den Rücken, und der von der Küste herkommende Reisende zieht, soviel als er kann, die gewandten Maulthiere den unbeholfenen Wüstenschiffen vor. Aber der Verkehr der Gebirgsbewohner mit dem Küstenlande ist so gering, daß die wenigen Reisenden, welche dieses Thal durchziehen, gar nicht in Betracht kommen. Der Chor von Mensa bildet hauptsächlich eine Heerstraße für die Herden der viehzüchtenden Gebirgsbewohner. Diese wandern in ihm von dem hochgelegenen Dorfe aus nach der Samchara herab, um das durch die Regen in ihr hervorgerufene Grün abweiden zu lassen; sie kehren in ihm von dort, wenn die glühende Sonne das Grün versengt hat, wieder nach den kühlen Höhen zurück, auf welchen sich die vom rothen Meere aufsteigenden, durch die Glut der Samchara emporgetriebenen Dünste niederschlagen und noch eine für Afrika ganz ungewöhnliche Frische erhalten, wenn unten schon Alles versengt und verbrannt ist.

Gerade in diesem Theile Afrikas sind die klimatischen Verhältnisse ganz eigenthümlich. Das Gebirge hat zweimal im Jahre eine regelmäßig wiederkehrende Regenzeit, die eine, große, zwischen den Monaten August bis November, die andere, kleinere, zwischen Februar und April. Während der ersten Zeit unsres Aufenthalts regnete es täglich im Gebirge, wogegen unten in der Samchara der Himmel nur noch die Wolken zeigte, welche dem Gebirge das ihm eigene, reiche Leben spendeten. Einzelne starke Regengüsse erstrecken sich freilich auch über die Ebene und bis an die nahe Küste des Meeres; man kann jedoch annehmen, daß erst von sechs Regengüssen ein einziger auch die Ebene tränkt.

Der Chor von Mensa nun erhält gerade durch diese klimatischen Verhältnisse seine Bedeutung. Wäre die Ebene unten reine Wüste, so würden die Mensa niemals ihre prächtigen Höhen verlassen, sondern, wie die Schweizer, ihre Herden von einem Bergabhang zum andern treiben: so aber nutzen sie, berechnend, die bald verdorrende Weide der Tiefe aus und ziehen sich dann erst auf das Gebirge zurück; so finden sie sich veranlaßt, vier Mal im Jahr auf und nieder zu steigen. Eben hierdurch ist dieses Thal auch für den Menschen und die Hausthiere zur Heerstraße geworden. Den Thieren der Wildniß war es schon längst der bequemste Weg für ihre Streifzüge und Wanderungen.

In diesem Theile der afrikanischen Schweiz mag es wohl kaum ein schöneres Thal im Gebirge geben, als der Chor von Mensa es ist. Ueberall, wo die Felsenwände nicht senkrecht oder überhängend abfallen, deckt eine reiche Pflanzenwelt die Gehänge, so mühsam sie sich auch ihr Dasein fristen mag. Nirgends weiter habe ich eine so ausgebildete Wurzelung gesehen, wie hier. Viele Bäume keimten oben auf einer mehr als haushoch über dem Grunde gelegenen Felsplatte; sie fanden bald nicht mehr Nahrung genug und mußten dieselbe nun in der Tiefe suchen. Von der Höhe herab sandten sie Wurzeln nach dem feuchten Grunde des Thales nieder. Die Wurzeln klammerten sich bei dem Niedersteigen an den Felsen an, verschlangen sich, bildeten Netze und Geflechte, trieben einzelne Schößlinge und gingen weiter und weiter, bis sie endlich den feuchten Grund erreichten. Manchmal sieht man eine Wurzel, einem ungeheuren Taue vergleichbar, in anmuthigen Windungen gegen 70 bis 80 Fuß emporklettern, um einem Bäumchen Nahrung zu geben, welches in gar keinem Verhältnisse mit ihr zu stehen scheint. Oft ist es nur ein unbedeutender Strauch, welcher eine mehr als vier Zoll im Durchmesser haltende Wurzel oder ein ganzes Wurzelgeflecht niederschickt, und nicht selten kommt es vor, daß die Länge der Wurzel um das Drei- und Vierfache die Höhe des Baumes oder Strauches übertrifft. An manchen Stellen im Thale bedecken diese Wurzelungen ziemlich bedeutende Flächen der steil abfallenden Wände und haben an diesen Sprößlinge emporgetrieben, welche nun auch ihrerseits wieder zu kleinen Bäumen oder wenigstens zu Sträuchern geworden sind. An andern Orten fallen sie schlaff herunter, ohne sich zu verzweigen, ohne irgend Nebenwurzeln auszusenden, vielleicht mit alleiniger Ausnahme der zarten Fasern, welche sich auf der an dem Felsen anliegenden Seite in das Gefüge des Steins eingedrängt haben; an dem der Sonne oder wenigstens der Luft zugekehrten Theile sind sie immer mit zarter und glatter, gewöhnlich silberweiß glänzender Rinde umhüllt. An andern Stellen der Wände hingegen, wo zwischen den Blöcken sich bereits Dammerde sammelte, haben sich auch andere, größere Pflanzen ansiedeln können, und hier deckt zuweilen ein überaus mannichfaltiger, wenn auch nicht gerade besonders dichter Wald die Gehänge. Es sind nicht blos Mimosen, welche hier wachsen und gedeihen, sondern noch eine ganze Reihe von anderen, mir größtentheils unbekannten Bäumen; ja, hier und da, wenn auch noch sehr vereinzelt, sieht man selbst den Baumriesen Afrikas, die gewaltige, in jeder Hinsicht auffallende Adansonie, den Affenbrodbaum, Boabab, Tabaldie, Dinna, oder wie dieser Dickhäuter unter den Pflanzen sonst noch genannt werden mag. Bei weitem die größte Zahl dieser Bäume ist hier in dem engen Felsthal doch nicht zur rechten Entwickelung gelangt; sie erscheinen krüppelhaft, auch schon während ihrer Jugendzeit: denn das reiche Thal ist für sie, die Vielbegehrenden, doch noch nicht reich genug.

Die ganze Baumwelt zeichnet sich durch ihre schönen und wohlriechenden Blüthen aus. Zu Ende der kleinen Regenzeit strömen von allen Seiten Wohlgerüche auf den Wanderer ein, so daß er glauben mag, er befände sich in einem der sorgsamst gepflegten Gärten. Andere Bäume erfreuen wiederum durch die Pracht ihrer Kronen, so die schattigen und zartblättrigen Tamarinden, welche an einzelnen Stellen im Thale stehen, da wo sich der Chor erweitert. Neben diesen Tamarinden erhebt sich ein unsrer Ulme sehr ähnlicher, mir unbekannter Baum, ein wahrer Riese; Mimosen, dieselben, welche man in der Samchara sieht, nur daß sie dort zwerghaft erscheinen, während sie hier zu ihrer vollständigen Entwickelung gelangt sind; da stehen die schönen Bibingân el Fil oder Kigelien (Kigelia africana) mit ihrem dunkelgrünen, hängenden Gelaube und den gewaltigen, gurkenähnlichen, an langen, schnurartigen Stielen aufgehängten Früchten von 2 Fuß Länge und 5 bis 8 Pfund Gewicht; da finden sich endlich auch Sikomoren, prachtvolle Bäume, wie man sie schöner in ganz Afrika nicht finden kann.

Je höher man emporsteigt, umsomehr neue Pflanzen treten auf, und umsokräftiger erscheint die Pflanzenwelt. Im obern Thale sieht man die oft hainartig gruppirten Sikomoren von vielleicht tausendjährigem Alter, Bäume von einer Größe, daß ein einziger genügen kann, eine ganze Reisegesellschaft mit Kamelen, Zelten, Strohhütten, Gepäck und Allem unter seinem Schatten aufzunehmen und ihr auch alle Bequemlichkeiten zu bieten. Hier sieht man andere, welche, eine ganze Welt für sich bildend, so von Schmarotzerpflanzen überdeckt sind, daß man wohl platte Wände von diesen, aber nur hier und da ein Stückchen Stamm oder einen, gewöhnlich echt malerisch das Ganze durchbrechenden Ast gewahren kann. Die Schlingpflanzen entfalten hier ihre ganze Pracht. Zu den in der Samchara wachsenden treten eine große Zahl neuer Arten hinzu, und jede derselben scheint mit der andern zu wetteifern, wie sie den Baum, welcher ihr Stütze und Halt gewährt, am meisten schmücken und verschönern könne. Auf große Strecken hin schließen sie ihren Wald vollständig dem zudringlichen Fuße ab und lassen hierdurch Dickichte entstehen, deren Inneres für immer Geheimniß bleibt. Außerordentlich anmuthig zeigen sich einige Schlingpflanzen auf der wasserarmen Hochebene selbst. Sie haben sich hier nur einen Baum erkoren, diesen aber so vollständig umrankt, umwoben, umhüllt, umkleidet, daß man von dem Baum selbst nicht das Geringste bemerkt, daß man durch das Netz, welches sie bilden, sich nur schwer mit dem Jagdmesser eine Oeffnung hauen kann, daß der Vogel, welcher auf ihnen sich niederläßt, vor jedem Feinde geschützt ist, selbst vor dem Geschoß des Jägers, weil dieser den Getödteten nicht aufnehmen könnte, auch wenn er sich alle nur denkbare Mühe gäbe. Sie wandeln die von ihnen in Besitz genommenen Bäume in Lauben um, welche der Kunst jedes Gärtners zu spotten scheinen.

Neben diesen genannten Bäumen treten auch noch fruchttragende auf und zwar vor Allem der wilde Oelbaum. Die ganze Höhe des Mensa- und Bogosgebirges ist mit einem, wenn auch dünn bestandenen Wald von Oelbäumen bedeckt, welche gleichsam nur der Hand des gebildeten und gesitteten Menschen zu warten scheinen, um auch andere, werthvollere Früchte zu tragen, als die kleinen, fast ungenießbaren Oliven, welche jetzt nur den Pisangfressern und mehreren Tauben zur Nahrung dienen. Im gleichen Gürtel gewahrt man auch die Kronleuchter- oder Kolquallenphorbien: einen Kaktus, welcher zum Baume geworden ist, aber seine Regelmäßigkeit, sein eigenthümliches Wesen, die Fülle seiner Blätter, die gleichartige Verzweigung derselben beibehalten hat. Sie hebt sich licht ab von dem dunklen Gelände und verleiht der Landschaft einen wunderbaren Schmuck. Zwischen den höheren Bäumen, welche von fern wie ein dünnbestandener Wald erscheinen, wuchern nun äußerst üppig Sträucher, Kräuter, Gräser und Blumen aller Art, in einer Fülle, daß selbst der Kundige froh ist, wenn er zunächst nur die Gattung bestimmt, zu welcher diese Pflanzen gehören. Aloe und Stapelien, Heliothropen, Malven, Winden der verschiedensten Art, Solaneen, Kletternder Jasmin, Cassien, Salvadoren und andere im Verein bilden den Teppich, welcher die Gehänge bekleidet. In ihm erscheinen nun die Kronleuchtereuphorbien, die mattgrau schimmernden Oelbäume, die hellgrünen Mimosen wie eingestickte frische Blätter, während manche, fast nur mit Aloe bestandene Flächen, auf große Strecken hin, in Folge der rothen Blüthen und der vergilbten unteren Blätter, die höheren, brennenden Farben zu dem Ganzen liefern. Erst beim Anblick solcher Gegenden versteht man, warum die ganze Thierwelt buntfarbig ist; würde sie anders sein, so könnte sie nicht mehr passen in ihre Heimat!

Die ärmsten, ödesten Stellen des Gebirges sind begrünt, belebt; man begreift oft nicht, daß in dem trockenen, dürren Kiessande, welcher aus nichts Anderem, als aus dem zerbröckelten, der Auflösung mehr und mehr entgegengehenden Granit besteht, sich große Bäume ernähren können; man wundert sich, daß unter dieser Sonnenglut, ungeachtet der Regen, eine ziemlich reichhaltige Flechtenwelt sich auf den Gesteinen festsetzen kann; man erstaunt, wenn man sieht, daß kein Plätzchen unbenutzt geblieben, daß schon da, wo nur die erste Schicht der Flechten vermoderte, das Gras sich angesiedelt hat. Nur durch Eines sprechen die höchsten Höhen von einer gewissen Armuth: schon von 6000 Fuß an aufwärts bemerkt man an allen höheren Bäumen lange Flechtenzöpfe, wie sie die Bäume unserer Hochgebirge oder jene des hohen Nordens tragen. Die Bäume selbst sind noch nicht arm geworden, noch keine Krüppel, wie jene in unseren Höhen, aber sie büßen doch durch das sie im eigentlichen Sinne des Wortes belagernde Bettlergesindel gar viel von ihrer Schönheit und Anmuth ein.

Wie gern möchte ich noch weiter von dieser Welt erzählen, wenn ich es vermöchte! Aber sie ist mir fremd geblieben und mußte mir es bleiben. Wie unendlich habe ich hier bedauert, nicht Pflanzenkundiger zu sein, wie sehr, daß nicht Einer der ganzen Reisegesellschaft die auffallenden Formen, welche hier sich dem Blicke aufdrängen, welche hier so recht zur Betrachtung, zur Lehre auffordern, zu benennen wußte! Doch auch für mich gab es von Dem, was mir verständlicher war, unendlich Vieles zu schauen! Das Bogosgebirge ist nach allen Berichten, welche uns wurden, noch arm an Pflanzen, noch arm an Thieren, wenn man es vergleicht mit anderen Gegenden des Wunderlandes, zu dem es gehört: aber es ist doch an beiden schon reich genug! Nicht für die Menschen und ihre Herden allein bildet der Chor von Mensa eine Heerstraße und einen Weideplatz, sondern auch für die freilebenden Thiere der Wildniß.

Die Paviane haben sich hier bleibend angesiedelt und streifen nur längs der Höhe des Thales hin und her; denn diese Höhen bieten ihnen ja Alles, was sie brauchen, und der Mensch, welcher unten im Grunde des Thales seine Felder anlegt, sorgt noch mehr für das Wohlbefinden dieser soviel begehrenden Geschöpfe. Die Meerkatzen beschränken sich auf kleinere Gebiete, auf jene Stellen, wo die Ausbuchtung des Thales größeren Bäumen gestattet hat, sich auszubreiten. Den auf- und niederziehenden Viehherden, welche Fliegen und Mücken anlocken, folgen die Fledermäuse, reichlichen Fanges gewiß; aber auch der Löwe, obgleich er gerade hier nicht als sehr gefährlicher Feind der Rinder betrachtet wird, zieht ihnen nach. Der ungleich häufigere Leopard hat sich die Wände zum bleibenden Aufenthaltsort ausersehen. Auch der Wolfshund (Canis Anthus) ist hier eine ständige, obgleich selten gesehene Erscheinung; der Schakal (Canis mesomelas) treibt unbesorgt bei Tag und Nacht seine Jagd, der Fuchs (Canis famelicus) ist vorhanden, wenn auch seltener. Gegen Abend, an regnerischen Tagen bereits in den Nachmittagsstunden, verläßt die gefleckte Hiäne, welche hier unglaublich häufig ist, ihr Lager und streift auf und nieder, nach Jagd umherspähend. Um dieselbe Zeit kommt der unter gleichen Breiten gar seltene Ratel (Ratelus capensis) zum Vorschein, jenes sonderbare Raubthier, welches durch Gang und Wesen, durch Nahrung und Liebhabereien so vielfach an unsern Dachs erinnert. Die schleichende Sippschaft der Mangusten ist überall gemein; denn man sieht sie auf allen Gehängen, welche man betritt. Der großöhrige Igel (Erinaccus platyotis?) tappt ganz wie der unsrige zur Nachtzeit in dem niederen, dichteren Gebüsche umher, Früchten, Mäusen und Kerbthieren nachstrebend.

Hasen und Eichhörnchen sind ziemlich häufig, obgleich beide

mehr die Hochebene des Gebirges bevorzugen. Nur im Hochthale aber findet sich das immer auf den Bäumen lebende, und ich möchte sagen, auf den Aesten klebende **bunte Eichhorn** (Sciurus multicolor). Mehrere Arten von **Mäusen** sind vorhanden, aber, wie überall, schwer zu erlangen und also auch schwer zu bestimmen. Das Vorhandensein des **Felfel** (Bathyergus splendens) bemerkt man wenigstens aus den maulwurfartigen Hügeln, welche man auf den meisten Ebenen aufgeworfen sieht.

Sehr reich ist die Ordnung der Wiederkäuer vertreten. Die **Gazelle** und **Sömmeringsantilope** blieben unten in der Ebene; dafür aber finden sich andere Mitglieder dieser reichhaltigen Familie: so der in kleinen Trupps zusammenhaltende, stolze **Agaseen** (Strepsiceros Kudu), welcher ganz nach Art unsres Hochwildes lebt, der gewandte **Klippspringer**, welcher gerade auf den höchsten Kämmen am liebsten sich aufhält und diesen Alpen Gemse ist, die **Madoqua** (Cephalophus Madoqua), von der man wenigstens reden hört, und das **Zwergböckchen**, welches an allen geeigneten Orten sich angesiedelt hat. Gar nicht selten soll auch das wilde Rind dieser Gegend, der gefürchtete **kafsche Büffel** (Bubalus Caffer), bis hierher seine Streifzüge ausdehnen, doch nur während der großen Regenzeit, über welche ich freilich nicht berichten kann.

Auch die Ordnung der Vielhufer stellt mehr als einen Vertreter. Gerade diese Alpen bewohnen zahlreiche Herden von **Elefanten**, welche zu regelmäßigen Zeiten des Jahres auf und nieder wandern und mit wahrhaft berechnender Kunst sich an den steilen Hängen die günstigen Pässe aussuchen. Ein afrikanisches **Nashorn** (Rhinoceros bicornis oder Rh. cucullatus) kommt wenigstens im Thale des nahen **Ain-Saba** und in dem dem Chor von Mensa gleichlaufenden **Labka** vor; es soll aber auch zuweilen ziemlich hoch im Gebirge aufsteigen. Das **Warzenschwein** (Phacochoerus africanus oder Ph. Aeliani) ist überall häufig, wo es Wasser in der Nähe giebt; doch trifft man es hier ungleich seltner in starken Rudeln an, als in der Tiefe; gewöhnlich zeigt es sich nur einzeln. Wirklich gemein sind die zierlichsten aller Vielhufer, die **Klippschliefer** (Hyrax abyssinicus), wahrhaft reizende Thiere, welche auch das öd'ste Felsengebirge zu beleben wissen. Sie fehlen nirgends, wo ihnen das Gebirge geeignete Wohnplätze bietet, d. h. sie finden sich an allen Wänden, welche Höhlen und Klüfte haben, oder auch zwischen herabgerollten Blöcken am Fuße der Berge.

Die Klasse der Vögel hat auch hier von allen günstigen Oertlichkeiten Besitz genommen. Gerade das Gebirge der Bogos zeigt einen auffallenden Reichthum an diesen leichten Geschöpfen. Unten in der Ebene, sei diese nun die beschriebene Samchara oder die weiter nach Westen hin sich ausbreitende Steppe, sind blos die schweren Laufvögel und einige Lerchen zurückgeblieben; die Hauptmasse derjenigen Arten, welche das Gebüsch bewohnen, finden sich auch im Gebirge. Daß alle fünf Geier der Samchara (Neophron percnopterus, Cathartes monachus, Gyps Rueppellii, Vultur occipitalis und Otagyps nubicus) hier oben vorkommen, wird Niemand Wunder nehmen, welcher jemals diese herrlichen Flieger in Höhen dahinziehen sah, in welchen sie dem unbewaffneten Auge nur als ein kleines Pünktchen erscheinen. Das Gleiche gilt von den Adlern, welche hier durch den Raubadler und den Schopfadler (Spizaëtos occipitalis) vertreten werden. Von Bussarden haben wir nur eine Art, den Augur (Buteo Augur), bemerkt. Der Gaukler ist eine gewöhnliche Erscheinung. Einen anderen, großen, weißbäuchigen, in der Morgensonne weit hinschimmernden Adler vermochte ich nicht zu erkennen. Von den übrigen Falken wurde der Feldeggs-Falke (Falco Feldeggii) oder vielleicht auch der ihm so ähnliche, südliche Wanderfalke (F. cervicalis) beobachtet. Ein Thurmfalke war häufig, aber so scheu, daß er niemals erlegt wurde. Der namentlich in den Steppengegenden so gemeine Singsperber fand sich nur einzeln, der keilschwänzige Sperber hingegen zahlreicher. Der Schmarotzermilan war auch in Mensa heimisch oder im Lagerplatze zudringlicher Gast, gerade so, wie unten in der Ebene. Andere Raubvögel haben wir in den paar Tagen unseres Aufenthaltes nicht gesehen oder wenigstens nicht bestimmt: Heuglin hat uns aber belehrt, daß wir kaum die Hälfte, vielleicht nur ein Drittel der hier vorkommenden Arten dieser Ordnung gesehen haben. Sind uns ja doch Arten entgangen, welche auch dem Laien auffallen müssen: so der Bartgeier (Gypaëtos meridionalis), welcher wenigstens von 6000 Fuß über dem Meere an vorkommen soll, der Sekretär, der geierartige Adler (Aquila vulturina), der Gleitaar (Elanus melanopterus), der einfarbige Falke (Dendrofalco concolor), der kleine Singsperber (Micronisus Gabar) und der schwarze Sperber

(Micronisus niger), der Schlangenadler (Circaëtos orientalis) und andere. Von Nachtraubvögeln fanden wir nur zwei Arten auf: die afrikanische Ohreule und den großen Uhu (Buho cinerascens). Aus der Familie der Schwalben beobachtete ich eine ziemliche Anzahl von Arten. Freilich waren gerade mehrere von ihnen auf dem Zuge: so unsere Rauch- und Mehlschwalben (Cecropis rustica, Chelidon urbica), welche ich an den ersten Tagen meines Aufenthaltes in der Samchara sowohl, als oben im Gebirge, flugweise vorüberziehen sah. Die Stelle unserer Rauchschwalbe vertraten zwei Arten (Cecropis rufifrons und C. abyssinica); beide sind jedoch nicht so häufig, als die erstere im Ost-Sudahn es ist, wo sie in derselben Menge, wie bei uns die Rauchschwalbe, auftritt. Zu ihnen kommen die schwarzsteißige und die fadenschwänzige Edelschwalbe (Cecropis melanocrissus und Ubromitus filifera) so wie die merkwürdige, blaue Seglerschwalbe (Atticora pristoptera), welche ich freilich nur ein einziges Mal sah und erlegte, ein kleiner Segler (Cypselus abyssinicus) und eine Felsenschwalbe (Cotyle obsoleta). Unten am Fuße des Gebirges und an dem Ausgange der Thäler hörte ich allabendlich einen Ziegenmelker (Caprimulgus tristigma), während in dem oberen Theil des Gebirges von diesem anmuthigen Nachtsänger nicht das Geringste verlautete; um Mensa herum wenigstens scheint kein einziger Nachtschatten vorzukommen. Den prachtvollen Nagelschnabel (Trogon Narina) sah ich ein einziges Mal in dem Chor von Mensa, etwa in einer Höhe von 3000 Fuß über dem Meere. Von den übrigen Spechtvögeln wurden der bereits genannte Eisvogel und einige Bienenfresser beobachtet. Die beiden nördlichen Arten (Merops apiaster und M. Savignyi) zogen in der ersten Hälfte des März in großen Flügen hoch über das Gebirge weg, ihrer Heimat zu; ständig fand ich blos eine einzige Art (Merops variegatus) auf. Viel Freude gewährten die Honigvögel; von ihnen schien jeder Theil des Gebirges seine besondere Art zu beherbergen. Der in der Samchara häufige Honigsauger verschwindet schon am Fuße des Gebirges: seine Stelle nimmt in der Tiefe Nectarinia abyssinica ein. Weiter oben in der Höhe zeigt sich Nect. affinis an der Stelle der vorigen und einzeln Nect. cruentata, sowie auch Nect. famosa. Von den Wiedehöpfen wurden erlegt: eine unserer Upupa Epops sehr ähnliche Art und der große Baumwiedehopf (Promerops erythrorhynchus); — die kleineren Arten der letzteren Sippe (Pr. cyanomelas und Pr. minor), welche im Sudahn nicht selten sind, haben wir nicht zu sehen bekommen.

Im Verhältniß zu anderen Gegenden Afrikas ist das Gebirge ungemein reich an Singvögeln. Fast aus jedem Busche heraus klingt der helle Schlag eines oder des andern der überall gemeinen Buschschlüpfer (Drymoica) hervor. An niederen Büschen klettert der laubsängerartige Kurzschwanz (Camaroptera brevicaudata) herum, und auch wirkliche Sänger (Curruca, Sylvia, Aeodon) sind gar nicht selten. Im Anfange meines Aufenthaltes waren noch viele Fremdlinge aus dem Norden im Gebirge anwesend, unter ihnen liebe, alte, gesangeskundige Bekannte aus der Heimat, welche gerade jetzt vor dem Abzuge ihre Kehlen erprobten. Da klang es Einem allseitig entgegen! Die Steinschmätzer (Saxicola, Dromolea, Vitiflora) bewohnen in mehreren Arten die Halden des Gebirges und singen von der Höhe der Blöcke herab ihr mir wenigstens sehr angenehmes Liedchen; zu ihnen kommt während der Winterszeit die in Geist und Wesen so verwandte Steindrossel (Petrocincla saxatilis) und außerdem das sonderbare Mittelding zwischen Rothschwanz und Steindrossel, Ruticilla rufocinerea, welche ein ganz flottes Liedchen singt. Der Preis unter allen aber gebührt auch hier dem Droßling. Sein Gesang ist klangvoll und er selbst unermüdlich. Auf den weiteren Ebenen hört man das Lied der Haubenlerche und einen zwar sehr einfachen, aber dennoch angenehmen Gesang des dunklen Pipers; an den Gebirgsbächen treibt sich die zierliche gelbe Stelze umher — ganz die unsrige, in keiner Feder verschieden, — und auch sie erfreut das Ohr des Kundigen mit dem bekannten, trauten Klange. Aber auch einige lärmende Gesellen mischen ihre Stimme unter diese Klänge: vor allen die Weißköpfe (Cratcropus leucopygius), welche gesellschaftenweise das Gebüsch durchziehen und ein Mal um das andere, alle vereint, laut aufschreien, gackern und lärmen. Zuweilen vernimmt man auch die stillen Flötenlaute des prachtvollen Paradiesfliegenfängers (Tchitrea melanogastra). Der Vogel ist nicht gerade selten, verstecktk sich aber gern im Gebüsch und verschwindet dann, wenn er die lichten Federn des Schwanzes verloren hat, gar leicht dem Auge in dem bunten Gelaube der tropischen Bäume. Ueberaus gemein sind mehrere Würger und unter ihnen wohl am häufigsten der Flöten- oder Orgelvogel jener Gegenden (Telephorus aethiopicus), ein Thier, welches den Neuling mit Verwunberung und Entzücken erfüllt, den Eingewöhnten aber schließlich wegen der ewigen Wiederholung seiner zwei oder drei Flötentöne wirklich ermüden kann. Die echten Neuntödter sind eine ungleich seltenere Erscheinung; doch trifft man auf der Hochebene immer noch einen von ihnen (Collurio Smithii) an allen günstigen Stellen einzeln an, eifersüchtig sein Gebiet bewachend und mit jedem Eindringlinge sofort muthig den heftigsten Kampf beginnend.

Die Kegelschnäbler scheinen nur in wenigen Arten vertreten zu sein. Sobald man das Gebirge betritt, verschwindet der **weißbrüstige Rabe**, welcher in der Samchara nicht gerade selten ist; er wird durch den ungleich häufigeren Corvus affinis vertreten, welcher in Gebirgs=thälern, in der Nähe der Gebirgsdörfer und der zeitweiligen Lagerplätze in jeder Höhe und oft in ungeheuren Schaaren sich zeigt. Die **Glanz=drosseln** finden sich in einigen Arten vor. In den Thälern wohnt die **weißbäuchige** (Pholidauges leucogaster), im Glanz der Sonne von weitem prachtvoll purpurschillernd; das niedere Gebüsch wird von Lamprotornis nitens (?) bewohnt; die Felsen umfliegt Spreo morio, schreiend und singend, unseren Dohlen vergleichbar. Ziemlich gemein ist der **Madenhacker** (Buphaga erythrorhyncha), ein gar kluger und netter Vogel, den man lieb gewinnt, sobald man mit ihm bekannt wird. Für die finkenartigen Vögel scheint das Gebirge ein wahres El=Dorado zu sein; man findet aus allen Sippen von ihnen eine große Anzahl. An den Zweigen schwanken die künstlichen Nester der **Webervögel**; von den Bäumen herab tönt ihr spinnender Gesang; das Gebüsch durchfliegen die kleinen **Zwergfinken** schaarenweise. In der Hütte des Dorfes legt **Swainson's Sperling** (Passer Swainsonii) sein Nest an; in dem einfachen Gärtchen, welches die Hütte umgiebt und zum Bau des Tabaks bestimmt ist, singt der **gestreifte Gimpel** (Pyrrhula striolata) sein Liedchen. Mit besonderem Vergnügen gewahrt man, daß auch die allerdichtesten Gebüsche ihre eigenen Bewohner haben, die **Mäusevögel** nämlich, von denen hier vorzüglich der **weißrückige** (Colius leucotis) vorkommt. Für diese sonderbaren Gesellen, von welchen ich weiter unten noch Einiges berichten werde, paßt kein Name besser, als der ihnen von **Schlegel** verliehene: denn wirklich scheinen sie zu Mäusen in Vogelgestalt geworden zu sein. Sie wissen noch da sich durchzudrängen, wo jeder Durchgang unmöglich scheint. — Mehrere Arten der **Nashornvögel** tragen wesentlich dazu bei, das Gebirge zu beleben. Der größte von ihnen (Bucorax abyssinicus) bewohnt mehr die pflanzenarmen Stellen des Gebirges; die übrigen sind sämmtlich echte Baumvögel, achtsam auf Alles, was vorgeht, rege und immer geneigt, sich bemerklich zu machen, sei es durch den freigewählten Sitz, durch sonderbares Geberdenspiel oder durch den auffallenden Ruf, welchen sie ausstoßen. Ganz das Gegentheil sind die **Helmvögel** (Corythaix), welche die größten Baumpartien bewohnen und nicht eben häufig laut werden; während wieder die ihnen nahe verwandten **Pisangfresser** (Chizaerhis) gar gern ihre laute Stimme ertönen und durch sie eher an einen Trupp von Meerkatzen, als an Vögel denken lassen.

Die Ordnung der Klettervögel ist verhältnißmäßig arm, auch wenn man die Papageien nach althergebrachter Weise, aber fälschlich, noch zu ihr rechnen will. In den von uns durchreisten Gebieten ist uns nur ein Papagei, der **Halsbandsittig** (Palaeornis torquatus), vorgekommen: ihn brachte, wie bemerkt, der Herzog von seinem Ausfluge nach Keren mit nach Mensa zurück. Für die **Spechte** gilt auch hier Glogers treffende Bemerkung, daß diese Vögel nur da sich häufiger finden, wo es verhältnißmäßig weiche Hölzer giebt. Außer dem kleinen **Zwergspecht** (Dendrobates Hemprichii) haben wir keine einzige der in Nord-Ost-Afrika lebenden Arten zu Gesicht bekommen. Die **Bartvögel** treten etwas häufiger auf und zeigen sich auch eher an, als die Spechte, namentlich der **geperlte** (Trachyphonus margaritatus) läßt sich oft vernehmen. Kukuke sind selten und die Honigangeber keineswegs gewöhnliche Erscheinungen. Dagegen ist das Gebirge reich an **Tauben** und Hühnern. Große Flüge von **Turteltauben** (Turtur semitorquatus, T. senegalensis) streifen von einer Baumgruppe zur andern; die prachtvolle abissinische **Papageitaube** (Treron abyssinica) ist an allen Stellen, wo es dicht bewipfelte Bäume giebt, gemein; die **Felsentaube** (Columba glauconota) belebt unersteigliche Felsenwände; die **Kaptaube** (Oena capensis) ist ebenso gemein, als in der Samchara, und die niedliche **Erdtaube** (Chalcopelia afra) lockt aus allen dicht verzweigten Gebüschen hervor. Unter den Hühnern fallen zunächst die **Frankoline** auf. Das rothkehlige **Frankolinhuhn** der Ebene ist verschwunden, wird aber durch das Erkell'sche, welches überaus häufig ist, vollkommen vertreten und ersetzt, und zu diesem kommt noch das

Clapperton'sche oder Rüppell'sche, welches mehr die breiteren und tieferen Thäler belebt. Eigentliche Rebhühner fanden wir nicht; unsere Wachtel dagegen war als Wintergast überall gemein. Nicht ohne Verwunderung beobachtete ich, daß auch die Waldvögel, welche doch eigentlich die Ebenen bevorzugen, dem Gebirge nicht fehlten. In der Nähe des Dorfes Mensa läßt der Dickfuß (Oedicnemus affinis) allnächtlich seinen nicht zu verkennenden Ruf ertönen; an dem Bach des Mensathales treiben sich Regenpfeifer und Spornkibitze herum, und gerade hier ist der Schattenvogel (Scopus umbretta) eine ganz gewöhnliche Erscheinung; der kleine schwarze Storch (Ciconia Abdimii) hat auch oben im Gebirge sich angesiedelt, scheint aber nicht eben Hausvogel zu sein, wie im Sudahn; der grünfüßige Wasserläufer (Totanus ochropus) findet sich hoch oben, unfern der Quelle des vorhin genannten Bächleins. Welche Sumpf- und Wasservögel sonst hier noch leben mögen, kann ich nicht bestimmen; soviel aber ist mir klar geworden, daß zur Regenzeit, wo in allen den tieferen Thälern das Wasser dahinbraust, sicherlich noch viel reicheres Vogelleben gerade hier sich zeigen mag.

Gern möchte ich auch die übrigen Klassen des Thierreichs in gleicher Ausführlichkeit behandeln, wie die beiden ersten; ich muß jedoch, zu meinem innigen Bedauern, von solchem Vorhaben abstehen. War es mir ja doch unmöglich, den Reichthum der beiden ersten zu bewältigen! Das Hochgebirge ist, was die Lurche und selbst die Fische anlangt, nicht minder reich, als die Samchara. Jede Steinhalde ist ein Tummelplatz der verschiedensten Eidechsen, nur die Schlangen treten weniger zahlreich auf, als unten in der Ebene. Unter den Echsen war mir der blaubäuchige Stellio (Stellio cyanogaster) besonders merkwürdig, weil ich die Heuglin'sche Beobachtung hinsichtlich seines geselligen Lebens mit anderen Thieren vollkommen bestätigt fand. Denn wirklich besteht zwischen der Manguste, dem Klippdachse und dieser schönen, gewandten Echse ein Freundschaftsverhältniß. Schlangen haben wir im Gebirge von Mensa und Bogos nur selten bemerkt; doch erlegte ich unweit des Dorfes eine $6\frac{1}{2}$ Fuß lange, mir unbekannte Giftnatter und erhielt hierdurch den Beweis, daß dieses häßliche Gewürm noch in bedeutender Höhe sich findet. Von Unglücksfällen in Folge des Schlangenbisses weiß man aber Nichts zu erzählen. Einige Arten von Süßwasser-Schildkröten bewohnen das Bächlein im Grunde des Thales; soviel ich bestimmen konnte, war es hauptsächlich die von Rüppell entdeckte „Gehafie" der Eingebornen (Pentonyx Gehafie); die „Gaffot" der Massauaner oder den „Uller" der ancharisch redenden Abissinier (Testudo sulcata) fanden wir nicht. Mehrere Frösche, ich wage nicht zu bestimmen, welche Arten, waren häufig.

Fische finden sich in dem fließenden Wasser in großer Menge; sie sind jedenfalls während der Regenzeit vom Meere aufgestiegen.

Ueber die wirbellosen Thiere kann ich Nichts berichten. Ich ziehe Schweigen dürftigen Angaben vor. Das Eine ist sicher: in dem kleinen Gebiet der Bogosländer müßte eine Gesellschaft von Naturforschern Jahre lang unablässig sammeln und arbeiten, wollte sie den Reichthum sich zu eigen machen, welchen hier die Pflanzen- und Thierwelt offenbaren.

Verzeichniß
der
gesehenen Säugethiere.

I. Ordnung der Vierhänder (Quadrumana).

Aus der gerade in Habesch reichvertretenen Familie der Schmal=
nasen oder Altweltaffen (Catarrhinae) wurden von der Reisege=
sellschaft nur zwei Arten aufgefunden, während schon Rüppell in seinen
„Neuen Wirbelthieren, zu der Fauna Abissiniens ge=
hörig" (Frankfurt am Main 1835) deren fünf als sicher beobachtete
und noch eine als vorkommend angiebt. Heuglin erbeutete in Ha=
besch einen noch unbeschriebenen Mantelaffen (Theropithecus), und
Schimper erzählt uns von noch zwei anderen hierher gehörigen Thieren
dieser Familie. Das eigentliche Affenland von Habesch liegt aber süd=
lich von den Bogos= und Mensagebieten, welche nur als Grenzländer des
ostafrikanischen Verbreitungskreises der Vierhänder anzusehen sind; und
somit erklärt sich die geringe Zahl der hier lebenden Affenarten von selbst.

Wir beobachteten:

1) die graugrüne Meerkatze, Cercopithecus griseo-viridis, *Desmarest* (Mammal. 61).

C. griseus, (Le Grisvert) *Fr. Cuvier* (Mammifères, fasc. VII).
C. callitrichus, *Geoffroy* (Catal. méthod. Mammifères 23).
C. chrysurus, *Blyth* (Ann. mag. of nat. hist. 1845)?

Fälschlich zusammengestellt mit

Cercopithecus sabaeus, *Erxleben* (system. mammal. 33). Simia sabaea,
Linné.

Arabisch: Abalandj, mit Unrecht auch Nisnahs.
In Habesch: Tota.

Auf hochstämmigen Bäumen in kleinen Banden im Mensathale;
einzeln.

2) **der Silberpavian, Cynocephalus Hamadryas,** *Desmarest,* (Mammal. 69).

Simia hamadryas, *Linné* (syst. nat. XII. 368).
Simia aegyptiaca, *Hasselquist* (Paleſtina 269).
Papio hamadryas, *Kuhl* (Beiträge 20).
Cynocephalus Wagleri, *Agassiz* (Isis 1828).
C. Toth, *Olgilby* (Ann. mag. nat. hist. XII).

Arabiſch: Khird.

Abiſſiniſch: Hoba oder Hewe; bei Maſſaua: Kombei, im Weſten von Habeſch: Gingero, in Korbofahn und in Dahr el Fuhr: Farkale.

Zu ſehr ſtarken Herden vereinigt im Gebirge der Bogos und Menſa; ſchwächere Trupps in der Samchara. Nirgends ſelten.

II. Ordnung der Raubſäugethiere (Rapacia).

Ungeachtet der kurzen Beobachtungszeit wurden viele Raubſäugethiere wenigſtens geſehen oder geſpürt, einige erlegt, und über andere die Erfahrungen kundiger Jäger und Beobachter geſammelt. Beſondere Jagden auf die hervorragendſten Mitglieder der Ordnung konnten aus Mangel an geeigneten Gehilfen nicht angeſtellt werden; dagegen erbeuteten wir einige der ſeltneren Arten zufällig.

Beobachtet wurden:
vier Katzen,
fünf Hunde,
drei Schleichkatzen,
ein Marder,
ein Igel.

A. Familie der Katzen (Feles).

1) **Der brandmähnige oder Gambialöwe, Leo gambianus sive senegalensis.**

Felis Leo, *Linné* (syst. nat. XII. 160).

Arabiſch: Sabaä (Würger der Herden), Aeſſed (der Aufruhrerregende) und Abu-Fathme (Vater der Fathme).

Abiſſiniſch: Ambaſſa oder Ambahs.

In der Samchara, wie im Gebirg, überall einzeln und ziemlich ſelten.

Der in Abissinien hausende Löwe ist derselbe, welcher in Sudahn und am Senegal vorkommt, also quer durch ganz Mittelafrika hindurchreicht. Er unterscheidet sich ebensowohl von dem in der Berberei, wie von dem am Kap lebenden und steht dem mähnenlosen oder Gujeratischen (L. gozcratensis) am nächsten. Seine Mähne ist kurz, nur etwa 5 Zoll lang, setzt sich auch nicht bis an den Bauch fort und wird niemals schwarz, sondern blos brandgelb. Dieser Unterschied hat einige Forscher veranlaßt, den Senegallöwen von dem berberischen, kapschen, persischen und gujeratischen zu trennen, und alle diese Formen als Arten zu erklären, während Andere in ihnen nur Abarten sehen.. Rüppell erklärt die kurze, unbedeutende Mähne des mittelafrikanischen Löwen ganz einfach als Folge der warmen Heimat. Ich vermag es nicht, dieser Ansicht mich anzuschließen, weil ich nicht begreifen kann, warum die glühende Sahara, in welcher der berberische Löwe hauptsächlich sich herumtreibt, nicht auch dieselbe Wirkung auf dessen Mähne geäußert haben sollte, und gestehe deshalb dem mittelafrikanischen Löwen Artselbständigkeit zu. Dies zur Erklärung für Diejenigen, denen es auffallen sollte, wenn ich nur von Gambia- oder Senegallöwen spreche.

2) Der Leopard, Leopardus antiquorum, *Griffith* (Anim. kingsd. II. 466).

Felis pardus, *Linné* (Syst. nat. XII. 61).
Felis Leopardus, *Schreber* (Säugethiere III. 387).

Arabisch: Nimmer (der Gefleckte).

Abissinisch: Nimbre und Newer.

Vorzugsweise im Gebirge, einzeln, aber überall häufig.

3) Der Gepard, Cynailurus guttatus, *Wagler*.

Felis guttata, *Herrmann* (Observ. Zool. I. 38).
Felis venatica, *Griffith*.

Arabisch: Fahhad.

Abissinisch: Newer-Golgol.

In der Samchara, einzeln, jedoch nicht gerade selten.

4) Die kleinpfötige Hauskatze, Felis maniculata domestica,

Arabisch: Khut.

Abissinisch: (Massaua) Miur.

Als ziemlich seltenes Hausthier in Mocha und Massaua.

B. Familie der Hunde (Canes).

1) **Der afrikanische Wolfshund**, Canis Anthus, *Cuvier* (Chacal du Sénégal, Hist. nat. de Mammifères, I, XVIII; *Rüppell* (Atlas zur Reise im nördlichen Afrika, S. 44. Taf. 17).
Canis Lupaster, *Ehrenberg* (Symb. phys., II).
Arabisch: Kelb el Chala oder Dib.
Einmal in der Samchara gesehen.

2) **Der schwarzrückige Schakal**, Canis mesomelas, *Schreber* (Säugethiere III, 370, Taf. 95).
Canis variegatus, *Rüppell* (Atlas zur Reise im nördlichen Afrika, S. 31. Taf. 10). Jugendkleid vor der Härung.
Canis aureus, *Linné?* (Syst. nat. XII. I. 59).
Arabisch: Dib, Kelb el Wadi, Abu el Hosseen, Baschóm, Dahleb.
Außerordentlich häufig in der Samchara wie im Gebirge der Mensa und Bogos.

3) **Der Schmalfuchs**, Vulpes famelica, *Rüppell* (Atlas, S. 15. Taf. 5).
Von *Giebel* fälschlich mit Canis corsac! *Linné* (Syst. nat. XII. I. 223) zusammengestellt.
Arabisch: Sabera (Höhlengräber).
Nur einmal in der Samchara gesehen, häufig in Nubien und Korbofahn.

4) **Der afrikanische Windhund**, Canis Grajus africanus, *Fitzinger*.
Canis familiaris, *Linné* (Syst. nat. XII. I. 56).
Arabisch: Kelb.
Häufiges Hausthier in den Dörfern an der Küste, selten in den Hütten der Gebirgsdörfer.

5) **Die gefleckte Hiäne oder der Tigerwolf**, Hyaena crocuta, *Zimmermann* (Geograph. Gesch. II. 256).
Canis crocutus, *Erxleben* (Syst. mam. 578).
Hyaena maculata, *Thunberg* (Mem. acad. Petrop. III. 303).
Hyaena capensis, *Desmarest* (Mammal. 216).
Arabisch: Marafil.
Massauisch: Kerai.

Tigrisch: Süwi.
Ancharisch: Djib.
Sehr gemein in den Ebenen wie im Gebirge.

C. Familie der Schleichkatzen (Viverrinae).

1) Die Zebramangusta, Herpestes fasciatus, *Desmarest* (Dict. sc. nat. XXIX. 58).

Ichneumon taeniotus, *A. Smith* (Afric. Zool. 114).
Herpestes Zebra, *Rüppell* (Neue Wirbelthiere 30, Taf. 9).
Viverra Ichneumon, *Schreber* (Säugethiere III, 430, Taf. 11).

Arabisch: Gotme oder Gotne.
Abissinisch: Mubjibjella.
Einzeln und paarweise häufig im Gebirge, seltener in der Ebene.

2) Die schlanke Mangusta, Herpestes gracilis, *Rüppell* (Neue Wirbelthiere, 27, Taf. 8).
Bei Massaua: Safie.
Abissinisch: Mubjibjella.
Einzelne in dem Euphorbiengebüsch der Samchara.

D. Familie der Marder (Mustelae).

Der Honigbachs oder Ratel, Ratelus capensis, *Cuvier* (Règne anim. I, 142).

Viverra capensis, *Schreber* (Säugethiere III. 450. Taf. 125).
Meles mellivora, *Thunberg* (Denkschrift der Petersburger Akademie III. 107).
Gulo capensis, *Desmarest* (Mammal. 176).

Arabisch: Abu-Reem.
Einzeln im Hochgebirge.

E. Familie der Igel (Erinacei).

Der großöhrige Igel, Erinaceus platyotis, *Sunderhall* (Svenke velks acad. Handlinge 1841).

Anmerkung: Die Bestimmmittel, welche ich mit mir nach Habesch genommen hatte, reichten nicht aus, festzustellen, ob der Igel, welchen ich beobachtete, wirklich zu der angegebenen Art gehörte oder mit dem in den Wüstensteppen Dongolas lebenden zusammengestellt werden muß. Die eingefangenen und für genaue Bestimmung und Zeichnung bestimmten Exemplare entflohen mir in den letzten Tagen unseres Aufenthaltes in Umkullu, während meiner Krankheit. Rüppell, welcher das fragliche Thier in Egipten, Nubien und Abissinien auffand, führt es unter dem Namen Erinaceus auritus auf (Neue Wirbelthiere zur Fauna Abissiniens gehörig, S. 40). Unter diesem Namen bezeichnen wir aber den im südlichen Rußland, in der Tartarei und Sibirien vorkommenden Igel, während der afrikanische Verwandte von Ehrenberg Erinaceus aethiopicus, von Geoffroy E. aegyptiacus und von Wagner E. brachydactylus genannt wurde. (*Ehrenberg*, Symbol. phys. II., *Geoffroy*, Descript. d'Egypt., Mammifères 737, Taf. V. Fig. 3. *Schreber* und *Wagner*, Säugethiere, II. 24.) Ich habe wegen der sehr großen Ohren des von mir gefundenen Igels angenommen, daß er zu der von Sundevall aufgestellten Art gezählt werden müsse.

Alle Igel heißen arabisch: Abu-Schock (Stachelträger).

In Massaua nannte man unser Thier: Ummat, in Mensa Konfus.

Der Igel findet sich häufig in den Gärten Umkullu's und einzeln in den Ufergebüschen der Regenbetten.

III. Ordnung der Nager (Rodentia).

Bei längerem Aufenthalte in unseren Beobachtungsgebieten würde die Ordnung der Nager wahrscheinlich hübsche Ausbeute gewährt haben; während wir bei unsrer so flüchtigen Durchstreifung einer kleinen Landstrecke nur mit höchst wenigen Mitgliedern dieser vielzähligen Gesellschaft bekannt wurden. Ueber andere Ordnungen erfährt man wenigstens Etwas durch die Eingebornen; über die Nager im Allgemeinen spricht Niemand. Man erzählt vielleicht vom Eichhorn, vom Hasen, von dem Stachelschwein und von der Maus, bekümmert sich aber nicht im Geringsten um das Leben und Treiben der übrigen Nager. Sie verlangen die eingehende Beobachtung des Forschers selbst; diese aber beansprucht Wochen und Monate und nicht Stunden und Tage, wie ich sie zur freien Verfügung hatte. Ich habe nur folgende Nagethiere zu Gesicht bekommen:

A. Familie der Eichhörnchen (Sciuri).

1) Das bunte Hörnchen, Sciurus multicolor, *Rüppell* (Neue Wirbelthiere, S. 38. Taf. 13).

Arabisch: Fahr el Sarjar (Baummaus).
Abissinisch: Sakie.
Einzeln auf Bäumen des höheren Mensathales.

2) Das Erdeichhorn, Xerus, — Spermosciurus — rutilus, *Kretschmar* (*Rüppell,* Atlas zur Reise im nördlichen Afrika, S. 59. Taf. 24).
Ehrenberg, (Symb. phys. I. tb. 9).
Arabisch: Sabera (Höhlengräber).
Abissinisch: Schillu.
Einzeln und paarweise ziemlich häufig im Gebirge, seltener in der Samchara; nie auf Bäumen.

B. Familie der Erdgräber (Georhychi).

Der Felfel, Bathyergus, — Rhizomys, Thachyoryctes — splendens, *Rüppell* (Neue Wirbelthiere, S. 36. Taf. 12).
Abissinisch: Felfel.
Einzelne auf der Hochebene von Mensa.

C. Familie der Mäuse (Mures).

1) Die Wanderratte, Rattus decumanus, *Pallas* (Nov. spec. S. 91, n. 40).
Mus hibernicus, *Thompson* (Proceed. of the Zool. 1837. S. 52).
M. sylvestris, *Brisson* (Règne anim. p. 170. 3).
M. aquaticus, *Gessner* (Quadr. p. 732).
M. javanus, *Hermann* (Observ. 63).
M. maurus, *Waterhouse* (Beagle, mammal. 33).
Glis norwegicus, *Klein* (Quadr. p. 732).

Alle Mäuse heißen im Arabischen: Fahr.
Gemein auf Inseln des rothen Meeres und in Küstenstädten; gesehen in Aden, Mocha und auf Perim.

2) Die weißpfötige Hausratte, Rattus albipes, *Rüppell* (Mus albipes, Museum Senkenberg. III. 108. Taf. 7, Fig. 2).
Hausratte in Umkullu und Massaua.

3) Die morgenländische Hausmaus, Mus orientalis, *Kretschmar* (*Rüppell,* 76. Zool. Atlas Taf. 30. Fig. a).
In Massaua und Umkullu.

4) **Die Feldmaus**, Mus — Isomys — variegatus, *Lichtenstein* (*Rüppell*, Museum Senkenberg. III. 102).
Mus niloticus, *Geoffroy* (Mag. zool. 840. 5. 45. tb. 29).
M. discolor, *Wagner*.
Häufig auf allen sandigen Ebenen und Feldern.

D. Familie der Hasen (Lepores).

Der Mindéle, Lepus habessinicus, *Ehrenberg* (Symb. phys. tab. 15. fig. 1).
Arabisch: Erneb.
Bei Massaua: Mindéle.
Außerordentlich gemein, in der Samchara sowohl, als auch auf der Hochebene des Gebirges.

IV. Ordnung der Einhufer (Solidungula).

Familie der Pferde (Equidae).

1) Das Pferd, Equus Caballus domesticus.
Selten in der Tiefe, häufiger im Gebirge.

2) Der afrikanische Esel, Asinus africanus, *Fitzinger*.
Asinus taeniopus, *Heuglin*.
Arabisch: Hamahr.
Zahm in der Samchara, wild in Menge in den Steppen der Habahb-, Maria- und Barkaländer.

V. Ordnung der Wiederkäuer (Ruminantia).

Zu meinem größten Bedauern dehnte der Herzog unsere Reise nicht bis in die Tiefeebenen der Barka- und Habahbländer, die eigentlichen Herbergen zahlreicher und sicherlich zum Theil noch unbekannter Wiederkäuer, aus: und so mußten meine Beobachtungen auch über diese Ordnung dürftige, unvollständige und unvollendete bleiben. Doch hat uns immerhin gerade die Ordnung der Zweihufer Manches, — wenn man die geringe Ausdehnung des Beobachtungsgebietes bedenkt, sogar Vieles geboten. Ich habe der Beobachtung der wildlebenden Wiederkäuer mit Eifer obgelegen und bin hierdurch in den Stand gesetzt worden, die bisherigen Berichte früherer Reisenden hier und da etwas zu vervollständigen.

Wir kamen auf unserer Reise mit folgenden hierher gehörigen Thieren zusammen:

A. Familie der Schwielsohler (Tylopoda).

Das Kamel, Camelus Dromedarius, *Erxleben* (Mammal. 218).

Arabisch: Djemel.

Hausthier in der Samchara.

B. Familie der Antilopen (Antilopae).

1) Die Sömmerings-Gazelle, Gazella Soemmeringii, *Kretschmar (Rüppell,* Atlas, S. 49. Taf. 19).

Arabisch: Tebal.

Massauisch: Arab.

Truppenweise in der Samchara, nicht selten.

2) Die Gazelle, Gazella Dorcas, *Pallas* (Spicil. zool. I. 11).
  G. Isidis? *Sunderal* (Wiederkäuer 83).
  G. Corinna, *Curier* (Menagerie 1803).
  G. isabellina? *Gray* (Ann. mag. nat. hist. XVII. 214).

Arabisch: Rhafahl.

Massauisch: Schöten.

Gemein in der Samchara.

3) Das Zwergböckchen, Cephalophus — Nanotragus — Hemprichiana, *Ehrenberg* (Symb. phys. I. Taf. 7).
  Antilope Saltiana, *Rüppell* (Atlas S. 55. Taf. 21).

Arabisch: Beni-Israel (Judenkind).

Massauisch: Atro.

Abissinisch: Endju.

Paarweise gemein in Buschdickichten der Samchara und des Gebirges.

4) Der Klippspringer, Oreotragus saltatrix.
  Tragulus Oreotragus, *A. Smith.*
  Antilope Oreotragus, *Forster.*
  Antilope saltatrix, *Bodd.*
  Cephalus saltatrixoides, *Rüppell.*

Tigrisch: Saffa.

Amharisch: **Atro**.
Bei Massaua (nach Rüppell): **Goytu**.

Paarweise, seltner in kleinen Trupps im Gebirge, von 1500 Fuß über dem Meere an bis zu 8000 Fuß.

5) **Der Kudu, Strepsiceros Kudu,** *Fitzinger*.
S. excelsus, *Sundevall*.
Antilope strepsicera, *Pallas* (Misc. zool. 9. Specil. zool. 1. 17. XII. 19).
Tragelaphus strepsicera, *Blainville*.
Damalis capensis, *A. Smith* (Illustr. mammal. 16. 42. 43).
S. Zebra? *Gray*.

Arabisch: **Tental**.
Abissinisch: **Algaseen** und **Agaseen**.
Massauisch: **Garrua** (das Männchen).
Nellet (das Weibchen).

Einzeln und in kleinen Trupps auf den Hängen und Hochebenen des Gebirges.

6) **Die Beisa, Oryx Beisa.**
Antilope Beisa, *Rüppell* (Neue Wirbelthiere, S. 14. Taf. 5).
Arabisch: **Dammah**.
Abissinisch: **Beïsa**.

Einzeln und in kleinen Trupps in hügeligen Gegenden der Samchara.

C. Familie der Ziegen (Caprae).

Die **Hausziege**, Hircus aethiopicus, *Fitzinger* (Wissenschaftlich-populäre Naturgeschichte, IV. 430).
Arabisch: **Ans**.
Massauisch: **Ansa**.

Hausthier in der Samchara wie im Gebirge.

D. Familie der Schafe (Oves).

Das persische **Stummel-** oder **Fettschwanzschaf**, Ovis pachycerca persica, *Fitzinger* (Wissenschaftlich-populäre Naturgeschichte, V. 47).
Arabisch: **Haruf**.

Hausthier in Aden, Mocha, in der Samchara und im Gebirge.

E. **Familie der Rinder** (Boves).

Der Buckelochs, Bos africanus Sanga, *Fitzinger* (Wissenschaftlich-populäre Naturgeschichte, V. 405).
Arabisch: Tohr.
Tigrisch: Sanga.
Hausthier in der Samchara und im Gebirge.

VI. Ordnung der Dickhäuter oder Vielhufer (Pachydermata oder Multungula).

Auch für die Ordnung der Dickhäuter sind die von uns durchstreiften Strecken nicht die günstigsten; in das eigentliche Gebiet dieser Thiere würden wir gekommen sein, wenn wir unsere Jagd nur einige Tagereisen weiter ins Innere ausgedehnt hätten. Nach allen Berichten beherbergt schon der Ain-Saba Nilpferde in seinem Bett und Nashörner im Gebüsch seiner Ufer.

Die von uns aufgefundenen Vielhufer sind:

A. **Familie der Rüsselthiere** (Proboscidea).

Der afrikanische Elefant, Elephas africanus, *Blumenbach* (Handbuch der Naturgeschichte).
Arabisch: Fihl.
Tigrisch: Dokhen.
Amharisch: Heremat.
In Menja: Harmasahn.
In starken Gesellschaften im Gebirge, selten in der Ebene.

B. **Familie der Nagelhufer** (Lammunguia).

Der Klippschliefer oder Klippdachs, Hyrax abyssinicus, *Ehrenberg* (Symb. phys. I. tab. 2).
Arabisch: Wabbr.
Massauisch: Géhé.
Abissinisch: Aschkoko und Kohte.
Häufig in zerklüfteten Wänden des Gebirges, von 1500 Fuß über dem Meere bis zu 6000 Fuß.

C. **Familie der Borstenthiere** (Setigera).

Das Warzenschwein, Phacochoerus africanus, *Cuvier* (Mém. du Mus. VIII. 450).

Ph. Aeliani, *Kretschmar* (Atlas zu Rüppell's Reise ꝛc. 61. Taf. 25 und 26).
Ph. incisivus, *Is. Geoffroy* (Dict. class. d'hist. nat. XIII. 321).
Ph. Haroja, *Ehrenberg* (Symb. phys. II. 46. 20).
Sus Aeliani, *Wagner* (Säugethiere II. 484).
Arabisch: Haluff-Abu-Kharn.
Massauisch: Haroja und Haruja.
Amharisch: Aria.

VII. Ordnung der Seesäugethiere (Cetacea).
Familie der Delphine (Delphini).

Der Abusalahm, Tursio Abusalam, *Rüppell* (Museum Senkenberg. 1842. III. 140. Taf. 12).

Arabisch: Abu-Salahm.

In Gesellschaften häufig im rothen Meere.

Zur
Lebenskunde einiger Säugethiere.

In den neueren thierkundlichen Werken wird sonderbarer Weise das Leben der Thiere kaum berücksichtigt. Man begnügt sich mit genauen Beschreibungen des Leibes und wendet weitaus die größte Aufmerksamkeit auf die Zergliederung desselben. Gewöhnlich erhalten wir nur über das Vorkommen eines Thieres die dürftigsten Nachrichten, während über die Lebensweise, die Sitten, Gewohnheiten, die Nahrung u. s. w. meist ein tiefes Stillschweigen herrscht. Wenn wir nun auch diese neuere Richtung der Forscher als im hohen Grade ersprießlich für die Wissenschaft anzusehen haben, dürfen wir uns doch auf der andern Seite nicht verhehlen, daß ein Zurückkehren zu den vortrefflichen Lebensschilderungen, welche die Naturforscher voriger Jahrhunderte bis zu Cuvier herauf uns hinterließen, ebenfalls nützlich, ja sogar nothwendig ist. Die Engländer können uns in dieser Hinsicht heutigen Tages als Muster gelten. Von ihnen erhalten wir gegenwärtig noch die besten Lebensbeschreibungen wenig bekannter Thiere, während unsere deutschen Forscher, wie die Franzosen, uns nur ab und zu ein Bröcklein ihrer Erfahrungen vorlegen. Von nicht naturwissenschaftlich gebildeten Reisenden gelangen weit bessere Berichte über diesen Gegenstand zu unserer Kenntniß, als von den Forschern selbst.

Diese Bemerkung glaube ich der Aufzeichnung einiger Beobachtungen, welche ich machte, vorausschicken zu müssen, gleichsam als einen Entschuldigungsgrund, daß ich gewisse Thiere mit besonderer Ausführlichkeit hier behandle, auch solche, über deren Leben und Treiben wir schon früher Kunde erhalten hatten.

Ich gebe nur meine eigenen Beobachtungen wieder und berücksichtige die Mittheilungen anderer Forscher blos in soweit, als sie zur Vergleichung dienen sollen oder von mir vervollständigt und bezüglich berichtigt werden können. Hinsichtlich der Aufeinanderfolge halte ich das System fest, und somit beginne ich mit einigen Bemerkungen über die beiden **Affenarten**, welche wir beobachten konnten. — Wenn wir die Lehrbücher der Thierkunde in die Hand nehmen, müssen wir uns billig wundern, daß über das allgemein fesselnde Leben und Treiben der jeder Beobachtung leicht zugänglichen **Meerkatzen** so wenig in ihnen zu finden ist. In dem großen Werke von **Schreber** und **Wagner** sind gerade diese Affen auffallend vernachlässigt worden, und in den neueren und neuesten, selbst in den volksthümlichen Schriften ist Das nicht anders. Ich darf mich vielleicht rühmen, der Erste gewesen zu sein, welcher (Reiseskizzen aus Nord-Ost-Afrika, Bd. III. Fr. Mauke, Jena, 1855) eine Lebensbeschreibung der Meerkatzen gegeben hat. Dieselbe ist dort zwar noch sehr kurz gefaßt; doch habe ich sie inzwischen (Thierleben, S. 51 ff.) vervollständigt. Hier gebe ich die in **Afrika** gesammelten Originalbeobachtungen.

Auf unserer Reise fanden wir die graugrüne **Meerkatze** (Cercopithecus griseo-viridis, *Desmarest*) nur im Mensathale und zwar in nicht eben zahlreichen Gesellschaften auf. Das Gebirge befriedigt die Anforderungen dieser Baumaffen nicht; denn es hat zu wenig zusammenhängende, dichtere Baumbestände. Anders ist es in den eigentlichen Nilländern und zumal dort, wo ausgedehnte Urwaldungen die Ufer der Ströme besäumen. Hier begegnet man den Thieren häufiger, zuerst etwa unter derselben Breite, unter welcher die Bogosländer liegen, und zwar immer an denselben Orten, wo auch ihre Vertreter in der Klasse der Vögel, die **Papageien**, vorkommen. Die Meerkatzen ziehen feuchte oder wenigstens von Flüssen durchschnittene Waldungen den trockenen Baumgegenden vor und bewohnen gerade die Stellen am liebsten, welche am dichtesten bewaldet sind. Finden sich Durrah- oder Maisfelder in der Nähe eines dichtbestandenen Waldes, so werden diese, wie leicht erklärlich, zu besonders angenehmen Sammelpunkten mehrerer Affenheerden, welche dann vom Walde aus tagtäglich in den Feldern einfallen.

Die Meerkatzen gehören fast sämmtlich zu den geselligsten, beweglichsten, lustigsten und gemüthlichsten aller Affen, und gerade bei dem „**Abalandj**" scheinen diese Eigenschaften besonders ausgebildet zu sein. Familien kommen kaum oder niemals vor, — auch nicht in den engen Gebirgsthälern des Mensalandes, wo eine unbedeutende Baumgruppe unsere Thiere fesselt —; man sieht sie im Gegentheil immer in ziemlich starken Banden.

Ihr Leben fließt ruhig und gemüthlich dahin. Sie sind vollendete Affen, ewig in Regsamkeit, ununterbrochen beschäftigt, und wäre es auch nur mit Spiel oder anderem Zeitvertreib. Ungeachtet ihrer Geselligkeit hört unter ihnen doch niemals der Streit auf; aber so schnell als er gekommen, ist er auch beendet. Krieg und Frieden wechseln beständig.

Selbst im Urwalde findet man leicht eine Bande der Meerkatzen auf. Wenn man auch die wechselnden Ausrufe des Leitaffen nicht vernimmt, hört man doch wenigstens das Geräusch, welches die laufende oder springende Gesellschaft auf den Bäumen verursacht; und wenn das Ohr die Affen nicht entdecken sollte, wissen sie sich doch dem Auge durch ihre Beweglichkeit bald bemerklich zu machen. Sie sind nichts weniger als scheu, fürchten sich mindestens vor dem Menschen nicht und sehen, solange sie nicht verfolgt werden, ohne die Flucht zu ergreifen, ruhig von den Baumwipfeln auf ihn hernieder. Oft habe ich beobachtet, daß sie Fußgänger oder Reiter, Maulthiere oder Kamele unter sich wegziehen ließen, ohne zu mucksen. Großes Entsetzen flößt ihnen dagegen ein Hund ein, und beim Anblick eines Leoparden vernimmt man das Angstgeschrei von sämmtlichen Gliedern der Gesellschaft, obgleich doch eigentlich für sie, die Schnellen, keine Gefahr vorhanden ist. Auf den Boden herab kommen sie blos dann, wenn sie da unten Nahrung sich holen wollen; sonst verbringen sie ihre ganze Lebenszeit in der Höhe der Bäume, ganz gleichviel ob diese günstig oder ungünstig, d. h. dornenlos oder mit den furchtbarsten Dornen gespickt sind.

Ihre Beweglichkeit und Gewandtheit auf den Bäumen ist unglaublich groß. Es scheint kein Hinderniß für sie zu geben; die furchtbarsten Dornen, die dichtesten Hecken, weit auseinanderstehende Bäume: — Nichts hält sie auf! Jeder Sprung wird mit einer Sicherheit ausgeführt, welche den Nordländer in größtes Erstaunen versetzen muß, weil kein bei uns heimisches Kletterthier den Affen es auch nur annähernd nachthun kann. Die Meerkatzen sind im Stande, mit Hilfe des steuernden Schwanzes noch im Sprunge die einmal beabsichtigte Richtung in eine andere umzuwandeln: sie fassen, wenn sie einen Ast verfehlen, sicher noch einen zweiten; sie werfen sich von dem Wipfel des Baumes auf die Spitze eines tiefstehenden Astes und lassen sich weiterschnellen; sie setzen mit einem Sprunge von dem Gipfel hochstämmiger Bäume auf die Erde herab, fliegen gleichsam über Gräben hinweg einem andern Baume zu, laufen schnell an den Stämmen empor und flüchten weiter und immer weiter. Nur wenn man einige der Herde herabschoß, beschleicht die Uebrigen eine gewisse Angst oder Muthlosigkeit: so lange man ihnen nicht mit dem furchtbaren Feuergewehr nachstellt oder sie durch Hunde ängstigt, zeigen sie eine unter allen Umständen sich gleichbleibende Geistesgegenwart und wissen aus jeder Lage noch einen Ausweg zu finden.

Wirklich beachtenswerth ist die Geschicklichkeit, mit welcher sie sich auf den Aesten der dortigen Mimosen bewegen. Sie springen ohne Besinnung so recht eigentlich mitten in die nadelscharfen harten Dornen hinein und eilen, scheinbar unbelästigt, so schnell weiter, als wären sie auf gebahntem Wege gegangen. Und dennoch werden ihnen die Dornen oft gefährlich: ich selbst erlegte eine Meerkatze, welche beim Springen dergestalt auf einen Dorn gestoßen war, daß dieser ihr die Hand vollständig durchbohrt hatte. Er stak noch so fest in der eiternden Wunde, daß der Affe nicht im Stande gewesen war, ihn herauszuziehen, wie sonst wohl zu geschehen pflegt. Wer die Bewaffnung der Mimosen kennt, dem dünkt es geradezu unmöglich, daß ein schnell sich bewegendes oder gar springendes Säugethier überhaupt nur zwischen den Tausenden von Dornen unbeschädigt hindurch kommen kann: und gleichwohl gehören Fälle, wie der ebenerzählte, nach meinen Beobachtungen zu den größten Seltenheiten.'

Jeder Affenherde steht ein altes, geprüftes und in den verschiedensten Gefahren des Lebens wohl erfahrenes Affenmännchen vor. Dieses ist der unumschränkteste Herr und Gebieter in seinem Staate und zugleich auch der Stammvater des größten Theiles der Herde. Schwächere Männchen werden von ihm unbarmherzig abgetrieben; stärkere bekämpft er mit großer Wuth und Ausdauer, bis er sich das unbestreitbare Recht der Alleinherrschaft errungen hat. Liebesverhältnisse zwischen einem jüngeren Affen und einer Aeffin der Herde werden von ihm nicht geduldet und beide Theile nach Befinden bestraft. Die Lüsternheit der Affen und zumal der jüngeren Affenmännchen, welche sich bei jeder Gelegenheit kund giebt, findet hierin eine Erklärung und zugleich Entschuldigung; denn solange der junge männliche Affe es nicht im Kampfe mit anderen Gleichgesinnten aufzunehmen vermag, ist nicht daran zu denken, daß er zur Begattung gelangt. Ich habe mehrmals die nebenbuhlerischen Kämpfe der Meerkatzen mit angesehen und dabei beobachten können, daß der Leitaffe jüngere Männchen mit

beispielloser Wuth verfolgt, sobald sie sich nur bei der Herde sehen lassen.
Selbst bei Gefahr trollt ein solcher junger Affe, welcher die Rachsucht des
alten Herrn erregte, immer nur ein gutes Stück hinter der Bande her;
denn der Stammvater würde selbst auf der Flucht noch Zeit finden, um
ihn gehörig abzuzausen.

Es scheint, daß weder die Zeit der Paarung, noch die des Wurfes
an bestimmte Monate gebunden ist. Man findet zu jeder Zeit des Jahres
Aeffinnen mit kleinen Jungen und bei jeder Herde solche, welche eben der
mütterlichen Zucht entwachsen sind. Möglich ist es, daß die meisten Meer=
katzen mit Beginn der großen Regenzeit in den ostafrikanischen Ländern,
also Ende Juli oder Anfang August geboren werden; doch fand ich auf
unserer Reise im März bereits junge oder noch sehr kleine Affen an der
Brust ihrer Mutter.

Alle Meerkatzen tragen ihre Jungen an der Brust und am Bauche.
Der Kleine hat sich mit den Vorderhänden an den Schultern, mit den
hintern an den Weichen der Mutter angeklammert und somit die für beide
Theile bequemste Lage eingenommen. Er hindert die Alte nicht am Gehen,
Klettern und Springen und wird selbst nicht am ruhigen und behaglichen
Saugen gestört. Oft hat er sein Schwanzende in einen Haken ge=
krümmt und dieses noch um den Schwanz der Alten geschlagen; doch ist
dies nur zufällig und dient schwerlich dazu, dem Körper noch besondern
Halt zu geben.

Eine neugeborne Meerkatze macht einen widerlichen und zugleich auch
lächerlichen Eindruck. Das dünne Haar, welches den Leib deckt, läßt alle
Glieder verhältnißmäßig viel länger erscheinen, als sie sind; der Leib und
die Arme sehen klapperdünn aus. Das Gesicht hat tiefe Falten und
Runzeln, wie das eines Greises: — es ist abschreckend häßlich.

Die Mutterliebe zeigt sich bei jeder Gelegenheit. Ohne Unterlaß hat
die Alte nach ihrem Sprößling zu schauen, an seinem Fell zu glätten und
zu putzen, Ungeziefer, Dornen und Disteln abzusuchen, es zu lecken und zu
streicheln. Während des ersten Monates läßt sie ihr Kind nicht aus ihren
Armen; später gewährt sie ihm etwas mehr Freiheit. Ungezogenheiten
oder Unfolgsamkeiten bestraft sie sofort durch Püffe oder durch Raufen am
Haare; und dank dieser Strenge sind die Affenkinder auch so folgsam ge=
worden, daß sie manchem Menschenkind als gutes Beispiel dienen können.
Wenn das Junge etwa den dritten Theil seiner Größe erreicht hat, trennt

es sich von der Mutter und treibt sich dann mit der übrigen Bande, zumal mit den anderen Jungen umher. Man sieht oft fünf bis sechs junge Meerkatzen auf einem niederen Baum sitzen, während die Alten schon ihr Heil in der Flucht gesucht haben. Recht deutlich kann man an ihnen bemerken, daß erst Erfahrung die Thiere zu Dem macht, was sie sind. Die Alten haben sich längst in Sicherheit gebracht, da sitzen die Jungen noch dumm zutraulich an der alten Stelle und schauen dem Jäger dreist in das Rohr oder sehen verwundert den Steinen nach, welche der Eingeborne in der Hoffnung nach ihnen wirft, sie zu treffen, zu betäuben und in seine Gewalt zu bekommen. Nach vier oder fünf jungen Affen im Mensathale warfen wir wohl fünf Minuten lang, ehe sie sich anschickten, dem Steinhagel aus dem Wege zu gehen.

Die Nahrung der Meerkatzen besteht vorzugsweise aus **Baumknospen, Blättern, Baumfrüchten** aller Art und, wo sie es haben können, aus **Getreide**. Letzteres lieben sie ungemein und im halbreifen Zustande noch mehr, als wenn die Körner bereits hart geworden sind. **Vogelnester** werden von ihnen unbarmherzig ausgeplündert und nicht blos die Eier, sondern auch die jungen Vögel leidenschaftlich gern gefressen; **Kerbthiere** aller Art sind ihnen eine Leckerei: man sieht sie oft Minuten lang eifrig bohren und arbeiten, um gewisser Larven habhaft zu werden, welche im Holze leben. **Heuschrecken und Schmetterlinge** wissen sie sehr geschickt auch im Fluge zu erhaschen, und höchst wahrscheinlich gelingt es ihnen auch gar nicht selten, ein junges, frisch ausgeflogenes und ungeschicktes Vögelchen zu ertappen. Bei Gefangenen beobachtete ich, daß sie mit einem schnellen Bisse zuerst den Kopf eines ihnen vorgeworfenen Vogels zertrümmerten, dann das Gehirn fraßen, hierauf den Vogel theilweise rupften und abhäuteten und sich nun erst den übrigen Leib schmecken ließen.

Aeußerst anziehend für den unbetheiligten Forscher wird die Beobachtung einer auf Raub ausziehenden Bande. Unter Führung des Leitaffen zieht die Rotte dem Getreidefelde zu. Anfangs nähert sie sich mit großer Vorsicht, womöglich nur, indem sie von Wipfel zu Wipfel springt, selbst wenn sie hierdurch Umwege machen müßte. Der Stammvater geht immer voran, die übrige Herde richtet sich nach ihm und betritt nicht nur dieselben Bäume, sondern sogar dieselben Aeste, wie er. Bisweilen steigt der vorsichtige Führer auf einem Baume bis zum Wipfel empor

und hält von dort aus sorgfältige Umschau. War das Ergebniß derselben
ein günstiges, so wird es durch beruhigende Gurgeltöne, wenn nicht,
durch die übliche Warnung seinen Unterthanen angezeigt. Von einem
dem Felde nahen Baume wird abgestiegen, und nun geht es mit lustigen
Sprüngen dem Paradiese zu. Hier beginnt jetzt eine wirklich beispiellose
Thätigkeit. Man deckt sich für alle Fälle. Rasch werden einige Mais=
kolben oder Durrahähren abgerissen, die Körner enthülst und nun mit
ihnen die weiten Backentaschen so voll gepfropft, als nur immer möglich.
Erst wenn diese Vorrathskammern gefüllt, gestattet sich die Herde etwas
mehr Lässigkeit, zeigt sich aber sogleich auch immer wählerischer in der
Auslese der Nahrung. Der hungrige Affe frißt, was ihm vorkommt,
der halbgesättigte oder wenigstens für den Nothfall gedeckte beriecht alle
Aehren und Kolben, welche er abgebrochen, und wirft sie unberührt weg,
wenn sie die Probe nicht aushalten, welche der launische Geselle ihnen
aufzuerlegen für gut findet. So vergeudet eine Meerkatze wohl zehnmal
mehr, als sie verzehrt, und selbst aus den besten Aehren nimmt sie nur
ein paar Körner und wirft die übrigen weg.

Nachdem das erste Bedürfniß gestillt ist, wandelt sich das Frucht=
feld in einen Tummelplatz lustiger Spiele um. Die Mütter erlauben
ihren Kindern, sie zu verlassen und mit ihres Gleichen sich zu vergnügen;
immer aber bleiben die Jungen unter strenger Aufsicht. Jede Affenmutter
beobachtet mit wachsamen Blick ihren Liebling, während sie selbst sich
ganz auf den Leitaffen verläßt, welcher für das Wohl der Gesammtheit
zu sorgen hat. Auch während der schmackhaftesten Mahlzeit erhebt sich
der Letztere von Zeit zu Zeit besorgt auf die Hinterfüße, stellt sich aufrecht
wie ein Mensch und schaut in die Runde. Nach jeder Umschau verkündet
er durch beruhigende Gurgeltöne, daß keine Gefahr vorhanden; im ent=
gegengesetzten Falle stößt er ein unnachahmliches, zitterndes oder meckern=
des Geschrei zur Warnung aus. Hierauf sammelt sich augenblicklich die
Schar; jede Mutter ruft ihr Kind zu sich heran, und im Nu sind Alle zur
Flucht bereit. Jeder aber sucht selbst in der größten Eile noch soviel
Futter mit fortzubringen, als er kann: ich habe es mehr als einmal ge=
sehen, daß Affen nicht weniger als fünf Maiskolben mit sich fortschleppten.
Sie umklammerten zwei mit dem einen Vorderarme, die übrigen nahmen
sie in die andere Hand und zwar so, daß sie beim Gehen mit den Kolben
den Boden berührten. Bei wirklicher Gefahr müssen sie freilich nach

und nach die ganze Last abwerfen. Der letzte Fruchtkolben aber wird regelmäßig noch weit mitgenommen. Immer wendet sich die Flucht dem ersten, besten Baume zu, selbst wenn dieser ein einzelnstehender sein sollte, von welchem die Bande bei Annäherung des Feindes wieder absteigen muß. Sobald die Gesellschaft den wirklichen Wald erreicht hat, ist sie geborgen. Ihre Gewandtheit und Behendigkeit vereitelt jede Verfolgung. Der Leitaffe führt seine Unterthanen soweit mit fort, als ihm gerade gutdünkt. Dann unterbricht er plötzlich seinen eigenen Lauf, steigt auf die Höhe eines Baumes, vergewissert sich der neuerlangten Sicherheit und ruft die Schar wieder zusammen. Diese hat nun zunächst ein wichtiges Geschäft zu besorgen: sie muß Fell und Glieder von Kletten und Dornen, welche während der eifrigen Flucht aufgelesen und angestochen wurden, erst reinigen. Malerisch gruppirt sich die Bande auf dem Wipfel eines größeren Baumes und leistet sich hier gegenseitig die so erwünschten Liebesdienste. Ein Affe legt sich der Länge lang auf einen Ast hin, ein anderer setzt sich neben ihn und durchsucht ihm das Fell auf das gewissenhafteste. Jede Klette wird ausgelöst, jeder Dorn herausgenommen, ein etwa vorkommender Schmarotzer mit Leidenschaft gejagt und mit Begier gefressen. Erst wenn dieses wichtige Geschäft im großen Ganzen beendet ist, geht die Gesellschaft weiter, d. h. womöglich wieder zum Felde zurück, aus welchem sie der Eingeborne eigentlich niemals loswird. Da die wenigsten Innerafrikaner Feuergewehre besitzen, wissen sie sich nur durch sorgfältigstes Bewachen der Felder vor den Affen zu schützen: denn auch die nach Ansicht der Sudahnesen und Abissinier so wirksamen Amulette oder Schutzbriefe helfen gegen die Affen Nichts!

In den Bogosländern und im Sudahn jagt man die Affen nirgends ihres Fleisches wegen, denn dieses gilt Christen und Mahammedanern als unrein. Hier und da fängt man Meerkatzen ein, um sie in den nächstgelegenen Städten an Leute zu verkaufen, welche Affen in der Gefangenschaft halten wollen. Dazu gebraucht man Netze, welche durch irgend eine beliebte Lockspeise geködert werden. Die Europäer machen selten mehr als eine Meerkatzenjagd, weil der sterbende Affe so große Menschenähnlichkeit zeigt, daß auch der roheste Jäger ein peinigendes Gefühl nicht zu verscheuchen vermag.

Außer in dem Menschen dürften die Meerkatzen nur in einigen großen Raubvögeln Feinde haben. Vielleicht erlistet sich der Leopard dann und wann ein unvorsichtiges junges Aeffchen; im Allgemeinen aber ist die Wachsamkeit der Thiere viel zu groß, als daß der schlaue Räuber einem Mitgliede der Herde Etwas anhaben könnte. Wenn ein Raubvogel Affen angreift, vertheidigt die Gesammtheit den Einzelnen: so beobachtete ich, daß der kühne und kräftige Habichts- oder Schopfadler (Spizaëtos occipitalis) einmal fürchterlich zerzaust wurde, als er ein junges Aeffchen von einem Aste wegnehmen wollte, an welchem sich dieses so lange anklammerte, bis die übrigen zu seiner Rettung herbeikamen. Unglaubliche Furcht zeigen die Affen vor Lurchen aller Art, zumal vor Schlangen. Der Affe, welcher eine Baumhöhlung nach Vogelnestern oder sonst Etwas untersuchen will, ist äußerst vorsichtig, wahrscheinlich weil er fürchtet, daß hier eine Schlange verborgen sein könnte. Gefangene gerathen in Verzweiflung, wenn man ihnen eine lebende, ja selbst eine todte Schlange zeigt; schon ein Frosch ist für sie ein Gegenstand des größten Entsetzens.

Obgleich die Eingebornen im Sudahn, wie in Abissinien, gezähmte Affen mit einer gewissen Zuneigung behandeln, also gernzuhaben scheinen, sieht man doch nur höchst selten eine Meerkatze in der Gefangenschaft. Es sind fast immer Europäer oder Türken, kurz Weiße, welche sich diese Thiere zu Hausgenossen machen. Für den Forscher sind gefangene Meerkatzen sehr wichtig, weil er nur an ihnen das geistige Wesen studiren kann. Ich habe während meines ersten, langjährigen Aufenthaltes in Afrika viele Meerkatzen gehalten und darf versichern, daß jede ihr eigenes Wesen hatte und mir beständig Gelegenheit zu ebenso anziehenden, als unterhaltenden Beobachtungen gab. Die eine war zänkisch und bissig, die andere friedfertig und zahm, die dritte mürrisch, die vierte etwas heiter, diese ruhig und einfach, jene pfiffig und schlau: alle aber kamen in Dem überein, daß sie größeren Thieren gern einen Schabernack anthaten, kleine dagegen beschützten, hätschelten und pflegten. Sie gaben mir so viel Beweise eines großen Verstandes, wahrhaft berechnender Schlauheit und wirklich vernünftiger Ueberlegung, daß ich sie wohl dreist den klügsten Affen beizählen darf. Wiederholt habe ich beobachtet, daß auch die Männchen ebenso erpicht auf Pfleglinge waren, wie die Weibchen, ganz gleichviel, ob diese Pfleglinge Schwache, Hilfsbedürftige ihrer eigenen Art oder die Jungen anderer Thiere waren. Sie zogen allerdings junge Meerkatzen allen übrigen Pfleglingen vor; allein eine junge Katze oder ein junger Hund war für sie immer ein Gegenstand der zärtlichsten Theilnahme. Ein Männchen, welches seinen Pflegesohn durch den Tod verlor, war ganz außer sich, hielt die kleine Leiche traurig in den Armen, riß sich los, als wir sie ihm nahmen, holte sie sich und kehrte ruhig wieder auf den alten Platz zurück, sah das verendete Thierchen mit wirklichem Schmerz an und schrie immer und immer wieder laut auf. Es zerbiß, als wir das Thier zum zweiten Mal ihm entrissen, einen Strick, suchte im ganzen Gehöfte nach dem Leichnam und verließ, als es denselben nicht fand, unser Haus auf Nimmerwiedersehen. Derselbe Affe hatte sich vordem mit einem großen Nashornvogel (Bucorax abyssinicus) auf das innigste befreundet und diesen sonst nicht eben klugen Gesellen durch seine Zärtlichkeit dahin gebracht, daß er die Zuneigung, welche ihm wurde, dankbarlich vergalt und auch seinerseits den Affen soviel als möglich zu unterhalten suchte. Eine Affenmutter, welche ich besaß, starb vor Gram über den Verlust ihres Kindes; sie berührte von Stund an kein Futter mehr und war schon wenige Tage später ihrem vorausgegangenen Liebling gefolgt. Dies sind Thatsachen, welche ich verbürgen kann; ob sie als vereinzelte zu betrachten sind, lasse ich unentschieden.

In gleicher Weise, wie die Meerkatzen Jüngere, Schwächere pflegen, lassen sie sich selbst von größeren Affen liebkosen und hätscheln. Ich hielt zugleich mit den Meerkatzen einige weibliche Paviane, deren Herzen ebenfalls mütterliche Regungen erfüllten. Sie schienen die vollkommen erwachsenen Meerkatzen als geeignete Pfleglinge zu betrachten und diese besannen sich keinen Augenblick, das ihnen gebotene Los anzunehmen. Nach wenigen Tagen hatte sich gegenseitig ein so großes Anhänglichkeitsgefühl gebildet, daß wir die Meerkatzen ganz frei im Gehöft umher laufen lassen konnten, weil wir sicher waren, daß sie ihre angeketteten Pflegemütter nicht verlassen würden. Ich brachte ein Pavianweibchen und ihren Pflegling, ein Meerkatzenmännchen, mit nach Deutschland und habe oft mit dem Paviane große Spaziergänge gemacht, bei denen die Meerkatze vollkommen frei neben uns her lief. Sie antwortete nicht nur jedem Rufe ihrer Pflegemutter, sondern folgte ihr auch überall nach, sie mochte freiwillig oder unfreiwillig gehen, wohin sie wollte.

Bei dem Nisnahs der Araber (Cercopithecus pyrrhonotus, *Ehrenberg*) habe ich niemals derartige Zärtlichkeit und Anhänglichkeit beobachtet. Man darf ihn das gerade Gegentheil des Abalandj nennen, weil er ebenso mürrisch und grämlich, als dieser lustig und heiter ist.

Weit verschieden von dem frischfröhlichen, munteren Treiben der Meerkatzen ist das Leben der Paviane. Sie sind viel ernster, als jene, würdevoller, wenn man will, aber auch ungleich plumper; denn selbst ihre Scherze haben etwas Rohes und Ungeschicktes.

Wir fanden auf unserer letzten Reise mehrfach Gelegenheit, den Silberpavian oder Hamadryas (Cynocephalus Hamadryas) zu beobachten, wenn wir auch wohl nur drei Herden, aber diese zu verschiedenen Malen und auch an verschiedenen Orten, gesehen haben dürften.

Es ist bekannt, daß dem Hamadryas von den Alten besondere Achtung gezollt wurde, und ebenso wissen wir, daß noch heutigen Tages viele Völkerschaften des innern Afrikas ihren Haarputz genau in derselben Weise zu ordnen pflegen, wie der Pavian ihn trägt. Auch das Leben und Treiben des merkwürdigen Geschöpfes hat an sehr tüchtigen Naturforschern gute Beschreiber gefunden; namentlich durch Ehrenberg (Symbola physic. II.) haben wir eine richtige Schilderung erhalten: gleichwohl dürfte es nicht ganz überflüssig sein, noch einmal auf diesen Affen zurückzukommen.

Der Silberpavian bewohnt das ganze Küstengebiet Abissiniens und Süd-Nubiens. Er reicht nach Norden hin ungefähr ebensoweit herab, als sich die Regen erstrecken, d. h. etwa bis zum 18. oder 19. Grad nördlicher Breite. Ob die in Asien vorkommenden Silberpaviane ohne weiteres mit den in Afrika lebenden zusammengestellt werden dürfen, ist eine Frage, welche ich mir noch nicht zu bejahen getraue, weil alle Hamadryaden, welche aus Asien stammten, mir kleiner und viel lichter erschienen, als die, welche ich in Abissinien beobachten konnte.

Der Hamadryas ist echtes Gebirgsthier und findet sich um so häufiger, je pflanzenreicher das Gebirge ist. Wir sahen in der trockenen Samchara nur eine einzige, verhältnißmäßig sehr kleine Herde und auch diese noch auf einem der grünsten Berge, während wir im eigentlichen

Hochgebirge immer Herden von mehr als hundert antrafen. Es ist mir sehr wahrscheinlich, daß die kleinen Trupps in der Nähe der Küste blos zeitweilig sich aufhalten und wieder nach ihren eigentlichen Wohnsitzen, von denen sie auf kurze Zeit herabkamen, zurückwandern, wenn sie die untere Gegend durchzogen und bezüglich ausgenutzt haben. Wasser in der Nähe ist eine unerläßliche Bedingung für das Wohlbefinden einer Herde an einem gewissen Orte.

Soviel ich beobachten konnte, behauptet jede Bande im Gebirge ein bestimmtes Gebiet, welches sich wohl über einige Geviertmeilen erstrecken mag.

Die kleinen Trupps werden nur von einem alten, männlichen Affen geführt, während sich bei den größeren Gesellschaften etwa fünfzehn bis zwanzig erwachsene, kampftüchtige und fortpflanzungsfähige Männchen befinden: — wahrhafte Ungeheuer von außerordentlicher Größe mit einem Gebiß, welches das eines Leoparden in Stärke und Länge der Reißzähne bei Weitem übertrifft und mit dem des Löwen beinahe wetteifern kann. Die Anzahl der Weibchen mag ungefähr das Doppelte betragen; der Rest besteht aus jungen Unmündigen.

Man erkennt die männlichen Glieder einer Herde schon von weitem, nicht blos an ihrem langen, graugrünlichen Mantel, sondern auch daran, daß sie immer die hervorragendsten Stellungen einnehmen. Um Mittag z. B. sitzen sie auf Felsblöcken, welche längs eines Grates zerstreut liegen; der Rücken ist dem Winde zugekehrt, der lange, buschig bequastete Schwanz hängt steif an dem Steine herab. Die bräunlicher gefärbten Weibchen und die ihnen ähnelnden Jungen treiben sich meist lustig zwischen den Stammoberhäuptern herum, und die Mütter haben vollauf Beschäftigung, ihre übermüthigen Kinder in Ordnung zu halten.

Das tägliche Leben der Hamadryaden hat einen ziemlich regelmäßigen Verlauf. Frühmorgens brechen sie von den Schlafplätzen auf und ziehen längs der Bergwände dahin, ihr Frühstück sich suchend. Dabei wälzen sie alle kleineren Steine um, die unter ihnen liegenden Würmer, Kerbthiere oder deren Larven aufzusammeln, knicken sich hier und da einige Knospen von den Sträuchern ab, graben nach den Wurzeln verschiedener Kräuter, namentlich nach Liliaceen, fassen diese dann mit den Zähnen und ziehen sie mit einem plötzlichen Ruck aus der Erde, brechen auch wohl einen Ameisenhaufen auf und verschlingen die ausgebildeten Bewohner,

wie die noch im Puppenzustande befindlichen. Bei dieser Morgenwand=
lung gehen sie ziemlich still dahin. Man bemerkt ihre Anwesenheit ge=
wöhnlich nur an den Steinen, welche nach dem Umdrehen an den Thal=
wänden hinab zur Tiefe rollen; und erst, wenn man selbst in Sicht der
Affen gekommen ist, vernimmt man den alle Paviane kennzeichnenden,
sonderbar bellenden Ausruf der Verwunderung, durch welchen irgend ein
Mitglied der Herde die übrigen Genossen auf die Ankunft eines beachtens=
werthen Gegenstandes aufmerksam zu machen sucht.

Noch stiller wird die Gesellschaft, wenn im hohen Rathe der Weisen,
der alten Stammhäupter nämlich, beschlossen worden, ein Feld zu plün=
dern. Dann schweigen sie schon in der Entfernung einer Viertelmeile von
dem ersehnten Gefilde mäuschenstill, und je näher sie kommen, um so
sorgsamer werden sie, ihre Ankunft zu verhehlen. Auch im Felde selbst,
wenn schon aller Greuel der mit jedem Einbruch der Affen verbundenen
Verwüstung begonnen, lassen sie keinen Laut vernehmen: sie treten eben
als ausgefeimte Spitzbuben, nicht aber als offene Räuber auf und suchen
sich mit wirklich bewundrungswürdiger List vor dem Hüter des Feldes zu
verbergen, solange als möglich. Diese Art und Weise ihrer Raubzüge
macht die allersorgsamste Beaufsichtigung eines Feldes zur unerläßlichen
Bedingung der Ernte, und deshalb sieht man auch bei jedem, selbst dem
kleinsten Durrah=Felde während des ganzen Tages Wächter aufgestellt,
welche ihr hauptsächlichstes Augenmerk auf die höchsten Bergwände
richten und ihre sämmtlichen Kameraden durch lautes Geschrei benach=
richtigen, wenn Affen im Anzuge sind. Von der Blüthezeit des Getreides
an bis zu der Ernte sind diese Wächter keinen Augenblick sicher vor den
Einfällen der Paviane; denn diese benutzen, schlau genug, sogar die sonst
immer der Ruhe gewidmete Mittagszeit, wenn sie schon ein paar Mal
abgetrieben wurden. Auch das junge, schossende Getreide lockt die Pa=
viane herbei; sie brechen dann den Stengel hart an der Erde ab und zer=
kauen die markigen Röhren, um sich an dem ihnen willkommenen Safte
zu letzen. Mit den wenigen und schlechten Früchten, welche einige der
afrikanischen Bäume tragen, halten sich unsere Affen gewöhnlich nicht
auf, weil sie nur ungern Bäume besteigen: sie überlassen diese großmüthig
ihren kleinen Artsverwandten, den Meerkatzen. Dagegen stellen sie
um so eifriger jungen Vögeln, ja, wie ich wiederholt versichert wor=
den bin, selbst kleinen Säugethieren, z. B. Mäusen, nach und sind

geschickt genug, von den einen wie von den andern immer einige zu erbeuten.

Gegen die Mittagsstunde hin wandert die Rotte langsam an den Bergwänden empor, bis zu einem geeigneten Ruheplatze, voo welchem aus sie eine weite Umschau genießt. Dann beginnt Nachmittags eine neue Wanderung, und gegen Abend zieht Alt und Jung in die Tiefe des Thales herab, um dort zu trinken. Kurz vor Sonnenuntergang endlich steigen die Thiere zu ihren Schlafplätzen empor.

Diese sind verschieden, je nach der Witterung. An schönen, stillen Abenden schlafen die Paviane auf Gesimsen an steilen Bergen, welche ihrem Hauptfeinde, dem Leoparden, jede etwa beabsichtigte Jagd unmöglich machen; bei regnerischer Witterung dagegen sorgen sie zunächst für einen trocknen, geschützten Ort und beziehen deshalb Felsen, wo überhängende Stellen sie vor der Nässe schützen, oder wo Höhlen ihnen ein noch besseres Obdach geben. Sie sind so regenscheu, daß sie an solchen Orten auch bei Tage verweilen, bis das Wetter sich klärt: ich habe sie bei feinem Sprühregen noch in der zehnten Vormittagsstunde auf ihren Schlafplätzen regungslos sitzen sehen. Während der Nachtruhe schmiegen sich die Jungen dicht an die Brust ihrer Mütter und bezüglich Väter an und schlafen im eigentlichen Sinne des Wortes in deren Armen.

Auch bei den Pavianen scheint die Fortpflanzung nicht an eine bestimmte Zeit des Jahres gebunden zu sein. Man sieht bei allen Herden Junge von dem verschiedensten Alter, Säuglinge, Größere, welche schon etwas selbständig geworden sind, und noch Aeltere, welche bereits neben den Müttern herlaufen, die über ein Jahr Alten und Halberwachsenen selbstverständlich nicht mitgerechnet. Während der ersten Zeit des Lebens hängt das Affenjunge, genau wie das der Meerkatzen, an der Brust der Mutter; später soll es theils an der Brust, theils auf dem Rücken getragen werden. Ich meinestheils habe das Letztere nie gesehen und auch bei gefangenen Pavianen, welche ich sehr lange beobachten konnte, niemals bemerkt. Allein die Abissinier, bei denen ich Erkundigungen einzog, und zwar die dort lebenden Europäer sowohl, als auch die Eingebornen behaupteten einstimmig, daß ältere Pavianjunge von ihren Müttern und bezüglich Vätern regelmäßig auf dem Rücken getragen und gar nicht mehr an der Brust geduldet würden. Da nun auch Ehrenberg ausdrücklich erwähnt, daß er Affenjunge in dieser Stellung gesehen hat, dürfte wohl kein Zweifel an der Richtigkeit dieser Angabe erhoben werden, so sehr sie auch Dem widerspricht, was wir bei allen übrigen altweltlichen Affen in Erfahrung gebracht haben: denn sämmtliche Schmalnasen, über deren Fortpflanzung und Kinderwartung wir Etwas wissen, tragen ihre Kleinen ausschließlich an der Brust.

Es ist mir wahrscheinlich, daß auch die Paviane von den ältesten Männchen der Herde geleitet werden; so auffällig, als bei den Meerkatzen, macht sich diese Leitung aber nicht bemerklich. Wie es scheint, leben alle Mitglieder einer Bande mit einander im guten Einvernehmen, wenn auch die kleinen Zänkereien und bezüglich die gegenseitigen Zurechtweisungen nicht ausbleiben. Die Mütter ohrfeigen und puffen ihre unfolgsamen Kinder ganz gehörig und erzielen dadurch auch regelmäßig die Befolgung ihres Willens. Bei Gefahr stehen sich alle stärkeren Männchen gegenseitig bei, und sie sind es auch, welche den Schutz der Schwächeren, also der Weibchen und Jungen, übernehmen.

Vor den Eingebornen fürchtet sich der Hamadryas nicht im geringsten: Unbekümmert um die braunen Leute zieht er seines Weges fort, dicht vor ihnen dahin oder vorüber. Ehrenberg bemerkte, daß Abissinier und Paviane zu gleicher Zeit und neben einander aus demselben Bache tranken: ich habe wenigstens beobachten können, daß letztere die braunen Leute gar nicht zu bemerken schienen, während unsere Ankunft ihnen unzweifelhaft auffallend vorkam. Sie ließen bei unserem Erscheinen zuerst nur die bellenden Laute vernehmen, welche man etwa mit der Silbe „Kud" ausdrücken könnte; als wir sie aber in Bewegung brachten, vernahmen wir ganz andere Stimmen. Die alten Männchen brummten und grunzten wie Raubthiere oder Schweine, die Jungen quiekten und kreischten wie Ferkel. Nach den ersten Schüssen, welche wir unter die Herde abgesendet hatten, erhob sich ein Stimmengewirr, welches jeder Beschreibung spottet. Die allerverschiedensten Töne wurden laut: Alles quiekte, kreischte, schrie, grunzte, brüllte und brummte durch einander. Nach meiner Ansicht erinnerte dieser Stimmenwirrwarr am meisten an die bekannten Töne, welche eine Herde erregter Schweine auszustoßen pflegt.

Bei unsern wiederholten Jagden habe ich beobachtet, daß die Hamadryaden vor dem Feuergewehr regelmäßig die Flucht ergriffen. Rüppell sagt (Neue Wirbelthiere, S. 7), daß der Hamadryas sich immer gegen Menschen zu vertheidigen pflege, fügt aber freilich nicht hinzu, ob er damit Eingeborne, also nur mit Lanzen bewehrte, oder auch mit Feuergewehren bewaffnete Leute versteht. Alle Paviane, welche wir angriffen, wurden durch die fallenden Schüsse aufs höchste entsetzt und zogen in ziemlich eiliger Flucht dahin.

Die erste Herde, auf welche wir feuerten, saß gerade, einem lang=geschweiften Gewinde vergleichbar, auf einem Felsengesims in etwas mehr als Schußhöhe über dem Thale. Nach dem ersten Schuß erhob sich ein fürchterliches Geschrei, und die ganze Guirlande setzte sich augenblicklich in Bewegung. Alles flüchtete der entgegengesetzten Seite des Berges zu. Bei dem zweiten Schusse hielten sämmtliche Affen an, schrien entsetzlich auf und faßten die Felsen, als wollten sie sich versichern, daß sie nicht heruntergeworfen würden. Ob sie durch das Knallen an Felsenstürze erinnert werden mochten, oder ob das Feuergewehr allein ihnen das Ent=setzen beibrachte, — so viel ist sicher: sie flohen und fürchteten sich ent=schieden. Bei einer späteren Jagd beobachtete ich freilich gleichsam das Gegentheil. Wir waren bis zur Hälfte der Bergwand emporgeklettert, hatten uns einen guten Stand gesucht und feuerten von hier aus unge=fähr zehn Schüsse nach den höhersitzenden Affen. Weibchen und Junge verließen augenblicklich alle den Geschossen zugängliche Felsplatten, die Männchen aber rückten abwechselnd bis an den Rand der Gesimse vor und schauten muthfunkelnden Auges in die Tiefe, ihren Ingrimm durch heftiges Schlagen mit der Hand auf den Felsen bezeugend. Zum An=griff seitens der Affen kam es aber nicht. Auch Prinz Leiningen, welcher sich an eine Affenherde angepirscht hatte, wurde nicht angegriffen, obgleich er so nahe an den Thieren war, daß er mit Schroten nach ihnen feuerte. Bei der letzten und größten Jagd, einer wahren Schlacht, bei welcher der Herzog, der Fürst von Hohenlohe und der Prinz von Leiningen mehrere Affen tödteten und noch weit mehr verwundeten, zogen sich die Thiere ebenfalls langsam zurück; aber sie griffen uns auch wirklich an, wenngleich nicht mit Zähnen und Händen, so doch dadurch, daß sie alle in ihrem Wege liegenden Steine auf uns herabrollten. Daß Dies nicht zufällig, sondern in einer wohl überlegten Absicht geschah, erhellt aus einer Beobachtung, welche der Büchsenspanner des Herzogs machte. Er sah nämlich eines der stärksten Männchen mit einem Stein

im Arme mühsam einen Baum erklimmen und diesen von dem Baum-
wipfel herab nach uns herunterschleudern. Mehrere Minuten lang war
der Steinhagel so arg, daß er das enge Alpenthal vollständig versperrte
und unsere ganze Karavane zum Halten zwang. Bahyssière, welcher
im Jahre 1848 Abissinien bereiste, erzählt, daß sich die Paviane auf seinen
Reisegefährten stürzten, nachdem dieser ein Männchen mit der Kugel nieder-
gestreckt hatte, und daß er nur durch eine Ladung grober Schrote, welche er
ihnen ins Gesicht schoß, sich ihrer entwehren konnte. Die noch unver-
sehrt Gebliebenen packten die Todten und die Verwundeten und schleppten
sie mit großer Anstrengung, oft drei oder vier an einem ziehend und
tragend, die Bergwand hinauf. Wir haben etwas Aehnliches n i c h t bemerkt, obgleich bei unserer letzten Schlacht wohl zehn Affen getödtet wurden.

Anders scheinen sich die Paviane zu benehmen, wenn ihnen Eingeborne mit ihren Lanzen oder den noch unschädlicheren Schwertern und
Säbeln gegenüber treten. Auch von S c h i m p e r bin ich versichert worden, daß die Hamadryaden Abissinier, welche sie beleidigten oder verfolgten, regelmäßig angreifen, und die Leute in Mensa, deren Ansichten
ich durch den dort seit vielen Jahren weilenden Pater Fillipini
erforschte, wußten mir eine Menge Geschichten zu erzählen, welche R ü p -
p e l l ' s und S c h i m p e r ' s Mittheilungen vollkommen bestätigten. Es
steht unzweifelhaft fest, daß in Abissinien jährlich mehrere Menschen durch
die Paviane ihr Leben verlieren. Frauen zumal sind den Wuthausbrüchen
dieser Thiere oft ausgesetzt, da deren rohe, wüste Sinnlichkeit auch durch
Menschenweiber erregt wird. Die Mädchen, welche, um Brennholz
herbeizuschaffen, die Berge besteigen, fürchten die Paviane weit mehr,
als den L e o p a r d e n. Denn dieser läßt sich, wenn auch nicht immer,
doch gewöhnlich durch das Geschrei einer vereinigten Gesellschaft verscheuchen, während die Paviane gerade durch Rufen erst recht wüthend
gemacht werden, auf die Leute losstürzen und dann von ihren fürchterlichen Gebissen Gebrauch machen. Wir haben nach Dem, was wir in
Thierschaubuden und Thiergärten beobachten können, keine Berechtigung,
an dieser Mittheilung S c h i m p e r ' s zu zweifeln; wir wissen, daß die
Wuth der Paviane auflodert, wie ein Strohfeuer, aber nachhaltig fort-
wirkt, bis sie befriedigt ist. Daß der gerade bei den Pavianen in so ab-
scheulicher Form sich zeigende Geschlechtstrieb ihre angeborene Wuth nur
noch mehr steigert, braucht wohl kaum erwähnt zu werden.

Nächst den Menschen ist der Leopard der Hauptfeind des Silberpavians. Es ist wahrscheinlich, daß auch der Löwe hin und wieder einen Hundskopf wegnimmt; allein dieses Raubthier kommt so selten in dem eigentlichen Gebiet der Hamadryaden vor, daß der Schaden, welchen es den Affen anthut, kaum nennenswerth sein dürfte. Der Leopard dagegen schleicht Tag und Nacht den Pavianen nach und stürzt sich mit ebenso viel List als Kühnheit auf jedes Glied der Herde, welches sich von der Gesammtheit trennte. Bei unserer zweiten Affenjagd geschah es, daß ein erwachsenes Männchen, welches wir verwundet hatten, langsam den Felsen herabtaumelte und sich dem Thale zuwandte. Dieser verwundete Affe wurde kaum sechszig Schritte von uns von einem Leoparden besprungen und trotz des furchtbaren Geschreies, welches die oben auf der Felszinne verweilenden anderen Paviane erhoben, zur Tiefe des Thales hinabgeritten.

Ich werde auf diesen Vorfall bei Gelegenheit der Beschreibung der Leoparden selbst zurückzukommen haben und erwähne ihn blos aus dem Grunde, weil er mir Gelegenheit gab, das Benehmen der Paviane auch unter solchen Umständen zu beobachten. Sie hatten den Mordanfall des Leoparden auf einen ihrer Gefährten eher gesehen, als wir. Ungeachtet der Angst, in welche wir sie durch unser wiederholtes Schießen versetzt hatten, rückten sie sofort auf der Platte vor, und einige machten sich fertig, nach unten hinabzuklettern, höchst wahrscheinlich in der Absicht, dem Angefallenen zu Hilfe zu kommen. Ihre Aufregung war furchtbar; ihre Wuth überstieg Alles, was ich bis jetzt von Affen beobachtet hatte. Ich glaube nicht zu irren, wenn ich nach Diesem annehme, daß die Paviane, wo Dies irgend angeht, vereinigt selbst den Leoparden angreifen, wenn dieser ein Glied ihrer Herde überfällt. Früher hatten mich die Araber wiederholt versichert, daß die Paviane den sie bedrohenden Leoparden regelmäßig in die Flucht schlagen, ja, daß sie selbst vor dem Löwen sich nicht fürchten und im Kampfe zum Besten Schwächerer nicht nur treulich zusammenhalten, sondern auch mit Todesverachtung sich wehren. Ich hatte solche Erzählungen damals als Märchen betrachtet, obschon ich wiederholt Gelegenheit hatte, die Glaubwürdigkeit der mir von Arabern gemachten Mittheilungen zu erfahren: nach Dem aber, was ich nunmehr selbst sah, bin ich versucht, jene Berichte für buchstäblich wahr zu halten.

Auch bei der ersten Jagd schon gaben die Paviane einen nicht zu unterschätzenden Beweis ihres Muthes. Wie schon bemerkt, waren sie nach unseren ersten Schüssen geflüchtet. Der Weg, welchen sie einschlugen, hatte sie nach der andern Thalseite geführt, und als wir einige tausend Schritte weiter fortgeritten waren, sahen wir sie eben im langen Zuge über den Thalgrund wegschreiten und nach den Berghängen der rechten Seite übersetzen. Unsere Hunde, muthige Thiere, gewohnt, jede Hiäne von den Häusern wegzutreiben, stutzten einen Augenblick und stürzten sich dann mit freudigem Gebell auf die Paviane. Sie waren in wenig Augenblicken unter der Herde: — aber ebenso rasch auch von den stärksten Männchen derselben umringt und förmlich gestellt. Brüllend und wuth-schnaubend zeigten die Affen unseren Hunden ihre fürchterlichen Gebisse in so bedenklicher Nähe, daß diese es vorzogen, vom Kampfe abzustehen, und zu uns zurückkehrten. Während wir sie von neuem ermunterten und hetzten, hatten die Affen ihren Weg fortgesetzt und bis auf wenige Nach-zügler das Thal überschritten. Unter diesen Nachzüglern befand sich ein kleiner, etwa halbjähriger Bursch, welcher etwas entfernt von den anderen seines Weges ging. Auf ihn hetzten wir jetzt die Hunde. Sie gingen an und hatten bald den Affen, welcher auf einen Felsblock geflüchtet war, regelrecht gestellt. Wir eilten so schnell als möglich den Hunden zu Hülfe, uns schon mit der Hoffnung schmeichelnd, den jungen Pavian lebendig fangen zu können. Allein diese Hoffnung wurde gänzlich ver-eitelt. Auf das jammervolle Zetergeschrei des geängsteten Jungen kehrte vom andern Ufer her ein gewaltiges Männchen zurück, um ihm beizustehen. Ernst und würdevoll durchschritt er das Thal; ohne sich nur um die Hunde zu kümmern, ging er auf sein Ziel los, zwischen seinen Feinden mitten durch, sprang auf den Felsen zu dem Jungen, ermunterte diesen, mit ihm zu gehen, und geleitete ihn ruhig und furchtlos nach dem andern Ufer, in dessen Dickicht beide bald verschwunden waren. Die Hunde setzte er durch wüthendes Grunzen und durch Zeigen seines furchtbaren Ge-bisses derartig in Furcht, daß keiner wagte, ihn oder seinen Schützling anzugreifen.

Jeder meiner Leser wird aus diesem Vorfall selbst folgern können, was die alten Paviane thun, wenn eines ihrer Schutzbefohlenen wirklich von einem Raubthier angefallen oder von einem nicht mit Feuergewehr bewaffneten Menschen verfolgt wird.

Mit ihren Sippschaftsverwandten leben die Hamadryaden durchaus nicht immer auf gutem Fuße. Schimper erzählte mir, daß in Simeen oft förmliche Schlachten zwischen den Hamadryaden und den Geladas (Cynoc. Gelada, *Rüppell*) vorkommen. Dieser Mantelpavian bewohnt einen Höhengürtel 9—14,000 Fuß über dem Meere, während der Hamadryas immer mehr in der Tiefe sich aufhält. Nun kommt es zuweilen vor, daß die Geladas von oben herabsteigen, in der Absicht, eines der Felder zu plündern. Bei solchen Gelegenheiten treffen sie mit ihren Herren Vettern zusammen: und augenblicklich kommt es zu einem hartnäckigen Kampfe. Geladas und Hamadryaden erheben ein furchtbares Geschrei; dann beginnt das Rollen der Steine, und jede Herde sucht soviel als möglich die Höhe zu gewinnen, um diesen Naturgeschossen die beabsichtigte Wirkung zu geben. Dank der Geschicklichkeit und Vorsicht der Affen treffen die rollenden Steine nur selten; aber sie vermehren wenigstens die Wuth und Kampflust auf beiden Seiten. Wenn die Banden wirklich zusammenstoßen, kommt es zu ernsthaften Raufereien, und selbst die Gebisse spielen ihre Rolle: im Ganzen aber bleibt das Zähnefletschen und wüthende Brüllen die Hauptsache.

Schimper glaubt übrigens, daß aller Feindschaft zum Trotz, zuweilen Vermischungen zwischen Geladas und Hamadryaden vorkommen. Nach den Beobachtungen dieses Forschers gibt es in Habesch einen andern Affen, kleiner und grauer, als der Gelada, sonst aber ihm ähnlich, welcher sich nicht nur durch anderes Geschrei auszeichnet, sondern sich auch mehr in der Tiefe aufhält und in Herden von geringer Zahl auftritt. Diesen Affen glaubt Schimper als einen **Blendling von Hamadryas und Gelada ansehen zu dürfen.** Er steht sich mit beiden Theilen gut und begleitet die Hamadryaden auf ihren Raubzügen. Französische Forscher haben das betreffende Thier, dessen Beschreibung Schimper einsandte, für eine neue Art erklärt. Den Namen desselben konnte mir Schimper nicht sagen, und ich weiß die Beschreibung nicht aufzufinden: ich kann also kein eigenes Urtheil fällen und muß es bei der Wiederholung der Schimper'schen Angaben bewenden lassen.

In der Gefangenschaft beträgt sich der Hamadryas, solange er jung ist, sehr nett. Zumal junge Weibchen sind angenehme, liebenswürdige und liebesbedürftige Geschöpfe und schließen sich deshalb dem Menschen, welcher sie pflegt, auf das Innigste an. Man kann sie durch zarte Aufmerk-

samkeiten bald so an sich fesseln, daß sie durch ihre Anhänglichkeit geradezu
lästig werden. Ein Weibchen, welches ich kaufte, wurde von der Frau
Herzogin und den andern Damen der Gesellschaft so verhätschelt, daß es
jämmerlich schrie, so bald es aus der Gesellschaft entfernt wurde. Erlaubte
man ihm, neben einer der Damen zu sitzen so war es augenblicklich
befriedigt und suchte durch große Zärtlichkeit die ihm geschenkte Gunst zu
vergelten. Auch junge männliche Hamadryaden benehmen sich artig; mit
zunehmendem Alter aber bricht ihre eigentliche Natur mehr und mehr durch:
und dann zeigen sie allen Jähzorn und alle Gemeinheiten, welche nur in
einer Affenseele Platz haben.

Seit den ältesten Zeiten wird der Hamadryas nach Egipten einge-
führt und dort zahm gehalten. Ihm begegnet man häufig in den Straßen
Kairos als thätigen Künstler bei den Vorstellungen, welche die Gaukler
und Schlangenbeschwörer zu geben pflegen. Hier zeigt er sich so recht als
Abbild seines Herrn. Er läßt sich willig zur Ausübung der schmutzigen
Gedanken des Gauklers benutzen und erfreut den rohen Zuschauer aufs
höchste. Wie gefährlich der erwachsene Hamadryas selbst im gezähmten
Zustande ist, mag daraus hervorgehen, daß sogar die egiptische Polizei es
den Gauklern unter Androhung einer harten Strafe verboten hat, Paviane
ohne starken Beißkorb durch die Straßen zu führen. Und trotz der Maul-
körbe wissen diese Geschöpfe noch Unheil anzustiften. Ich selbst wurde
einmal nicht unbedeutend verletzt durch einen Hamadryas, welchen ich im
Vorbeireiten mit dem Fuße gestoßen hatte. Ungeachtet des fördernden
Galopps, welchen mein Reitesel ging, hatte mich der Affe im nächsten
Augenblick am Beine erfaßt und riß mir mit seinen Händen Gamaschen,
Strümpfe und Schuhe vom Beine herab und tiefe Schrammen in die
Haut hinein.

Außer Hamadryas, Gelada, Babuin und dem vorhin ge-
nannten, von Schimper als Bastard angesehenen Pavian soll in Abissinien
noch ein unsern Museen bisher gänzlich unbekannt gebliebener Hundskopf vorkommen. Nach Schimpers Beschreibung ist dieser Affe größer,
als ein Mensch, kohlschwarz, sehr roth auf den nackten
Stellen, welche er, wie der Gelada, auf der Brust zeigt,
in Gestalt und Lebensweise diesem Mantelaffen am
ähnlichsten; er lebt jedoch in Herden von nur dreißig oder
vierzig Stück und blos in den bedeutendsten Höhen.

Schimper sah nur einmal eine einzige Herde dieser fraglichen Thiere und konnte aller Mühe ungeachtet von seinen Jägern nur ein einziges Stück und leider ein Junges erhalten, welches nach dem Dafürhalten des genannten Forschers mit einem gleichgealterten Gelada gar nicht verwechselt werden konnte.

Die Ordnung der **Flatterthiere** (Chiroptera) bot wenig Stoff zu Beobachtungen. In Egipten, einem der beliebtesten Aufenthaltsorte der **Flebermäuse**, haben wir weder auf der Hinreise, noch während unseres Aufenthaltes auf der Rückreise jagen können; in den Bogosländern würde ich gern gejagt haben, wenn sich mir Gelegenheit hierzu geboten hätte.

Die Flatterthiere sind auch im Innern Afrikas sehr häufig. Man findet sie mitten im Urwalde; man sieht sie bei Tage zu Dutzenden und in größerer Anzahl vereinigt an den Wipfelästen dickbelaubter Bäume hängen und mit Einbruch der Dämmerung ihrer Nahrung nachjagen. Auf jeder baumfreien Ebene tummeln sich allnächtlich Hunderte und Tausende herum, und ein Bächlein oder ein Flüßchen scheint einen ganz besonderen Anziehungsort für sie zu bilden. Zu meiner nicht geringen Ueberraschung bemerkte ich in den Bogosländern außerordentlich wenig Flatterthiere. Um das Dorf Mensa herum konnte man an manchen Abenden weit mehr **Hiänen** wahrnehmen, als Flebermäuse.

Die Ursache dieser Armuth hat **Heuglin** ganz richtig erforscht. „In den Bogosländern", so sagt er, „wird starke Viehzucht getrieben, und die Herden kommen, wenn in ferneren Gegenden bessere Weide und mehr Trinkwasser sich finden, oft Monate lang nicht zu den Wohnungen der Besitzer zurück. Bei unserer Ankunft in Keren waren alle Rinderherden sammt den Milliarden von Fliegen, welche sie überall hinbegleiten, in den Tiefländern des Barka und Flebermäuse hier außerordentlich selten. Gegen Ende der Regenzeit sammeln sich etwa auf einen Monat fast alle die den hiesigen Bogos gehörigen Herden in der nächsten Umgebung und gleichzeitig erscheinen auch die kerbthierfressenden Dämmerungs- und Nachtflebermäuse in unglaublicher Anzahl. Mit Abzug der letzten Herde verschwanden auch sie wieder gänzlich."

„In der Nacht vom 30. September auf den 1. October lagerten wir auf einer drei Stunden südlich von Keren gelegenen Hochebene in der Nähe von Umzäunungen, welche zur Aufnahme für Rindvieh bestimmt waren. Da sich die Herden in anderen Theilen des Gebirges befanden, beobachteten wir nur eine oder zwei Fledermäuse auf der für diese Thiere äußerst günstigen Oertlichkeit. Tags darauf kehrten die Herden an die besagte Stelle zurück, und schon an demselben Abende hatte die Zahl der Fledermäuse ganz auffallend zugenommen."

„Es entsteht nun die Frage, ob sie wirklich ihre Standorte ändern, oder ob sie von denselben aus allabendlich weite Jagdflüge machen, um die Fliegen aufzusuchen, welche die Herden begleiten. Ich glaube an eine Veränderung der Standorte, weil an den betreffenden Plätzen die Thiere Abends so zeitig erscheinen, daß sie unmöglich auf dem Platze sein könnten, ohne stundenlange Reisen bei Tage gemacht zu haben, und ich habe hier niemals Fledermäuse vor Abenddämmerung entdecken können."

Diese Beobachtung gebe ich hier buchstäblich wieder, weil ich sie durchaus bestätigen kann. Ein einziges Mal kamen wir gegen Abend an einer für die Herden gebauten Umzäunung vorbei, welche etwa fünfhundert Stück Rinder beherbergen mochte. Hier waren die Fledermäuse außerordentlich gemein; der wolkenbedeckte Himmel und die Eile der Reise hinderten mich aber leider an einer Verfolgung der so merkwürdigen Geschöpfe. Auch ich habe nur **in der Nähe der Herden Flatterthiere gesehen.**

Diese Beobachtung, deren alleiniges Verdienst ich H e u g l i n zuschreibe, ist in mehrfacher Hinsicht wichtig. Sie zeigt uns zunächst, daß es in den Bogosländern wahrscheinlich nur sehr wenige oder gar keine Waldfledermäuse gibt, d. h. solche, denen der Wald schon hinlängliches Futter gewährt und welche deshalb nahrungsreichere Orte nicht aufzusuchen brauchen. Sie zeigt ferner, daß wir von dem Leben der Flatterthiere noch sehr Vieles ergründen müssen, bevor wir uns einer ausreichenden Kenntniß derselben rühmen dürfen.

Es ist bekannt, daß Fledermäuse aus höheren, kälteren Gegenden mit Abnahme der Wärme in tiefere sich zurückziehen; man hat auch schon gemuthmaßt, daß einzelne gewisse Wanderzüge unternehmen, d. h. also sich von Norden mehr nach Süden wenden. Allein von zeitweiligen Veränderungen des Standortes während der günstigen Jahreszeit hat man noch Nichts gewußt. Die leichte Beweglichkeit der Flatterthiere fesselt sie nicht in dem Grade an einen bestimmten Ort, wie andere Thiere. Das weibliche Säugethier ist wenigstens während der Zeit, wo es Junge hat, an eine bestimmte Gegend gebunden; die Fledermaus aber trägt, wie das Beutelthier, sein einziges Junge mit sich davon und kann seinen Aufenthaltsort nach Belieben ändern. So ist es mir also vollkommen glaublich geworden, daß die Flatterthiere ihrer Nahrung nachwandern und eigentlich gar keine bestimmte Heimat haben. In unsern Gegenden lassen sich hierauf bezügliche Beobachtungen schwer oder gar nicht anstellen, um so besser und schärfer aber in den Tropen, wo nicht blos die Jahreszeiten sich streng von einander scheiden, sondern auch noch andere Umstände, wie z. B. das Umherziehen der Kerbthiere und der sie sammelnden Herden für das Leben der Flatterthiere maßgebend sind.

Durch diese Angaben habe ich Eins bezweckt: ich will spätere Reisende auf diesen Gegenstand aufmerksam gemacht haben.

Mit den in unserem Jagdgebiet vorkommenden Katzen sind wir nur wenige Male zusammengetroffen. Während meines ersten Aufenthalts in Mensa ließ sich der Löwe (Leo senegalensis) blos zwei Mal in der Nähe des Dorfes vernehmen, ohne jedoch nahe an die Häuser heranzukommen, wie es in den vorhergehenden Abenden geschehen war; auf der Rückreise sahen wir, Baron van Arkel d'Ablaing und ich, einen fast erwachsenen Löwen bei hellem Tage auf einem der niederen Hügel der Samchara Umschau halten; während der eigentlichen Jagdreise spürten wir ihn in der Samchara und endlich in der Nähe des Dorfes Mensa. In nähere Berührung mit dem Beherrscher der Wildniß sind wir nicht gekommen, und somit können unsere Beobachtungen nur dürftige sein. Doch haben wir aus dem Munde des schon genannten Pater Fillipini, anderer Europäer und der Eingeborenen Einiges erfahren können, was mir immerhin der Aufzeichnung nicht unwerth dünkt. Es ist kurz Folgendes:

Der Löwe ist in den Bogosländern nicht gerade eine seltene Erscheinung, wenn er auch nicht alle Tage gesehen wird. Zuweilen kommt es vor, daß vier, fünf und mehr Stück beisammen getroffen werden. So sahen die Diener Heuglins auf dessen Reise von Massaua nach Keren einmal sieben Löwen durch das Dickicht ziehen. Einer der

Genannten hat mir Dies selbst erzählt, und seine Aussage wurde wiederum von dem übereinstimmenden Berichte eines beim Zug betheiligt gewesenen Kameltreibers bestätigt. Der Löwe ist kein besonderer Freund des Gebirges und steigt auch nicht hoch in demselben empor; die höchste Höhe, welche er betritt, dürfte zwischen 6 bis 8000 Fuß zu suchen sein. Im eigentlichen Hochlande Abissiniens kommt er wahrscheinlich gar nicht vor. Breite, womöglich von Flüssen durchzogene Thäler sind seine Lieblingsorte; deshalb bevorzugt er weiter westlich jene Urwaldungen, welche sich an den Ufern des blauen und weißen Nils, sowie an dem Atbara ausbreiten. Auch am Ain-Saba ist er viel häufiger, als in den Bogosländern; führt ja doch der Fluß nach ihm seinen Namen; denn das arabische Wort „Ain-Saba" bedeutet „Löwenquelle" oder „Löwenfluß". Er wechselt seinen Aufenthaltsort, wie ihn die Herden wechseln, denn aus diesen holt er sich die meiste Beute. Im Sudahn zieht er mit den Nomaden in die Steppe hinaus und kehrt mit ihnen, wenn die Weide knapp wird, wieder nach den feuchteren, also nahrungsreicheren Flußufern zurück. In den Bogosländern folgt er den Hirten ebenfalls bei ihren kleineren Zügen. Zur Zeit unseres Aufenthaltes waren die Herden noch in der Samchara und deshalb auch diese Raubthiere oben auf der Mensaebene selten.

Man sieht den Löwen bei Nacht kaum häufiger, als bei Tage. So lange die Sonne scheint, verbirgt er sich in den verschlungensten undurchdringlichsten Dickichten, wo er sich im Schatten eines von Schlingpflanzen überspannten Baumes niederzulegen pflegt. Ein richtiger Wechsel führt von hier aus bis zu dem nächsten Chor oder Regenstrom, und diesen benutzt der königliche Räuber dann als Straße. Nach einstimmigen Versicherungen der Araber und der Abissinier soll er sich außerordentlich scheuen, während der Sonnengluth umher zu gehen. Die Araber sagen, daß er um Mittag das Fieber habe und deshalb so regungslos im Lager verharre; als wahre Ursache des Verharrens ist wohl anzunehmen Scheu vor dem sonnendurchglühten Boden, welcher selbst den Hunden die harten Sohlen verbrennt und also auf die weichen Tatzen des Löwen mindestens die gleiche Wirkung äußern dürfte. Trotz aller Scheu kommt es vor, daß man ihn zuweilen bei Tage im Dickicht umherschleichen oder ruhig und still auf einem erhabenen Punkte sitzen sieht, um die Gegend zu überschauen. So brachte mir ein Bote, welchen ich von

Mensa aus dem Herzog nachsandte, die Nachricht, daß er in der Mittagsstunde einen Löwen in dem von Mensa nach dem Ain-Saba abfallenden
Thale habe sitzen sehen. Der Löwe betrachtete ihn und sein Kamel mit
großer Theilnahme, ließ aber Beide ungefährdet ihres Weges ziehen.
Man hat dieses Umschauhalten, welches schon von Le Vaillant beobachtet und von späteren Reisenden wiederholt berichtet wurde, für un-
wahr gehalten: allein auch wir haben uns davon überzeugt. Denn der
Löwe, welchen wir in der Samchara auf der Spitze eines nackten, kiesbe-
deckten Hügels liegen sahen, konnte offenbar nur die eine Absicht haben,
sein Jagdgebiet zu überschauen, um den Ort zu ermitteln, welcher ihm bei
dem abendlichen Ausgange am ehesten Beute liefern könne.

In die Nähe der Dörfer kommt der Löwe nicht vor der dritten
Nachtstunde. „Drei Mal", so sagen die Araber, „kündet er durch Brüllen
seinen Aufbruch an und warnt hierdurch alle Thiere, ihm aus dem Wege
zu gehen." Diese gute Meinung ruht aber leider auf schwachen Füßen;
denn ebenso oft, als ich das Brüllen des Löwen vernahm, habe ich in
Erfahrung gebracht, daß er lautlos zum Dorfe herangeschlichen war und
irgend ein Stück Vieh weggenommen hatte. Der Löwe, welcher kurz vor
unsrer ersten Ankunft in Mensa vier Nächte hinter einander das Dorf betreten hatte, war einzig daran als Löwe erkannt worden, daß er beim
versuchten Durchbruch einer Umzäunung einige seiner Mähnenhaare verloren hatte. Es wurde als sehr wahrscheinlich angenommen, daß er auch
in den ersten Nächten unseres Aufenthaltsorts das Dorf umschlich, dennoch vernahmen wir sein Gebrüll nur zwei Mal und zwar in weiter Ferne,
während ich dasselbe früher in Kordofahn nicht nur vor dem Dorfe, sondern mitten in demselben ertönen gehört hatte.

Es ist eigenthümlich, daß die Mensa so wenig über die Verluste
klagen, welche sie durch den Löwen erleiden. Man spricht wohl von
seinen Raubthaten, aber keineswegs mit Entrüstung über die Einbuße an
Vieh, welche man erlitten hat, und es möchte fast scheinen, als griffe er
größere Herdenthiere gar nicht an. Dies ist jedoch unzweifelhaft der
Fall; ich selbst bin in Innerafrika hiervon mehr als ein Mal überzeugt
worden. Jene Nomaden, welche zwischen dem blauen und weißen Fluß
streifen, behaupten sogar, daß der Löwe ihr erster König wäre und ihnen
mehr Tribut noch abnehme, als der türkische Pascha, der eigentliche Beherrscher des Landes, von ihnen verlange.

Im Sudahn schützt man die während der Nacht eingepferchte Heerde einzig und allein durch die dicken und sehr hohen Hecken, welche man aus mehreren dornigen Bäumen, zumal aus Mimosen zusammensetzt und so dicht verschlingt, daß nirgends Zwischenraum bleibt, ein Raubthier also gezwungen wird, entweder vom versuchten Eindringen abzustehen oder einen ungeheuren Satz zu machen, wenn es zu dem innen geborgenen Vieh gelangen will. Ich selbst habe Hecken, Seribas, wie die Sudahnesen sagen, von zehn Fuß Höhe gesehen, über welche der Löwe nicht blos frei hinweg gesprungen, sondern auch zurückgesetzt war, mit der Beute im Rachen, und wunderte mich deshalb nicht wenig, daß ich in allen Bogos-ländern Seribas von nur drei, vier, höchstens sechs Fuß Höhe antraf, Seribas, welche noch dazu sehr wenig fest und dicht gebaut, also keineswegs geeignet waren, den Löwen abzuhalten. Die Erklärung wurde mir erst später, als ich bemerkte, daß man alle Nächte rings um diese Hürden Feuer anzündete. Dasselbe thaten die Kameltreiber auf unserer Reise. Sie waren der festen Ueberzeugung, daß Feuer stets genüge, den Löwen zurück zu schrecken und wußten kein Beispiel zu erzählen, daß unser Raubthier diese feurigen Kreise durchbrochen habe. Ich erwähne Dies ausdrücklich, weil oft das Entgegengesetzte behauptet und gesagt worden ist, daß sich der Löwe mitten zwischen den Feuern weg eine Beute geholt habe. Dabei fällt mir jedoch nicht ein, an der Glaubwürdigkeit solcher Berichte zu zweifeln; denn der Löwe scheint sich keineswegs überall gleich-artig zu betragen.

Welches freilebende Wild der Löwe bevorzugt, ist schwer zu sagen. Man hört nur dann von seinen Räubereien sprechen, wenn diese Haus-thiere betreffen, und wagt sich selten oder nie in jene Dickichte, in denen die Ueberbleibsel vom Löwenmahle zu finden sind. Mir ist es nicht un-wahrscheinlich, daß er nur auf großes und langsames Wild Jagd macht. Alle kleinen Antilopen sind, wie ich annehme, vor seinen Nachstellungen geborgen: sie sind ihm viel zu gewandt, als daß er sich umsonst nach ihnen bemühen sollte. Häufiger dürfte er eine Gazelle erlisten, und der Agaceen hat wahrscheinlich in ihm seinen schlimmsten Feind.

In Habesch unternimmt man ebenso selten Löwenjagden, als im Sudahn. Die Furcht der Eingeborenen ist lächerlich groß, aber sehr er-klärlich, wenn man bedenkt, daß diese Leute keine Feuerwaffen führen. Vor letzteren hat der Löwe große Achtung. Er läßt sich schon durch blinde Schüsse vertreiben, selbst wenn er sehr hungrig ist und Dies durch sein ärgerliches Brüllen bekundet. Glaubwürdige, mir wohlbekannte Reisende, welche in der Nähe des Ain-Saba rasteten, befreiten sich durch Schüsse von dem ihnen zugedachten Besuch zweier Löwen, welche das Lager hartnäckig umschritten und bald auf dieser, bald auf jener Seite ihr Brüllen vernehmen ließen, wahrscheinlich in der Absicht, eines der dummen Lastkamele so in Angst zu versetzen, daß es den durch Feuer geschützten Kreis verlassen und in die Steppe hinauslaufen möchte. Wir selbst vertrieben ihn durch unsere Jagd gänzlich aus der Nähe des Dorfes Mensa. Während unsres zweiten Aufenthaltes wagte er es nicht ein einziges Mal, die Hochebene zu betreten.

Bei Tage geht der Löwe dem Menschen regelmäßig aus dem Wege, so lange er Dies kann. Baron van Arkel d'Ablaing und ich hofften schon, jenen Löwen, welcher in der Samchara Umschau hielt, zu erlegen, wurden aber durch die unerwartete Feigheit des edlen Recken sehr in unseren Erwartungen getäuscht. Obgleich wir alle Vorsichtsmaßregeln getroffen, den Wind geprüft und uns mit sorgsamer Beobachtung aller Jagdregeln an den Berg geschlichen hatten, fanden wir doch diesen leer: der Löwe hatte es vorgezogen, sich vor den Jägern, deren Fußtritte sein feines Ohr vernommen haben mußte, zurückzuziehen. Er war höchst wahrscheinlich in einen der benachbarten großen Büsche geflüchtet und hatte dort sich verborgen; aber leider waren die Büsche so zahlreich und so dicht, daß es vollkommen unmöglich war, ihn hier aufzusuchen.

Bei dieser versuchten Jagd, konnten wir so recht deutlich die Achtung erkennen, welche die Afrikaner dem Löwen zollen. Wir hatten unseren Dienern für den Fall des ersten unglücklichen Schusses noch andere geladene und gespannte Doppelgewehre in die Hände gegeben und ihnen befohlen, dicht neben uns herzugehen, damit sie im geeigneten Augenblick uns die zweite Waffe reichen könnten. Der Eine war ein Egipter, welcher kurz vorher seine Tapferkeit durch Tödtung eines Leoparden bewiesen hatte, der Andere ein sonst recht muthiger Bursch aus Massaua. Jetzt hatten Beide vollständig den Kopf verloren! Sie gingen zitternd neben uns her und athmeten erst erleichtert auf, als sie sich, unzweifelhaft zu ihrer großen Freude, überzeugten, daß der Löwe Reißaus genommen hatte.

Unsere vereinigte Jagdgesellschaft kam leider nicht zu der von Vielen gewünschten Löwenjagd. Die Eingebornen vermochten nicht, uns einen Schlupfwinkel des Löwen anzugeben. Aber auch wenn wir einen solchen gewußt hätten, würden wir schwerlich die unumgänglich nothwendigen Treiber und Lärmmacher unter unseren Leuten zusammengebracht haben: so tief eingewurzelt ist die Furcht vor diesem allerdings gefährlichen Raubthier.

Ebensowenig, als man in Habesch Jagd auf den Löwen macht, versucht man ihn, zu fangen. Nur zufällig kam einmal ein Löwe in eine der von Pater Fillipini hier und da gebauten Leopardenfallen; aber der mächtige Räuber fiel deshalb noch nicht in die Gewalt des eifrigen Jägers. Ein einziger seiner Prankenschläge genügte, die nur für Leoparden eingerichtete Thür der Falle zu zertrümmern und ihm einen Ausgang aus dem verhaßten Kerker zu eröffnen.

Mehr als ein Mal ist der genannte Pater Löwen begegnet; niemals aber hat er einen erlegt. Ihm fehlte der unentbehrliche Jagdgefährte, und er hatte vollkommen recht, wenn er die Einzeljagd auf den Löwen für Tollkühnheit erklärte.

Es kommt gar nicht selten vor, daß junge, noch säugende Löwen von den Sudahnesen oder Abissiniern gefangen werden; doch behält der Eingeborne niemals seine Gefangenen für sich. Er verkauft oder verschenkt sie an die vornehmen Türken oder die Europäer, welche solche Hofgenossen wünschen, vielleicht schon deshalb, weil es ihm zu kostspielig werden dürfte, den Raubthieren die Nahrung zu verschaffen. Bei unserer zweiten Rückkehr nach Massaua bot der dortige Pascha dem Herzog ein Paar Löwen an, welche er etwa seit Jahresfrist in der Gefangenschaft gehalten hatte. Das Geschenk wurde angenommen, und wir bekamen hierdurch bei der Rückkehr ein Paar Reisegenossen mehr. Die Löwen waren ziemlich ungezogen, ja bösartig und bewiesen recht deutlich, daß man sich wenig mit ihnen abgegeben hatte; denn gerade der Senegallöwe läßt sich durch gute Behandlung und gewissermaßen durch Aufnahme in die Gesellschaft des Menschen so zähmen, daß er seinem Herrn wie ein Hund ergeben wird, auf das Wort hört, niemals daran denkt, von seinen Kräften Gebrauch zu machen, nicht einmal das Weite zu suchen, wenn dazu sich ihm Gelegenheit bietet. Eine junge Löwin, welche ich mehrere Jahre durch verpflegte, war mir so anhänglich geworden, daß ich sie in den Städten an einem schwachen Strick führen und ihr da, wo wir auf unsrer Rückreise mit dem Schiffe anhielten, vollste Freiheit gewähren konnte. Sie ergötzte sich am Ufer des Nils in lustigen Sprüngen, kehrte aber auf den bloßen Ruf sofort wieder zu uns zurück. Wenn sie gewollt hätte, wäre es ihr ein Leichtes gewesen, zu entfliehen; sie hatte sich aber so an die Gesellschaft des Menschen gewöhnt, daß es ihr geradezu unerträglich war, wenn sie auch nur einen Tag allein sein mußte.

Ungleich häufiger und weit gefürchteter, als der Löwe, ist der Leopard (Leopardus antiquorum). Man darf ihn vielleicht nächst der Hiäne und dem Schakal das häufigste aller Raubthiere von Habesch nennen.

Der Leopard meidet nur die wüstenartigen Tiefebenen; in pflanzenreichen Gegenden findet er sich überall, von der Ebene an, bis hoch ins Gebirge hinauf. Ein Höhengürtel von 8000 Fuß über dem Meere bietet ihm noch alle Annehmlichkeiten, welche er sich wünschen kann. Nicht selten sucht er sich seinen Aufenthalt auch in der Nähe der menschlichen Wohnungen, ja sogar in diesen selbst, unter allen Umständen aber Plätze, welche ihn soviel als möglich dem Auge entziehen. Auf den ersten Blick hin will es scheinen, als würde es ihm seiner prachtvollen Zeichnung wegen schwer, sich zu verbergen, als wäre sein Kleid viel zu bunt für ihn, welcher doch durch lauerndes Verstecken und Anschleichen seine Beute gewinnen und sich dem scharfen Auge derselben entziehen muß. Allein schon bei oberflächlicher Betrachtung der Gegend, welche er bewohnt, gewinnt man eine andere Ansicht. Das Gewand des Bodens ist ebenso bunt, als das des Leoparden, und sein Kleid paßt also vortrefflich zu seiner Heimat. Ein dichter Busch, ein freier Raum zwischen Kaktusblättern, ein aus der reichen Pflanzendicke sich erhebender Steinblock sind Orte, welche allen Anforderungen entsprechen, die ein Leopard an seinen Anstand machen kann. Er findet sich also auch an den Berglehnen, wo der Bestand der meisten strauchartigen Bäume ziemlich dürftig und die niedere Pflanzenwelt, zumal Gräser und Kaktus vorwiegend sind. Doch hat er Dickichte, welche die Ufer von Regenströmen besäumen, lieber, als alle übrigen Orte im Gebirge; denn in jenen Dickichten kann er seiner Jagd bei Tag und Nacht nachgehen und sich die ihm nöthige Beute er-

werden, ohne den Aufenthaltsort zu verlassen, während er an den Berg=
gehängen doch oft vergeblich lauert.

Es ist bekannt, daß der Leopard allen Säugethieren, welche er be=
wältigen kann, den Krieg erklärt hat; man weiß, daß von der Antilope
an bis zur M a u s und vom größeren Geflügel bis zum kleinen Nestvogel
herab, kein Thier vor ihm sicher ist. Gleichwohl hat auch er sein beson=
deres Lieblingswild. In Abissinien fügt er den Herden, welche er an
andern Orten so oft heimsucht, verhältnißmäßig geringen Schaden zu,
weil man, seine Frechheit und Raubgier kennend, die Ziegen allenthalben
in Ställen verwahrt, welche an Festigkeit des Baues die menschlichen
Wohnungen übertreffen. Um so eifriger aber richtet er sein Augenmerk
auf die freien Thiere, welche in Herden oder in Gesellschaften leben. Im
Gebirge ist er den Affen und den Klippschliefern unermüdlich auf
den Fersen; im Dickicht bedroht er ohne Unterlaß die Zwergböckchen
(Cephalophus Hemprichiana), die verschiedenen Frankoline (Francolinus Erkellii, Fr. rubricollis, Fr. gutturalis und Fr. Clappertonii)
und das Perlhuhn (Numida ptilorhyncha); in den Dörfern nimmt
er Alles weg, was er auf seinen Raubzügen findet.

Jeder Abissinier weiß von der Kühnheit oder vielmehr Frechheit des
Leoparden zu berichten; jeder hat durch ihn schon einen mehr oder minder
schmerzlichen Verlust erlitten. Im Dorfe M e n s a schleppte ein
einziger Leopard während dreier Monate acht Kinder,
ungefähr zwanzig Ziegen und vier Hunde weg! In ganz
Abissinien kann man Hunde und Hühner kaum vor ihm sichern.
Während man in andern Theilen Afrikas beide Hausthiere in großer
Menge antrifft, bemüht man sich in den Bogosländern gewöhnlich ver=
gebens, ein Haushuhn oder ein Ei zu erhalten; denn der Leopard vereitelt
alle Hühnerzucht, so daß die Abissinier jetzt gar nicht mehr an sie denken.
Kaum besser ist es mit den Hunden; das Raubthier trägt sie, wenn auch
nur nach und nach, sicher davon. Die Herden schützt selbst ihr gut ver=
wahrter Stall nicht immer: der Leopard reißt die aus Stroh und Stäben
zusammengebauten Wände aus einander, erzwingt sich gewaltsam den
Eingang in das Innere, würgt eine der Ziegen oder ein Schaf ab und
verspeist es, wenn es ihm zuviel Mühe macht, die Beute durch die von
ihm gebrochene Thür zu schleppen, an Ort und Stelle, ohne sich viel um
das Rufen und Schreien der Männer zu kümmern. Er ist unbedingt der

furchtbarste Feind des **Pavians**, des **Hasen**, des **Klippspringers** (Oreotragus saltatrix), des **Zwergböckchens**, des jungen **Agazeen** (Strepsiceros Kudu) und des **Klippschliefers**; er ist der schlimmste Verfolger aller Hühnerarten des Waldes.

Von seiner beispiellosen Frechheit war ich selbst Zeuge und zwar bei dem schon erwähnten Vorfalle auf einer unsrer Pavianjagden. Ein uraltes Hamadryasmännchen, welches leicht am Halse verletzt worden war, kam taumelnd den Fels herab, schwankte an uns vorüber und wendete sich mehr und mehr dem Thale zu, wo wir es als Leiche zu finden hofften. Wir beobachteten es daher auch gar nicht weiter, sondern ließen es seines Weges ziehen und feuerten unsere Büchsen wieder nach anderen Affen ab, welche oben saßen. Urplötzlich entstand ein fürchterlicher Aufruhr unter den Affen und wenige Sekunden später ein wüster Lärm unten im Thale. Aller Augen richteten sich zur Tiefe hinab. Wir hörten unsere Hunde bellen, die Leute rufen und lärmen, endlich die Worte: „Zu Hilfe! Zu Hilfe! Ein Leopard!" An der Bergwand hinaufschauend, erkannten wir denn auch wirklich das Raubthier, welches auf geradem Wege unsren Leuten zueilte, sich aber bereits mit einem Gegenstand beschäftigte, welcher uns unkenntlich blieb, weil er durch den Leib des Leoparden verdeckt war. Gleich darauf fielen unten zwei Schüsse; die Hunde bellten laut auf und die bis auf den Egipter wehrlosen Leute riefen von neuem mehrmals um Hilfe. Dann wurde es bis auf das fort und fort dauernde Gebell der Hunde ruhiger.

Die ganze Geschichte war so schnell vorüber gegangen, daß wir noch gar nicht wußten, um was es sich eigentlich handelte. Ziemlich eilfertig stiegen wir deshalb an der Bergwand hinunter in das Thal. Hier trafen wir unsere Leute in den verschiedensten Stellungen an. Der Egipter hatte sich auf einen Felsblock gestellt, hielt krampfhaft die Doppelbüchse seines Herrn in der Hand und stierte nach einem ziemlich dichten Busche hin, vor welchem die Hunde standen, jedoch in achtungsvoller Entfernung. Ein Abissinier versuchte, die aufs Aeußerste erregten Maulthiere zu beruhigen, und der Dritte schien von einem Felsen herab das Ganze überwachen zu wollen. Auf unsere Fragen erzählte uns der Egipter, daß in dem betreffenden Busch ein Leopard liege, welcher auf einem Affen reitend den Berg herunter gekommen sei und seine Beute auch trotz allem Schreien und Rufen nicht losgelassen habe! Im Busche selbst fanden wir das von dem Egipter durchs Herz geschossene Raubthier und nicht weit davon den mit dem zweiten Schuß erlegten Affen liegen.

Nun klärte sich der Hergang auf. Beim Hinaufklettern waren wir unzweifelhaft sehr nahe am Lagerplatze des Raubthieres vorbei gegangen; dann hatten wir etwa zehn Schüsse abgefeuert, endlich war ein Affe verwundet worden, wie bereits bemerkt, den Berg heruntergekommen und jedenfalls auch nicht weit von dem Lager des Leoparden vorbei gegangen. Auf ihn hatte dieser sich gestürzt — ungeachtet der Menschen, ungeachtet des alle Thiere erschreckenden Schießens, ungeachtet des hellen, sonnigen Tages! Wie ein Reiter auf dem Rosse sitzend, war er auf dem Affen in das Thal hinabgeritten, und kein Schreien, kein Lärmen der Leute hatte ihn zurückschrecken können!

Bei der Untersuchung ergab sich, daß der Leopard den Affen mit den beiden Vordertatzen gerade vorn an der Schnauze gepackt und hier tiefe Löcher eingerissen hatte. Mit den Hinterkrallen hatte er sich im Gesäß seiner Beute festzuklammern versucht, den größten Theil des Weges aber die hinteren Beine nachschleifen lassen.

Solche beispiellose Unverschämtheit steht vielleicht einzig in ihrer Art da. Kein Löwe würde nach Dem, was ich über ihn erfuhr, eine gleiche Kühnheit zeigen.

Alle Abissinier wissen eine Menge ähnlicher Geschichten zu berichten. Schimper schoß einst auf einen Leoparden, welcher bei hellem, lichten Tage auf einem Steinblock lag und seinen gefährlichen Feind schon längst gesehen hatte. Die Kugel schlug dicht unter dem Thiere an den Felsblock an: der Leopard erhob sich, ging einige Schritte weit weg, legte sich auf einen zweiten Felsblock und war von da, trotz allen Schreiens, nicht zu vertreiben.

In den Dörfern hat man schon wiederholt Feuerbrände nach ihm und auf ihn geworfen, ohne ihn dadurch abzuhalten, seine Beute wegzutragen; ja, es ist in Mensa vorgekommen, daß er, als ihn einige Männer wegen Kindesraub verfolgten, das arme, bereits lebensgefährlich verwundete Geschöpf auf den Boden legte, sich gegen die Angreifer wandte, diese durch sein unerschrockenes Vorgehen zur Flucht bewog und dann plötzlich wieder zu dem Kinde zurückkehrte, es den wehrlosen Frauen zum zweiten Male entriß und davon trug.

Leoparden, welche in Ställen getroffen und angegriffen werden, schauen gewöhnlich ihre Gegner nur grimmig an, fressen, ohne sich stören zu lassen, an dem erwürgten Stück weiter und springen blos dann, wenn ihnen der Lanzenhagel zu arg wird, nach einem oder dem andern der Männer hin, welche hierdurch fast regelmäßig in die Flucht geschreckt werden.

Uebrigens greift der Leopard, unverwundet, den erwachsenen Menschen sehr ungern an; dagegen stürzt er sich, verwundet, ohne weiteres auf seine Feinde. Dann ist er höchst gefährlich. Mit seiner Frechheit verbindet er unter solchen Umständen eine namenlose Wuth. Er mißachtet allen Schmerz, vergißt jede Wunde und läßt den einmal Gepackten auch dann nicht los, wenn die übrigen Männer so muthvoll sind, daß sie sein Fell fortwährend mit Lanzenstichen durchlöchern oder mit Keulenschlägen weichklopfen. Erst mit seinem Tode wird der von ihm gepackte Feind frei; inzwischen aber ist dieser gewöhnlich so zugerichtet, daß er den Kampf ebenfalls mit dem Leben bezahlen muß.

Glücklicherweise sind Menschen und Thier, wenigstens bei Tage, ziemlich sicher vor den Anfällen des Leoparden. Er hat eine Menge Feinde, denen er Nichts anhaben kann, welche ihm aber außerordentlich schaden. Es ist, als ob die ganze Thierwelt sich verbunden habe, gegenseitig einander vor dem allgegenwärtigen Räuber zu warnen. Irgend ein kleiner Vogel braucht ihn nur zu entdecken, und alsbald erhebt sich ein wahrer Aufruhr unter den geflügelten Scharen. Einer der häufigen Raben (Corvus affinis) wird aufmerksam, kommt herbei, überzeugt sich von dem Vorhandensein des Feindes und stößt nun schreiend von oben herab auf ihn hernieder, wenn gleich ängstlich bemüht, sich aus dem Bereich seiner geschickten Tatzen zu halten. Andere Raben hören den wohlbekannten Ruf und kommen in Menge herbei; die ganze Gesellschaft verfolgt den Räuber durch Busch und Hag, setzt sich über ihm auf kahle Baumäste oder Steine, zieht andere Spötter und Warner herbei: den Honigkukuk (Indicator minor), die Glanzdrosseln (Lamprotornis), Blauracken (Coracias abyssinicus) und vor Allem die eifrigen Nashornvögel (Tockus nasutus, T. erythrorhynchus, T. limbatus etc.), welche die Vögel der ganzen Gegend aufstören und als wohlbekannte Warner von ihnen und selbst von den Säugethieren vollkommen verstanden werden. Nachts warnen die Klippdachse, welche wohlverborgen in ihren Felsritzen und Höhlungen hocken, durch ihr

Grunzen vor der Ankunft des Leoparden nicht blos die Antilopen und andere schwächere Säugethiere, sondern auch den Menschen, welcher auf dieses Geschrei hin die Thür seines Stalles fester verwahrt oder die etwa gebaute Falle mit einem Lockköder versieht.

Mit dem Feuergewehr jagen die Abissinier das ihnen so verhaßte Raubthier ebensowenig, wie den Löwen. Bei weitem die meisten Leoparden, welche man erlegt, werden erst in Fallen gelockt und in diesen gewöhnlich durch Lanzenstiche getödtet. Pater Fillipini hat während seines Aufenthaltes in Abissinien ein paar Dutzend Leoparden auf diese Weise in seine Gewalt bekommen. Die Fallen sind ganz nach dem Grundsatze einer großen Mäusefalle gebaut. Starke Pfähle werden tief in die Erde geschlagen und seitlich noch durch schwere Steine befestigt. Dann wird der obere Theil der Falle durch aufgenagelte Querhölzer bedeckt und vorn eine senkrecht auf- und niedergehende Fallthür eingesetzt und mit einem Wagebalken in Verbindung gebracht, welcher im Innern der Falle an einem Stellpflocke hängt. Der hinterste Theil des Innern ist durch ein Gitter von dem vordern geschieden. Dicht vor diesem Gitter liegt der Stellpflock. Man hängt nun entweder ein Stückchen Fleisch über demselben auf oder steckt ein lebendiges Thier in das hinterste Kämmerchen, welches von außen vollkommen unzugänglich ist. Lebende Thiere sind immer besser, als Fleischstückchen; namentlich die Ziegen geben sich außerordentliche Mühe, den Leopard herbeizulocken. Getrennt von der übrigen Heerde, schreien sie höchst kläglich ohne Aufhören die ganze Nacht hindurch und rufen somit auch das fern von der Falle dahinschleichende Raubthier herbei. Der Leopard umgeht die Falle Anfangs mit großer Vorsicht, zuweilen zwei oder drei Nächte hinter einander, ohne einzutreten; endlich aber siegt doch die Begierde, und er kriecht in die verrätherische Höhle. Das den zweiten Theil abschneidende Gitter hindert ihn, sich der eingesperrten Ziege zu bemächtigen. Er versucht, mit der Tatze durch das Gitter zu dringen, tappt dabei gelegentlich auf den Stellpflock: die schwere Thür fällt herab, — und er ist gefangen. Anfänglich wüthet er und versucht, sich durchzubrechen; bald aber gewinnt er die Ueberzeugung von seiner verzweifelten Lage und kauert sich entsagungsvoll, ohne ein Glied zu rühren, in eine Ecke nieder. So findet ihn der Fänger am nächsten Morgen, und nun ist es natürlich leicht, zwischen dem Gitterwerk hindurch einen guten Lanzenstoß anzubringen oder durch einen

Kugelschuß allen ferneren Bestrebungen des Räubers ein Ende zu machen.

Die Leiche wird an Ort und Stelle abgestreift; denn nur das Fell findet Verwendung. Alle Innerafrikaner verstehen das Gerben vortrefflich. Sie benutzen dazu die Schoten der „Garrat-Mimose", welche reich an Gerbsäure sind. Das Fell wird auf den Boden gelegt, durch Pflöcke ausgespannt und mit einem Brei der erst auf einem Reibstein zerriebenen und dann mit Wasser angemachten Schoten dick bestrichen. Nach zwei bis drei Tagen ist die Arbeit beendet. Die Decke wird bis zum nächsten Markt einer der größeren Städte aufbewahrt. Dort vertauscht man sie gegen Getreide oder verkauft sie. Kleine Felle kosten gegenwärtig $3/4$ bis $1 1/4$ Speciesthaler, größere, schönere bekommt man aus zweiter und dritter Hand für zwei bis vier jener in ganz Nord-Ost-Afrika ausschließlich umlaufenden Geldstücke.

Nach Schimpers Angaben ist der Leopard nicht die einzige in Abissinien lebende große Pardelkatze; unser Gewährsmann ist vielmehr überzeugt, daß es in Habesch noch zwei verschiedene Parder und noch eine große Katze giebt.

Der eine Leopard, welchen die Abissinier Gesella oder Gusella nennen, ist **dunkelgraubraun gefärbt und schwarz gefleckt**. Die Flecken sind jedoch sehr unscheinbar, so daß sie auf einige Entfernung hin vollkommen verschwinden.

Die Gusella kommt nur im Süden von Habesch vor, nicht im Norden. Man fängt sie in Fallen und verkauft das überall außerordentlich geschätzte Fell zu sehr theuren Preisen. Vornehme Abissinier geben dafür gern das Zwölf- und Sechszehnfache des Preises einer gewöhnlichen Leopardenhaut; selbst der Kaiser schmückt sich mit ihr. Die Gusella soll viel blutdürstiger sein, als der Leopard.

Zu meiner Ueberraschung vernahm ich, daß die Abissinier dieser Pardelkatze Dasselbe nachreden, was ich über den eigentlichen Leoparden im Sudahn erfuhr. Hier ist überall die Meinung verbreitet, daß der „Nimmr" oder der „Gefleckte," wie die Araber unser Thier nennen, ein außerordentlich ehrgeiziges und für Beleidigungen höchst empfindliches

Geschöpf wäre. „Die Jagd", sagen die Leute, „hat deshalb auch nicht besondere Schwierigkeiten. Alle übrigen Geschöpfe gehen dem Menschen aus dem Wege, weil er das Abbild Gottes ist, und lassen sich von ihm aus Furcht auch Beleidigungen gefallen. Nicht so denkt der Leopard. Ihm ist der Name Nimmr ein Schimpfwort, welches er nicht ertragen kann. Unsere Leute nun gehen in den Wald hinaus und rufen dem im Dickichte versteckten oder auf einem Baumast liegenden Leopard dieses Schimpfwort zu; ergrimmt stürzt er sich auf die Jäger und giebt diesen Gelegenheit, ihren Muth zu zeigen. Man ersticht ihn dann ganz einfach mit Spießen, Lanzen oder hält, wenn er auf einem Baumaste liegt, zwei Lanzen so über den Kopf, daß der Leopard beim Herabspringen sich in ihnen spießen muß." Die Schimper'sche Wiederholung der von ihm oft gehörten abissinischen Münchhausiade glich diesem Bericht der Sudahnesen auf ein Haar.

Der zweite Leopard wird Nebri- oder Newer-Kalkol genannt. Kalkol bedeutet Abhang, Thal oder die Tiefe selbst. Der Newer-Kalkol ist sehr klein, kaum halb so groß, wie der wahre Leopard, in der Färbung aber ihm ganz ähnlich; nur die Tupfen sind etwas verschieden. Er ist ungleich seltener, als der Leopard, seltener sogar, als die Gnsella, und in seinem Betragen ziemlich harmlos d. h. weit weniger frech und raublustig, als sein großer Vetter. Schimper hat blos Felle von ihm zu sehen bekommen, ist dem Thiere selbst aber niemals begegnet.

Neben diesem eigentlichen Leopard kommt auch eine gestreifte Katze, der „Wobo" der Abissinier, in Habesch vor, welche in Gestalt und Färbung dem Königstiger nicht unähnlich sein soll. Dieser Tiger — denn als solchen würden wir ihn zu betrachten haben — erreicht eine bedeutende Größe. Er kommt dem Senegallöwen fast gleich, ist aber kurzbeiniger, als alle übrigen bekannten afri= kanischen Katzen. Die Grundfarbe seines Felles ist gelb; von ihr heben sich schwarze und lichte Längsstreifen ab.

Alle Abissinier, welche mit dem Wobo zu thun haben, fürchten ihn ungemein. Sie nennen ihn das grausamste aller wilden Thiere ihres Vaterlandes und wagen es niemals, ihm entgegenzutreten. Schimper hat von vielen Seiten vollkommen übereinstimmende Berichte über dieses Thier erhalten und glaubt nicht, daß es sich um eine Wehrwolfgeschichte handele.

Ich habe diese Angaben des genannten Forschers nicht weglassen wollen, weil wir uns ja noch immer nicht rühmen dürfen, die reiche Alpenwelt Afrikas zu kennen, soviel Reisende sie auch durchzogen und durchforscht haben. Uebrigens bin ich nicht der Erste, welcher über die betreffenden Thiere spricht: schon Heuglin gedenkt ihrer auf Seite 91 seiner Reise in Nord-Ost-Afrika (Gotha, Justus Perthes 1857); er giebt aber, unrechter Weise, die Quelle, aus welcher er schöpfte, nicht an.

Für mich hat es gar nichts Unwahrscheinliches, daß alle die genannten Katzen selbstständige Arten sind. Die Naturvölker beobachten sehr genau und urtheilen weit weniger nach Farbe eines Thieres, als nach dessen Wesen und Gewohnheiten. Zwei so verschiedene Geschöpfe, wie es nach ihrer Beschreibung der gewöhnliche Leopard und der Kalkol sind, gehören auch schwerlich zusammen. Man könnte zwar annehmen, daß der Kalkol ein junger noch nicht erwachsener Leopard wäre: Dem würde jedoch die genaue Kenntniß des letzteren seitens der Abissinier widersprechen. Eher noch möchte ich vermuthen, daß Kalkol und Serval (Leopardus Serval) ein und dasselbe Thier sind. Dies wäre schon aus dem Grunde nicht so undenkbar, weil das Vorgebirge und Habesch auch viele andere Thiere gemeinschaftlich besitzen. Nur der kurze Schwanz des Serval würde auf die gegebene Beschreibung des Kalkol nicht passen.

Die Gusella könnte vielleicht der von Fitzinger aufgestellte Graupanther (Leopardus Poliopardus) sein. (Siehe Juliheft des Jahrgangs 1857 der Sitzungsberichte der mathematisch-naturwissenschaftlichen Klasse der kaiserlichen Akademie der Wissenschaften zu Wien.) Nach dem Bericht dieses sorgfältigen, von mir im hohen Grade verehrten Forschers, weicht der Graupanther von allen bisher bekannten, großen, gefleckten Katzen so auffallend ab, daß eine Verwechselung desselben mit einer andern Art kaum möglich ist. Seine Gestalt ähnelt dem Jaguar, besonders wegen des kräftigen Baues und dicken Kopfes; die Form und Vertheilung der Flecken dagegen erinnert an den Panther. Nur mit diesen beiden Thieren kann der Graupanther verglichen werden; er unterscheidet sich jedoch von ihnen durch die kurzen Beine und die dadurch bedingte niedrige Stellung, sowie durch die auffallende, von allen bisher bekannt gewordenen Katzen abweichende Färbung und Stellung der Flecken. Nach oberflächlicher Schätzung beträgt die Länge des Körpers 5 Fuß und die des Schwanzes 2½ Fuß, die Höhe am Wiederrist dagegen nur 2 Fuß.

Als Vaterland dieses Thieres wurde von Kreuzberg, in dessen Thierschaubude Fitzinger ein Pärchen sah, Südafrika angegeben; diese Angabe würde durch meine Ansicht sehr an Wahrscheinlichkeit gewinnen.

Fitzinger bemerkt ausdrücklich, daß an „Melanismus" bei dem Graupanther nicht zu denken ist, weil sowohl die gesammte Form, als die Zeichnung eine Vereinigung dieses Thieres mit einer andern bekannten großen, gefleckten Katze nicht zuläßt, und Schimper sprach gegen mich genau dieselbe Ansicht aus, indem er bestimmt versicherte, daß das Fell der Gusella, welche er gesehen, mit dem schwarzen Panther der Sunda=insel gar keine Aehnlichkeit hätte.

Was nun den Wobo anlangt, so hege ich an seiner Artselbstständig=keit gar keinen Zweifel. Ein Mann, welcher gegen dreißig Jahr unter einem Volke lebt, lernt dieses sicherlich so genau kennen, daß er zwischen Erzählungen, welche auf Wahrheit beruhen, und solchen, welche nur aus einer regen Einbildungskraft entstanden, wohl zu unterscheiden weiß. Der Wobo ist mehrfach gesehen worden; denn er wurde von ganz verschiedenen Leuten Schimper übereinstimmend beschrieben, — und soweit ist die Thierkunde in Afrika denn doch noch nicht, daß die Beschreibung eines Thieres überlieferungsweise von Einem auf den Andern übergehen sollte. Ich bin überzeugt, daß wir in kurzer Zeit, vielleicht schon durch Heuglin, genauere Kunde über dieses räthselhafte Thier erhalten. Ihm gebührt dann unzweifelhaft der Name Tigris (Felis) Schimperii!

Der Gepard (Cynailurus guttatus) findet sich ausschließlich in der Samchara und nicht im Gebirge. Weite Ebenen mit Buschwerk oder auch solche, welche von hohem Grase bestanden sind, scheinen seine Lieb=lingsaufenthalte zu bilden. Der Reisende bekommt ihn nicht gerade häufig zu Gesicht; er lebt einzeln und weiß sich wohl zu verbergen. Un=bemerkt schleicht er zwischen dem hohen Grase oder im Gebüsch dahin, und das eine, wie das andere ist ganz geeignet, ihn dem Auge zu entziehen.

Man kann nicht behaupten, daß der Gepard, wie die übrigen Katzen, ein eigentliches Nachtthier genannt werden dürfe. Nach meinen eigenen Beobachtungen und den Versicherungen der Eingebornen treibt er gerade am hellen, lichten Tage am liebsten seine Jagd; ja die Leute versichern, daß man ihm Nachts niemals begegne. Dieses Urtheil ist aus dem Grunde beachtenswerth, weil die Katzen insgesammt es verstehen, sich dem Menschen bemerklich zu machen oder ihn anzuregen, auf ihr Leben und Treiben zu achten. Mir ist es gar nicht unwahrscheinlich, daß unser Thier wirklich nur in den Morgen= und Abendstunden thätig ist.

Der Gepard bezeugt auch in seinem Wesen so recht eigentlich, daß er keine wahre Katze mehr ist. Man kann ihn ein harmloses Raubthier nennen. Seine Nahrung besteht zwar hauptsächlich aus ziemlich großen Säugethieren; er ist aber nicht im geringsten blutdürstig und raubt niemals mehr, als er bedarf. In die Hürden bricht er nicht ein, und die bewohnten Ortschaften meidet er unter allen Umständen aufs sorgfältigste. Draußen in der freien Steppe betreibt er seine Jagd auf Antilopen und Hasen, Spring= und andere Mäuse, Perlhühner und Frankoline, möglicherweise auch auf Trappen, Dickfüße, Wüstenhühner und andere schlecht beschwingte Erdvögel. Dem Besitzthum des Menschen fügt er keinen Schaden zu. Niemand weiß Etwas von seinen Räubereien oder Angriffen zu erzählen, und kein Mensch fürchtet ihn. Wahrscheinlich wagt er es nicht einmal dann, sich gegen den Jäger zu vertheidigen, wenn er verwundet wurde. Gegen die ihn verfolgenden Hunde aber wehrt er sich nach Leibeskräften und in ganz eigenthümlicher Weise. Seine stumpfen Klauen gestatten ihm nicht, nach Katzenart sich seiner Pfoten zu bedienen; er begnügt sich deshalb, einen ihn angreifenden Hund mit den langen Läufen niederzuschlagen und hierauf mit dem Gebiß anzufallen. Ob er einen starken Hund wirklich zu bewältigen im Stande ist, wage ich nicht zu entscheiden; doch glaube ich, daß er einem tüchtigen Beißer gegenüber nicht viel ausrichten kann.

Hinsichtlich seiner Jagdweise unterscheidet sich der Gepard in allen Stücken von den Katzen. Auch er schleicht so nah, als möglich, an seine Beute heran und versucht hierauf, sie mit einem Satze oder mehreren Sprüngen zu erlangen; aber er ist nicht im Stande, einem größeren Thiere auf den Rücken zu springen und dort sich fest zu halten, sondern muß durch die Schnelligkeit seiner Läufe die ihm fehlende Schärfe seiner Klauen zu ersetzen suchen. Wie mir gesagt wurde, jagt er oft halbe Stunden hinter einer Antilope her, welche er sich zur Beute erkoren hat, und mattet sie durch fortgesetzte Hetze dann auch wirklich derartig ab, daß sie ihm endlich zum Opfer fällt. Kranke oder verwundete Thiere erregen augenblicklich seine Aufmerksamkeit und werden leicht von ihm eingeholt und dann angefressen; aber seiner ganzen Jagd mangelt die Kühnheit, welche die Angriffe der andern Katzen auszeichnet.

Auf unserer ersten Rückreise von Mensa nach Umsullu schoß Baron van Arkel d'Ablaing eine Gazelle an. Die Bewegung des verwundeten Thieres zeigte, daß der Schuß ein tödlicher gewesen sein mußte; mein Jagdgefährte beschloß deshalb, seinem Wilde nachzugehen. Die Gazelle war über einen Hügel hinweggegangen und hatte sich einem buschreichen Thale zugewandt, in welchem sie der Jäger verendet zu finden hoffte. Beim Nachspüren entdeckte er im dichteren Gebüsch eine große Katze, in Hundestellung auf den Hinterbeinen sitzend, die Augen starr auf einen Fleck gerichtet und so in ihre Betrachtungen vertieft, daß ihr der sich nahende Schütz gänzlich entging. Mein Freund nahm sich die Katze, welche er für eine junge Löwin hielt, ruhig aufs Korn und schoß ihr eine Kugel mitten durchs Herz. Er hatte einen Gepard getödtet, welcher der verwundeten Gazelle nachgegangen war. Diese lag in einer Entfernung von etwa zwölf bis fünfzehn Schritten verendet vor dem Raubthiere, und es unterlag wohl keinem Zweifel, daß dieses sie gemächlich verfolgt und beabsichtigt hatte, sich ihrer zu bemächtigen.

Weder im Sudahn, noch in den von uns durchstreiften Theilen Abissiniens fällt es den Eingebornen ein, auf den Gepard Jagd zu machen, sei es, um das Fell zu verwerthen oder in dem lebend Gefangenen einen Jagdgehilfen zu gewinnen. In ganz Nord-Ost-Afrika wird der Gepard nirgend zum Jagdthiere abgerichtet. Pöppig und Giebel behaupten, daß Dieses in Abissinien geschehe; aus welcher Quelle sie geschöpft haben, ist mir unbekannt. Höchst wahrscheinlich beruht die von ihnen wiederholte Behauptung auf dem Irrthume irgend eines Reisenden. Weder Schimper noch Pater Fillipini wußte davon, und Rüppell, welcher den Gepard in der Zusammenstellung der von ihm in Nord-Afrika beobachteten fleischfressenden Thiere (Neue Wirbelthiere I. S. 40) gar nicht aufführt, würde sicherlich während seines Aufenthaltes in Abissinien Etwas von solchen gezähmten Jagdkatzen und ihrer Benutzung gehört haben, wenn jene Angabe richtig wäre. Baron Thunberg und

Lichtenstein, welche den Gepard im Kaplande beobachteten, wissen Nichts davon, daß er jemals von den Eingebornen zur Jagd abgerichtet wird; daß es in allen den von mir bereisten Gegenden nicht geschieht, kann ich behaupten. Ganz richtig ist es, daß junge Geparde oft gezähmt werden; man begnügt sich aber, in ihnen ein unterhaltendes Hausthier zu besitzen, und jeder Eingeborne beherbergt dieses eben auch nur solange, als die Ernährung desselben ihm nicht beschwerlich fällt. Ich meinestheils habe die zahmen Geparde nur in den Häusern von Türken und Europäern gesehen, niemals in den Hütten der Sudahnesen oder der Abissinier.

Man darf wohl behaupten, daß der Gepard unter allen Katzen die gutmüthigste und deshalb die liebenswürdigste ist. Auch ein frischgefangener wird sehr bald zahm, wagt es kaum, den sich ihm nahenden Menschen schel anzusehen, und beschäftigt sich den ganzen, lieben Tag, wie es scheinen will, mit tiefen Gedanken, in welche er so versinkt, daß für ihn gar Nichts mehr dazusein scheint. Dabei spinnt er ohne Aufhören und stiert fest nach einer Stelle. Nur ein vorübergehender Hund oder ein unvorsichtig sich herannahendes Huhn vermag ihn aus seiner Ruhe aufzustören, der eine, weil er ihm als Feind, das andere, weil es ihm als leckere Beute erscheint. Eben an gefangenen habe ich die Art und Weise des Angriffs gegen Hunde erfahren, und auf den an ihnen gemachten Beobachtungen beruht auch meine Ansicht, daß der Gepard nicht blos vierfüßigem, sondern auch fliegendem Wilde nachstellt. Ich verweise hinsichtlich des Betragens gefangener Geparde auf mein „Thierleben" (Hildburghausen, Bibliographisches Institut); dort habe ich meine auf der ersten Reise in Afrika gemachten Beobachtungen ausführlich gegeben.

Unter den Leopardenfellen, welche aus dem tieferen Innern Afrikas oder aus Abissinien nach den Handelsplätzen gebracht werden, sieht man ab und zu auch ein Fell des Geparden in gleicher Weise zubereitet und zu dem gleichen Zwecke bestimmt, als das der vorhergehenden Katze. Allein ein solches Fell ist immer eine große Seltenheit: man bekommt wohl auf fünfzig Leopardenfelle erst eins vom Gepard zu Gesicht. Hieraus geht einestheils hervor, daß dieser ungleich seltener ist, und anderntheils, daß er ungleich weniger gehaßt wird, als sein bösartiger Verwandter.

Nur in den größten und zumal in den nahe am Meere gelegenen Ortschaften unseres Beobachtungsgebietes, wie auch Ost-Sudahns, findet man das einzige Mitglied der Katzenfamilie, welches der eigentlichen Zähmung für würdig erachtet worden ist, unsere Hauskatze. Ich habe schon oben gesagt, daß sich die Katze Abissiniens und Sudahns so recht eigentlich als Nachkomme der kleinpfötigen Wildkatze (Felis maniculata) zu erkennen giebt. Sie zeigt nicht nur eine ganz ähnliche Färbung, wie ihre wilde Stammmutter, sondern auch dieselbe Schlankheit und Schmächtigkeit, ich möchte sagen, Armseligkeit, welche diese vor ihren Verwandten auszeichnet. Allerdings hat sie nicht dasselbe Los, wie unsere Hauskatze. Ihre Herrschaft bekümmert sich kaum um sie und überläßt es ihr selbst, sich zu ernähren, so gut sie kann. Diese Vernachlässigung dürfte aber schwerlich als der Grund ihres erbärmlichen Aussehens anzunehmen sein, denn an Nahrung fehlt es einem Raubthiere in jenen Breiten zu keiner Zeit des Jahres. Für mich unterliegt es keinem Zweifel, daß die Katze Nord- und Mittelafrikas nur deshalb so schmächtig erscheint, weil sie am treuesten die ursprüngliche Gestalt sich erhalten hat, d. h. am wenigsten den Einflüssen der Züchtung unterworfen gewesen ist. Sie hat sich ihre Freiheit in ungleich höherem Grade zu bewahren gewußt, als unsre Katze; sie scheint in ihrem Herrn eben nur ihren Hauswirth zu erblicken. Niemals sieht man einen Sudahnesen, Abissinier oder Araber mit der Katze spielen, niemals sie hätscheln und liebkosen; die Leute bekümmern sich kaum um sie und halten sie einzig und allein ihres Nutzens, nicht aber ihrer Anmuth halber.

Die gewöhnliche Färbung der innerafrikanischen Hauskatze kommt, wie bemerkt, der ihrer wahrscheinlichen Stammmutter am nächsten; doch giebt es auch hier schon ausgeartete, nämlich einfärbig weiße oder schwarze, rothgelbe und sogenannte dreifarbige Hauskatzen. Allein alle diese Ausartungen finden sich ungleich seltener, als bei uns zu Lande.

In den rings von Wald oder Steppe umgebenen Ortschaften hält man aus zwei Gründen keine Katzen: viele von ihnen verwildern, und die übrigen werden, wie man annimmt, vom Leoparden früher oder später weggeraubt. Je bevölkerter aber eine Gegend ist, um so häufiger trifft man das nützliche Hausthier an, und schon in Nubien gehört es zu den ganz gewöhnlichen Erscheinungen.

Ueber den Wolfshund (Canis Anthus) kann ich leider nur Weniges berichten. Wie ich in dem Verzeichnisse bemerkte, sah ich dieses in mancher Beziehung merkwürdige Thier auf unserer letzten Reise ein einziges Mal in der Samchara.' Im Sudahn und namentlich in Kordofahn ist er häufiger, obwohl man nicht gerade oft mit ihm zusammenkommt. Er beginnt seine Streif- und Jagdzüge erst mit Anbruch der Dämmerung, und stellt sich bei Tage blos dann den Blicken dar, wenn er durch den Jäger oder durch die Hunde aufgetrieben wurde.

In seinem Wesen erinnert der Wolfshund mehr an den Wolf, als an den Schakal. Mit beiden hat er gemein, daß er sich gern in Banden zusammenschlägt. Die dichteren Büsche oder die reine, grasbestandene Steppe bilden seine Schlupfwinkel. Hier soll er sich auch zuweilen Höhlen graben oder, wie die Kordofahnesen behaupten, die großen Baue, welche das Erdferkel (Orycteropus capensis) sich gräbt, zur Wohnung benutzen. Ich vermag diese Ansicht weder zu bestätigen, noch zu widerlegen; doch habe ich niemals einen eigentlichen Wildhund in derartigen Höhlen gefunden. Von dem Wohnplatze aus streift der Wolfshund selten weit umher; wohl aber kommt es vor, daß er zur Regenzeit größere Wanderungen unternimmt. So fiel er, nach den Berichten, welche ich in Massaua erhielt, während der großen Regenzeit des vorigen Jahres in ziemlicher Menge in die nahe am Meere gelegenen Thäler der Samchara ein und ängstigte hier die Hüter des kleineren Viehes in vielfacher Weise. Wie die Eingebornen erzählen, wird er, wenn er einmal in Banden auftritt, dem kleinen Hausvieh und zumal den Schafen oft höchst verderblich; denn er reißt mehr nieder, als er verzehrt, zersprengt außerdem die Herde und giebt hierdurch anderen großen Räubern Gelegenheit, sich der verlassenen Hausthiere zu bemächtigen. Einzeln umherstreifende Wolfshunde sollen derartige Angriffe nicht unternehmen, sondern sich mit Mäusen und anderen Nagern, sowie auch mit Wildhühnern begnügen; namentlich der Hase und die Frankoline sollen in ihnen arge Feinde haben.

In den von uns durchstreiften Theilen Abissiniens macht man keine Jagd auf den Wolfshund, wohl aber in Kordofahn. Dort brachte man mir ihn einige Male, immer nach jenen größeren Jagden, welche die Kordofahnesen mit Hilfe ihrer Windhunde abhalten. Bei diesen Jagden, welche ich in meinem „Thierleben" ausführlich geschildert habe, werden nicht nur alle Antilopen und Hasen, sondern auch viele Perlhühner, Frankoline und nebenbei auch die Raubthiere gefangen, welche sich gerade in dem umkreisten Theile der Steppe oder des Waldes befinden. Der Wolfshund wehrt sich, von den Windspielen angegriffen, mit Verzweiflung, muß aber entweder der vereinigten Macht seiner Gegner unterliegen oder wird von den herbeikommenden Korrofahnesen mit Lanzen erstochen. In der Gefangenschaft habe ich das Thier in Afrika nirgends gesehen; Heuglin aber war so glücklich, zwei lebende „Diuhb" zu erhalten und mit nach Deutschland zu bringen. Sie sah ich in der kaiserlichen Menagerie zu Schönbrunn, wo sie sich noch gegenwärtig im besten Wohlsein befinden.

Geradezu unbegreiflich ist es, daß einige Naturforscher, z. B. Giebel, den Wolfshund als klimatische Ausartung oder irgend welche andere Abart des Schakals ansehen können. Giebel stellt ihn (Die Säugethiere in zoologischer, anatomischer und paläontologischer Beziehung, S. 848) nicht nur mit dem afrikanischen, sondern auch mit dem asiatischen und bezüglich europäischen Schakal zusammen und beweist dadurch, daß er die betreffenden Thiere selbst niemals gesehen, wenigstens nicht im Leben gesehen hat. Mit dem Schakal hat der Wolfshund ungleich weniger Aehnlichkeit, als mit unserem europäischen Wolf. Diesem ähnelt er in der Größe, in der Gestalt und in seinem Wesen; von dem Schakal unterscheidet er sich in allen diesen Beziehungen selbst dem ungeübtesten Auge.

Ungleich häufiger, als dieser große schöne Hund, ist der schwarzrückige Schakal (Canis mesomelas), welcher in unseren Gebieten seinen nördlichen Verwandten, den eigentlichen Schakal (Canis aureus, Linné), vollständig vertritt. Nach meinen Beobachtungen reicht der letztere ungefähr bis Ober-Egipten und Nord-Nubien nach Süden hinab; mit der Grenze der tropischen Regen hingegen beginnt das Gebiet der südlicheren Art, welche nicht nur über ganz Mittel-Afrika reicht, sondern auch im Süden dieses Erdtheiles vorzukommen scheint.

Der schwarzrückige Schakal wird etwas größer, als sein nördlicher

Verwandter, erreicht jedoch niemals die Stärke des wirklichen Wolfs=
hundes. Vor der Härung und in der Jugend ist sein Kleid so verblaßt,
daß die bezeichnenden Merkmale desselben fast vollständig verschwinden:
dieses Kleid zeigt der von Rüppell auf Tafel 10 seines Atlas unter
dem Namen Canis variegatus abgebildete Schakal. Nach der Härung
erscheint das ganze Thier anstatt blaß isabell, dunkel rostroth,
fast rostbraun, der Rücken ziemlich dunkelschwarz mit wenigen lichten
Flecken und der Schwanz, wenigstens an der Spitze, gleichmäßig dunkel
gefärbt. Wir haben während unseres Aufenthaltes vielfache Gelegen=
heit gehabt, den schwarzrückigen Schakal in diesen beiden Kleidern zu
sehen, und das Ineinanderübergehen der verschiedenen Färbungen mit
genügender Sicherheit beobachten können.

An geeigneten Orten ist der schwarzrückige Schakal ein wirklich ge=
meines Thier. In der Samchara, wie im Gebirg, darf man ihn in
jedem größeren Dickicht vermuthen; er findet sich sogar häufig an jenen
schmalen Ufersäumen, welche reich an Hasen und Frankolinen sind
und ihm somit vielfache Gelegenheit gewähren, Beute zu machen. Seine
eigentliche Jagdzeit ist die Nacht; doch sieht man ihn auch bei Tage
häufig genug umherlungern oder irgend einem Nager und bezüglich einem
Huhn nachschleichen. Bei meinen Jagden auf Frankoline und Perl=
hühner habe ich ihn regelmäßig zu Gesicht bekommen. Er fürchtet sich
vor dem Menschen durchaus nicht, sondern kommt dreist bis zu dessen
Wohnungen heran, nicht blos bei Nacht, sondern auch am hellen Tage.
Von unserem Lagerplatze aus wurden in den Nachmittagsstunden zwei
Schakale erlegt, welche zwischen den Felsenblöcken und Aloestauden heran=
geschlichen waren und neugierig, oder besser dummdreist, sich das bunte
Treiben zwischen unsern Zelten betrachteten. In den Frühstunden be=
gegnet man ihm noch überall, im Gebüsch ebensogut, als in der pflanzen=
leeren Ebene; er trollt erst gegen die achte oder neunte Stunde des
Morgens seinem Lager zu. Nachts ist er ein regelmäßiger Gast in
allen Dörfern und selbst inmitten des Lagerplatzes; denn er scheint kaum
das Feuer zu fürchten. Während meiner früheren Reise in Afrika ver=
suchte er es sogar einmal, mir auf dem Schiffe, welches nur durch ein
schmales Bret mit dem Lande in Verbindung gesetzt war, einen Besuch
abzustatten. Zwischen den Kamelen und den Gepäckstücken habe ich ihn
mehr als einmal umherstreifen sehen. Bei den Eingeborenen ist er

außerordentlich verhaßt, weil er alle nur denkbaren Dinge aus den Hütten wegschleppt, auch ganz ungenießbare Gegenstände, nach Art eines seiner Verwandten in Südamerika (Canis Azarae). Hübner, junge Ziegen und Schafe, Fleischstücke und andere freßbare Dinge werden natürlich nebenbei auch mitgenommen. Ob es wahr ist, daß er, wie Burton erzählt, den Schafen die Fettschwänze abfrißt, lasse ich gern dahin gestellt sein; ich meinestheils habe aber nie Etwas von solchen Schandthaten erzählen hören.

Im Freien bilden alle Hühnerarten die Lieblingskost dieses Schakals; doch greift er unzweifelhaft auch junge Zwergböckchen und andere kleine Antilopen an. Im Nothfalle begnügt er sich mit Mäusen und mit Erdeichhörnchen; manchmal soll er Henschrecken in Menge verzehren. Aas frißt er leidenschaftlich gern, und deshalb ist er auch bei jedem gefallenen Thiere ein regelmäßiger Gast.

Niemals ist mir das Geheul des „Baschom" oder „Dahleb" so unangenehm geworden, wie die abscheuliche Nachtmusik, welche sein nördlicher Verwandter zum besten giebt. Man hört ihn nur zu gewissen Zeiten heulen, wahrscheinlich zumeist, wenn die Paarungszeit herankommt. Wie Burton berichtet, sehen die Somali in dem Morgengesang des „Wokere", eben unseres Wildhundes, ein Vorzeichen des kommenden Tages: im Sudahn beachtet man die Morgenmusik unseres Thieres ebensowenig, als in Abissinien.

Auch auf den Schakal wird niemals eigentliche Jagd gemacht, weil das getödtete Thier keine Verwendung findet. Im Sudahn beißen die Wildhunde zuweilen einen und den andern Schakal zusammen, und die Nomaden graben wohl auch die junge Brut des ihnen verhaßten Feindes aus; nirgends aber hält man das Thier der Zähmung für würdig. Nicht einmal in den Häusern der Türken oder Europäer bekommt man es zu sehen, und selbst auf Bestellung hin hält es schwer, es zu erhalten.

Ueber den Fuchs unserer Beobachtungsgebiete (Vulpes famelica) brauche ich nicht viel zu sagen: er ist in Geist und Wesen ganz unser Reinecke, fällt aber den Menschen ungleich weniger zur Last, als sein eben genannter Vetter. In das Dorf kommt er nicht, weil er sich vor den wachsamen Hunden außerordentlich fürchtet. Sein bevorzugtes Gebiet ist die Steppe. Im Gebirge ist er bei weitem seltener, als in der Ebene.

Wie es scheint, kommt in der Samchara nur der Rüppell'sche **Schmalfuchs** vor, nicht aber auch der **Blaßfuchs** (Vulpes pallida), welcher in Kordofahn und auch in den östlichen Steppen Ost-Sudahns nicht selten ist. Meiner festen Ueberzeugung nach thut man unrecht, diese beiden Thiere für gleichartig zu halten, obwohl sie sich vielfach ähneln. Uebergänge von dem einen zum andern sind mir nie vorgekommen und ebenso wenig solche zwischen dem Schmal- oder bezüglich Blaßfuchs und dem in Unter-Egipten so häufigen **Nilfuchs** (Vulpes nilotica).

Welche Gründe Giebel (Säugethiere i. z., a. u. p. B., S. 831) hat, die beiden Thiere für gleichartig mit dem **Korsak** (V. Corsac) zu erklären, ist mir unbekannt; die ziemlich gleiche Größe der drei betreffenden Füchse allein kann doch unmöglich für eine solche Gewaltthat maßgebend gewesen sein, und von gleicher Heimat ist ja nicht zu reden!

Der Nordländer, welcher zum ersten Male die europäische Türkei, Sirien oder vollends Egipten betritt, wird unangenehm überrascht durch die Menge der meist herrenlos in den Straßen der Städte und in den Dörfern umherlungernden, häßlichen, gelbröthlichen Köter, welche so recht deutlich beweisen, daß der Hund erst durch die Erziehung des Menschen zu dem trefflichen Thiere wird, welches wir bei uns zu Lande zu sehen gewohnt sind. Tausende dieser sich selbst überlassenen Raubthiere umlagern jede Stadt, jedes Dorf; sie müssen sich selbst Nahrung suchen und finden dieselbe zumeist nur in dem stinkenden Aase gefallener Thiere oder in den ekelhaften Auswurfsstoffen des menschlichen Leibes.

Schon in Oberegipten wird Dies anders. Der Köter verschwindet und an seine Stelle tritt ein von den Oberegiptern hochgehaltener, schöner, zottiger Schäferhund, welcher namentlich in der Gegend von Arment in besonders edlen Rassen gezüchtet und als Hirtenhund vielfach benutzt wird. Doch auch er gehört noch ausschließlich dem Nilthale an und verbreitet sich kaum oder gar nicht über dasselbe hinaus.

Ein ganz anderer Hund umkreist das Zelt der Beduinen oder das Lager des Nomaden. Es ist ein Windspiel von seltener Schönheit: groß, schlank, äußerst zierlich und fein gebaut, kräftig, so schnell im Laufe, daß es die Antilope überholt, klug, lehrbegierig und seinem Herrn mit einer gerade bei Windhunden seltenen Treue ergeben. Diese Eigenschaften und seine Schönheit haben dem Thiere bei allen den verschiedenen Völkerschaften, denen es dient, die größte Achtung erworben. Nach mahammedanischen Begriffen ist der Hund, wenigstens theilweise (seiner feuchten Nase wegen), ein unreines Thier und deshalb der verachtete Sklave von Jedermann; jenes Windspiel dagegen ist der verhätschelte Liebling des Hauses, ein Geschöpf, welches der Beduine seinem Pferde fast gleichstellt, ein Thier, welches dem Nomaden so fest an das Herz gewachsen ist, daß der Fremde sich oft vergeblich bemüht, für theures Geld einen dieser Hunde zu erlangen. Viele der ärmeren Steppenbewohner danken dem Windspiele einen guten Theil ihres Unterhaltes: dieses ist es, welches für Diejenigen, deren Herden schwach sind, das Wildpret herbeischleppt. In meinem „Thierleben" habe ich ausführlicher über die afrikanischen Windhunde und die Jagden, welche mit ihrer Hilfe ausgeführt werden, berichtet und darf darauf verweisen; hier mögen die gegebenen Bemerkungen genügen.

Auch in den von uns durchreisten Gegenden Abissiniens ist das Windspiel die fast ausschließlich vorkommende Hundeart. Es ähnelt noch seinen Verwandten aus der Steppe, erreicht jedoch niemals die Schönheit derselben, wahrscheinlich in Folge der großen Vernachlässigung, welche es erleidet. Alle abissinischen Windhunde, welche ich sah, sind viel kräftiger, aber auch viel plumper gebaut, als die herrlichen Thiere, wie die Kordofahnesen und die Bewohner der Steppen Taka's sie züchten. Und wenn man wirklich einmal in den abissinischen Küstenländern einen Windhund trifft, der jenen ähnelt, so darf man sicher darauf rechnen, daß er erst aus den westlichen Gegenden herübergeführt wurde. Die gewöhnliche Färbung der Hunde ist ein etwas lichteres Gelb, als unsere Windspiele es zeigen; bunte kommen vor, sind aber selten; namentlich habe ich sogenannte dreifarbige, d. h. auf lichtgelber Grundfarbe roth und weiß gefleckte, beobachtet.

Der Hund ist in den von uns durchreisten Gegenden von Habesch verhältnißmäßig noch häufig zu finden, weil er in Massaua, in Umkullu, in Eilet und Asus und selbst in Mensa noch am wenigsten den Nachstellungen seines Hauptfeindes, des Leoparden, ausgesetzt ist. Ich habe bereits oben erwähnt, daß der Leopard in manchen Gegenden Abissiniens das Halten der Hunde geradezu verbietet, weil er diese treuen Wächter der Hütten nach und nach tödtet und davonträgt. In den eigentlichen Walddörfern, d. h. in allen den Ortschaften, deren Umgegend Leoparden beherbergt, soll es nach Schimper's Versicherung gar keine Hunde geben. Vor der Hiäne fürchtet sich der Windhund nicht, denn jener Feigling nimmt stets die Flucht, wenn ein oder mehrere Hunde sich anschicken, den nächtlichen Störenfried zu bekämpfen.

Man hält in der Samchara, wie im Gebirge, die Hunde einzig und allein als Hauswächter; zur Jagd verwendet man sie nicht. Wahrscheinlich hat dies seinen hauptsächlichen Grund in der Faulheit der Abissinier; denn es unterliegt gar keinem Zweifel, daß unsere Thiere sich vortrefflich zu Jagdhunden eignen würden. Sie besitzen ein natürliches Jagdfeuer, wie ich es selten gefunden habe, und würden, wenn man sich ihrer annehmen und sie abrichten wollte, sicherlich vorzügliche Dienste leisten. Ein Windhund, welchen wir mit auf die Reise nahmen, bewies hinlänglich seine Fähigkeit zur Jagd, zugleich aber auch den gänzlichen Mangel an Abrichtung; er war deshalb auch niemals im Stande, auch nur einen Hasen zu fangen, und blieb hinter den flüchtigen Gazellen schon nach den ersten Minuten zurück. Von Aufsparen seiner Kräfte bis zu dem geeigneten Augenblick, von einer möglichst günstigen Benutzung der Oertlichkeit, wie beides die kordofahnesischen Windspiele in überraschender Vollkommenheit zeigen, hatte er gar keinen Begriff: er stürmte blind auf das Wild los, verfolgte es zuweilen eine halbe Meile weit und kehrte dann im höchsten Grade ermattet, nicht aber auch beschämt, zu uns zurück, kurz, bewies in allen Stücken, daß er eben kein gelernter Jagdhund war.

Der abissinische Windhund lebt kaum in bessern Verhältnissen, als der egiptische Köter. Sein Herr bekümmert sich wenig um ihn. Er überläßt es ihm selbst, sich einen guten Theil seiner Nahrung zu erwerben, und wirft ihm nur dann Speise vor, wenn das arme Thier nicht im Stande war, sich außerhalb des Gehöftes zu sättigen. Deshalb sieht man auch diese Hunde, wie jene der egiptischen und südnubischen Ortschaften, im beständigen Streit mit den Geiern. Jedes Aas ist von ihnen umringt, und gierig fressen sie frischen Menschenkoth auf. Jedes Rind, jedes Schaf, jede Ziege wird ungleich besser behandelt, als der treue Hund, dessen Dank Schläge und dessen Lob Schimpfworte sind. Mit solcher Mißhandlung steht die große Anhänglichkeit des Thieres in keinem Verhältniß: der Hund zeigt sich ungleich edler, als der Mensch.

Nach Heuglins Beobachtungen kommt der „gemalte Hund" oder „Simmr" der Araber, die „Dekula" der Abissinier (Lycaon pictus), in großen Trupps in den Hababländern vor; nach Rüppell findet er sich in Abissinien: ich habe nur in Erfahrung bringen können, daß ein Thier, welches der Beschreibung nach wohl der gemalte Hund sein kann, zuweilen in zahlreichen Meuten bei hellem Tage die Herden des Kleinviehes, welche in der Samchara weiden, überfällt und unter ihnen große Verheerungen anrichtet, ganz nach Art des Wolfshundes. Die Flecken, welche das Thier kennzeichnen, wurden mir ausdrücklich erwähnt und auch die Hiänenähnlichkeit hervorgehoben, so daß ich keinen Grund habe, an Heuglins Angabe zu zweifeln. Pater Fillipini, der vielgereiste, vielbewanderte Jäger, kannte jedoch den gemalten Hund nicht aus eigner Anschauung und Erfahrung, sondern nur vom Hörensagen.

Nach meinen früheren Beobachtungen sind Steppenländer die eigentliche Heimat dieses lebendigen, rauf- und mordlustigen Geschöpfes, welches sich überall sehr bald bemerklich zu machen weiß. Während der heißesten Stunden des Tages verbirgt sich der Simmr in dem hohen Grase der Steppe, früh, Abends und bei hellen Nächten streift er in Gesellschaft umher, jagt Antilopen, Hasen und anderem Wilde nach, überfällt die Umzäunungen und nimmt dann dreist einen Kampf mit den die Herde bewachenden Hunden auf. Seiner Gefräßigkeit und Mordlust wegen wird er natürlich überall gefürchtet und nach besten Kräften verfolgt.

In der Gefangenschaft sieht man ihn demungeachtet nur äußerst
selten; mir ist es nie gelungen, ihn lebend zu erhalten.
Auf unserer jetzigen Reise haben wir ihn nirgends gesehen.

Vom 18. Grade der nördlichen Breite an verschwindet in Ostafrika die **gestreifte Hiäne** (Hyaena striata), welche in Egipten
und Nubien eines der häufigsten Raubthiere genannt werden muß, mehr
und mehr, und an ihrer Stelle tritt die **gefleckte Verwandte** (Hyaena
crocuta) in ebenso großer oder in noch größerer Anzahl auf. Neben
dem schwarzrückigen Schakal darf man sie unbedingt als das häufigste
Raubthier unserer Beobachtungsgebiete ansehn. Ich habe den „Mar=
rafil" der Araber auf meiner ersten Reise in Afrika vom sechzehnten
Breitengrade an überall gefunden, nirgends aber in solcher Menge, als
in der Samchara und im Gebirge der Bogos. Schon in Umkullu ist,
wie bereits oben bemerkt wurde, die gefleckte Hiäne ein regelmäßiger Nacht-
gast; in der Nähe des Dorfes Mensa ist sie, wo möglich, noch häufiger.
Sie kommt dreist bis mitten in das Dorf und trotz der Hunde bis in die
Gärten und Gehöfte hinein. Ihren heulenden Ruf vernimmt man
schon kurz nach Sonnenuntergang und bis zum Morgen in jeder Stunde
der Nacht. In Umkullu umstreiften allnächtlich gefleckte Hiänen den
Garten, in welchem die Wohnung Ihrer Hoheit der Frau Herzogin lag,
und mehrmals heulten diese zudringlichen Thiere so dicht neben dem
Strohpalast, welcher die Hohe Frau beherbergte, oder neben den Zelten,
in denen der Herzog und die Fürsten schliefen, daß sie als Ruhestörer
höchst lästig wurden. Bei Mensa war es nicht anders: unser Lager
wurde beständig von Hiänen umschwärmt.

Die Hiänen sind echte Nachtthiere und zeigen sich nur selten im
Lichte der Sonne. Blos an Regentagen habe ich die **gefleckte Art**
bei Mensa umherschleichen sehen; der gestreiften bin ich vor Sonnen-
untergang niemals begegnet. Natürliche Klüfte oder selbstgegrabene
Höhlen bilden die Schlupfwinkel, in denen sie sich bei Tage verbergen.
Man erkennt die Baue leicht an ihrer Größe und an den gewaltigen
Erdhaufen, welche vor ihnen liegen. Am häufigsten findet man sie an
senkrecht abfallenden Erdwänden, zumal an solchen, welche die Strom=

betten begrenzen. Wahrscheinlich gräbt sich die Hiäne nur im Nothfalle selbst eine Höhle, und in der Regel überhebt sie das an Klüften so reiche Gebirge dieser Mühe. An menschenleeren Orten trifft man sie zuweilen auch in einem einfachen Lager an, gewöhnlich zwischen mehreren hohen Felsblöcken, welche Schutz gegen die Sonne gewähren. Diese Lager bekommen, wie die Baue, sehr bald einen nicht zu verkennenden widerwärtigen Geruch, welchen man schon in einiger Entfernung von ihnen wahrnehmen kann.

Im ganzen Ost-Sudahn ist die gefleckte Hiäne in mehrfacher Hinsicht gefürchtet. Die Eingebornen jener Länder behaupten, daß sie ungleich kühner wäre, als ihre gestreifte Verwandte; ich habe mich jedoch von der Haltlosigkeit dieser Ansicht vollständig überzeugen können. Die gefleckte Hiäne ist ebenso feig, als die gestreifte, und wohl nur der ärgste Hunger mag sie diese Eigenschaft zuweilen vergessen lassen. Wäre nicht Rüppell der Gewährsmann für die Angabe, daß die gefleckte Hiäne in Abissinien zuweilen kleine Kinder fortschleppe, ich würde sie für vollständig erfunden halten. In Mensa wußte man von derartigen Räubereien Nichts zu erzählen, ebensowenig aber auch von andern Unthaten, welche sich die gefleckte Hiäne nach Meinung der Sudahnesen zu Schulden kommen lassen soll. Wie ich bereits in meinen „Reiseskizzen aus Nord-Ost-Afrika" mitgetheilt habe, gilt unser Thier im ganzen Ost-Sudahn als ein höchst verruchter Zauberer oder vielmehr nur als die Hülle eines Menschen, welcher seine Seele dem Teufel verschrieben und dafür mancherlei Vortheile erlangte, zugleich aber auch gezwungen worden ist, Nachts als Hiäne umherzustreifen. Der Glaube an diese „Hiänenmenschen" ist allgemein verbreitet und reicht, wie uns andere Reisende belehrt haben, nach Westen hin weit durch Afrika. Er ist auch mit Ursache, daß man im Sudahn nirgends eigentliche Jagden auf die oft lästigen Raubthiere anstellt und Jeden, welcher sie unternehmen will, flehentlich bittet, von solchem tollkühnen Unterfangen abzulassen. Von all diesem Unsinn weiß man in Abissinien Nichts; man sieht in der Hiäne einfach Das, was sie ist: einen zudringlichen Dieb, vor welchem man das Kleinvieh wohl zu wahren hat.

So viel mir bekannt wurde, lebt die gefleckte Hiäne, wie die gestreifte, hauptsächlich von Aas und kleinen Nagethieren. Lichtenstein giebt an, daß sie am Kap den Schleichkatzen und Pavianen nachstelle: ich glaube diese Behauptung einfach widerlegen zu können. Der gewandten Schleichkatze kommt schwerlich jemals die tölpische, ungeschickte Hiäne bei, und die Paviane beziehen, wie ich oben mittheilte, Nachts immer so hohe, steile Felswände, daß sie vor allen Angriffen der Raubthiere wohl geschützt sind. Mir scheint es nicht einmal glaublich, daß die Hiäne einen Hasen zu fangen im Stande ist. An dem Aas gefallener Thiere erscheint sie mit derselben Regelmäßigkeit, wie der Schakal, und mehrfach habe ich bemerkt, daß ihr im Nothfalle ausgedorrte Knochen noch eine ganz gute Speise waren. Gierig frißt sie auch den Koth der Menschen auf: bei Mensa konnte man hiervon sich nach jeder Nacht überzeugen.

Im Ganzen möchte ich das Thier mehr lästig als schädlich nennen; denn sicherlich nützt es durch Aufzehren des Aases und anderer Peststoffe mehr, als es durch Wegnahme der wenigen Schafe oder Ziegen schadet.

Die Wurfzeit der gefleckten Hiäne fällt in Abissinien in die ersten Monate des Jahres. Ein Weibchen, welches Prinz Eduard von Leiningen von unserem Lager aus erlegte, zeigte deutlich genug, daß es die Mutter von noch säugenden Jungen war. Im Sudahn erhielt ich junge Hiänen am Ende der großen Regenzeit, also in den Monaten Oktober und November; sie gehörten jedoch der gestreiften Art an.

In den Häusern vornehmer Türken und Europäer sieht man oft eine gefangene Hiäne an der Kette liegen. Meist sind diese Thiere außerordentlich zahm; und nach meinen eigenen Beobachtungen verursacht es auch wirklich nur geringe Mühe, einer jung eingefangenen Hiäne alle Lust zum Beißen zu benehmen. Wie weit diese Thiere gebracht werden können, habe ich in meinem „Thierleben" mitgetheilt; dort habe ich auch die sonderbare Fangweise erzählt, durch welche man in Egipten die Hiäne in seine Gewalt bekommt. Im Ost-Sudahn und in Abissinien fängt man die gefleckte Hiäne in Gruben, welche in einem von Dornenwänden umhegten Gange angebracht sind. Am hinteren Ende des Ganges wird eine Ziege angebunden, welche durch ihr ängstliches Geschrei das Raubthier herbeilockt und es schließlich auf den verfänglichen Weg führt. Die Grube wird mit Zweigen und Gras leicht überdeckt, die Hiäne stürzt ahnungslos in die Tiefe hinab und ist bis zum Morgen selten im Stande, sich durch Graben einen Ausweg zu schaffen. Andere Hiänenfallen kennt man nicht; doch kommt es noch

Pater Fillipini's Berichten gar nicht selten vor, daß Hiänen in der Leopardenfalle gefangen werden. Der Büchsenspanner des Herzogs hat sich vergeblich bemüht, eine Hiäne im Schwanenhalse zu fangen. Er fand am Morgen die Falle entweder ausgefressen und zugeworfen oder noch aufgestellt und erfuhr hierdurch, daß das plumpe Geschöpf doch listiger ist, als man gewöhnlich glaubt.

Das Fell wird nirgends in Abissinien der Benutzung für werth gehalten; die Leute sind durch die schönen Felle des Leoparden viel zu sehr verwöhnt, als daß sie sich mit einem so schlechten, wie die Hiäne es trägt, begnügen sollten.

Zu meiner großen Freude hatte ich während unserer ganzen Reise überall Gelegenheit, wenigstens ein Mitglied der so behenden, gewandten, mord- und beutelustigen Schleichkatzen, die gestreifte Manguste (Herpestes fasciatus) nämlich, zu beobachten. Dieses weit verbreitete Thier findet sich ziemlich häufig an allen geeigneten Stellen der Samchara und des Gebirges, wie es scheint, in den letzteren zahlreicher, als unten in der Ebene. Das unbestimmte Graubraun ihres Kleides macht es der Manguste möglich, sich auf den meisten Oertlichkeiten so zu verbergen, wie es ihr Räuberleben verlangt. Schon in geringer Entfernung ist das niedrig gestellte Thier zwischen den braunen, von allerlei Pflanzen, zumal Aloen, umgebenen Felsblöcken schwer zu erkennen, und somit gelingt es ihm auch wohl mit leichter Mühe, sich ungesehen an die sonst so achtsamen Erd- und Buschvögel, welchen sie neben den kleinen Nagern eifrig nachstellt, heranzuschleichen.

Die Zebra-Manguste ist wahrscheinlich ebensowohl bei Nacht als bei Tage thätig. Wir begegneten ihr vom Morgen an bis zum Abend zu jeder Stunde des Tages und in unmittelbarer Nähe der Dörfer sowohl, als in den einsamsten und ödesten Stellen des Gebirges. Auf kahle Ebenen geht sie niemals heraus; ihre Lieblingsplätze sind Halden, auf denen Felsblöcke zerstreut liegen, oder in der Tiefe jene Einsenkungen der Samchara, auf welchen sich die niedere Euphorbie breit macht. Hier sieht man sie, so verborgen als möglich, umherschleichen, das kleine, klug erscheinende Köpfchen ohne Unterlaß hin und her bewegend, schnüffelnd, lauschend, auf Alles achtend, bald freier sich zeigend, bald wieder verschwindend, schlangengleich auf dem Boden dahin gleitend oder katzenartig mit einigen Sprüngen rasch vorwärts eilend, um ein von ihr entdecktes und beschlichenes Thier zu erhaschen. Ihre Nahrung besteht aus den sämmtlichen kleinen Säugethieren, Vögeln, Lurchen und Kerbthieren, welche ihr gerade in den Wurf kommen. Nebenbei spürt sie die Nester der Erdvögel aus, und wahrscheinlich sind ihr manche Früchte ebenfalls zur Nahrung recht. Es unterliegt wohl keinem Zweifel, daß sie die meisten Thiere angreift, welche sie bewältigen kann; ob aber die Heuglin'sche Beobachtung, nach welcher sie sogar die Vogelstimmen nachahmt, um sich leichter Beute zu verschaffen, wirklich begründet ist oder nicht, lasse ich dahin gestellt.

„Der Ichneumon", sagt der genannte, sonst sehr scharf beobachtende Forscher, „ein Raubthier erster Befähigung, hält sich mehr an Geflügel, als an Säugethiere. Ich habe beobachten können, daß zwei Zebra-Mangusten eine Familie von Frankolinhühnern, welche im niedern Gebüsche sich aufhielten, berücken wollten. Das Locken der Kette hatte mich aufmerksam gemacht, und ich schlich mich möglichst vorsichtig hinzu, die Hunde hinter mir haltend. Auf etwa zehn Schritte vom Schauplatze angelangt, hörte ich ein Huhn (es war Francolinus gutturalis) hart vor mir locken; ihm antwortete ein Hahn, und denselben Ton ahmte ein Ichneumon, der sich auf einem durch Buschwerk gedeckten Stein aufgepflanzt hatte, täuschend nach, während ein zweiter in einiger Entfernung im hohen Grase ebenso lockte. Wohl zehn Minuten mochte diese Komödie gewährt haben, als der Hahn, welcher den vermeintlichen Eindringling in seinem Harem wüthend aufsuchte, den Hunden zu nahe kam. Er ging schreiend auf, gefolgt von seinen Hühnern, und auch die scheuen Räuber fanden sich bewogen, unverrichteter Abendmahlzeit eiligst abzuziehen."

Ich habe auch diese Beobachtung hier noch einmal mittheilen wollen, weil sie, meines Wissens wenigstens, eine noch ganz vereinzelt dastehende ist. Bis jetzt ist mir kein Beispiel bekannt, daß Säugethiere andere Stimmen nachahmen können, und ich muß ausdrücklich bemerken, daß ich gerade auf die Heuglin'sche Angabe hin mir viele Mühe gegeben habe, über die merkwürdige Beobachtung selbst ins Klare zu kommen, aber niemals etwas sie Bestätigendes beobachten konnte. Dagegen habe ich allerdings wiederholt gesehen, daß sich die Zebramanguste, wie Heuglin ebenfalls angiebt, mitten unter den **Klippschliefern** (Hyrax abyssinicus) umhertreibt, ohne feindselige Gedanken zu verrathen. Ich habe mich stundenlang an Felsen verborgen, welche von Klippschliefern bewohnt wurden, um das Treiben dieser Thiere zu beobachten, und mehr als einmal gesehen, daß unsere Manguste zwischen den ruhig weidenden Vielhufern umherlief, ohne sich um sie zu kümmern. Diese Beobachtung also glaube ich vollständig bestätigen zu können.

Auch in Abissinien wollte man unsere Manguste als Vertilger der Giftschlangen kennen gelernt haben; man behauptete, daß der Biß selbst der giftigsten Viper dem Raubthiere nicht schade. Von der indischen Sage aber, welche bekanntlich den gebissenen **Mungo** (Herpestes Mungos s. griseus) heilende Kräuter holen und diese ärztlich verwenden läßt, schien man Nichts zu wissen.

Ueber die Fortpflanzung des schmucken Räubers habe ich erfahren, daß er während der großen Regenzeit in einer selbstgegrabenen oder natürlichen Höhle im Geklüft auf ein weiches Lager drei bis vier Junge wirft, diese lange Zeit verborgen hält und dann noch einige Wochen mit sich herumführt. Am Erziehungsgeschäfte sollen **beide Alten** theilnehmen, und diese Angabe ist mir insofern glaublich, als ich dasselbe von dem egiptischen Ichneumon mehrfach beobachten konnte. Ueberhaupt sieht man die Zebramanguste viel häufiger paarweise, als einzeln, auch außer der Paarungszeit.

In Abissinien hat man nicht dieselben Gründe, die Zebramanguste zu verfolgen, welche für die Egipter hinsichtlich des **Ichneumon** (Herpestes Ichneumon) maßgebend sind. Man hält nur in den größeren Ortschaften, und namentlich in den am Meere gelegenen, Hühner und braucht somit in dem eigentlichen Heimatsgebiet der Manguste für die Eier Nichts zu fürchten, also auch keinen Vertilgungskrieg gegen den gewandten und listigen Eierdieb zu führen. Wahrscheinlich deshalb zeigt sich dieser so auffallend dreist, zudringlich und, selbst dem Menschen gegenüber, so wenig furchtsam. Zwar nimmt er gewöhnlich eiligen Laufes Reißaus, sobald er den Erbfeind der Thiere erblickt, doch niemals, ohne dabei ein unwilliges Knurren hören zu lassen, welches ganz unzweifelhaft den Aerger über die unangenehme Störung ausdrückt. Den Hunden wagt er gar nicht selten Widerstand zu leisten oder kläfft sie wenigstens zornig an, ehe er flüchtet. Auch dem besten und geübtesten Jagdhund dürfte es schwer sein, ihn zu fangen. Seine Heimat gewährt ihm zu große Vortheile, und jede Kluft zwischen den Steinen ist ja hinreichend, ihn vor solchem Feinde zu bergen. Mit Tellereisen und Marderfallen würde man ihn auf manchen Stegen, welche er sehr genau einhält, leicht in seine Gewalt bekommen können; der Abissinier aber ist viel zu faul und gar zu gleichgiltig gegen ihn, als daß er jemals Fangversuche an= stellen sollte.

Das Gefangenleben der Zebra=Manguste habe ich, weil ich es erst nach der abissinischen Reise beobachten konnte, in meinem „Thierleben" ausführlich geschildert.

Noch muß ich bemerken, daß die von Rüppell Seite 31 seiner „Neuen Wirbelthiere" gegebenen Maße der Zebramanguste nur für junge Thiere gelten können; ich habe ältere in Händen gehabt, welche noch min= destens um ein Fünftel größer waren. —

Ueber die zweite von uns bemerkte Mangustenart (Herpestes gracilis) gilt wahrscheinlich so ziemlich Dasselbe, wie für die Zebraman= guste; doch habe ich dieses Thier viel zu wenig beobachten können, als daß ich im Stande wäre, mit Sicherheit hierüber zu urtheilen.

———

In der Abendstunde des 13. März sah mein Jagdgefährte Baron van Arkel b'Ablaing ein dachsähnliches Thier ziemlich langsamen Ganges den oberen Theil des Chor von Mensa überschreiten und auf sich zukommen. Als der ihm unbekannte Räuber in ziemliche Nähe gelangt war, feuerte b'Ablaing beide Schüsse seines Doppelgewehres in geringer Entfernung auf ihn ab; aber er war nicht so glücklich, ihn zu tödten. Ein peinlicher, knoblauchähnlicher Gestank von weit größerer Heftigkeit, als der, welchen unser Iltis zu verbreiten im Stande ist, erfüllte die Luft, und dieser Gestank haftete, ungeachtet des fortdauernden Regenwetters, so fest an dem Boden oder bezüglich dem Gezweige und Gelaube der Büsche, daß wir noch am folgenden Tag uns die Nasen zuhalten mußten, als wir uns anschickten, das unzweifelhaft verwundete Thier aufzusuchen. Später erlegte ein Mitglied der Jagdgesellschaft ein zweites derartiges Stinkthier und erhob hierdurch meine Vermuthung zur Gewißheit, daß mein Jagdgefährte es mit dem Honigdachs oder Ratel (Ratelus ca= pensis) zu thun gehabt hatte.

Rüppell giebt in seinen „Neuen Wirbelthieren," S. 35 auch **Ambukol** in der Wüstensteppe **Bahiuda** als Aufenthaltsort des „**Abu-Reem**" der dortigen Nomaden an. Mir war es früher nie gelungen, des merkwürdigen Geschöpfes habhaft zu werden.

In dem für alle Raubthiere so günstigen Gebirge von Mensa scheint der Honigdachs nicht eben eine seltene Erscheinung zu sein, wie schon daraus hervorgeht, daß wir ihm in der kurzen Zeit unseres Aufenthaltes, und ohne eigentlich nach ihm zu jagen, zweimal begegneten. Das Thier bewohnt, wie meine eingebornen Begleiter mir erzählten, Baue, welche es sich selbst und, Dank seinen gewaltigen Krallen, mit großer Leichtigkeit ausgräbt. Am liebsten wählt es sich zur Anlage seiner Höhlen Dickichte in der Nähe eines Regenstrombettes; doch kommt es auch auf Halden des Gebirges vor, und es ist demnach wohl anzunehmen, daß das Geklüft ihm ebenfalls passende Zufluchtsstätten gewährt. Bei Tage liegt der Ratel im Kessel des Baues verborgen; aber gleich nach Sonnenuntergang macht er sich zu seinen Beutegängen auf. In seinem Gange ähnelt er, der mir gewordenen Beschreibung nach, mehr dem **Vielfraß**, als dem **Dachs**. Er kugelt sich förmlich dahin, d. h. bewegt sich in lauter kurzen Bogensprüngen weiter, den Kopf und den Schwanz tief herabgebeugt, den Rücken ziemlich hoch erhoben. Van Arkel d'Ablaing sagte mir, daß er auch nach den Schüssen seinen Lauf nicht im geringsten beschleunigt habe, und die Eingebornen beschrieben ihn mir ausdrücklich als ein sehr träges Geschöpf, welches durch Muth das zu ersetzen wisse, was ihm an Gewandtheit und Behendigkeit abgeht. Gegen Hunde soll er sich erfolgreich vertheidigen und auch dem Menschen unter Umständen kühn zu Leibe gehen. In der Angst mache er von seinen furchtbarsten Waffen Gebrauch und spritze den Hunden den Inhalt seiner Stinkdrüsen entgegen; doch sei auch sein Gebiß wohl zu beachten. Von seiner großen Lebenszähigkeit, welcher schon die alten Kapreisenden Erwähnung thun, gab das erste Zusammentreffen mit ihm hinlängliche Belege. Mein Freund hatte so grobes Blei gebraucht, daß er, nach seinem Dafürhalten, jeden Leopard im Feuer zusammen geschossen haben würde, und konnte es gar nicht begreifen, daß ihm der Dachs entgangen war.

Rüppell giebt an, daß die Nahrung des Honigdachses in **Springmäusen**, **Hasen** und selbst **Schildkröten** bestehe; die Leute, bei denen ich mich hiernach erkundigte, nannten mir dieselben Thiere und außerdem noch Schlangen, Eidechsen, sowie Frankoline und Perlhühner. Ich muß gestehen, daß ich nicht begreife, wie es der plumpe Geselle anfängt, sich der letzteren zu bemächtigen, kann aber, selbstverständlich, den Leuten bestimmt nicht widersprechen.

Ueber die Fortpflanzung wußte man mir Nichts zu sagen; wahrscheinlich fällt sie mit dem Beginne der großen Regenzeit zusammen.

In Mensa jagt man den Honigdachs nicht, weil er einestheils keinen Schaden bringt und anderntheils wegen seines Gestankes mit Recht als ein höchst unreines Thier betrachtet wird, welches anzurühren einem guten Gläubigen verboten ist. Gefangene Honigdachse habe ich nirgends in Nord-Ost-Afrika gesehen, auch nicht vernommen, daß sie irgendwo gehalten würden.

Selten mag eine vorgefaßte Meinung durch eigene Beobachtung mehr berichtigt worden sein, als die Vorstellung es wurde, welche ich mir vom bunten Eichhorn (Sciurus multicolor) gebildet hatte.

Der Forscher, welcher Innerafrika kennen lernt, vermißt in den prachtvollen Waldungen, welche die Ufer der dortigen Flüsse besäumen, zu seinem wahrhaften Bedauern das zierliche Hörnchen, welches unsere Wälder in so anmuthiger Weise belebt und jederzeit durch seine Beweglichkeit, seine nette Haltung, sein ganzes äffisches Wesen erfreut. Die so reiche Familie ist blos durch die Erdeichhörnchen vertreten, welche im Wesen mit ihren auf den Bäumen lebenden Verwandten nicht das Geringste gemein haben. Kommt man nun endlich in die Gebirgsthäler Abissiniens, so findet man wohl ein Baumeichhorn, aber auch dieses hat mit unserem

„Falbfeurig gemantelten Königsjohn
Im blühend grünendem Reiche"

kaum Aehnlichkeit. Es ist nur dem Namen nach noch Eichhorn: in seinem Wesen zeigt es Nichts von der Munterkeit anderer Glieder dieser so regsamen Familie. Schon Heuglin bemerkt sehr richtig, daß das Baumeichhorn sich bei herannahender Gefahr derartig auf die Aeste aufzudrücken wisse, daß es schwer ausfindig zu machen sei; ich muß dieser Beobachtung hinzufügen, daß ich das bunte Hörnchen niemals anders gesehen habe, als, so zu sagen, auf den Ast geklebt. Nie sah ich es in der für die Eichhörnchen so bezeichnenden Stellung, welche auch die auf der Erde lebenden annehmen, — in jener Stellung, welche unser Rückert mit den schönen Worten beschreibt:

> „Du krönst Dich selber, — wie machst Du es doch!
> Anstatt mit goldenem Reife
> Mit majestätisch geringeltem, hoch
> Emporgetragenem Schweife!"

Es kriecht und läuft auf den Zweigen weiter, sorgfältig bemüht, sich möglichst zu verdecken, wagt kaum einen Sprung von einem Ast zum andern und sucht sich immer und überall die bequemsten Aeste auf, als fürchte es, wie ein des Kletterns unkundiger Mensch, bei der ersten kühnen Bewegung von oben herabzufallen. Das ist der muntere Affe unserer Wälder nicht: es ist ein trauriges Geschöpf, welches man um so mehr bemitleidet, je besser man Gelegenheit hat, es mit den **wirklichen Affen**, mit den behenden und gewandten, ewig regsamen, ernst heiteren **Meerkatzen** zu vergleichen.

Ich fand das bunte Hörnchen immer einzeln und zwar auf den hochstämmigen, dichtwipfeligen Bäumen des Chor von Mensa oder an den Ufern anderer Regenströme des Gebirges. Hier hält es sich fast auf ein und derselben Stelle; denn eines, welches ich beobachtet hatte, fand ich nach vier Tagen genau an demselben Orte wieder. Versteckt man sich, so sieht man es ziemlich langsam auf den Aesten dahinlaufen und ab und zu eine Knospe oder ein Blatt abbeißen. Wenn ihrer zwei beisammen sind, geht jedes seinen Weg, ohne sich um das andere zu bekümmern; man sieht die beiden weder mit einander spielen, noch mit einander streiten. Die Beobachtung der langweiligen Gesellen wird bald ermüdend; man tritt aus seinem Schlupfwinkel hervor und gewahrt nun, daß das furchtsame Thier sich so eilig wie möglich der Länge lang auf dem Aste niederlegt und die Haare seines Schwanzes aus Angst emporsträubt. In dieser Stellung bleibt es regungslos liegen und schaut ängstlich dem herannahenden Menschen entgegen. Niemals habe ich ein von mir entdecktes Eichhorn flüchten sehen, und deshalb hat es auch gar keine Schwierigkeit, sich des Thieres zu bemächtigen. Ich bin überzeugt, daß es, selbst nach wiederholten Fehlschüssen, auch nicht mehr Leben zeigen würde, als bei der ersten Begegnung.

Die von mir getödteten hatten den Magen mit Knospen und Blättern gefüllt.

Ueber Fortpflanzung und Zahl der Jungen wußte man mir Nichts zu sagen; die Mensa scheinen sich überhaupt wenig um dieses Thier zu kümmern. Sie halten es für unrein, wie das Erdeichhorn, verschmähen sein Fleisch und jagen ihm deshalb nicht nach. Als Hauptfeind des schwachen Geschöpfes dürfen wahrscheinlich die Schopf- und Habichtsadler (Spizaëtos) betrachtet werden, doch habe ich auch hierüber keine Beobachtungen gemacht.

Viel häßlicher zwar, aber ungleich anziehender und unterhaltender ist die in unseren Beobachtungsgebieten vorkommende Art der Zieselhörnchen, der Schillu oder das rothe Erdeichhorn (Xerus rutilus), welches die Sabera der innerafrikanischen Steppenländer (Xerus leucoumbricus) hier vollständig vertritt.

Schillu und Sabera ähneln sich in jeder Hinsicht, im Betragen ebensowohl, als in ihrem geistigen Wesen. Einzeln oder paarweise sieht man die in der Nähe so garstigen, von fern betrachtet aber gar schmuck erscheinenden Thiere umherschweifen, auch in unmittelbarer Nähe der Dörfer oder in diesen selbst. Je günstiger die Oertlichkeit ist, d. h. je mehr Klüfte und Höhlen zwischen dem Gestein oder zwischen Baumwurzeln sich finden, um so dreister werden sie; denn umso sicherer wissen sie bei Gefahr einen Schlupfwinkel zu finden. Mitten im Dorfe Mensa und zwar auf dem Kirchhofe trieb sich ein Pärchen des Schillu ungescheut vor der ganzen Bevölkerung lustig umher. Bald erschien es auf einem der kegelförmigen, mit blendend weißen Steinen bedeckten Hügel über den Gräbern, bald zwischen den Reisigwänden der Kirche, bald in der Umzäunung, welche den Friedhof umschloß, bald schaute eins aus dieser, bald aus jener Höhle heraus. Es war, als ob es wisse, daß auch der Fremde es nicht wagen dürfe, es in seinem Asil zu stören; denn es ließ mich bis auf fünf Schritte herankommen und sich beobachten, ohne sich im Geringsten stören zu lassen: — wäre unser Zeichner zur Stelle gewesen, er hätte es mit Leichtigkeit abbilden können!

Solange bleiben die Erdeichhörnchen jedoch selten in Ruhe. Gewöhnlich sieht man sie in ununterbrochener Bewegung. Sie sind sehr muntere und lebhafte Thiere, welche überall Etwas zu suchen wissen und überall Etwas finden. Knospen und Früchte bilden wohl ihre Hauptnahrung; doch verschmähen sie, wie ich mehrfach beobachtet habe, auch Kerbthiere nicht, und nach Versicherung der Eingebornen sollen sie die ärgsten Nesterzerstörer ihrer Heimatsgegenden sein. Gar nicht unwahrscheinlich ist es mir, daß sie ab und zu auch auf kleine Nagethiere oder auf junge, eben ausgeflogene Vögel Jagd machen; sprechen doch kundige Beobachter nicht einmal unser Hörnchen von solchen Räubergelüsten frei!

Ihr Betragen gewährt viele Unterhaltung, so lange man nicht in nähere Berührung mit ihnen kommt. Die große Lebhaftigkeit, welche sich in jeder Bewegung ausspricht, erfreut, ihre Rastlosigkeit, ihr Unternehmungsgeist, ihre schmucke Haltung fesseln. Sie leben nur auf dem Boden, wenigstens habe ich sie niemals auf Bäumen oder Sträuchern bemerkt, und auch Heuglin betont ausdrücklich Dasselbe, während Rüppell (Atlas zur Reise im nördlichen Afrika S. 60) angiebt, daß sich der Schillu auch wohl im niederen Gebüsche auf Bäumen sehen lasse, seine unterirdischen Schlupfwinkel aber, sobald es entdeckt worden, wieder zu erreichen suche und sich dann den Verfolgungen behend zu entziehen wisse. Ich weiß nicht, ob diese Behauptung auf eigener Beobachtung des berühmten Forschers oder nur auf Hörensagen beruht: im letzteren Falle wäre es möglich, daß die Eingebornen vielleicht ein anderes, noch unbekanntes Eichhörnchen gemeint hätten. Soviel kann ich behaupten, daß die Sabera, welche ich ungleich öfter und genauer während meiner früheren Reisen beobachten konnte, entschieden nicht auf Bäumen klettert.

Der Gang des Schillu ist leicht und wegen der verhältnißmäßig hohen Läufe ziemlich rasch; doch geht das Thier mehr schrittweise, d. h. weniger in Sprüngen, als unser Eichhörnchen. Wenn es Etwas zu kauen hat, setzt es sich ganz in der bekannten Eichhörnchenstellung nieder, gern auf eine hervorragende Spitze, z. B. auf die eines jener Grabkegel; dann sieht es äußerst schmuck aus. Während des Laufes spähen die großen, klugen Augen unablässig nach allen Richtungen hin; jede Ritze wird untersucht, jede Höhlung durchkrochen, jedes Loch geprüft.

Vor anderen Thieren scheint der Schillu sich eben nicht besonders zu fürchten; wiederholt habe ich ihn in Gesellschaft der Zebramanguste bemerkt. Wahrscheinlich werden ihm nur die Schakale und noch die größeren Adler, zumal der Raubadler und die Habichtsadler, gefährlich: selbst beobachtet habe ich, daß der Schopfadler die Sabera ohne Bedenken vom Boden aufnimmt. Dagegen habe ich den Singhabicht Nord-Ost-Afrikas (Melierax polyzonus) oft über den Bauen der Sabera sitzen, diese aber sich unbesorgt unter dem Raubvogel umhertreiben sehen, und auch niemals bemerkt, daß der letztere Miene gemacht hätte, eine so leicht zu erwerbende Beute aufzunehmen. Ich glaube, daß die schwächeren Raubvögel und vielleicht auch die doch so raubsüchtige Manguste sich vor den scharfen Nagezähnen der Erdeichhörnchen wohl in Acht nehmen. Unter allen mir bekannten Nagern ist keiner, von dem ich sagen möchte, daß er an Bissigkeit und Heftigkeit des Wesens den Schillu oder die Sabera überträfe; nicht einmal unseren Hamster möchte ich hiervon ausschließen. Im Verhältniß zur Größe des Thieres ist sein Muth außerordentlich. Im Nothfall setzt es sich den Hunden kühn zur Wehr und springt fauchend und knurrend diesen entgegen. Wahrscheinlich thut es, wenn es sich nicht flüchten kann, dem Menschen gegenüber genau Dasselbe. Daß der Schakal die Erdeichhörnchen verfolgt, ist mir erzählt worden und auch als wahrscheinlich anzunehmen; eigene Beobachtung hierüber habe ich jedoch nicht gemacht.

Man hält die Erdeichhörnchen im Anfange des Bekanntwerdens mit ihnen geistig für befähigter, als sie sind. Ich glaube ihnen nur wenig Verstand zuschreiben zu dürfen. Sie zeigen sich plump und tölpisch, sobald sie sich nicht mehr auf gewohntem Gebiet befinden. Da, wo es ihnen an einer Höhle oder irgend einem anderen Versteckplatze mangelt, wissen sie sich nicht zu helfen und stellen sich dummdreist wenigstens den Hunden gegenüber. Für die Gefangenschaft sind sie gar nicht zu gebrauchen; sie bleiben stets wild und bissig. Vor angeschossenen oder frisch gefangenen hat man sich mehr in Acht zu nehmen, als vor dem bösartigsten Hamster, und niemals darf man ihnen trauen. Guter Behandlung scheinen sie unzugänglich zu sein. Sie zeigen beständig eine namenlose Wuth und beißen grimmig nach Jedem, der sich ihnen nähert. In Holzkisten kann man sie nicht halten; sie nagen selbst die eisenharten Pfosten aus Mimosenholz in kürzester Zeit durch. Dazu kommt, daß sie bald einen höchst unangenehmen Gestank verbreiten, ganz nach Art so vieler anderer Nager; kurz, die Thiere sind für die Gefangenschaft durchaus nicht zu empfehlen: sie sind die unliebenswürdigsten Stubengenossen, welche ich kenne.

Die Mahammedaner und auch die sogenannten Christen Abiffiniens verfolgen den Schillu nicht, weil er ihnen als ein unreines Thier gilt. Die Neger des weißen Flusses dagegen sollen, wie ich erfuhr, dem bei ihnen lebenden Erdeichhörnchen eifrig nachstellen und es ohne Bedenken verzehren. Hierin dürfte der einzige Nutzen bestehen, welchen das Thier leistet. Schaden bringt es freilich auch nicht: seine Heimat ist viel zu reich, als daß die wenige Nahrung, welche es bedarf, irgend in Betracht kommen könnte.

Ueber die Fortpflanzung habe ich nichts Genaues erfahren können. Ich sah nur einmal eine Familie von vier Stück und vermuthe deshalb, daß die Zahl der Jungen zwei beträgt; denn gewöhnlich sieht man Schillu und Sabera paarweise. Mit dieser Jungenzahl steht auch die gleiche Zitzenzahl vollständig im Einklange.

Wahrscheinlich werfen die Erdeichhörnchen Anfangs der großen Regenzeit. Kurz vor derselben sieht man wenigstens bei der Sabera die ohnehin ungewöhnlich großen Hoden des Männchens eigenthümlich geröthet. Der Wurf erfolgt unzweifelhaft in einem der bestangelegten Baue, von denen jedes Pärchen meiner Ansicht nach mehrere besitzt. Diese Baue finden sich zumeist zwischen dem Wurzelwerk der Bäume, welches eine genaue Untersuchung derselben verhindert. Nach den aufgeworfenen Erdhaufen vor der Hauptmündung zu urtheilen, müssen sie sehr ausgedehnt sein. Der Schillu scheint sich mehr im Geklüft aufzuhalten oder wenigstens seine Höhlen in der Nähe von Felsen auszugraben: bei Mensa bewohnt er ausschließlich natürliche Höhlungen, welche sich zwischen den über einen großen Theil der Ebene zerstreuten Felsenblöcken zahlreich vorfanden. Daß er sich jedoch auch selbst Höhlen gräbt, erwähnt Rüppell, welcher auch hinzufügt, daß er zum Graben ein ganz besonderes Geschick besitzt.

Ueber die eigentlichen Mäuse, welche wir in unseren Gebieten beobachteten, habe ich Nichts zu berichten. Man kann sich ihr Leben, wenn man die eigenthümliche Bauart der Häuser jener Gegenden in

Rechnung zieht, leicht selbst vorstellen. Daß die Wanderratte (Rattus decumanus) auf Perim und in den anderen Seestädten bereits zu derselben Hausplage geworden ist, wie bei uns, habe ich schon erwähnt; ich will nur noch hinzufügen, daß sie auf Perim nicht blos in überraschend großer Menge in den eigentlichen Gebäuden selbst, sondern auch im Mole und den übrigen Uferbauten, sowie zwischen den Lavablöcken der Insel häufig anzutreffen war. Als ich mich Abends einschiffte, störte der Hund meiner Begleiter auf dem kurzen Molo mindestens zwanzig Wanderratten auf; und rechts und links sprangen die häßlichen Nager wie Frösche in das Wasser und schwammen dann rasch den vielen Höhlungen zu, welche in der aus Lavablöcken zusammengesetzten Mauer des Molo sich fanden.

In Massaua treibt es die weißpfötige Ratte (Rattus albipes) nicht viel anders. Sie bewohnt dort mehr die Häuser selbst und findet hier in dem schlechten Gemäuer und noch mehr in den Strohwänden, welche innen mit Matten bekleidet sind, vortreffliche Schlupfwinkel. In den alten Häusern Umkullus hatte sie sich bleibend angesiedelt und toste allnächtlich unter lautem Gezwitscher in den Gängen umher, welche sie sich in den Strohwänden geebnet hatte. Dort war sie zur wirklichen Plage geworden.

Die Feldmäuse behelligen Niemand. Sie leben weniger in den angebauten Getreidefeldern, welche nur an den feuchtesten Stellen angelegt werden, als in den sandigen, mit mancherlei Kräutern bedeckten Ebenen. Hier findet man gewisse Stellen, welche förmlich durchlöchert sind: da liegt Häufchen an Häufchen und Höhle an Höhle. Während der Tageshitze gewahrt man keine einzige dieser Mäuse; nach Sonnenuntergang aber wird es lebendig, und behend huscht es überall zwischen dem Grase dahin. — Mehr weiß ich nicht zu berichten.

Dem Felsel (Bathyergus splendens) begegnete ich auf der Hochebene von Mensa; ich bin aber nicht im Stande, die von Rüppell auf S. 37 seiner „Neuen Wirbelthiere" gegebene Lebensbeschreibung zu vervollständigen. Rüppell sagt, daß das Thier sich am Anfange jedes Ganges eine maulwurfshaufenähnliche Erderhöhung bilde; ich fand, daß die Gänge mehr an die Baue unserer Reutmäuse oder Wasserratten erinnerten, als an die des Maulwurfes, weil sich die Maulwurfshaufen nicht blos am Ende des Ganges, sondern auch an mehreren Stellen über demselben befinden. Bei Mensa waren diese Baue hauptsächlich im niederen, dichten Gebüsch aufgeworfen, weniger in der freien Ebene. In diesem Gebüsch sah ich gegen Abend eines der nicht zu verkennenden Thiere umherlaufen und hebe dies besonders hervor, weil Rüppell sagt, daß der Felsel bei Tage nie aus der Erde käme. Ueber Betragen, Eigenthümlichkeiten, Nahrung und Fortpflanzung konnte ich Nichts in Erfahrung bringen. Die Leute, mit denen ich mich, Dank meiner arabischen Sprachkenntnisse, zu verständigen vermochte, kannten das Thier nicht, und die Mensa konnte ich nur mit Hülfe meines Dolmetschers befragen. Diese guten Leute aber schienen ihre Heimatsgenossen entweder nicht zu kennen oder nicht beachtet zu haben.

Ueber das Stachelschwein (Hystrix cristata) weiß ich ebenso wenig mitzutheilen. In der Samchara findet man die großen Baue dieses Thieres nur sehr vereinzelt, am häufigsten noch auf jenen sandigen Ebenen, welche dichter oder dünner mit Mimosenbuschwerk und hohem Grase bestanden sind. Die Baue kennzeichnen sich durch ihre bedeutende Größe und die hohen Haufen, welche vor der Mündung liegen. Bei Tage verläßt das Stachelschwein seine Höhle nie und deshalb ist die Beobachtung erschwert. Die Abissinier wissen ebensowenig von ihm zu erzählen, als die Sudahnesen, in deren Heimat das Thier viel häufiger ist. Dort bevorzugt es Steppenwaldungen; in den eigentlichen Urwäldern, welche die Flußthäler bedecken, findet es sich nur an den trockensten Stellen. Man jagt es weder im Sudahn, noch in Habesch und weiß auch die Stacheln nirgends zu benutzen. Einige von diesen letzteren Horngebilden fand ich in einem Durrahfelde unweit Umkullus und erfuhr bei dieser Gelegenheit, daß der „Endet", wie die Eingebornen das Thier nennen, in solchen Feldern sich regelmäßig ansiedelt. Wie mir einer meiner eingebornen Begleiter versicherte, fürchten sich die Leute vor dem „Stachelträger"; denn auch sie glauben an die alte Sage, daß er fähig wäre, seine Stacheln wie Pfeile auf die Angreifer zu schleudern.

Mehr als andere Nagethiere verdient der Hase Abiſſiniens (Lepus habessinicus) einer Erwähnung. Er unterſcheidet ſich in Sitten und Weſen vielfach von dem unſrigen und verſteht es, den Jäger wie den Naturforſcher in Erſtaunen zu ſetzen.

In der Samchara ebenſowohl, wie auf den Hochebenen des Gebirges iſt dieſes ſchon in ſeiner Geſtalt auffallende Thier eine ſehr gewöhnliche Erſcheinung. Man begegnet ihm überall, wo die Oertlichkeit nur einigermaßen geeignet iſt, einen Haſen zu beherbergen. Dazu gehört in Afrika weniger, als bei uns; denn alle Wüſten- oder Steppenthiere ſind weit anſpruchsloſer, als diejenigen Mitglieder derſelben Familie und ſogar derſelben Sippe, welche unſer reiches Europa beherbergt. Selbſt da, wo die Samchara beinahe reine Wüſte genannt werden kann, iſt der abiſſiniſche Haſe zu finden. Die wenigen Pflanzen und Kräuter, welche in dem harten Kiesboden oder im trockenen Sande ſich erhalten können, genügen ihm vollkommen zu ſeiner Nahrung. Nur an den ſteilen Gehängen der Berge ſiedelt er ſich nicht an; er liebt ein beſchauliches, bequemes Leben und wählt ſich deshalb immer die ebenſten Stellen zu ſeinem Wohnplatze aus. Auf ſolchen Ebenen findet ihn der Jäger oder der Reiſende, welcher das eine oder das andere Gebiet durchzieht, überall und in Menge auf. Da, wo der Pflanzenreichthum größer iſt, als gewöhnlich, iſt er gemein: man kann zugleich vier bis ſechs Stück vor ſich herlaufen ſehen.

Es ſcheint wirklich, als ob unſer Haſe erſt durch die Nachſtellungen, welche er erleidet, zu einem Thiere geworden iſt, welches ſich nicht nur äußerſt furchtſam, ſcheu und flüchtig zeigt, ſondern auch gar nicht ſelten Schlauheit und eine gewiſſe Liſt offenbart. In Abiſſinien rechnet man den Haſen unter die unreinen Thiere, unter diejenigen nämlich, deren Genuß bereits Moſes verbietet, weil ſie „geſpaltene Klauen" haben. In andern Ländern Afrikas ſind die Eingebornen keineswegs ſo ſtrenggläubig, daß ſie das leckere Wildpret des Haſen verachten ſollten; in Abiſſinien aber glauben die Mahammedaner ebenſowohl, wie die Chriſten, ein großes Unrecht zu begehen, wenn ſie das Wildpret des Haſen genießen. Deshalb wird unſer Thier ſeitens des Menſchen nicht im geringſten beläſtigt und hat alſo den Erzfeind aller Geſchöpfe bis heutigen Tages noch nicht

kennen gelernt. Anders kann ich mir die Dummdreistigkeit des langlöff=
lichen Gesellen nicht erklären.

Es hält auch in Abissinien sehr schwer, einen Hasen im Lager zu
entdecken. Gewöhnlich giebt sich die „Mindele" gar nicht die Mühe,
sich ein Lager zu graben; vielleicht hindert sie auch der oft sehr harte Boden
daran. Sie drückt sich also ganz einfach neben einem Grasbusche oder
selbst mitten in der pflanzenreichen Ebene auf den Boden hin und ver=
traut auf ihre langen Löffel und ihre langen Läufe. In der Regel steht
sie schon auf vierzig, ja auf sechszig Schritt vor dem Jäger auf; nun aber
zeigt sie eine Dummdreistigkeit oder Ungeschicklichkeit ohne Gleichen. Es
fällt ihr gar nicht ein, eiligen Laufes ihr Heil in der Flucht zu suchen,
sondern sie geht höchstens auf zwanzig, dreißig Schritte langsam dahin,
womöglich dem nächsten Busche zu und setzt sich hier unter dem dünnen
Gezweige, welches ihre ganze Gestalt erkennen läßt, so unbesorgt nieder,
als gäbe es gar keinen Feind für sie. Nur die Löffel werden nach der
verdächtigen Gegend gerichtet; im übrigen bekümmert sich die Mindele
kaum um den Störenfried. Ich habe wiederholt zu erfahren versucht,
wie nahe der Hase den Jäger an sich herankommen läßt, und nicht blos
gefunden, daß derselbe bequem auf gute Schußnähe aushält, sondern
sogar auf längere Zeit eine Verfolgung möglich macht, ohne an die Flucht
zu denken. Manchen Hasen habe ich fünf bis sechs Mal nach einander
aufgetrieben und endlich doch noch erlegt. Aus Fehlschüssen macht er sich
nur sehr wenig; den, welchen man heute fehlte, findet man am nächsten
Tage sicherlich genau an derselben Stelle wieder und ebenso albern,
ebenso dreist, wie zuvor. Die Hasenjagd wird dem Nordländer schließlich
geradezu unangenehm: man schämt sich förmlich, den einfältigen Gesellen
zusammenzuschießen; und wenn es sich nicht eben um nothwendiges
Wildpret handelt, bekümmert man sich bald kaum noch um ihn.

Ganz anders benimmt sich der Hase, wenn man in Begleitung von
Hunden ihm nachstellt. Er beweist dann, daß er in Wolfshund und
Schakal, in Fuchs und Jagdleopard Feinde kennen gelernt hat,
welche ihm gefährlicher werden, als der gleichgiltige Mensch. Freilich
kann man noch immer nicht feststellen, ob er aus eigenem Antriebe
so eilig flüchtet oder nur von dem Hunde, welcher seine Verfolgung regel=
mäßig mit Eifer aufnimmt, getrieben wird; so viel aber glaube ich
bemerkt zu haben, daß er sich vor dem Hunde ungleich mehr fürchtet, als

vor dem Menschen, und wäre derselbe auch mit dem Feuergewehr bewaffnet. Ich bedenke mich deshalb auch nicht, anzunehmen, daß er gerade in den Wildhunden seine schlimmsten Feinde besitzt. Aus der Klasse der Vögel werden ihm wohl nur drei der in unseren Gebieten heimischen Räuberarten gefährlich: der **Raubadler** und der **Habichts-** oder **Schopfadler** — daß ersterer sich vorzugsweise von ihm nährt, habe ich selbst beobachtet.

Giebel vereinigt den abissinischen Hasen nicht nur mit dem arabischen, sinaitischen, sirischen und äthiopischen (Lepus arabicus, sinaiticus, syriacus und aethiopicus), sondern auch mit dem **Wüstenhasen** (Lepus isabellinus), den am Kap vorkommenden dagegen mit dem unsrigen. Ich wage nicht zu entscheiden, wie viel Willkür hierbei im Spiele ist, das Eine aber muß ich hervorheben: als „klimatische Varietäten" sind die erstgenannten, welche meinetwegen nur eine Art bilden mögen, und der Wüstenhase **nicht anzusehen**. Der letztere giebt sich so recht als Kind seiner Heimat kund, wie die gelbe Wüstenlerche (Melanocorypha isabellina), welche man auch nicht als Ausartung einer andern Art betrachten kann; wie der **Wüstenläufer** (Cursorius isabellinus), wie alle übrigen Geschöpfe, welche in dem so eigenthümlichen Reiche leben. Dicht neben ihm wohnt und haust der dunkelfarbige, d. h. schwarz, weiß, grau und olerfarbig gefleckte und gewellte abissinische Hase, in Egipten ebensowohl als in Abissinien, in Nubien wie in Arabien; und es ist deshalb gar nicht abzusehen, warum das Klima, welches man doch gewöhnlich als den hauptsächlichsten Urheber der Verschiedenheit ansieht, **nicht beide Thiere in gleicher Weise** verändert haben sollte. Auch erwähnt ja der so scharf beobachtende Rüppell „ausdrücklich" (Neue Wirbelthiere S. 38), daß der Wüstenhase **durch seine verhältnißmäßig viel längeren Ohren** sich genügend von den andern unterscheidet. Ich meinestheils halte den Wüstenhasen für eine bestimmt von der Mindele oder dem „Erneb" der Araber, eben unserem abissinischen Hasen, verschiedene Art.

Unter den Einhufern, welche in unseren Gebieten leben, ist der Esel unzweifelhaft das wichtigste Mitglied für den Eingebornen ebensowohl, als für den Forscher. Das abissinische Pferd ist ein sehr unedles Thier und steht den andern Rassen, welche man in Afrika zu sehen gewohnt ist, weit nach. Ich wage nicht zu bestimmen, ob es eine eigene Rasse bildet oder zum Dongola-Pferd gestellt werden muß: nur so viel will ich sagen, daß alle, welche ich sah, ziemlich große, aber durchaus unschöne Thiere waren.

Wie es scheint, wird das Pferd überall in Abissinien dem Maulesel nachgestellt. Dieser ist das gewöhnliche Reitthier im Gebirge. Er ist ziemlich klein von Gestalt, aber regelmäßig gebaut und im Verhältniß zu seiner Größe sehr stark und ausdauernd. Die Abissinier haben ihm einen für uns Europäer geradezu unleidlichen Schnellschritt anerzogen, ein Mittelding zwischen Trab und Schritt, und diejenigen Maulesel nun, welche in der betreffenden Gangart besonders geübt sind, werden am höchsten geschätzt. Maulthiere sind viel seltener als Maulesel, kommen aber einzeln vor. In der Samchara bedient man sich anstatt beider lieber des Kamels, weil man wahrgenommen hat, daß Pferde und Maulesel das dortige Klima schlecht vertragen. Es scheint, daß man in den ebenen Küstengebieten weder Pferde, noch Maulesel züchtet, und somit ist man gezwungen, dieselben aus den Gebirgen zu beziehen. Gegen dieses sticht nun freilich die Samchara in jeder Hinsicht grell ab. Anstatt der grünen, frischen Matten, welche das Gebirge besitzt, hat sie nur dürre Ebenen, anstatt der reinen Bergwässer nur schmuzige Tümpel oder Brunnen, deren Wasser meistens auch viel zu wünschen übrig läßt. Das empfinden die Maulthiere, welche vom Gebirge kommen, sehr hart. Sie werden traurig, viele kränkeln, und mindestens vierzig vom Hundert fallen schließlich den veränderten Verhältnissen zum Opfer. Alle Europäer stimmen mit den Abissiniern in dem Einen überein, daß die Maulthiere nur im Gebirge ihre wahre Güte zeigen. Sehr eigenthümlich ist es, daß Niemand daran denkt, in der Samchara selbst Pferde und bezüglich Maulthiere zu züchten und sie von Jugend auf an die andern Einhufern sonst so zusagenden Tiefebenen zu gewöhnen.

Umgekehrt findet sich der Esel tiefer häufiger, als im Gebirg. Er ist ganz unverkennbar der Nachkomme des afrikanischen Steppenesels

(Asinus africanus), mittelgroß, schlank und hübsch gebaut, gilblich asch=
farben, mit deutlich ausgesprochenem Schulterkreuz und mehreren lichteren
oder dunkleren Querstreifen an der Außenseite des Unterfußes. Der
wilde Stammvater dieses Thieres findet sich in großer Menge in allen
die Samchara begrenzenden Steppen östlich bis zum Nil; in den Pro=
vinzen Taka und Berber ist er häufig. Von hier aus streift er gar
nicht selten in die Samchara herein, und zuweilen soll er sogar in der
Nähe von Massaua gefunden werden.

In seinem Leben und Treiben ähnelt das Thier, wenn ich nach
den mir gegebenen Beschreibungen urtheilen darf, seinem asiatischen
Verwandten, dem Halbesel oder Dschiggetai (Asinus hemionus).
Jeder Hengst erwirbt sich nach längerem Kampf und Streit die Ober=
herrschaft über eine Stutenherde und bewacht und vertheidigt sie. Bei
Tage zeigt er sich außerordentlich scheu und vorsichtig; Nachts hingegen
belästigt er die Reisenden durch Geschrei und Lärmen. In sausendem
Galopp sprengt er, wie die verwilderten Pferde Paraguays, den
Wachfeuern entgegen, hält in geringer Entfernung von denselben plötzlich
an, starrt längere Zeit nach dem Lager hin und jagt dann mit don=
nerndem Hufschlag wieder davon. In mancher Nacht wiederholt er
derartige Besuche fünf bis sechs Mal, und alle Reisenden, welche von
Suakien oder Massaua nach dem Nil gezogen sind, stimmen darin
überein, daß er geradezu lästig wird.

Es unterliegt für mich keinem Zweifel mehr, daß alle Esel, welche
sich im Sudahn und in der Umgegend Massauas finden, von dieser
wildlebenden Art abstammen. Die Nomaden, welche sich in den Steppen
herumtreiben, fangen die jungen Esel ein, zähmen sie und benutzen sie
dann als Reit= oder Lastthiere. Nach ihren Versicherungen verursacht
die Zähmung nicht die geringste Schwierigkeit. Der junge Wildling
wird einer schon gezähmten Eselin beigegeben und von dieser vollends
groß gesäugt. Er legt bald alle Scheu vor dem Menschen ab und ist
bereits nach Jahresfrist derselbe gutmüthige, d. h. leicht zu behandelnde
Narr, wie jeder andere Hausesel. Mir wurden Esel gezeigt, von denen
man ganz bestimmt behauptete, daß sie in der Wildniß geworfen worden
wären, und ich habe mich vergeblich bemüht, sie von den übrigen zahmen
Eseln zu unterscheiden. Das Einzige, was ich aufzufinden geglaubt

habe, ist, daß sie sich etwas stolzer trugen und außerordentlich aus=
dauernd waren.

Noch will ich bemerken, daß der von Heuglin neuerdings unter
dem Namen Asinus taeniopus in seinen Diagnosen neuer Säugetiere
aus Afrika ꝛc. (Besonderer Abdruck aus Band XXVIII der Ver=
handlungen der K. L. C. D. A.) aufgestellte Wildesel nichts An=
deres ist, als ein wahrscheinlich sehr alter Hengst des gewöhnlichen Step=
penesels. Die Streifen an den Beinen sind nach glaubwürdigen Berichten,
welche ich erhielt, bei den einen dunkler, bei den andern heller, bei diesen
mehr, bei jenen weniger ausgeprägt, bei manchen auf einen kleineren
Theile beschränkt, bei andern fast über den ganzen Fuß verbreitet. Die
übrige Färbung des Leibes ändert ebenfalls nicht unwesentlich. Es giebt
sehr graulich erscheinende und sehr gilblich gefärbte Wildesel. Bis auf
weiteres ist demnach die Heuglin'sche Art zu streichen.

Dagegen unterscheidet sich der afrikanische Esel gewiß von dem
Onager (Asinus onager, *Pallas*), welcher neben dem Dschiggetai
in Asien lebt, und Giebel hat sicherlich unrecht, wenn er diesen mit
dem afrikanischen Wildesel vereinigt.

―――

Die Samchara bildet gewissermaßen ein Grenzgebiet des Kreises,
über welchen sich das einhöckerige Kamel oder Dromedar (Camelus
Dromedarius) erstreckt. Das Kamel gehört der Ebene an, nicht dem
Gebirge; es befindet sich nur in trocknen Gegenden wohl, nicht aber in
denen, welche tropische Fülle zeigen. Noch ist es in der Samchara all=
gemein verbreitet und ziemlich häufig zu finden; die edleren Rassen aber,
welche man in dem nördlichen Theile der Steppen des Nil und Atbara
findet, und namentlich diejenigen, welche von den Bischarihn=Nomaden
gezüchtet werden, fehlen hier gänzlich.

Im Gebirge selbst ist das Kamel ein seltenes Thier. Es verliert
seine Bedeutung, sobald es sich auf abschüssig felsigen Pfaden bewegen
soll. Dies habe ich auf meiner ersten Reise, namentlich im steinigen
Arabien beobachtet und jetzt wieder deutlich auf unserem Zuge nach
Mensa gesehen. So lange wir uns in der Samchara bewegten, gingen

die beladenen Kamele mit der sie kennzeichnenden, ruhigen Gleichgiltigkeit gelassen ihre Stelzenschritte fort; sobald wir aber in den oberen Theil des Chor von Mensa kamen, erwiesen sie sich als die unbrauchbarsten Geschöpfe, welche man sich denken kann. Unbedeutende Steigerungen des Weges, über welche die Ochsen der Mensa sammt ihrer Ladung mit derselben Leichtigkeit wegkletterten, wie Esel oder Maulthiere, hielten unseren Reisezug, oder wenigstens die Lastkamele stundenlang auf. Sobald die Thiere ihren Fuß auf glättere und abschüssige Felsstücke, auf Geröll, kurz, auf Steine setzten, fingen sie an zu zittern, schrien laut auf, weigerten sich, vorwärtszugehen, achteten weder des Zurufes, noch der Schläge mehr, versuchten sich niederzulegen und zwangen ihre Treiber, ihnen die Last abzunehmen, diese nach der Höhe eines Absturzes zu tragen und ihre Thiere selbst dann empor zu treiben, zu ziehen, zu schieben. Während einiger Tage mußte das Gepäck fünf bis sechsmal umgeladen werden, und oft waren die Hindernisse kaum der Rede werth. Der letzte Theil des Weges verursachte unglaubliche Schwierigkeiten, und schließlich weigerten sich die Kameltreiber aufs entschiedenste, ihren Weg überhaupt fortzusetzen, weil sie fürchteten, daß ihnen der Unmuth und die Zaghaftigkeit ihrer Thiere noch einen argen Streich spielen würden.

Wer nur einmal Kamele in solcher Lage gesehen hat, begreift, warum man in dem eigentlichen Abissinien diese sonst so nützlichen Thiere vermißt oder nur sehr einzeln findet. Dennoch giebt es gewisse Gegenden, z. B. in den Barka- und Habahbländern, wo die Kamele, trotz der Gebirge, zum Lasttragen benutzt werden. Mehr, als andere Thiere, nämlich ist das Kamel der Sklave seiner Gewohnheiten und Sitten. Was es einmal gelernt hat, thut es ohne Widerstreben, was aber von den Gewohnheiten abweicht, ist ihm fürchterlich. Das Kamel ist keineswegs unfähig für das Gebirge; denn es klettert, wenn es der Weide gilt, ganz lustig und kühn an den steilsten Wänden herum: mit der Last auf dem Rücken will es aber nicht im Gebirge sich bewegen, und deshalb zeigt es die ganze Widerspenstigkeit, deren seine störrische Seele fähig ist. Die Barka und Habahb richten ihre Kamele von Jugend an zum Bergsteigen ab und gewinnen hierdurch äußerst brauchbare Lastthiere für das Gebirge. Ihre Kamele klettern wie die Ziegen auf ungleich steileren und gefährlicheren Pfaden dahin, als wir sie zu überwinden hatten und tragen willig, auch im Gebirge, doppelt schwerere Lasten, als unsere Kamele sie trugen.

Ich habe schon früher und wiederholt darauf aufmerksam gemacht, daß das Kamel weit entfernt ist, die bisherige Beschreibung, welche dichtungsreiche Reisende von ihm entwerfen, zu rechtfertigen, und habe mich auf dieser Reise wieder überzeugt, daß meine frühere, für das Kamel sehr ungünstige Schilderung „des Wüstenschiffes" vollkommen richtig ist. Alle guten Eigenschaften des Thieres haben ihren einzigen Grund in seiner leiblichen Ausrüstung und in seiner Dummheit. Die gepriesene Geduld ist nichts Anderes, als Gleichgiltigkeit, die Milde nur Stumpfheit, die Folgsamkeit bles Trägheit. In der That und Wahrheit ist das Kamel das dümmste, ungeschickteste, störrischeste und böswilligste Säugethier, welches ich kenne. Guter Behandlung ist es fast unzugänglich; denn es lernt kaum seinen Führer, seinen Herrn kennen. Von Liebe, von Anhänglichkeit an ihn, wie alle übrigen Hausthiere, das Schaf nicht ausgenommen, sie zeigen, ist keine Spur zu bemerken. Ueberlegung besitzt es gar nicht, kurz, alle geistigen Fähigkeiten stehen auf der tiefsten Stufe. Ein Rind ist dem Kamel gegenüber ein kluges Geschöpf; nur in dem Schafe hat es einen ihm ungefähr ebenbürtigen Genossen. In dem einmal gewohnten Geleis geht es dahin; verläßt es dasselbe, so kann es den Menschen zur Verzweiflung bringen. Selbst die edelsten Rassen dieses abscheulichen Thieres zeichnen sich nur wenig von den übrigen Kamelen aus, welche man unedle nennt.

Schon auf den nächsten Bergzügen, welche man übersteigt, wenn man von Massaua aus dem Gebirge der Mensa zuwandert, kann man eine der zierlichsten Antilopen unseres Gebietes wahrnehmen. Die Sömmerrings-Gazelle (Gazella Soemmerringii) darf so recht eigentlich das Kind der Samchara genannt werden. Auf allen meinen Reisen durch Afrika bin ich nur in diesem Gebiete jenem schmucken Geschöpfe begegnet, und auch Rüppell und Heuglin geben den Ost-Abhang des abissinischen Gebirgslandes, oder richtiger, die Ebenen, von denen aus das Gebirge emporsteigt, als die ausschließliche Heimat unseres Thieres an. Von Letzterem erfahren wir, daß die Sömmerrings-Gazelle es ist, welche sich auch auf manchen nahe der afrikanischen Küste gelegenen Inseln des südlichen rothen Meeres findet. In den Steppen, welche nach Westen hin die Samchara begrenzen, lebt unser Thier ebenfalls; doch scheint es, daß es den Atbara kaum überschreitet.

Der „Tedal", wie die Eingebornen die ihnen wohlbekannte Antilope nennen, ist ein sehr zierliches und außerordentlich kluges Thier. In der Nähe der Dorfschaften, welche noch von Europäern bewohnt werden oder, was gleichbedeutend ist, welche noch Jäger beherbergen, deren Waffen solchem Wilde gefährlich sind, findet sich unsere Gazelle nur einzeln: sie hat sich einfach in ruhigere Gegenden zurückgezogen. Jene breiteren Niederungen der Samchara, welche mit Gebüsch und verschiedenen Gräsern und Kräutern bewachsen sind, dürfen als die eigentlichen Wohnplätze des Tedal angesehen werden. Er betritt zwar auch die mehr oder weniger graslosen Hügel, an deren Gehänge dürftige Mimosen wachsen, jedoch nur dann, wenn er von einer Ebene zur andern zieht.

In seinem eigentlichen Gebiete begegnet man ihm am öftersten in kleinen Trupps von drei bis acht Stücken, seltner einzeln oder in größeren Scharen. Er ist ein echtes Tagthier, welches nur während der ärgsten Mittagshitze wiederkäuend im Schatten einiger Büsche ruht, sonst aber vom Morgen bis zum Abend gemächlich seinen Standort durchzieht. Die Zahl der Geschlechter in solchen Trupps ist ziemlich gleich; doch hat es mir scheinen wollen, als bestünde jeder Sprung regelmäßig aus mehr Geisen, als Böcken. Wie es zur Zeit der Brunst sein mag, weiß ich nicht: für die Monate, welche uns zur Beobachtung vergönnt waren, dürfte meine Angabe allgemein giltig sein. Nicht selten bemerkten wir auch Paare, wahrscheinlich solche, deren Geis bald setzen wollte. Die größeren Trupps hatten sich vielleicht nur aus Böcken und geltegehenden Geisen gebildet.

Man erkennt den Sprung dieser Antilope oder auch das einzelne Thier schon aus größerer Entfernung an seinen hohen, schlanken Läufen und an dem blendend weiß schimmernden Spiegel, welcher, einem guten Auge wenigstens, noch in einer Entfernung von einer Sechstelmeile sichtbar ist. Der mehr mit den Sitten und Gewohnheiten vertraute Jäger gewinnt auch durch Beobachtung des Betragens bald einen sicheren Anhaltspunkt zur Bestimmung des von ihm erschauten Wildes.

Die Sömmerrings-Gazelle ist weit vorsichtiger und scheuer, als ihre liebliche Schwester, die eigentliche Isis-Gazelle. Selbst in jenen Gegenden, welche nur selten von dem Europäer heimgesucht werden, weicht der Tebal mißtrauisch dem sich nahenden Menschen aus, einem Fußgänger selbstverständlich mehr, als einem Reiter. Sobald sich der Jäger durch einen dichteren Busch, einen Hügel oder die Wände eines Grabens zu decken sucht, geht sein Wild regelmäßig einer offenen Stelle zu und stellt sich hier, möglichst weit entfernt von jedem Gegenstande, welcher ein Heranschleichen des Jägers verdecken könnte, im freien Felde auf. Versucht man die Jagd auf eine günstigere Stelle zu verlegen, so trollt es mit ziemlich raschen Schritten dahin, durcheilt alle buschreichen Stellen so schnell als möglich, erwählt sich wiederum einen freien Platz und erwartet hier seinen Verfolger. Dann beginnt das alte Spiel von Neuem. Diese Vorsicht erschwert die Jagd des Tebal außerordentlich und läßt es erklärlich erscheinen, daß wir von mindestens vierzig Stücken, denen wir begegneten, nur zwei erlegten.

Wie die eigentliche Gazelle, äßt sich die Sömmerrings-Antilope vorzugsweise von Mimosenblättern; doch sieht man sie nebenbei auch mancherlei andere Kräuter abpflücken. Es gelang mir nicht, die betreffenden Pflanzen zu bestimmen. In dem Magen des Getödteten fand ich beide Male fast nur die Ueberreste von Mimosenblättern vor. Nach der Regenzeit, wo ein reichhaltiger Pflanzenwuchs stellenweise die Samchara deckt, soll der Tebal hauptsächlich hier sich äßen, während die Gazelle auch dann noch bei ihrer eigentlichen Nährpflanze, eben der Mimose, gesehen wird.

Anfangs April erhielten wir frischgesetzte Kälber unsrer Antilope, welche die Eingebornen in Schlingen gefangen hatten. Diese Kälber unterscheiden sich von den jungen Gazellen leicht durch ihre bedeutende Größe und die verhältnißmäßige Plumpheit ihrer Formen, von den Alten ihrer Art aber durch das Fehlen des weißen Spiegels; denn nur die Unterseite ihres Leibes ist lichter, als die obere. Beider Färbungen gehen allgemein in einander über, und nirgends zeigt sich eine scharfe Grenzlinie. Zu meiner Verwunderung habe ich bei den freilebenden niemals Kälber gesehen und nehme deshalb an, daß diejenigen, welche wir erhielten, erst den Anfang der Satzzeit bezeichneten. Diese Annahme würde auch mit Dem, was ich hinsichtlich der Fortpflanzungszeit der Gazelle beobachten konnte, im Einklange stehen. — Ungeachtet aller Mühe, welche sich die Damen der Gesellschaft gaben, gelang es nicht, eines dieser Tebalkälber großzuziehen. Die meisten starben bereits in den ersten Tagen ihrer Gefangenschaft. Mehrere erblindeten vor dem Tode ohne erklärliche Ursache.

Obwohl die Eingebornen das leckere Wildpret aller Antilopen zu schätzen wissen, machen sie doch nur selten Jagd auf die bei ihnen lebenden Arten der reichhaltigen Familie. Hierdurch unterscheiden sie sich sehr von den Inner-Afrikanern und namentlich von den Bewohnern der östlich vom Nil gelegenen Steppen und den Kordofahnesen. Diese jagen alle Antilopen mit ihren vortrefflichen Windhunden und bringen oft von einer einzigen Jagd zwanzig bis dreißig Stück Wild mit nach Hause. Die gutberittenen Barka sollen diese Antilope und die Gazelle auch mit Pferden verfolgen und sie schließlich so abhetzen, daß sie sich ihrer bemächtigen können. Für den mit Feuer bewaffneten Jäger führt der Pirschgang noch immer am sichersten zum Ziele; doch läßt sich der Teral auch treiben, vorausgesetzt, daß hierzu die hinlänglichen und einigermaßen geübten Leute sich finden.

In der Gefangenschaft sieht man die Sömmerringsgazelle nur zufällig. Die Eingebornen bringen sie auf Bestellung. Sie kundschaften gewisse Wechsel eines Trupps aus und stellen hier in geringen Abständen sogenannte Teller auf. Es sind dies vielfach durchbohrte Reisen, durch deren Löcher biegsame, an dem einen Ende zugespitzte Stäbchen gesteckt werden. Die Stäbchen laufen vom Rande aus schief nach unten gerichtet dem Mittelpunkte des Tellers zu und stehen hier mit den Spitzen gegen einander. Jeder Teller wird in eine Grube und zwar auf ein kreisförmig zusammen gebogenes, ziemlich hohes Rindenstück gelegt, welches verhütet, daß die Grube sich wieder mit Sand ausfüllt. Um den äußeren Rand des Tellers herum legt man nun eine Schlinge und befestigt diese an einen ziemlich schweren Knüppel. Die Gazelle, welche ruhig ihres Weges wandelt, tritt auf den leicht mit feinem Sande bedeckten Teller, biegt die schwachen Stäbe nach abwärts, rutscht auf ihnen dem Mittelpunkte zu, tritt durch und fühlt nun einen ihr höchst unangenehmen Kranz am Laufe. Durch Schütteln und Schnellen sucht sie sich desselben zu entledigen, zieht aber gerade hierdurch die Schlinge zu und den Knüppel hinter sich drein. Das erwachsene Thier wird jetzt aufs äußerste geängstigt, macht die sonderbarsten Sprünge und

setzt den Knüppel derartig in Bewegung, daß er ihr zuletzt einen oder
den andern Lauf zerschlägt. Junge Thiere legen sich, sobald sie sich ge-
fesselt fühlen, ruhig nieder und werden so mit Leichtigkeit die Beute des
Jägers. Dieser bemerkt natürlich bald, daß eine der Fallen ihren Zweck
erfüllt hat, folgt der Spur, welche der nachschleifende Knüppel deutlich
genug bezeichnet, und findet das Wild meistens in den kläglichsten Umständen am Boden liegen. Dann zieht er sein Messer heraus, schneidet
ihm die Kehle durch, ladet es auf sein Kamel und bringt es nach Hause.
Das abgezogene Fell wird gewöhnlich, aber nicht überall, auf den Boden gespannt, feucht mit gerbsäurehaltigen Mimosenschoten bedeckt, hierdurch ziemlich ordentlich zubereitet und dann verschiedenartig verwendet.

Die eigentliche oder Jsisgazelle (Gazella Dorcas) ist in
der Samchara eine ebenso häufige Erscheinung, wie in den Steppen östlich und westlich vom Nil, wenn sie sich auch im Osten Afrikas niemals
in so starke Banden zusammenschlägt, als im Innern des Erdtheils. In
der Samchara wird man sie schwerlich irgendwo vermissen, es sei denn,
daß eine der breiteren Niederungen gar zu dicht mit niederem Grase bedeckt wäre. Solche Stellen meidet die Gazelle. Sie bevorzugt dafür
die dürrsten Strecken, diejenigen, wo die Mimosen, so zu sagen, die einzigen Pflanzen sind.

Auf allen unsern Zügen habe ich die Gazelle immer nur in kleinern
Trupps von drei bis acht Stücken gesehen, sehr oft auch einzeln. Wahrscheinlich sind die schwachen Trupps Familien, bestehend aus einem
Bock mit seinem Thier und dem jungen Nachkommen, welcher bis zur
nächsten Brunstzeit bei den Eltern verweilen darf. Ebenso häufig findet
man aber auch Trupps, welche nur aus Böcken bestehen, vielleicht aus
solchen, welche von den stärkeren abgetrieben wurden. Junggesellen dieser Art halten bis zur nächsten Brunstzeit sehr treu zusammen.

In das Gebirge hinauf geht die Gazelle nicht. Sie verschwindet
überall da, wo das Gebüsch waldartig wird, und nur einzeln zeigt sie sich in
der Nähe des eigentlichen Gebirgswalles selbst. Auf der Hochebene von
Mensa kommt sie niemals vor.

Die Gazelle ist ein echtes Tagthier, welches vom Morgen an bis gegen Mittag und von Nachmittag vier Uhr an bis zum Abend in ununterbrochener Regsamkeit ist. Gewöhnlich steht der Trupp unmittelbar neben oder unter den niederen Mimosenbüschen, deren Kronen sich von unten an schirmförmig nach oben ausbreiten und deshalb dem Wilde unter ihm zugleich ein schützendes Dach gewähren. Um Mittag liegen alle Mitglieder des Trupps wiederkäuend unter denselben Büschen, gewöhnlich so, daß sie von einer Seite her den Wind und nach der anderen hin freie Aussicht haben. Ein Vorthier hält dann die Wacht. Erst nach Sonnenuntergang thun sich alle Stücke des Trupps nieder. Solange nicht etwas Ungewöhnliches geschieht, bleibt dieser auf der einmal gewählten Stelle und wechselt höchstens von einem Ort zum andern hin und her, immer auf gleichem Wege. Bei Verfolgung jedoch vertauscht der Trupp sofort seinen Stand. Schon der Wind ist hinreichend, eine Gesellschaft Gazellen zu solchem Wechsel zu bewegen. Ich fand sie immer unter dem Wind, also auf der dem herrschenden Windstrom entgegengesetzten Seite der Hügel liegen. Bei herannahender Gefahr flüchtet sie zuerst nach dem Kamm des Berges, an welchem sie sich äßte, oder einem der benachbarten Hügel zu, stellt sich hier auf und prüft von ihrer hohen Warte aus lange und sorgfältig die Gegend; dann zieht oder trollt sie weiter, bis sie sich gesichert und die Rückkehr nach dem einmal gewählten Standorte wagen zu dürfen glaubt.

Den eigentlichen Standort eines Sprungs erkennt man mit genügender Sicherheit an mehreren runden, sehr flachen Kesseln von etwa drei Fuß Durchmesser, welche zumeist in dem dürrsten, steinigsten Boden ausgeschlagen und zur Aufnahme der Losung bestimmt sind. Durch Prüfung der Losung selbst überzeugt man sich leicht, ob diese Kessel noch am Jagdtage oder früher benutzt wurden.

Im ersteren Falle darf man die Gazellen mit Bestimmtheit in der Nähe vermuthen oder kann sie sogar hier an den Früh= oder Abendstunden erwarten.

Als die eigentliche Nährpflanze der Gazelle ist die Mimose anzusehen. So lange dieser weit verbreitete und gemeine Baum noch frische Blätter hat, äßt sich unser Wild ausschließlich von solchen und läßt alle übrigen Pflanzen unberücksichtigt. Erst wenn die trockene Zeit hereinbricht und auch die Mimosen entlaubt, sucht sich das Thier andere

Aeßung auf und nährt sich dann, oft kümmerlich genug, von verschiedenen grünen und dürren Gräsern, anderen Bodenpflanzen und Zweigen.

Zur Tränke zieht die Gazelle nicht. Ihr genügt der Nachtthau auf den Blättern der Bäume. Neben niederem Gesträuch sieht man sie allmorgentlich stehen und eifrig die Blätter belecken. Diese Genügsamkeit eröffnet ihr auch die dürrste Wüste. — Ob sie, wenn sie Wasser in der Nähe hat, mit diesem sich tränkt oder auch dann noch mit dem Thau sich begnügt, will ich unentschieden lassen. Pater Filippini behauptete, daß sie niemals zu den Tränkplätzen käme. — Auch Gefangene habe ich nicht trinken sehen.

Die Gazelle ist ein sehr bewegungsfähiges, lebhaftes, behendes, anmuthiges und kluges Thier. Ihr Lauf ist außerordentlich leicht; sie scheint kaum den Boden zu berühren. Ein flüchtiges Rudel gewährt einen wahrhaft prachtvollen Anblick. Aus reinem Uebermuth springt eine Gazelle in Sätzen von vier bis sechs Fuß Höhe über die andere weg, und ebenso oft sieht man sie über Steine und Büsche setzen, welche ihr gerade im Wege liegen, aber sehr leicht umgangen werden könnten. Vor dem sie verfolgenden Hunde flüchtet sie in gewaltigen Sätzen dahin, bergauf oder bergab mit derselben Leichtigkeit. Dank ihrer Behendigkeit und Ausdauer entrinnt sie gewöhnlichen Hunden ohne Mühe; und nur die edelsten Windhunde der Steppe werden ihr wirklich gefährlich. Vor dem Reiter nimmt sie sich Zeit; sie weiß, daß es kein Pferd giebt, welches sie einholen könnte. Ihre Sinne sind vortrefflich. Sie wittert ausgezeichnet, sie äugt scharf und vernimmt auf große Strecken hin. Gerade wenn sie sich auf jene Hügel aufstellt, kann man deutlich beobachten, daß sie sich hauptsächlich mit Hilfe des Geäuges sichert. Sie ist harmlos und etwas furchtsam, keineswegs aber so muthlos und kampfunlustig, als man annimmt. Unter dem Rudel selbst giebt es, zumal während der Paarungszeit, Kampf und Streit genug, und die verliebten Böcke rennen dabei so heftig mit dem Gehörn gegen einander an, daß einer dem andern gar nicht selten eine Stange abbricht: gerade auf der letzten Reise habe ich drei oder viermal Gazellen erlegt, denen eine Stange an der Wurzel abgestoßen war. Auch mit anderen Säugethieren kämpft die Gazelle, wie man an gefangenen beobachten kann, gern und muthig, wenn auch mehr des Spiels halber, als aus wahrer Streitlust. Außer der Paarungszeit leben die Böcke eines Sprungs, wie die ver-

schiedenen Geschlechter, stets in größter Eintracht unter einander, und
ebenso friedlich zeigen sie sich andern, ähnlichen Thieren gegenüber.
Mit der Sömmeringsgazelle sieht man sie häufig zusammen; an andern
Orten vereinigt sie sich mit der Dama (Gazella Dama), und gar nicht
selten äst sie sich eine Zeit lang mit Ziegen oder Schafen.

Man kann die Gazelle nicht gerade scheu, muß sie aber vorsichtig nennen. Jedem ihr auffallenden Gegenstand, jedem fremdgekleideten
Menschen, jedem ihr gefährlich dünkenden Thier geht sie mit großer
Sorgfalt aus dem Wege. In Kordofahn stieß ich auf Trupps, welche
mich ruhig bis auf etwa fünfzig Schritt Entfernung an sich heran kommen ließen: gerade soweit, als der Eingeborne seine Lanze schleudern
kann. Die Thiere hatten in der schwach bevölkerten, von der allgemeinen
Verkehrstraße abgelegenen Gegend das Feuergewehr wahrscheinlich noch
nicht kennen gelernt; denn auch nach dem ersten und zweiten Schuß,
welcher jedesmal einen Bock niederstreckte, zogen sie noch vertraut weiter;
erst nach dem dritten Schuß wurden sie flüchtig. Vor weißgekleideten
Leuten flieht die Gazelle immer mehr, als vor denjenigen, welche das
graue Tuch der Eingebornen tragen, und mehr als einmal habe ich beobachtet, daß sie selbst auf die Gesichtsfarbe ihrer Verfolger achtet.

Nach den verschiedenen Ländern Nord-Ost-Afrikas, welche die Gazelle
bewohnt, ist die Brunstzeit verschieden. In den Gegenden, welche noch
im Gebiet der tropischen Regen liegen, tritt der Bock erst Ende Oktober
oder Anfang November auf die Brunst. Mit lautem, blökendem Schrei
fordert er alle Gleichgesinnten zum Kampfe heraus und streitet mit ihnen
gar wacker. Das Thier antwortet dem Blöken durch ein sanftes, helles
Mahnen. Es folgt dem Sieger und nimmt bald gern die verschiedensten
Liebkosungen von ihm entgegen. Ich habe den Beschlag der Gazelle
bei gefangenen beobachten können. Der Bock folgt seiner Schönen auf
Schritt und Tritt nach, beriecht sie von allen Seiten, reibt den Kopf zart
an ihrem Halse, beleckt ihr das Gesicht, geht wiederholt um sie herum, erhebt sich plötzlich auf die Hinterläufe und geht nun auf diesen dem Thiere
nach, welches Anfangs regelmäßig vorwärts rückt und, spröde thuend, mit
einer raschen Bewegung sich seitwärts wendet. Der Geprellte läßt sich
aber nicht sogleich abweisen, sondern folgt der Ricke immer wieder, treibt
sie hin und her und hat schließlich die Genugthuung, seine Schöne sich
gefälliger zu sehen.

Die Ricke geht fünf und einhalb bis sechs Monate hochbeschlagen; dann setzt sie ein Kälbchen, im Norden Afrikas zu Ende März oder zu Anfang April, in den Tropenländern zwischen April und Juli; denn hier ist Satz und Brunstzeit sehr verschieden. In den ersten Tagen seines Lebens ist das Kalb so unbehilflich, daß es von den flinken Arabern oder Abissiniern mit den Händen gefangen werden kann. Während dieser Zeit zeigt die Alte einen großen Muth, wie unser Reh unter denselben Umständen, und der Bock unterstützt sie dabei getreulich. Ein etwa heranschleichender Fuchs oder Wüstenluchs wird abgeschlagen; gegen die größeren Feinde, zumal gegen den, selbst einer Gazelle gegenüber mächtigen Jagdleopard und die großen Wildhunde, kann das Elternpaar seinem Sprößling freilich nicht beistehen. Man darf wohl annehmen, daß die Hälfte aller jungen Gazellen den Raubthieren, zu denen ich in den Steppen auch die Windhunde rechne, zum Opfer fällt; wäre Dies aber nicht der Fall, so würden sie sich wahrscheinlich auch ebenso vermehren, wie im Süden Afrikas die Springböcke.

Sehr jung eingefangene Gazellen werden bald zahm und ertragen auch leicht die Gefangenschaft. In allen großen Städten Nord-Ost-Afrikas sieht man Gazellen in den Höfen der Europäer oder der Türken. In Alexandrien und Kairo laufen die schmucken Geschöpfe in Haus und Hof und selbst in den Straßen umher, und einzelne werden so zahm, daß sie ihrer Herrschaft wie ein Hund auf dem Fuße nachfolgen und Brod oder andere ihnen gebotene Nahrungsmittel aus der Hand nehmen. So zahme Gazellen zeigen sich auch gegen fremde Leute sanft und zutraulich, und wenn die Böcke wirklich einmal ihr Gehörn brauchen, so geschieht Dies mehr, um zu spielen, als in der Absicht, zu verletzen.

Nach Beobachtungen, welche in Kairo ansässige Europäer machten, setzt der junge Gazellenbock im ersten Jahre seines Lebens drei bis vier Ringe auf, was ich aus dem Grunde der Erwähnung werth halte, weil man noch immer annimmt, daß die Zahl der Ringe auf den Stangen des Gehörns mit dem Alter der scheidenhörnigen Wiederkäuer im Einklange steht. Fünf Vierteljahr alte Böcke, welche ich sah, zeigten bereits **fünf** Ringe auf ihrem Gehörn. Dieses hat von Anfang an dieselbe Stärke, wie später, und deshalb erscheint es bei alten Thieren auch viel schlanker, als bei jungen.

Schon vor Ablauf des zweiten Jahres zeigten gefangene Gazellenböcke Lust zur Brunst; Ricken bekundeten bereits nach Ablauf von anderthalb Jahren, daß sie fortpflanzungsfähig waren. Unter dem egiptischen Himmel hat es keine Schwierigkeit, Gazellen in der Gefangenschaft zur Fortpflanzung zu bringen: mehrere Europäer in Kairo bekamen von ihren Hausgazellen in jedem Frühling ein Kalb und haben die Jungen auch immer ohne besondere Mühe großziehen können.

In ganz Nord-Ost-Afrika bildet die Gazelle einen Gegenstand der eifrigsten Jagd. Mit Ausnahme der faulen Abissinier scheinen fast alle Völkerschaften der Nilländer in Ausübung dieses herrlichen Vergnügens mit einander zu wetteifern. Die Kordofahnesen halten, wie die Beduinen der Samchara, ihre Hunde fast ausschließlich der Gazellenjagd halber. Die Türken gebrauchen noch heute den Falken als Jagdgehilfen. Auf meiner Reise nach Abissinien traf ich mit einem Falkenwärter des Vicekönigs zusammen, welcher zwei lebende, abgerichtete Edelfalken auf der Hand trug. Es war der in Egipten während des Winters einzeln vorkommende Schlachtfalke (Falco lanarius). Leider habe ich niemals einer Gazellenjagd mit Falken beigewohnt, wohl aber viel davon reden gehört und erfahren, daß die von Hasselquist in seiner „Reise nach Palästina" gegebene Beschreibung solcher Jagden auf eigene Beobachtung begründet ist. Im Innern Afrikas kennt man die Benutzung des Falken nicht, sondern bedient sich ausschließlich der Windhunde. Mit ihnen zieht man nach der Steppe hinaus, sucht einen Trupp Gazellen auf, giebt sich Mühe, diesen zu umgehen, und läßt, sobald der Ring einigermaßen geschlossen ist, die Hunde los. Diese unterstützen sich wechselseitig und lassen selten ein Stück des Rudels entkommen.

Wir Europäer haben die Jagd ausschließlich mit der Büchse getrieben und dabei erfahren, daß der Pirschgang unbedingt am sichersten zum Ziele führt. Wenn zwei Jäger sich vereinigen, gelingt es fast regelmäßig, eine aufgefundene Gazelle zu erlegen. Man reitet so nahe als möglich an das sich äsende Thier heran, springt hinter einem deckenden Busche vom Pferde, läßt dieses von dem zu Fuße nachlaufenden Diener besteigen und fordert den Gefährten auf, ruhig seines Weges weiterzuziehen. Die Gazelle beschäftigt sich dann immer zumeist mit dem Reitenden und gewährt dem Abgestiegenen Zeit, sich auf Schußnähe an sie heranzuschleichen.

Seine Hoheit der Herzog ließ mehrmals, und mit großem Erfolg, einzelne Gazellen sich zutreiben. Die Jäger wurden unter dem Winde hinter Büschen und Felsblöcken angestellt und die Gazelle von einer Treiberkette dem Schützen zum Schuß gebracht. Zu solcher Jagd gehört freilich eine so große Kenntniß, wie der Herzog sie besitzt: — vielen andern Jägern dürfte das Beabsichtigte nicht gelingen.

Auf meinen letzten Pirschgängen habe ich mehrmals beobachtet, daß die überlebende Gazelle eines Paares rührende Beweise ihrer Anhänglichkeit an den Gefährten gab. Zwei Mal in den wenigen Jagdtagen habe ich von einem Busche aus zwei Gazellen erlegt, welche ich vorher zusammen gesehen hatte. Der überlebende Gefährte blieb nach dem ersten Schusse, gleichsam starr vor Schrecken, neben dem Verendeten stehen, ließ von Zeit zu Zeit ein ängstliches Blöken vernehmen, betrachtete mit sichtlicher Angst den Getödteten und ging langsam im Kreise um ihn herum. Er ließ mir vollkommen Zeit, die Büchse wieder zu laden und auch ihm eine Kugel zuzusenden. Die ersten beiden Gazellen, welche ich auf diese Art erlegte, waren verschiedenen Geschlechts, die andern zwei hingegen, welche ich nach einander zusammenschoß, waren Böcke: — aber auch sie zeigten nicht geringere Anhänglichkeit an einander, als jene, bei denen doch die Gattenliebe ins Spiel kam.

Im Anfange der Jagd gewährte die Gazelle uns oft ein sehr schönes Schauspiel. Nach den ersten Schüssen flüchteten alle auf den Kamm des höchsten Hügels, und dort standen sie dann, starr wie Bildsäulen, oft lange Zeit. Die anmuthigen Gestalten zeichneten sich so klar gegen den tiefblauen Himmel ab, daß man auch auf große Entfernungen hin jedes Glied des Leibes deutlich wahrnehmen konnte.

Mehrmals kam es vor, daß solche Gazellen, nachdem sie eine Zeit lang auf ihrer Warte gestanden hatten, langsam auf der andern Seite des Hügels hinabgingen und unmittelbar an seinem Fuße oder auch mitten auf dem Gehänge stehen blieben. Es schien, als fühlten sie sich vollkommen sicher, wenn sie den Gegenstand ihrer Furcht aus dem Auge verloren hatten. Ehe ich diese sonderbare Gewohnheit kannte, kroch ich mehrere Male vergeblich nach dem Kamme eines solchen Hügels empor und suchte von dort aus das Wild, welches dicht vor oder unter mir stand, in weiter Ferne; ja ich war, als ich es endlich bemerkte, so überrascht, daß ich es dann im Laufe fehlte. Später freilich änderte sich die Sache, und jedes Mal, wenn ich unter solchen Umständen einen Hügel bestieg, suchte ich zuvörderst die größte Nähe auf und schweifte dann erst in die Ferne.

Verwundete Gazellen bleiben gewöhnlich nach dem Anschusse eine Zeit lang stehen und ziehen hierauf ganz langsam dahin, oft noch auf ziemliche Entfernungen. Nur solche, welche ich mit Schrotschüssen verwundet hatte, sah ich nach dem Schuß in vollem Laufe flüchten und dann plötzlich zusammenstürzen.

Außer dem Menschen hat die Gazelle in den von uns durchreisten Gebieten wohl nur in dem Gepard, dem Wüstenluchs und dem Wolfshund gefährliche Feinde. Die Raubvögel lassen selbst die Kälber unangefochten.

Während die Gazelle alle dicht bewaldeten Stellen der Samchara ängstlich meidet, sucht das Zwergböckchen (Cephalophus Hemprichiana) gerade die verschlungensten und undurchdringlichsten Gebüsche zu seinem Wohnplatze auf. Jene Waldsäume an den Ufern der Regenstrombetten sind der eigentliche Standort dieses ungemein anmuthigen Thieres.

In allen einsameren und reicher bewachsenen Thälern ist das Zwergböckchen geradezu eine gemeine Erscheinung. Paar wohnt bei Paar, und wenn man den Stand des einen durchschritten hat, befindet man sich sicherlich schon im Gebiet des andern. Bis zu sechs und siebentausend Fuß über das Meer hinauf dürfte man das Zwergböckchen wohl selten vermissen; immer aber bleiben es die Ufersäume, welche es vorzugsweise beherbergen.

Dickichte, welche anderen, größeren Antilopen geradezu undurchdringlich sein würden, gewähren diesen Zwergen die prächtigsten Wohnsitze. Für sie findet sich auch zwischen den engsten Verschlingungen noch ein Weg und zwischen den schlimmsten Dornen noch ein Pförtchen. Jene laubenartigen Büsche, welche nach außen zu vollkommen abgeschlossen scheinen, im Innern aber oft frei, mit frischem grünem Grase bestandene Plätze haben, sind ihre eigentlichsten Standorte.

In ihnen ruht das Pärchen wiederkäuend aus; zu ihnen flüchtet es, sobald es sich verfolgt sieht: sie sind das eigentliche Haus, welches es bewohnt. Stört man es auf, so kehrt es immer bald wieder zu dem gewohnten Standort zurück, — wenn man es länger verfolgt, gewiß.

Im Anfang hält es ziemlich schwer, den „Beni-Israel" der arabisch redenden Küstenbewohner oder den „Atro" der Abissinier zu entdecken. Die Färbung seines weichen, schönen Haares stimmt mit dem Blätterdunkel des niederen Gebüsches so vollständig überein, daß ein scharfes Auge dazu gehört, die zarte Gestalt inmitten des Gebüsches wahrzunehmen. Auch mir ist es gegangen, wie dem berühmten Kapjäger Drayson: auch ich bin anfangs von meinen Begleitern mehrmals auf Zwergböckchen aufmerksam gemacht worden, welche im niederen Gebüsch dahinschlichen, ohne daß ich im Stande war, sie zu entdecken.

„Dort, Herr, da geht es; sieh, hier im nächsten Gebüsch ein Böckchen und Rickchen!" sagte mir mein Begleiter und bezeichnete mir genau die Stelle; aber es war mir unmöglich, Etwas zu bemerken. Erst, wenn das Pärchen über den Ufersaum heraustrat, sah ich es; dann aber war es längst außer Schußweite. — Jemehr man aber die Gewohnheiten des zierlichen Wildes kennen lernt, umso sicherer darf man auf Erfolg bei seinen Jagden rechnen.

Der Beni-Israel hält fest an dem einmal gewählten Stande und kehrt unter allen Umständen zu diesem zurück, sobald er es vermag. Er ist wachsam, äußerst vorsichtig und listig, gleichsam als wisse er, daß nur diese Eigenschaften ihn vor der großen Menge seiner Feinde retten können.

Wenn man recht achtsam und möglichst lautlos längs der Regenstrombetten dahinschleicht, oder noch besser, wenn man sich im Gebüsche selbst verbirgt und Andere treiben läßt, kann man die Sitten und Gewohnheiten dieses Thieres wohl kennen lernen. Beim geringsten Geräusch erhebt sich ein Glied des Pärchens, gewöhnlich der Bock, vom Boden, rückt nach einer lichteren Stelle des Busches vor, stellt sich, nach der verdächtigen Gegend hingerichtet, starr wie eine Bildsäule auf, wendet das Gehör vorwärts und lauscht nun regungslos dem Kommenden entgegen. Der Lauf, welcher erhoben wurde, bleibt erhoben; Geäuge und Gehör haften an ein und derselben Stelle, und nur der Haarschopf zwischen den Hörnern deutet durch sein Senken oder Heben den wechselnden Gedankengang des besorgten Geschöpfes an. Das Thier bleibt gewöhnlich im Dunkel des Gebüsches zurück, bis der Bock durch ein eigenes Mahnen, einen schnäuzenden, wie es scheint durch die Nasenlöcher hervorgebrachten Laut oder durch ein Aufschlagen des einen Hufes auf den Boden die Mahnung zur Flucht giebt. Auf eines dieser Zeichen hin verlassen beide augenblicklich den ihnen gefahrdrohenden Ort und stehlen sich einer gesicherten Stelle zu. Ich kenne keinen Wiederkäuer weiter, welcher seine Flucht mit gleicher Vorsicht antritt. Der Beni-Israel schleicht lautlos zwischen dem dichtesten Gebüsch fort, bis er freiere Strecken erreicht hat. Hier geht er von Busch zu Busch weiter, immer in Absätzen. Den Raum von einem Busch zum andern durcheilt er so schnell als möglich; hinter jedem Busch aber macht er längere Zeit Halt, sichert sich von neuem und setzt erst nach dem Ergebniß seiner Beobachtung den Weg weiter fort. Auch auf der Flucht geht der Bock immer voraus, etwa zehn oder fünfzehn Schritte vor dem Thiere her, und dieses trifft nur dann mit ihm zusammen, wenn jener hinter einem Busche Halt gemacht hatte. Von dort aus geht der Bock wieder voraus, das Thier folgt ihm wenige Augenblicke später, — und so geht es von Busch zu Busch.

Ein einmal aufgescheuchtes Zwergböckchenpaar bleibt immer längere Zeit in Bewegung, jedenfalls solange, als der Jäger in der Nähe verweilt. Es zeigt sich diesem da, wo es noch nicht viele Nachstellungen erfahren hat, halbe Stunden lang immer in dem gleichen Abstande von achtzig bis hundert Schritten und führt ihn, wenn er die Verfolgung ungeschickt fortsetzt, mehrere Stunden lang in Kreisen von etwa einer Viertelstunde Durchmesser hin und zurück. So lange kein Schuß fiel, trollen beide Zwergböckchen ganz gemächlich in derselben Weise vor dem Menschen dahin; nach einem Schusse dagegen stößt der Bock wieder jenen scharfen Schnäuzer aus, unmittelbar darauf werden beide flüchtig und jagen jetzt mit Leibeskräften davon, zuweilen auch während der Flucht den eigenthümlichen Laut noch drei bis vier Mal wiederholend.

Ein solches, eigentlich flüchtiges Pärchen gewährt einen ganz sonderbaren Anblick. Bei der raschen Bewegung verschwindet scheinbar die Antilopenähnlichkeit, und man glaubt eher einen Hasen, als einen hirschähnlichen Wiederkäuer vor sich zu haben. —

Die flüchtigen Zwergböckchen durcheilen etwa vier bis sechshundert Ellen mit gleicher Geschwindigkeit; auf größere Strecken kann man sie in seinem Gebiet niemals mit den Augen verfolgen. Wahrscheinlich kehren sie erst nach einigen Stunden wieder nach ihrem ursprünglichen Standorte zurück.

Unwillkürlich kommt man zu der Ansicht, daß es in jeder geeigneten Niederung mehrere Pärchen des Zwergbockes geben muß, welche nur auf den Augenblick warten, einen der günstigeren Standorte einzunehmen.

Wenn man erst mit dem Beni-Israel vertraut geworden ist, erkennt man seine bevorzugten Wohnplätze schon von Weitem. Unter den dichten Büschen ist der dichteste, zumal wenn er laubenartig ist, gewiß der vor allen erwählte, eigentliche Standort. Ihn bestimmen außerdem noch besondere, sehr gerechte Zeichen. Wie die Gazelle, schlägt sich auch der Beni-Israel seichte, runde Kessel aus, in denen er seine Losung absetzt. Diese Kessel liegen selten weiter, als dreißig oder vierzig Schritte von dem Lieblingsbusche eines Pärchens entfernt und werden wahrscheinlich allmorgentlich von dem betreffenden Paare aufgesucht und mit neuer Losung bereichert. Der Jäger braucht nun blos die Losung in einem dieser Kessel zu untersuchen, um mit Sicherheit zu erfahren, ob er in dem nächsten dichten Busche ein Pärchen des Beni-Israel erwarten darf oder nicht. Ist die Losung frisch, so kann er das Erstere mit vollster Ueberzeugung behaupten.

Nun kommt es oft genug vor, daß man mit ein Paar raschen, glücklichen Schüssen beide Gatten eines Pärchens erlegt und somit einen bevorzugten Standort freimacht. Denselben Busch aber darf man schon am andern Tage wieder besuchen; denn man kann mit ziemlicher Sicherheit darauf rechnen, daß er wieder besetzt ist.

Ein Jäger, welcher so Tag für Tag ein und dasselbe Gebiet durchwandert und alles Wild, welches er in ihm findet, niederschießt, wird nach geraumer Zeit jedes Jagdrevier veröden. Nicht so ist es, wenn er seine Jagd auf Zwergböckchen beschränkt; wenigstens zeigt sich die Verödung erst viel später, als bei jedem andern Wilde. Man begreift gar nicht, woher die Thiere kommen. Erfahrene Jäger, wie Pater Fillipini, versicherten mir, daß sie Jahre lang an derselben Stelle gejagt und alle Zwergböckchen, welche vor ihnen aufgegangen waren, schon aus Mangel an Wildpret zusammengeschossen, dennoch aber niemals eine eigentliche Verödung des so arg mißhandelten Jagdgrundes beobachtet hätten. Das ausgeschossene Gebiet füllte sich über Nacht wieder; und wenn man nur ein Paar Tage lang einen Theil desselben nicht besuchte, fand man ihn sicher wieder besetzt. Diese Thatsache beweist einerseits, wie außerordent-

häufig das Zwergböckchen an geeigneten Orten ist, andrerseits aber auch, daß immer wenigstens einzelne Paare umherstreifen, in der Absicht, sich einen guten Standort zu erwerben.

Das Zwergböckchen äßt sich gern von den Blättern der Mimosen, keineswegs aber so ausschließlich, wie die Gazelle. Den Hauptbestandtheil seiner Nahrung dürften wohl die saftigen Gräser ausmachen, welche so üppig im Schatten seiner Lieblingsbüsche wachsen. — Wie die genannte, anspruchslose Schwester kann auch das Zwergböckchen das Wasser ganz, oder wenigstens längere Zeit entbehren: der Nachtthau genügt ihm. Oft trifft man es in Thälern an, welche gänzlich wasserlos und weithin von dürrer Wüste umgeben sind; von ihnen aus kann das Thierchen unmöglich jeden Tag nach anderen, günstigeren zur Tränke ziehen. An den wenigen Wassertümpeln, welche in den Regenstrombetten übrigbleiben und die einzigen Tränkplätze der Gegend bilden, habe ich mich vergeblich bemüht, einen der unverkennbaren Tritte aufzufinden, welche der kleine, feine Huf des Zwergböckchens dem weichen, fettigen Boden eindrückt. Pater Fillipini hat den Beni=Israel niemals trinken, wohl aber eifrig die thaufrischen Blätter der niederen Gebüsche belecken sehen.

Der kundige Leser wird schon aus dem Vorhergehenden entnommen haben, daß das Zwergböckchen eines der wenigen Säugethiere ist, welches in strenger Ehe lebt. Wenn man von ihm spricht, muß man wirklich immer von einem Pärchen reden. Einzelne Beni=Israel habe ich bloß dann gesehen, wenn ich einen Gatten des Thieres zusammengeschossen hatte. Aber diese Verwaisten waren am andern Tage schon nicht mehr auf dem alten Orte aufzufinden. Man gewöhnt sich zuletzt so an die Treuinnigkeit des Zusammenhaltens der Gatten, daß man sich wundert, wenn man einmal mehr als zwei Zwergböckchen zu gleicher Zeit bemerkt. Dann aber sind es immer nur ihrer Drei oder ihrer Vier, d. h. ein Paar mit seinem Sprößling, oder zwei Paare. Trupps von größerer Zahl kommen nicht vor; sogar diejenigen Paare, welche eine Zeit lang, vielleicht erst durch Verfolgung bewogen, zusammengehen, haben ihre besonderen Standorte und trennen sich baldmöglichst wieder von einander.

Von den Eingebornen konnte ich nicht mit Bestimmtheit erfahren, in welchem Monate des Jahres der Zwergbock auf die Brunst tritt; dagegen erhielten wir Anfangs April Kälber dieser Antilopenart, welche erst vor wenigen Tagen gesetzt sein konnten, und waren somit im Stande, wenigstens die Satzzeit zu bestimmen. Ein abissinischer Jäger erzählte mir, daß es, ungeachtet des innigen Eheverbandes, während der Brunstzeit zu heftigem Streit unter den Böcken komme; doch ist den Aussagen der Abissinier nicht eben viel Vertrauen zu schenken, weil sie die für einen gewissenhaften Forscher höchst unangenehme Eigenschaft besitzen, auf gethane Fragen möglichst vielsagende Antworten zu geben, bei denen sie ihre sehr rege Einbildungskraft nicht eben zu zügeln pflegen.

Wie es scheint, werden von den Abissiniern nur junge Zwergböckchen gefangen; wenigstens gelang es uns nicht, erwachsene zu erhalten. Obgleich man das Wildpret des Beni-Israel nicht verschmäht, macht man doch nirgends eigentliche Jagd auf ihn. Von den Kaffern wissen wir, daß sie andere, unseren Zwergböckchen ganz ähnliche Schopfantilopen mittelst Schnellgalgen fangen, welche sie auf den Wechseln der Thiere aufstellen: in Abissinien kennt man derartige Mordwerkzeuge nicht. Ohne das Feuergewehr wird man übrigens schwerlich den behenden und vorsichtigen Geschöpfen viel anhaben können.

Uns Europäern gewährt die Jagd des Beni-Israel großes Vergnügen, und wenn man sich erst mit ihr vertraut gemacht hat, ist sie auch sehr ergiebig. Während unserer Reise wurden tagtäglich mehrere Zwergböckchen erlegt, ohne daß eigentlich Jagd auf sie gemacht worden wäre: man schoß sie nebenbei. Wir bedienten uns ausschließlich des Schrotgewehres, weil wir beobachtet hatten, daß die Büchsenkugel gewöhnlich den Leib des zarten Thieres ganz zerreißt und das Wildpret mehr oder weniger verstümmelt; auch werden dieselben Gebüsche, welche Zwergböckchen beherbergen, von soviel Frankolinen und Perlhühnern bewohnt, daß die Jagd unter allen Umständen ergiebig ausfällt. Wenn eine größere Jagdgesellschaft sich vereinigt und, durch Treiber und gut geschulte Hunde unterstützt, die Ufersäume der Regenbetten im Halbmond abgeht, dürften nur wenige Zwergböckchen entkommen: denn diejenigen, welche aufgeschreckt wurden, fliehen regelmäßig seitwärts von der Richtung des Wasserbettes ab und kommen dann den äußersten Schützen vors Rohr.

Das Wildpret der Zwergantilope ist nicht besonders zu empfehlen. Es hat immer wenigstens eine schwache Andeutung des moschusähnlichen Geruches, welchen die kohlschwarze Absonderung der Wangendrüsen in hohem Grade besitzt; auch ist es hart und verhältnißmäßig sehr zähe.

Dagegen verdient die Leber wegen ihrer Zartheit und ihres trefflichen Geschmackes hoch gepriesen zu werden.

Ueber das Gefangenleben des Zwergböckchens kann ich leider nicht viel berichten. Das einzige Kälbchen, welches wir erhielten, wurde von den Damen unserer Gesellschaft mit der größten Sorgfalt gepflegt und seiner schönen, schmucken Gestalt und seines lieblichen Wesens halber mit vieler Zärtlichkeit behandelt. Man gab dem Thierchen in einer säugenden Ziege die passendste Pflegemutter, welche man auftreiben konnte, und gewöhnte es auch bald an dieselbe. Ein unglücklicher Zufall aber machte seinem jungen Leben ein vorzeitiges Ende. Es starb in Folge einer Halsgeschwulst, welche sich auffallend schnell entwickelte. Nach Dem, was ich erfuhr, glaube ich keinen Augenblick zweifeln zu dürfen, daß auch der Beni-Israel seinem Pfleger dasselbe Vergnügen bereitet, welches andere Zwergantilopen ihren Besitzern gewähren.

Schon Rüppell bemerkt, daß ein ganzes Heer von Feinden dem kleinen, niedlichen Buschbewohner nachstrebt. Die Zahl der Raubsäugethiere und Vögel, welche Jagd auf dieses Thier machen, läßt sich nicht mit Sicherheit angeben; schwerlich aber wird man sich irren, wenn man annimmt, daß alle Windhunde und alle Wildkatzen unseres Gebietes, höchstens mit Ausnahme der tölpischen Hiäne und des Löwen, sowie alle Adler dem Zwergböckchen gefährlich werden dürften. Leopard und Gepard sind als die schlimmsten Feinde zu verzeichnen: daß ersterer gerade diesem Wilde eifrig nachstrebt, habe ich bereits oben erwähnt. Namentlich die jungen, in den Listen und Fertigkeiten ihrer Eltern noch unerfahrenen Zwergböckchen sollen arg gefährdet sein; und es nimmt Einen wirklich Wunder, wie es bei so zahlreichen Verfolgern noch so viele Beni-Israel geben kann. Auch bei diesem Thiere sieht man wieder, daß nur der Mensch es ist, welcher das von der Natur vermittelte Gleichgewicht aufzuheben vermag.

Wenige Stunden nach dem ersten Eintritte in das Gebirge der Mensa kann der aufmerksame Reisende eine der gewandtesten, kräftigsten und kühnsten Antilopen wahrnehmen, welche wegen dieser Eigenschaften schon seit langen Jahren hoch berühmt geworden ist: ich meine den

Klippspringer (Oreotragus saltatrix). Rüppell ist meines Wissens der Erste, welcher angiebt, daß diese längst bekannte afrikanische Gemse auch in Abissinien lebt. Bis zum Erscheinen seines großen Werkes über die abissinischen Wirbelthiere nahm man Südafrika und zwar vorzugsweise das Kapland als ausschließliche Heimat des Klippspringers an, und heute noch giebt es Forscher, wie z. B. Giebel, welche die Rüppell'sche Bemerkung nicht gewürdigt haben.

Ueber das Leben und Treiben des noch heut zu Tage sehr wenig gekannten Thieres berichtet Rüppell nicht. Unsere bisherige Kenntniß hierüber beruht auf wenigen und unvollständigen Beobachtungen, welche Reisende und Jäger im Kaplande gemacht haben. Jeder Beitrag zur Lebenskunde muß deshalb willkommen erscheinen. Aber es ist nicht gerade leicht, das Leben des Klippspringers zu erforschen; gewöhnlich sieht man ihn, den Flüchtigen, nur kurze Zeit oder aus so großer Ferne, daß auch das beste Glas sich unwirksam zeigt. Unsere Jagdgesellschaft konnte ebenfalls nur wenig Beobachtungen sammeln, soviel Mühe sie sich auch gab, das kühne und gewandte Gebirgskind kennen zu lernen. Ich vermag blos Folgendes zu berichten:

Der Klippspringer oder „Sassa" der Eingebornen bewohnt paarweise und nicht gerade selten alle felsigen Berggegenden Abissiniens, welche mit Gebüsch bewachsen sind. Im Gebirge der Mensa ist er eine ziemlich häufige Erscheinung. Seine Gewohnheiten machen es auch dem weniger achtsamen Reisenden leicht, ihn zu entdecken. Wer den Sassa beobachten oder jagen will, muß die Morgen- und Abendstunden wählen; denn nur um diese Zeit pflegt sich das Thier auf größere Entfernungen hin dem Auge zu zeigen. So lange am Morgen die Pflanzendecke, welche die Felswände so üppig einhüllt, thaunaß ist, hütet sich unsere Antilope, zwischen dem Gebüsch, den Gräsern und dem Kaktus umherzustreifen, und klettert deshalb auf große Felsblöcke, welche alle flacheren Gehänge bedecken, oder auf die Grate und Kanten der steileren Felsen, stellt sich dort mit etwas zusammengehaltenen Hufen aufrecht hin und verweilt Stunden lang in dieser Stellung, ohne Leben zu verrathen. Es scheint, als ob das Thier sich zu solchem Ausruhen, wie ich es nennen möchte, am liebsten die höchstgelegenen Felsblöcke aussucht, und so kommt es denn, daß man in der reinen Luft die gegen den klaren Himmel scharf abgezeichnete Gestalt schon aus großer Entfernung wahrnehmen kann.

Am Kap hat man die Beobachtung gemacht, daß der Klippspringer Quadersandsteine allen übrigen Felsarten vorzieht; in Habesch findet er sich nach meinen Erfahrungen auf jeder Gesteinsart, aber doch auf den großen, breitrückigen Granitblöcken lieber, als auf den scharfgratigen Thonschieferfelsen.

Man begegnet dem Klippspringer regelmäßig paarweise; doch kommt es auch, und gar nicht selten, vor, daß zwei Paare sich zusammenschlagen. Ebenso sieht man einen Sprung von drei Sassa's, unzweifelhaft ein Paar in Gesellschaft seines Sprößlings, welcher nach einstimmigen Berichten der Eingebornen bis zur nächsten Satzzeit bei den Eltern verweilt. Größere Trupps als solche, welche aus vier Stücken bestehen, habe ich nicht gesehen.

Jedes Paar hat seinen festen Stand und hält an ihm mit derselben Zähigkeit fest, wie das Zwergböckchen. Diese Angabe gründet sich auf langjährige Beobachtung unseres Freundes Fillipini in Mensa. Der erfahrene Jäger konnte mir mit vollster Bestimmtheit sagen, auf welchem Theil einer Bergwand Sassas stäuben; er vermochte es, den Aufenthalt jedes ihm bekannten Paares bis auf wenige hundert Schritte hin zu bestimmen.

Der Standort ist übrigens ein ziemlich ausgedehnter, weil der Sassa, je nach dem Wetter, höher oder tiefer steigt. Am gewöhnlichsten findet man ihn in einer Meereshöhe von 2000 Fuß an aufwärts. Tiefer unten habe ich ihn nie bemerkt; doch ist es gar nicht unmöglich, daß er auf dem ersten Gebirgswall selbst bis an den Fuß der Berge, also in eine Höhe herabsteigt, welche kaum mehr als 800 Fuß über dem Spiegel des rothen Meeres liegt.

Bei heiterem Wetter wendet sich der Klippspringer immer mehr der Höhe zu, bei Regen, Nebel, Kälte steigt er in die tieferen Thäler herab. Er äßt sich wahrscheinlich nur bei Tage und zwar vorzugsweise in den Vormittagsstunden. Nachmittags liegt das Paar oder der Trupp wieder käuend auf Felsplatten oder wenigstens auf pflanzenfreien Stellen des Abhanges im Schatten der Bäume oder noch lieber auf größeren Steinblöcken selbst, regelmäßig so, daß nach der einen Seite hin eine freie Aussicht möglich ist. Von Zeit zu Zeit erscheint einer der Gatten auf der nächsten Höhe, um von dort aus Umschau zu halten.

Das Geäße des Sassa besteht aus Mimosen und anderen Baumblättern, aus Gräsern und saftigen Alpenpflanzen. Soviel als möglich äßt sich das Thier von den Felsen aus, allein es kommt auch vor, daß es sich förmlich in dem Grase oder zwischen den Kaktus versteckt und so, geborgen auch vor dem schärfsten Auge, weiterzieht. Während man in den Früh- und Abendstunden auf halbe Meilen hin das anziehende Wild gewahrt, kann man sich zur Mittagszeit vergeblich mühen, es an dem bekannten Standorte zu entdecken; mich belehrte der Zufall über dieses Verstecken-Spielen, wie ich es nennen möchte.

Ueber die Brunst- und Satzzeit des Sassa weiß ich nichts Genaues anzugeben. Im März traf ich noch Junge im Geleit ihrer Eltern; ein Böckchen, welches ich erlegte, hatte etwa drei Viertheile der Größe seiner Alten erlangt. Ich vermuthe, daß die Satzzeit mit Beginn des eigentlichen Frühlings d. h. mit Anfang der großen Regenzeit zusammenfällt; denn das Alter jenes Böckchens durfte ich wohl auf ein halbes Jahr schätzen. Bemerken will ich zugleich, daß dieser junge Klippspringer noch keine Spur des Gehörns zeigte.

Die Abissinier fangen zufällig einen oder den andern Klippspringer in Schlingen. Eigentliche Jagden auf ihn betreiben blos Diejenigen, welche Feuergewehre besitzen und zu führen wissen. Sie sind sehr eifrige Jäger und verschonen kein ihnen erlaubtes Wild, welcher Art es auch sein möge. Gewöhnlich stehen solche Jäger im Dienste von Europäern und haben durch diese die Jagdwaffe erhalten, und somit kann man eigentlich sagen, daß nur die Europäer gefährliche Feinde unserer Antilope sind. Unter den Mensa ist das Feuergewehr noch so gut wie unbekannt, und wahrscheinlich sind diejenigen Sassas, welche das von uns durchreiste Gebiet bewohnen, deshalb verhältnißmäßig so wenig scheu. Ruhig und unbesorgt habe ich verschiedene Klippspringer, welche über dem Thale von Mensa auf einem hervorragenden Felsengrate standen, auf uns herabäugen sehen, obgleich wir in gerechter Schußnähe dahinzogen. Starr und bewegungslos standen die gedrungenen Gestalten auf ihrer Warte, die Lichter fest auf uns gerichtet, das große Gehör seitlich vom Kopfe abgehalten, ohne durch eine andere Bewegung, als durch Drehen und Wenden des Gehörs, Leben zu verrathen. Sie schienen an die doch ziemlich oft im Thale auf- und niederwandernden Menschen so gewöhnt zu sein, daß sie uns höchstens mit Neugier, nicht aber mit Furcht betrachteten.

Wie bald so großes Vertrauen sich in Mißtrauen verkehren kann, habe ich auf meinen Jagden deutlich genug bemerkt. Diejenigen Sassas, welche ich bei der ersten Jagd ziemlich sorglos gesehen hatte, spotteten auf der zweiten aller meiner List; sie entflohen schon auf große Entfernung. Es schien mir, als ob sich der Sassa aus dem anderen Thieren so furchtbaren Knallen des Schusses nicht viel mache; wahrscheinlich ist er das Krachen in seinem Gebirge gewohnt. Mir gelang es, auf eine Familie von drei Stücken zwei Mal nach einander zum Schusse zu kommen und denselben Bock noch zu erlegen, welchen ich vorher gefehlt hatte. Der Trupp war nach dem Knall wohl verwundert, aber doch ohne große Furcht auf einige ziemlich nahe Felsen geklettert, wahrscheinlich in der Absicht, von dort aus sich Gewißheit über den Vorfall zu verschaffen, und verharrte so lange an diesem Orte, bis ich mich zum zweiten Male auf Schußweite genähert hatte.

Bei anderen Sassas brachte der Knall des Schusses eine unglaubliche Wirkung hervor. Ein Klippspringer, den ich wegen der weiten Entfernung fehlte, sprang mit einem ungeheuren Satze hoch oben von seinem Felsen herab und mit Vogelschnelle von einem Absatze zum andern, bis er verschwunden war. Nur unter solchen Umständen erkennt man, wie gewandt und sicher das Thier klettert. An den steilsten Felswänden entlang, neben Abgründen vorüber, welche jeden Fehltritt zu einem verderblichen machen würden, eilt der Klippspringer mit einer Leichtigkeit und Zierlichkeit dahin, als ginge er auf ebenem Boden, gleichviel, ob er aufwärts oder abwärts steigt. Die geringste Unebenheit ist ihm genug, festen Fuß zu fassen, und unter allen Umständen sind seine Bewegungen ebenso sicher wie schnell. Es ist unmöglich, daß unsere Gemse, daß der Goral Indiens, daß überhaupt ein Wiederkäuer besser und sicherer klettert, als er. Das dahinfliegende, gleichsam an dem Felsen schwebende Thier reißt unwillkürlich zur Bewunderung hin, am meisten natürlich, wenn es aufwärts flüchtet. Dann arbeitet jeder Muskel. Der Leib erscheint noch einmal so kräftig, als sonst, die starken Läufe wie aus federndem Stable gebaut. Jeder Sprung schnellt den Sassa hoch in die Luft; bald zeigt er sich ganz frei den Blicken, bald ist er wieder zwischen den Steinen oder in dem filzartigen Dickicht der Pflanzen verschwunden. Bei der Eile seiner Flucht genügen wenige Augenblicke, um ihn allen Verfolgungen zu entziehen.

Das Wildpret des Sassa ist weiß von Farbe, hat einen ziemlich starken, bockartigen Geruch und erinnert im Geschmack an das Fleisch der

Ziegen, ohne jedoch jenen unbeschreiblichen Geschmack verloren zu haben, welcher alle freilebenden Thiere kennzeichnet. Ich meine, daß es dem Wildpret des Steinbockes noch am nächsten kommt. Von dem der Zwergantilope unterscheidet es sich sehr zu seinem Vortheil durch die große Zartheit, welche es besitzt. Ein aus dem Schlegel geschnittenes Bratenstück dürfte, wenn es ordentlich zubereitet würde, auch den anspruchsvollsten Gutschmecker befriedigen. Die Leber ist ebenfalls ausgezeichnet.

Die Decke kann man nicht benutzen; das Haar ist im hohen Grade spröde und brüchig, die Haut locker und haltlos.

Es ist mir gar nicht unwahrscheinlich, daß der Klippspringer in unseren mittleren Gebirgsgegenden und noch leichter in den südeuropäischen eingebürgert werden könnte. Seine Heimat reicht in so bedeutende Höhen empor, daß ihm die Kühle unseres Klimas schwerlich viel schaden würde. Auf ihn also sollten sich die Bestrebungen unserer Akklimatisatoren richten: er würde ein dankbarer Gegenstand ihrer Bemühungen sein!

Wenn man es wagen darf, das eigentliche Wild Afrikas mit dem unsrigen zu vergleichen, kann man den stolzen Algaseen der Abissinier oder den Kudu der Kapländer (Strepsiceros Kudu) den mittelafrikanischen Hirsch nennen. Ich gebe mit diesen Worten weniger meine Ansicht, als die gewichtige seiner Hoheit des Herzogs wieder und glaube ihnen dadurch ein besonderes Gewicht zu verleihen; denn wenn Jemand im Stande ist, über eine derartige Aehnlichkeit zu urtheilen, so ist es der Herzog, der mit allen Sitten und Gewohnheiten des Edelwildes so innig vertraute und scharf beobachtende Jäger.

Unsere Gesellschaft hatte das Glück, das stolzeste und stärkste Wild des von uns durchstreiften Gebietes, eben den Algaseen, mehrmals zu erlegen; und zwar waren es gerade der Herzog und die beiden Fürsten, denen St. Hubertus gnädig sich zeigte. Wir Andern haben die stattlichen Thiere wohl von fern dahinziehen sehen, aber niemals einen Schuß auf sie abgefeuert.

Nach meinen früheren Erfahrungen bewohnt der Algaseen auch die

Steppen von Korbofahn und diejenigen, welche zu beiden Seiten des Atbara sich ausbreiten. Gerade in der Nähe des letztgenannten Flusses soll er, nach neueren Nachrichten, welche ich erhielt, besonders häufig sein. In der Gegend von Massaua meidet er die Samchara und bewohnt nur das Gebirge. Hier fanden wir ihn erst in einer Höhe von mindestens 2000 Fuß über dem Meere, aber bis zu 7000 Fuß aufwärts, immer an Bergwänden. Er lebt einzeln oder in kleinen Trupps. Alte Böcke einsiedlern, von den Thieren hingegen vereinigen sich gern drei oder vier Stück und ziehen Monate hindurch, wahrscheinlich bis zur Brunstzeit, mit einander im Gebirge umher. Ob auch die jüngeren Böcke, welche durch die alten, stärkeren vom Trupp abgeschlagen wurden, sich zusammenscharen und für sich Rudel bilden, weiß ich nicht. Südafrikanische Jäger wollen Dies bekanntlich beobachtet haben; Pater Fillipini wußte mir jedoch nichts Bestimmtes darüber anzugeben.

Die oben erwähnte Aehnlichkeit des Algaseen mit unserem Hochwild beschränkt sich selbstverständlich nur auf die Lebensweise. Wie unser Hirsch durchstreift der Algaseen ein ziemlich großes Gebiet, und in ihm wechselt er mit großer Regelmäßigkeit hin und her. An einigen Stellen des Mensathales fand ich einen im sandigen Flußbett sehr stark betretenen Wechsel und erfuhr durch fortgesetzte Beobachtung derselben, daß hier wohl allnächtlich unser Wild hin und her ziehen mochte. Haltung und Gang des Algaseen erinnern an den Hirsch; erstere ist ebenso stolz, letzterer ebenso zierlich und dabei doch gemessen, wie bei dem Edelwild unserer Wälder. So lange der Algaseen ungestört ist, schreitet er ziemlich langsam und majestätisch längs der Bergwände dahin, dem dornigen Gebüsch vorsichtig ausweichend, ohne jedoch den Buschwald zu scheuen. Während der Mittagszeit sieht man ihn selten; schon lange vor Sonnenuntergang aber ist er in Bewegung, und noch in den Vermittagsstunden zieht er hin und her. Gegen Abend tritt er auf grüne Blößen im Walde heraus und äßt sich hier von den üppigeren oder duftigeren Gräsern und Kräutern, welche diese Blößen bestehen. Sonst sollen die Blätter verschiedener Bäume und Gesträuche einen guten Theil seines Geäßes annmachen; unter ihnen steht das bei fast allen Wiederkäuern so beliebte Mimosenblatt natürlich mit in erster Reihe. Abweichend von den Gazellen und den kleinen Buschböckchen zieht der Algaseen regelmäßig und zwar in den Nachmittagsstunden zur Tränke, und dieses

Bedürfniß nach Wasser ist es wahrscheinlich auch, welches ihn in unseren Gebieten hauptsächlich an das Gebirge fesselt.

Der aufgescheuchte Algaseen trollt ziemlich schwerfällig dahin; nur auf ebenen Stellen wird er flüchtig. Ehe Das geschieht, stößt er ein weit hörbares Schnauben und ein dumpfes Blöken aus; letzteres rührt jedoch nach Fillipini's Beobachtung nur vom Thiere her, nicht vom Bocke, welcher blos zur Brunstzeit schreien soll.

Nach den mir gemachten Angaben tritt der Bock in Habesch Ende Januars oder Anfangs Februar auf die Brunst. Um diese Zeit ist gegen Abend ein ausdrucksvolles Georgel zu vernehmen, ganz wie bei unserem Hirsche und selbstverständlich in derselben Absicht. Heftig streiten sich gleichstarke Böcke um das Recht des Beschlags, und wie bei dem Edelwild kommt es vor, daß während des Streites jüngere Böcke die Gelegenheit sich zu Nutze machen und die brünstigen Thiere beschlagen. Der Satz fällt mit der großen Regenzeit zusammen, gewöhnlich Ende Augusts oder Anfang Septembers; die Thiere würden demnach sieben bis acht Monate hochbeschlagen gehen. Nur äußerst selten findet man noch Böcke bei den Thieren, nachdem sie gesetzt haben; die Mutter allein ernährt, bewacht und beschützt ihr Kalb.

In den Steppen am Atbara hetzt man, wie glaubwürdige Reisende mich versicherten, den Algaseen, welchen die dortigen Araber „Tebal" nennen, mit Pferden und tödtet ihn, wenn er sich zum Kampfe stellt, mit der Lanze: in Abissinien jagen ihn blos Diejenigen, welche Feuergewehre besitzen; denn die Beschaffenheit des Landes macht jede Jagd zu Pferde unmöglich. Fillipini zog den Pirschgang allen übrigen Jagdarten vor, rühmte jedoch auch den Anstand an Tränkplätzen als ergiebig. Der Herzog und die beiden Fürsten erlegten alle Algaseen, welche geschossen wurden, auf der Pirsche, weil es zur Zeit unseres Aufenthaltes noch zuviel Wasser gab, als daß beim Anstand bei den Tränkplätzen auf einen günstigen Erfolg hätte gerechnet werden können.

Nach allen Beobachtungen, welche gemacht wurden, ist der Algaseen als ein höchst wachsames Thier zu betrachten. Näher als auf 200 Schritte Entfernung kommt man selten zum Schuß, und solche Entfernung ist doch nur wenigen Schützen gerecht. Ausführlichere Angaben über die Jagd muß ich der Feder Seiner Hoheit selbst überlassen; mir fehlen hierzu die nöthigen Beobachtungen.

Das Wildpret des Algazeen darf vorzüglich genannt werden. Es hat mit dem unsres Hirsches im Geschmack und hinsichtlich seiner Derbheit große Aehnlichkeit, erinnert jedoch zugleich auch an Rindfleisch. Die Decke giebt ein gutes Leder und das Gehörn, den Abissiniern wenigstens, Füllhörner zur Aufbewahrung von Honig, Salz, Kaffee und dergleichen.

Außer in dem Menschen dürfte der erwachsene Algazeen wenig Feinde haben. Es ist anzunehmen, daß der Löwe in unseren Gebieten hauptsächlich auf so große Antilopen sein Augenmerk richtet; vor dem Leopard, diesem Hauptwilderer, aber ist der starke, wehrhafte Bock und selbst das Altthier wahrscheinlich gesichert; belästigt wird das Wild dagegen von einigen Biesfliegen und Eingeweidewürmern und soll auch noch einen Feind haben, welcher ihm beschwerlich fällt. Ich wiederhole hier die Angabe eines deutschen Kaufmanns in Massaua, verwahre mich aber im voraus gegen alle Folgerungen. Der Genannte, welcher seiner vielen Reisen halber oft gezwungen ist, durch die Jagd seinen gewöhnlich sehr dürftig bestellten Vorrath an Lebensmitteln zu verbessern, überließ mir ein Gehörn, welches sich durch eigenthümliche, lederartige Anhängsel auszeichnete, mit der Bitte, „diese Auswüchse nicht abzuschneiden, weil sie sich schon am Gehörn des lebenden Bockes befunden hätten." Wie die genaue Untersuchung ergab, waren die sonderbaren Zotteln nichts Anderes, als Gespinnste der Larve einer Schlupfwespe, jedenfalls eines in der Nähe dieser Gruppe zu stellenden Kerbthieres. Die Larve hatte den hornigen Theil der Stangen bis auf den Knochenkern durchbohrt und das durch sie verursachte Loch außen übersponnen. Gelehrte Freunde, welche ich um Rath fragte, konnten mir keinen Aufschluß über das Thier selbst geben, weil wir in den Gespinnsten nur noch Ueberbleibsel der Puppen zu finden vermochten; doch hielten es Insektenkundige nicht für unmöglich, daß ein Kerbthier wirklich schon bei Lebzeiten der Antilope seinen Wohnsitz an der betreffenden Stelle aufgeschlagen hat. Ich kenne kein ähnliches Beispiel einer derartigen Schmarotzerei und bin deshalb nicht im Stande, eine auf anderweitige Beobachtung gestützte Ansicht auszusprechen. So viel aber ist sicher, daß beide Stangen des fraglichen Gehörnes nahe ihrer Wurzel einmal zahlreich von einem Kerbthier bevölkert gewesen sind. Ob dieses vor oder nach dem Tode der Antilope sich eingenistet, bleibt die Frage.

Nur höchst selten wird in Nord-Ost-Afrika der junge Algazeen eingefangen und gezähmt. Ich habe ihn nie in der Gefangenschaft gesehen. Einem Thierschausteller, Herrn Casanova, aber wurden eben in den um den Atbara gelegenen Steppen mehrere Algaseen lebend gebracht, und er würde diese ebenso sicher nach Europa gebracht haben, wie seinen jungen afrikanischen Elefanten, hätten sie sich führen lassen. Herr Casanova erzählte mir, daß die gefangenen Algaseen innerhalb der Umzäunung sich sehr nett betragen, sich aber sofort äußerst widerspenstig gezeigt hätten, wenn man den Versuch machte, sie an Stricken zu leiten. An einer Oryx-Antilope (Oryx leucoryx) habe ich während meines ersten Aufenthaltes in Afrika Dasselbe erfahren und nehme deshalb auch keinen Anstand, die Casanova'schen Mittheilung für vollkommen glaubwürdig zu halten.

Die letzte Antilope, welche wir auf unseren Gebieten auffanden, die stolze Beïsa (Oryx Beisa) nämlich, den eigentlichen Oryx der Alten, habe ich blos zweimal gesehen und dabei wenig Gelegenheit gehabt, Beobachtungen zu machen. Nur auf unsrer ersten Reise nach Mensa hatten wir, d. h. Baron von Arkel b'Ablaing und ich, das Glück, mit dem Thiere zusammenzustoßen.

Das erste Stück, welches wir sahen, äßte sich am Gehänge eines Hügels, der Trupp auf einer Ebene, beide von Gräsern oder bezüglichen Kräutern, welche auf dem Boden wuchsen. Ungeachtet wir uns große Mühe gaben, den ersten, einzelnen Bock zu erlegen, war es uns doch unmöglich, ihm nahe genug zu kommen. Er wich uns so geschickt aus, daß wir nicht zu Schusse kommen konnten, und zeigte uns dabei, daß er auch berittenen Menschen nicht traue. An den zweiten Trupp versuchten wir vergeblich uns heranzuschleichen. Wir mußten einen vom Wasser ausgerissenen Graben zu unserer Deckung benutzen und kamen bei einer Biegung desselben in den Wind. Obgleich wir nun noch mindestens 400 Schritt von den Antilopen entfernt waren, hatten sie doch Witterung bekommen und trollten davon. Zufällig begegnete ich demselben Trupp, welcher einige Haken geschlagen haben mochte, kurze Zeit darauf wieder. Er trat plötzlich hinter einem Hügel hervor, um welchen auch ich von der andern Seite gerade herumkam. Beim Anblick der Menschen standen die prächtigen Thiere still, gleichsam starr vor Schrecken, und ließen mir vollkommen Zeit, mein Gewehr auf den stärksten Bock des Rudels abzufeuern. Unglücklicher Weise aber hatte ich den Büchsenlauf meines Gewehres mit dem Schrotlauf verwechselt, und so entging mir das schöne, in allen Sammlungen noch so seltene Thier. Nach dem Schusse trollten die Antilopen davon; eigentlich flüchtig aber wurden sie nicht.

Auf dieses zweimalige Zusammentreffen und einige dürftige Berichte, die ich erhielt, gründet sich das Wenige, was ich weiß. Rüppell vermuthet ganz richtig, daß die Beïsa längs der Küste des rothen Meeres ziemlich weit nördlich hinaufgeht. Bei Sualim findet sie sich gewiß, und nach Heuglins Beobachtung reicht sie südwärts bis zum Lande der Somali. Im Gegensatze zum Algaseen bevorzugt sie die Tiefebenen und zwar am meisten jene hügeligen Stellen der Samchara, welche wohl dürftig, aber doch noch bewachsen sind und in den tieferen Stellen jahraus jahrein Wasser besitzen. Sie ist allen Küstenbewohnern wohl bekannt; man spricht von ihr, wie von einem Geschöpf, welches man an bestimmten Orten täglich sehen kann. Meine Kameltreiber behaupteten, daß sie zuweilen auch in Trupps von 15 bis 20 Stücken vorkäme, und daß solche Gesellschaften längere Zeit an ein und derselben Stelle sich aufhielten. Nach der Meinung dieser Leute äßt sich die Beïsa ausschließlich von Gräsern und Kräutern, nicht vom Gelaube der Bäume, wie andere Antilopen. Sie meidet die Thäler, in denen dichtes Buschwerk sich befindet, sorgfältig und sucht immer die freiesten Stellen auf.

Ein Trupp ruhig dahinziehender Beïsas gewährt einen überaus großartigen Anblick. Jeder meiner Leser, welcher die von Rüppell, dem Entdecker der Beïsa uns gegebene schöne Abbildung (Rüppell, neue Wirbelthiere, Taf. 5.) gesehen hat, kann sich leicht vorstellen, wie prächtig sich das stolze Gewild zwischen den dunklen Hügeln der Samchara ausnimmt. Doch ist die Haltung der Beïsa nicht gerade eine edle oder anmuthige; das Thier ist als Antilope schwerfällig, nicht aber zierlich. Der Gang ist ziemlich leicht und elastisch, der Lauf dagegen ein verhältnißmäßig plumper Trab. Eigentlich flüchtig habe ich die Beïsa freilich nicht gesehen. Das Gehörn trägt sie stets sehr aufrecht, und hierdurch unterscheidet sie sich zu ihrem Vortheil von dem ihr so verwandten Oryx leucoryx. Dagegen bewegt sie den Wedel fortwährend nach Rinderart und erfreut hierdurch das Jägerauge nicht eben besonders.

Ueber die Brunft- und Satzzeit wußte man mir Nichts anzugeben. Wahrscheinlich fällt die Satzzeit in die Monate August und September d. h. in den Anfang der großen Regenzeit.

Auch die Beïsa wird gegenwärtig nur von Europäern, und auch von diesen blos zufällig gejagt, wenigstens bei Massaua. Unter den Europäern, welche ich dort fand, konnte sich jedoch keiner rühmen, das stattliche Wild wirklich erlegt zu haben. Schon Rüppell erwähnt, daß nach Aussage der Eingebornen die verwundete oder hart bedrängte Beïsa sich muthig gegen ihren Verfolger kehrt und in solchen Fällen mittelst ihrer spitzen Hörner den Jägern oft lebensgefährliche Verwundungen beibringt. Ich füge Dem hinzu, daß alle Eingebornen das Thier wahrhaft fürchten und einem Kampf mit ihm ängstlich aus dem Wege gehen. Der Bock, auf welchen ich nahe genug mit Schroten geschossen hatte, dachte jedoch nicht daran, mit mir Streit zu beginnen, sondern zog mit den übrigen eilfertig seines Weges, obgleich er ziemlich stark verwundet war.

Nirgends in Ost-Afrika fand ich ein Beutezeichen dieses Thieres in den Hütten der Eingebornen; dagegen sah ich die Hörner der Beïsa als Spazierstöcke in den Händen einiger Somalis, welche ich in Aben traf. Wenn ich nicht irre, erwähnt auch Heuglin in einer seiner Schriften, daß die Somalis gerade die Beïsahörner als Stoßwaffen zu benutzen wissen.

Die Ziegen Nord-Ost-Abissiniens gehören derjenigen Art oder Rasse an, welche Fitzinger (Wissenschaftlich-populäre Naturgeschichte der Säugethiere, IV., Seite 130) Hircus aethiopicus nennt. Das Thier steht in der Größe bedeutend unserer Hausziege nach und kennzeichnet sich durch das stark niedergedrückte, nach rückwärts gerichtete, mittelgroße Gehörn, den strammen, auf niederen Beinen ruhenden Leib und einen sehr langen und starken Bart. Die mittellangen Ohren sind schmal, stumpf zugespitzt und aufrecht stehend. Die Färbung ist verschieden, wie bei unseren Hausziegen.

In ganz Mittel-Afrika ist die Ziege ein sehr verbreitetes Hausthier. Namentlich am weißen Fluß und in Kordofahn sieht man große Herden dieses nützlichen Geschöpfes, und alle Wälder beherbergen es in bedeutender Menge. Nicht selten begegnet man hier einer Ziegenherde, von welcher der größte Theil etwas für Wiederkäuer geradezu Unerhörtes leistet. Auf schief stehenden Stämmen sind die Thiere zur Krone einer Mimose emporgeklettert und äßen sich hier behaglich von den für sie sonst unerreichbaren Blättern, kühn jeden einzelnen Huf auf einen Ast oder Zweig gestellt und sich schaukelnd und wiegend, trotz einem Affen oder einem Eichhorn. Auf unserer letzten Reise hatten wir solch Schauspiel nicht.

Die Ziege wird, in der Nähe Massauas namentlich, in der Samchara gehalten. Hier scheint sie geradezu den Haupttheil des Viehbestandes auszumachen, und nur in unmittelbarer Nähe des Gebirges dürfte das Rind in noch größerer Menge auftreten, als sie. Im bunten Gedränge belebt sie die dunklen Hügel der Samchara und macht der Gazelle ihre Aeßung streitig. Weit über die dürren Ebenen vertheilt sie sich, sorgfältig jedes dem Kiesboden entsprossene Pflänzchen aufsuchend und wo möglich abweidend. Alle Brunnen umlagert sie des Mittags in großen Scharen; an jedem Wasser, auch an dem brackigen, kann man sie finden, und tief ausgetretene Pfade führen von verschiedenen Seiten nach solchen Erfrischungsorten. Auf jedem Jagdzuge trifft man eine größere oder geringere Herde dieser lebendigen und regsamen, munteren und neckischen Geschöpfe an. Viele Familien nomadisiren der Ziege zu Gefallen; kleine Zeltdörfchen entstehen und vergehen ihretwegen. Zwar besitzen auch die Dörfler, die Leute von Umkullu, Eilet und Ajuhs ihre Ziegenherden; allein der feste Wohnsitz beschränkt die Zahl derselben bedeutend, und nur die wirklich hin und herziehenden Küstenbewohner können als die eigentlichen Besitzer und Züchter der Ziege betrachtet werden. Sie bleiben, wie es scheint, jahraus jahrein in der Samchara, und jede Familie, oder wenn man will, jede Zeltdorfschaft durchweidet ihr bestimmtes Gebiet zu wiederholten Malen.

Nachts treibt man die Herde in eine Umzäunung von Dornen, Seriba genannt, welche, wie ich schon einmal bemerkt habe, wegen ihrer Liederlichkeit sich auszeichnet und nur durch Feuer vor den sie allnächtlich umheulenden Hiänen und dem sie umschleichenden Schakal, dem Jagdleopard und dem Löwen geschützt werden kann. Gleich nach der Ankunft der Ziegen beginnt das Melken; die Schläuche werden gefüllt, und unmittelbar darauf verläßt ein Glied der Familie mit dem milchbeladenen Esel den Lagerplatz, um das Erzeugniß der Herde in Umkullu oder Massaua zu verwerthen; denn nur während der Kühle der Nacht ist es möglich, Milch in süßem Zustande bis zum Dorf oder zur Stadt zu bringen. Am Morgen melkt man die Ziegen zum zweiten Male für den eigenen Bedarf, dann treibt man sie wiederum in die Samchara hinaus: — und so geht's fort, jahraus jahrein.

Im Gebirge findet man die Ziege viel seltener; hier ist das Rind das eigentlich bevorzugte Hausthier: ihm wendet man alle Kräfte zu, und die Ziegen hält man nur nebenbei oder dann, wenn man zu arm ist, sich selbst einige Kühe zu erwerben. Das pflanzenreiche Gebirg bietet für die leckere Ziege genug Nahrung dar, und deshalb hört hier auch die Wanderung, dem Hausthier zu Gefallen, gänzlich auf. Die Mensa und Bogos nomadisiren nur ihrer Rinderherden, nicht der Ziegen wegen. Für diese erbaut man neben der Wohnung einen Stall, welcher blos dadurch von der Hütte des Gebirgsbewohners sich unterscheidet, daß er fester und schöner gebaut ist, — des Leoparden halber, welcher gar wohl weiß, daß gerade in dem Stalle für ihn das Beste zu holen, und daß die Beute dort am leichtesten d. h. ungestörtesten zu erwerben ist.

Die Ziege wird überall in ganz Mittelafrika sehr hoch geschätzt, und man hat Ursache dazu. Bei geringer Mühe gewährt sie einen verhältnißmäßig großen Ertrag. Manche Nomadenstämme und so auch die Mensa stellen das Fleisch der Ziege dem des Schafes vollkommen gleich, und alle Innerafrikaner verstehen, die Ziegenfelle mannigfach zu verwenden. Aus ihnen bereitet man die überall so nothwendigen Schläuche, die Säcke, in denen die bewegliche Habe von einem Ort zum andern geschafft wird, und mancherlei Kleidungsstücke, vor Allem die niedliche Schürze, „Rahhab" genannt, welche die Mädchen bis zur Verheirathung tragen, eine Schürze, welche den schönen braunen Kindergestalten überaus anmuthig steht. Alle Innerafrikaner wissen die Felle mit der gerbsäurehaltigen Schote der Kharrat-Mimose vortrefflich zu gerben und ein Leder von schöner, brauner Farbe aus ihm herzustellen, welches durch Bestreichen mit saurem Rahm einen besonderen Glanz erhält. Sie benutzen das Leder so vielfach, daß es nirgends zur Ausfuhr kommt. —

In Aden und Mocha, wie in der Samchara und im Hochgebirge habe ich nur das unter dem Namen Ovis pachycerca persica bekannte Stummelschwanzschaf gesehen, kein anderes, obgleich zuweilen große

Herden des in Innerafrika so außerordentlich häufigen Fettsteißschafes (Ovis steatopyga capensis) bis an die Küste des rothen Meeres getrieben werden.

Das Schaf wird in Innerafrika ausschließlich seines Fleisches wegen gezüchtet und deshalb der Ziege überall nachgestellt. Der Türken, Europäer und der Vornehmen des Landes halber, welche das Schaffleisch dem der Ziege und des Rindes vorziehen, hält man es, aber nirgends in so großer Anzahl, wie die Ziege. Ueber sein Leben ist nicht viel zu sagen: auch das so hübsch gezeichnete, persische Schaf ist ein dem Menschen vollkommen unterworfener und willenloser Sklave, welcher den Beobachter niemals fesseln kann. Der Hirt behandelt das Schaf ganz in ähnlicher Weise, wie die Ziege, ja er mischt es den Herden dieses klugen Thieres gewöhnlich bei, um weniger Mühe mit ihm zu haben. Zu Ende der großen oder der kleinen Regenzeit sondert man im abissinischen Küstenlande die feist gewordenen Schafe aus und führt sie gelegentlich nach der asiatischen Küste und zumal nach Aden über, weil man dort bessere Preise für sie erzielen kann.

Das Fell des Schafes wird nur zu leichten Säcken benutzt; schon zu Schläuchen ist es unbrauchbar.

Rüppell behauptet (Neue Wirbelthiere, S. 26.), daß das Fettsteiß- oder Stummelschwanzschaf (Ovis steatopyga, *Pallas*) nichts Anderes sei, als eine „Monstrosität" von Ovis ammon (Ovis Argali) hervorgebracht durch künstliche Verdrehung der Schwanzwirbel! Ich bezweifle, daß er solche Behauptung durch irgend welche Beobachtung zu stützen vermag. Zuerst muß bewiesen werden, daß das betreffende Thier wirklich von dem gewaltigen Argali abstammt: — solcher Beweis ist aber nicht zu führen; sodann müßte festgestellt werden, daß ein Gebrechen, eine Verunstaltung von Geschlecht zu Geschlecht forterbt: — auch Dies dürfte schwerlich nachgewiesen werden können. Ich meinestheils versichere, niemals in Afrika Etwas von einer derartigen Verstümmelung gehört oder erfahren zu haben, ebensowenig, als ich in Versuchung gekommen bin, irgend ein afrikanisches Schaf und am allerwenigsten das so ausgezeichnete persische Stummelschwanzschaf für einen Abkömmling des Argali anzusehen. Die beiden Thiere haben gar keine Aehnlichkeit! —

Für die Gebirgsbewohner ist unter allen Hausthieren das Rind das wichtigste. In ganz Abissinien hält man vorzugsweise jene Rasse des afrikanischen Buckelochsen (Bos africanus), welche sich durch ihren schlanken Bau und durch die gewaltigen, weitgestellten Hörner auszeichnet (Bos africanus Sanga.) Der Reichthum der Mensa besteht ausschließlich in Rinderherden, und wenn auch dieselben weit an Zahl hinter denen zurückstehen, welche die Balhara, Bischarihn, Rababisch und andere Nomadenstämme des innern Afrika besitzen, sind sie doch immer noch zahlreich genug, um dem Gebirge ein eigenthümliches Gepräge aufzudrücken.

Die abissinischen Rinder sind unter den afrikanischen Rassen genau Dasselbe, was die Schweizerkühe unter unsern Rindern: Thiere, bei denen das Gebirgsleben alle Fähigkeiten geweckt und zur höchstmöglichsten Stufe ausgebildet hat. Der „Sanga" oder „Santha" ist ein höchst geschicktes, gewandtes und muthiges, aber dabei äußerst lenksames, gutmüthiges Thier, welches so leicht keinem andern Geschöpf Etwas zu Leide thut und sich der treuen Obhut seiner Hirten gern und willig unterwirft. Diese sehen im Gedeihen der Herden ihr eigenes Wohlbefinden und ordnen deshalb ihr Leben den Bedürfnissen der Rinder vollständig unter. Nur dem Namen nach sind sie fest ansitzende Leute; in Wahrheit ziehen sie wie die Nomaden beständig von Ort zu Ort. Schon oben habe ich mitgetheilt, daß sie alljährlich regelmäßig vier Züge unternehmen, um alle Weide des Gebietes, welches sie das ihrige nennen, möglichst auszunutzen. Wenn die große und die kleine Regenzeit ihre ersten Güsse über die Ebenen senden und dort das verdorrte Land zu neuem Leben erwecken, verlassen die Mensa ihre Höhen und wandern nach der Tiefe hinab, siedeln sich hier an gewissen Plätzen zeitweilig an und kehren wieder nach der kühleren und feuchteren Höhe zurück, wenn es unten für ihre Herden keine Weide mehr giebt. Ihr weniges, bewegliches Gut führen die Herden selbst mit zur Tiefe hernieder; denn der Ochs ist, wie ich ebenfalls schon bemerkte, in Nord-Ost-Abissinien das bevorzugte Lastthier. Er trägt in den ledernen Säcken das Getreide, welches man im Thale von Mensa erntete, zum Dorfe empor; er schleppt das Wasser herbei, welches die Hausfrau in ihrer dürftigen Wohnung verbraucht; ihn belastet man mit den wichtigsten Bestandtheilen der Hütte des Mensa, mit jenen geschmeidigen Stäben, aus denen man die Wände und Lagerstätten zusammensetzt, sowie mit den wenigen Kochgeschirren, welche man braucht; er dient sogar als Reitthier für das zartere Geschlecht der Frauen.

Im Gebirge hat man die günstigsten ebenen Stellen ausgesucht, um zeitweilig Serlbas zu errichten. Freundlich grün, wie die Matten der Alpen, schimmern diese Stellen aus dem bunten Gewande der Bergwände hervor; man hat auf ihnen sorgfältig alles Gebüsch weggeschlagen oder weggebrannt und eine Ebene geschaffen, welche durch den reichen Dung zu besonderer Fruchtbarkeit befähigt ist. Solche Hürdenplätze liegen an allen Gehängen um Mensa herum, und jeder der reicheren Herdenbesitzer nennt mehrere von ihnen sein eigen.

Eine zahlreiche Viehherde dieses Gebirgsvolkes gewährt einen wirklich prachtvollen Anblick, mag sie nun zerstreut an den steilen Bergwänden weiden oder in gedrängter Reihe durch eines der Thäler dahinziehen, heimwärts sich wendend oder nach der Tränke begehrend. Der eigentlichen Herde voran schreitet einer der stattlichen Mensa, bewehrt mit Lanze und Schild, bewehrt, als stünde ihm irgend ein Kampf bevor. Ihm folgen die breitgestirnten, glatten Rinder in ungeduldiger Hast, aber jedem Wort gehorchend, jeden der sonderbaren Laute, welche der Mann ausstößt, verstehend. Minutenlang, ja Viertelstunden weit dehnt sich solcher Zug, hier und da nur unterbrochen durch einen der Hirten, welcher eine neue Abtheilung anführt, bis endlich der Aelteste aus der Familie den Schluß des Ganzen macht. Zahlreiche Gesellschaften schmarotzender Vögel wandern mit der Herde. Auf Rücken und Bauch, an Kopf und Hals der Rinder sitzen und klettern die M a d e n h a c k e r und schauen mit den hellen gelblichen Augen munter um sich. Mit dem Zuge fliegt und läuft ein zahlreiches Heer von S c h a f s t e l z e n, zumal in den letzten und ersten Monaten des Jahres, wo diese allbeliebten Vögel gerade in der Winterherberge sich befinden. Rasch setzt eines der Männchen auf einen benachbarten Busch sich nieder und singt dabei sein einfaches Liedchen; dann eilt es dem übrigen Fluge nach, welcher, einem Bienenschwarm vergleichbar, die Herde umschwebt. Auch der G e b i r g s r a b e ist ein regelmäßiger Gast bei den Rindern, welche so von seinen Diensten überzeugt sind, daß sie ihn mit gleicher Freundlichkeit dulden, wie Madenhacker und Stelze.

Solange die Rinder nur die gewohnten Gestalten ihrer Hirten erblicken, solange sie nur braune Männer sehen, bewegen sie sich in gleichmäßiger Eile dahin; jedes Neue, Ungewohnte aber erschreckt sie auf das Höchste. Der zwischen ihnen erscheinende Europäer kann eine ganze Herde in Angst versetzen. Jedesmal wenn unsere Gesellschaft im Thale von Mensa mit einer Herde zusammentraf, hatten die Hirten viel zu thun, um die entsetzten Thiere zu beruhigen; aber niemals kam es vor, daß diese Rinder, nach Art anderer, den Gegenstand der Furcht auch mit Haß betrachtet und ihn mit ihrer rohen Stärke bedroht hätten. Gutmüthigere Thiere habe ich niemals kennen gelernt.

Ebenso schön wie der lange Zug, sieht es aus, wenn die Rinder an den steilen Hängen der Alpenthäler weiden. Wie Gemsen klettern sie zwischen den Felsblöcken umher; auf den steilsten Galerien gehen sie dahin mit staunenswerther Sicherheit. Stellen, von denen man meint, daß sie blos der gewandten Ziege zugänglich wären, sind hier die Weide der Rinder, und im ganzen Mensagebiet giebt es wohl kaum eine Bergwand, vor welcher die geschickten Thiere zurückbeben sollten.

Die Mensa halten ihre Rinder hauptsächlich der Milch wegen. Diese bildet das vorzüglichste Nahrungsmittel der Hirten, von Jugend auf bis ins späteste Alter. Erwachsene Männer nähren sich zuweilen Tage lang von nichts Anderem. Das Melken geschieht in eigenthümlicher Weise. Wenn die Zeit herankommt, in der sich die Herden der Seriba nahen, sieht man dort vor jeder Hütte ein Feuer angezündet, durch welches Steine erhitzt werden. In jedes Melkgefäß legt man einen der heißen Steine und auf ihn milkt man. Die Hitze des Steins ist hinreichend, frischgemolkene Milch fast bis zum Kochen zu erwärmen, und die Mensa sind fest überzeugt, daß nur solche heiße Milch ihnen zuträglich ist. — Auf die sonderbaren Gebräuche, welche noch außerdem stattfinden, will ich hier nicht eingehen; ihre Beschreibung kommt mir nicht zu.

Das Fleisch des Rindes wird nur bei Festlichkeiten gegessen. Die Geburt eines Sohnes, die Hochzeitsfeier einer Tochter, das Leichenbegängniß eines Mannes oder einer der christlichen Feiertage gelten als Feste, bei denen es ohne ein geschlachtetes Rind nicht abgehen darf. Dem zu schlachtenden Thiere schneidet man, wie überall in Innerafrika, die Halsschlagadern durch; dann wird es sofort enthäutet und mit großer Geschicklichkeit zerstückelt. Das Fleisch bratet man auf erhitzten Steinen, die Knochen, des Marks wegen, im Feuer selbst. Das Fell findet vielfache Verwendung; doch trifft man selten eines an, welches ohne schadhafte Stellen ist. Noch heutigen Tages nämlich heilen die Mensa alle Krankheiten der Rinder, wie die meisten, welche sie selbst betreffen, durch das Feuer, und daher kommt es, daß man selten ein Rind sieht, welches nicht auf den verschiedensten Theilen seines Leibes Brandnarben trägt. Nur die Reichen verkaufen einzelne Rinder aus ihren Herden an Händler, welche aus der Samchara kommen. Die Aermeren thun Dies schon aus dem Grunde nicht, weil die verschiedenen Festlichkeiten innerhalb ihrer Familie ihnen soviel Rinder kosten, als sie eben entbehren können. Im Ganzen ist der Handel mit Rindern unbedeutend. Aber die Mensa brauchen auch nicht zu handeln; denn die wenigen Thaler, welche der Großvater für einen verkauften Ochsen empfing, finden sich gewöhnlich noch im Besitz der Familie vor, zumeist an irgend einem nur dem Familienoberhaupt bekannten Orte vergraben.

―――

Vom siebzehnten Grade nördlicher Breite an ist der afrikanische Elefant (Elephas africanus) in allen Gebirgen der Ostküste Afrikas eine regelmäßige Erscheinung. In den Ländern des Innern reicht er kaum so weit nach Norden herauf; am blauen Flusse findet er sich nicht nördlich vom vierzehnten, am weißen erst südlich des dreizehnten Grades der gegebenen Breite. Die Alpengegenden Afrikas scheinen ein von ihm sehr bevorzugtes Gebiet zu sein. In ihnen findet der Riese der Wildniß noch im Anfang der trockenen Zeit des Jahres hinreichende Nahrung und eben in den wildesten Theilen des Gebirges die ihm so erwünschte Ruhe vor dem Menschen.

Durch englische Naturforscher, welche in Indien lebten, haben wir erfahren, daß der indische Elefant bis zu bedeutenden Höhen emporsteigt. Gleichwohl überraschte es uns alle, den afrikanischen Elefanten in einem Gebirge aufzufinden, welches von weit besser für das Bergleben ausgerüsteten Wiederkäuern ängstlich gemieden und nur von wenigen Bevorzugten ständig bewohnt wird. Aber der Elefant versteht es mit meisterhafter Geschicklichkeit, diejenigen Stellen sich auszuwählen, welche eine Uebersteigung der Gebirgsrücken möglich machen und ihm zugängliche Weideplätze erschließen. Bereits die englischen Naturforscher, und namentlich Tennent, erwähnen, daß der Elefant mit menschlichem Scharfsinne die günstigen Pässe der Gebirgsgegend aufzufinden und seine Gangstraßen verhältnißmäßig äußerst bequem anzulegen wisse. Ich kann diese Angabe vollständig bestätigen. Immer fanden wir die Elefantenwege mit äußerstem Geschick angelegt; immer beobachteten wir, daß das kluge Thier wie ein verständiger Straßenbauer zu Werke gegangen war.

Schon auf meiner ersten Reise habe ich den Elefanten als vortrefflichen Wegegründer kennen gelernt; die von mir durchwanderten Gegenden Ostsudahns aber bieten dem Thiere nicht Gelegenheit, seine ganzen Fähigkeiten zu zeigen. Er lebt dort nach Dickhäuterart in den Niederungen und zumal in den Urwäldern an den Ufern der Flüsse, weil letztere a l l e i n auch während der trockenen Jahreszeit das ihm so unumgänglich nothwendige Wasser gewähren. In dem eigentlich jungfräulichen Walde, welcher den Axtschlag des Menschen noch nicht vernahm, ist der Elefant der wahre Herrscher.

Ein Trupp der gewaltigen Thiere durchzieht in gerader Richtung den Wald. Das ärgste Dickicht, die verschlungenste Dornenmauer hindert sie nicht. Einer der Stärksten schreitet voran und bricht mit seinem gewandten und kräftigen Rüssel alle Pflanzen nieder, welche sein Fortschreiten aufhalten. Nur die älteren Bäume werden umgangen, die übrigen ohne weiteres zusammengebrochen. Ein guter Theil der abgerissenen Zweige und Aeste wird gleich verzehrt oder wenigstens entschält, der übrige bei Seite geworfen oder zusammengetreten. Schon nach einmaligem Gange eines Elefantentrupps entsteht auf diese Weise im Urwald ein Weg, den man einen gebahnten nennen möchte; bei wiederholtem Begehen durch die Elefanten wird dieser Weg zur wirklichen Straße, welche dann andere Thiere oder die Menschen gern benutzen.

In ähnlicher Weise verfährt der Elefant auch im Gebirge; allein dieses häuft natürlich die Schwierigkeiten der Gründung eines für ihn geeigneten Weges. Es gilt hier, nicht nur das Gewirr der Pflanzen, sondern auch die Steigung zu überwinden. Daß der Elefant sich vor letzterer nicht scheut, und wäre sie auch eine noch so bedeutende, haben wir im Gebirge der Mensa deutlich genug gesehen. Bei allen im Bergsteigen erfahrenen Thieren beobachtete ich, daß sie ganz von selbst darauf kommen, im Zickzack steile Berge zu erklimmen. Vielleicht machen hiervon nur Klippspringer und Gemse, Goral, Wildschafe und Steinböcke eine Ausnahme. Das spanische Maulthier geht, ohne von seinem

Treiber dazu aufgefordert worden zu sein, an den steilsten Stellen seines Weges stets in Schlangenlinien aufwärts; die R i n d e r herden der Mensa treten sich ohne Anleitung gleiche Wege aus, und so auch die Elefanten. In einer Hinsicht aber zeichnen sich die letzteren vor allen mir bekannten Thieren sehr zu ihrem Vortheil aus. Sie wählen immer die günstigsten Pässe im Gebirge zur Ueberschreitung bedeutender Höhen. Im Chor von Mensa durchschneiden die Elefantenwege nur da das Hauptthal, wo von beiden Seiten her und nicht weit von einander entfernt Querthäler einmünden. Sie allein sind geeignet, den schweren Thieren einen bis zu bedeutenden Höhen über die Thalsohle emporsteigenden Weg zu bieten, und in ihnen findet man dann auch regelmäßig die Elefantenwege angelegt. Der Trupp, welcher von einer Seite über die Höhen herkommt, steigt gemächlich in das Thal hinab, geht in ihm auf- oder abwärts bis zum jenseitigen Querthale und klimmt nun hier wieder zur andern Höhe empor. So lange die Steigung eine nicht bedeutende ist, geht der Elefantentrupp soviel als möglich gerade aus, aber wo das Thal nach oben hin ausläuft, beginnen die Schlangenlinien des Weges, führen bis zum Kamme empor und senken sich auf der andern Seite desselben wieder bis zum nächsten Thale herab.

Das Bedürfniß nach Wasser während der trockenen Zeit des Jahres ist es, welches diese Elefantenwege hervorruft. Zur Zeit der Regen bietet das Gebirge oder der große, reiche Urwald den Elefanten überall alle Bedingnisse zu erwünschtem Wohlsein dar. Die jeder Beschreibung spottenden Regengüsse des tropischen Frühlings rufen einen Reichthum an Pflanzen ins Leben, welcher jeder Elefantenherde für längere Zeit genügend erscheinen muß. Das Wasser füllt zugleich alle Becken im Gebirge wie in der Ebene bis zum Rande an und gewährt hierdurch den Elefanten die Möglichkeit, auch länger an ein und derselben Stelle zu verweilen. Solange es Wasser genug in der Höhe giebt, denken die Thiere gar nicht daran, größere Wanderungen zu unternehmen. Sie streifen von einem Hange des Gebirges oder von einem Theile des Urwaldes, von einer Gegend der Steppe zur andern, machen jede Lache gewissermaßen zum Sammelort oder zum Mittelpunkt ihrer Wanderungen und verwüsten, weidend, die Bäume ringsum.

Jede solche Lache zeigt dem Beobachter nur zu deutlich die Spuren der sie umlagernden Elefanten. Die unverkennbare Fährte ist nahe am

Rande in dem fettigen Boden abgedrückt; nach gewissen Seiten hin führen die geraden Wege in den Wald hinaus; in einigem Abstande von ihnen sieht man ungeheure Löcher in das trocknere Erdreich gewühlt, dazu bestimmt, der während des Mittags ruhenden Herde zum Lager zu dienen und Schutz gegen die überaus lästigen Stechmücken und Fliegen zu gewähren: denn mit dem trockenen Staub jener Löcher bedeckt sich der Riese des Waldes während der Ruhe linienhoch seinen ungeheuren Leib; ihn wirft er beständig mit Hilfe seines Rüssels dahin, wo ihn das schmerzliche Jucken von der Anwesenheit der verhaßten Schmarotzer belehrt. Solche „Pabbellöcher", wie ich sie nennen möchte, fand ich namentlich unweit der Ufer des blauen Flusses in großer Anzahl. Um sie möglichst bequem sich anzulegen, hatten die Elefanten ganze Stellen des Waldes vollkommen verwüstet, alle im Wege stehenden Bäume des Dickichts zusammengebrochen und den größten Theil von ihnen bis hoch zum Wipfel entastet. Ob sie auch im Gebirge die gleichen Reinigungsanstalten sich ausgraben, weiß ich nicht; doch glaube ich, es annehmen zu dürfen.

Mit der mehr und mehr überhandnehmenden Dürre, welche sofort nach Aufhören der Regen beginnt und schon nach kurzer Zeit den so reichen Wald in ein herbstliches Gewand kleidet, werden die Elefanten genöthigt, namentlich des Wassers wegen, allnächtlich längere oder kürzere Wanderungen zu unternehmen. In den Urwäldern am blauen Flusse vernimmt man schon in den Monaten November und Dezember jede Nacht das trompetenartige Schreien oder Blasen der zum Wasser kommenden Thiere und bemerkt, daß alle Wege, welche von der Höhe zum Wasser herabführen, jetzt regelmäßig begangen werden. Die Herde erscheint kurz vor Mitternacht und verweilt bis gegen den Morgen hin am Flusse. Hier gräbt sie sich ebenfalls Löcher aus, wahrscheinlich, um sich zu baden oder zu suhlen; doch sieht man auch, eben an den Fährten, daß viele Glieder der Herde in dem fließenden Wasser selbst zeitweilig sich bewegt und bezüglich gelagert haben. Schon vor Sonnenaufgang ist die ganze Herde wieder verschwunden und den höheren Stellen des Waldes zugezogen oder gar bis in die Steppe hinausgegangen, und nur zufällig gewahrt der Reisende in jenen Gegenden, dessen Straße der Strom bildet, eine in der Nähe des Flusses selbst weidende Herde der gewaltigen Thiere.

Im Gebirge bedingen ganz ähnliche Verhältnisse die allnächtlichen Wassergänge und die größeren Wanderungen der Elefanten. Während der Regenzeit giebt es auch hoch oben auf den Bergen überall Wasser in Menge, und fände es sich auch nur in den Becken, welche der zeitweilige Strom in den Rinnsalen hier und da im felsigen Gestein aushöhlte. Allein nirgends hält sich dieses allen Dickhäutern so unentbehrliche Element lange nach Aufhören der Regen oben auf der Höhe. Bald findet sich nur noch in tieferen Thälern Wasser, sei es als ein dürftig genug dahinrieselndes Bächlein, wie wir solches im Chor von Mensa sahen, oder als ein unter der Oberfläche tropfenweise fortsickerndes Fädlein, welches erst durch Aufwühlen des Erdreichs zugänglich und nutzbar gemacht werden kann. Das eine, wie das andere lockt jetzt die Elefanten von ihren Höhen herab in die Tiefe; nur des Wassers wegen steigen sie nach unten. Je mehr die Thäler vertrocknen, desto näher ziehen sie den Wasserstellen, und um so härter nehmen sie erklärlicher Weise die Pflanzenwelt mit, welche die nächsten Höhen rings um das wasserreiche Thal bedeckt. Die Dürre hilft ihnen getreulich in der Verwüstung: und so währt es denn nicht lange, und das Gebirge ist verödet. Dann müssen sich die Elefanten wohl oder übel entschließen, eine gewisse Gegend gänzlich zu verlassen und nach anderen, nahrungsversprechenderen zu ziehen. Aber sie thun Dies nur gezwungen; denn sobald sich die Verhältnisse geändert haben, d. h. sobald die ersten Regengüsse gefallen sind, kehren sie wieder nach dem beliebten Aufenthaltsorte zurück. Hierin allein ist der Grund der regelmäßigen Wanderungen zu suchen.

In der Nähe des Dorfes Mensa ziehen die Elefanten alljährlich vier Mal vorüber: zwei Mal nach Beginn der Regenzeit und zwei Mal nach Anfang der Dürre; denn wie ich oben bemerkte, wechseln gerade in unserem Gebirge Frühling und Herbst zweimal im Jahre. Die vom Gebirge herunterziehenden Elefanten wandern zunächst dem Ain-Saba zu, welcher sein Wasser aus weit höher als Mensa gelegenen Gebirgen Abissiniens empfängt und deshalb auch ungleich länger behält, als alle übrigen Regenströme des Gebirges, welcher selbst während der Glutzeit des Jahres noch viele Dümpfel besitzt, in denen sogar Nilpferde sich aufhalten und der wasserreicheren Zeit des Jahres harren können.

Auch im Gebirge ist man nicht im Stande, die Wege der Elefanten zu verkennen. Sie sind scharf genug bezeichnet, wenn auch nicht gerade durch die abgedrückten Fährten der Elefanten selbst. Diese kann man an vielen Stellen schon wenige Stunden, nachdem die Elefanten den

Weg begangen hatten, nicht mehr gewahren; sie drücken sich wenig in dem harten Fußboden ab oder verwischen sich im Geröll. Nur da, wo ein Mitglied der Herde seine Fußsäule gerade auf einen Kaktus niedersetzte, zeugt dieser von der Last, welche er getragen; denn alle seine Blätter sind bis zur Wurzel hinab zerquetscht. Der Elefant allein tritt so den Kaktus nieder; jedes andere Thier des Gebirges, vielleicht mit alleiniger Ausnahme noch des Nashorns, versucht, ihn zu umgehen. Doch auch dieses Zeichen kann nur wenige Stunden oder bezüglich Tage nach dem Wechseln der Elefanten als ein gerechtes angesprochen werden und nebenbei immer noch trügen: es giebt andere, welche sicherer sind. Der Weg, welchen eine Elefantenherde nahm, ist mit aller Bestimmtheit vorzüglich an zwei Dingen zu erkennen: an der Losung und an den abgerissenen Aesten, welche neben dem Wege liegen.

Die Losung kann nur ein ganz unbewanderter oder ungeschickter Jäger verwechseln; ihr gegenüber erscheint alle andere klein und unbedeutend. Es ist weniger die Menge derselben, die auf einem Klumpen liegt, sondern die Größe und Gestaltung, welche den Elefanten verräth. Je nach der Nahrung des riesigen Dickhäuters ist sie verschieden. Besteht die Aeßung des Elefanten vorzugsweise in Gräsern und Kräutern oder Baumblättern, so kommt die Losung hinsichtlich ihres Gefüges noch am meisten mit dem Mist des Pferdes überein: allein auch wenn sie diesem Mist ganz ähnlich beschaffen wäre, so würden doch immer noch die ungeheuren Klumpen den Elefanten errathen lassen. Aeßte sich dagegen dieser ausschließlich von Zweigen, so erkennt man die Losung sofort daran, daß in ihr Aststücke von ziemlicher Länge und bedeutender Stärke zu finden sind. Im Mensa-Gebirge, welches reich an Gras und Kräutern ist, habe ich nie so mächtige Losungsklumpen von Elefanten gefunden, als in den Wäldern des blauen Flusses. Dort lagen einzelne Massen, welche bei dem gewöhnlichen Durchmesser von 4 bis 5 Zoll das Doppelte, ja das Dreifache an Länge hatten und Aststücke von 5 Zoll Länge und $1^{1}/_{2}$ Zoll im Durchmesser enthielten. Unter den Landthieren vermag nur das Nashorn noch derartige Losung abzusetzen. — Ueber das Alter der Losung giebt die einfache Untersuchung Aufschluß. Unter der afrikanischen Sonne trocknen die ohnehin bis aufs äußerste ausgesaugten Pflanzentheile derselben schon in zwei Tagen zu harten Klumpen zusammen oder zerstieben zu einem formlosen Misthaufen. Am ersten und zweiten Tag enthält

die Losung regelmäßig Scharen von **Mistkäfern**; sind diese einmal verschwunden, so wurde die Losung vor mindestens drei Tagen abgesetzt.

Die abgerissenen und abgebrochenen Aeste lassen den Elefanten ebenso
wenig verkennen. Man braucht blos an den Bäumen emporzusehen,
so wird man entdecken, daß die Aeste noch aus einer Höhe herabgerissen
worden sind, welche höchstens **Girafen** erreichen können. Abgesehen
von dem verschiedenen Aufenthaltsort, schält aber die Girafe nicht die
Aeste ab, wie der Elefant Dies regelmäßig zu thun pflegt. Als ein drittes
gutes Zeichen will ich noch derjenigen Zweige erwähnen, welche dem vor-
beigehenden Elefanten gerade mundrecht waren und von ihm gleich abge-
bissen wurden. Mit Hilfe seines Rüssels hat das Thier eine ganze
Partie der äußeren feinsten Zweige zusammen in das Maul gestopft und
mit den riesigen Backzähnen **abgequetscht**, — so nur kann ich mich
ausdrücken.

Die abgerissenen und abgebissenen Zweige wie die Losung lassen
einen Elefantenweg stundenweit verfolgen. So lange die Herde in Bewegung ist, äßt sie sich auch, und bei der Menge der Thiere und der
Masse der Nahrung, welche der Elefant verbraucht, wird auch fortwährend
von einem oder dem andern Losung abgesetzt. Die Menge des Mistes
würde leicht über die Zahl der Herde Aufschluß geben können, wenn man
erst wüßte, wieviel und wie oft ein einzelner Elefant losete.

Die Elefanten beschreiten an abschüssigen Stellen Wege im Gebirge,
welche so schmal sind, daß die eine Seite des Körpers beinahe an die
Bergwand anstreifen muß. Bei solchen Gelegenheiten kommt es vor,
daß einer der Elefanten in der Dunkelheit einen Fehltritt thut und ein
Stück an der Bergwand hinabrollt. Ein solcher Sturz scheint ihm aber
nicht viel zu schaden. Dies folgere ich aus einer Beobachtung, welche
ich machte. Als ich im Mensa-Thale zuerst die Losung der zahlreichen
Elefantenherde auffand, folgte ich dem Wege, den die Herde gegangen
war, und kam dabei an einen für Elefanten sehr schmalen Weg, über
welchen nothwendigerweise die ganze Gesellschaft geschritten sein mußte.
An einer Stelle dieses Pfades hatte ein großer Stein gelegen, halb über
dem Gehänge, halb auf dem Wege. Dieser Stein war ausgebrochen,
in die Tiefe hinabgerollt. Er allein aber konnte unmöglich in dem
dichten Grase und Gebüsch, welches den Hang nach unten hin bedeckte,
die greuliche Verwüstung angerichtet haben, welche ich bemerkte. Es war,

als ob eine große Walze da hinab gerollt wäre und Alles niedergequetscht hätte, was ihr im Wege lag. Die Folgerung führte nothwendigerweise zu diesem, sehr ergötzlichen Ergebniß: einer der Elefanten hatte in der Dunkelheit den Stein und zwar auf seiner überhängenden Seite betreten, möglicherweise gedrängt von anderen Mitgliedern seiner Herde. Der Stein war ausgebrochen; der Elefant hatte das Uebergewicht verloren und einen großartigen Purzelbaum nach unten geschossen. Von der Tiefe herauf führte auch wirklich ein einziger Pfad nach dem oberen Wege zurück. Der Sturz hatte also dem schweren Thiere Nichts geschadet.

Sehr anziehend war mir auch folgende Beobachtung, welche die Ueberlegung der Elefanten deutlich darlegte. Der Chor von Mensa zieht sich, wie die meisten Gebirgsthäler, in größeren oder kleineren Windungen durch die Berge. Viele dieser Windungen werden von dem Wege, welchen die Mensa mit ihren Herden begehen, abgeschnitten, theils des Umweges halber, theils auch, um jähe, vom Wasser im Thale ausgerissene Felsabstürze zu vermeiden. Die Elefanten kannten alle diese Schleichwege, wie ich die Verkürzungen nennen möchte, genau, denn regelmäßig waren sie da, wo ein Hinderniß ihnen das Fortschreiten im Thale erschwert haben würde, den Pfad der Mensa gegangen. Ich muß hierbei noch ausdrücklich bemerken, daß das Thal selbst ihnen bessere Weide gegeben haben würde, als jene Schleichwege, von denen aus sie die Aeste an den Bäumen bis hoch hinauf abgerissen hatten.

Der Elefant hat seine Lieblingsäßung so gut wie andere Thiere. Er ist nicht gerade wählerisch, meidet aber doch gewisse Bäume. Einige **Mimosen** und der **Christusdorn** scheinen ihm verhaßt zu sein, wahrscheinlich der spitzen Stacheln wegen, welche nur **Kamel** und **Girafe** wenig zu behelligen scheinen. Dafür frißt der Elefant im Innern Afrikas die Aeste eines Baumes, welchen ich nicht bestimmen kann, leidenschaftlich gern, und die Sudahnesen nennen diesen Baum deshalb geradezu „**Sadjer el Fihl**" — Elefantenbaum. — Es ist derselbe, welcher auch dem Menschen nützlich wird: die Sudahnesen benutzen seine Früchte zum Waschen ihrer Kleidungsstücke anstatt unsrer Seife. Man entfernt die Frucht, quetscht sie, vermischt sie mit Wasser und gewinnt durch Schlagen mit den Händen oder Stampfen mit den Füßen einen dicken, zur Reinigung der Zeuge geeigneten Schaum. In gewissen Theilen des Urwaldes wird der betreffende Baum von den Elefanten nach und nach beinahe ausgerottet. Sie begnügen sich bald nicht mehr mit Zweigen und Blättern allein, sondern reißen auch die stärksten Aeste ab, um die Schale derselben zu verzehren. Wahrscheinlich behagt ihnen gerade das Schaumige besonders. Beachtenswerth ist, daß die Dornen, welche der Sabjer el Fihl besitzt, die Elefanten nicht abschrecken. Im Mensagebirge werden namentlich die Oelbäume arg heimgesucht und deshalb sieht man diese auch nur in der nächsten Nähe des Dorfes Mensa selbst im vollsten Wuchse. Baumzweige scheinen unter allen Umständen die Hauptnahrung auszumachen, das Gras wird wahrscheinlich blos da abgeweidet, wo es in reichlicher Menge aufschießt und bequem abgepflückt werden kann. Kakteen und Wolfsmilcharten soll auch der Elefant nicht berühren.

Die Fortpflanzungszeit unseres Dickhäuters scheint nicht an bestimmte Monate des Jahres gebunden zu sein. Die Eingebornen versichern, daß man allzeit sehr junge Elefanten bei den Herden anträfe. Dabei ist freilich zu bedenken, daß es sehr schwer hält, das Alter eines jungen Elefanten auf Monate hin abzuschätzen. Das verhältnißmäßig langsame Wachsthum kann hier leicht zu argen Täuschungen Veranlassung geben. Soviel ist wohl ausgemacht, daß der junge Elefant lange Zeit gesäugt wird; den Schutz der Alten genießt er sicherlich mehrere Jahre hindurch. Dies erfuhren wir deutlich bei der schönen Jagd, welche der Herzog und die beiden Fürsten abhielten: die Mutter des dabei erbeuteten jungen Elefanten wurde nur deshalb erlegt, weil sie ihrem angegriffenen Kinde zu Hilfe eilte, und dieses wollte sich nach ihrem Tode nicht von der Mutter trennen.

In Abissinien jagt man den Elefanten neuerdings wohl fast ausschließlich mit dem Feuergewehr; wenigstens erfuhr ich Nichts mehr von den sonderbaren Jagdarten, welche frühere Reisende uns mitgetheilt haben. Die eigentlichen zünftigen Elefantenjäger stehen zumeist in dem Dienste von europäischen Kaufleuten in den größeren Städten. Von diesen erhalten sie eigene weitmündige Gewehre, Pulver und Blei, eine gewisse Monatslöhnung und die Hälfte des Elfenbeins, können also im günstigsten Falle sich sehr hübsche Summen erwerben. Wenn sie im Gebirge jagen wollen, besteigen sie die höheren Berge und halten von hier aus Umschau; dann prüfen sie den Wind und schleichen sich vorsichtig, wie Katzen auf dem Boden dahinkriechend, so nahe als möglich an den Elefanten an, zielen lange und bedächtig und feuern ihm die Kugel durch das Ohr in den Schädel. Ihre dunkle Hautfarbe kommt ihnen bei solcher Jagd natürlich sehr zu statten; denn die Elefanten sind überaus vorsichtig und äugen, wenn auch schlecht, doch immer noch gut genug, um einen Jäger rechtzeitig wahrzunehmen. Ueber die überaus glückliche Jagd, welche der Herzog und die beiden Fürsten machten, brauche ich hier Nichts zu sagen: — sie ist bereits geschildert worden.

Im Ost-Sudahn sind außer den Europäern nur die freilebenden Neger am weißen Fluß und in den Gebirgen Takhales gefährliche Feinde des Elefanten. Am blauen Fluß machte man früher gar keine Jagd auf die so gewinnversprechenden Dickhäuter; gegenwärtig, d. h. seit des Abenteurers Malzac's Zeiten, wird es wohl anders geworden sein. Die Neger greifen den Elefanten ganz in derselben Weise an, wie die Nomaden, mit Lanzen nämlich. Sie schleudern ihm so viele von diesen in den Leib, bis er der Unmasse von Wunden erliegt. Du Chaillu versichert, daß die Eingeborenen des westlichen Afrikas genau in derselben Weise verfahren. Bei den Bakhara-Arabern wird die Jagd aus dem Grunde anziehend, weil sie zu Pferde geschieht. Diese vortrefflichen Reiter verfolgen den Elefanten und schleudern ihm im ärgsten Jagen die Lanze mit sehr großer Sicherheit und Kraft zu.

Heut zu Tage ist die Elefantenjagd im hohen Grade lohnend. Je seltener das Thier wird, umsomehr gehen die Preise des Elfenbeins in die Höhe, und schon in unsern Tagen kann ein glücklicher Jäger mit einem Schuß seine sechs- bis achthundert Thaler gewinnen. So viel kosten zwei Stoßzähne eines starken, männlichen afrikanischen Elefanten. Vieles von dem Elfenbein, welches gegenwärtig in Indien gekauft wird, stammt aus Afrika. Es wurde von der Ostküste nach Aden und weiter nach Indien geführt. Zur Zeit sind für die von mir bereisten Länder Massaua und Berbera die wichtigsten Ausfuhrplätze. Nicht minder wichtig aber ist Charthum; hier sammelt sich alles Elfenbein, welches vom blauen oder weißen Fluß, aus Takhale und Fuhr kommt. Der Handel mit diesem kostbaren Stoff erfordert große Summen, wirft aber auch reichen Gewinn ab. Wie gewöhnlich, bereichern sich die Aufkäufer zum Nachtheil der eigentlichen Jäger. Den Negern am weißen Fluß bietet man für einen weißen, großen, schweren Elefantenzahn eine Handvoll blauer Glasperlen an und hat bisher mit dieser armseligen Münze schon Tausende von Centnern Elfenbein bezahlt. Die europäischen Jäger machen selbstverständlich bessere Geschäfte als die Neger, aber auch sie fallen den Wucherern zum Opfer. Wie die Spinne in ihrem Netz, so sitzen diese ruhig in Charthum und warten auf die Verlegenheiten, welche diesen oder jenen Jäger treffen. Der leichte Erwerb des Geldes hat Verschleudern desselben nothwendig im Gefolge; selbst derjenige Jäger, welcher Tausende gewann, kommt einmal in Verlegenheit, und nun muß er, so zu sagen, Leib und Seele dem Wucherer verpfänden.

Man unterscheidet im Ostsudahn hauptsächlich folgende Arten des Elfenbeins:

1) Sin (Zahn), fehlerfreie, über fünfzehn Pfund schwere Zähne;
2) Muschekheb (gesprungene), große, aber zerrissene Zähne;
3) Bara, kleine Zähne unter fünfzehn arabischen Pfunden und
4) Schemsie (sonnige), d. h. Zähne, welche lange Zeit in der Sonne gelegen haben. Von der ersteren Sorte kostet gegenwärtig der Centner von hundert arabischen oder ein- und achtzig Wiener Pfunden 120 Thaler unseres Geldes. Die letztere Sorte wird mit kaum der Hälfte berechnet.

Bisher ist es keinem Volksstamme des innern Afrika eingefallen, Elefanten zu zähmen. Man fängt die Thier nicht einmal und zwar aus dem Grunde, weil man die Mühe scheut, Corrals zu bauen, wie in Indien, oder vielleicht auch, weil man diese Fangweise nicht kennt. Daß es aber möglich ist, lebende Elefanten von den Nomaden zu erhalten, hat der schon genannte Herr Casanova bewiesen. Dieser Thierkundige — so darf ich ihn wohl nennen — befand sich zur Zeit unseres Aufenthaltes im oberen Stromgebiet des Atbara, namentlich am Subit oder Sebit, in der Absicht, dort allerlei lebende Thiere zu erwerben. Durch reichliche Belohnungen ermunterte er die Nomaden zum Fange des allerverschiedenartigsten Wildes, und als die Elefanten vom Gebirge herabkamen, forderte er sie auf, einen von diesen ihm zu verschaffen. Schon nach vierzehn Tagen befand er sich im Besitz eines prächtigen jungen Männchens, welches nebst seiner Mutter in Schlingen gefangen worden war. Die auf Pferden heranbrausenden Araber schreckten die Herde in die Flucht, tödteten die Alte und nahmen das Junge mit sich nach Hause. Casanova fütterte es anfangs ausschließlich mit Milch, welche er durch Mehlzusatz etwas verdickte, und es gewöhnte sich rasch an diese Nahrung. Schon nach wenig Tagen zeigte es sich sehr zutraulich und seinem Pfleger ergeben. Es lief frei im Hofe umher und folgte wenige Wochen später seinem Herrn auf dem Fuße nach, auch ins Freie. Nach

Monatsfrist konnte es als vollständig zahm angesehen werden, und so wurde die Reise nach Suakim angetreten. Diese währte zweiundfünfzig Tage, und die ganze Strecke ging der kleine Elefant willig zu Fuße, nach Casanova's Ausspruch, wie ein Hündchen hinter dem Herrn daher.

Ich sah das wirklich liebliche Thier zu meiner großen Freude auf der letzten Michaelismesse in Leipzig. Es entzückte Jedermann, wegen seiner Zahmheit und Gemüthlichkeit, zog aber doch am meisten die Thierkundigen an, schon aus dem Grunde, weil es bewies, daß wir bis jetzt noch keine einzige getreue Abbildung des afrikanischen Elefanten besitzen. Aus diesem Grunde dürften auch die im Atlas zum Reisewerk des Herzogs von der Meisterhand unsres Thier- und Landschaftsmalers, Herrn Kretschmer, gegebenen Zeichnungen einen mehr als gewöhnlichen Werth beanspruchen. Sie zeigen den wirklichen afrikanischen Elefanten in seiner Heimat, inmitten der diese kennzeichnenden Pflanzenwelt. Eine nicht minder richtige Abbildung wird mein „Thierleben" enthalten.

Mindestens mit derselben Theilnahme, welche wir alle dem Riesen des Festlandes widmeten, habe ich das Leben und Treiben seines zwerghaften Verwandten, des Klippschliefers (Hyrax habessinicus) verfolgt. Es war mir eine rechte Freude, gleich nach Eintritt ins Gebirge überall diesem so anziehenden, gemüthlichen Vielhufer zu begegnen. Jede Felsenwand, welche Klippdachse beherbergte, wurde sicherlich ein Gegenstand der allgemeinsten Aufmerksamkeit. Die seit uralten Zeiten bekannten Felsenbewohner sind auch gar zu nette Gesellen!

Wir fanden den abissinischen Klippschliefer in den tiefsten Stellen des Gebirges von Mensa kaum minder häufig, als auf manchen Felsblöcken oder mit Felsen übersäeten Bergwänden der Höhe. Eigentlich war er überall zu Hause, wo sich ein passender Wohnort für ihn fand; je geklüfteter und zerrissener die Felswand war, um so häufiger traf man ihn an. Wenn wir so recht ruhig durch die Thäler ritten, sahen wir die Thiere reihenweise auf den Felsengesimsen sitzen oder noch öfter in der bequemen Kaninchenstellung liegen; denn die Klippschliefer sind ein gar bequemes, faules Volk, welches es sich, wenn es nicht der Nahrung wegen umherläuft, so wohlich macht, als möglich. Dabei sind sie trotz ihrer angebornen Furchtsamkeit in den von uns durchreisten abissinischen Gebirgen wenig scheu, aus dem einfachen Grunde, weil Niemand sie verfolgt. So lange man ruhig bleibt, kann man sie prächtig beobachten; eine rasche Begegnung freilich, oder ein lautes Geräusch verscheucht sie augenblicklich. Ein Schuß verödet alle die felsigen Straßen, auf denen sich das muntere Volk des Gebirges herumtummelte. In Folge des merkwürdig zitternden, dem Angstruf der graugrünen Meerkatze täuschend ähnlichen Schreies eines der wachestehenden Klippschliefer erhebt sich die ganze Gesellschaft, Alles rennt und flüchtet mit Nager-Geschwindigkeit, und einen Augenblick später ist die ganze Menge verschwunden. Aber die liebe Neugier ist auch dem Klippschliefer eigen. Eine Minute später lugt hier und da ein Köpfchen aus einer Spalte einer Höhle heraus; die Anzahl derselben mehrt sich, und bald regt sich das alte Leben wieder.

Schon Bruce erwähnte, daß der abissinische Klippdachs oder „Aschkoko" der Eingebornen unmittelbar in der Nähe der Städte geeignete Felsenwände bewohnt und so recht eigentlich vor den Augen des Menschen sein Wesen treibt. Von diesem Forscher rührt überhaupt die beste Lebensbeschreibung her, welche wir bis jetzt erhalten haben. Meine eigenen Beobachtungen stimmen mit seinen Angaben vollkommen überein.

In der Nähe des Dorfes Mensa fand ich vier Ansiedelungen der Klippschliefer und hatte somit vielfach Gelegenheit, ihr Leben und Treiben kennen zu lernen. Eine dieser Ansiedelungen war unserem Lagerplatze sehr nahe; sie lag unmittelbar am Wege, welchen die ganze Einwohnerschaft des Dorfes vom Morgen an bis zum Abend belebt, weil er zur Quelle des Bächleins hinabführt. Die zweite Gesellschaft der Thiere hatte einen mitten aus der Ebene sich erhebenden Felsen erwählt; die übrigen Trupps bewohnten die Berge im Süden der Ortschaft. Höchst wahrscheinlich gab es auch in größerer Entfernung überall dergleichen Ansiedelungen; denn auf der größten Strecke, welche wir im Gebirge durchzogen, auf dem Wege von der Samchara bis zum Dorfe Mensa, waren, wie bemerkt, unsere Thiere an jeder günstigen Felsenwand mit Bestimmtheit aufzufinden.

Die Gesellschaften der Klippschliefer sind nicht überall gleich stark. Ihre Anzahl hängt von der Beschaffenheit des Wohnplatzes ab. Ist dieser eine weitausgedehnte, von einer üppigeren Pflanzenwelt geschmückte

Felsenwand, so sieht man die Thiere nur einzeln, d. h. in Gruppen von vier, sechs, acht, höchstens zehn Stücken; wurde dagegen ein einzeln stehender Felsblock von einer Gesellschaft in Besitz genommen, so ist diese regelmäßig sehr zahlreich. Dies erklärt sich aus der Anhänglichkeit der Klippschliefer an den einmal gewählten Ort und aus ihrer Geselligkeit. Da, wo eine größere Strecke ihnen überall die gleichen Vortheile des Wohnens gewährt, trennt sich die ganze Bewohnerschaft der Gegend in verschiedene Familien, oder wenigstens Gruppen; dort hingegen, wo der Wohnort in einem gewissen Theile des Gebirges allein die Bedingnisse zum Wohlbefinden der Klippschliefer bietet, vereinigt er mehrere Gruppen oder Familien zu einem einzigen großen Rudel. Jener einzelne, aus der Hochebene sich erhebende Felsen, war von mindestens sechszig Klippschliefern bewohnt, und an keiner Stelle des Gebirges sah ich eine gleich starke Anzahl.

Die Klippschliefer lassen sich noch am ersten mit unserem Kaninchen vergleichen, und es ist deshalb Luther gar nicht zu verdenken, wenn er das hebräische Wort „Saphan" mit Kaninchen übersetzt. Nur sind die Klippdachse in weit höherem Grade Felsenbewohner, als die genannten Nager. Höchst wahrscheinlich graben sie auch, wie die Kaninchen, schwerlich aber Höhlen in lockeres Erdreich. Die natürlichen Klüfte der Felsen, die Höhlungen oder Ritzen zwischen oder unter dem Gestein sind ihre Wohnungen. Von ihnen aus unternehmen sie ihre kurzen Weidegänge, zu ihnen flüchten sie bei der geringsten Gefahr zurück.

Unsere Vielhufer sind in Gegensatz zu ihren Verwandten nur bei Tage thätig. In den Morgen- und Abendstunden sind sie am lebendigsten; während des Mittags liegen sie reihenweise auf den Steinen, sich behaglich sonnend und der faulsten Ruhe hingebend.

Einzelne sitzen wie Hunde auf dem Hintertheil und stemmen sich dabei auf die Vorderfüße; andere legen sich nieder, wie Hasen und Kaninchen zuweilen es zu thun pflegen, vorn auf die Füße gestützt, hinten auf der Seite liegend und die Beine weit von sich gestreckt; wieder andere lagern sich wie Katzen mit unter der Brust zusammengelegten Vorderhufen. Einige sind stets als Wachen vorgeschoben und übersehen von ihrer hohen Warte aus sorgfältig die ganze Gegend. Sobald sich etwas Verdächtiges zeigt, stoßen sie jenes sonderbar zitternde Geschrei aus; alle erheben sich und laufen so schnell als möglich der nächsten Ritze zu.

Hierbei lernt man sie in ihrer vollen Beweglichkeit kennen. Der unbesorgt dahingehende Klippschliefer schleicht mehr, als er geht; er macht sehr kleine Schritte und schleppt den dicken Leib fast auf dem Boden dahin. Hierdurch erhält der Gang verhältnißmäßig etwas sehr Schwerfälliges und viel von der eigenthümlichen Ruhe, welche die Dickhäuter kennzeichnet. Ganz anders bewegt sich das Thier, wenn es erschreckt wurde. Jetzt gilt es, so schnell als möglich der entsetzlichen Gefahr zu entrinnen. In kurzen Sätzen springt es dahin; mit meisterhafter Geschicklichkeit klettert es auf- oder abwärts; wie ein Wiesel durchschlüpft es Spalten und Höhlen. Kein Theil des Geklüftes erscheint ihm unzugänglich; es läuft wie eine Eidechse mit Klebefingern an den Wänden empor. Der Ballen seines Fußes mag es dabei wesentlich unterstützen. Derselbe ist verhältnißmäßig sehr weich, aber doch rauh und somit vortrefflich geeignet, den Klippschliefern bei jeder Stellung auf dem Felsen einen sichern Anhaltspunkt zu bieten. Manchmal meint man, daß sie förmlich an dem Felsen ankleben, — gerade wie die Geko's, an welche sie mich oft erinnert haben. Kopfunterst laufen sie von wirklich halsbrechenden Höhen mit einer Sicherheit und Gewandtheit herab, als gingen sie auf ebenem Boden. Bei solchen gefährlichen Wegen benehmen sie sich genau wie die Katzen, wenn sie von einem Baumstamme herunterspringen: sie lassen sich ein gewisses Stück an der Wand hinabgleiten und schnellen sich, wenn sie in geeigneter Höhe angekommen sind, plötzlich von ihr ab mit geschicktem Sprunge auf den erkornen nächsten Block- oder Felszacken. In den Ritzen des Gesteins steigen sie außerordentlich behend auf und nieder. Ich sah sie nach Art unserer Schornsteinfeger emporklimmen: sie stemmten sich mit dem Rücken an die eine Seite der Ritze, mit den Füßen an die andere, bewegten sich wechselseitig in wundersamer Weise und kamen ganz flott vorwärts. Wenn ich nach den Lebensbeschreibungen urtheilen darf, welche ich über die Wollmäuse und die Murmelthiere gelesen habe, glaube ich annehmen zu können, daß sie diesen Thieren am meisten ähneln. Im Springen gleichen sie wahrscheinlich mehr den Wollmäusen, als den tölpelhafteren Murmelthieren. Unter den mir aus eigener Anschauung bekannten Thieren übertrifft sie hierin nur Eichhorn oder Marder.

Ueber das geistige Wesen der Klippschliefer ein richtiges Urtheil zu fällen, ist schwer. Man bemerkt an ihnen ein sonderbares Gemisch von großer Sanftmuth und unglaublicher Aengstlichkeit. Sie sind nicht scheu, aber im höchsten Grade furchtsam. Ein vorüber fliegender Rabe ist hinreichend, sie in tödliche Angst zu versetzen, während sie sich ganz dreist auf dem Felsen lagern, wenn ein Aasgeier an ihnen vorbeistreicht oder unweit von ihnen auf dem Felsen sitzt. Vor dem braunen Eingebornen weichen sie kaum aus; der fremdartig gekleidete Europäer aber flößt ihnen großes Entsetzen ein. Klug kann man sie nicht nennen; denn nur das Plötzliche oder das Fremdartige erschreckt sie: die eigentliche Gefahr wissen sie nicht abzuschätzen. Ich bin ihnen oft nachgeklettert und habe mich zwischen den Steinen versteckt, um sie zu beobachten. Da erfuhr ich, daß sie äußerst neugierig zwar, aber zugleich höchst ängstlich mich anstaunten, ohne dabei an wirkliche Sicherung zu denken. Sobald sie in ihren Klüften angekommen waren, hielten sie sich für gesichert. Wenn man sie aufschreckte, während sie unten am Fuße der Felsen weideten, ergriff sie namenloses Entsetzen, und jeder suchte, sich soviel als möglich zu verbergen. Hatte man aber den Felsen erklettert und befand man sich, so zu sagen, mitten unter ihnen, so verharrten sie träge am gewählten Versteckplatz, gleichviel ob dieser gut oder schlecht war d. h. ihnen wirklich Zuflucht gewährte oder nicht. Die dumme Neugier scheint einer der hervorragendsten Züge ihres Wesens zu sein.

Gräser und Kräuter, welche unmittelbar am Fuße ihrer Lieblingsfelsen wachsen, sind die Nahrung der Klippschliefer. Es ist mir wahrscheinlich, daß sie auch Baumblätter verzehren, und Ehrenberg giebt ja die Tamariskenzweige ausdrücklich als eine leckere Speise für sie an; aber ich habe hierüber keine Beobachtung gemacht. Beim Weiden gehen sie mit kleinen Schritten langsam vorwärts und beißen das Gras wie Pferde mit ihren beiden Vorderzähnen ab. Gerade beim Fressen unterscheiden sie sich sehr auffällig von den Nagern. Ihren größeren Verwandten scheinen sie auch darin zu ähneln, daß sie ungeheuer viel fressen. Bei allen, welche ich erlegte, war der verhältnißmäßig sehr große Magen bis zum Zerplatzen angefüllt, und auf ihren Felsen fand man die für so kleine Thiere geradezu unverhältnißmäßigen Kothklumpen in unglaublicher Menge. Auch die Losung läßt sich nur mit der der Vielhufer vergleichen, sie ist nicht gekörnt; sondern bildet einen Haufen. In den größeren Spalten des Geklüftes liegt sie scheffelweise.

Man hat gemeint, daß die Klippschliefer Wiederkäuer sein könnten. Ich möchte diese Ansicht bezweifeln; denn ich habe nie Etwas von Wiederkäuern bei ihnen bemerkt. Beim Fressen bewegen sie allerdings die Kinnlade genau so, wie die Wiederkäuer es zu thun pflegen, während der Ruhe aber, wo doch das Wiederkäuen eigentlich ausgeführt zu werden pflegt, sieht man keine Bewegung der Kauwerkzeuge.

Höchst wahrscheinlich sind sie im Stande, den Genuß des Wassers monatelang zu entbehren. Um den allein stehenden Felsen herum, welchen sie bewohnten, findet sich während vieler Monate weit und breit kein Tropfen Wasser, und diesen Felsen verlassen die furchtsamen Thiere, wie ich mich genau überzeugt habe, bei Tage nicht, bei Nacht aber noch viel weniger. Der Nachtthau genügt auch ihnen zur Erfrischung.

Noch einmal will ich bemerken, daß ich die anziehende Beobachtung Heuglins hinsichtlich des Freundschaftslebens unseres Klippschliefers mit der gestreiften Manguste und einer Dorneidechse bestätigt gefunden habe. Man konnte fast mit Sicherheit darauf rechnen, das mordlustige Raubthier in jeder Klippschliefer-Ansiedelung aufzufinden, und die Eidechse vollends war eine so regelmäßige Erscheinung, als gehöre sie zu den Ansiedlern selbst. Begründet ist es auch, daß jedes der so verschiedenen Thiere von der Gesammtheit als Warner angesehen wird. Die Manguste oder Eidechse verbirgt sich, wenn der Klippschliefer sich ängstlich zeigt, und dieser verschwindet, wenn er die Eidechse sich verbergen sieht!

Ueber die Fortpflanzung des Aschkoko bin ich nicht ins Klare gekommen. Bekanntlich glaubt man, daß alle Klippschliefer eine ziemliche Anzahl von Jungen zur Welt bringen, und Dies aus dem einfachen Grunde, weil das Weibchen sechs Zitzen hat. Ich kann mich der allgemein giltigen Ansicht nicht anschließen, obwohl bestimmte Beobachtungen mir fehlen. Aber unter allen Gesellschaften, welche ich bemerkte, gab es so wenig Junge, daß man bei Annahme der Sechszahl eines Wurfes nothwendigerweise zu der offenbar falschen Folgerung hätte kommen müssen, unter der ganzen Gesellschaft befinde sich nur ein einziges oder höchstens zwei fortpflanzungsfähige Weibchen. Dazu kommt, daß ich immer nur sehr wenige ungefähr gleich alte Junge bemerken konnte; auch habe ich niemals gesehen, daß eine Alte von mehreren Kleinen umringt gewesen wäre. So bin ich allmählich zu der Meinung gelangt, daß der Klippschliefer nur ein einziges oder höchstens zwei Junge wirft. Die Eingebornen wußten mir über diesen Punkt nichts Bestimmtes mitzutheilen. — Ob Heuglin Recht hat, wenn er annimmt, daß der Klippschliefer ein sehr langsames Wachsthum besitze, muß ich dahin gestellt sein lassen; ich weiß weder dafür noch dagegen Etwas vorzubringen.

Die Abissinier behaupten, daß der Klippschliefer ein sehr bissiges Thier sei, und auch Ehrenberg stimmt dieser Ansicht bei; ich dagegen möchte mich lieber zur Meinung des Grafen Mellin hinneigen, welcher von einem Klippschliefer, den er zahm hielt, sagt, daß er, "ein vollkommen wehrloses Wesen genannt werden müsse, welches sich weder durch seine Zähne, noch durch seine Klauen vertheidigen könne". Angeschossene, aber noch recht muntere Klippschliefer, welche ich fing, versuchten nicht, zu beißen, während doch jeder verwundete Nager wüthend um sich beißt.

Bei den Abissiniern gilt der Aschkoko, seiner gespaltenen Klauen wegen, für ein unreines Thier. Niemand jagt ihn, und jeder Gläubige verabscheut sein Fleisch. Ich versuchte vergeblich, einen mahammedanischen Knaben, welcher sich in unseren Diensten befand, von der Güte solchen Wildprets zu überzeugen; er versicherte mir, daß keiner seiner Väter jemals von dem Verbotenen genossen habe und der Genuß nothwendigerweise verderblich sein müsse. Die Beduinen des steinichten Arabiens, welche doch auch Mahammedaner sind, kennen derartige Bedenken nicht; sie sind, wie schon Ehrenberg berichtet, eifrige Jäger des Klippschliefers. Auf meiner Reise nach dem Sinai bestellte ich bei einigen Arabern verschiedene Thiere und darunter auch den "Wabbr", wie sie unsern Vielhufer nennen. Wenige Tage später brachten sie mir zwei Stück davon, verlangten aber einen ziemlich hohen Preis dafür, weil sie behaupteten, daß gerade der Klippschliefer sehr gut zu essen sei. Um das Wildpret schmackhafter zu machen und zugleich länger vor der Fäulniß zu bewahren, hatten sie die erlegten Klippschliefer ausgeweidet und die Brusthöhle mit würzigen, duftigen Gebirgskräutern angefüllt.

Die Jagd des Klippschliefers hat keine Schwierigkeiten. Man braucht sich einfach in der Nähe eines Standortes der Thiere anzustellen und kommt dann ganz sicher zum Schusse. Aber die Lebenszähigkeit der kleinen Gesellen ist unglaublich groß. Selbst tödlich Verwundete wissen noch eine Ritze zu erreichen, und dann ist gewöhnlich das weitere Nachsuchen vergeblich. Den Fang konnte ich leider nicht versuchen; doch darf ich aus allen Beobachtungen schließen, daß kleine, vor die Ritzen gestellte Tellereisen sicher zum Ziele führen würden.

In Abissinien ist wahrscheinlich der Leopard der ärgste Feind des

Klippschliefers; wenigstens schließen die Jäger Dies aus dem ängstlichen Schreien unserer Felsenbewohner, welches man zuweilen mit Einbruch der Nacht vernimmt. Es fragt sich nur, ob man dieses Geschrei auf Rechnung einer begründeten Furcht, oder allein auf die jener großen Aengstlichkeit unserer Thiere zu stellen hat. Der Klippschliefer fürchtet sich auch vor dem H u n d e in hohem Grade. Auf unserer ersten Reise im Mensathale hatte einer der Hunde eine Klippdachsfamilie ausgewittert, welche zufällig in der Tiefe des Thales sich befand. Die entsetzten Thiere eilten so schnell als möglich der nächsten Ritze zu, klemmten sich in diese hinein und wurden nun von den Hunden kunstgerecht gestellt. Obgleich sie vollständig in Sicherheit waren, erhoben sie doch sämmtlich ein lautes Geschrei und machten dadurch mich aufmerksam. Ich glaubte es nicht mit Klippschliefern, sondern mit graugrünen Meerkatzen zu thun zu haben, so genau glich das Angstgeschrei der Vielhufer jenem der Affen. Nach Durchkriechung des Gebüsches stand ich vor der zerklüfteten Felswand, in welcher die Klippdachse sich versteckt hatten. Sie waren so entsetzt über das furchtbare Raubthier vor ihnen, daß sie mich nicht nur ganz nahe herankommen ließen, sondern auch dann noch fest aushielten, als ich mit dem Krätzer des Ladestocks einen von ihnen anzuschrauben und auf diese Weise zu fangen versuchte. Der Fang würde wirklich gelungen sein, wenn das Gewinde des Krätzers etwas größer gewesen wäre; so aber machte sich der verhältnißmäßig kräftige Klippschliefer durch einen raschen Ruck mit Verlust eines Haarbündels los und kletterte schnell in der Ritze nach oben empor. Solche Furcht vor den Hunden beruht vielleicht doch auf trüber Erfahrung; wenigstens traue ich es dem schwarzrückigen S ch a k a l recht gut zu, unter Umständen sich über einen Klippdachs herzumachen. Ob die größeren Raubvögel dem wehrlosen Vielhufer wirklich gefährlich sind oder nicht, wage ich nicht zu entscheiden; fast möchte ich glauben, daß der Raubadler und die übrigen großen Raubvögel zu schwach wären, als daß sie einen Klippschliefer erheben und fortführen könnten.

Ueber das Warzenschwein (Phacochoerus africanus) haben wir eigene Beobachtungen nicht machen können. Das Thier ist im Gebirge eigentlich nirgends selten und auch ein paar Mal von uns gesehen worden, jedoch immer nur in größerer Entfernung und blos auf wenige Augenblicke.

Nach den Erkundigungen, welche wir eingezogen haben, bewohnt die „Haroja" der Abissinier hauptsächlich jene mit Gebüsch und hohem Gras bewachsenen Ebenen, zumal diejenigen in der Nähe des Dorfes Eilet. Ihr Leben ist mit Ausnahme des sonderbaren Nahrungserwerbs ganz das unseres Schwarzwildes. Starke Eber trifft man einzeln, jüngere rudeln sich mit den Bachen zusammen. Zuweilen kommen Rudel von zwanzig bis dreißig Stück vor. Im Gebirge sind die Gesellschaften immer kleiner, und nur an den Wasserplätzen sammeln sich während der Nacht größere Haufen dieser abenteuerlichen Geschöpfe.

Das Warzenschwein ist wie unser Schwarzwild hauptsächlich bei Nacht thätig; doch ist es gar nicht unwahrscheinlich, daß es sich auch bei Tage in der Nähe seines Kessels umhertreibt. Seine eigentlichen Weidegänge tritt es erst nach Sonnenuntergang an. In der zweiten oder dritten Nachtstunde erscheint es am Wasser, und wenn die Dürre erst die meisten Regenstrombetten des Gebirges ausgetrocknet hat, kann man es mit aller Sicherheit an den wenigen Wasserdümpfeln oder an den streckenweis überirdisch dahinfließenden Wässerchen in den Thälern erwarten. Auch zum Wasser kommen die Keuler einzeln, die Bachen mit den Frischlingen dagegen rudelweise. Kurz vor Sonnenaufgang sieht man das Thier seinem Kessel wieder zuwandern. Der erste fahle Schein im Osten ist ihm das Zeichen zum Aufbruch, aber der Weg, den es zu durchlaufen hat, ist manchmal weit, und so kommt es, daß man es noch kurz vor Sonnenaufgang sehen kann, eiligen Laufes dahintrollend. Ein starker Keuler kreuzte um diese Zeit in der Samchara unsern Pfad.

Nach Fillipini's Behauptung frischt die Bache nicht immer zu derselben Zeit im Jahre, wohl aber jedes Mal während der Regenzeit, also entweder im August und September oder im Februar und März. Die Zahl der Frischlinge eines Wurfes schwankt zwischen vier und acht. Häufig vereinigen sich zwei oder drei Bachen mit ihren Frischlingen. Diese folgen der Mutter ungefähr ein Jahr lang, wahrscheinlich bis zur nächsten Frischzeit.

Nur die Europäer verfolgen das Warzenschwein. Die Eingebornen halten es für unrein, und zwar die Christen ebensowohl, als die Mahammedaner; sie haben deshalb keinen Grund, nach solchem Wilde zu jagen, und fürchten das gewaltige und nach Wildschweinart höchst muthige Geschöpf vielzusehr, als daß sie es aus reiner Jagdlust oder in der guten Absicht, ein so verworfenes Thier zu tödten, bekämpfen sollten. Von Massaua aus geht man gewöhnlich nach Eilet, wenn man Warzenschweine jagen will.

Das Wildpret der Haroja soll einen ganz vortrefflichen Geschmack besitzen. Nur solches, welches von einem sehr alten Hauptschweine herrührt, ist ungenießbar, weil es einen eigenthümlichen, widerlichen Geruch im hohen Maße an sich trägt.

Wie leicht begreiflich, halten weder die christlichen noch die mahammedanischen Bewohner von Habesch das Warzenschwein für würdig, eine Zeitlang ihr Gehöft zu beleben. Der jetzige Statthalter der türkischen Besitzungen im Südosten des rothen Meeres, ein großer Thierfreund, war aufs äußerste entrüstet, als vor ungefähr zwei Jahren einer von seinen, in Glaubenssachen wenig erfahrenen Unterthanen ihm ein Paar junge Frischlinge brachte, in der Absicht, dem Gewaltherrscher damit ein höchst angenehmes Geschenk zu machen. Der gute Türke verkannte gänzlich die edle Absicht des Abissiniers und ließ ihm, anstatt der erhofften Belohnung, fünfundzwanzig Streiche auf die Fußsohlen verabreichen, mit der Mahnung, in Zukunft besser Thierkunde zu treiben und nicht das Haus eines gläubigen Muselmannes in so schändlicher Weise zu verunreinigen!

Das merkwürdigste aller Seethiere des rothen Meeres, den Dujong (Halicore Dujong), über dessen Vorkommen im rothen Meere der verdienstvolle Rüppell zuerst uns Kunde gab, habe ich leider nicht zu sehen bekommen, jedoch einiges Wenige über ihn erfahren, welches ich wiederum mittheilen will.

Im Süden des rothen Meeres ist die Nähke el Bahhr oder zu deutsch „Kamelstute des Meeres" ein allen Schiffern bekanntes Thier, wenn auch vielleicht nicht gerade unter diesem Namen; denn der Dujong heißt auch „Djilib" (der Lederige), „Dauileh" (der Lange) und endlich „Urum". Mein Schiffführer versicherte mich, daß man zur geeigneten Jahreszeit, wahrscheinlich zur Zeit der Paarung, oft mehrere dieser Thiere in den seichten Buchten wahrnehmen könne, während sie mit einander spielend mit halbem Leibe aus dem Wasser sich erheben, bald auftauchen und bald wieder verschwinden. Je reicher die Bucht an Meerespflanzen ist, um so häufiger soll die Sirene sein, und namentlich in der Nähe des Dalak-Archipels, wo auch Rüppell sie entdeckte, findet sie sich so regelmäßig, daß alljährlich Jagd auf sie gemacht werden kann. Mit dieser Jagd beschäftigen sich zumeist die zünftigen Fischer; doch versäumt auch der Schiffer keine Gelegenheit, sich in den Besitz des, seines Fleisches und der Zähne wegen, hochgeschätzten Thieres zu setzen. Man jagt gewöhnlich in den Monaten des Hochsommers und zwar einzig und allein mit dem Wurfspieß. Die Fischer rudern in kleinen, leichten Booten nach dem von den Sirenen bevorzugten Buchten und warten hier, bis eine von ihnen sich über das Wasser erhebt; dann werfen sie ihr den Wurfspieß in den Leib. Gar nicht selten beginnt nun eine tolle Jagd. Das angeworfene Thier sucht sich so eilig als möglich in das tiefere Meer zu retten. Es schwimmt mit verhältnißmäßig sehr großer Schnelligkeit und schleift nicht nur die leichte Barke, sondern auch ein größeres Boot ohne sonderliche Beschwerde hinter sich her. Ein deutscher Kaufmann aus Massaua erzählte mir, daß er bei einer Reise im rothen Meere gelegentlich der Jagd einer Sirene fast verunglückt wäre. Der Schiffsführer hatte zwei dieser Thiere in einem engen Sunde spielen sehen, sein Boot in den Sund gesteuert und der größten, mindestens acht Ellen langen Sirene einen Wurfspieß zugeschleudert. Sofort nach empfangener Verwundung eilte das Thier dem tieferen Meere zu, und dabei schwamm es so rasch und kräftig dahin, daß es das ganze Boot wie einen leichten Kahn hinter sich drein schleifte und es der vielen Korallenklippen wegen in große Gefahr brachte. Glücklicherweise war die Verwundung eine tödliche gewesen, und schon nach wenigen Minuten ermatteten die Kräfte des Meersäugers so, daß der in solcher Jagd geübte Schiffer ihn bis hart an das Schiff ziehen, mit Hilfe einer zweiten Harpune tödten und dann auf Deck bringen konnte. Hier wurde die Beute von den Matrosen sofort ausgeweidet und in Stücke zerlegt. Diese salzte man ein und hing sie drei Tage lang in die Sonne. Erst dann waren sie, nach Behauptung der Araber, zum Genießen geeignet.

Gegenwärtig sind die Zähne des Urum in Massaua keine gesuchte Waare mehr, sie sind einfach aus der Mode gekommen, und deshalb nimmt auch der Fang der Sirene von Jahr zu Jahr an Bedeutung ab.

Der Delfin des rothen Meeres (Tursio Abusalam) ist ebenso häufig, als die Sirene selten. Ihn sieht man so zu sagen stündlich und immer in zahlreichen Gesellschaften. Unter fünfzehn oder zwanzig habe ich diese schnellen und ich möchte sagen zudringlichen Geschöpfe kaum gesehen. Sie folgen jedem Schiffe mit Ausdauer, den schnellsegelnden ostindischen Dampfschiffen ebensowohl, als den arabischen Barken; ihre wundervolle Schwimmfertigkeit gestattet ihnen, mit jedem Fahrzeug auszuhalten. Sie schwimmen viel schneller, als das Postdampfschiff, welches vierzehn Meilen in der Stunde durcheilt; denn sie umkreisen dasselbe ohne Unterlaß in weiten Bogen und schießen zuweilen, gleichlaufend mit demselben, so schnell durch das Wasser, daß ihnen gegenüber das Schiff stillzustehen scheint. Vor dem Bug treiben sie sich gewöhnlich in dichtem Gedränge umher, und von hier aus sind sie am besten zu beobachten oder bezüglich zu erlegen. Der Herzog und die beiden Fürsten schossen während unserer Rückreise von Massaua nach Sues mehrere zusammen. Sofort nach dem Schusse drehte sich das getroffene Thier im Wasser herum und trieb nun rückwärts. Auf dieses Zeichen blieben alle anderen Delfine auch zurück, und wenige Minuten später sah man nicht einen mehr beim Schiffe. Der Capitain unseres Dampfbootes versicherte, daß der ertödtete Delfin von seinen Gefährten augenblicklich in Stücke zerrissen und aufgefressen würde; er behauptete, Dies mehrmals mit angesehen zu haben. Ich wiederhole hier diese Angabe, weil ich in den mir bekannten Beschreibungen der Delfine eine ähnliche Beobachtung nicht gefunden habe.

Der Delfin wird von den Arabern sehr hoch geachtet und gilt gewissermaßen als ein heiliges Thier. Seinen Namen „Vater des Heils" oder richtiger: „Vater des Grußes" erhielt er deshalb, weil er die Schiffe bei ihren Fahrten über das Meer begleitet und hart vor dem Schiffe wie grüßend auftaucht. Trotz dieser Hochachtung macht sich kein Schiffer ein Gewissen daraus, ihm zu gelegener Zeit einen Wurfspieß zuzuschleudern; denn das Fleisch gilt, nachdem es ein paar Tage in der Sonnenglut gehangen hat, als ganz vorzüglich und sehr gesund.

Verzeichniß
der
gesehenen Vögel.

Nachstehendes Verzeichniß enthält blos die während der Reise Seiner Hoheit des Herzogs im oder am rothen Meere und in Habesch gesehenen und bestimmten Vögel. Viele andere, welche ich nicht zu erkennen vermochte, habe ich ganz weggelassen und nur weiter oben erwähnt. Ueber einige Arten bin ich nicht ganz sicher, habe Dies aber jedes Mal durch ein ? hinter dem Namen angedeutet. Für die übrigen Angaben glaube ich bürgen zu können.

I. Ordnung der Tagraubvögel (Rapaces).

A. Familie der Geier (Vulturidae).

1. 1) Der Mönchsgeier, Neophron pileatus, *Burchell* (Trav. in the interior of southern Africa II., 195 als Vultur pileatus).
Cathartes monachus, *Temm.*
Percnopterus niger, *Lesson.*
Neophron carunculatus, *A. Smith.*

Arabisch: Niffr el Charra (Rothgeier).

Außerordentlich häufig in der Samchara, wie im Gebirge.

2. 2) Der Schmuzgeier, Neophron percnopterus, *Linné*, als Vultur percnopterus (*Gmel. Linné*, Syst. nat. I. 249).
Vultur aegyptius, *Brisson.*
Vultur leucocephalus, *Latham.*
Vultur stercorarius, *La Peirouse.*
Vultur albicans, *Meisner u. Schinz.*
Cathartes percnopterus, *Temm.*

Arabisch: Racham.

Ziemlich einzeln in der afrikanischen Ostküste, häufig in Südarabien und Jemen, Sudahn, Nubien und Egipten.

3. 3) Rüppell's Geier, **Gyps Rueppellii**, *Mihi* (Naumannia II. 1852, 41 ff.).
<small>Vultur Kolbii, nach *Rüppell* (Atlas Taf. 32).
Gyps magnificus, *J. W. v. Müller.*</small>

Nicht selten vom 18. Grade nördlicher Breite an nach Süden hin.

4. 4) Der Schopfgeier, **Vultur occipitalis**, *Burchell* (Trav. II. 310 ff.).

Nicht selten, aber immer einzeln in beiden Beobachtungsgebieten.

5. 5) Der Ohrengeier, **Otogyps auricularis** *Daudin*.
<small>Vultur aegyptius, *Savigny.*
Otogyps nubicus, *Griffith.*</small>

Arabisch: Nissr.

Häufig in Nord-Ost-Afrika vom 28. Grade nördlicher Breite an; auch in der Samchara und im Gebirge nicht selten.

B. Familie der Falken (Falconidae).

6. 1) Der Augur, **Buteo Augur**, *Rüppell* (Neue Wirbelthiere, S. 38. Taf. 16).

Arabisch: Sukhr.

Amharisch: Gebabede.

Einzeln im Gebirge.

7. 2) Der Raubadler, **Aquila rapax**, *Temm.* (Pl. color. 455).
<small>Falco senegallus? *Cuvier.*
Aquila Choka? *A. Smith.*
Falco Belisarius, *Le Vaillant.*
Aquila naevioides, *auct.*</small>

Paarweise in der Samchara; häufig im Subahn.

8. 3) Der lichte Raubadler, **Aquila albicans**, *Rüppell* (Neue Wirbelthiere, S. 34. Taf. 13).

Einige Mal im Gebirge beobachtet, nicht erlegt.

9. 4) Der weißgefleckte Habichtsadler, **Spizaëtos leucostigma?** *Heuglin*.

In Mensa erlegt.

10. 5) Der Gaukler, **Helotarsus ecaudatus**, *Daudin* (*Le Vaillant,* Afr. Taf. 7).

Falco ecaudatus, *Daudin*.
Helotarsus typicus, *A. Smith*.
Theratopius ecaudatus, *Lesson*.
Arabisch: Suchr el Hakihm (Arztadler).
Abissinisch: Hevai-Semai (Himmelsaffe).
Einzeln in beiden Beobachtungsgebieten.

11. 6) **Der Flußadler, Pandion haliaëtos**, *Linné* (XII. 129) als Falco haliaëtos.
Arabisch: Manfuhri (der Späher) oder Ketahf und Rhataß (der Taucher).
Ende Februar und Anfangs März nicht selten an den Küsten und Inseln des rothen Meeres.

12. 7) **Der Wanderfalk, Falco cervicalis?** *Lichtenstein* (Mus. Berol.).
Falco Osiris, *Paul von Würtemberg*.
Falco chiqueroides, *A. Smith*.
Arabisch: Suchr el Seith (Jagdfalk).
Abissinisch: Gete-Gete.
Einzeln im Gebirge.

13. 8) **Der einfarbige Falk, Aesalon ardosiacus**, *Vieill.* (Encycl. 1283).
Falco concolor, *Temm.* (Pl. col. 330).
Einzeln auf Inseln des rothen Meeres.

14. 9) **Der Schmarotzermilan, Milvus parasiticus**, *Daudin* (*Le Vaillant*, Afr. Taf. 22. le parasite).
Arabisch: Hitaie.
Gemein in ganz Nord-Ost-Afrika, Arabien und Jemen.

15. 10) **Der Singhabicht, Melierax polyzonus**, *Rüppell* (Neue Wirbelthiere, S. 36. Taf. 15).
Ziemlich selten in der Samchara und im Gebirge; sehr häufig im Sudahn.

16. 11) **Der Sperber, Micronisus sphaenurus**, *Rüppell* (Systematische Uebersicht der Vögel Nord-Ost-Afrikas, S. 6. Taf. 2, sowie Neue Wirbelthiere, S. 42).
Einzeln in der Samchara und im Gebirge.

17. 12) Der Steppenweih, Strigiceps pallidus, *Sykes* (*Proceedings*, 1832, als Circus pallidus).
    Falco pallidus, *Temm.*
    Falco dalmatinus, *Rüppell.*
    Circus Swainsonii, *A. Smith.*

Häufig in den Steppen des Innern, seltener in Egipten und in der Samchara.

18. 13) Der Schlangengeier oder Sekretär, Gypogeranus serpentarius, *Gm.* (*Gm. Linné* I. 250 als Falco serpentarius).
    Gypogeranus africanus, *A. Smith.*
    Gypogeranus gambensis, *Olgilby.*

Arabisch: Theïr el Nessihb (Schicksalsvogel).
Einzeln in der Samchara.

C. Familie der Eulen (Strigidae).

19. 1) Der Uhu, Bubo cinerascens, *Guérin.*
    B. Dilloni, *Desmarest*, fälschlich als
    B. lacteus, *Cuvier.*
    Strix lactea, *Temm.*

Arabisch: Buhme.
Abissinisch: Gahn und Hali-Basta.
Paarweise auf Hochbäumen der Samchara und des Gebirges bis nach Mensa hinauf.

20. 2) Die afrikanische Ohreule, Bubo maculosus, *Vaillant* (Gal. d'Oiseaux 23).
    Strix africana, *Temm.*
    Strix nisnella, auct.

Arabisch und abissinisch wie der vorige.
Einzeln im Gebirge auf Bäumen und Felsen.

II. Ordnung der Sperlingvögel (Passeres).

A. Familie der Nachtschatten (Caprimulgidae).

21. Der dreifleckige Nachtschatten, Caprimulgus tristigma, *Rüppell* (Systematische Uebersicht, S. 14. Taf. 3).
Arabisch: Gurre.
Einzeln in den tiefen Thälern und am Fuße des Gebirges.

B. **Familie der Schwalben** (Hirundinidae).

22. 1) Der abissinische Segler, Cypselus abyssinicus, *Lichtenstein* (Streubel, Isis 1848).
C. affinis, *Gray.*
C. Rueppellii? *Heuglin.*
Einzeln bei Mensa beobachtet.

23. 2) Die Seglerschwalbe, Atticora pristoptera, *Rüppell* (Neue Wirbelthiere, S. 105. Taf. 39, als Hirundo und bez. Chelidon pristoptera).
Einmal bei Mensa erlegt.

24. 3) Die Rauchschwalbe, Cecropis rustica, *Linné* (Syst. nat. I. 1015).
Arabisch: Their el Djiene (Paradiesvogel).
Auf dem Zuge im Anfange des März ein häufiger Gast in der Samchara und im Gebirge.

25. 4) Die gestreifte Schwalbe, Cecropis abyssinica, *Guérin* (Rev. zool. 1843).
Cecropis striolata, *Rüppell.*
Hirundo puella, *Temm.*
Hausschwalbe in beiden Beobachtungsgebieten.

26. 5) Die rothstirnige Schwalbe, Cecropis rufifrons, *Le Vaillant* (Afr. 245).
Ziemlich einzeln im Gebirge.

27. 6) Die schwarzsteißige Schwalbe, Cecropis melanocrissus, *Rüppell* (Systematische Uebersicht, S. 17. Taf. 5).
Mehrere Male bei Mensa gesehen.

28. 7) Die fadenschwänzige Schwalbe, Ubromitus filifera, *Steph.* (Gen. zool. VIII. 78).
Hirundo filicaudata, *Frank.*
Chelidon ruficeps, *Boje.*
Einzeln in der Samchara beobachtet; seltener, als in Nubien.

29. 8) Die Felsenschwalbe, Cotyle obsoleta, *Caban.* (Mus. Heinemann I. 50).
Einzeln an den Felsenwänden der Hochthäler; ungleich seltner, als an felsigen Stellen der egiptischen und nubischen Wüsten.

30. 9) Die Mehlschwalbe, Chelidon urbica, *Linné*.
Hirundo urbica, *Linné*.
Hirundo logopoda.
In ziemlich starken Flügen Anfangs März auf dem Zuge.

C. **Familie der Raken** (Coraciadae).

31. Die abissinische Mandelkrähe, Coracias abyssinica, *Gm*. (*Gm. Linné* Syst. S. 379).
Einzeln am Ain-Saba. Von Seiner Hoheit dem Herzog beobachtet.

D. **Familie der Eisvögel** (Alcedinidae).

32. Der blaurückige Eisvogel, Ispidina cyanotis? *Swainson* (Western Afr. II. 103).
Alcedo nutans, *Vieill*.
Todus coeruleus, auct.
Todus pictus, *Bodd*.
Einzeln am Bache des Mensathales.

E. **Familie der Bienenfresser** (Meropidae).

33. 1) Der Bienenfresser, Merops apiaster, *Linné* (Syst. S. 182).
Ende März in zahlreichen Flügen auf dem Zuge.

34. 2) Savigny's Bienenfresser, Merops Savignyi, *Le Vaillant*.
Merops longicauda.
Wie der vorige.

35. 3) Lafrenay's Bienenfresser, Merops Lafrenayi, *Guérin*.
Einzeln, wahrscheinlich Standvogel im Gebirge.

F. **Familie der Nageschnäbel** (Trogon).

36. Die Narina, Trogon (Apoladerma?) Narina, *Vieill*. (Encycl. 1360).
Einmal im Mensathale gesehen.

III. Ordnung der Dünnschnäbler (Tenuirostres).

A. Familie der Wiedehöpfe (Upupidae).

37. 1) Der Wiedehopf, Upupa senegalensis? *Swainson* (Western Afr. II. S. 114).
Upupa epops, var. senegalensis.
Arabisch: Hub-Hub.
Einzeln in der Samchara bei Umkullu, auch im Gebirge bei Mensa; viel häufiger im Sudahn.

38. 2) Der Baumwiedehopf, Promerops erythrorhynchus, *Cuvier* (*Le Vaillant* Taf. 1 und 2).
Einzeln bei Mensa; häufiger im Ost-Sudahn.

B. Familie der Honigsauger (Nectarineadae).

39. 1) Der schimmernde Honigsauger, Nectarinea metallica, *Lichtenstein* (Doubl. S. 15).
Sehr gemein in der Samchara; nicht im Gebirge.

40. 2) Nectarinea habyssinica, *Ehrenberg* (Symb. phys. Aves, Tab. 4).
Paarweise in dem Chor von Mensa.

41. 3) Der ähnliche Honigsauger, Nectarinea affinis, *Rüppell* (Neue Wirbelthiere, S. 87, Taf. 31).
Gemein von 3000 Fuß über dem Meere an nach aufwärts.

42. 4) Der prächtige Honigsauger, Nectarinea famosa? *Vieill.* (Oiseaux d'Afrique. Vol. II. Taf. 37 und 38).
Sehr einzeln bei Mensa.

43. 5) Der blutfleckige Honigsauger, Nectarinea cruentata, *Rüppell* (Systematische Uebersicht, S. 26. Taf. 9).
Paarweise selten im Gebirge, nicht unter 5000 Fuß über dem Meere.

IV. Ordnung der Singvögel, (Zahnschnäbler) (Dentirostres).

A. Familie der Sänger (Lusciniadae).

44. 1) Der rothstirnige Buschschlüpfer, Drymoica rufifrons, *Rüppell* (Neue Wirbelthiere, S. 110. Taf. 41, als Prinia rufifrons).

Sehr häufig im niedern Gebüsch des Gebirges.

45. 2) Camaroptera brevicaudata, *Rüppell* (Atlas ꝛc. S. 53. Taf. 35, als Sylvia brevicaudata).

Ficedula brevicaudata, *Rüppell*.
Syncopta brevicaudata.
Sylvia chrysocnema, *Lichtenstein*.

Nicht besonders selten im Gebirge um Mensa herum.

46. 3) Der Laubsänger, Ficedula umbrovirens? *Rüppell* (Neue Wirbelthiere, S. 112).

Einzeln bei Mensa.

47. 4) Der Mönch, Curruca — Epilais — atricapilla, *Brül.*

Motacilla atricapilla, *Linné*.

Einzeln in der Winterherberge.

48. 5) Die abissinische Baumnachtigall, Aedon minor, *Cabanis* (Mus. Hein. S. 39).

Sehr häufig im Gebüsch der Samchara.

49. 6) Der Steinschmätzer, Saxicola oenanthe, *Bechstein*.

Motacilla oenanthe, *Gm.*

Auf dem Zug in der Samchara.

50. 7) Der sandfarbene Steinschmätzer, Saxicola isabellina, *Rüppell* (Atlas ꝛc. S. 52. Taf. 34).

Nicht selten in der Samchara.

51. 8) Der dunkle Steinschmätzer, Saxicola lugubris, *Rüppell* (Neue Wirbelthiere, S. 77. Taf. 28).

Paarweise nicht selten bei Mensa.

52. 9) Der schwarzschwänzige Steinschmätzer, Saxicola melanura, *Rüppell (Temm.* Pl. col. 257).

Häufig auf Inseln des rothen Meeres und in beiden Arabien; einzelner in Südnubien.

53. 10) Der Drosselschmätzer, Thamnolaea albiscapulata, *Rüppell* (Neue Wirbelthiere, S. 74. Taf. 26, als Saxicola albiscapulata).

Auf Felsen und Bäumen paarweise nicht selten bei Mensa.

54. 11) Hemprichs Wiesenschmätzer, Pratincola Hemprichii, *Ehrenberg* (Symb. phys.).

Einzeln im Gebirge.

55. 12) Der Drosselrothschwanz, Ruticilla? rufocinerea, *Rüppell* (Neue Wirbelthiere, S. 76. Taf. 27, als Saxicola rufocinera).

Einzeln und paarweise auf Bäumen, nie auf Felsen.

56. 13) Der Gartenrothschwanz, Ruticilla phoenicura, *Linné* (Syst. nat. XII. p. 335, als Motacilla phoenicura).

Noch Mitte April in der Winterherberge bei Mensa.

57. 14) Die gelbe Stelze, Motacilla sulphurea, *Bechstein* (Naturgesch. Deutschl. III. S. 459).

Motacilla boarula, *Penn.*
Motacilla melanops, *Pall.*

Einzeln am Bache des Mensathales.

58. 15) Die Bachstelze, Motacilla alba, *Linné* (Syst. nat. I. 331).

Häufig in ganz Nord-Ost-Afrika.

59. 16) Die sammtköpfige Schafstelze, Budytes melanocephala, *Lichtenstein* (Doubl. S. 36).

Als Wintergast häufig bei allen Viehherden im Gebirge.

60. 17) Die schwarzköpfige Schafstelze, Budytes atricapilla, *Brehm.*

Wie die vorige.

61. 18) Die grauköpfige Schafstelze, Budytes cinereocapilla, *Brehm.*

Ebenso.

62. 19) Die grünköpfige Schafstelze, Budytes campestris, *Pallas* (It. III. app. S. 696).
Ebenso.

63. 20) Die gemeine Schafstelze, Budytes flava, *Linné* (Syst. nat. XII. 331, als Motacilla flava).
Ebenso.

64. 21) Vierthaler's Brachpieper, Corydalla Vierthaleri, *Alfr.* und *Lud. Brehm* (Vogelfang 137. 2).
Paarweise nicht selten auf der Hochebene bei Mensa.

B. Familie der Drosseln (Turdidae).

65. 1) Die abissinische Drossel, Turdus simensis, *Rüppell* (Neue Wirbelthiere, S. 81. Taf. 29).
Einzeln im niederen Gebüsch und auf Hochbäumen bei Mensa.

66. 2) Die Steindrossel, Petrocincla saxatilis, *Linné*.
Turdus saxatilis, *Linné* (Syst. nat. I. 294).
Als Gast in der Winterherberge gesehen; selten.

67. 3) Der Amseling, Cercotrichas erythroptera, *Gm.*
Turdus erythropterus, *Gm.* (I. 835).
Sphaenura erythroptera, *Lichtenstein.*
Argya erythroptera, *Lafren.*
Podobcus erythropterus, *Lesson.*
Einzeln nicht selten in dichterem Gebüsch der Samchara und des Gebirges.

68. 4) Der Weißkopf, Crateropus leucopygius, *Rüppell* (Neue Wirbelthiere, S. 82. Taf. 30).
In Gesellschaften nicht selten im dichtesten Gebüsch der Gebirgsthäler.

69. 5) Der Droßling, Picnonotus Arsinoë, *Lichtenstein*.
Paarweise häufig in der Samchara und im Gebirge, wie überall in Nord-Ost-Afrika südlich des 24. Grades nördlicher Breite.

C. Familie der Fliegenfänger (Muscicapidae).

70. 1) **Der Fliegenfänger**, Butalis grisola, *Linné*.
Muscicapa grisola, *Linné* (Syst. nat. I. 929).
In der Winterherberge nicht selten.

71. 2) **Der Paradiesfliegenfänger**, Tchitrea melanogastra, *Swainson* (B. of Western Afr. II. 55, als Muscipeta melanogastra).
Paarweise in Wäldern des Gebirges.

D. Familie der Seidenvögel (Ampelidae).

72. 1) **Der Würgerschnäpper**, Dicrurus lugubris, *Ehrenberg* (Symb. ph. Aves, Taf. 8).
Einzeln bei Mensa.

E. Familie der Würger (Laniidae).

73. 1) **Smith's Würger**, Collurio Smithii, *Fraser* (Proc. Z. Soc. 1843. p. 16).
Lanius Arnaudi? *Desmurs*.
Lanius fuscus? *Caban*.
Einzeln und paarweise auf Hochbäumen und Gebüsch bei Mensa.

74. 2) **Der Flötenwürger**, Thelephorus aethiopicus, *Latham* (als Lanius aethiopicus).
Häufig im dichten Gebüsch in Gebirgsthälern, einzeln auch in reichbewaldeten Regenstrombetten der Samchara.

75. 3) **Der Kubla**, Dryoscopus Cubla, *Latham*.
(Le Vaillant, Oiseaux d'Afr. Tab. 73).
Paarweise im Gebirge.

76. 4) **Der rothflügelige Erdwürger**, Thelephorus erythropterus, *Shaw* (*Buffon* Pl. enc. 479).
Einzeln in niederem Gebüsch und auf dem Boden.

77. 5) **Der blutfleckige Würger**, Laniarius? cruentus, *Ehrenberg* (Symb. phys. Aves, Tab. III. als Lanius cruentus).
Ein Pärchen wurde in der Samchara erlegt.

V. Ordnung der Kegelschnäbler (Conirostres).

A. Familie der Raben (Corvidae).

78. 1) Der Wüstenrabe, Corax umbrinus, *Hedenborg*. Arabisch: Rhurahb nochi.

Paarweise auf Inseln des rothen Meeres, häufiger in Egipten, Nubien und Arabien.

79. 2) Der kurzschwänzige Rabe, Corax affinis, *Rüppell* (Neue Wirbelthiere, 1. 20. Taf. 10).

Corvus brachyurus, L. u. A. *Brehm* (Vogelfang S. 414, aus Versehen als Corvus brachyrhynchus aufgeführt).
Corvus capensis? *Lichtenstein*.

Sehr häufig im Gebirge; bei Mensa in starken Flügen.

80. 3) Der weißbrüstige Rabe, Corax scapulatus, *Latham* (Encycl. 327).

Corvus leuconotus, *Swainson* (B. of W. Afr. I. 133. pl. V.)

Paarweise nicht selten in der Samchara.

B. Familie der Starvögel (Sturnidae).

81. 1) Der Felsenstar, Ptilonorhynchus albirostris? *Rüppell* (Neue Wirbelthiere, S. 22. Taf. 9).

In zahlreichen Schaaren auf Bäumen und selten bei Mensa.

82. 2) Die Glanzelster, Lamprotornis aeneus, *Linné* (als Turdus aeneus).

Merula viridis longicauda senegalensis, *Brisson*.
Juida aenea, *Lesson*.

Nach Beobachtungen Seiner Hoheit des Herzogs, am Ain-Saba; nicht selten im Subahn.

83. 3) Die Glanzdrossel, Lamprocolius chalybaeus, *Ehrenberg* (Symb. phys. Aves, Tab. X als Lamprotornis chalybaeus).

Paarweise in dem niederen Buschwerk bei Mensa.

84. 4) Die rothbäuchige Glanzdrossel, Lamprocolius rufiventris, *Rüppell* (Neue Wirbelthiere, S. 24. Taf. 11, als Lamprotornis rufiventris).

In Gesellschaften in der Samchara.

85. 5) Die weißbäuchige Schuppendrossel, Pholidauges leucogaster, *Gmel.* (1. 819, als Turdus leucogaster).
Lamprotornis leucogaster, *Swainson.*
Calornis leucogaster, *Bonap.*

In kleinen Gesellschaften auf Hochbäumen der Samchara und des Gebirges.

86. 6) Der Madenhacker, Buphaga erythrorhyncha, *Stanley* (Salt. Trav. S. 59. als Tanagra erythrorhyncha).

In kleinen Gesellschaften in der Samchara und bei Mensa.

C. Familie der Finken (Fringillidae).

87. 1) Der gelbe Webervogel, Hyphantornis galbula, *Rüppell* (Neue Wirbelthiere, S. 92. Taf. 32 als Ploceus galbula).

In zahlreichen Schaaren in den reicheren Thälern der Samchara und des Gebirges.

88. 2) Der graugrünliche Webervogel, Hyphantornis flavoviridis, *Rüppell* (Systematische Uebersicht, S. 69, Taf. 29, als Ploceus flavoviridis).

Gemein in beiden Beobachtungsgebieten.

89. 3) Der schwarze Weber, Textor alecto, *Temm.* (Pl. col. 446).

Nicht selten in der Samchara.

90. 4) Die rothschnäbelige Witwe, Vidua principalis, *Linné* (Syst. nat. I. 313, als Emberiza principalis).
Vidua angolensis, *Brisson.*
Vidua serena, *Linné.*
Vidua erythrorhyncha, *Swainson.*

Sehr einzeln im Mensathale, häufiger in Südnubien und Ostnubahn.

91. 5) Die Paradieswitwe, Steganura paradisea, *Linné* (Syst. nat. I. 312, als Emberiza paradisea).
Vidua paradisea.
Vidua africana, *Brisson.*

Einzeln in der Samchara und im Cher von Mensa.

92. 6) Der Blutfink, Lagonosticta minima, *Vieillot* (Encycl. méth. S. 991, als Fringilla minima).

Fringilla senegalla, *Lichtenstein.*
Estrilda s. Estrelda minima.

Sehr einzeln im Walde bei Mensa.

93. 7) **Der Glanzfink, Hypochoera nitens** (*Gmel.* II. 909, als Fringilla nitens).

Passer niger erythrorhynchos, *Brisson.*
Hypochoera aenea, *Hartlaub.*

Sehr einzeln in der Samchara, häufig in Nubien und Sudahn.

94. 8) **Der Hausſperling, Passer rufidorsalis, L. u. *A. Brehm.***

Hausſperling im Mensa und im Innern Afrikas.

95. 9) **Swainson's Sperling, Passer simplex,** *Swains.* (B. of West. Afr. II. 208, als Pyrgita simplex).

Pyrgitha gularis, *Lesson.*
P. Swainsonii, *Rüppell.*
P. grisea, *Lafren.*
P. spadicea, *Lichtenstein.*
Pyrgitopsis simplex, *Bonap.*

Hausſperling in Mensa, sowie in den Walddörfern Ost-Sudahns und Kordofahns.

96. 10) **Der geſtreifte Ammer, Fringillaria septemstriata,** *Rüppell* (Neue Wirbelthiere, S. 86. Taf. 30, als Emberiza septemstriata).

Emberiza Tahapisi, *A. Smith.*
Fringillaria rufa, *Swainson.*

In der Samchara und in tieferen Thälern des Gebirges.

D. Familie der Lerchen (Alaudidae).

97. 1) **Die gilbliche Haubenlerche, Galerita lutea,** *Brehm* (Vogelfang 124).

In der Samchara.

98. 2) **Die abiſſiniſche Haubenlerche, Galerita abyssinica,** *Brehm* (Vogelfang 124).

Auf der Hochebene bei Mensa.

99. 3) **Die Wüſtenammerlerche, Ammomanes deserti,** *Lichtenstein* (Doubl. 28, als Alauda deserti).

Melanocorypha isabellina, *Temm.*

Mirafra deserti, *Gray.*

In der Samchara in Scharen.

100. 4) **Die kurzzehige Ammerlerche**, Melanocorpha brachydactyla, *Leisler* (Wetterauer Annalen VIII).

Nicht selten in der Samchara.

101. 5) **Die Gimpellerche**, Pyrrhullauda crucigera, *Temm.* (Pl. col. Taf. 269).

Paarweise sehr häufig in grasreichen Thälern der Samchara bei Umkullu.

E. Familie der Gimpel (Pyrrhulidae).

102. **Der gestreifte Gimpel**, Pyrrhula? striolata, *Rüppell* (Neue Wirbelthiere, S. 99. Taf. 37).

Paarweise häufig bei Mensa.

F. Familie der Pisangvögel (Musophagidae).

103. 1) **Der weißrückige Mäusevogel**, Colius leuconotus, *Rüppell* (Mus. Senkenberg. III. Taf. 2).

Eine Gesellschaft wurde bei Mensa beobachtet und erlegt.

104. 2) **Der Helmvogel**, Corythaix leucotis, *Rüppell* (Neue Wirbelthiere, S. 8. Taf. 3).

Paar- und familienweise in dichteren Baumbeständen der Gebirgsthäler, von 3000 Fuß über dem Meere an aufwärts.

105. 3) **Der Pisangfresser**, Schizorhis zonurus, *Rüppell* (Neue Wirbelthiere, S. 8. Taf. 4, als Chizaerhis zonurus).

In kleinen Familien auf Hochbäumen längs der Regenstrombetten im höheren Gebirge.

G. Familie der Nashornvögel (Bucerotidae).

106. 1) **Der gemeine Nashornvogel**, Tockus nasutus, *Linné.*

Tockus Forskali, *Hempr. u. Ehrenberg.*
T. Hemprichii, *Ehrenberg.*
T. hastatus, *Cuvier.*
Hydrocorax senegalensis melanorhynchus, *Brisson.*

Paarweise häufig im Gebirge, seltener in der Samchara.

107. 2) Der verbrämte Nashornvogel, Tockus limbatus, *Rüppell* (Neue Wirbelthiere, S. 5. Taf. 2, als Buceros limbatus.

Paarweise selten im Gebirge.

108. 3) Der rothschnäbliche Nashornvogel, Tockus erythrorhynchus, *Temm.* (Pl. col. 283).
Hydrocorax senegalensis erythrorhynchus, *Brisson.*

Paarweise häufig im Gebirge.

109. 4) Der Hornrabe, Bucorax abyssinicus.
Buceros abyssinicus, *Gm. Lath.*
B. carunculatus, *Wagler.*
B. Leadbeateri, *Vig.*
Tragopan abyssinicus, *Möhring.*

Arabisch: Um-Tortor.
Abissinisch: Aba-Gumba und Taha.

VI. Ordnung der Klettervögel (Scansores).

A. Familie der Papageien (Psittacidae).

110. 1) Der Halsbandsittich, Palaeornis torquatus, *Brisson* (Orn. IV. 323, als Psittaca torquata).
Psittacus cubicularis, *Hasselquist.*
Palaeornis parvirostris, *Bonap.*

Arabisch: Babagaan.

Von Seiner Hoheit dem Herzog am Ain-Saba erlegt; häufig im Sudahn und im Kordofahn.

B. Familie der Bartvögel (Bucconidae).

111. 1) Salts Bartvogel, Pogonias Saltii, *Stanl.* (Salt's Trav. Abyss., als Bucco Salti).
Phytotoma tridactyla, *Daud.*
Hyrcus abyssinicus, *Steph.*
Pogonias haematops, *Wagler.*
P. Saltii, *Swains.*
P. Brucei, *Rüppell.*
Laimodon Brucei, *Rüppell.*

Paarweise im Gebirge.

112. 2) Der Perlvogel, Trachyphonus margaritatus, *Rüppell* (Atlas, S. 30. Taf. 20, als Bucco margaritatus).
    Tamatia erythropygos, *Ehrenberg*.

Paarweise südlich des sechszehnten Grades nördlicher Breite in Habesch, im Sudahn und im Kordofahn.

C. Familie der Spechte (Picidae).

113. 1) Hemprichs Specht, Dendropicus Hemprichii, *Ehrenberg* (Symb. phys. als Picus Hemprichii).
    Dendrobates Hemprichii, *Rüppell* (Systematische Uebersicht, S. 88. Taf. 35).

Einzeln auf Hochbäumen der Samchara; im Gebirge nicht beobachtet.

D. Familie der Kukuke (Cuculidae).

114. 1) Der Honigangeber, Indicator minor? *Steph.*
    Indicator minimus, *Temm.*
    I. buphagoides, *Leadb.*
    I. diadematus, *Rüppell.*

Im Gebirge nur gesehen, nicht erlegt.

115. 2) Der Sporntutuk, Centropus superciliosus, *Ehrenberg* u. *Rüppell* (Neue Wirbelthiere, S. 56. Taf. 21).

Einzeln in der Samchara.

VII. Ordnung der Tauben (Columbae).

116. 1) Die Papageitaube, Treron abyssinica, *Latham* (I. O. suppl. IX. als Columba abyssinica).
    Columba humeralis, *Wagler.*
    C. Waalia, *Bruce.*
    Phalacrotreron abyssinica, *Bonap.*

In Paaren und kleinen Familien auf Hochbäumen beider Beobachtungsgebiete; in der Samchara nur in unmittelbarer Nähe des Gebirges.

117. 2) Die Felsentaube, Columba glauconotus, *L.* u. *A. Brehm* (Vogelfang 256).

Arabisch: Hamahm.
Auf Felswänden bei Aken und bei Menſa.

118. 3) **Die Guineataube**, Stictoenas guinea, *Linné* (Syst. nat. I. 283, als Columba guinea).
Columba trigonigera, *Wagler*.

Von Seiner Hoheit dem Herzog am Ain=Saba erlegt; nicht ſelten im Sudahn und Korbofahn.

119. 4) **Die Senegaltaube**, Turtur senegalensis, *Linné* (Syst. nat. I. 283, als Columba senegalensis).
Columba maculicollis, *Wagler*.

Arabisch: Djimrie.
Paarweiſe häufig in beiden Beobachtungsgebieten.

120. 5) **Die Halsbandtaube**, Turtur semitorquatus, *Rüppell* (Neue Wirbelthiere, S. 66. Taf. 23, als Columba semitorquata).
Turtur erythrophrys? *Swainson*.

In großen Flügen im Gebirge.

121. 6) **Die Lachtaube**, Turtur risorius, *Linné* (als Columba risoria).
Columba vinacea, *Gm*.

Gemein in der Samchara, wie in ganz Innerafrika; ſeltener im Gebirge.

122. 7) **Die Erbtaube**, Chalcopelia afra, *Linné*.
Turtur chalcopsilos, *Swainson*.
Peristera chalcopsilos, *Wagler*.

Paarweiſe nicht ſelten im Gebirge.

123. 8) **Die Kaptaube**, Oena capensis, *Linné* (Syst. nat. I. 286, als Columba capensis).
Columba atrogularis, *Wagler*.

Gemein in der Samchara, ſeltener im Gebirge.

VIII. Ordnung der Hühner (Gallinae).

A. Familie der Perlhühner (Numididae).

124. **Das nubiſche Perlhuhn**, Numida ptilorhyncha, *Lichtenstein*.

Arabisch: Djebahr el Wari.
Abissinisch: Hagál.
Häufig in der Samchara und im Gebirge.

B. Familie der Waldhühner (Tetraonidae).

125. 1) Erkels Frankolin, Francolinus Erkelii, *Rüppell* (Neue Wirbelthiere, S. 12. Taf. 6, als Perdix Erkelii).
Gemein im Gebirge.

126. 2) Rüppells Frankolin, Francolinus Rüppellii, *Gray*.
Perdix Clappertonii, *Rüppell* (Atlas, S. 13. Taf. 9).
Francolinus Clappertonii, auct.

Arabisch: Kherra.
Von Seiner Hoheit am Ain-Saba erlegt.

127. 3) Das isabellkehlige Frankolin, Francolinus gutturalis? *Rüppell* (Systematische Uebersicht, S. 103. Taf. 40).
Arabisch: Djebahd el Barr.
Abissinisch: Gáleb und Beït-Abrihi.
Ebenso.

128. 4) Das rothkehlige Frankolin, Pternistes rubricollis, *Rüppell* (Atlas, S. 44. Taf. 30, als Perdix rubricollis).
Francolinus rubricollis, auct.

Abissinisch: Beït-Abrihi.
Nur in der Samchara, häufig.

129. 5) Die Wachtel, Coturnix communis, *Bonop*.
Tetrao coturnix, *Linné* (Syst. nat. I. 278).
Coturnix dactylisonans, *Meyer*.

Sehr häufig als Gast in der Winterherberge in beiden Beobachtungsgebieten.

C. Familie der Flughühner (Pteroclidae).

130. Das streifige Flughuhn, Pterocles quadricinctus, *Temm.* (Pig. u. Gall. III. 253).
Pterocles tricinctus, *Swainson* (B. of W. A. II. 222, pl. XXIII, das Weibchen).

Arabisch: Khata.
Abissinisch: Bürniko.
In kleineren und größeren Flügen häufig in der Samchara.

IX. Ordnung der Straußen (Struthiones).

131. Der Strauß, Struthio Camelus, *Linné* (Syst. nat. I. 265).
In der Samchara nach glaubwürdigen Angaben.

X. Ordnung der Laufvögel (Grallae).

A. Familie der Trappen (Otididae).

132. Der arabische Trappe, Eupodotis arabs, *Linné* (Syst. nat. I. 264, als Otis arabs).
Choriotis arabs, *Bonap.*
Arabisch: Chubahra.
Einzeln, aber nicht selten in der Samchara.

B. Familie der Regenpfeifer (Charadriadae).

133. 1) Der abissinische Dickfuß, Oedicnemus affinis, *Rüppell* (Mus. Senkenberg. II. 210. Systematische Uebersicht, S. 111. Taf. 42).
Arabisch: Karawahn.
Abissinisch: Garra-Ali.
Paar- und familienweise in der Samchara.

134. 2) Der Sporenkiebitz, Hoplopterus spinosus, *Linné* (Syst. nat. I. 256, als Charadrius spinosus).
Charadrius cristatus, *Shaw.*
Vanellus melasomus, *Swainson.*
Selten in Regenstrombetten der Samchara; gemein in Egipten.

135. 3) Der Lappenkiebitz, Sarciophorus pileatus, *Gm.* (*Linné* Syst. nat. I. 691, als Charadrius pileatus).
Familienweise in der Samchara.

136. 4) Der buntschnäbliche Regenpfeifer, Aegiatilis hiaticula, *Linné* (Syst. nat. XII. S. 253, als Charadrius Hiaticula).

In Gesellschaften häufig am rothen Meere.

137. 5) Der Seeregenpfeifer, Aegiatilis cantianus, *Latham* (Ind. Orn. suppl. II. 66, als Charadrius cantianus).
Charadrius alexandrinus, *Hasselquist.*
Ch. albifrons, *Meyer* u. *Wolf.*
Ch. litteralis, *Bechstein.*

Ebenso.

138. 6) Der asiatische Morinell, Eudromias asiaticus, *Pallas* (It. II. ap. p. 715, als Charadrius asiaticus).
Charadrius Caspius, *Pallas.*

Selten am rothen Meere; auch im Innern Afrikas an Strömen.

139. 7) Der Steinwälzer, Strepsilas interpres, *Linné* (Syst. nat. XII. p. 248, als Tringa interpres).
Strepsilas collaris, *Temm.*
Cinclus interpres, *Gray.*
Morinella collaris, *Meyer.*
Charadrius Cinclus, *Pallas.*

Im Winter nicht selten am rothen Meere.

140. 8) Der Austernfischer, Haematopus ostrealegus, *Linné* (Syst. nat. XII. 257).
Haematopus hypoleuca, *Pallas.*
Ostrealega europaea.

Ebenso.

C. Familie der Reiher (Ardeidae).

141. 1) Der Purpurreiher, Ardea purpurea, *Linné* (Syst. nat. I. 236).

Bei Massaua erlegt.

142. 2) Der Meerreiher, Herodias schistacea, *Lichtenstein* (als Ardea schistacea).

Lepterodas schistacea, *Ehrenberg*.

Häufig am rothen Meere und im Golf von Aden.

143. 3) **Sturm's Zwergreiher**, Ardella Sturmii, *Wagler* (Syst. Av. spec. 37, als Ardea Sturmii).
Egretta plumbea, *Swainson*.
Andeiralla *Sturmii*.

Im Mensathale, häufiger in den Urwäldern des Innern.

144. 4) **Der Löffler**, Platalea tenuirostris? *Temm.* (Man. d'Ornith.)
Platalea nudifrons, *Cuvier*.
Pl. chlororhynchos, *Drap*.
Pl. Telfairii, *Vig*.
Leucoradia tenuirostris, *Reichenbach*.

Im rothen Meere, häufiger an den Nilzuflüssen.

145. 5) **Abbim's Storch**, Sphenorhynchus Abdimii, *Ehrenberg* (Symb. phys. Bogen f. Taf. 5).
Abdimia sphenorhyncha, *Bonap*.

Paarweise in beiden Beobachtungsgebieten; gemein im Innern.

146. 6) **Der Schattenvogel**, Scopus umbretta, *Gm.*
Ardea fusca, *Forster*.
Cephus scopus, *Wagler*.

Paarweise nicht selten im Chor von Mensa.

147. 7) **Der Reihenläufer**, Dromas ardeola, *Paykul* (*Temm*. Pl. col.).
Herodias Hamphilensis, *Salt*.

Arabisch: Hanfuhr.

Bei Massaua erlegt.

D. Familie der Schnepfen (Scolopacidae).

148. 1) **Der Brachvogel**, Numenius arcuatus, *Linné* (Syst. nat. XII. 242, als Scolopax arquata).

Nicht selten am rothen Meere, wohl nur im Winter.

149. 2) Die Limose, Limosa rufa, *Brisson* (Ornith. V. 281).
Scolopax lapponica, *Linné.*
Am rothen Meere.

150. 3) Die Strandschnepfe, Totanus glottis, *Gm.* Linné (als Scolopax glottis).
Glottis chloropus, *Nils.*
Gl. natans, *Koch.*
Totanus chloropus, *Meyer.*
Limosa grisea, *Brisson.*

Einzeln am rothen Meere, z. B. bei Mocha; wohl nur im Winter. Häufig zur selben Zeit in Egipten.

151. 4) Der Rothschenkel, Totanus calidris, *Linné* (als Scolopax calidris).
Tringa gambetta, *Linné.*
Tr. striata, *Linné.*

Einzeln und in kleinen Gesellschaften am rothen Meere.

152. 5) Der getüpfelte Wasserläufer, Totanus ochropus, *Linné* (Syst. nat. 676, als Tringa ochropus).

Paarweise nicht selten an wasserhaltigen Regenstrombetten der Samchara, häufiger im Chor von Mensa.

153. 6) Der Flußuferläufer, Actitis hypoleucos, *Gm. Linné* (als Tringa hypoleucos).
Tringa canuta, *Linné.*
Totanus hypoleucos, *Temm.*

Häufig am rothen Meere und allen Süßwässern der Küste.

154. 7) Der Kampfläufer, Philomachus pugnax, *Linné* (Syst. nat. 247, als Tringa pugnax).
Machetes pugnax, *Cuvier.*

Am rothen Meere; sehr häufig in Egipten, wohl nur im Winter.

155. 8) Der Bogenschnabel, Tringa subarcuata, *Gm. Linné* (Syst. nat. I. 658, als Scolopax subarquata).
Scolopax africana, *Gm.*
Numenius pygmaeus, *Latham.*
N. africanus, *Latham.*

In großen Flügen am rothen Meere, z. B. bei Mocha; gemein in Egipten, hauptsächlich im Winter.

156. 9) Temmink's Strandläufer, Tringa Temminkii, *Leisler* (Nachträge ꝛc. I. 65).
Häufiger Wintergast am rothen Meere und in Egipten.

157. 10) Der Zwergstrandläufer, Tringa minuta, *Leisler* (Nachträge ꝛc. I. 74).
Ebenso.

XI. Ordnung der Schwimmvögel (Natatores).

A. Familie der Enten (Anatidae).

158. 1) Der Flaming, Phoenicopterus erythraeus, *Verreaux* (Rev. et. Mag. de Zool. 1855, p. 221).
<small>Phoenicopterus minor?</small>
Arabisch: Bascharohsch und Nisahf.
Von mir am rothen Meere einzeln beobachtet; vor Jahren erlegt.

159. 2) Die Nilgans, Chenalopex aegyptiacus, *Linné*.
<small>Anas aegyptiaca, auct.</small>
Arabisch: Wiß.
In kleinen Flügen an Regenströmen der Samchara; häufig am Nil, zumal im Sudahn.

B. Familie der Möven (Laridae).

160. 1) Hemprich's Möve, Larus Hemprichii? *Bonap.*
<small>Larus crassirostris? *Lichtenstein.*</small>
Arabisch: Abjameh.
Sehr gemein im südlichen rothen Meere und im Golf von Aden.

161. 2) Die weißäugige Möve, Larus leucophthalmos? *Lichtenstein.*
Wie die vorige, aber nicht ganz so häufig.

162. 3) Die rosenbäuchige Möve, Gavia gelastes, *Lichtenstein.*

Larus gelastes.

Im nördlichen Theile des rothen Meeres; manchmal auch häufig in Egipten.

163. 4) Die Raubseeschwalbe, Sylochelidon caspia, *Pallas* (Nov. Com. Petrop. XIV. S. 582, als Sterna caspia).

Arabisch: Abu Djirreh und Abu-Belahh.

Nicht selten am rothen Meere.

164. 5) Die schnelle Raubseeschwalbe, Sylochelidon velox, *Rüppell* (Atlas 2c., S. 21. Taf. 13, als Sterna velox).

Ziemlich häufig im Süden des rothen Meeres.

165. 6) Die ähnliche Seeschwalbe, Sterna affinis, *Rüppell* (Atlas 2c., S. 23. Taf. 14).

Arabisch: Abu-Bateen.

Wie die vorige.

166. 7) Die weißwangige Seeschwalbe, Sterna albigena? *Lichtenstein* (Mus. Berol.).

Ebenso.

167. 8) Die dunkle Wasserschwalbe, Hydrochelidon nigra, *Linné* (Syst. nat. als Sterna nigra).

Häufig am rothen Meere.

C. Familie der Pelekane (Pelecanidae).

168. 1) Der Tropikvogel, Phaethon aethereus, *Linné* (Syst. nat.).

Paarweise, nicht gerade selten im Innern des rothen Meeres und im Golf von Aden.

169. 2) Der rothe Tropikvogel, Phaethon phoenicurus? *Gm.*

Ebenda.

170. 3) Der braune Tölpel, Sula fusca, *Vieill.* (Gall. 277).

Sula brasiliensis, *Spix.*

Arabisch: Eschmett.

In ungemein zahlreichen Flügen im ganzen rothen Meere.

171. 4) Der schwarzgesichtige Tölpel, Sula melanops, *Heuglin* (*Sclater*, Ibis. 1859).

Einzeln im Süden des rothen Meeres und im Golf von Aden.

172. 5) Der röthliche Pelekan, Pelecanus rufescens, *Latham* (Synops. III. 2. 584; *Rüppell*, Atlas ꝛc., S. 31. Taf. 21).

Arabisch: Bädje, Abu-Khirbe, Abu-Kurahn.

Danakil: Antele.

Sehr häufig im südlichen rothen Meere.

Beobachtungen
über einige
Vögel und deren Leben.

Dasselbe, was ich meinen Bemerkungen über die Lebensverhältnisse einiger Säugethiere vorausschickte, gilt in noch höherem Grade für die Klasse der Vögel. Verzeichnisse der Vogelwelt einer bestimmten Gegend, wie ich eins im vorigen Abschnitt gab, besitzen wir genug, und gerade über Nordafrika, ja über Abissinien insbesondere, haben wir viele und werthvolle Arbeiten dieser Art erhalten. Solche Verzeichnisse sind zur Uebersicht der Ornis einer Gegend von hohem Werthe, und ebendeshalb habe auch ich in der althergebrachten Form eines gegeben; aber mich dünkt, daß der Thierkundige von jedem Reisenden, welcher in die Fußtapfen seiner Vorgänger tritt, erwarten darf, daß er seine Beobachtungen nicht einzig und allein auf das Vorkommen eines Vogels beschränkt, sondern sich auch nach Kräften bemühe, mit anderen Lebensverhältnissen desselben vertraut zu werden, — und sei es auch nur, um die Angaben früherer Reisenden zu bestätigen, zu erweitern oder bezüglich zu berichtigen.

Den mit diesen Worten Einverstandenen glaube ich im Nachstehenden nichts Unwillkommenes zu bieten. Ich habe, soviel als es mir möglich war, auch mit dem Zollstabe gearbeitet, weil meine Erfahrung mich belehrt hat, daß für den Vogelkundigen Maße zur genauen Bestimmung geradezu unerläßlich sind. Die Schwankungen in den Größenverhältnissen verschiedener, aber gleichgeschlechtlicher Thiere einer Vogelart sind so außerordentlich gering, daß oft der Zollstab allein schon dem vergleichenden Forscher die gewünschte Sicherheit zur Bestimmung geben kann. Und weil es nur Wenigen gegönnt ist, fremdländische Vögel im natürlichen Zustande zu messen, d. h. noch unberührt von den Verunstaltungen, welche der Vogelbalg durch die ungeschickte Hand des Ausstopfers oder auch durch Eintrocknen u. s. w. erhält, so glaube ich, daß die von mir gegebenen Maße, welche sämmtlich von frisch geschossenen Vögeln genommen wurden, keine unwürdige Gabe für meine Fachgenossen sein werden. — Bemerken will ich noch, daß alle Maße in Pariser Zollen angegeben sind.

Hinsichtlich der Reihenfolge habe ich Hartlaubs „System der Ornithologie Westafrikas" zu Grunde gelegt, soweit Dies möglich war; und somit habe ich mit einem der gemeinsten Vögel unserer festländischen Beobachtungsgebiete zu beginnen: mit dem

Mönchsgeier (Neophron pileatus).

Ich habe diesen in Afrika so weit verbreiteten Vogel bereits vor elf Jahren in der „Naumannia" (2. Band, 3. Heft, Seite 39 und ff.) kurz beschrieben und darf auf jene Angabe verweisen, weil das von mir Mitgetheilte, wie ich mich jetzt wieder überzeugte, vollkommen der Natur entspricht; doch habe ich Einiges nachzutragen, zunächst die genauen Maße.

Bei dem ausgefärbten Männchen sind diese folgende:

Länge	2 Fuß	2 Zoll	— Linien.
Breite	5 „	3 „	— „
Höhe des Tarsus	— „	3 „	2 „
Länge der Mittelzehe	— „	2 „	7 „
Länge der Hinterzehe	— „	1 „	4 „
Länge der inneren Zehe	— „	1 „	4 „
Länge der äußeren Zehe	— „	1 „	9 „
Länge des Schnabels längs der Firste	— „	2 „	5 „
Länge des Unterschnabels bis zum Kieferwinkel	— „	— „	9 „
Länge des Schwanzes	— „	9 „	— „
Vom Bug bis zur Spitze d. dritten Schwungf.	1 „	5 „	— „

Beim Weibchen mißt:

Die Länge	2 F.	2 Z.	— L. u. bezüglich	2 F.	1 Z.	6 L.
Die Breite	5 „	6 „	— „ „	5 „	4 „	6 „
Der Tarsus	— „	3 „	3 „ „	— „	3 „	4 „
Die Mittelzehe	— „	2 „	8 „ „	— „	2 „	7 „
Die Hinterzehe	— „	1 „	5 „ „	— „	1 „	4 „
Die innere	— „	1 „	5 „ „	— „	1 „	4 „
Die äußere	— „	1 „	8 „ „	— „	1 „	7 „
Der Oberschnabel	— „	2 „	5 „ „	— „	— „	— „

Der Unterschnabel . — F. — Z. 9 L. u. bezüglich — F. — Z. — L.
Der Flügel vom Bug bis
zur Spitze . . . 1 „ 5 „ — „ „   „   1 „ 5 „ 6 „
Der Schwanz . . . — „ 9 „ 6 „ „   „   — „ 9 „ — „

Die Farben der hornigen oder häutigen Theile sind nach dem Alter verschieden und bei ausgefärbten Vögeln lebhafter, als bei jungen. Die Iris ist dunkelbraun, der Schnabel hornblau, an der Spitze dunkler, der Fuß lichtbleigrau, die Wachshaut lebhaft violett, der Augenring bläulichroth, ebenso der Kopf, soweit er nackt ist; die Kehle pflegt lichter zu sein.

Der Mönchsgeier ist das häufigste Mitglied seiner Familie in den von uns durchreisten Gegenden und scheint gewissermaßen seinen Verwandten aus dem Norden, den Schmuzgeier, zu vertreten, obgleich auch dieser mit ihm zusammen noch vorkommt. Auf der asiatischen Küste des rothen Meeres habe ich den Mönchsgeier nie bemerkt; auf der afrikanischen dagegen ist er gemein. Schon in Maffaua sieht man ihn ziemlich häufig; in Umkullu stellt er sich regelmäßig Morgens bei den Wohnungen ein, verweilt den ganzen Tag in der Nähe derselben und fliegt erst mit Sonnenuntergang einem seiner bevorzugten Schlafplätze zu.

Man kann diesen Vogel ein halbes Hausthier nennen. Im Bewußtsein des ihm von dem Menschen gewährten Schutzes hat er sich mit diesem so vertraut gemacht, wie ein Hausvogel oder mindestens wie unser Rabe oder unser Sperling. Er kommt dreist bis dicht an die Wohnungen heran, läuft ungescheut vor der Thür derselben auf und ab, macht sich in unmittelbarer Nähe der Küche zu schaffen und fliegt, wenn er ausruhen will, höchstens auf die Spitze eines der nächsten Bäume oder auf den First eines Daches. In Maffaua saß er friedlich mit Schmarotzermilanen, Möven und Seeschwalben auf ein und derselben Dachfirste; in anderen mittelafrikanischen Städten habe ich ihn in den Straßen umherspazieren sehen. Am Morgen wartet er, vor den Hütten, der sich entleerenden Menschen und ist sofort bei der Hand, um die verunreinigte Stelle wieder zu säubern. Auf jedem Schlachtplatze ist er ein ständiger Gast; dem Metzger fällt er geradezu lästig.

Der Mensch ist unbedingt der hauptsächlichste Ernährer des Vogels, und dieser vergilt ihm reichlich durch seine treuen Dienste. Niemals nimmt der Mönchsgeier Etwas weg, was ihm nicht zukommt, niemals erhebt er ein Küchlein oder ein anderes lebendes, kleines Hausthier: seine Hauptnahrung besteht in den Abfällen der Küche und des menschlichen Leibes. Manchmal frißt er wochenlang nur Menschenkoth, und mit diesen Auswurfstoffen füttert er auch seine Jungen auf. Beim Aase erscheint er ebenfalls; doch ist er nur dann fähig, dort zu schmausen, wenn die Fäulniß schon sehr überhand genommen und das harte Fell des Thieres zerstört hat. Am frischen Aase vermag er höchstens ein Auge auszuklauben; die Lederhaut ist für seinen schwachen Schnabel zu stark. In den meisten Fällen erscheinen jedoch bald seine größeren Familienverwandten, die Zerleger der Speise; dann sitzt er wartend und bettelnd neben den großen Herren und späht nach jedem Bissen, welcher von diesen im Eifer der Schmauserei losgerissen und seitab geworfen wird.

In seiner Haltung ist der Mönchsgeier ein sehr schmucker Vogel und ein echter Geier. Selbst wenn er fliegt, hält es manchmal schwer, ihn von den übrigen großen Verwandten zu unterscheiden, während sein Vetter, der Schmutzgeier, sich schon von weitem durch seine spitzen Flügel und den keilförmigen Schwanz vor jenen auszeichnet. Die lebhaft gefärbte Kopf- und Kehlhaut verleiht dem Mönchsgeier noch einen besonderen Schmuck; denn während des Lebens zeigen die nackten Theile alle die Farbenschattirungen, welche wir an der Kollerhaut des Truthahns beobachten können.

Die Dreistigkeit des Vogels macht es dem Forscher leicht, jede seiner Bewegungen und sein ganzes Wesen zu studiren; man braucht ihm nur etwas Nahrung vorzuwerfen und sich ruhig hinzusetzen; dann kommt er so ungescheut, wie man nur wünschen kann, in die Nähe.

Abweichend von seinen großen Verwandten ist der Mönchsgeier schon sehr früh am Tage thätig. Er verläßt seinen Schlafplatz mit der Sonne und fliegt ihm erst mit einbrechender Nacht wieder zu. Für die Nachtruhe wählt er sich immer solche Bäume, welche möglichst weit von allem menschlichen Treiben entfernt stehen. Bei Massaua schläft er entweder auf einzelstehenden Mimosen in einsamen Thälern der Samchara oder auf dem dichten Schoragebüsch der Inseln. Ueber solchen Schlafplätzen führt er erst einen kurzen Flugreigen auf; dann schießt er mit zusammengelegten Flügeln nach unten und setzt sich in Gesellschaft von anderen auf den gewohnten Baum.

Sein Horst steht bei Massaua ebenfalls vorzugsweise auf Schorasträuchern und zwar häufiger auf sehr niedrigen, manchmal kaum zehn Fuß über dem Boden. Der Herzog beobachtete, daß eine Insel unweit Massaua geradezu mit Horsten unseres Geiers bedeckt war. Anfangs April gab es Junge; Dies hebe ich besonders deshalb hervor, weil ich auf meiner frühern Reise in Afrika die ersten frischgelegten Eier des Mönchsgeiers Ende Dezembers fand. Ich habe bereits in der Naumannia erwähnt, daß der Mönchsgeier nur ein einziges Ei legt; auch der Herzog fand immer nur ein Junges in den flachen Horsten.

Es bedarf wohl kaum der Bemerkung, daß der Mönchsgeier von den Eingeborenen nirgends verfolgt wird; doch würde man irren, wenn man glauben wollte, daß Dies aus Dankbarkeit für seine Dienste geschähe. Der Grund der Duldung unsers Vogels ist einzig und allein darin zu suchen, daß er als „nedjis", d. h. unrein in Glaubenssachen, betrachtet wird. Ein derartiges Thier greift weder der Mahammedaner, noch der abissinische Christ an, wenn er nicht muß, und von Verwendung irgend eines Theiles von solch einem Geschöpf ist nie die Rede. Nicht einmal die Europäer befreunden sich so mit dem anziehenden Vogel, daß sie ihn in der Gefangenschaft halten; man betrachtet ihn einfach mit gleichgiltigem Auge und läßt ihn kommen und gehen und thun, wie es ihm beliebt.

Der Schmuzgeier (Neophron percnopterus), welcher von Kairo an stromaufwärts in allen Nilländern gemein und auch bei Charthum noch sehr häufig ist, findet sich an der afrikanischen Ostküste ungleich seltener, als im Innern des Landes oder auch auf der gegenüberliegenden asiatischen Küste des rothen Meeres. Ueber Aden kreisten während meines Aufenthalts wohl gegen funfzig dieser Vögel, und viele von ihnen fanden sich auch mitten in der Stadt ein; bei Mocha sah ich ebenfalls mehrere Schmuzgeier: von da an zeigten sie sich jedoch seltener, und in den von uns durchreisten Gebieten waren sie immer nur sehr einzeln zu finden. Ich glaube nicht zu übertreiben, wenn ich annehme, daß erst auf funfzig Mönchsgeier ein Schmuzgeier kam.

Mit diesem seltenen Vorkommen scheint mir die Vorsicht im Einklange zu stehen, welche der Schmuzgeier in Habesch uns zeigte. Schon in Oberegipten und noch mehr in Nubien ist dieser Vogel ebenso menschenfreundlich, wie sein beschriebener Verwandter, kommt wie dieser bis an die Hütten heran und läßt sich förmlich von den Menschen füttern. Ich selbst habe beobachtet, daß einer vor unserem Zelte abwartete, bis wir ihm Fleischstücken zuwarfen. In den von uns durchreisten Theilen Abissiniens scheint so Etwas nicht vorzukommen, und wenn auch der Schmuzgeier hier bei weitem nicht so scheu war, wie er in Spanien es ist, so schien er doch die Gesellschaft des Menschen eher zu fliehen, als aufzusuchen.

Der Schmuzgeier unterscheidet sich durch sein rabenartiges Wesen, welches namentlich im Gang sich offenbart, leicht von dem Mönchsgeier, ähnelt diesem aber hinsichtlich seiner Ernährung vollständig. Dagegen zieht er Felsen unter allen Umständen den Bäumen vor, sei es, wenn er einen Platz zur Ruhe sucht, oder sei es, wenn er seinen Horst gründen will. In den Urwäldern, an den Ufern der innerafrikanischen Ströme baut er freilich seinen Horst auch auf Bäume; überall aber, wo es Felsen giebt, schläft und horstet er auf diesen. Seine Brutzeit fällt mit der seines Verwandten zusammen; im Norden, zumal in Spanien, beginnt sie viel eher im Jahre, als im Innern Afrikas, wo die Regenzeit erst den Frühling bringt.

Aus meinen Maßtafeln ersehe ich, daß ich zufällig nur weibliche Schmuzgeier gemessen habe. Bei zwei in Afrika erlegten Weibchen sind die Maße folgende:

Länge	2 F. 3 Z. — L. u. bezüglich	2 F. 1 Z. 3 L.
Breite	5 „ 1 „ 6 „ „ „	5 „ 5 „ — .
Höhe des Tarsus . .	— „ 3 „ — „ „ „	— „ 3 „ 1 .
Länge der Mittelzehe .	— „ 2 „ 7 „ „ „	— „ 2 „ 6 .
Hinterzehe	— „ 1 „ 3 „ „ „	— „ 1 „ 2,5.
Innere Zehe . . .	— „ 1 „ 5 „ „ „	— „ 1 „ 5 .
Aeußere Zehe . . .	— „ 1 „ 7 „ „ „	— „ 1 „ 6,5.
Länge des Oberschnabels längs der Firste . .	— „ 2 „ 6 „ „ „	— „ 2 „ 6 .
Länge des Unterschnabels	— „ — „ 8 „ „ „	— „ — „ 8 .
Länge des Schwanzes .	— „ 10 „ — „ „ „	— „ 9 „ 6 .
Vom Bug bis zur Flügelspitze . . .	1 „ 6 „ — „ „ „	1 „ 7 „ 6 .

Ein in Spanien erlegtes Weibchen zeigte folgende Maße:

Länge	2 Fuß	1 Zoll	— Linien.
Breite	5 „	3 „	— „
Tarsus	— „	3 „	— „
Mittelzehe	— „	2 „	9 „
Hinterzehe	— „	1 „	9 „
Aeußere Zehe	— „	1 „	8 „
Der Oberschnabel längs der Firste	— „	2 „	9 „
Der Unterschnabel	— „	— „	9,5 „
Schwanz	— „	9 „	6 „
Der Flügel	1 „	6 „	— „

Bei dem alten Vogel schwankt die Farbe des Augensterns zwischen **rothbraun** und **lichterzgelb**. Der Schnabel ist an der Spitze **hornblau**, im Uebrigen, wie die nackten Kopftheile, lebhaft **orangegelb**, die Kehlhaut ist etwas lichter, als der Unterschnabelrand, die Stirn und der Kopf. Die Füße sind **lichtbläulichroth** oder **lichtgraugilblich**. Bei dem jungen Vogel ist die Iris **rothbraun**, der Schnabel **hornblau**, die Füße **bläulich**; die nackten Theile des Kopfes sind **dunkelgrau**; die Wachshaut ist **grünlich**.

Das Nestkleid hat folgende Färbung: Die letzten Schulter- und die oberen Flügeldeckfedern, ein Streif über die Mitte der Unterbrust und des Bauches, die Krause, der Bürzel- und Vorderhals, die Brust, die Bauchseiten und die Schwingen sind schwarzbraun. Die Seitenfedern des Halses haben braune Schäfte und Spitzen, die der Schenkel sind grau und schwarz gescheckt, die Steuerfedern gänsegrau; — die wollige Krause endlich ist grau.

Es ist mir höchst wahrscheinlich, daß der Schmuzgeier viel längere Zeit zu seiner Ausbildung bedarf, als man gewöhnlich annimmt. Ich glaube, wohl Recht zu haben, wenn ich dem vollkommen ausgefärbten Vogel ein Alter von mindestens sechs Jahren zuschreibe.

Der Schmuzgeier wird in ganz Nordostafrika von Niemand verfolgt, aber auch nur geduldet. Von der alten Angabe, daß manchmal Mahammedaner in ihren Vermächtnissen ihn bedächten, ihm eine Ehrengabe aussetzten, habe ich nirgends Etwas gehört. In der Gefangenschaft hält man ihn in Afrika nicht, wohl aber in Spanien. Hier nimmt man gern die Jungen aus, weil diese wirklich allerliebst sich benehmen. Sie laufen wie **Hühner** im Hofe herum, kennen und begleiten ihren Herrn wie ein Hund und reinigen Haus und Hof. In den Mittagsstunden sieht man sie oft auf dem Bauche liegen und sich höchst behaglich sonnen. Wenn man in ihre Nähe kommt und sich mit ihnen beschäftigt, schreien sie zwitschernd, wie junge **Gänse**.

Fast von sämmtlichen jagdkundigen Mitgliedern der Reisegesellschaft Sr. Hoheit des Herzogs wurde wenigstens einer jener langhälsigen Geier erlegt, welche ich im zweiten Band der Naumannia unter dem Namen: Gyps Rueppellii beschrieb. Ich gab dem Vogel diesen Namen, mehr um **Rüppell** einen Beweis meiner Hochachtung darzulegen, als um eine von ihm auf Seite 47 seines Atlas gegebene Beschreibung zu berichtigen. **Rüppell** war nämlich im großen Irrthume, als er den auf Taf. 32 gedachten Werkes abgebildeten Geier für einen einjährigen Vogel hielt; schon die Krause hätte ihm über das Alter des Vogels Aufschluß geben müssen. Sonderbarer Weise beschrieb der berühmte Forscher den jüngeren Vogel als älteren, nämlich zweijährigen, und somit mußte er allerdings auf den Gedanken kommen, daß er in dem prachtvollsten aller Gänsegeier nur einen jungen, unausgefärbten Vogel des **Kolbe** zu Ehren benannten Südafrikaners (Gyps Kolbii) vor sich hatte. Die auf sorgfältige Untersuchung gegründete Beschreibung der verschiedenen Kleider, welche ich auf Seite 42 und 43 der Naumannia gegeben habe, widerlegt **Rüppells** Irrthum und berechtigt mich, diesen Vogel von dem fahlen oder Kolbischen Gänsegeier vollständig zu trennen.

Zu meiner nicht geringen Verwunderung fand ich nun nach meiner Rückkehr, daß derselbe Vogel unter dem gleichen Namen in dem kaiserlich-königlichen Museum zu **Wien** aufgestellt ist. Ich konnte aber nicht ergründen, wer diesen Namen gegeben hat, und nehme deßhalb einstweilen mein Erstlingsrecht noch in Anspruch. Viel später bildete der Herr I. von **Müller** denselben Vogel in seinen: „Beiträgen zur Ornithologie Afrikas" von neuem ab und gab ihm den Namen Vultur oder Gyps magnificus, hierdurch beweisend, daß er es nicht für nöthig erachtet hatte, seinen Angaben die nothwendigen Vorstudien angedeihen zu lassen.

In der Naumannia gab ich nach acht Messungen im Mittel folgende Maße für diesen Geier an:

Länge	3 Fuß	2 Zoll	2,5 Linien.
Breite	7 „	6 „	8 „
Tarsus	— „	4 „	3 „
Mittlere Zehe	— „	3 „	11 „
Hintere Zehe	— „	1 „	6 „
Innere Zehe	— „	2 „	1 „
Aeußere Zehe	— „	2 „	3 „
Schnabel längs der Firste . . .	— „	3 „	4 „
Schwanz	— „	9 „	7 „
Flügel vom Bug bis zur vierten Schwungfeder	1 „	11 „	11 „

Bei den von mir gemessenen Vögeln betrug

Die größte Länge	3 Fuß	3 Zoll	6 Linien.
Die geringste	3 „	1 „	3 „
Die größte Breite	7 „	9 „	— „
Die geringste	7 „	4 „	— „

Während der Reise Sr. Hoheit, des Herzogs, untersuchte ich aber ein Männchen, welches noch kleinere Maße zeigte. Es betrug:

Die Länge	3 Fuß	1 Zoll	— Linien.
Die Breite	7 „	2 „	— „
Die Höhe des Tarsus	— „	3 „	6 „
Die Länge der Mittelzehe	— „	4 „	— „
Die Länge der Hinterzehe	— „	1 „	7 „
Die Länge der innern Zehe	— „	1 „	10 „
Die Länge der äußern Zehe . . .	— „	2 „	3 „
Die Länge des Schnabels längs der Firste	— „	3 „	3 „
Die Länge des Unterschnabels . . .	— „	1 „	1 „
Die Länge des Schwanzes	— „	9 „	8 „
Die Länge des Flügels	1 „	11 „	— „

Beim sehr alten Vogel ist die Iris silbergrau, der Schnabel bleifarben, hinten gelb, die Wachshaut schwarz, der Fuß dunkelbleigrau gefärbt. Bei jüngeren ist die Farbe der Iris lichtröthlichbraun, die des Fußes grünlichgrau, der Wachshaut schwarz. — Haken und Ränder des Schnabels sind immer blau.

Auch in den von uns durchreisten Gegenden von Habesch vertritt Rüppells Geier den in Egipten und Nordnubien häufigen fahlen Gänse-Geier (Gyps fulvus); denn letzterer findet sich nicht oder nur höchst selten in Abissinien vor. Wir beobachteten jenen in der Samchara ebenso häufig, als im Hochgebirge.

Die Lebensbeschreibung, welche ich von den großen Geiern überhaupt in der Naumannia gegeben habe, ist durchaus richtig. Rüppells Geier bewohnt, wenn man so sagen darf, die großen Bäume einsamer, den Ortschaften fern gelegener Thäler, d. h. hält hier seine Nachtruhe. Erst gegen acht Uhr Morgens beginnt er, sein Gefieder zu ordnen und sich für den ersten Ausflug vorzubereiten. Nachmittags fünf Uhr, lange vor Sonnenuntergang also, hat er sich bereits wieder auf dem Schlafplatze eingestellt. Als höchst geselliges Thier hält er sich regelmäßig mit anderen seiner Art oder seiner Familie zusammen; manche Bäume sind von den großen Vögeln geradezu bedeckt.

Gegen neun Uhr Vormittags etwa erhebt er sich und steigt kreisend in der Luft empor, bis er dem Auge nur noch als kleines Pünktchen erscheint. Je höher er kommt, um so größere Kreise zieht er. Dabei sucht er sorgfältig die ungeheure Fläche ab, welche er übersehen kann. Das bewegliche Gewimmel der kleinen Aasgeier oder der Raben, auf welche er sorgsam achtet, bestimmt ihn, seinen Flug nach dieser oder jener Gegend zu richten. Haben die Kleinen ein Aas entdeckt, so eilt er herbei, um Theil am Mahle zu nehmen oder bezüglich sich die besten Bissen zu holen. Ich wiederhole hier nochmals, daß er es ist, welcher hauptsächlich die Höhlen eines gefallenen Thieres ausfrißt, während der Schopf- und Ohrengeier sich mehr von den Muskeln nähren. Ist er satt gefressen, so setzt er sich neben bem Aase nieder, zieht den Hals ein, wie beim Schlafen und ruht so mehrere Stunden lang; dann erhebt er sich und fliegt dem nächsten Wasser zu, um dort zu trinken. Auch hier verweilt er wieder längere Zeit, dann macht er sich nach seinem Schlafplatz auf.

Ueber seine Fortpflanzung bin ich noch im Unklaren. Ich selbst habe seinen Horst niemals gefunden. Große Horste, welche ich auch jetzt wieder auf Mimosen längs der Regenbetten in der Samchara fand, sollen nach Versicherung der Araber ihm gehören und Anfangs der großen Regenzeit, welche den Frühling über das Land bringt, ein Ei enthalten. Mehr weiß ich nicht zu sagen.

Von den Eingeborenen wird auch dieser Geier geduldet, d. h. weder verfolgt, noch sonst belästigt. In der Gefangenschaft hält ihn Niemand, forschungseifrige Europäer ausgenommen.

Dem geübten Büchsenschützen fällt es nicht schwer, unsern Geier zu erlegen. Berittene Jäger läßt er bis auf sechszig Schritt an sich herankommen, und auch vor Fußgängern zeigt er sich nicht eben scheu. Namentlich am Morgen vor dem Ausfluge sitzt er so fest, daß man ihn bequem unterlaufen und mit groben Schroten herunterschießen kann. Er verlangt aber einen sehr starken Schuß. Wenn man ihm nicht einen seiner Flügel zerschmettert, erhebt er sich, selbst noch todtwund, und fliegt noch weit dahin. Dann sieht man ihn plötzlich die Flügel einziehen und sausend zur Erde stürzen: der Tod hat ihn in der Luft ereilt.

Der Schopfgeier (Vultur occipitalis) bewohnt so ziemlich dieselben Länder, wie Rüppells Geier. Während der Reise des Herzogs fanden wir ihn in der Samchara und im Gebirge so häufig, daß ich berechtigt zu sein glaube, ihn den gemeinsten aller großen Geier dieser Gegend zu nennen. Beim Aase erschien er regelmäßig.

Ich bin im Stande die Maße von vier Schopfgeiern zu geben. Beim Männchen sind sie folgende:

Länge	2	Fuß 7	Zoll —	Linien.
Breite	7	„ 2	„ —	„
Tarsus	—	„ 4	„ 6	„
Mittelzehe	—	„ 3	„ 1	„
Hinterzehe	—	„ 1	„ 3	„
Innere Zehe	—	„ 1	„ 6	„
Aeußere Zehe	—	„ 1	„ 10	„
Oberschnabel längs der Firste . . .	—	„ 3	„ 5	„

Schwanz . . . . — Fuß 9 Zoll — Linien.
Vom Bug bis zur Spitze der
vierten Schwinge . . . . . . 1 „ 11 „ — „

Die Maße von drei Weibchen sind:

	F. Z. L.	F. Z. L.	F. Z. L.
Länge	2 6 6 ob.	2 6 6 u.	2 6 6
Breite	7 — — „	7 — 6 „	7 1 5
Höhe des Tarsus	— 4 6 „	— 4 — . „	— 4 —
Mittelzehe	— 3 3 „	— 3 1 „	— 3 2
Hinterzehe	— 1 4 „	— 1 4 „	— 1 5
Innere Zehe	— 1 8 „	— 1 8 „	— 1 8
Aeußere Zehe	— 2 1 „	— 2 — „	— 2 1
Schnabel längs der Firste . . .	— — — „	— 3 4 „	— 3 4
Unterschnabel vom Kieferastwinkel an	— — — „	— — 10,5 „	— — 11
Vom Bug bis zur Flügelspitze . .	— 9 8 „	— 10 — „	— 10 —
Länge des Schwanzes	2 — — „	2 — — „	1 11 —

Die Farben sind nach dem Alter verschieden. Bei alten Vögeln ist die Iris dunkelblau, der Schnabel röthlichbraun, am Haken schwarzblau, der Fuß blaßpurpurroth oder röthlichweiß, die Wachshaut lichtblau, der Unterschnabel hellblau. Bei jüngeren ist die Iris lichterzgrau, der Schnabel röthlich, der Fuß weiß, das Uebrige wie bei den Alten.

Rüppell und bezüglich Kretzschmar irren sich, wenn sie glauben, daß der Schopfgeier bereits im dritten Jahre ausgefärbt sei. Nach meinen Beobachtungen trägt jeder große Geier sein Jugendkleid mindestens anderthalb Jahre, das Uebergangskleid noch länger. Es währt dritthalb Jahre, ehe die Schwingen, auf welche es hier ankommt, gewechselt sind. Ich glaube, daß der Schopfgeier vor zurückgelegtem sechsten oder siebentem Jahre nicht ausgefärbt ist, und finde in einer Beobachtung meines Freundes Westermann, Direktor des zoologischen Gartens in Amsterdam, eine neue Bestätigung für meine Ansicht. Ein junger, aber doch schon vielleicht zwei Jahr alter Geierkönig (Sarcoramphus Papa) erhielt erst nach neun Jahren das vollkommen ausgefärbte Kleid. Es ist gar nicht unwahrscheinlich, daß der Schopfgeier dieselbe Zeit zur Verfärbung braucht; doch habe ich mit aller Absicht weniger angenommen.

In seinem Leben und Betragen unterscheidet sich der Schopfgeier nicht wesentlich von den übrigen Verwandten. Am nächsten kommt er mit dem Ohrengeier überein. Seine Schlafplätze sind dieselben, welche Rüppells Geier einnimmt, und gar nicht selten geschieht es, daß er mit diesem auf ein und demselben Baume übernachtet. Er schläft ebenso lange, wie der vorhergehende und geht auch ebenso zeitig zur Ruhe. In die Nähe der Dörfer kommt er ebenfalls; ich möchte ihn aber für vorsichtiger, als die anderen, halten. Bei Städten hält er sich stets in wohlabgemessener Entfernung von Häusern und Menschen; möglicherweise deshalb, weil in größeren Ortschaften sich doch immer Einige finden, denen es Vergnügen macht, ihr Jagdglück auf einen so großen Vogel zu erproben. In einsameren Gegenden scheut er sich vor den Menschen gar nicht. Er erscheint beim Lagerplatze, wie die kleinen Aasgeier, setzt sich nach einiger Prüfung auf einen der nächsten Bäume nieder und schaut von hier sehnsüchtig nach unten, um so verlangender, je sicherere Nahrung ihm winkt. Da die herzogliche Reisegesellschaft stets erlegtes Wild mit nach dem Reiseplatze brachte, war er auch jedes Mal ein ebenso regelmäßiger Gast, wie der Mönchs-Geier oder der kurzschwänzige Rabe. Uebrigens zeigt er sich niemals so vertrauensselig oder zudringlich, wie der Mönchsgeier oder der Schmuzgeier in anderen Gegenden. Solange die Menschen sich unter ihm herumtreiben, kommt er nicht zur Erde herab; dafür erscheint er, sobald das letzte Kamel oder Maulthier die Lagerstelle verlassen hat.

Auf dem Aase selbst zeigt er sich bei weitem nicht so gierig, wie die langhälsigen Geier, welche ihren Namen — Gierige, — Giervögel — mit dem vollsten Recht verdienen; auch wagt er es nicht, mit den Hunden sich in Kämpfe einzulassen, wie die Gänse- und Ohrengeier es regelmäßig zu thun pflegen: sein Wesen ist milderer Art. An die Gefangenschaft gewöhnt er sich bald, und schon nach wenigen Tagen läßt er sich von seinem Pfleger berühren und streicheln. Dasselbe thut, wie ich bereits in der Naumannia bemerkte, auch der Ohrengeier, während die Gänsegeier stets tückisch und gefährlich bleiben, plötzlich den langen Hals vorschnellen, gern nach dem Gesicht ihres Pflegers, und dann oft böse Wunden beizubringen wissen.

Ueber Fortpflanzung und Brutgeschäft habe ich leider keine eigenen Beobachtungen gemacht. Es hält sehr schwer, während der allgemeinen

Brutzeit d. h. nach Beginn der Regen in den größeren Waldungen, wo Geier nisten, Ausflüge zu machen; denn geradezu unüberwindliche Hindernisse thürmen sich dem Forscher entgegen. Von den Eingeborenen erfährt man wenig und kann sich, nach meinem Dafürhalten, eigentlich auch nur auf die sehr gut und scharf beobachtenden Nomaden verlassen. Die Abissinier behaupten, daß der Schopfgeier an steilen Felsenwänden sich eine geeignete Kluft aufsuche und dort einen großen Horst anlege. Dies ist möglich, mir aber aus dem Grunde nicht wahrscheinlich, weil sich unser Vogel auch in felsigen Gegenden auf Bäumen niederläßt und den Felsen gewissermaßen meidet.

Die Jagd des Schopfgeiers ist noch leichter, als die des vorher Genannten, weil der Vogel weniger scheu ist. Hinsichtlich seiner Lebenszähigkeit gilt Dasselbe, was ich weiter oben von seinem Verwandten sagte. Gerade der Schopfgeier bewies uns schlagend, daß er einen sehr starken Schuß vertragen kann. Der Herzog hatte einen dieser Vögel von einem Baume heruntergeschossen und noch lebend nach dem nahen Lager bringen lassen. Die Schönheit der Kopffärbung bestimmte ihn zu dem Wunsche, unsern Geier gemalt zu sehen. Gern machte sich der stets bereitwillige Künstler an das Werk. Der Geier lag an der Erde, scheinbar dem Tode nah; nur das feurige Auge verrieth noch Leben und Lebenslust. Ueber eine halbe Stunde währte die Arbeit; ein schönes Kopfstück war vollendet, und eben machte sich der Künstler daran, auch den übrigen Leib zu zeichnen und zu malen: — da erhob sich plötzlich der Geier, schwang sich, als wäre er vollkommen gesund, in die Luft und entschwebte mit verhältnißmäßig raschen Flügelschlägen, ungeachtet der drei oder vier Schrotschüsse, welche er noch im Fliegen empfing. Wir sahen ihn nie wieder.

Etwas einzelner, als die beiden genannten großen Geier, findet sich in den von uns durchreisten Gebieten Abissiniens der Riese seiner Familie: ich meine den Ohrengeier (Otogyps auricularis). In Oberegipten, in Nubien und im Ostsudahn ist er ungleich häufiger, als in Habesch, häufiger selbst, als der Gänse- und Schopfgeier.

In der Naumannia habe ich auf Seite 47 nach acht Messungen

im Mittel die Maße des Ohrengeiers gegeben und auch so viel über das Leben gesagt, daß ich hier kaum noch Etwas hinzuzufügen brauche.

Der Ohrengeier ist in unsern beiden Beobachtungsgebieten Standvogel: man vermißt ihn bei keinem größern Aase. Er scheut sich nicht vor dem Menschen und kommt dreist bis mitten in die Dörfer oder auf die Schlachtplätze der Städte, obgleich er freilich niemals so zutraulich sich zeigt, wie der M ö n ch s g e i e r. Auf dem Aase spielt er stets den Alleinherrscher und vertreibt die meisten übrigen Geier, vielleicht nur mit Ausnahme der bissigen Langhälse. Die Hunde, welche in ganz Nordostafrika das Gewerbe der Geier wesentlich beeinträchtigen, weiß er stets in Achtung zu halten. Nach jeder guten Mahlzeit fliegt er dem nächsten Wasser zu, trinkt und putzt sich dort, ruht aus, indem er sich wie die Hühner in den Sand legt und behaglich sonnt, und fliegt dann, kreisend und oft auf große Strecken hin ohne Flügelschlag schwebend, seinen Schlafplätzen zu. Auch er bevorzugt Bäume, und ich meines Theils habe ihn niemals auf Felsen schlafend gefunden. Zur Nachtruhe wählt er sich nicht immer die größten Bäume aus, sondern begnügt sich mit jedem, der ihm passend erscheint, oft mit einem kaum zehn Fuß hohen Mimosenstrauche. Hier sitzt er in sehr aufrechter Haltung, wie ein Mann, den Kopf dicht eingezogen, den Schwanz schlaff herabhängend. Der M ö n ch s g e i e r ist sein gewöhnlicher Gesellschafter. Am Morgen verweilt er wenigstens zwei Stunden nach Sonnenaufgang auf seinem Schlafplatze, und bis zum Auffliegen ist er so wenig scheu, daß man ihn ganz bequem unterlaufen und selbst mit Schroten herunterschießen kann. Als ich das erste Mal von Mensa zurückkehrte, traf ich in einem, wegen des durchführenden Weges wenigstens einigermaßen belebten Thal eine Gesellschaft von etwa acht schlafenden Ohrengeiern an. Die Vögel saßen so fest, daß ich um ihren Schlafbaum herumreiten konnte, ohne daß ich sie sich erheben sah. Erst nachdem ich einen von ihnen niedergeschossen hatte, flogen sie auf, aber sie waren noch so schlaftrunken, daß sie schon nach ungefähr fünfhundert Schritten Entfernung wieder aufbäumten.

Unter allen Familienverwandten scheint mir der Ohrengeier der verständigste und ruhigste zu sein. Alle Gefangenen, welche ich besaß oder sah, benahmen sich in gleich liebenswürdiger Weise: sie zeigten sich sehr vertraut mit ihren Wärtern und erlaubten diesen, sie zu berühren und sie zu streicheln. Daß ich sie dahin brachte, mir die Nahrung aus der Hand zu nehmen, habe ich in der Naumannia bereits erwähnt.

Ueber die Fortpflanzung dieses Vogels habe ich leider keine Beobachtungen machen können; die bereits oben mitgetheilten Gründe gelten auch hier.

Der Ohrengeier wird ebensowenig gejagt, wie alle übrigen, steht aber bei den Eingeborenen in noch schlechterem Rufe, als jene. Man hält ihn nicht nur für unrein, sondern auch für menschengefährlich. Gerade von ihm will man beobachtet haben, daß er schlafende Menschen angehe und tödte. Ich bin fest überzeugt, daß man ihn durch derartige Reden nur verleumdet; denn ich habe nie beobachtet, daß einer der großen Geier ein lebendes Thier angegriffen habe, vorausgesetzt natürlich, daß es nicht der eigenen Selbstvertheidigung galt, wie es bei den aasgierigen Hunden zu geschehen pflegt.

Zu meinem Befremden fand ich in dem so reichen Gebirge blos einen einzigen Bussard vor und auch diesen nicht eben häufig. Schon Rüppell erwähnt, daß er den Augur (Buteo Augur) in den Küstenstrichen nicht, oder wenigstens nicht häufig bemerkt habe. Ich sah ihn in der Samchara nie und im Gebirge auch nur an wenig Orten. Erlegt wurde kein einziger, obgleich wir mehreremal einen über uns schwebenden hätten herabschießen können. Auch im Mensathale zeigte sich der Augur wenig scheu oder gewissermaßen menschenfreundlich; doch begleitete er unseren Reisezug niemals in der Weise, wie er es im Innern Abissiniens nach Salt's und Rüppells Beobachtungen thut. Am blauen Flusse, wo ich ihn früher beobachtete, lebt er ausschließlich in den großen Wäldern nahe am Flusse ebensowohl, als in der Steppe.

Der Augur ist ein echter Bussard, unserem Mäuser (Buteo vulgaris) in jeder Hinsicht ähnlich. Er erinnert an diesen, wenn er fliegt und wenn er sitzt; er gleicht ihm im Geschrei und im Betragen. Seine Jagdzeit sind die Früh- und Spätstunden des Tages; während der Mittagszeit sitzt er ruhig verdauend im Schatten eines Baumes, gern ziemlich nahe an den Stamm angerückt. Gewisse Bäume des Mensathales, namentlich Sikomoren, schienen von ihm bevorzugte Ruheorte zu sein. Ich fand ihn immer paarweise, wie unseren Bussard; doch kam es dabei oft vor, daß einer der Gatten sich in ziemlicher Entfernung von dem anderen umhertrieb.

Bei unseren Begleitern oder bei den Mensa konnte ich Nichts von jener Achtung wahrnehmen, welche der Vogel im Innern Abissiniens genießen soll; sie betrachteten ihn einfach mit gleichgiltigem Auge, d. h. verfolgten ihn weder, noch schützten ihn.

Eine vor Jahren von mir gemachte Messung ergab Folgendes:

Die Länge des Männchens beträgt . .	1 Fuß	6 Zoll	—	Linien.
Die Breite	3 „	7 „	—	„
Die Höhe des Tarsus	—	2 „	10	„
Die Länge der Mittelzehe	—	1 „	6	„
Die Länge der Hinterzehe	—	— „	10	„
Die Länge der inneren Zehe . . .	—	1 „	1	„
Die Länge der äußeren Zehe . . .	—	1 „	3	„
Die Länge des Schnabels längs der Firste	—	1 „	5,5	„
Die Länge des Schwanzes	—	7 „	6	„
Die Länge des Flügels vom Bug bis zur Spitze der vierten Schwinge . . .	1 „	1 „	6	„

Die Iris ist erzfarben, der Schnabel dunkelblau, der Fuß gelb, die Wachshaut grünlichgelb.

Der Raubadler (Aquila rapax sive senegalla) scheint im Osten Afrikas ungleich seltener zu sein, als im Innern des Erdtheils und zumal im Gebiet des blauen Flusses. Dort habe ich ihn sehr häufig beobachtet. Selbst bei Charthum noch konnte man ihn regelmäßig bei jedem größern Aase erwarten. Ueber manchen Stellen des Ur=walbes sah man drei oder vier Paare mit einander kreisen. So häufig war das schöne Thier nirgends in Ostafrika. Ich beobachtete blos drei Paare: zwei von ihnen auf einer ziemlich breiten, von Hasen reich be=lebten Ebene der Samchara; das dritte im Mensathale. Ein anderer Adler, welchen ich während seiner Mittagsruhe auf der großen Sikomore des Dorfes Mensa beobachtete, aber leider nicht erlegen konnte, schien mir nicht der Raubadler, sondern die kleine Art zu sein, welcher Herr von Müller meinen Namen (Aquila Brehmii) verlieh.

Ich habe in der Naumannia meine Ansicht über die Raubadler ausgesprochen und halte mindestens so lange an derselben fest, als man noch unsere Schreiadler als nicht zu einer Art gehörig betrachtet. Meine Beobachtungen stützen sich auf eine Anzahl von ungefähr vierzig Exemplaren, welche ich nach und nach erlegte, und dürften deshalb doch einiges Gewicht beanspruchen.

Der Raubadler, welcher im Osten vorkommt, gleicht dem innerafrikanischen vollständig. Er zeigt so recht eigentlich das milchtafftgelbe Kleid, welches den von Temmink abgebildeten Vogel kennzeichnet. Seine Maße sind folgende:

Länge	2 Fuß	—	Zoll	— Linien.
Breite	5 „	2 „	— „
Höhe des Tarsus	— „	3 „	— „
Mittelzehe	— „	1 „	11 „
Hinterzehe	— „	1 „	1 „
Innere Zehe	— „	1 „	2 „
Aeußere Zehe	— „	1 „	7 „
Schnabel längs der Firste	— „	2 „	2,5 „
Länge des Schwanzes	— „	9 „	— „
Vom Bug bis zur Flügelspitze . . .	1 „	6 „	— „

Die Farbe der Iris ist erzgelb, die des Schnabels hornblau, die des Fußes gelb, die der Wachshaut bläulichviolett.

Hinsichtlich des lichten Raubadlers (Aquila albicans, Rüppell) bleibe ich auch heute noch auf der Ansicht stehen, welche ich in der Naumannia ausgesprochen habe.

Nun hat man in der neuern Zeit einen von meinem Bruder in Spanien gefundenen Adler (Aquila Adalberti) mit dem Temminck'schen Raubadler vereinigen und nur als eine sogenannte „klimatische Abart" oder „örtliche Form" ansehen wollen. Darauf ist eigentlich gar Nichts zu antworten; denn die Aquila Adalberti hat mit dem Raubadler ungefähr ebensoviel Aehnlichkeit, wie der Kolkrabe mit der Rabenkrähe. Ich habe dieses schöne Thier, von welchem uns jetzt alle Kleider vorliegen, im Anfang wohl mit der jungen Aquila imperialis verwechselt, an Aquila rapax aber gar nicht gedacht. Der von Blasius auf Seite 54 des „Berichtes über die dreizehnte Versammlung der deutschen Ornithologengesellschaft" ausgesprochenen Meinung, als wäre die Aquila Adalberti nur ein großer Raubadler oder, um mich der Worte von Blasius zu bedienen, als „ginge er nicht über die Speciesgrenze der afrikanischen Aquila naevioides oder rapax hinaus," widerspreche ich entschieden: unter allen von mir erlegten Raubadlern war nicht ein einziger, welcher nur annähernd die Größe der Aquila Adalberti erreicht hätte. —

Ueber das Leben der eigentlichen Raubadler habe ich wenig zu berichten. Sie vertreten in Afrika die Schreiabler Europas, bezüglich Asiens, und ähneln ihnen in jeder Hinsicht. Man findet sie regelmäßig paarweise, beide Gatten in treuer Gemeinschaft. Sie kreisen zusammen in der Luft und setzen sich mit einander auf einen Baum oder wenigstens dicht neben einander nieder. Während der Mittagszeit sieht man sie selten oder nie in der Luft; ihre Jagdzeit fällt in die Früh- und Abendstunden. Sie bäumen ziemlich früh am Abend, jedenfalls vor Sonnenuntergang, zur Nachtruhe auf und verlassen ihren Schlafplatz am Morgen mit Sonnenaufgang.

Ihre Brutzeit beginnt einige Wochen vor der großen Regenzeit. Der Horst steht auf hohen Bäumen: er ist nicht besonders groß und wie alle Raubvögelhorste sehr flach. Alle Horste, welche ich auffand, standen mitten im Ur- oder bezüglich Steppenwald. Heuglin dagegen sah einen mitten im Dorfe Eilet auf einem Nabakbaume, an dessen Zweigspitzen viele Webervogelnester hingen. Ich habe nur Junge, nicht aber auch Eier des Raubadlers erhalten.

An die schon mitgetheilte Thatsache, daß manche Weibchen des Raubadlers in ganz abgetragenem Kleide brüten, will ich hier nur erinnern.

Der ausgenommene junge Raubadler wird, wenn man sich mit ihm abgiebt, sehr zahm. In allen von mir bereisten Gegenden sieht man ihn nicht in der Gefangenschaft. Die Sudahnesen zählen ihn, weil er mit auf dem Aase erscheint, den unreinen Vögeln zu.

Den Gaukler (Helotarsus ecaudatus) haben wir nur einige Mal gesehen, in der Samchara ebensowohl, wie im Gebirge. Seine Hoheit der Herzog war so glücklich, ein altes Weibchen des prachtvollen Vogels zu erlegen, welches unweit eines unserer Lagerplätze im Mensathale aufbäumte. Ich trage dem von mir in der Naumannia Gesagten zunächst die Maße nach. Sie sind folgende:

Länge	1 Fuß	10 Zoll	— Linien.
Breite	5 „	10 „	— „
Höhe des Tarsus	— „	3 „	— „
Länge der Mittelzehe	— „	2 „	9 „
Länge der Hinterzehe	— „	1 „	5 „
Länge der inneren Zehe	— „	1 „	7 „
Länge der äußeren Zehe	— „	1 „	11 „
Länge des Oberschnabels längs der Firste	— „	2 „	5 „
Länge des Unterschnabels	— „	— „	9 „
Länge des Schwanzes	— „	5 „	— „
Des Flügels vom Bug bis zur Spitze der zweiten Schwinge	1 „	9 „	— „

Die Farbe der Iris ist ein schönes, goldigglänzendes Braun; die Füße sind röthlichgelb, an manchen Stellen fast ganz gelb; der Schnabel ist rothgelb an der Wurzel, hornblau an der Spitze; die Wachshaut und eine nackte Stelle vor dem Auge blutroth mit röthlichgelben Flecken; das untere Augenlid ist weißlich. Unter den Schwingen ist die zweite die längste; auf diese folgt die dritte, dann die erste, dann die vierte, fünfte, sechste u. s. w.

Der Flug des Gauklers hat mich auch auf dieser Reise wiederum mit gerechtem Entzücken erfüllt. Unter allen Raubvögeln, welche ich kenne, ist der Gaukler der stolzeste Flieger: er jagt förmlich durch die Lüfte. Nur während des Fluges zeigt er seine volle Schönheit; im Sitzen erscheint er mehr auffallend, als anziehend. Namentlich, wenn er aufgebäumt hat, sieht er ganz sonderbar aus. Er scheint, wie der Schopfadler oder der Uhu mit seinem Federreichthum zu spielen; denn er bläst sich manchmal zu einem wahren Federklumpen auf. Auch wenn er auf der Erde sitzt, sträubt er sehr oft die Kopf- und Halsfedern; regelmäßig geschieht Dies, wenn er irgend Etwas bemerkt, es sei was es wolle.

Ich habe den Gaukler gewöhnlich nur einzeln gesehen. Das Paar scheint ein sehr großes Gebiet zu bewohnen und nur selten sich zu vereinigen. Wenn ein Raubadler aufgebäumt hat, sieht man sicherlich den zweiten in unmittelbarer Nähe; beim Gaukler bemerkte ich nur ausnahmsweise den andern Gatten des Paares. Möglicher Weise hält sich dieses während der Paarungszeit mehr zusammen, als außerdem.

Heuglin behauptet, daß der Gaukler der schlimmste Feind des Somalihasen (Lepus Somalensis, *Heuglin*) wäre; ich weiß nicht, ob diese Beobachtung auf eigener Anschauung beruht oder nur Muthmaßung ist. Fast möchte ich das Letztere glauben, denn ich meines Theils habe den Gaukler nur als Lurch= zumal als Schlangenjäger kennen gelernt und bezweifle sehr, daß er, abweichend von allen übrigen Schlangenadlern, sich auch an Säugethieren vergreifen sollte. In der Gefangenschaft frißt er freilich Fleisch; das hat aber seine guten Gründe: — solche, welche schwerlich auch in der Freiheit maßgebend sein dürften.

Bemerken will ich noch, daß man im Osten Afrikas die hübsche Sage vom Gaukler, welche ich zuerst in der Naumannia mittheilte und später in meinem „Leben der Vögel" wiederholt habe, nicht zu kennen scheint. Im Innern Afrikas, wo der Gaukler überhaupt viel häufiger vorkommt, als im Osten, ist sie in Jedermanns Munde.

Ueber die Fortpflanzung des Gauklers habe ich auch während dieser Reise nicht mehr erfahren, als früher. Gerade in jener hübschen Sage ist hierüber Das enthalten, was die Eingeborenen mir mitzutheilen wußten.

———

Aus Heuglins letztem Berichte über die Fauna des rothen Meeres und der Somaliküste ersehe ich, daß der Flußadler (Pandion halinaëtos) Standvogel im rothen Meere und im Golf von Aden ist, nicht aber blos Wintergast, wie ich, von meinen früheren, in Egipten gemachten Beobachtungen schließend, vermuthete. Heuglin fand die Horste dieses Vogels auf Inseln, Klippen und am Festlande auf Felsen und hohen Bäumen und beweist hierdurch seine Angabe aufs schlagendste. Ich meinestheils habe den Flußadler nur auf dem Zuge beobachtet, häufig, namentlich in Egipten, über den großen Strandseen an der Küste des Mittelmeeres. Sehr einzeln zeigte er sich auch noch auf dem weißen

Stücke bereits in den Fängen des Strolches. Aus den Fischerbarken habe ich ihn mehr als einmal Fische aufnehmen sehen, obwohl der Eigner sich redlich bemühte, den unverschämten Gesellen zu verscheuchen. Er stiehlt buchstäblich aus der Hand der Leute weg.

Der Mensch ist übrigens nicht der einzige Brodherr unseres Vogels, sondern dieser erhebt auch von anderen Thieren seinen Zoll. Ich bin fest überzeugt, daß die größeren Edelfalken und Adler kein Thier grimmiger hassen, als den Schmarotzermilan. Der scharfäugige Gesell achtet nicht blos auf das Treiben der Menschen, sondern auch auf das Thun seiner Mitgeschöpfe. Sobald einer der stolzen Räuber sich eine Beute erobert hat, wird er umringt von der zudringlichen Bettlerschar. Schreiend, mit Heftigkeit auf ihn stoßend, verfolgen ihn die Milane, und je heftiger die Jagd wird, um so größer wird die Zahl der Verfolger. Die schwere Last in den Fängen hindert den Edelfalken, so schnell als sonst zu fliegen, und so kommt es, daß die trägeren Milane ihm immer auf dem Nacken sitzen. Der Edelfalke ist viel zu stolz, als daß er solch schnöde Bettelei längere Zeit ertragen könnte; er wirft den erbärmlichen Gegnern gewöhnlich bald seine Beute zu, läßt die gierige Schar nun unter sich um dieselbe balgen, eilt zurück zum Jagdplatz und sucht ein anderes Wild zu gewinnen. Am Menfalehfee habe ich binnen wenigen Minuten unsern Wanderfalken (Falco peregrinus) vier Wildenten erheben und den Milanen erbost zuwerfen sehen; erst mit der fünften flog er davon. Auch den Geiern ist der Schmarotzermilan verhaßt. Er fliegt beständig um die Schmausenden herum oder zwischen ihnen hindurch und fängt geschickt jedes Fleischstück auf, welches diese bei ihrer hastigen Mahlzeit losreißen und wegschleudern. Die Hunde knurren ihn an und beißen nach ihm, sobald er sich zeigt; denn sie wissen genau, daß der Vogel die eigennützige Absicht hegt, jeden Fleischbissen, den sie sich sauer genug erworben, mit ihnen zu theilen.

Man sieht unsern Milan regelmäßig in größeren Scharen; paarweise findet man ihn nur am Horste. Ueber den Schlachtplätzen größerer Städte treibt er sich zuweilen in Flügen von fünfzig bis sechszig Stücken herum; dagegen habe ich nie gesehen, daß er, wie der Königsmilan (Milvus regalis), vor dem Schlafengehen sich in Flügen sammelt, welche Hunderte zählen, und daß er dann auch in so großer Menge den einmal erwählten Schlafplatz bezieht. Der Königsmilan thut Dies möglicher weise auch nur in der Winterherberge; denn ich habe solche Versammlungen blos hier und zwar in der Nähe der Stadt T o l e d o gesehen.

Wie schon bemerkt, siedelt sich der Schmarotzermilan nach jedes Ortes Gelegenheit an. Sein Horst steht meist auf Palmen; gar nicht selten aber auch auf Minarets: in Kairo trägt z. B. fast jeder dieser schlanken Thürme einen oder auch zwei Horste unseres Vogels. In den ersten Monaten des Jahres, gewöhnlich schon im Februar, fand ich im Horste drei bis fünf Eier, welche man sofort als die eines Gabelweihes erkennt. Im Extrahefte zum ersten Jahrgange des „Journals für Ornithologie" habe ich sie bereits besprochen. Während der Brutzeit ist unser Schmarotzermilan selbstverständlich noch zubringlicher, als sonst. Er liebt seine Jungen in hohem Grade und stößt mit großem Muthe nach dem Feinde, welcher sie bedroht. Ende Mai's ist die junge Brut flugfähig und treibt nun ganz das Leben der Alten.

Ueber die Bewegungen des Schmarotzermilans habe ich Nichts zu sagen: sie ähneln ganz denen anderer Gabelweihen, zumal denen seines nächsten Verwandten, des **schwarzbraunen Milans** (Milvus ater). Von diesem unterscheidet man ihn nur überhaupt durch das lichte Kleid und seinen gelben Schnabel.

Der arabische Name des Schmarotzermilans „Hitaie" ist ein Klangbild und entspricht ziemlich genau dem gewöhnlichen Geschrei unseres Vogels. Es beginnt mit dem hohen, wie „hi" klingenden Laut und endet in einem langgezogenen, zitternd ausgestoßenen „Tehehehe".

Die Maße des Schmarotzermilans kann ich leider nicht geben; es ist mir gegangen, wie es gewöhnlich mit häufigen Vögeln wohl geht; man verschiebt es von einem Tage zum andern, sie in den Katalogen einzutragen, und wird schließlich daran verhindert.

Bei den Eingeborenen gilt unser Vogel als Das, was er ist: als höchst zubringlicher und belästigender Gesell. Gleichwohl wird er nicht verfolgt: man glaubt, daß auch für ihn die Gesetze der Höflichkeit und Gastfreundschaft Giltigkeit haben müssen, und läßt ihn kommen und gehen, wie er will. Von seiner Zubringlichkeit erzählt man manche hübsche Anekdote, und in den Märchen spielt er hier und da auch seine Rolle.

Auf unserer letzten Reise fanden wir den Singhabicht (Melierax polyzonus) nur wenige Mal auf, und Dies nahm mich deshalb Wunder, weil derselbe Vogel weiter im Innern eine der häufigsten Erscheinungen aus seiner Ordnung ist.

Der Singhabicht findet sich südlich des 17. Grades in allen Steppenwaldungen sehr zahlreich. Im Urwalde ist er seltener, doch auch hier wird man ihn auf seiner Jagd vermissen. Seine Lieblingsplätze sind einzelnstehende Bäume in der Steppe, von denen er nach allen Seiten hin eine freie Ausschau hat. Hier verweilt er fast den ganzen Tag. Sein Gebiet ist klein; denn in den eigentlichen Steppengegenden wohnt Paar bei Paar, und jedes muß sich mit einem Umkreise von sehr geringem Durchmesser begnügen.

Nur äußerlich hat der Singhabicht entfernte Aehnlichkeit mit seinem Namensvetter; in Geist und Wesen unterscheidet er sich von diesem durchaus. Er ist ein träger, langweiliger Vogel, welcher Nichts von der Kühnheit besitzt, die unseren Habicht zu einem so furchtbaren Feinde aller schwächeren Wirbelthiere macht. Trägheit ist der eigentliche Grundzug seines Wesens. Stundenlang sitzt er auf ein und demselben Flecke, und fast schläfrig überschaut er den nächsten Umkreis von seiner Warte. Der Flug ist habichtartig, besitzt aber Nichts von der Raschheit und Gewandtheit, welche sein Verwandter unter allen Umständen zeigt. Die kurzen abgerundeten Flügel werden langsam bewegt und hierauf längere Zeit ausgebreitet; dann gleitet er einige Ellen gerade aus durch die Luft, und hierauf folgen dann wiederum mehrere Flügelschläge. Nach dem Aufbäumen nimmt er gewöhnlich eine ziemlich senkrechte Haltung an, zieht den Kopf ein und starrt gerade vor sich nach einer Stelle.

Die Stimme unseres Vogels scheint mit der seines größeren Verwandten, des eigentlichen Singhabichts (Melierax musicus), wenig gemein zu haben. Sie besteht wie die des Gabar (Melierax Gabar) in einem langgezogenen, eintönigen Pfeifen. Laute, welche an Gesang erinnern, habe ich nie von ihm vernommen.

Rüppell giebt als die hauptsächlichste Nahrung Tauben und andere kleine Vögel an, ist aber im Irrthum, oder hat sich, falls die Angaben auf bestimmter Beobachtung beruhen, durch einen Zufall täuschen lassen. Die Hauptnahrung des Singhabichts besteht in Kerfen und kleinen Säuge-

thieren. Nach meinen Erfahrungen bilden die verschiedenen **Heu-
schreckenarten** Monate lang seine Haupt-, wenn nicht ausschließliche
Nahrung. Neben genannten Kerbthieren jagt er vorzüglich noch auf
Mäuse, und von diesen findet man gewöhnlich auch noch einige Ueberbleibsel in seinem Magen. Auf Vögel habe ich ihn blos dann stoßen sehen,
wenn das kleine Geflügel in dichten Schwärmen zu den Tränkplätzen flog;
aber nur sehr selten gelang es ihm, aus dem Gewimmel einen zu ergreifen.
Zum Flugfangen ist er viel zu täppisch, und niemals sieht man ihn eine
der so unendlich häufigen **Tauben** nach Art unseres Habichts oder
Sperbers auf größere Strecken hin verfolgen. Daß er schon Nager
von der Größe eines **Eichhörnchens** nicht mehr behelligt, habe ich bereits oben mitgetheilt.

Frisch ausgeflogene Junge des Singhabichts fand ich häufig zu Ende
der großen Regenzeit; den Horst selbst habe ich niemals kennen gelernt.

Die von Rüppell gegebenen Maße unseres Vogels sind nicht ganz
richtig, und deshalb will ich eine Messung von mir hier angeben.

Beim Männchen beträgt:

Die Länge	1 Fuß	7 Zoll	— Linien.
Die Breite	3 „	2 „	8 „
Die Höhe des Tarsus	— „	3 „	1 „
Die Länge der Mittelzehe ohne Nagel . .	— „	1 „	6 „
Die Länge der Hinterzehe	— „	— „	9 „
Die Länge der inneren Zehe	— „	— „	11 „
Die Länge der äußeren Zehe	— „	1 „	1 „
Die Länge des Schnabels längs der Firste ohne Wachshaut	— „	1 „	4,5 „
Die Länge des Unterschnabels bis zum Kieferastwinkel	— „	— „	5 „
Die Länge des Schwanzes	— „	8 „	4 „
Die Länge des Flügels vom Bug bis zur Spitze	— „	11 „	8 „

Die Farbe der Iris ist ein schönes **Braun**, der Schnabel ist **dunkelblau**, die Wachshaut und die Füße sind lebhaft **orangefarbig**.
Unter den Schwingen ist die vierte die längste, auf sie folgt die fünfte, die
dritte, die sechste, die zweite, die siebente, die erste, die achte und die neunte.

Ebenso einzeln, wie den vorhergehenden beobachteten wir auf der letzten Reise den **keilschwänzigen Sperber** (Micronisus sphaenurus). Mir gelang es nur ein einziges Mal, ihn zu erlegen, doch habe ich ihn mehrmals gesehen.

Wer unseren Sperber kennt, bedarf keiner Lebensbeschreibung dieses afrikanischen Verwandten: der **keilschwänzige Sperber** ist der unsrige in jeder Hinsicht. Er lebt an ähnlichen Orten und erwirbt in gleicher Weise seine Nahrung. Ich habe also über ihn Nichts zu sagen; doch will ich seine Maße geben und eine Angabe Heuglins berichtigen. Beim alten Männchen beträgt:

Die Länge	1 Fuß	— Zoll	— Linien.
Die Breite	1 „	11 „	— „
Die Höhe des Tarsus	— „	1 „	8 „
Die Länge der Mittelzehe	— „	1 „	2 „
Die Länge der Hinterzehe	— „	— „	5,5 „
Die Länge der inneren Zehe	— „	— „	7 „
Die Länge der äußeren Zehe	— „	— „	10 „
Die Länge des Schnabels längs der Firste	— „	— „	10 „
Die Länge des Unterschnabels	— „	— „	3 „
Die Schwanzlänge	— „	6 „	— „
Die Länge des Flügels vom Bug bis zur Spitze	— „	7 „	2 „

Heuglin sagt auf Seite 12 seiner systematischen Uebersicht von unserem Vogel: „Der Augenstern ist nicht gelb, wie Rüppell angiebt, sondern lebhaft feuerroth." Dies ist nicht der Fall, sondern Rüppell hat Recht; die Iris ist **feuergelb**, der Schnabel **blau**, der Fuß **gelb**, die Wachshaut **grünlichorange**.

Sehr richtig bemerkt Heuglin, daß Rüppell wahrscheinlich im Irrthum ist, wenn er den **Kornweih** (Circus cyaneus) als nordostafrikanischen Vogel angiebt. Auf allen meinen Reisen habe ich nur den **blassen oder Steppenweih**, niemals den Kornweih gefunden. Auch der

Wiesenweih (Circus cineraceus) ist eine äußerst seltene Erscheinung; soviel ich mich erinnern kann, habe ich ihn nur ein einziges Mal und zwar in Mittelegipten erlegt.

Beide vertritt der Steppenweih (Circus pallidus), ein Vogel, welcher schon in Egipten nicht selten ist, aber um so häufiger wird, je mehr man sich seiner eigentlichen Heimat, der Steppe, nähert. In dieser selbst ist unser Weih an gewissen Stellen geradezu gemein; man sieht ihn sogar in jeder pflanzenreicheren Niederung der Wüste. Auf unserer letzten Reise haben wir ihn ausschließlich in der Samchara beobachtet; denn das Gebirge scheint er gänzlich zu meiden. Jene breiteren Niederungen, in welchen die niedere Pflanzenwelt vorherrscht, bilden seine bevorzugten Jagdplätze, und ganz regelmäßig ist er in der Nähe der wenigen Getreide= felder zu finden, welche die Bewohner der Ortschaften unseres Gebietes an den günstigsten Stellen der Samchara angelegt haben. Nirgends aber traf ich ihn so zahlreich als in Korbofahn, wo man bei einer einzigen Jagd ohne sonderliche Mühe sechs bis acht Stück von ihm erlegen kann.

Der Steppenweih durchzieht alltäglich einzeln oder paarweise sein ziemlich großes Gebiet. Mit raschem, zierlichen Fluge sieht man ihn über die Niederungen dahinstreichen, namentlich in den Früh= und Abendstunden, selbst noch einige Minuten nach Sonnenuntergang, wenn die Dämmerung bereits hereingebrochen. Gerade um diese Zeit ist er besonders rege. Andere Tagraubvögel haben sich lange vor Sonnenuntergang zum Schlafen niedergesetzt: er ist noch in vollster Thätigkeit. In den heißesten Tagesstunden dagegen bemerkt man ihn selten, weil er dann gern auf einem der dichtwipfeligen Bäume ruht, so nahe wie möglich an den Stamm ge= drückt und in sehr aufrechter Stellung regungslos verharrend.

Er ist in jeder Hinsicht ein echter Weih. Rasch gleitet er nahe der Oberfläche dahin, manchmal förmlich zwischen den höheren Halmen hindurch, pfeilschnell windet er sich durch die Büsche, gewandt wendet und dreht er sich in der Luft, und klug scheucht er sich das kleine Gevögel erst nach einem Punkt zusammen, bevor er sich unter dasselbe stürzt. Zu diesem Ende umfliegt er zuerst regelmäßig einen gewissen Theil der Steppe, zumal ein Feld, in weiten Kreisen; mit einem Male aber streicht er, entweder gerade aus oder im Zickzack, mitten durch das früher umkreiste Stück hindurch, und gewöhnlich glückt ihm solche List. Die kleineren Vögel fürchten ihn außerordentlich, und niemals sieht man die Necker unter ihnen den gefährlichen Feind behelligen; niemals folgen ihm Bachstelzen oder Schwalben.

Vor dem Menschen scheut sich der Steppenweih sehr wenig. Nur wenn er zur Mittagsruhe aufgebäumt hat, ist er vorsichtig. In der Nähe der Felder benimmt er sich geradezu frech. Er gewöhnt sich an das Geschrei der Leute, welche ihr Getreide vor den kleinen geflügelten Dieben zu schützen suchen, streicht ruhig und furchtlos hart an ihnen vorüber und scheint sich überhaupt nicht im geringsten um sie zu kümmern. In den Dörfern erscheint er nach Art unseres Sperbers auf kurze Zeit, jagt rasch durch die Gärten hindurch, scheucht die in der Nähe des Brunnens zur Tränke kommenden Finken, Webervögel, Kaptauben und Bachstelzen in eilige Flucht und verschwindet so rasch, wie er gekommen. Gar nicht selten fängt er so recht eigentlich vor den Augen der Leute einen kleinen Vogel weg.

Demungeachtet ist seine Jagd nicht so leicht, wie es scheinen möchte. Kein Raubvogel läßt sich weniger verfolgen, als der Steppenweih: — er ist überall und nirgends. Der Schütze kann eigentlich nur an jenen Durrahfeldern auf ihn rechnen und ihn dort auch erwarten; sonst ist die Jagd Sache des Zufalles. Der Steppenweih streicht ruhig seines Wegs und wird herabgeschossen, wenn er eben in Schußnähe vor dem Jäger vorbeifliegt. Doch habe ich zufällig eine Eigenthümlichkeit von ihm kennen gelernt, welche ihm manchmal verderblich wird: er ist ungemein neugierig. Ein Schuß z. B. erregt seine Aufmerksamkeit in so hohem Grade, daß er geradezu auf den Jäger losstürmt, ein= oder zweimal über seinem Kopfe kreist und dann seinen Weg fortsetzt. Das von mir in der Samchara erbeutete Männchen kam herbei, nachdem ich eine Gazelle erlegt hatte, kreiste über dieser und nahte sich dann mir, gerade als wolle es sich den Mörder seiner zierlichen Heimatsgenossin betrachten. Wenn man erst einen dieser Vögel erlegt hat und denselben bei Anblick eines zweiten in die Luft wirft, kommt der letztere oft herbei, jedenfalls von Neid über das vermeinte Jagdglück seines Gefährten getrieben, und dann wird er er= klärlicher Weise leicht eine Beute des Schützen.

Die Gatten eines Paares des Steppenweihs hängen nicht so fest zusammen, wie andere Raubvögel. Jeder verfolgt selbständig seinen Weg und kümmert sich, solange die Jagdzeit dauert, nur insofern um seinen Gefährten, als er so ziemlich dasselbe Gebiet mit ihm durchfliegt.

Viele Adler schweben immer dicht neben einander dahin, den Steppenweih sieht man nur dann eigentlich vereinigt, wenn seine Jagdzeit
vorüber ist.

Merkwürdiger Weise habe ich niemals den Horst des so häufigen
Vogels gefunden. Ich weiß, daß er, wie der Kornweih, auf der Erde
horstet und im Innern Afrikas in den Monaten August und September,
also bei Beginn der Regenzeit zur Fortpflanzung schreitet: allein die
Steppe ist für einen auf der Erde nistenden Vogel ein zu günstiges Gebiet, als daß es möglich wäre, den Horst desselben durch verständiges
Suchen aufzufinden.

In meinen Maßtafeln finde ich zu meiner Verwunderung nur
Männchen verzeichnet und kann deshalb nichts Vollständiges bieten; weil
aber der Steppenweih doch immer noch unter die weniger bekannten
Vögel gezählt werden muß, will ich die betreffenden Maße hier geben.
Es beträgt beim Männchen:

	F. Z. L.	F. Z. L.	F. Z. L.	F. Z. L.
Die Länge	1 4 6 oder	1 4 5 oder	1 4 — und	1 4 9
Die Breite	3 2 6 „	3 2 8 „	3 2 4 „	3 2 6
Die Höhe des Tarsus . .	— 2 4 „	— 2 5 „	— 2 5 „	— 2 4
Die Mittelzehe ohne Nagel .	— 1 3 „	— 1 2 „	— 1 2 „	— 1 3
Die hintere	— — 7,5 „	— — 7 „	— — 7 „	— — 7
Die innere	— — 8,5 „	— — 8 „	— — 8 „	— — 8,5
Die äußere	— — 10 „	— — 9,5 „	— — 9,5 „	— — 10
Die Länge des Schnabels längs der Firste . . .	— — 14,5 „	— — 15 „	— — — „	— — —
Die Länge des Schwanzes .	— — 8,3 „	— — — „	— — — „	— — —
Die Länge des Flügels vom Bug bis zur Spitze . .	1 1 — „	— — — „	— — — „	— — —

Die Farbe der Iris ist hellgelb, der Schnabel dunkelblau,
der Fuß orangegelb, die Wachshaut gelb.

Nur ein einziges Mal bemerkte ich den im Inneren Afrikas keineswegs seltenen Schlangengeier (Gypogeranus serpentarius) schwebend über einer der breitesten Niederungen der Samchara. Unter allen
mir bekannten Raubvögeln ist der Sekretär derjenige, welchen man

in jeder Entfernung mit Sicherheit erkennt, er möge nun laufend seiner Nahrung nachgehen, oder fliegend sein Gebiet durchziehen. Hierin ist es wohl auch begründet, daß jeder Eingeborene Einiges von ihm zu erzählen weiß. Die Berichte gehören jedoch größtentheils der Fabel an; über die wirkliche Geschichte des „S ch i ck s a l s v o g e l s" erfährt man Nichts. Auch meine Beobachtungen sind im höchsten Grade dürftig; ich habe sonderbarer Weise diesen merkwürdigsten aller Raubvögel nur einige Mal zu sehen bekommen, und niemals ist es mir gelungen, einen für die Gefangenschaft zu erhalten.

Der Schlangengeier bewohnt die Ebenen des inneren Afrikas, welche, Dank den belebenden Regen, zur lebendigen Steppe geworden sind. Er lebt streng paarweise in einem gewissen Gebiete, aus welchem er, wie mir gesagt wurde, etwaige Eindringlinge mit Heftigkeit zu vertreiben sucht. Mehr, als jeder andere Raubvogel, hält er sich auf dem Boden auf. Auch in seinem Betragen erinnert er an die L a u f = und S t e l z , v ö g e l. Sein Gang ist gemessen, s t o r ch artig, der Lauf erinnert am meisten an den eines eilig dahinrennenden T r a p p e n. Bei ruhigem Gange trägt er den Kopf stolz aufgerichtet und spielt beständig mit seiner Haube, welche er bald auf den Nacken legt, bald fächerförmig ausbreitet. Bei schnellerem Laufe streckt er den Hals vor und hält die Flügel vom Körper ab. Um sich zu erheben, muß er einen ziemlich großen Anlauf nehmen, und im Anfang wird ihm das Fliegen schwer. Hat er sich jedoch einmal in eine gewisse Höhe emporgearbeitet, so schwebt er leicht und schön dahin, gewöhnlich auf weite Strecken ohne irgend einen Flügelschlag. Die Gestalt des langhälsigen und langschwänzigen Vogels, welcher die Ständer wie ein S t o r ch nach hinten streckt, ist dann so bezeichnend, daß man schwerlich in Versuchung kommen kann, ihn mit irgend einem anderen Raubvogel zu verwechseln. Auch in der größten Höhe bildet der lange Stufenschwanz noch ein gutes Merkmal.

Da ich selbst niemals so glücklich war, einen Schlangengeier zu erlegen, kann ich über seine Nahrung aus eigner Erfahrung Nichts mittheilen. Die Sudahnesen behaupten einstimmig, daß diese vorzugsweise aus S ch l a n g e n bestehe, und ich selbst habe vor der Feuerlinie der brennenden Steppe unseren Vogel dahinrennen und bezüglich fliegen sehen. Heuglin dagegen sagt, daß der Sekretär seinen Namen: „Reptilienfresser" nicht ganz mit Recht führe, weil er mehr von Säugethieren die zur Größe junger Antilopen und mehr von Schildkröten, als von anderen Reptilien sich ernähre.

Der Horst soll, wie die Kordofahnesen mir mittheilten, nicht immer auf Bäumen, sondern auch auf der Erde angelegt sein und dann mit Steppengräsern roh ausgefüttert werden, die Zahl der Eier zwischen zwei und drei schwanken. Nach Heuglin brütete der Vogel im September 1853 in der Nähe von Charthum.

Schon aus dem sonderbaren Namen, welchen der Schlangengeier erhielt, geht hervor, daß der Vogel bei den Eingeborenen in einem großen Ansehen steht; doch habe ich niemals erfahren können, was er eigentlich mit dem in der Anschauung aller Mahammedaner höchst wichtigen Geschick zu thun hat. Das sonst so lebendige Märchen wußte mir hierüber keinen Aufschluß zu geben. Ich glaube nicht zu irren, wenn ich die hohe Achtung, welche der Vogel genießt, einfach auf seine anerkannte Nützlichkeit zurückführe.

Im Sudahn, wie in der Samchara, fällt es Niemand ein, das geehrte Thier zu verfolgen; nichtsdestoweniger ist der Sekretär ein höchst vorsichtiger Vogel. Er theilt diese Eigenschaft mit allen hochbeinigen Mitgliedern seiner Klasse. Heuglin berichtet, daß man ihn mit Pferden hetzen und dann lebend einfangen kann. Ich habe von solcher Jagd nie Etwas vernommen und würde sie bezweifeln, wenn genannter Forscher nicht ausdrücklich hinzufügte, daß er selbst in Zeit von zwei Tagen sechs Stück auf diese Weise erbeutet habe.

Zu meiner nicht geringen Verwunderung beobachtete ich auf unserer letzten Reise gerade von den in Nord-Ost-Afrika so häufigen Eulen nur die weiter oben aufgeführten zwei Arten. In ganz Egipten und Nubien sind die Schleiereule (Strix flammea) und der Steinkauz (Athene nilotica) geradezu gemeine Erscheinungen; im Sudahn und Kordofahn findet man zwei andere einheimische Arten (Scops leucotis und Athene pusilla) an manchen Orten recht häufig. Die in der Welt umherschweifende kurzöhrige Eule (Otus brachyotus) ist während des Winters nirgends gerade selten, und auch die Zwergohreule (Ephialtes Scops) wandert bis tief in die Wälder des Innern. Zu ihnen kommt nun noch außerdem der freilich recht seltene südliche Uhu (Bubo asculaphus): — die Familie ist also in dem angegebenen Theile Afrikas sehr reich vertreten und die Armuth in unserem Gebiete um so überraschender.

Der lichte Uhu Ost-Afrikas (Bubo cinerascens) scheint in der Samchara wie im Gebirge der Mensa die häufigste Eule zu sein; wenigstens fand ich ihn in der kurzen Zeit unseres Aufenthaltes mehrere Mal auf. Er erinnert in seinem Betragen, wie alle größeren Eulen, an unseren Uhu (Bubo maximus), unterscheidet sich aber in mehrfacher Hinsicht von diesem. So zieht er Bäume, wie es scheint, unter allen Umständen den Felsen vor; ich habe ihn niemals anders als auf hohen Bäumen gesehen. Hier sitzt er gewöhnlich hoch oben in der Krone auf einem der stärkeren Aeste, nahe dem Stamme. Ob dieser Baum noch von anderen Vögeln bewohnt wird oder nicht, ist ihm gleichgiltig. Ich habe ihn auf Bäumen gefunden, welche mit Webervögelnestern ganz bedeckt waren, und die Inhaber der schwebenden Wohnungen schienen sich nicht im geringsten um den, anderen Vögeln so verhaßten nächtlichen Schleicher zu bekümmern; sie flogen ab und zu, setzten sich dicht neben ihn, sangen und benahmen sich, als wäre der Uhu gar nicht vorhanden. Dieser erscheint, weil er das Gefieder glatt anlegt, sehr schlank und eher falken- als eulenähnlich: nur die immer aufgerichteten Federohren lassen ihn nicht verkennen. Sobald er einen herannahenden Menschen wahrnimmt, reißt er die klotzigen Augen auf und ängt scharf nach dem Ankömmling hin; dabei dreht und bewegt er die Ohren ohne Unterlaß. Kommt man näher, so fliegt oder richtiger klettert er in kleinen Absätzen nach einer lichteren Stelle des Baumes zu, verfolgt von hier aus alle Bewegungen seines Ruhestörers mit größter Aufmerksamkeit und nimmt ganz sonderbare Stellungen an, beugt sich nach vorn, sobaß er täuschend einer kletternden Katze ähnlich wird, richtet sich hoch auf, macht Verbeugungen wie ein Kauz, öffnet und schließt die Augen und erhebt sich, wenn ihm die Sache zu bedenklich wird, endlich in die Luft, um einem andern Baume zuzufliegen. Bei Tage geht er selten weit; denn alle größeren Vögel hassen ihn mit derselben Glut, wie die unsrigen die europäischen Eulen. Namentlich die Nashornvögel sind arge Feinde des lichten Uhus; sie fliegen in großen Bogenschwingungen von allen Seiten herbei, schreien laut auf; verfolgen den nächtlichen Räuber im Fluge mit Stoßen und Schreien und setzen

sich, sobald er sich niederläßt, über ihn auf demselben Baum, rufen sämmt=
liche Vögel der Nachbarschaft herbei und erregen einen wahren Aufruhr
im Walde. Nächst den Nashornvögeln sind die Raben ohne Aus=
nahme schlimme Feinde des armen Schächers; aber auch die Falken
und namentlich die überall häufigen Milane und die Singhabichte
verfolgen ihn mit großem Eifer.

Der Uhu lebt streng paarweise; aber selten trifft man beide zusam=
mengehörige Gatten nahe bei einander. Jeder von ihnen sitzt auf einem
besondern Baume, manchmal ziemlich weit von dem andern entfernt.
Erst nach Sonnenuntergang vereinigen sie sich, und dann streifen sie ge=
meinschaftlich umher. Nur während der Paarungszeit vernimmt man
ihren Ruf, ein echtes Eulengeschrei, welches in jeder Hinsicht an die son=
derbaren Töne unseres Uhus erinnert. Der arabische Name: „Buhme"
und der abissinische „Gahn" ist einfach als ein Widerhall dieses Ge=
schreies zu betrachten.

Da der Uhu selten die eigentlichen Wälder verläßt, kann man ihn bei
seinen Jagden nicht leicht beobachten; — vermag man ja doch nur an
den günstigen Stellen in den Wald einzudringen und hat dann noch
immer das Licht des Tages höchst nöthig. Auf allen meinen Reisen habe
ich blos zweimal Uhus erlegen können, welche sich mir durch ihr Geschrei
bemerklich gemacht hatten. Für gewöhnlich stört sie nicht einmal der
europäische Jäger bei ihren nächtlichen Wanderungen.

In den Magen der Getödteten fand ich die Ueberreste kleiner Säuge=
thiere; doch will Dies für die Bestimmung der Nahrung unseres Vogels
nicht viel bedeuten. Ich bezweifle, daß der Haß der Nashornvögel
und der Raben so ganz ungegründet ist, und glaube auch, daß der Uhu
kleineren Antilopen, jungen Gazellen und Zwergböckchen z. B.
gefährlich werden kann. Gerade der Aufenthalt in einem der reicheren,
von Zwergböckchen und Perlhühnern belebten Thälern der
Samchara scheint dafür zu sprechen; jedoch fehlen mir, wie bemerkt, be=
stimmte Beobachtungen.

Die Brutzeit des Uhu fällt in die ersten Monate unseres Jahres.
Im Innern beginnt sie vielleicht früher, als an der Ost=Küste; doch liegen
auch hierüber mir noch zu wenig Beobachtungen vor, als daß ich sichere
Angaben machen könnte. Der große Horst steht auf Bäumen, manchmal
gar nicht hoch über der Erde, gewöhnlich in einer stärkern Gabel der Aeste

oder, wenn man will, des Stammes. Er besteht ausschließlich aus Reisern, stärkeren und schwächeren, auch sehr dornigen, und ist nach des Ortes Beschaffenheit verschieden gestaltet. Ein Horst, welchen ich am blauen Flusse bestieg, war sehr flach und groß, ein anderer, den ich im Mensathale untersuchte, der engen Astgabel wegen außerordentlich hoch, über drei Fuß, oben aber, bis auf die seichte Mulde, sehr flach. Nur der äußerste Rand erhob sich ziemlich bedeutend über die innere Mulde. Diese ist mit feineren Reisern, aber doch nur sehr unvollkommen ausgekleidet. Es ist durchaus nicht unwahrscheinlich, daß andere Vögel, vielleicht Störche, die eigentlichen Erbauer eines solchen Horstes sind, und daß dieser erst später von dem Uhu in Besitz genommen wurde. Soviel aber ist sicher, daß der Horst viele Jahre nach einander benutzt wird. Bei dem, welchen ich im Mensathale bestieg, war der ganze untere Theil vollständig vermorscht und verfault, und nur der obere zeugte von einiger Nachbesserung. Ich fand in beiden Horsten ein einziges Junge. Eier habe ich niemals erhalten können. Das erste dieser Jungen nahm ich am 23. Februar, das zweite, im Mensathale, am 7. April aus. Beide waren gleichgroß, d. h. noch mit Wollflaum bedeckt. Die Legezeit scheint also ziemlichen Schwankungen unterworfen zu sein.

Bei der ersten Besteigung des in den Urwaldungen am blauen Flusse stehenden Horstes gelang es mir leicht, beide Eltern zu erlegen; bei der letzten schoß der Herzog das Männchen, welches auf demselben Baume gesessen hatte. An derselben Stelle hatte ich einige Tage vorher auf einen Uhu geschossen, ohne ihn zu erlegen; vielleicht war es das Weibchen gewesen, und dasselbe in Folge der erhaltenen Verwundungen zu Grunde gegangen. Beide Male bemerkte ich, daß die Eltern ihrem Sprößling mit hoher Liebe zugethan sind. So vorsichtig der Uhu sonst auch ist, so rücksichtslos benimmt er sich beim Neste. Das erste Paar, dem ich sein Junges raubte, umschwebte mich beim Aufsteigen in nahen Kreisen und gab sich ohne Bedenken dem Tode preis. Ich erlegte den einen, und der andere blieb ruhig auf derselben Stelle sitzen, welche er vor dem Schusse eingenommen hatte, ließ mich das Gewehr wieder laden und sah dann theilnahmlos in das auf ihn gerichtete Gewehr hinein.

Beide jungen Uhus, welche ich ausgenommen habe, wurden nach kurzer Zeit sehr zahm, ob in Folge der guten Behandlung, welche wir ihnen angedeihen ließen, oder aus angeborener Sanftmuth, will ich dahingestellt sein lassen. Soviel ist jedoch gewiß: niemals habe ich unseren Uhu in gleicher Weise zahm gesehen, wie seinen afrikanischen Verwandten. Mein erster Gefangener, welchen ich später mit nach Europa brachte, erlaubte mir nicht nur, ihn zu berühren und zu streicheln, sondern ließ sich, ohne Unruhe zu verrathen oder von seinen Krallen Gebrauch zu machen, auf der Hand herumtragen; ja, er gestattete mir, ihm einen Finger in den Schnabel zu halten, und knapperte an diesem unter behaglich zwitschernden Lauten herum, ohne daß es ihm jemals eingefallen wäre, zu beißen. Er war der sanfteste Raubvogel, welchen ich je besessen oder gesehen habe. Er schien sich mit seinem Lose vollständig ausgesöhnt zu haben.

Dem eingeborenen Afrikaner fällt es nicht ein, den Uhu zu verfolgen. Er haßt den Vogel zwar, läßt ihn aber ruhig gehen, wie und wohin er will. Wir erlegten ihn zufällig bei unseren Jagden am Tage und, wie bemerkt, nur zweimal in den Abendstunden. Sein weiches Gefieder läßt schon einen Schuß mit feinem Schrote tödlich werden; mit gröberem Blei schießt man ihn regelmäßig herab.

Aus meinen Maßtafeln ersehe ich, daß ich nur die Maße vom Männchen geben kann. Es beträgt:

	F.	Z.	L.	F.	Z.	L.	F.	Z.	L.
Die Länge	1	11	—	2	—	—	1	11	—
Die Breite	4	10	8	5	—	—	5	1	8
Die Höhe der Fußwurzel	—	2	9	—	2	1	—	2	7
Die Länge d. Mittelzehe ohne Nagel	—	2	1	—	2	1	—	2	2
Die Länge der Hinterzehe	—	—	11,5	—	—	11,5	—	—	12
Die Länge der innern Zehe	—	1	9	—	1	8	—	1	9
Die Länge der äußern Zehe	—	1	6	—	1	6	—	1	5
Die Länge des Schnabels längs der Firste	—	2	5,5	—	2	6	—	2	5
Die Länge des Unterschnabels	—	—	—	—	—	—	—	—	7
Die Länge des Schwanzes	—	8	6	—	9	—	—	9	—
Die Länge des Flügels vom Bug bis zur Spitze d. vierten Schwinge	1	4	6	1	5	—	1	5	3

Die Ordnung der Schwungfedern ist: 4, 5, 3, 6, 2, 7, 1.

Die Farbe der Iris ist ein dunkles **Braun**, die des Schnabels ein **Gelblichbleigrau** oder **Grünlichblau**, die Farbe der Wachshaut ein reines **Bleigrau**. Das obere Augenlid ist **röthlich**, die nackte Stelle über den Augen **bleigrau** gefärbt.

Ueber die afrikanische **Ohreule** (Bubo [Otus] maculosus) habe ich wenig zu bemerken. Sie ähnelt in ihrem Wesen und in ihrer Lebensweise ganz der unsrigen (Otus sylvestris s. Aegolius Otus). Die großen Urwälder sind auch ihr Aufenthalt; doch findet man sie, obschon selten, zuweilen auch auf Felsen: im Mensathale habe ich eine erlegt, welche hier ihren Tagesschlummer hielt. In dem tiefern Innern trifft man sie nicht gerade selten an, kann sie aber auch keine häufige Erscheinung nennen. Sie ist sehr wenig scheu und läßt sich ganz bequem unterlaufen. Manchmal sitzt sie so fest, daß man sie, wie unsere Ohreule, erst durch Schütteln des Baumes zum Auffliegen bewegen kann.

Ueber ihre Fortpflanzung habe ich keine Beobachtungen gemacht; dagegen bin ich im Stande, ihre Maße zu geben.

Beim Männchen beträgt:

	Fuß	Zoll	Linien
Die Länge	1	4	—
Die Breite	3	4	—
Die Höhe des Tarsus	—	2	3
Die Länge der Mittelzehe ohne Nagel . .	—	1	5
Die Länge der Hinterzehe ohne Nagel . .	—	—	9
Die Länge der innern Zehe ohne Nagel .	—	1	2
Die Länge der äußeren Zehe ohne Nagel .	—	1	—
Die Länge des Schnabels längs der Firste .	—	1	7
Die Länge des Unterschnabels	—	—	4
Die Länge des Schwanzes	—	6	6
Die Länge des Flügels vom Bug bis zur Spitze der dritten Schwinge	—	11	9

Die Messung eines Paares, welche ich früher am blauen Flusse erlegte, ergab:

	b. Männchen:			b. Weibchen:		
	Fuß	Zoll	Linien.	Fuß	Zoll	Linien.
Die Länge	1	3	—	1	4	6
Die Breite	3	3	6	3	5	6
Die Höhe der Fußwurzel	—	2	6	—	2	6
Die Länge der Mittelzehe ohne Nagel	—	1	3	—	1	3
Die Länge der Hinterzehe ohne Nagel	—	—	9	—	—	9
Die Länge der innern Zehe ohne Nagel	—	1	1	—	1	1
Die Länge der äußeren Zehe ohne Nagel	—	1	6	—	1	6,5
Die Länge des Schnabels längs der Firste	—	1	1	—	1	1
Die Länge des Schwanzes	—	5	10	—	6	4

Die Farbe der Iris ist **rothbraun**, die des Schnabels **dunkelgrau** oder **bleigrau**, die der Füße **blaugrau**, die des Augenlides **fleischroth**.

In ganz Nord-Ost-Afrika sind die Nachtschatten häufige Vögel. Namentlich in den Steppenländern hört man sie vor und zu Anfang der Regenzeit oft genug und überall. Sie kommen bis in die Dörfer oder in die Städte herein, umschweben die Wipfel der Palmen und zumal die blühenden Mimosen, betreiben ungescheut vor den Menschen ihre Kerbthierjagd und setzen sich wohl auch auf einen der unmittelbar an den Häusern stehenden Bäume nieder, um dort rasch ein Stückchen ihres, mir ungemein erfreulichen Nachtgesanges zu spinnen. Sie sind überall vertreten: in Nubien, wo nur ein paar Büsche an dem Ufer des Nil sich finden, in Kordofahn, mitten im Graswalde der Steppen selbst.

Ganz anders scheint es in den von uns durchreisten Gebieten des abissinischen Gebirgslandes zu sein. In der Samchara beobachtete ich keinen einzigen Ziegenmelker, und im Gebirge fand ich eine Art, den **breifleckigen Nachtschatten** (Caprimulgus tristigma) nur in den tiefsten Thälern auf. Fr. Gerstäcker will in der Nähe des Dorfes Mensa in stillen Abenden den Ruf der Nachtschwalbe vernommen haben und

dadurch an den so eigenthümlichen Schrei des „Whip-poor-Will" erinnert worden sein: — er hat sich geirrt und das Gekreisch einer Eule
für die unverkennbare Stimme eines Ziegenmelkers gehalten. Zur Zeit,
wo wir uns in Mensa aufhielten, kommt entschieden keine Nachtschwalbe
in solcher Höhe vor. Die kalten Nächte von Mensa treiben sie einfach
nach der milderen Tiefe herab. Eine Wärme von nur 6 bis 8° R. ist
für einen Nachtschatten nicht genügend, und er meidet sicherlich eine
Gegend, welche ihm, eben der geringen Wärme halber, nur eine dürftige
Nahrung verspricht. Am Fuß des Gebirges und in den tieferen Thälern
dagegen vernahmen wir das Spinnen des Ziegenmelkers allabendlich,
und eines dieser Thiere wurde auch bei Abend erlegt. Wie es schien,
war der Vogel hier unten nicht selten, aber er mied die Nähe unseres
Lagers und verrieth blos durch das Spinnen sein Vorhandensein. So
war ich nicht im Stande, ihn zu beobachten, und muß mich deshalb auf
die gegebenen Mittheilungen beschränken.

Die Tagschwalben beobachtete ich nur in der tieferen Ebene und
namentlich bei Massana in ziemlicher Menge. Im Gebirge waren sie
verhältnißmäßig seltene, doch regelmäßige Erscheinungen.

Bald nach meiner Ankunft erschienen von Süden her unsere **Rauch-
und Mehlschwalbe** (Cecropis rustica und Chelidon urbica),
schweiften in starken Flügen über die Niederungen, hielten sich aber nirgends lange auf und setzten bald ihre Heimreise fort. Der **abissinische
Segler** (Cypselus abyssinicus) schien bei Mensa Standvogel zu sein;
aber er war nicht häufig, sondern trieb sich nur in Gesellschaften von
höchstens zehn Stücken umher, vielleicht weil ihm die Umgebungen des
Dorfes keine Nistplätze gewährten. An manchen Stellen vertrat ihn die
Felsenschwalbe (Cotyle obsoleta); aber auch sie zeigte sich ungleich
seltener, als im Nilthale, zumal innerhalb der Katarakten. Für die
sonderbare **Seglerschwalbe** (Atticora pristroptera) gilt Dasselbe:
sie sah und erlegte ich nur ein einziges Mal. Selbst die **rothstirnige**
und die **fadenschwänzige Schwalbe** (Cecropis rufifrons und C. filifera) waren nur einzeln; ich erlegte sie ebensowenig, wie die große, in

jeder Entfernung erkennbare **schwarzsteißige Schwalbe** (Cecropis melanocrissa). Zahlreicher vertreten war blos die **gestreifte Schwalbe** (Cecropis abyssinica): sie schien der eigentliche Hausvogel zu sein.

Ich glaube nicht zu irren, wenn ich dieses vereinzelte Auftreten der in anderen Gegenden Afrikas so häufigen Vögel einzig und allein auf Rechnung der Oertlichkeit und bezüglich auf die Bauart der Hütten schreibe. Der abissinische **Segler** brütet wahrscheinlich wie sein so nahe verwandter Vetter des innern Afrika (Cypselus parvus), in Blättern der Dompalme; diese aber findet sich bei Mensa nicht. Die **Seglerschwalbe**, welche nach Rüppells Beobachtungen wie die **Felsenschwalbe** ihr Nest unter den Gesimsen und in den Spalten der Felswände anlegt, findet ungeachtet der steilen Thalwände, doch nur wenige Orte, welche den allen Nestern so verderblichen **Affen** nicht zugänglich sind, und die übrigen, sogenannten **Hausschwalben** endlich müssen diese wenigen übriggebliebenen Orte mit ihnen theilen, weil die Hütten der Eingeborenen keine Nistplätze für sie bieten. Gerade die rothstirnige Schwalbe sucht sich auch im Sudahn und im Kordofahn immer diejenigen Wohnungen aus, welche aus Lehmziegeln erbaut und mit plattem Dach versehen sind, und meidet die Stroh- oder Reiserhütten, selbst wenn sie gezwungen sein sollte, deshalb auf die Gesellschaft des Menschen zu verzichten und ihr Nest an einem Felsen aufzuhängen. Im Gebirge der Mensa nun fehlen ihnen allen passende Wohnungen gänzlich, und geeignete Felswände sind auch nicht in großer Anzahl vorhanden. Somit bleibt ihnen Nichts übrig, als auszuwandern.

Ueber Lebensweise und Betragen der verschiedenen Schwalbenarten habe ich wenig zu bemerken, zumal wenn ich mich einzig und allein auf meine letztgemachten Beobachtungen beschränken will. Jeder Kundige kann sich das Leben dieser Vögel, deren nahe Verwandte er im Sommer täglich vor sich sieht, leicht vorstellen, und zudem habe ich über das Brutgeschäft des Seglers und der Felsenschwalbe schon früher berichtet. Dagegen will ich wenigstens von drei Arten die Maße folgen lassen, wenn man will, zur Vervollständigung der Angaben, welche wir frühern Forschern verdanken. Von dem kleinen **abissinischen Segler** erlegte ich nur das Weibchen; bei ihm beträgt:

Die Länge . . . .   5 Zoll 10 Linien.
Die Breite 11   „   9   „
Die Höhe des Tarsus . . . . —   „   4   „
Die Länge der Mittelzehe ohne Nagel . . . —   „   3   „
Die Länge der Hinterzehe ohne Nagel . . . —   „   2   „
Die Länge der inneren Zehe ohne Nagel . . . —   „   3   „
Die Länge der äußeren Zehe ohne Nagel . . . —   „   3,5 „
Die Länge des Schnabels längs der Firste . . —   „   3   „
Die Länge des Unterschnabels . . . . —   „   1,5 „
Die Länge des Flügels vom Bug bis zur Spitze .   5   „   —   „
Die Länge des Schwanzes   2   „   6   „

Die Farbe der Iris ist **braun**, die des Schnabels **schwarz**, die der Füße **bräunlichgrau**.

Beim Männchen der **Seglerschwalbe** beträgt:
Die Länge . . . .   5 Zoll 10 Linien.
Die Breite 11   „   —   „
Die Höhe des Tarsus . . . . —   „   4   „
Die Länge der Mittelzehe ohne Nagel . . . —   „   4   „
Die Länge der Hinterzehe ohne Nagel . . . —   „   3   „
Die Länge der inneren Zehe ohne Nagel . . . —   „   3   „
Die Länge der äußeren Zehe ohne Nagel . . . —   „   3   „
Die Länge des Schnabels längs der Firste . . —   „   3   „
Die Länge des Unterschnabels . . . . —   „   1,5 „
Die Länge des Flügels vom Bug bis zur Spitze .   4   „   2   „
Die Länge des Schwanzes   2   „ 11   „

Die Farbe der Iris ist **rothbraun**, die des Schnabels **schwarz**, die der Füße **schwarz mit einem Schimmer ins Röthliche**.

Bei der gestreiften Schwalbe ist:

	b. Männchen:		b. Weibchen:	
	Zoll	Linien	Zoll	Linien
Die Länge	6	7	6	3
Die Breite	10	10	10	10
Die Höhe des Tarsus	—	5	—	5
Die Länge der Mittelzehe ohne Nagel . . .	—	4,5	—	4

	b. Männchen:	b. Weibchen:
	Zoll Linien	Zoll Linien
Die Länge der Hinterzehe ohne Nagel . . .	— 3,5	— 3,5
Die Länge der innern Zehe ohne Nagel . . .	— 3,5	— 3,5
Die Länge der äußern Zehe ohne Nagel . .	— 3,5	— 3,5
Die Länge des Schnabels längs der Firste . .	— 3,5	— 3,5
Die Länge des Unterschnabels	— 2	— 1,5
Die Länge des Flügels vom Bug bis zur Spitze	3 11	3 11
Die Länge des Schwanzes	3 6	3 2

Die Farbe der Iris ist braun, die des Schwanzes schwarz, die der Füße bräunlich schwarz.

Ueber die abissinische Mandelkrähe (Coracias abyssinicus), welche in den Wäldern Ostsudahns sehr häufig ist, mag ich hier aus dem Grunde Nichts mittheilen, weil wir bei Mensa den Vogel nicht beobachteten. — Beinahe Dasselbe gilt auch für den kleinen Eisvogel (Ispidina cyanotis), welcher zwar erlegt, aber nur kurze Zeit beobachtet wurde. Ich war nicht im Stande, Etwas an ihm zu ersehen, wodurch er sich wesentlich von unserm gemeinen Eisvogel (Alcedo ispida) unterschieden hätte. — Die größeren Bienenfresserarten ließen sich nicht nieder, und die einheimische Art (Merops Lafrenayi) bemerkte ich nur zwei Mal, beide Male paarweise auf Bäumen. Soviel ich beobachten konnte, unterscheidet sich dieser Vogel ebenfalls nicht wesentlich von den übrigen Arten. Er ist ebenso harmlos, ebenso zärtlich gegen seine Genossen, wie alle übrigen so anmuthigen Glieder seiner Familie.

Der Flug und die Art und Weise des Nahrungserwerbes ist bei allen Bienenfressern dieselbe, und selbst die Stimme unterscheidet sich nur durch ihre verhältnißmäßige Stärke und die größere oder geringere Tiefe, also sehr unwesentlich. Das bezeichnende „Djep" ist allen Arten gemein. Anstatt einer Lebensbeschreibung will ich die genauen Maße des La= frenay'schen Bienenfressers hier geben.

Es beträgt:

	b. Männchen:		b. Weibchen:	
	Zoll	Linien	Zoll	Linien
Die Länge	7	11	7	10
Die Breite	11	9	11	9
Die Höhe des Tarsus	—	5	—	5
Die Länge der Mittelzehe ohne Nagel	—	5,5	—	5,5
Die Länge der Hinterzehe	—	3	—	3
Die Länge der innern Zehe	—	4	—	4
Die Länge der äußern Zehe	—	4,5	—	4,5
Die Länge des Schnabels längs der Firste	1	3	1	3
Die Länge des Unterschnabels	—	8	—	8
Die Länge des Flügels vom Bug bis zur Spitze der dritten Schwinge	3	6	—	—
Die Länge des Schwanzes	3	2	3	2

Die Farbe der Iris ist lebhaft carminroth, die des Schnabels schwarz, die der Füße schwärzlich.

Die Narina (Trogon Narina) habe ich nur ein einziges Mal im Menfathale gesehen, aber nicht erlegt, weil mir das Schrotgewehr gerade nicht zur Hand war. Der prachtvolle Vogel kam mit sanftschwebendem, weichen Fluge lautlos an, setzte sich in einer Höhe von ungefähr 80 Fuß über mir auf einen niederen Mimosenbusch an der Felswand, bauchrednerte hier ein wenig, fing gewandt einen vorbeifliegenden Tagfalter, kehrte nach Bienenfresserart auf denselben Ast zurück und flog so still und lautlos, als er gekommen war, wieder davon, ehe mein Diener mit dem Gewehr bei mir eintraf.

In seinem ganzen Sein und Wesen hat die Narina etwas so Eigenthümliches, daß man ihn unmöglich verkennen kann. Im Sitzen hält er sich sehr aufrecht, der Schwanz hängt schlaff gerade abwärts, der Kopf wird tief eingezogen.

Ich glaube nicht, daß die Narina wirklich so selten ist, wie die bisherigen Reisenden meinen und ich selbst nach meinen Beobachtungen folgern sollte. Gerade die Bergwände, an deren einer ich sie traf, sind so günstig für derartige Vögel, wie sie nur sein können, und erschweren die Beobachtung und bezüglich Verfolgung im allerhöchsten Grade. Ein Querthal, welches ein Vogel in wenig Augenblicken durchfliegt, eine Felswand, an welcher er um hundert Fuß weiter auf- oder niederstreicht, thürmen vor dem Verfolger geradezu unüberwindliche Hindernisse auf. Auch von vielen andern Vögeln glaubte ich Anfangs, daß sie höchst selten wären, und fand sie dann an den ihnen eigentlich zusagenden Orten in großer Menge auf.

Ich will unentschieden lassen, ob der Wiedehopf, welchen ich einzeln in der Samchara beobachtete und bei Mensa erlegte, unsere Upupa epops oder sein Vertreter vom Senegal, Up. senegalensis war; soviel aber kann ich versichern, daß der betreffende Vogel von dem unsrigen auffallend sich nicht unterscheidet.

Nordostafrika ist für die Wiedehopfe ein überaus günstiges Gebiet. Sie finden dort so recht eigentlich Alles, was sie bedürfen. Nicht das Vieh ist es, welches für die Nahrung dieser schmuzigen Gesellen sorgt, sondern der Mensch. So fleißig auch die Geier sind, — allen Unrath können sie doch nicht abräumen, und genug bleibt für diejenigen Vögel, welche, wie der „Hud-Hud", Kothhaufen als höchst erquickliche Gegenstände betrachten.

Namentlich in Egipten ist der Wiedehopf ein gemeines Thier. Er findet sich in jedem Dorfe, in jeder Stadt; denn überall giebt es für ihn reichliche Beschäftigung. Die schamlose Ungezwungenheit der Araber richtet ihm jeden Winkel zu einem vielversprechenden Nahrungsfelde her, und die Gutmüthigkeit, oder wohl richtiger, Gleichgiltigkeit der Leute erlaubt es ihm, sein Geschäft in der ungestörtesten Weise zu betreiben. Unbekümmert um den Menschen, der sich gerade anschickt, die Kerbthiere auch Etwas verdienen zu lassen, treibt sich der Vogel auf dem ihm wohlbekannten Mistplatze umher; ja, er kennt den Charakter seines hauptsächlichsten Ernährers so genau, daß er geradezu in dessen Wohnungen sich ansiedelt, daß er in irgend einer Hütte des Egipters oder Nubiers ein Loch sich zum Brutplatz auswählt und dort seine stinkende Kinderschaar heranzieht. Wer, wie ich, in Thüringen geboren wurde und selten Gelegenheit hatte, den so närrischen und anmuthigen Gesellen oft zu beobachten, kann dort alle Forschergelüste befriedigen, ohne sich anzustrengen. Er braucht blos aus dem Fenster seines Hauses hinab in den Hof oder in den Garten zu sehen, er braucht blos durch das Dorf zu gehen, das „Hud-Hud" tönt ihm überall entgegen; von den Häusern herab, von den höchsten Bäumen, von der halbzerrissenen Lehmmauer oder von einem widerlich duftenden Erdhügel hinter einer nicht allen Blicken ausgesetzten Mauer.

Im Ostsudahn ist der Wiedehopf seltener, und auf unserer letzten Reise fand ich ihn nur ein paar Mal auf und, wie sich eigentlich von selbst versteht, ebenfalls auf den Plätzen, welche die edle Bewohnerschaft der Dörfer allmorgentlich mit neuem Unrath versieht.

Ich gebe die Maße des von mir erlegten Weibchens, obgleich dieselben nicht unwesentlich von denen des unsrigen abweichen, und füge ihnen zur Vergleichung die Maße eines in Spanien erlegten Weibchens bei. Es betrug:

	b. afrikanischen:			b. spanischen:		
	Fuß	Zoll	Linien	Fuß	Zoll	Linien
Die Länge	—	10	1	—	10	9
Die Breite	1	6	6	1	4	3
Die Höhe des Tarsus	—	—	8,5	—	—	9
Die Länge der Mittelzehe	—	—	7	—	—	8,5
Die Länge der Hinterzehe	—	—	5,5	—	—	5,5
Die Länge der innern Zehe	—	—	5,5	—	—	5,5
Die Länge der äußern Zehe	—	—	6	—	—	6,5
Die Länge des Schnabels längs der Firste	—	1	9	—	1	10
Die Länge des Unterschnabels	—	1	2	—	1	4
Die Länge des Flügels vom Bug bis zur Spitze der vierten Schwinge	—	4	10	—	5	3
Die Länge des Schwanzes	—	3	10	—	4	—

Die Farbe der Iris ist bei dem einen wie bei dem andern ein dunkles, fast wie schwarz erscheinendes Braun, der Schnabel ist hornschwarz, der Fuß bleigrau oder graublau gefärbt.

Ich habe geglaubt, die afrikanischen wiedehopfähnlichen Vögel, welche man unter dem Sippennamen Promerops vereinigt, „Baumwiede= hopfe" nennen zu dürfen, weil dieser Name am richtigsten ihrem Wesen entspricht.

Unsere Vögel finden sich in Nordostafrika nur in den eigentlichen Tropen, nach meinen Beobachtungen nicht nördlich vom sechszehnten Grade der Breite. Sie sind Waldbewohner und kommen höchstens auf die Blößen im Walde heraus. In baumfreien Ebenen sieht man sie nie. Die einzige Art, welche wir bei Mensa vorfanden (Promerops erythrorhynchos), lebt regelmäßig in Gesellschaften; die übrigen in Ostafrika vor= kommenden Verwandten (Pr. cyanomelas und Pr. minor) findet man paarweise oder einzeln. Ersterer ist unbedingt unter allen der anziehendste; denn die letzteren sind höchst langweilige, unbedeutende Vögel, während jener sich bemerklich zu machen weiß.

Schreiend und lärmend huscht und fliegt und klettert eine Gesellschaft von vier bis zehn Stücken dieses schönen Vogels durch den Wald. Jede Blöße wird abgesucht, jeder Busch durchkrochen, jeder Baumstamm be= sichtigt. An schiefen Stämmen klettert die ganze Bande beinahe mit Spechts gewandheit empor, an senkrechten hält sie sich wenigstens auf Augenblicke an der zerrissenen Borke fest, und untersucht nun, den feinen, zierlichen Schnabel in jede Ritze steckend, die tiefgelegenen Schlupfwinkel der Kerbthiere. Dem Wiedehopfe ähnelt unser Vogel darin, daß er sehr häufig auch die Mistkäfer aufliest, dem Specht deshalb, weil er die Ameisenarten besonders berücksichtigt. Von den einen wie von den andern nimmt er einen höchst unangenehmen Geruch an, und dieser ist, je nach der Lieblingsnahrung, ein verschiedener. Gewöhnlich stinkt er nach Ameisen, gar nicht selten aber auch, wie der Wiedehopf, nach Dünger und zuweilen ganz abscheulich nach Moschus.

Wenige andere Vögel habe ich kennen gelernt, welche so treuinnig an einander halten, wie die Baumwiedehopfe. Der Jäger, welcher es geschickt anfängt, kann eine ganze Gesellschaft nach einander niederschießen. Sobald aber der erste gefallen, fliegen alle Mitglieder des Trupps herbei, setzen oder hängen sich auf Aeste oder Stämme der nahestehenden Bäume über dem Verendeten auf, schreien kläglich, schlagen mit den Flügeln und schauen entsetzt auf ihn hinunter. Ein zweiter Schuß und dessen Wir=

lung macht sie nicht etwa ängstlich oder scheu, sondern nur noch beharrlicher in ihrer Todtenklage; höchstens theilt sich dann der Trupp, und während die Einen bei der ersten Leiche verharren, umschwärmen die Uebrigen die zweite. So mögen sich ihre Reihen lichten wie sie wollen, auch der Letzte noch hält bei den getödteten Gefährten aus: kurz, wenn man Einen erlegt, hat man sie alle in seiner Gewalt. Daß diese Todtenklage aus wirklichem Mitgefühl entspringt, sieht der Beobachter bald. Allerdings kommt auch die Möve oder die Seeschwalbe herbei, wenn man eine ihrer getödteten Mitschwestern in die Luft wirft; das aber geschieht wahrlich nicht aus Freundschaft, sondern aus einem unedlen Futterneid. Die Lebenden meinen, daß die, welche von dem Geschoß ereilt oder welche in die Höhe geworfen wurde und jetzt niederstürzt, einen recht guten Fang gethan habe, und eilen so schnell wie möglich herzu, um ihr, wenn es angeht, den Bissen vom Munde wegzuschnappen. Die Baumwiedehopfe dagegen sind während ihres ganzen Lebens so friedliche Geschöpfe, hängen so treu, so zärtlich an einander, rufen mit so großer Freude die übrigen herbei, wenn sie einen ergiebigen Weideplatz finden, daß solche Beweggründe ihnen unmöglich untergelegt werden können. Sie sehen entsetzt dem Walten des Verhängnisses zu, und ihre Trauer läßt sie ihre Sicherheit vergessen.

Die Bewegungen des Baumwiedehopfes sind verhältnißmäßig sehr rasch. Trotz der kurzen Beine läuft der Vogel gar nicht so schlecht, wie man wohl vermuthen sollte, und dafür klettert er, seiner Ausrüstung angemessen, außerordentlich gut. Der Flug ist weich, aber ziemlich fördernd; er besteht aus einigen raschen Flügelschlägen und einem hierauf folgenden Dahingleiten. Nicht selten werden auch Bogenschwingungen ausgeführt.

Ueber das Brutgeschäft unseres Vogels weiß ich Nichts anzugeben. Heuglin sagt, und jedenfalls mit vollem Rechte, daß er in hohlen Bäumen niste. Ob die Gesellschaften immer aus den beiden Alten und der Kinderschar bestehen oder durch Vereinigung mehrerer Paare entstanden sind, weiß ich nicht, glaube aber, das Letztere annehmen zu dürfen, weil man unter ihnen immer mehr, an dem längeren und hochrothen Schnabel leicht erkenntliche, alte Vögel, als Junge findet.

Auf unserer letzten Reise habe ich nur zwei Baumwiedehopfe, einen alten und einen jungen, messen können.

Es beträgt:

	b. alten Weibch.			b. Jungen		
	Fuß	Zoll	Linien	Fuß	Zoll	Linien
Die Länge	1	4	—	—	11	10
Die Breite	1	5	2	1	4	10
Die Höhe des Tarsus	—	—	11	—	—	11
Die Länge der Mittelzehe	—	—	11	—	—	11
Die Länge der innern Zehe . . .	—	—	7	—	—	7
Die Länge der äußern Zehe . . .	—	—	8,5	—	—	8,5
Die Länge der Hinterzehe	—	—	8	—	—	7,5
Die Länge des Schnabels längs der Firste	—	2	2	-	1	4
Die Länge des Unterschnabels . . .	—	1	6	—	—	8
Die Länge des Flügels vom Bug bis zur Spitze	—	5	8	—	5	2
Die Länge des Schwanzes	—	8	7	—	5	10

Die Iris ist braun, der Schnabel bei den Alten korallenroth, bei den Jungen röthlichschwarz, der Fuß bei beiden korallenroth.

Abissinien ist, wie Westafrika, ein Hauptwohnsitz der Honigsauger, welche durch die Pracht ihres Gefieders Jedermann und durch ihr anmuthiges Wesen den Forscher so unendlich erfreuen. Schon oben habe ich bemerkt, daß in den von uns durchreisten Gebieten jede Art ihren besonderen Wohnsitz zu haben scheint. Der Honigsauger, welcher die Samchara bevölkert, verschwindet in der Höhe des Gebirges, ja selbst derjenige, welcher in den tieferen Gebirgsthälern lebt, fliegt aus diesen nicht auf die kahlen Ebenen heraus. Aber die Wohnsitze der verschiedenen Arten gehen so allgemach in einander über, daß man das Fehlen der einen Art erst gewahr wird, wenn man die andere vor sich sieht.

Es scheint mir nothwendig, die verschiedenen Honigsauger, welche ich auffand, besonders zu besprechen.

In der Samchara lebt nach meinen Beobachtungen ausschließlich der „Abu-Risch" oder „Federträger" der Araber (Nectarinia metallica), wie bekannt, eine der am weitesten verbreiteten Arten der ganzen

Familie. Er ist der erste Tropenvogel, welchem man begegnet, wenn man von Norden herkommend ins Innere Afrikas eindringt, und obschon er im Norden einzeln zu finden ist, reicht er doch bis weit über die Grenze hinaus, welche andere, mit ihm in derselben Heimat lebende Vögel streng inne halten. Ihm begegnet man, sobald man den Wendekreis überschritten hat; ihn fand ich schon bei Korosko und Derr in Nordnubien auf. In Mittelnubien fehlt er aus dem einfachen Grunde, weil die Gegend zu arm ist, ihn zu ernähren, weil die schwarzen Felsmassen zu beiden Seiten des Nil, des einzig Lebendigen in dieser Wüste, nicht einmal der so wenig begehrenden Mimose Raum geben. Da aber, wo die Mimose sich wieder zeigt, fehlt auch sicherlich unser Vögelchen nicht. Denn der Baum ist sein Ein und Alles: auf ihm beginnt, auf ihm verfließt, auf ihm endet sein Leben! Wenn er wirklich ein Mal den Ischr (Calotropis procera) besucht, so hält er sich doch dort nur auf, um rasch die großen und kerbthierreichen Blüthen zu beobachten, oder aber, um die ihm zum Bau seines Nestes so erwünschte Pflanzenwolle dieses Strauches aufzusammeln. Es sind nur Besuche, welche er auf dem Strauche macht. Das Gleiche gilt für einige Nutzpflanzen, welche in den Gärten der Stadt gezogen werden, namentlich für den Feigenkaktus, dessen große gelbe Blüthen von Kerbthieren sehr heimgesucht werden. Immer kehrt er bald wieder zu seiner Mimose zurück; sie bietet ihm, was er bedarf, erwünschtes Obdach und Nahrung in Fülle.

Man sieht unsere Honigsauger regelmäßig paarweise, an günstigen Orten aber sehr häufig. Jedes Paar bewohnt ein bestimmtes Gebiet und besucht hier die blühenden Bäume in ihm ziemlich regelmäßig nach einander. Der Abu-Risch ist ein echter Sonnenvogel. Morgens und Abends ist er ruhig und still; aber wenn der heiße Mittag über der Erde liegt und die Glutstrahlen der scheitelrecht herabblitzenden Sonne alle anderen Vögel einem kühlen, schattigen Plätzchen zugescheucht haben, wenn sie alle der Ruhe pflegen: da treibt er es am lustigsten. Von Blüthe zu Blüthe geht sein Flug — fressend, schreiend, singend, immer in treuer Gemeinschaft mit seinem Weibchen! Vor anderen Vögeln scheut er sich wenig, und auch den Menschen gestattet er, nahe zu ihm heranzukommen und ihn zu beobachten. Wenn man eine gerade recht in Blüthe stehende Mimose gefunden hat, braucht man sich nur unter ihr aufzustellen, und man wird selten längere Zeit auf ihn warten müssen.

Mit raschem, schwirrenden Flug kommt er an, setzt sich zwischen die Dornen in das Gezweige hinein, schaut sich sehr sehnsüchtig nach seinem Weibchen um, ruft ihm zärtlich sein „Tschäi, Tschähi, Tschä, Tschi", den Lockton seiner Art, entgegen und beginnt nun rasch die Blüthen zu untersuchen. Dabei richtet er sich hoch auf und legt das Gefieder ganz glatt an den Leib, so daß er sehr schlank erscheint, fliegt von einer Blüthe zur anderen und steckt in jede derselben drei oder vier Mal sehr rasch nach einander das Schnäbelchen ein, um die verschiedenen Kerfe, welche sich im Innern aufgesammelt haben, herauszuholen. Aber nicht blos die kleinen Kerbthiere bilden seine Nahrung; er hascht auch nebenbei rasch eine Fliege weg und folgt einer solchen oder einem anderen summenden Insekt auch ein Stückchen in die Luft nach. So oft er eine Blüthe ausgesucht hat, schreit er gleichsam fröhlich auf und fliegt dann ein wenig weiter, einer zweiten Blüthe zu, und das Weibchen folgt ihm überall hin getreulich nach.

Beide Gatten eines Paares sind außerordentlich zärtlich gegen einander, und namentlich das Männchen überhäuft sein Weibchen förmlich mit Artigkeiten aller Art. Außer dem Lockton, welcher höchst zart hervorgestoßen wird, singt es ihm ein ganz hübsches Liedchen vor. Der Gesang pflegt mit der Strophe „Ta, tai, iti" zu beginnen und geht dann nach Art mancher Schilfsänger weiter, ziemlich verworren, mit spinnenden und schnarrenden Tönen untermischt. Der Sänger sträubt dabei die Kopffedern, läßt die Flügel hängen und breitet sie ein wenig, stelzt den Schwanz, so daß er fast senkrecht steht, dreht und wendet sich nach allen Seiten hin und spiegelt sein Gefieder im Strahl der Sonne. Wie der Pfau, weiß er die Pracht der Farben wohl zu würdigen und bemüht sich deshalb auch, jeden Theil seines schönen Gewandes im besten Lichte zu zeigen. Das Weibchen äfft ihm in komischer Weise jede Bewegung nach, soweit ihm Dies möglich ist. Ebenso groß, wie die Zärtlichkeit des Abu=Risch, ist aber auch seine Eifersucht. Er duldet kein anderes Männchen in seinem Gebiet und fällt über jeden Eindringling mit Heftigkeit her, verfolgt ihn aufs eifrigste durch die Luft und die nächsten Dornen hindurch und rastet nicht eher, als bis er ihn vollständig aus den Grenzen seines Reiches vertrieben hat.

Die Brutzeit unseres Vögelchens ist in den verschiedenen Ländern seines Wohngebietes nicht dieselbe. In Südnubien und in der Samchara beginnt der Nestbau sofort nach vollendeter Mauser: im März und April; im eigentlichen Sudahn dagegen fand ich Nester im Spätsommer, nach Anfang der Regenzeit. Ich vermag der Beschreibung des Nestes, welche Ehrenberg in seinem Werke giebt, eigentlich Nichts hinzuzufügen; doch will ich bemerken, daß es gewöhnlich zwischen sechs und funfzehn Fuß über dem Boden hängt. Die meisten, welche ich fand, konnte ich bequem mit der Hand erlangen.

Welche Feinde unser Honigsauger und seine Verwandten außer dem sammelnden Naturforscher eigentlich haben, vermag ich nicht zu sagen. Ich habe nie gesehen, daß irgend ein Raubvogel nach einem Honigsauger gestoßen hätte. Die Gewandtheit der kleinen Gesellen und die Dornen der Mimosen, zwischen denen sie sich beständig herumtreiben, schützen sie gegen Angriffe der Sperber und anderer Falken. Dagegen werden die Nester unzweifelhaft ebenso gut, wie alle anderen, von den Affen geplündert, wenn diese sie erreichen.

Den abissinischen Honigsauger (Nectarinia abyssinica) habe ich zu wenig beobachtet, als daß ich angeben könnte, in welchen Stücken er von dem eben beschriebenen abweicht. Auf unserer Reise wurde nur ein einziges Paar erlegt, obwohl wir das Thierchen in dem untern Theil des Chor von Mensa oft bemerkten. Soviel ich beobachten konnte, lebt auch diese Art streng paarweise auf einem kleinen Gebiet, welches sie mit derselben Eifersucht zu bewachen scheint, wie der Abu-Risch. Auf der Hochebene von Mensa fand ich sie nicht ein einziges Mal; selbst die den andern Verwandten so außerordentlich behaglichen Dickungen an den Ufern des Bächleins beherbergten sie nicht. Es wollte fast scheinen, als wären sie von da eben förmlich verbannt. —

Dafür beobachtete ich die dort einheimische Art, Nectarinia affinis, um so häufiger. Sie war in derselben Menge zu finden, als ihre langschwänzigen Verwandten unten in der Samchara, und schien diese vollständig zu vertreten. In der Höhe des Gebirges ist die Mimose verhältnißmäßig selten geworden, und der ähnliche Honigsauger muß sich deshalb mit anderen Blüthen begnügen. Er treibt sich hauptsächlich auf den blühenden Cacteen umher und macht sich mit den hier so zahlreichen Winden zu schaffen. Im Uebrigen ähnelt er in Lebensweise und Betragen dem Abu-Risch, und auch der kurze, durchaus nicht unangenehme Gesang hat mit dem seines Vetters die größte Aehnlichkeit. Die Paare halten ebenso treu zusammen, wie die der beiden Vorhergehenden, und das Männchen ist nicht minder zärtlich gegen das Weibchen, wenn ich auch bei ihm die sonderbaren Geberden nicht beobachtet habe.

Während meines zweiten Aufenthaltes in Mensa waren die ähnlichen Honigsauger theilweise noch in vollständiger Mauser, nichtsdestoweniger begann schon das Brutgeschäft. Ein Paar, welches sein Nest fast fertig hatte, prangte noch nicht einmal im Hochzeitskleide; das Männchen war noch ziemlich stark in der Mauser. Ich fand das Nest in einem Strauch, höchstens drei Fuß über dem Boden, zwischen den Blättern des Strauches und einer Winde, mit denen es theilweise verflochten war. Es besteht aus feinen Rindenstückchen und Rispen, Blüthenfasern, zarten Grashalmen und Pflanzenwolle, besitzt eine beutelförmige Gestalt und oben einen seitlichen Eingang und ist innen mit Haaren und Wolle ausgefüttert. Der Eingang war durch ein breites Blatt gedeckt. Die Vögel bauten acht Tage lang eifrig, ehe sie es vollendet hatten; bei unserm Abgang war aber noch keins der Eilein gelegt worden.

Die von mir genommenen Maße weichen ein wenig von denen ab, mit welchen uns Rüppell auf Seite 87 seiner „Neuen Wirbelthiere" bekannt gemacht hat. Ich habe leider nur Männchen gemessen. Bei den drei Stücken, welche in meinen Maßtafeln eingetragen wurden, sind alle Maße sich vollständig gleich.

Es beträgt:

Die Länge	4 Zoll	2 Linien.
Die Breite	6 „	3 „
Die Höhe des Tarsus	— „	7 „
Die Länge der Mittelzehe	— „	4,5 „
Die Länge der Hinterzehe	— „	3 „
Die Länge der innern Zehe	— „	3,5 „
Die Länge der äußern Zehe	— „	3,5 „
Die Länge des Schnabels längs der Firste . .	— „	8 „
Die Länge des Unterschnabels	— „	5 „
Die Länge des Flügels vom Bug bis zur Spitze .	1 „	11 „
Die Länge des Schwanzes	1 „	2 „

Die Farbe der Iris ist ein lichtes Braun, Schnabel und Füße sind schwarz. —

Auf einem meiner Jagdausflüge erlegte ich einen Honigsauger, welchen ich nur für Nectarinia famosa halten kann. Ich hatte jedoch nicht Zeit, ihn zu beobachten, und kann deshalb hier blos die Maße desselben angeben. Sie sind (beim Männchen) folgende:

Die Länge	8 Zoll	7 Linien.
Die Breite	8 „	11 „
Die Höhe des Tarsus	— „	8,5 „
Die Länge der Mittelzehe	— „	5 „
Die Länge der Hinterzehe	— „	4 „
Die Länge der innern Zehe	— „	4 „
Die Länge der äußern Zehe	— „	4,5 „
Die Länge des Schnabels längs der Firste	1 „	3,5 „
Die Länge des Unterschnabels	— „	10 „
Die Länge des Flügels vom Bug bis zur Spitze	2 „	10 „
Die Länge des Schwanzes	2 „	6 „

Die Iris ist **braun**, Schnabel und Füße sind **schwarz**.

Auch mit dem **blutfleckigen Honigsauger** (Nectarinia cruentata) habe ich mich nicht vertraut machen können. Das erste Männchen, welches ich sah, blieb auch das einzige, das uns vorkam, und selbstverständlich behält der Jäger im Anfang stets die Oberhand über den Forscher. Der Prachtvogel zog meine Aufmerksamkeit auf sich, und ich schoß ihn von einem der höhern Bäume herab, ohne ihn erkannt zu haben.

Alle größeren Honigsauger unterscheiden sich in ihrem Betragen wesentlich von den kleineren: sie sind viel ruhiger, stiller, und ihr Flug erinnert mehr an den der Baumläufer, als an das behende Dahinschwirren ihrer kleineren Verwandten. Mehr weiß ich vom Betragen nicht mitzutheilen.

Die Maße des Männchens sind folgende:

Die Länge	5 Zoll	9 Linien.
Die Breite	8 „	8 „
Die Höhe des Tarsus	— „	7 „
Die Länge der Mittelzehe	— „	5,5 „
Die Länge der Hinterzehe	— „	3,5 „
Die Länge der innern Zehe	— „	4 „

Die Länge der äußern Zehe	— Zoll	4,5 Lin.
Die Länge des Schnabels längs der Firste . . .	— „	11 „
Die Länge des Unterschnabels	— „	8 „
Die Länge des Flügels vom Bug bis zur Spitze .	2 „	7 „
Die Länge des Schwanzes	2 „	1 „

Die Farbe der Iris ist **braun**, Schnabel und Füße sind **schwarz**. Unter den Schwingen ist die vierte die längste, auf sie folgt die dritte, dann die fünfte, sechste, zweite und siebente.

Abissinien ist verhältnißmäßig reich an Singvögeln. Seine Wälder haben Sang und Klang, wie die unsrigen, und gar oft hört man mit inniger Freude ein wohlbekanntes Lied. Das stammt von irgend einem der Heimatsgenossen her, welchen bei seiner Winterreise das schöne Gebirge anzog und auf Monate fesselte. Aber auch alle einheimischen Arten der Sänger sind wohlerfahren in der edlen Kunst und versuchen, mit ihren reicher begabten, nordischen Verwandten nach Kräften zu wetteifern.

Der **rothstirnige Buschschlüpfer** (Drymoica rufifrons) zumal ist ein gar flotter und fröhlicher Sänger und schmettert sein anmuthiges Lied aus jedem Busche hervor. Besonders auf der Hochebene von Mensa ist er häufig. Hier überzieht niederes Gesträuch auf große Strecken hin den Boden und bildet Dickichte, welche für die schilfsängerartigen Buschschlüpfer alle Annehmlichkeiten des Lebens vereinen. Hier darf man mit Sicherheit darauf rechnen, in jedem Gebüsch ein oder zwei Paare unseres Vogels zu finden. Aber er ist ein Schilfsänger in seinem ganzen Sein und Wesen; man hört ihn wohl, sieht ihn jedoch nur auf Augenblicke. Das Gebüsch ist seine Welt; aus ihm entfernt er sich nur dann, wenn der Sangesdrang gar zu mächtig wird und ihn schwebenden Fluges empor treibt. Dies thut er nicht so häufig, als andere seiner Verwandten, welche hierin ganz dem silbeuropäischen **Cistensegensänger** (Caricicola cisticola) gleichen. Gewöhnlich bleibt er auch während des Singens in seinem Buschwerk versteckt. Sein Lied ist ein echter Schilfsängergesang; doch wage ich nicht, eine Vergleichung zu machen, weil mir die Schilfsänger selbst wenig bekannt sind und ich Unsicheres nicht bieten mag. Nach dem eifrigen Singen zu schließen, mußte das Vögelchen während unseres Aufenthaltes gerade brüten; ich bemühte mich aber vergebens, ein Nest von ihm zu erhalten: das eben Angeführte ist Alles, was ich über ihn zu berichten weiß. Nicht einmal die Maße kann ich geben. Ich gedachte den Vogel, welchen ich oft, meistens aber in allzugroßer Nähe gesehen habe — also auch richtig bestimmen konnte — so nebenbei mit zu schießen: das Fieber aber beendete meine Arbeiten früher, als ich es wünschte.

Kaum mehr weiß ich über Camaroptera brevicaudata mitzutheilen. Dieser nette Vogel vertritt in jeder Hinsicht unsere Laubsänger. Wie diese fliegt er paarweise oder in kleinen Familien von Busch zu Busch, von Baum zu Baum, wie diese ist er auf dem Boden ebenso heimisch, als in dem Gelaub hochwipfeliger Bäume. Im niederen Gesträuch findet man ihn noch am öftersten. Von hier aus fliegt er zu den blühenden Kräutern, z. B. zu den Cacteen, untersucht deren Blüthen nach Honigsaugerart und kommt selbst bis auf den Boden herab, um hier Kerbthiere aufzulesen. Er ist ein stiller, ruhiger Gesell, von dem man kaum einen Laut vernimmt; wenigstens habe ich ihn minutenlang beobachtet, ohne einen Ton von ihm zu hören.

Die von Rüppell auf Seite 53 seines Atlas gegebenen Maße unseres Vogels scheinen mir nach getrockneten Bälgen genommen zu sein; deshalb will ich die von mir an frischgeschossenen Vögeln entnommenen hier folgen lassen. Bei zwei Männchen beträgt:

Die Länge	4 Z. 11 L. u.	4 Z. 6 L.
Die Breite	7 „ 3 „ „	7 „ 6 „
Die Höhe des Tarsus	— „ 8 „ „	— „ 7,5 „
Die Länge der Mittelzehe	— „ 5 „ „	— „ 4,5 „
Die Länge der Hinterzehe	— „ 3 „ „	— „ 3 „
Die Länge der innern Zehe	— „ 3,5 „ „	— „ 3,5 „
Die Länge der äußern Zehe	— „ 4 „ „	— „ 3,5 „
Die Länge des Schnabels längs der Firste	— „ 6 „ „	— „ 5,5 „
Die Länge des Unterschnabels . . .	— „ 3 „ „	— „ 3 „
Die Länge des Flügels vom Bug bis zur Spitze der dritten Schwinge . .	2 „ 4 „ „	2 „ 1 „
Die Länge des Schwanzes	1 „ 1 „ „	1 „ 8 „

Die Iris ist lichtbraun, der Schnabel blauschwarz, der Fuß bleigrau.

Fast möchte es scheinen, als wäre der von mir gemessene Vogel gar nicht die „Sylvia brevicaudata" unseres Rüppell; namentlich der Unterschied in der Tarsuslänge ist auffallend. Das Thier stimmt aber in allem Uebrigen so vollkommen mit der Rüppell'schen Abbildung überein, daß ich nicht wage, es für eine besondere Art zu halten. — Bemerken will ich noch, daß ich im Korbofahn den Kurzschwanz niemals gesehen habe. —

Ueber den Laubsänger der dortigen Gegend (Ficedula umbrovirens) und unseren Mönch (Curruca atricapilla) habe ich Nichts zu sagen. Der erstere ähnelt seinem Gattungsverwandten vollständig, und der letztere ist eben unser alter guter Bekannter in der Winterherberge. — Auch über die abissinische Baum-Nachtigall (Aedon minor) weiß ich nach der früher von mir gegebenen Lebensbeschreibung der abissinischen Verwandten (Cabanis, Journal für Ornithologie, Jahrgang 1858 S. 51. und folgende) wenig mitzutheilen. Sobald man bei Massaua den Fuß an die Küste des afrikanischen Festlandes setzt, sieht man diesen so zierlichen und beweglichen Vogel paarweise recht häufig. Er bevorzugt hier das niedere Gebüsch und findet sich ebensowohl auf den Schoragesträuchen, als auf den Euphorbien, welche in den Niederungen sich ausbreiten. Im Umkullu ist er Gartenvogel; sein hübsches Lied ist es, welches Einem zuerst entgegentönt. Ihn sieht man auf allen Büschen zwischen den Strohhäusern des Dorfes; denn er vertraut dem Menschen und kommt dreist bis zu der Thür von dessen Wohnung heran. In seiner Lebensweise und im Betragen ähnelt er vollständig seinem südeuropäischen Verwandten. Gleichwohl muß ich Cabanis entschieden Recht geben, daß er ihn von letzterem getrennt hat; denn die abissinische Baum-Nachtigall ist unter allen Umständen kleiner, als jene. Ich vermag nicht, Dies jetzt mit Zahlen nachzuweisen, weil ich die Maße des abissinischen Vogels nicht besitze; aber ich darf es behaupten, da derselbe Vogel von mir früher im Sudahn öfters geschossen und später mit jenem verglichen wurde.

Unser Steinschmätzer (Saxicola oenanthe) ist auch nur Wintergast in der Samchara und der sandfarbene Verwandte (Saxicola isabellina), welcher ihn als ständige Art vertritt, im Betragen und Wesen von ihm nicht unterschieden.

Anders verhält es sich mit dem dunklen Steinschmätzer (Saxicola lugubris); er ist der Trauersteinschmätzer unseres Gebietes.

Auf den großen Felsblöcken, welche bei Mensa im wirren Durcheinanter auf allen Gehängen liegen und gewissermaßen eine eigne Welt für sich bilden, findet sich der dunkle Steinschmätzer sehr häufig, meist paarweise, doch auch in kleinen Familien. In seiner Lebensweise und im Betragen hat er mich lebhaft an den eigentlichen Trauersteinschmätzer (Dromolea leucura) erinnert, welchen ich in Cabanis Journal (Jahrgang 1858, Seite 55 und folgende) und wiederholt in meinem „Leben der Vögel" beschrieben habe. Wie dieser, ist er ein echter Felsenbewohner, wie dieser, einer der lebendigsten Vögel im ganzen Gebirge; die Stimme und der Gesang dagegen erinnern an unseren gemeinen Steinschmätzer. Der Gesang ist ungleich ärmer, als jener seines so begabten Verwandten.

Die Färbungen unseres Vogels scheinen nach Alter und Geschlecht ziemlich verschieden zu sein. Ein altes Männchen, dasselbe, dessen Maße ich zuerst geben werde, war ganz **schwarz**, nur der Kopf **aschgrau**; der Bürzel **röthlich** oder **rostgelblich**; bei anderen war auch der ganze Bauch **graulichweiß**, der Bürzel und Steiß **rostweiß**; der übrige Körper dagegen **schwarz**, wie bei den übrigen.

Die Maße sind folgende:

	beim Männchen:				beim Weibchen:			
	3.	L.	3.	L.	3.	L.	3.	L.
Die Länge	6	1	5	11	5	9	5	6
Die Breite	9	9	9	8	9	8	9	7
Die Höhe des Tarsus	—	11	—	10,5	—	10,5	—	10
Die Länge der Mittelzehe	—	7	—	7	—	6,5	—	6
Die Länge der Hinterzehe	—	3,5	—	3,5	—	3,5	—	3,5
Die Länge der inneren Zehe	—	5	—	4,5	—	4,5	—	4
Die Länge der äußeren Zehe	—	4,5	—	4,5	—	4,5	—	4,5
Die Länge des Schnabels längs der Firste	—	7	—	7	—	7	—	6,5
Die Länge des Unterschnabels	—	3,5	—	3,5	—	3,5	—	3
Die Länge des Flügels vom Bug bis zur Spitze der vierten Schwinge	3	1	3	1	2	10	2	9
Die Länge des Schwanzes	2	2	2	1	2	1	2	—

Die Iris ist **dunkelbraun**, Schnabel und Füße sind **schwarz**.

Eine ganz eigenthümliche Erscheinung unter den Steinschmätzern ist der **schwarzschwänzige** (Saxicola melanura); er ist gewissermaßen ein Mittelglied zwischen den Stein= und Wiesenschmätzern, wenigstens erinnert er an letztere vielfach durch seine Lebensweise.

Nach meinen eigenen Erfahrungen ist der schwarzschwänzige Steinschmätzer ein weitverbreiteter Vogel. Ich sah ihn bei Aden und erlegte ihn im Wadi=Hebrahn des steinigen Arabien, ich fand ihn in Nubien und im abissinischen Küstenlande auf. Aber der Vogel ist immer einzeln und macht sich wenig bemerkbar. Das eigenthümliche Grau seines Gefieders sticht so wenig ab von den dunklen Felsen, auf denen er sich gewöhnlich herumtreibt, und er ist dabei so still und ruhig, daß nur ein sorgfältig beobachtender Forscher ihn wahrnimmt. Gewöhnlich trifft man ihn auf dunklen Felsen an; in Nubien z. B. fand ich ihn blos da, wo der Nil von schwarzen Felsmauern umgeben ist; im steinigen Arabien lebt er auf Granitbergen, bei Aden, Perim und in der Samchara vorzugsweise auf den vulkanischen Hügeln. Er ist in seinem Betragen und Wesen ein Steinschmätzer, geht aber mehr, als andere, auf niedere Sträucher, zumal auf Disteln und andere derartige Kräuter, schlüpft nach Sängerart durch Gebüsch oder durch Gestrüpp und sucht hier von den Aesten und Blättern Kerbthiere ab, ja, er nimmt dieselben sogar aus den Blüthen heraus. Der Flug ist langsam, ich möchte sagen matt, wie überhaupt alle Bewegungen des Vogels viel ruhiger sind, als die seiner Verwandten. Er stelzt auch weit seltener und durchaus nicht so anmuthig, wie die echten Steinschmätzer.

Das ist Alles, was ich über ihn zu berichten weiß; ich habe ihn nie längere Zeit beobachtet. Doch will ich noch die Maße geben.

Es beträgt beim Männchen:

Die Länge	6 Zoll —	Linien.
Die Breite	9 „	8 „
Die Höhe des Tarsus	— „	10 „
Die Länge der Mittelzehe	— „	6 „
Die Länge der Hinterzehe	— „	3,5 „
Die Länge der inneren Zehe	— „	3,5 „
Die Länge der äußeren Zehe	— „	4 „
Die Länge des Oberschnabels	— „	7 „

Die Länge des Unterschnabels . . . . — Zoll 4 Linien.
Die Länge des Flügels vom Bug bis zur Spitze der
  vierten Schwinge . . . . 2 „ 11 „
Die Länge des Schwanzes . . . . 2 „ 3 „

Beim Weibchen ist:
Die Länge . . . . 5 Zoll 8 Linien.
Die Breite . . . . 8 „ 10 „
Die Höhe des Tarsus . . . . — „ 10 „
Die Länge der Mittelzehe . . . . — „ 6 „
Die Länge der Hinterzehe . . . . — „ 3,5 „
Die Länge der inneren Zehe . . . . — „ 3,5 „
Die Länge der äußeren Zehe . . . . — „ 4 „
Die Länge des Oberschnabels . . . . — „ 6,5 „
Die Länge des Unterschnabels . . . . — „ 3,5 „
Die Länge des Flügels vom Bug bis zur Spitze der
  vierten Schwinge . . . . 2 „ 9 „
Die Länge des Schwanzes . . . . 2 „ 2 „

Unter den Schwingen ist die vierte die längste; auf sie folgt die fünfte, die dritte, die sechste, die siebente, die zweite, die achte und die neunte.

Die Iris ist dunkelbraun, Schnabel und Füße sind schwarz.

Ueber den Wiesenschmätzer unseres Gebietes (Pratincola Hemprichii) brauche ich Nichts zu sagen; er gleicht in seiner Lebensweise seinem nördlichen Verwandten vollständig.

Dagegen verdient der Drosselschmätzer, wie ich ihn nennen möchte (Thamnolaea albiscapulata), einige Worte; denn Rüppell theilt uns nicht das Geringste über seine Lebensweise mit.

Die Trennung des Drosselschmätzers von den eigentlichen Steinschmätzern ist in mehr als einer Hinsicht gerechtfertigt. Unser Vogel ist nach meiner Ansicht als ein Mittelding zwischen Drossel, Roth ſchwanz und Steinſchmätzer zu betrachten. Er hat von allen dreien Etwas.

Ich fand ihn in der Umgegend des Dorfes Menſa nicht ſelten und hatte auch mehrfach Gelegenheit, ihn, freilich immer nur ſehr kurze Zeit, zu beobachten. Man begegnet regelmäßig einem Paar von ihm; doch erinnere ich mich, ein Mal ihrer drei zuſammen geſehen zu haben. Jedes Paar bewohnt ein ziemlich großes Gebiet und ſtreift in dieſem hin und her. Aber es ſcheint ziemlich friedlich geſinnt zu ſein, denn man bemerkt in demſelben Gebiet zuweilen mehrere Paare, freilich jedes einzelne für ſich. Ueber den eigentlichen Wohnſitz kommt man nicht recht ins Klare. Der Droſſelſchmätzer findet ſich nämlich ebenſogut an Felswänden, auf Felsblöcken und auf Steinen, wie auf Bäumen und auch auf der Erde. Auf den Felſen nun beträgt er ſich wie ein Steinſchmätzer oder, richtiger noch, wie eine Steindroſſel, auf den Bäumen dagegen erſcheint er mehr wie eine gewöhnliche Droſſel, beſonderer Eigenheiten nicht zu gedenken. So kommt er angeflogen, hängt ſich an den Stamm, wie der Baumwiedehopf, und ſucht hier ſorgfältig die Rinde nach Kerb= thieren ab. Ein anderes Mal erſcheint er, fliegt auf die höchſten Spitzen eines Baumes nach Art unſerer Singdroſſel und läßt von da oben herab einen friſch fröhlichen Geſang erſchallen; ein drittes Mal ver= kriecht er ſich mitten in der Krone. Der Geſang iſt auch ein eigenthüm= liches Mittelding zwiſchen Droſſel= und Steinſchmätzergeſang; mich hat er noch am meiſten an das helle Lied des Trauerſteinſchmätzers erinnert. Der häufigſte Lockton iſt ein ſehr wohllautendes „Grui, Grui,“ bei welchem beide Selbſtlauter gut betont werden.

Wie es ſcheint, leben die Gatten eines Paares treuinnig zuſammen. Man ſieht ſie regelmäßig auf ein und demſelben Felſen, ja, auf ein und demſelben Aſte ſitzen. Sie ſind unruhig, wie Steinſchmätzer und Droſſeln zuſammengenommen. Die nickenden Bewegungen der Stein= ſchmätzer habe ich an ihnen nicht beobachtet; dagegen beſitzen ſie ganz den rennenden Lauf dieſer Vögel, und nur in dem Gezweig der Bäume benehmen ſie ſich droſſelartig. Sie ſind nicht beſonders ſcheu und doch auch nicht ſo vertrauensſelig, als andere Vögel Abiſſiniens, und man muß ſich ſchon Mühe geben, wenn man beider Gatten eines Paares habhaft werden will.

Zur Zeit unſeres Aufenthaltes gab es keine Jungen des Droſſel=

schmäters; die Alten aber waren im Hochzeitskleide, und deshalb glaube ich, annehmen zu dürfen, daß die Brutzeit in den Monat Mai fällt. Die Eingeborenen wußten mir natürlich Nichts hierüber mitzutheilen.

Rüppell sagt auf Seite 74 seiner „Neuen Wirbelthiere," daß die Körpergröße unseres Vogels genau mit jener der „Saxicola semirufa" übereinstimme. Die von mir entnommenen Maße weichen jedoch von denen etwas ab, welche Rüppell giebt.

Sie sind beim Männchen folgende:

Die Länge	8 Z. — L.	ob.	7 Z.	10 L.
Die Breite	13 „ 4 „	„	12 „	8 „
Die Höhe des Tarsus	1 „ 2 „	„	1 „	2 „
Die Länge der Mittelzehe	— „ 8 „	„	— „	8 „
Die Länge der Hinterzehe	— „ 4,5 „	„	— „	4,5 „
Die Länge der inneren Zehe	— „ 5 „	„	— „	5 „
Die Länge der äußeren Zehe	— „ 5 „	„	— „	5 „
Die Länge des Oberschnabels	— „ 8 „	„	— „	8 „
Die Länge des Unterschnabels	— „ 4,5 „	„	— „	4,5 „
Die Länge des Flügels vom Bug bis zur Spitze der vierten Schwinge	4 „ 4 „	„	4 „	3 „
Die Länge des Schwanzes	3 „ 3 „	„	3 „	3 „

Beim Weibchen beträgt:

Die Länge	7 Z. 8 L.	ob.	7 Z.	6 L.
Die Breite	12 „ 9 „	„	12 „	2 „
Die Höhe des Tarsus	1 „ 1 „	„	1 „	2 „
Die Länge der Mittelzehe	— „ 8 „	„	— „	8 „
Die Länge der Hinterzehe	— „ 4,5 „	„	— „	4,5 „
Die Länge der inneren Zehe	— „ 5,5 „	„	— „	4,5 „
Die Länge der äußeren Zehe	— „ 5,5 „	„	— „	5,5 „
Die Länge des Oberschnabels	— „ 9 „	„	— „	7,5 „
Die Länge des Unterschnabels	— „ 5 „	„	— „	4 „
Die Länge d. Flügels v. Bug bis zur Spitze d. vierten Schwinge	4 „ 1 „	„	3 „	10 „
Die Länge des Schwanzes	3 „ — „	„	3 „	— „

Die Farbe der Iris ist **dunkelbraun**, Schnabel und Füße sind schwarz. Unter den Schwungfedern ist die **vierte** die längste, auf sie folgt die fünfte, die sechste, die dritte, die siebente, die zweite, die achte.

Welche Gründe Rüppell bewogen haben, den **Drosselroth=schwanz**, wie ich ihn nenne (Ruticilla rufocinerea), als einen **Steinschmätzer** anzusehen, weiß ich nicht; soviel aber kann ich versichern, daß unser Vogel **auch nicht das Geringste mit einem Steinschmätzer gemein hat, dagegen unserem Garten=Rothschwanz ähnelt.** Er ist nichts Anderes, als ein großer, träger **Baumrothschwanz,** und deshalb nehme ich auch gar keinen Anstand, ihn dieser Sippe anzureihen.

In der Nähe des Dorfes Mensa war der Drosselrothschwanz nicht eben selten; man sah ihn so ziemlich auf jedem Jagdausfluge regelmäßig paarweise, immer auf Bäumen; — am Boden oder auf Steinen habe ich ihn nicht ein einziges Mal gesehen.

Für einen Rothschwanz ist der Vogel ein stiller, trauriger Gesell. Lange Minuten sitzt er regungslos auf seinem Aste, gleichsam, ohne sich um die übrige Welt zu kümmern; der andere Gatte des Paares sitzt in gleicher Regungslosigkeit auf einem anderen Baume, zehn bis zwanzig Schritt davon entfernt. Ein vorüberfliegendes Kerbthier bewegt den Einen oder den Anderen, aufzufliegen und nach der Beute zu fahnden. Aber auch Das geht langsam und gemächlich. Gleichviel, ob der Fang glückte oder nicht, der Vogel kehrt nach diesem Flugversuch zu derselben Stelle zurück und sitzt dort bewegungslos wie zuvor. Der Flug ist schlaff und langsam, aber doch dem des anderen Rothschwanzes ähnlich.

Dies ist Alles, was ich über unseren Vogel sagen kann; er ermuntert nicht eben zur Beobachtung, und man läßt ihn deshalb ziemlich unberücksichtigt.

Rüppell sagt, daß das Weibchen sich durch die weißliche Kehle und einen lichten Streifen über den Augen auszeichne; in meinen Beobachtungstafeln steht ausdrücklich, daß Männchen und Weibchen gleich sind; jedoch habe ich im Ganzen blos drei Stück gemessen und bin des=

halb weit entfernt, Rüppell zu widersprechen. Dagegen muß ich die Maße, welche Rüppell angiebt, etwas berichtigen. Ich habe folgende verzeichnet:

Beim Männchen beträgt:

Die Länge	6 Zoll	2 Linien.
Die Breite	10 „	— „
Die Höhe des Tarsus	— „	11 „
Die Länge der Mittelzehe	— „	7 „
Die Länge der Hinterzehe	— „	4 „
Die Länge der inneren Zehe	— „	4,5 „
Die Länge der äußeren Zehe	— „	5 „
Die Länge des Oberschnabels	— „	7,5 „
Die Länge des Unterschnabels	— „	3,5 „
Die Länge des Flügels vom Bug bis zur Spitze der vierten Schwinge	3 „	— „
Die Länge des Schwanzes	2 „	6 „

Beim Weibchen ist:

Die Länge	6 Z.	— L.	und 6 Z.	2 L.
Die Breite	9 „	— „	„ 9 „	— „
Die Höhe des Tarsus	— „	11 „	„ — „	11 „
Die Länge der Mittelzehe	— „	7 „	„ — „	7 „
Die Länge der Hinterzehe	— „	4 „	„ — „	4 „
Die Länge der inneren Zehe	— „	4,5 „	„ — „	4,5 „
Die Länge der äußeren Zehe	— „	5 „	„ — „	5 „
Die Länge des Oberschnabels	— „	7,5 „	„ — „	8 „
Die Länge des Unterschnabels	— „	3,5 „	„ — „	4 „
Die Länge des Flügels vom Bug bis zur Spitze der vierten Schwinge	2 „	11 „	„ 3 „	— „
Die Länge des Schwanzes	2 „	5 „	„ 2 „	4 „

Die Farbe der Iris ist **lichterbbraun**, Schnabel und Füße sind **schwarz**. Unter den Schwingen ist die vierte die längste, auf sie folgt die fünfte, die sechste, die dritte, die siebente, die zweite und die achte.

So hoch ich auch unsern Rüppell von jeher gestellt habe, eins vermochte ich früher ihm nicht zu glauben: die Angabe, daß das traute Kind unserer Gebirgsbäche, die gelbe Stelze (Motacilla sulphurea s. boarula) in Nordafrika eine „häufige" Erscheinung wäre. Ich kannte damals freilich das abissinische Gebirgsland noch nicht und erfuhr erst hier, daß Rüppell wenigstens Recht hat, wenn er die gelbe Stelze unter den in Nordostafrika einheimischen Vögeln aufnimmt. Zu meiner nicht geringen Verwunderung beobachtete ich den mir sehr lieben Heimatsgenossen paarweise nicht selten an den Bächlein des Mensathales. Ich wollte erst gar nicht daran glauben, daß derselbe Vogel, welcher in gelinderen Wintern ohne Bedenken in Deutschland bleibt und selbst in strengeren an warmen Quellen fast regelmäßig sich findet, auch in dem heißen Abissinien vorkomme. Und doch ist Dies der Fall. Aber ich glaube nicht, daß die gelbe Stelze in unserem Beobachtungsgebiet nur Wintergast ist, sondern bin geneigt, sie unter die einheimischen Vögel zu zählen. Auf einer Forscherreise durch Spanien fand ich das zierliche Thier nicht selten an allen Gebirgsbächen dieses Landes, und namentlich im Winter war er sehr häufig. Mit ihm zugleich erschien unser Rothkehlchen (Rubecula pinetorum), unser Rothschwanz (Ruticilla thytis), unsere Drosseln: sie alle aber fanden Spanien schon ganz geeignet zur Winterherberge und setzten ihre Reise nicht weiter fort. In Egipten, Nubien und Ostsudahn habe ich die gelbe Stelze niemals gesehen; aber freilich fehlen ihr dort auch die geeigneten Wohnsitze, wie jenes Wässerchen im Chor von Mensa in Menge sie bietet. Mag es nun sein, wie es wolle, die gelbe Stelze kommt entschieden in Abissinien vor und gar nicht selten.

Weit häufiger eigentlich, als sie, ist ihre weiße Verwandte, unsere Motacilla alba. Sie ist ebenfalls in Nordostafrika einheimisch, erhält aber im Winter regelmäßig zahlreichen Besuch aus Norden, denn die bei uns wohnenden Stelzen wandern sämmtlich nach Afrika hinüber.

Diese letztere Angabe gilt auch für sämmtliche Schafstelzen (Budytes).

Ich habe schon oben gesagt, daß es eine wahre Freude war, einer Rinderherde zu begegnen, welche von Hunderten kleiner Vögel umschwärmt wurde. Gerade die Schafstelzen waren die treuesten Begleiter der Rinder. Im ganzen Innern Afrikas verleben diese netten Vögel ihre

Winterzeit. Sie sind dann überall sehr häufig, und eben ihre große Zahl nöthigt sie, auch Thiere zu besuchen, welche sie in ihrer Heimat wenig oder gar nicht kennen gelernt haben oder wenig beachten. Jeder weidende Esel, jedes Pferd, jedes Maulthier, jedes Kamel, jede Schaf- oder Ziegenherde erhält ebenso sicher den Besuch unserer Vögel, wie die Rinder; und auf den Weideplätzen wimmelt es zuweilen förmlich von Schafstelzen.

Die lieben Gäste scheinen ihren weiten Weg sehr rasch zurückzulegen. Nach meinen Beobachtungen erschienen sie auch in Afrika zu derselben Zeit, welche wir als ihre Zugzeit kennen gelernt haben, und ich fand sie noch häufig im Anfang des Maimonats, fast an denselben Tagen, wo ich ihnen später auch oben in Norwegen begegnete. Nur eine einzige Art von ihnen, die sammtköpfige Schafstelze (Budytes melanocephala), verweilt auch während des Sommers an den Sümpfen Unterägiptens und ist also Standvogel in Afrika. Alle übrigen verlassen den Erdtheil im Frühjahr, nachdem sie den Winter in ihm verbracht haben, und wandern dem fernen Norden zu, bis hoch nach Lappland hinauf, bis in die Wälder nahe des Nordkaps, wo ich ihnen ebenfalls begegnete, mehreren der verschiedenen Arten oder, wenn man will, Spielarten neben und mit einander an ein und demselben Orte.

Von den Piepern, welche ebenfalls regelmäßige Wintergäste Nord-Ost-Afrikas sind, bleiben viele schon in den nördlicheren Ländern, und nur wenige gehen weiter nach Süden. Hauptsächlich ist es der Brachpieper (Corydalla campestris), welcher weit in das Innere von Afrika zieht. Aber neben ihm besitzt der Erdtheil, wie uns schon Rüppell belehrte, auch eigenthümliche Arten, und eine solche ist der große schöne Vogel, welchen ich meinem früheren Reisegefährten zu Ehren Vierthaler's Brachpieper (Corydalla Vierthaleri) genannt habe. Ich glaubte in ihm zuerst den dunklen Pieper (Corydalla sordida) zu erkennen, welchen Rüppell in seinen „Neuen Wirbelthieren" auf Seite 103 beschreibt und auf Tafel 39 abbildet. Die große Verschiedenheit der Maße machte mich jedoch aufmerksam, daß der von mir erlegte Pieper nicht die Rüppell'sche Art sein könnte, und die Vergleichung ergab, daß er mit Viertthaler's Brachpieper, welchen mein Vater auf Seite 137 seines Vogelfanges kurz beschrieb, vereinigt werden müßte. Doch soll damit noch keineswegs gesagt sein, daß der dunkle Pieper und Viertthalers Pieper, nicht etwa derselbe Vogel sein könnte. Ich möchte mir nicht den Vorwurf zu Schulden kommen lassen, eine sogenannte neue Art zu unterstützen, und füge mich bei den so schwer zu unterscheidenden Brach=piepern gern besserer Einsicht und genauerer Bestimmung.

Ich bemerkte unseren Vogel in der Nähe des Dorfes Mensa mehrere Mal. Er lebt dort nach Brachpieperart auf der Hochebene, die gebüsch=freien Stellen allen übrigen vorziehend. Nicht selten war er in der Nähe der schon erwähnten Steinblöcke und auf diesen selbst, wie er denn über=haupt felsigen Boden zu lieben schien. Er benahm sich ganz, wie ein Standvogel, denn ich fand ihn nicht in Gesellschaft, sondern nur in Paaren, von denen ein jedes ein gewisses kleines Gebiet bewohnte.

Zur Zeit unseres Aufenthaltes, Mitte April, war das Männchen gegen das Weibchen sehr zärtlich, und ich glaube deshalb, daß die Brut=zeit nahe war.

Im Betragen schien er unserem Brachpieper vollständig zu ähneln, wenigstens vermochte ich einen Unterschied nicht zu bemerken. Die Maße sind folgende:

Beim Männchen beträgt:

Die Länge	7 Z. 8 L.	und 7 Z. 3 L.
Die Breite	11 „ 10 „	„ 11 „ 4 „
Die Höhe des Tarsus	— „ 12 „	— „ 11,5 „
Die Länge der Mittelzehe . . .	— „ 7 „	— „ 7 „
Die Länge der Hinterzehe . . .	— „ 4,5 „	— „ 4 „
Die Länge der inneren Zehe . .	— „ 5 „	— „ 4,5 „
Die Länge der äußeren Zehe . .	— „ 5 „	— „ 4,5 „
Die Länge des Oberschnabels . .	— „ 7,5 „	— „ 8 „
Die Länge des Unterschnabels . .	— „ 4 „	— „ 4,5 „
Die Länge des Flügels vom Bug bis zur Spitze	3 „ 6 „	3 „ 4 „
Die Länge des Schwanzes . . .	3 „ 2 „	3 „ 1 „

Beim Weibchen dagegen ist:

Die Länge	6 Zoll	10	Linien.
Die Breite	10 „	9	„
Die Höhe des Tarsus	— „	11,5	„
Die Länge der Mittelzehe	— „	7	„
Die Länge der Hinterzehe	— „	4,5	„
Die Länge der inneren Zehe	— „	5	„
Die Länge der äußeren Zehe	— „	5	„
Die Länge des Oberschnabels	— „	7,5	„
Die Länge des Unterschnabels	— „	4	„
Die Länge des Flügels vom Bug bis zur Spitze	3 „	3	„
Die Länge des Schwanzes	2 „	9	„

Die Farbe der Iris ist braun, Schnabel und Füße sind hornbraun.

Die so anziehende Familie der Drosseln ist auch in unserem Beobachtungsgebiet durch mehrere Arten vertreten. Bei Mensa erlegte ich, leider nur ein einziges Mal, die dort einzeln und paarweis vorkommende simenische Drossel (Turdus simensis), hatte aber dabei keine Gelegenheit, sie genauer zu beobachten, denn sie war nach echter Drosselart scheu und vorsichtig, und mir lag es daran, mich über die Art zu vergewissern. Soviel ich beobachten konnte, kommt sie am nächsten mit unserer Singdrossel (Turdus musicus) überein, welcher sie ohnehin so außerordentlich ähnelt. Sie lebt, wie diese, auch auf hohen Bäumen im Walde und fliegt von denselben in die niederen Gebüsche herab, welche sie behend durchstreift. Mehr weiß ich nicht zu sagen, und nur der Vergleichung wegen will ich ihre Maße noch geben.

Beim Männchen ist:

Die Länge	— Fuß	8 Zoll	2	Linien.
Die Breite	1 „	3 „	9	„
Die Höhe des Tarsus	— „	1 „	4	„
Die Länge der Mittelzehe	— „	— „	11,5	„

Die Länge der Hinterzehe	.	.	.	.	— Fuß	— Zoll	5,5 Linien.
Die Länge der inneren Zehe	.	.	.	.	— „	— „	7 „
Die Länge der äußeren Zehe	.	.	.	.	— „	— „	7,5 „
Die Länge des Oberschnabels	.	.	.	.	— „	— „	11,5 „
Die Länge des Unterschnabels	.	.	.	.	— „	— „	5,5 „
Die Länge des Flügels vom Bug bis zur Spitze der dritten Schwinge	.	.			— „	4 „	11 „
Die Länge des Schwanzes	.	.	.	.	— „	2 „	10 „

Die Farbe der Iris ist b r a u n, des Oberschnabels g r a u b l ä u l i ch, des Unterschnabels r o st g e l b, des Fußes g r a u.

Als regelmäßige Wintergäste erscheinen in ganz Nord-Ost-Afrika die Blau- und die Steindrossel. Erstere (Petrocossyphus cyancus) pflegt in Egipten zu bleiben, denn auch während des Sommers hält sie hier sich auf. Die letztere (Petrocincla saxatilis) aber eilt, vom Wanderdrange getrieben, so schnell als möglich nach dem tiefsten Innern, überschreitet nach meinen Beobachtungen noch den 11. Grad der nördlichen Breite, treibt sich auf der Reise auf Gebäuden und Felsen, auf einzelnstehenden Bäumen und in Wäldern umher und kehrt erst Mitte, ja Ende April wieder nach ihrer wahren Heimat zurück. Sie erlegte ich auch bei Mensa; das Gebirge bot ihr so recht eigentlich Alles, was sie brauchte. In diesen Angaben ist Das enthalten, was ich über den Vogel mittheilen will; alles Uebrige ist ja bekannt.

Lieber wende ich mich einem andern Mitglied der Familie, dem Amseling (Cercotrichas erythropterus), zu und bedauere nur, daß ich von ihm nicht eine so eingehende Beschreibung liefern kann, wie ich wohl wünschte. Ich habe diesen von den Systematikern hin und her geschleuderten Vogel „Amseling" genannt, weil gedachter Name seinem Wesen noch am besten entspricht. Er hat wirklich mit unserer A m s e l gar Vieles gemein, wenn ich auch keineswegs behaupten will, daß er eine echte Drossel ist.

Schon vom 18. Grade nördlicher Breite an ist der Amseling in Nord-Ost-Afrika ein ziemlich gewöhnlicher Vogel. Er findet sich bereits da, wo der Wald noch sehr dürftig ist, und wird um so häufiger, je reicher die Pflanzenwelt sich zeigt. Dicht verschlungene Gebüsche sind seine bevorzugtesten Wohnplätze; sie theilt er noch weiter im Innern mit der kleinen Erdtaube und seinen Familienverwandten, den Weißköpfen. Er lebt paarweise, niemals in Gesellschaften, aber an geeigneten Orten dicht neben Andern seiner Art. Aeußerst gewandt durchkriecht er die dichtesten Hecken, behend huscht er durch das Gebüsch, rasch hüpft er auf Blößen dahin, im eiligen Bogenfluge streift er von einem Busch zum andern. Er ist rastlos, wie unsere Amsel, und ähnelt dieser auch darin, daß er mit seinem Schwanze ein fortwährendes Spiel treibt. Diesen stelzt er beständig, und nur darin unterscheidet er sich von der Schwarzdrossel, daß er mehr, als diese, die höchsten Spitzen seines Busches aufsucht und hier unter wechselndem Wippen und Stelzen des Schwanzes minutenlang verweilt. Seine Stimme hat Manches mit der unserer Drossel gemein; so vernimmt man von ihm unter anderm das „Tack-Tack" derselben; sein Gesang hingegen ist ein sehr dürftiges Lied, welches mit dem reichen Vollklang unserer Amsel Nichts gemein hat.

Die Brutzeit des Amseling ist verschieden, je nach der Heimat. Im eigentlichen Sudahn fällt sie in die Regenzeit, in Abissinien und in Nubien in die Monate April und Mai. Das Nest ist ein großer Bau im dichtesten Gebüsch, welcher durch herabhängende Grashalme und dergleichen ein sehr liederliches Aussehen bekommt, innen aber hübsch geglättet und gerundet und mit feinen Gräsern und Haaren ausgekleidet ist. Erde oder Lehm wird nicht unter die Wandung gemischt. Die Eier habe ich niemals gefunden.

Der Amseling ist verhältnißmäßig still und lenkt nur durch die Neigung, sich frei zu setzen und dort sich auffallend zu bewegen, die Aufmerksamkeit des Forschers auf sich.

Um so besser versteht es sein Verwandter, der Weißkopf, sich anderweitig bemerklich zu machen. Die beiden Arten dieser Sippe, welche Nord-Ost-Afrika bewohnen (Crateropus leucocephalus und Cr. leucopygius) ähneln sich in ihrem Leben und Betragen außerordentlich. Sie besitzen die Gabe, das Leben im Walde wachzuhalten. Aergere Schreihälse kann es kaum geben.

Niemals findet man die sonderbaren Gesellen einzeln; sie leben nur in Gesellschaften, gewöhnlich in Flügen von acht bis zwölf Stück. Die Gesellschaften führen alle Verrichtungen genau zu derselben Zeit und auf gleiche Weise aus. Sie verlassen in demselben Augenblick den einen Busch und fliegen, dicht gedrängt, einem zweiten zu, zertheilen sich hier, durchschlüpfen, durchkriechen ihn nach allen Richtungen, sammeln sich am andern Ende, schreien laut auf und fliegen weiter. Blos die dichtverschlungensten Büsche behagen ihnen; sie machen den Mäusevögeln (Colius) ihre Wohnsitze streitig. Hohe Bäume berühren sie nur im Fluge. Bei diesem beständigen Durchkriechen der geheimsten Theile des Waldes entdecken sie natürlich auch Alles, und das giebt ihnen jedes Mal neuen Stoff zum Schreien. Wenn der Eine beginnt, dann fallen die Anderen, gleichsam frohlockend, ein, und Derjenige, welcher schon aufgehört, fängt den Lärm von neuem an. Man weiß nicht, ob man sich ärgern oder freuen soll über diese Gesellen; sie verscheuchen Einem gar manches Wild und rufen dadurch gerechten Zorn wach. Aber dafür sind sie auch so unterhaltend, so lustig, so komisch, daß man ihnen doch wieder gut wird. Ihr Geschrei ist keineswegs wohllautend und auch nicht besonders mannichfaltig, jedoch schwer zu beschreiben. Ich habe, mit dem Bleistift und Merkbuch in der Hand, mich vergeblich bemüht, es in Silben auszudrücken. Am nächsten kommen ihnen noch folgende Laute: „Garegara, gara, gügäk; gara, gara, gärä; gärä, gärä, gagak; (dumpf aber laut:) tara, tara, tarut." Sie werden alle nach einander hervorgestoßen und manchmal sechs bis acht Mal nach einander wiederholt. Wenn Einer schreien wollte, würde es nicht so schwierig sein, die eigentliche Stimme zu erfahren; aber die ganze Bande schreit zusammen, und Einer sucht den Andern zu überbieten, hierdurch eben entsteht ein wahrhaft heilloser Wirrwarr.

Der Flug unserer Vögel ist schlecht. Freiwillig erheben sie sich nie hoch über die Erde, und selbst bei Gefahr hüten sie sich, weite Strecken zu überfliegen. Sie suchen dann lieber im Gebüsch ihre Zuflucht und verkriechen sich dort. Beim Fliegen breiten sie die Schwingen und besonders auch den Schwanz aus und schweben nun auf große Strecken dahin.

In dem Magen der Getödteten fand ich Kerbthierreste, aber auch Knospen, Blätter und Blüthen. Ueber die Fortpflanzung vermag ich Nichts zu sagen. Die von Rüppell auf Seite 82 seiner „Neuen Wirbelthiere" gegebenen Maße sind nicht ganz genau.

Beim Männchen ist:

Die Länge . . . . — Fuß 10 Zoll 1 Linien.
Die Breite . . . . 1 „ 1 . 7 „

Die Höhe des Tarsus	— Fuß	1 Zoll	4 Linien.
Die Länge der Mittelzehe	— „	— „	11,5 „
Die Länge der Hinterzehe	— „	— „	7 „
Die Länge der inneren Zehe . . .	— „	— „	7 „
Die Länge der äußeren Zehe . . .	— „	— „	7,5 „
Die Länge des Oberschnabels . . .	— „	— „	12,5 „
Die Länge des Unterschnabels . . .	— „	— „	6 „
Die Länge des Flügels vom Bug bis zur Spitze	— „	4 „	4 „
Länge des Schwanzes	— „	4 „	2 „

Die Farbe der Iris ist dunkelcarminroth, nach dem Stern zu heller. Der Schnabel ist schwarz, die Füße sind grau.

Ein guter Sänger ist in ganz Nordafrika eine sehr willkommene Erscheinung. Die Vögel des Waldes verstehen es wohl, zu lärmen und zu schreien, sind aber der edlen Gesangeskunst größtentheils unkundig, und zumal in Nubien und im Sudahn giebt es nur sehr wenige, welche einigermaßen gut singen. Deshalb wird der Droßling (Picnonotus Arsinoe) bald zum Liebling aller Reisenden.

Vom 25. Grad nördlicher Breite an lebt dieser muntere, regsame, nette Vogel in jedem Mimosenhaine. Sein Entdecker fand ihn schon in der Oase Fajum, und ich habe ihn dort ebenfalls beobachtet: allein er ist so weit nördlich doch eine sehr seltene Erscheinung. Erst vom mittleren Nubien an südlich wird er häufig, und in ganz Ostsudahn ist er gemein. Ihm scheint jeder Ort recht zu sein, der dichte Urwald, wie der Garten, die Mimose in der Steppe, wie das niedere Gebüsch im Hochgebirge. Doch liebt er es, wenn der Baum oder der Busch dicht beschattet ist. In den untern Nilländern zieht er deshalb die Sikomore allen übrigen Bäumen vor; weiter im Sudahn braucht er nicht wählerisch zu sein: dort giebt es andere schattige Bäume genug. Er lebt paar- und familienweise, je nach der Jahreszeit. Aber auch während der Zeit der Liebe, und bezüglich der Eifersucht, wohnt er friedlich mit andern seiner Art zusammen,

wenn auch nicht gerade auf demselben Baum, so doch in demselben Waldestheil oder in demselben Garten.

Da sich der Droßling mit dem Menschen innig befreundet hat und
sich gar nicht vor demselben scheut, kann man ihn leicht beobachten. Er
ist den ganzen Tag in Thätigkeit, immer rastlos, immer lebendig und, wie
sein flotter Gesang bekundet, immer heiter. Er trägt sich stolz und richtet
von Zeit zu Zeit seine Holle auf, schlüpft rasch und behend durch das verschlungenste Dickicht und die ärgsten Dornen, achtet sorgsam auf Alles,
was vorgeht, und spät rechts und links nach jeder Blüthe; denn gerade aus
ihr holt er sich den hauptsächlichsten Theil seiner Nahrung heraus. Zuweilen bekommt er von dem Blüthenstaub, welcher sich an den Federn,
nahe dem Schnabel ansetzt, ein gelbes Gesicht und hat dann ein sehr
sonderbares Ansehen. Neben den kleinen Kerfen, welche im Innern der
Blüthen leben, frißt er auch Raupen, Schmetterlinge, Fliegen, und gar
oft flattert er dem vorbeisegelnden Kerbthier auf ein gutes Stück nach.
Sein Lockton klingt wie „Güb, ga, güb ga, güb." Der Gesang ist
drosselartig, laut, wohlklingend und ziemlich reichhaltig.

Im abissinischen Gebirge und im Norden brütet der Droßling in unseren
Frühlingsmonaten, im Sudahn erst in der Regenzeit. Das Nest steht
im dichtesten Gebüsch, ziemlich versteckt; es ähnelt dem Neste unserer Zipp-
drossel und enthält stumpfe, birnförmige Eier von licht röthlichweißer
Grundfarbe mit dunkelbraunen und purpurrothen Flecken und Punkten,
drei bis fünf an der Zahl, denen einer Drossel an Umfang gleich.

Beide Geschlechter sind in der Größe und in der Färbung kaum
verschieden.

Es beträgt beim Männchen:

Die Länge	7 Zoll	5 Linien.
Die Breite	10 „	10 „
Die Höhe des Tarsus	— „	10 „
Die Länge der Mittelzehe	— „	7 „
Die Länge der Hinterzehe	— „	5 „
Die Länge der inneren Zehe	— „	4,5 „
Die Länge der äußeren Zehe	— „	5 „
Die Länge des Oberschnabels	— „	7,5 „
Die Länge des Unterschnabels	— „	3,5 „

Die Länge des Flügels vom Bug bis zur Spitze . 3 Zoll 3 Linien.
Die Länge des Schwanzes . . . . 3 „ 1 „

Beim Weibchen dagegen ist:
Die Länge . . . . 7 Zoll 4 Linien.
Die Breite . . . . 10 „ 5 „
Die Höhe des Tarsus . . . . — „ 9,5 „
Die Länge der Mittelzehe . . . . — „ 6,5 „
Die Länge der Hinterzehe . . . . — „ 4,5 „
Die Länge der inneren Zehe . . . . — „ 4 „
Die Länge der äußeren Zehe . . . . — „ 4,5 „
Die Länge des Oberschnabels . . . . . . — „ 7,5 „
Die Länge des Unterschnabels . . . . . . — „ 3,5 „
Die Länge des Flügels vom Bug bis zur Spitze . 3 „ 2 „
Die Länge des Schwanzes . . . . 3 „ — „

Die Iris ist **braun**, Schnabel und Füße sind **schwarz**. Unter den Schwingen ist die **fünfte** die längste; auf sie folgt die vierte, die siebente, die dritte, die achte, die neunte und die zehnte.

Unsere deutschen **Fliegenfänger** habe ich, mit Ausnahme des „kleinen", sämmtlich zur Winterszeit in Afrika gefunden, und es ist durchaus nicht unwahrscheinlich, daß auch die kleinen rothkehligen dort vorkommen. Auf der letzten Reise beobachtete ich blos den **gemeinen** (Butalis grisola) und auch diesen nur selten. Das Hochgebirge liegt schon jenseits der eigentlichen Winterherberge. Dafür besitzt das Gebirge in der weitverbreiteten Tchitrea melanogastra ein in ihm ständiges Mitglied dieser Familie.

Der **Paradiesfliegenfänger** ist nirgends gerade häufig, aber an geeigneten Orten auch nicht selten. Im Thal von Mensa sahen wir ihn täglich; doch war es, wie schon ein Mal bemerkt, nicht eben leicht, hier zu jagen. Es bot sich den Vögeln überall Gelegenheit, mit geringer Mühe den Nachstellungen zu entgehen. Der Paradiesfliegenfänger verlangt einen dünn bestandenen Wald mit reichem Unterwuchs.

Hier lebt er paarweise nach Art seiner bescheidenen Verwandten; aber es hält schwer, neben dem prachtvollen Männchen auch das Weibchen zu finden, und selbst jenes weiß sich in dem bunten Gelaube, welches trefflich mit seinen schönen Farben übereinstimmt, gut zu verstecken. Man sieht unsern Vogel nicht so oft, wie die eigentlichen Fliegenfänger oder die Bienenfresser, auf einer freien Astspitze sitzen, er hält sich vielmehr gern tiefer im Gelaube versteckt und hüpft hier von einem Zweig zum andern.

In seinem Wesen hat er viel mit den echten Fliegenfängern gemein, erinnert aber auch wieder an die Bienenfresser. Während des Sitzens spielt er mit seiner Holle und mit dem Schwanze, welchen er langsam hin und herschwingt. Sein Flug ist sehr sonderbar. Er ist rasch und leicht, wenn es gilt, nach Fliegenfängerart ein Kerbthier zu verfolgen oder einen Eindringling der gleichen Art aus dem Gebiet zu jagen, aber langsam, schwebend, absatzweise und scheinbar sehr schwerfällig, wenn es sich darum handelt, größere Strecken zu überfliegen, ohne daß dabei irgend eine Erregung maßgebend ist. Im übrigen ist der Prachtvogel ein echter Fliegenfänger. Die Stimme ist ein sehr wohlklingendes, ziemlich leises „Wücht, wüt, wüt," anfangs gehaltener, gegen das Ende hin schneller. Den Gesang kenne ich nicht.

Im abissinischen Hochlande scheint die Brutzeit in die Monate April und Mai zu fallen. Während unseres Aufenthaltes waren die Männchen im Hochzeitschmuck und verfolgten einander mit außerordentlicher Heftigkeit manchmal viertelstundenlang. Dabei gewährten sie einen wirklich prachtvollen Anblick. Sie jagten mit raschem Fluge hinter einander her durch die Krone der Bäume und durch die dichten Gebüsche, und die weißen Schwanzfedern zogen wie eine prächtige Schleppe hinterbrein, so recht eigentlich von der Luft getragen. Heuglin irrt übrigens, wenn er sagt: „variirt mit weißem oder rostrothen Schwanze." Im Hochzeitskleide hat das Männchen stets weiße Schwanzfedern, außerdem aber braune: und da kann es denn recht wohl vorkommen, daß eine von diesen vermausert ist, ehe die andere ausfiel.

Ich habe folgende Maße verzeichnet:

Beim Männchen ist:

Die Länge von der Schnabelspitze bis zu Ende der längsten Schwanzfeder . . .	14 Zoll	3	Linien	13 Zoll	6	Linien.	
sonst aber nur	7	„	9	„	7	„	7	„
Die Breite	9	„	11	„	9	„	10	„
Die Höhe des Tarsus . .	—	„	8	„	—	„	7	„
Die Länge der Mittelzehe .	—	„	5	„	—	„	5	„
Die Länge der Hinterzehe .	—	„	3	„	—	„	3	„
Die Länge der inneren Zehe .	—	„	3	„	—	„	3,5	„
Die Länge der äußeren Zehe .	—	„	3	„	—	„	3,5	„
Die Länge des Oberschnabels	—	„	7,5	„	—	„	7	„
Die Länge des Unterschnabels	—	„	4	„	—	„	4	„
Die Länge des Flügels vom Bug bis zur Spitze der vierten Schwinge	3	„	5	„	3	„	5	„
Die Länge des Schwanzes .	10	„	6	„	9	„	7	„
und ohne die langen Schwanzfedern	3	„	7	„	4	„	—	„

Unter den Schwingen ist die **fünfte** die längste; auf sie folgt die vierte, die sechste, die dritte, die achte, die neunte, die zehnte und die zweite.

Beim Weibchen beträgt:

Die Länge	6 Zoll	11	Linien.
Die Breite	8	„	9	„
Die Höhe des Tarsus	—	„	7	„
Die Länge der Mittelzehe	—	„	5	„
Die Länge der Hinterzehe	—	„	3	„
Die Länge der inneren Zehe	—	„	3	„
Die Länge der äußeren Zehe	—	„	3,5	„
Die Länge des Oberschnabels	—	„	7,5	„
Die Länge des Flügels vom Bug bis zur Spitze .	3	„	—	„
Die Länge des Schwanzes	3	„	—	„

Die Farbe der Iris ist ein schönes **Dunkelbraun**, der Schnabel ist **meerblau**, der Fuß **graublau** gefärbt, der Augenring lebhaft **kornblumenblau**, das Augenlid erscheint **dunkler, schwarzblau**.

Ueber den **Würgerschnäpper** (Dicrurus lugubris) will ich nicht viel Worte verlieren. Der Vogel ist einer der langweiligsten Gesellen Mittelafrikas. Er ist ein eigenthümliches Mittelglied zwischen den Würgern und Fliegenfängern, hat aber von keinem einzigen die beide auszeichnende Lebendigkeit und Regsamkeit. Still und langweilig sitzt er auf einer Astspitze und schaut nach Nahrung aus. Vorüberfliegenden Kerbthieren eilt er mit leichtem, aber etwas schlaffem Fluge nach, verfolgt sie mit ziemlich großem Ungeschick und kehrt, wenn er trotzdem im Fange glücklich war, zu demselben Aste zurück; sonst fliegt er weit hinter dem Kerbthiere drein und setzt sich auf einem andern Baume nieder. Dem Schützen schaut er so recht dummgutmüthig in das Rohr hinab; an Flucht denkt er kaum. Einen Ton vernimmt man nur höchst selten von ihm. Ich habe seine Stimmlaute nicht verzeichnet. Im Gebirge der Boges scheint er ziemlich einzeln vor zu kommen; in den Wäldern des innern Afrika ist er häufiger. Auch in der Steppe findet er sich.

Beim Männchen ist:

Die Länge	—	Fuß	8	Zoll	11 Linien.
Die Breite	1	„	3	„	— „
Die Höhe des Tarsus	—	„	—	„	9 „
Die Länge der Mittelzehe	—	„	—	„	6,5 „
Die Länge der Hinterzehe	—	„	—	„	4,5 „
Die Länge der inneren Zehe . . .	—	„	—	„	4 „
Die Länge der äußeren Zehe . . .	—	„	—	„	5 „
Die Länge des Oberschnabels . . .	—	„	—	„	11 „
Die Länge des Unterschnabels . . .	—	„	—	„	5 „
Die Länge des Flügels vom Bug bis zur Spitze der vierten Schwinge	—	„	4	„	10 „
Die Länge des Schwanzes	—	„	4	„	3 „

Die Iris ist blaß purpurroth, Schnabel und Füße sind schwarz. Unter den Schwingen ist die vierte die längste; auf sie folgt die dritte, die fünfte, die sechste, die zweite, die siebente und die achte.

———————

Unter den Vögeln, welche die innerafrikanischen Wälder durch ihre Stimme zu beleben verstehen, nehmen die Würgerarten eine hohe Stelle ein. Ich meine hier weniger die echten Würger (Lanius), sondern mehr die Buschwürger (Laniarius, Telephorus), von denen einige ja auch durch die Pracht ihres Gefieders sich auszeichnen. Ueber den rothbäuchigen Würger (Laniarius erythrogaster), welcher in den Urwäldern des Innern überall sehr häufig ist, in den von uns durchreisten Gegenden Abissiniens aber fehlt, habe ich früher wiederholt berichtet. Auf der letzten Reise lernten wir den von mir „Flötenwürger" genannten Telephorus aethiopicus, einen der beachtenswerthesten Vögel unseres Gebietes, kennen.

Die eigentlichen Würger scheinen in dem Bogoslande selten zu sein. Ich beobachtete nur zwei von ihnen, einen in der Samchara, welcher unserem Raubwürger (Lanius excubitor) ähnlich war, aber nicht bestimmt werden konnte und deshalb im Verzeichniß auch nicht aufgeführt wurde, und einen noch am meisten an unsern Rothkopf (Collurio rufus) erinnernden, welchen ich nach Hartlaub's Bestimmung als Collurio Smithii anzusprechen habe.

Auf der Hochebene von Mensa ist dieser Vogel eine ziemlich häufige Erscheinung. Paarweise findet man ihn auf den höhern Bäumen und in dem niederen Gebüsch, und wenn man ihn nicht bemerken sollte, weiß er sich durch seine laute, an das Schellengeklirr erinnernde, am besten durch „Tschilli, Tschilli, Hütschilli, Hütschilli" zu bezeichnende Stimme schon bemerklich zu machen. In seinem Wesen ähnelt er so vollständig unserem Rothkopf, daß ich nicht im Stande war, etwas ihn vor diesem Auszeichnendes zu bemerken.

Fraser hat an dem oben angegebenen Orte die Maße nur sehr unvollständig gegeben; deshalb will ich sie nachtragen.

Beim Männchen ist:

Die Länge	8 Zoll	9 Linien	8 Zoll	5 Linien.
Die Breite	11 „	1 „	11 „	— „
Die Höhe des Tarsus	— „	11 „	— „	11 „
Die Länge der Mittelzehe	— „	7,5 „	— „	7 „
Die Länge der Hinterzehe	— „	5 „	— „	4,5 „
Die Länge der inneren Zehe	— „	4,5 „	— „	4,5 „
Die Länge der äußeren Zehe	— „	4,5 „	— „	4,5 „
Die Länge des Oberschnabels	— „	8 „	— „	8 „
Die Länge des Unterschnabels	— „	4 „	— „	4 „
Die Länge des Flügels vom Bug bis zur Spitze der vierten Schwinge	3 „	5 „	3 „	4 „
Die Länge des Schwanzes	4 „	6 „	4 „	4 „

Beim Weibchen dagegen ist:

Die Länge	8 Zoll	5 Linien.
Die Breite	11 „	— „
Die Höhe des Tarsus	— „	11 „
Die Länge der Mittelzehe	— „	7 „
Die Länge der Hinterzehe	— „	5 „
Die Länge der inneren Zehe	— „	4,5 „
Die Länge der äußeren Zehe	— „	4,5 „
Die Länge des Oberschnabels	— „	8 „
Die Länge des Unterschnabels	— „	4 „
Die Länge des Flügels vom Bug bis zur Spitze der vierten Schwinge	3 „	4 „
Die Länge des Schwanzes	4 „	2 „

Die Iris ist **braun**, Schnabel und Füße sind **schwarz**.

Unter den Schwingen ist die **vierte** die längste; auf sie folgt die dritte, die fünfte, die sechste, die zweite, die siebente, die achte, die neunte und die zehnte.

Sobald man die eigentliche Samchara hinter sich gelassen und eines der Thäler betreten hat, welche tropisches Gepräge zeigen, vernimmt man aus den dichtesten Gebüschen hervor drei, seltener zwei, glockenreine, äußerst wohllautende Orgeltöne, welche jedesmal von einem Kreischen, wie es unser Pirol seinem Pfiff anhängt, begleitet werden. Dies ist der Ruf des äthiopischen Würgers (Telephorus aethiopicus), welchen ich Flötenwürger genannt habe. Derselbe wird um so häufiger, je dichter die Gegend mit Wald bestanden ist. Im Gebirge wohnt Paar bei Paar; hier ist der Vogel so gemein, daß die Töne, welche Anfangs den Reisenden entzückten, nach und nach fast zur Plage werden. Bis siebentausend Fuß hoch über dem Meere vernimmt man sie überall; sie schweigen nur da, wo es auf Strecken hin keine dichten Büsche oder dichtbewipfelten Bäume giebt.

Der Flötenwürger lebt immer paarweise und behauptet das einmal erwählte Gebiet. Dieses hat einen sehr kleinen Umkreis, einen Durchmesser von höchstens hundertfunfzig Schritten; denn bei der Häufigkeit der Vögel sind alle günstigen Orte besetzt und jedes einzelne Paar muß sich begnügen. In seinem Leben und Wesen erinnert der Flötenwürger sehr an seinen rothbäuchigen Verwandten aus dem Innern. Wie diesem, ist auch ihm das dichteste Gebüsch der bevorzugte Aufenthalt; von hier aus fliegt er höchstens auf schattige Baumkronen hinauf. Er zeigt sich niemals frei, sondern sucht sich, auch wenn er von einem Baumzweig zum andern fliegt, bestmöglichst im Dickicht zu verdecken.

Das Eigenthümlichste an ihm ist seine Stimme. Sie besteht, wie bemerkt, regelmäßig aus drei Tönen; einzelne, vielleicht jüngere, lassen jedoch auch zwei Töne vernehmen. Die ersten beiden dieser Töne sind kurz, der letzte ist gezogen. Der Pfiff beginnt mit einem mittelhohen Tone, auf welchen erst ein tiefer und dann ein bedeutend höherer folgt, so daß sich der ganze Pfiff etwa in dem Umfang einer Octave bewegt. Die ersten beiden Töne liegen nur eine Terz von einander, der zweite und dritte dagegen eine Octave. Regelmäßig beim zweiten Ton fällt das Weibchen mit seinem Kreischen ein. Es beweist denselben Taktsinn, welchen ich schon bei dem rothbäuchigen Würger (Laniarius erythrogaster) gefunden habe, und läßt nie auf sich warten. Schießt man es vom Baume herab, so verstummt natürlich sofort das Kreischen, und das Männchen ruft ängstlich seine drei Töne viele Mal nach einander. Erlegt man das Männchen, so kreischt das Weibchen. Es unterliegt also keinem Zweifel, daß beide Geschlechter an dem einen Tonsatz mitwirken. Zuweilen kommt es auch vor, daß das Weibchen beginnt; dann kreischt es gewöhnlich drei, vier, sechs Mal nach einander, ehe das Männchen einfällt. Geschieht Dies, so geht das Pfeifen von neuem an und mit gewohnter Regelmäßigkeit weiter. Eben diese Regelmäßigkeit wird peinlich und macht den Würger schließlich verhaßt. Es ergeht ihm, wie den gelehrten Gimpeln und anderen Vögeln, welche immer ein und dasselbe Lied zum Besten geben. Man erfreut sich Anfangs über die Schönheit des Liedes, über die Art und Weise des Vortrags und bekommt es schließlich so satt, daß man es verwünscht, so oft man es nur hört.

Ueber die Fortpflanzung des Flötenwürgers habe ich Nichts in Erfahrung gebracht. Zur Zeit unseres Aufenthaltes trug er sein Hochzeitskleid, welches sich von der schönen Abbildung in Rüppell's „Systematischer Uebersicht ꝛc." (Taf. 23) nur dadurch unterscheidet, daß die Unterseite rosenroth überhaupt ist. Rüppell, welcher ausdrücklich sagt: die ganze untere Körperseite ist rein weiß, hat den Vogel vielleicht nicht im Hochzeitskleide erlegt, oder aber die zarte Farbe ist verblichen, wie Dies gerade bei ihr so oft geschieht. Die Maße, welche Rüppell angiebt, sind nicht ganz richtig.

Es beträgt beim Männchen:

Die Länge	. . . . .	9	Zoll	6	Linien	8	Zoll 10	Linien.
Die Breite	. . . . .	12	„	8	„	12	„ 2	„
Die Höhe des Tarsus	. .	1	„	4	„	1	„ 3	„
Die Länge der Mittelzehe	.	—	„	9,5	„	—	„ 9	„
Die Länge der Hinterzehe	.	—	„	6	„	—	„ 6	„
Die Länge der inneren Zehe		—	„	6,5	„	—	„ 6	„
Die Länge der äußeren Zehe		—	„	7,5	„	—	„ 7	„
Die Länge des Oberschnabels		—	„	12	„	—	„ 11,5	„
Die Länge des Unterschnabels		—	„	6	„	—	„ 5	„
Die Länge des Flügels vom Bug bis zur Spitze	. .	3	„	11	„	3	„ 9	„
Die Länge des Schwanzes	.	3	„	9	„	3	„ 8	„

Ein Weibchen, welches ich maß, war größer, als das zweite Männchen. Es betrug:

Die Länge	8	Zoll	11 Linien.
Die Breite	11	„	3 „
Die Höhe des Tarsus	1	„	4 „
Die Länge der Mittelzehe	—	„	9 „
Die Länge der Hinterzehe	—	„	6 „
Die Länge der inneren Zehe	—	„	5 „
Die Länge der äußeren Zehe	—	„	7 „
Die Länge des Oberschnabels	—	„	11 „
Die Länge des Unterschnabels	—	„	4 „
Die Länge des Flügels vom Bug bis zur Spitze	3	„	7 „
Die Länge des Schwanzes	3	„	9 „

Die Iris ist rothbraun, der Schnabel schwarz, der Fuß bleigrau, nicht schwarzbraun, wie die Wolf'sche Abbildung in Rüppells Systematischer Uebersicht es zeigt.

Unter den Schwingen ist die fünfte die längste; auf sie folgt die vierte, die sechste, die siebente, die achte, die neunte, die zehnte, die dritte, die zweite und die erste.

An denselben Orten, welche den Flötenwürger beherbergen, wohnt noch ein Sippschaftsgenosse, der allbekannte Kubla (Dryoscopus Cubla).

Dieser weit verbreitete Vogel ist wahrscheinlich nirgends so selten, wie es scheinen mag; aber er ist ein stiller und trauriger Gesell, welcher sich wenig bemerklich macht und aus den dichtesten Kronen der höheren Bäume kaum hervorkommt. Auch den reinen, schönen Lockton, welcher dem Rufe unserer Spechtmeise (Sitta caesia) am ähnlichsten klingt und wie dieser mehrmals hinter einander wiederholt wird, vernimmt man nicht eben oft, und wenn man ihn wirklich aus dem allgemeinen Stimmengetön des Waldes heraushört, möchte man ihn lieber jedem anderen Vogel zuschreiben, als unserem Würger.

Das versteckte, stille Leben des Kubla erschwert auch die Beobachtung seiner Sitten und Gewohnheiten. Ich bin nicht im Stande hierüber etwas Zuverlässiges zu geben.

Die Maße habe ich nicht vollständig. Ich besitze nur die zweier Männchen.

Bei ihnen beträgt:

Die Länge	7 Zoll	3 Linien	7 Zoll	3 Linien.
Die Breite	11 „	— „	10 „	9 „
Die Höhe des Tarsus . .	— „	11 „	— „	10 „
Die Länge der Mittelzehe .	— „	7 „	— „	7 „
Die Länge der Hinterzehe .	— „	4,5 „	— „	4 „
Die Länge der inneren Zehe .	— „	5 „	— „	5 „
Die Länge der äußeren Zehe	— „	5 „	— „	5 „
Die Länge des Oberschnabels	— „	10 „	— „	9 „
Die Länge des Unterschnabels	— „	5 „	— „	5 „
Die Länge des Flügels vom Bug bis zur Spitze . .	3 „	5 „	3 „	4 „
Die Länge des Schwanzes .	3 „	— „	2 „	11 „

Die Farbe der Iris ist morgenroth, der Schnabel schwarz, der Fuß bleigrau. Unter den Schwingen ist die fünfte die längste; auf sie folgt die sechste, die vierte, die siebente, die dritte und die achte.

Auf meiner ersten Reise in Afrika fand ich denselben Vogel viel häufiger, als dies Mal, in den Urwaldungen des oberen blauen Flusses, auch erinnere ich mich, ihn in den großen Waldungen des südlichen Kordofahn erlegt zu haben.

Von Südnubien an findet sich überall ein Mitglied der Würger=familie, welches ich, seines Aufenthaltes wegen „Erbwürger" nennen möchte, der längstbekannte Rothflügel vom Senegal (Laniarius erythropterus), derselbe Vogel, dessen nordwestafrikanischen Verwandten man in den Verzeichnissen der spanischen Vögel aufführt, obgleich er bis jetzt noch niemals in Spanien beobachtet worden ist.

Der Erdwürger hat selbst mit seinem nächsten Verwandten, dem Buschwürger, kaum Aehnlichkeit. Er findet sich nur in dem niedrigsten Gestrüpp und immer dicht über dem Boden. Auf Bäume geht er fast nie; sein Raubgebiet ist der flache Boden. Auf ihm läuft er den größten Theil des Tages umher und zwar mit einer Gewandtheit, wie kein zweiter Würger sie besitzt. Wenn man ihn von fern beobachtet, glaubt man eher eine D r o s s e l in ihm zu erblicken, als einen Würger. Nicht ein Mal im Flug erhebt er sich über den Boden. Er streicht viel schwirrend und dann wieder schwebend, gewöhnlich dicht über der Erde dahin von einem Busch zum anderen. Mit diesen Angaben sind die Beobachtungen, welche ich auf der letzten Reise machen konnte, erschöpft. In Subahn habe ich ihn früher sehr häufig gesehen; doch liegt zu viel Zeit zwischen jetzt und meinem ersten Aufenthalt in Afrika, als daß ich mich noch mit Sicherheit auf meine Erinnerungen verlassen könnte. Ich will noch die Maße geben, obgleich ich nur die des Männchens besitze.

Es beträgt:

Die Länge	8 Zoll	— Linien	7 Zoll	9 Linien.
Die Breite	9 „	11 „	9 „	7 „
Die Höhe des Tarsus . . .	— „	12,5 „	— „	12 „
Die Länge der Mittelzehe .	— „	8 „	— „	8 „
Die Länge der Hinterzehe . .	— „	4,5 „	— „	4,5 „
Die Länge der inneren Zehe .	— „	4,5 „	— „	5 „
Die Länge der äußeren Zehe .	— „	5 „	— „	5 „
Die Länge des Oberschnabels	— „	10 „	— „	9,5 „
Die Länge des Unterschnabels	— „	4 · „	— „	4 „
Die Länge des Flügels vom Bug bis zur Spitze der vierten Schwinge . . .	2 „	11 „	2 „	11 „
Die Länge des Schwanzes .	3 „	6 „	3 „	5 „

Die Iris ist r o t h b r a u n, der Schnabel s c h w a r z gefärbt, der Fuß b l e i g r a u mit grünlichem Schimmer. Im Flügel ist die erste, zweite und dritte Schwinge sehr kurz; die v i e r t e ist die längste; auf sie folgt die fünfte, die sechste, die siebente, die achte, die neunte und die zehnte.

Zufällig wurde von der Reisegesellschaft ein Pärchen des von Ehrenberg auf Tafel 3 seiner Symbolae physicae abgebildeten **blutfleckigen Würgers** (Laniarius cruentus) erlegt, und ich bekam hierdurch Gelegenheit, festzustellen, daß Fig. 1 der Ehrenberg'schen Tafel **das Weibchen** und Fig. 2 **das Männchen** des Vogels ist. Ueber Lebensweise und Betragen habe ich keine Beobachtungen machen können; denn ich selbst habe den Vogel im Leben nicht gesehen. Deshalb muß ich mich auf Angabe der Maße beschränken. Beide Geschlechter sind sich ziemlich gleich.

Es beträgt beim Männchen:

Die Länge	9	Zoll —	Linien.
Die Breite	11	„	3 „
Die Höhe des Tarsus	1	„	2 „
Die Länge der Mittelzehe	—	„	9 „
Die Länge der Hinterzehe	—	„	5 „
Die Länge der inneren Zehe	—	„	6,5 „
Die Länge der äußeren Zehe	—	„	7 „
Die Länge des Oberschnabels	—	„	11 „
Die Länge des Unterschnabels	—	„	5 „
Die Länge des Flügels vom Bug bis zur Spitze	3	„	3 „
Die Länge des Schwanzes	4	„	— „

Beim Weibchen ist:

Die Länge	9	Zoll —	Linien.
Die Breite	10	„	9 „
Die Höhe des Tarsus	1	„	2 „
Die Länge der Mittelzehe	—	„	8,5 „
Die Länge der Hinterzehe	—	„	5 „
Die Länge der inneren Zehe	—	„	6 „
Die Länge der äußeren Zehe	—	„	6,5 „
Die Länge des Oberschnabels	—	„	10 „
Die Länge des Unterschnabels	—	„	5,5 „
Die Länge des Flügels vom Bug bis zur Spitze	3	„	3 „
Die Länge des Schwanzes	3	„	11 „

Die Iris ist braun, der Schnabel schwarz, der Fuß bleigrau. Erlegt wurde dieser Buschwürger in einem der spärlichst bewachsenen Thäler der Samchara.

———

Rüppell, der größte Kenner der nordostafrikanischen Thierwelt, hat sich, wie es mir scheinen will, in seinen „Neuen abissinischen Wirbelthieren" sowohl, wie in der „Systematischen Uebersicht der Vögel Nordostafrikas" hinsichtlich der Familie der Raben einige Irrthümer zu Schulden kommen lassen, welche ich hier berichtigen möchte. Diese Irrthümer oder Mängel beziehen sich weniger auf Rabenarten derjenigen Landstriche, welche ich vorzugsweise ins Auge gefaßt habe, als auf solche, welche in Egipten vorkommen.

Rüppell führt die Nebelkrähe (Corvus cornix) nur als Wintergast in Egipten und Arabien auf, während dieser Vogel, wie in Griechenland, auch im Delta, in Mittelegipten und in einem großen Theile des unteren Nilthals südlich von Kairo, ein häufiger Standvogel ist. Ich habe Dies bereits an mehreren Orten erwähnt, und auch Heuglin bestätigt in seiner Systematischen Uebersicht der Vögel Nordostafrikas meine Angabe. Die Nebelkrähe ist in allen egiptischen Dörfern und Städten eine ganz gewöhnliche Erscheinung. Sie brütet in den Gärten und selbst auf den Spaziergängen der Städte, häufig z. B. in den Alleen, welche von Kairo nach Bulakh und Schubra führen, am liebsten auf den Lebekakazien und Sikomoren, sodann auch auf Palmen.

Ferner nennt Rüppell die Dohle (Monedula turrium) einen in Unteregipten und dem steinigen Arabien „ungemein häufigen Vogel." Auch diese Angabe bedarf der Berichtigung. Während meines langjährigen Aufenthaltes in Egipten habe ich die Dohle nicht ein einziges Mal gesehen und bezweifle auch sehr stark, daß sie sich überhaupt bis nach Egipten verfliegt. Sie ist im Winter sogar in Spanien eine seltene Erscheinung, obwohl sie sich jetzt dort an einigen Stellen bleibend angesiedelt hat. Auch Heuglin bemerkt ausdrücklich, daß er die Dohle in Egipten niemals beobachtet. Höchst wahrscheinlich hat Rüppell sie mit der Saatkrähe (Corvus frugilegus) verwechselt, und Dies ist um so leichter möglich, als ja, wie bekannt, die fliegende Saatkrähe häufig genug den der Dohle eigenthümlichen, hellklingenden Laut „Djak" auszustoßen pflegt. Die Saatkrähe erscheint allwinterlich in zahlreichen Flügen im Nilthale und kommt zuweilen noch in Nubien vor; weiter südlich habe ich sie nicht beobachtet. Bei Sues ist sie manchmal sehr gemein, jedoch ebenfalls nur während des Winters.

Die Elster (Pica caudata) giebt Rüppell als einen „ziemlich häufigen Wintergast" Unteregiptens an. Auch Dem muß ich widersprechen, und Heuglin scheint derselben Ansicht zu sein, weil er in seiner Uebersicht ebenfalls nur Rüppell anzieht. Ich habe die Elster niemals aufgefunden und auch nirgends Etwas von ihr gehört. Sie oder wenigstens eine ihr sehr verwandte Art (Pica mauritana) findet sich in Algier und Südspanien. Dort bietet ihr das Land aber auch alle Erfordernisse zu erwünschtem Wohlsein, während das wald- und buscharme Egipten ihr schwerlich genügen würde. Ein so auffallender Vogel, wie die Elster es ist, würde mir sicherlich von einem meiner arabischen Jäger beschrieben worden sein, und wenn nicht, würde ich den Vogel in den von anderen Europäern gemachten Sammlungen bemerkt haben. Beides ist nicht der Fall, und deshalb muß das Vorkommen der Elster in Egipten wenigstens einstweilen als fraglich angesehen werden.

Die übrigen Angaben Rüppells sind richtig. —

Auf unserer letzten Reise habe ich nur die drei im Verzeichnisse aufgeführten Raben beobachtet. Der Wüstenrabe (Corax umbrinus) ist in ganz Egipten, in Nubien und längs des rothen Meeres eine so gewöhnliche Erscheinung, daß man sich nur wundern kann, wie er Rüppell auf seiner Reise entgangen ist und erst in Hedenborg seinen Beschreiber gefunden hat.

Man darf sagen, daß dieser Vogel ebensowohl unsere Rabenkrähe, als unseren Kolkraben vertritt; denn er selbst ist gewissermaßen ein Mittelglied zwischen Beiden. Dem Kolkraben ähnelt er in seiner Gestalt, namentlich des abgerundeten Schwanzes und der spitzen Flügel wegen, in seinem Wesen, seinem Anstand, seinem Gang, seinem Flug und endlich in seiner Stimme; der Rabenkrähe in allem Uebrigen und zumal hinsichtlich seines zahlreichen Vorkommens. Immer aber ist er mehr Rabe, als Krähe, und wenn man das Leben des Kolkraben im hohen Norden oder in Südeuropa kennen gelernt hat, kann man nur an diesen denken, falls man den Wüstenraben mit einem seiner Verwandten vergleichen will.

Der Wüstenrabe meidet die großen Städte, nicht aber die Flecken und Dörfer. In allen seitab der gewöhnlichen Reisestraße liegenden Ortschaften ist er nicht nur viel häufiger, als im Nilthale, sondern auch viel zutraulicher. Schon in Nubien findet er sich regelmäßig auf dem Lagerplatze ein, und hier, wie im steinigen Arabien, folgt er den Karavanen tagelang. In den Ortschaften am rothen Meere ist er ebenso menschenfreundlich, wie unsere Saat- oder Nebelkrähe im Winter. Er läuft hier ungescheut in den Straßen der Stadt umher und macht den Aasgeiern und Hunden ihre Nahrung streitig.

Als echtem Raben ist ihm eigentlich Alles recht. Während der Dattelreife sitzt er auf den fruchtschweren Wedeln und hackt sich die reifsten Datteln ab; dem pflügenden Egipter folgt er wie eine Saatkrähe, auf dem Aase ist er überall der erste Ankömmling; am Meeresstrande spaziert er während der Ebbe auf und nieder, um Muscheln und Ringelwürmer und allerhand andere Seethiere aufzulesen, beziehlich zu fangen. Den kleinen Strandvögeln, ja selbst den Tauben und anderem Landgeflügel ist er höchst verhaßt, weil er ganz nach Art seines großen Verwandten als der zudringlichste und eifrigste Eierdieb angesehen werden muß.

Seinen Horst fand ich in den ersten Monaten des Jahres auf Bäumen, manchmal ganz niedrig über dem Boden. Er enthält vier bis fünf Eier von 22 Linien Länge und 15 Linien Durchmesser an der dicksten Stelle, von Färbung und Gestalt unserer Kräheneier. Im März sind die Jungen bereits dem Ausfliegen nahe.

In allen von mir durchreisten Ländern wird keiner der dort lebenden Raben gezähmt. Die Afrikaner scheinen wenig Freude an Hausvögeln zu haben, und solche, welche ihnen keinen Nutzen gewähren, halten sie sicherlich nicht. Aber man jagt auch den Raben nicht, obgleich man sonderbarerweise sein Fleisch nicht verschmäht. Zu meiner großen Verwunderung bat mich bei der ersten Wüstenreise, welche ich machte, der Führer der Kameltreiber, für ihn einen Wüstenraben, welcher in der Nähe unseres Lagerplatzes erschienen war, zu schießen. Ohne ihm eine Feder auszuziehen oder ihn sonst wie zu reinigen, warf er den Vogel ins Feuer, ließ das Gefieder versengen, das Fleisch ein wenig rösten und verzehrte es dann mit großem Appetit. —

Nördlich des 18. Grades nördlicher Breite vertritt der weißbrüstige oder Schildrabe (Corax scapulatus) seinen dunklen Verwandten. Wie dieser, gehört er nur der Ebene an, nicht dem Gebirge; wenigstens habe ich ihn ebensowenig in bedeutenden Höhen gesehen, wie den Wüstenraben.

Der Schildrabe scheint nirgends in so großen Scharen vorzukommen, wie der Wüstenrabe, ist aber, im Innern Afrikas wenigstens, überall ebenso häufig, wie dieser. In der Samchara ist er keineswegs eine gemeine Erscheinung. Wir sahen ihn zwar alle Tage, jedoch immer nur paarweise, und bei unseren Lagerplätzen sind nie mehr, als ihrer zwei, zugleich erschienen. Von dem Augenblick an, wo wir das Gebirge betraten, ließ er sich nicht mehr sehen.

Auch der Schildrabe ähnelt unserm Kolkraben mehr, als der Rabenkrähe. Er ist ein höchst zierliches Thier. Sein Flug ist gewandt, leicht, schwebend und sehr schnell; dabei nimmt sich der Vogel prächtig aus. Die spitzen Schwingen und der abgerundete Schwanz geben ihm beinahe etwas Falkenartiges, und der weiße Brustfleck schimmert auf weit hin. Sein Gang ist ernst und würdevoll, aber doch leicht und fördernd; seine Stimme ist ein sanftes „Kurr", welches entfernt an manchen Ton des Kolkraben erinnert.

In allen Gegenden, wo der Schildrabe häufig ist, hat er sich mit dem Menschen befreundet. Scheu fand ich ihn nur in manchen Theilen der Samchara; doch war es auch hier mehr die fremdartige, ihm auffallende Erscheinung des Europäers, als die Furcht vor dem Menschen überhaupt, welche ihn bedenklich machte. Am Lagerplatze einer Karavane scheut er sich auch vor dem Europäer nicht mehr. In den Küstendörfern der Samchara ist er ein regelmäßiger Gast; im Dorfe Ed sah ich ihn auf den Firsten der Strohhütten sitzen, wie die Nebel- oder Saatkrähe auf unseren Gebäuden.

Sein Horst wird auf einzelnen Bäumen der Steppe oder des lichteren Waldes angelegt und enthält in den ersten Monaten der großen Regenzeit drei bis vier Eier. Ich habe dieselben nicht gesehen, aber genügende Beschreibungen von ihnen erhalten. Sie scheinen denen der übrigen Raben in jeder Hinsicht zu ähneln. Gegen die Jungen zeigt sich das Elternpaar außerordentlich zärtlich, und muthvoll stößt es fallenartig auf den sich nahenden Menschen herab.

In ganz Ostsudahn und Habesch wird der Schilbrabe von dem Menschen geduldet oder, wenn man will, nicht beachtet. Als eigentlich unreinen Vogel betrachtet man ihn nicht; doch fällt es Niemand ein, sich seiner zu bemächtigen und sein Fleisch zu benutzen. In der Gefangenschaft habe ich ihn nie gesehen und auch nicht selbst gehalten, weil ich zufällig keine Jungen von ihm bekam. —

Der letzte von mir beobachtete Rabe ist der kurzschwänzige (Corvus affinis), wie ich, bezeichnender als Rüppell, ihn nennen möchte. Wie dieser große Forscher darauf gekommen ist, den Vogel mit unserer **Rabenkrähe** zu vergleichen, weiß ich nicht. Mit letzterer hat er außer der ungefähr gleichen Größe nicht das Geringste gemein: er ist dem **Kolkraben** viel ähnlicher, als irgend einer Krähe. Seine Flügel sind sehr spitzig, das Gefieder glatt anliegend, der Schnabel stark; nur der Schwanz unterscheidet sich von dem Raben: er ist das eigentlich Bezeichnende am ganzen Vogel und läßt ihn in jeder Entfernung mit aller Sicherheit erkennen. Wegen der Kürze der Steuerfedern erscheint der Schwanz außerordentlich breit, aber auch die Flügel sind verhältnißmäßig breit, und so erinnert das Thier im Fluge an das Bild eines schwebenden **Bussards**. Die von Rüppell auf Seite 20 der „Neuen Wirbelthiere" gegebenen Maße sind im Ganzen richtig; doch kann ich sie vervollständigen.

Beim Männchen beträgt:

Die Länge	1 Fuß	7 Zoll	— Linien.
Die Breite	3 „	9 „	— „
Die Höhe des Tarsus	2 „	— „	4 „
Die Länge der Mittelzehe ohne Nagel .	— „	1 „	9 „
Die Länge der Hinterzehe	— „	1 „	1 „
Die Länge der innern Zehe	— „	1 „	3 „
Die Länge der äußern Zehe	— „	1 „	4 „
Die Länge des Oberschnabels . . .	— „	2 „	4 „
Die Länge des Unterschnabels . . .	— „	1 „	— „
Die Länge des Schwanzes	— „	7 „	— „
Die Länge vom Bug bis zur Flügelspitze .	— „	14 „	10 „

Für zwei Weibchen sind die Maße folgende:

Die Länge	1 F.	6 Z.	2 L.	1 F.	6 Z.	3 L.
Die Breite	3 „	6 „	9 „	3 „	7 „	6 „
Die Höhe des Tarsus . . .	— „	2 „	2 „	— „	2 „	3 „
Die Länge der Mittelzehe . .	— „	1 „	7 „	— „	1 „	7 „
Die Länge der Hinterzehe . .	— „	1 „	1 „	— „	1 „	2 „
Die Länge der inneren Zehe .	— „	1 „	2 „	— „	1 „	3 „
Die Länge der äußeren Zehe .	— „	1 „	3 „	— „	1 „	3 „
Die Länge des Oberschnabels .	— „	2 „	3 „	— „	2 „	2 „
Die Länge des Unterschnabels .	— „	1 „	— „	— „	1 „	— „
Die Länge des Schwanzes . .	— „	6 „	6 „	— „	6 „	5 „
Die Länge des Flügels . . .	—.	14 „	2 „	— „	14 „	3 „

Die Farbe der Iris ist ein dunkles **Braun**, Schnabel und Füße sind **schwarz**.

Im Flügel ist die **vierte** Schwinge die längste; auf sie folgt die dritte, die zweite, die fünfte, die sechste, die siebente und die achte, welche gleich der ersten ist, sodann die neunte u. s. w.

Der kurzschwänzige Rabe ist ein echter Gebirgsvogel. Wir sahen ihn nie in der Samchara, aber von dem ersten Bergwall an bis zu den höchsten Höhen des Gebirges, welche wir besuchten. Heuglin fand ihn noch in einer Höhe von elftausend Fuß über dem Meere und oft in ungeheuren Gesellschaften. In der Ebene habe ich ihn nur zwei Mal gesehen und zwar in Egipten. Hier fiel er mir wegen seines kurzen Schwanzes so auf, daß ich ihn augenblicklich als eine von dem Wüstenraben verschiedene Art erkannte und, weil ich in der Rüppell'schen Beschreibung auf den kurzen Schwanz kein Gewicht gelegt fand, unter dem Namen Corvus brachyurus beschrieb. Heuglin giebt auch **Korbofahn** als seine Heimat an, und Rüppell behauptet, ihn bei **Schendi** gesehen zu haben. Ich meines Theils habe ihn weder in Korbofahn, noch in Südnubien beobachtet und bin geneigt zu glauben, daß Rüppell den Wüstenraben mit ihm, welchen er zur Zeit der Herausgabe seiner „Neuen Wirbelthiere" noch nicht kannte, verwechselt hat.

Im Gebirge wird man den kurzschwänzigen Raben nirgends vermissen. Der so abweichend gestaltete Vogel fällt bald ins Auge, und wenn man ihn nicht sehen sollte, muß man doch seine sehr hoch klingende Stimme vernehmen. Dann sieht man, gewöhnlich in sehr bedeutender Höhe, ein Paar oder unter Umständen eine ganze Gesellschaft schweben, oft auf große Strecken hin, ohne einen Flügel zu regen, ganz bussard= artig, wie denn überhaupt der kurzschwänzige Rabe im Flug sich von allen mir bekannten unterscheidet. Auch im Sitzen wird man den Vogel nicht leicht verkennen. Die spitzen Flügel überragen den kurzen Schwanz um 3 bis 3$^1/_2$ Zoll, und dies eine Merkmal ist ja für den Beobachter genug. Der gewöhnliche Laut ist ein kolkrabenartiges „Kuck" oder ein schwatzendes „Kua, Kua".

Am Lagerplatz erscheint der kurzschwänzige Rabe mit derselben Regelmäßigkeit, wie in den Gebirgsdörfern. Schon während des Ab= ladens der Kamele kommt er herabgeflogen, wahrscheinlich angelockt durch das herzbrechende Geschrei der über jede Veränderung außer Fassung gebrachten Thiere. Das Paar — denn der kurzschwänzige Rabe wird einzeln nie gesehen — setzt sich über dem Lager auf einem der höchsten Bäume oder auf einer Felsenspitze nieder und schaut sich von da oben un= besorgt das Treiben der Menschen an. Sobald es im Lager ruhiger wird, senkt er sich hernieder, und nun spaziert er dreist zwischen den Ge= päckstücken und gelagerten Menschengruppen umher. In den Gebirgs= dörfern erscheint er namentlich Morgens und gegen Abend, hier aber gewöhnlich in sehr zahlreicher Gesellschaft. Mit Sonnenaufgang bedecken sich die großen Felsblöcke, welche um Mensa herumliegen, förmlich mit unserem Raben. Paar sitzt bei Paar, auch noch in der Menge den treu= innigen Zusammenhang der Gatten bezeugend. Nachdem die Gesellschaft hier unter Schreien und Lärmen ein halbes Stündchen oder länger ver= weilt hat, zertheilt sie sich, macht sich in der Nähe der Mistplätze der Dorf= bewohner zu schaffen und entschwindet nach und nach bis auf einige, wahrscheinlich in unmittelbarer Nähe des Dorfes wohnende Paare voll= ständig. Gegen Abend erscheinen alle wieder, sammeln sich erst auf dem Felsen und fliegen dann nach den Wipfeln der größeren Bäume. Dort halten sie, ganz nach Art unserer Rabenkrähe, eine etwa halbstündige Versammlung ab, schwatzen und schreien durch einander und fliegen nach Untergang der Sonne auf und davon, jedenfalls den schon seit längerer Zeit benutzten Schlafplätzen zu.

Bei wenig anderen Raben habe ich ein so zärtliches und inniges Zusammenhalten der Gatten gesehen, wie bei unserem Kurzschwanz. Auch der Unkundige muß auf den ersten Blick die zusammenhängenden Gatten selbst aus dem größten Haufen heraus erkennen. Das Paar sitzt immer dicht neben einander, etwas abgesondert von den übrigen und beschäftigt sich, wie es scheint, nur mit sich selbst. Wechselseitig breitet Einer den Flügel wie einen Schirm über den Gegenstand seiner Liebe, und äußerst zärtlich ruft er ihm dabei ein sanftes „Guck, Guck, Guck" zu, welches der Andere, wahrscheinlich das Weibchen, mit einem einfachen „Guck" beantwortet. Dieses Flügelbreiten habe ich auch nur von unserem Raben gesehen; doch ist es recht gut möglich, daß auch der Kolkrabe in ähnlicher Weise seine Liebe kund giebt. Nach dieser ersten Zärtlichkeit folgt gewöhnlich ein gegenseitiges Berühren mit dem Schnabel, kein vollständiges Schnäbeln, aber doch an dieses erinnernd. Ueber die Fortpflanzung habe ich keine Beobachtungen gemacht; ich kann blos sagen, daß sie nicht in die Zeit unseres Aufenthaltes fiel.

Hinsichtlich des Verhältnisses zwischen dem Menschen und dem kurzschwänzigen Raben gilt Dasselbe, was ich bei dem vorhergehenden angegeben habe.

Es gelang mir leider nicht, einen jener glanzdrosselartigen Vögel zu erlegen, welche die Felsen im Thale von Mensa und einen einzeln stehenden Felsblock auf der Hochebene massenhaft umschwärmten. Ich habe die auffallenden Thiere kurzweg mit dem Namen „Felsenstar" bezeichnet, weil diese Benennung wenigstens ihrem Wesen entspricht, muß aber dahingestellt sein lassen, ob ich in ihnen wirklich einen Flug des Ptilonorhynchus albirostris vor mir hatte, wie ich nach meinen frühern Erfahrungen und der Rüppell'schen Beschreibung schließen zu dürfen glaubte.

In seinem Wesen erinnert der Felsenstar zumeist an unsere Dohle. Wie diese hält er sich in Schaaren zusammen, wie diese umfliegt er schreiend den ein Mal gewählten felsigen Ort. Er klettert geschickt an den Felswänden hin und läuft behend auf den Steinplatten auf und nieder: kurz, er ist so recht eigentlich auf dem Felsen zu Hause. Im Fluge schwebt er mit weit ausgebreiteten Flügeln auf ziemliche Strecken dahin, kann folgen einige rasche Flügelschläge, und wiederum breitet er die Schwingen so weit wie möglich aus. Im Ganzen fliegt er sehr leicht und zierlich. Höchst selten entfernt er sich weit von seinem Felsen. Dieser dient ihm gewissermaßen zum Sammelpunkt, und namentlich gegen Abend sieht man ihn schareuweise umherziehen oder bezüglich klettern. Einige höhere Bäume in der Nähe des ein Mal gewählten Standortes werden von hier aus gelegentlich besucht, und dann vernimmt man auch regelmäßig den äußerst klangreichen Gesang der Männchen. Der Lockton des Felsenstares ist ein wohlklingendes „Djui, Djui", welches mich am meisten an den Starenpfiff erinnert hat. Der Gesang ist sehr reich und etwa als das Mittel zwischen dem Drosselschlag und dem Starengesang zu bezeichnen; doch fehlt ihm das Schnarrende der Stare gänzlich. Erschreckt, stößt die Gesellschaft ein lautes, etwa wie: „Wittitir, Wittu, Wittihu" klingendes Geschrei aus. Ich fand, daß der Vogel mindestens ebenso scheu war, wie die großen Glanzdrosseln, und habe mich vergeblich bemüht, ihn zu überlisten. Das gelang mir nicht ein Mal auf dem Anstand unter seinem Lieblingsbaume und bezüglich an der Wand seines Felsens. Einer der Herankommenden bemerkte mich, warnte die übrigen, und nunmehr wich Alles sorgfältig aus.

Die eigentlichen Glanzdrosseln waren mit Ausnahme der weißbäuchigen Schuppendrossel ziemlich selten in den von uns durchreisten Gebieten. Im Innern Afrikas ist namentlich die rothbäuchige Glanzdrossel häufig und auch die schimmernde Verwandte nicht selten. Im Bogoslande wurde die erstgenannte nur ein einziges Mal von Seiner Hoheit, dem Herzog, beobachtet und zwar am Ain-Saba, welcher, wie ich schon bemerkte, die eigentliche Verbreitungsgrenze der Vogelwelt des Ostens und des Inneren von Afrika auszumachen scheint. Um Mensa beobachtete ich sie nicht. Die eigentliche Glanzdrossel (Lamprocolius chalybaeus) findet sich dort zwar, aber auch nur paarweise. Ihre rothbäuchige Verwandte endlich sah ich nur in der Samchara.

Hinsichtlich der Lebensweise und des Betragens erinnert die Glanzelster (Lamprotornis aeneus) ebensowohl an die Drosseln, namentlich an die Misteldrossel (Turdus viscivorus), wie an unsere gemeine

Elster (Pica caudata). Flug und Stimme ähneln den erstgenannten Vögeln, der Gang und das Wesen den letzteren. In den Urwäldern begegnet man zu gewissen Zeiten kleinen Familien von ihr; sonst lebt sie paarweise, aber gern in Gesellschaften von anderen ihrer Sippe. Sie ist ein äußerst anziehender Vogel, lebendig, rege, laut, ein Thier, welches den Wald zu beleben versteht. Ihr Gesang ist drosselartig, aber nicht viel werth, ihr Lockton ein wohlklingender Pfiff. Körner aller Art und Früchte bilden ihre ausschließliche Nahrung.

Echte Drosseln in ihrem Wesen sind die beiden kurzschwänzigen Glanzdrosseln (Lamprocolius), namentlich die rothbäuchige (Lamprocolius rufiventris). Von ihr trifft man in allen Steppengegenden, welche mit niederem Buschwerk bestanden sind, zahlreiche Flüge an; paarweise begegnet man ihr nur selten. Ein solcher Flug durchstreift während des Tages ein ziemlich weites Gebiet, bald auf verschiedenen Bäumen sich sammelnd, bald wieder laufend sich zerstreuend. In den Früh- und Abendstunden setzt sich die ganze Schar auf einen der höhern Bäume nieder, und die Männchen singen, nach Starenart, von dort herab ihr Morgen- oder Abendlied. Während des Mittags verbergen sie sich still im Gezweig der Bäume, in den übrigen Stunden des Tages schweifen sie rastlos umher. Ihr Gang ist der unserer Singdrossel, und dieser ähneln sie auch darin, daß sie bei Verfolgungen immer auf kleine Strecken dahinfliegen, in einem Busch sich bergen, hier den Verfolger abwarten und wieder davoneilen, sobald er sich naht. Während sie Nahrung suchen, ist die ganze Gesellschaft nicht einen Augenblick lang ruhig. Alles lärmt und schreit durch einander; auch während des Rennens und Fliegens schreien sämmtliche Glieder einer Herde laut auf. Ihre große Regsamkeit läßt sie bald bemerklich werden; doch ist es nicht gerade leicht, sie zu erlegen, weil sie sich mit ziemlicher Vorsicht dem Schützen zu entziehen wissen.

Die eigentliche Glanzdrossel (Lamprocolius chalybaeus) bildet weit seltener ähnliche Flüge, sondern hält sich mehr paarweise. Sie trifft man ebensowohl im dichtesten Gebüsch, wie auf den über die Ebene zerstreuten Felsblöcken an. In ihrem Betragen und den Bewegungen erinnert sie an ihre rothbäuchige Verwandte; der Flug aber unterscheidet sie dem geübten Auge doch aus jeder Entfernung. Er entspricht so recht eigentlich den sammtnen Flügeln: er ist weich, wie diese, ziemlich leicht, aber nicht fördernd, sondern schleppend. Der Lauf ist sehr rasch, mehr sprung-, als schrittweise. Er fördert und hat ganz das Rastlose der Drosselarten. Abweichend von dem rothbäuchigen Verwandten, hält sich die Glanzdrossel nur so lange auf dem Boden auf, als sie frißt; den übrigen Theil des Tages verbringt sie auf Bäumen. Ihr Gesang ist ganz unbedeutend, der Lockton unangenehm, mißlautend, kreischend. Die Glanzdrossel besitzt außer dem schönen Gefieder überhaupt nichts Anmuthiges. Dieses Gefieder ist aber auch so prachtvoll, daß man den Vogel immer von neuem bewundernd betrachtet.

Wenn man so durch das Düster des Waldes geht, geschieht es wohl manchmal, daß plötzlich ein heller Schein in das Auge fällt, vergleichbar einem Sonnenstrahl, zurückgeworfen von einer spiegelnden Metall- oder Glasfläche. Der Schein ist wirklich nichts Anderes, als der von dem Gefieder zurückgeworfene Sonnenschein; denn wenn man die Glanzdrossel aufgefunden hat, kann man gewahren, daß sie bei günstiger Beleuchtung mit jeder Bewegung einen Sonnenstrahl zurückspiegelt. Gleich nach dem Tode verliert das Gefieder den größten Theil seiner Schönheit; seine volle Pracht zeigt es nur, so lange die Glanzdrossel lebt, so lange sie sich in der glühenden, afrikanischen Sonne bewegt.

Ehrenberg hat in seinem ausgezeichneten, aber leider unvollendeten Werke „Symbolae physicae" nur die Beschreibung des Weibchens gegeben; ich füge deshalb die Maße des Männchens hinzu.

Es beträgt:

Die Länge	—	Fuß	10	Zoll	3 Linien.
Die Breite	1	„	5	„	5 „
Die Höhe des Tarsus	—	„	1	„	3 „
Die Länge der Mittelzehe	—	„	—	„	11 „
Die Länge der Hinterzehe	—	„	—	„	7 „
Die Länge der innern Zehe	—	„	—	„	7,5 „
Die Länge der äußern Zehe . . .	—	„	—	„	7,5 „
Die Länge des Schnabels längs der Firste	—	„	—	„	9 „
Die Länge des Unterschnabels	—	„	—	„	5 „
Die Länge des Flügels von der Spitze der dritten Schwungfeder	—	„	5	„	6 „
Die Länge des Schwanzes	—	„	3	„	9 „

Die Farbe der Iris ist ein prächtiges Dunkelgoldgelb, der Schnabel und die Füße sind schwarz.

Die Maße des Männchens der rothbäuchigen Glanzdrossel sind folgende:

Die Länge beträgt	—	Fuß	7 Zoll	11 Linien.
Die Breite	1 „	1 „	5 „
Die Höhe des Tarsus	— „	1 „	2,5 „
Die Länge der Mittelzehe	— „	— „	11 „
Die Länge der Hinterzehe	— „	— „	5 „
Die Länge der innern Zehe	— „	— „	6,5 „
Die Länge der äußern Zehe	— „	— „	7 „
Die Länge des Oberschnabels	— „	— „	10 „
Die Länge des Unterschnabels	— „	— „	3 „
Die Länge des Schwanzes	— „	2 „	6 „
Die Länge v. Bug bis zur zweiten Schwinge	— „	4 „	— „

Die Iris ist braun, der Schnabel gelb, der Fuß bläulich=schwarz. —

Von diesen beiden Vögeln unterscheidet sich die weißbäuchige Schuppendrossel (Pholidauges leucogaster) auch in ihrem Wesen und Benehmen, und Cabanis hatte ganz Recht, daß er sie zum Vertreter einer besondern Sippe erhob.

Man findet die Schuppendrossel in ziemlich zahlreichen Familien im Gebirge und zwar in der Tiefebene sogut, als auf der Hochebene von Menſa. In die Samchara hinaus streift sie auch; sie entfernt sich jedoch niemals weit von dem eigentlichen Gebirge; wenigstens haben wir sie nur in den dem ersten Gebirgswall zunächst gelegenen Thälern beobachtet. Sie ist ein echter Baumvogel, welcher nur selten auf den Boden herabkommt und hier immer äußerst kurze Zeit verweilt. In den Nachmittagsstunden sammelt sie sich, wie unsere Stare, auf gewissen Lieblingsbäumen; aber sie singt hier nicht, wie sie überhaupt ziemlich still ist. Man hört oft minutenlang nicht einen einzigen Ton von ihr. Die Familien bestehen aus 6 bis 20 Stück und, wie es scheint, sind die Männchen hier in bedeutend größerer Zahl vertreten, als die Weibchen; wir haben von den letzteren nicht ein einziges erlegt.

Selbst in dem an schön gefiederten Vögeln so reichen Abissinien fällt die Schuppendrossel wegen der Pracht ihrer Färbung auf. Namentlich wenn sie fliegt, spielt das Sonnenlicht in wunderbarer Weise mit dem herrlichen Blau ihres Rückens. Wenn man den Vogel zum ersten Mal und fliegend sieht, ist man nicht im Stande, seine eigentliche Färbung zu erkennen. Die Oberseite erscheint kupferfarben mit einem schwachen Schein ins Violette, nicht aber blau, wie sie doch wirklich ist. Nur zuweilen und blos auf Augenblicke sieht man, daß Dies auf Sinnentäuschung beruht; aber man ist dann geneigt, gerade die blaue Farbe als die durch besondere Beleuchtung hervorgebrachte und so zu sagen unnatürliche anzusehen. Man staunt, wenn man den Vogel herabgeschossen hat und ihn in der Hand hält. Er scheint dann so ganz anders, als früher.

Der Flug der Schuppendrossel ist sehr leicht und zierlich, dabei äußerst rasch und behend, der Lauf ein drosselartiges Hüpfen, wie denn überhaupt der Vogel mich vielfach an unsere Rothdrossel erinnert hat. Aber er sucht sich mehr die Höhe als die Tiefe auf und fliegt, aufgeschreckt, immer zunächst den höchsten Bäumen zu, nicht, wie die Drosseln, im Gebüsch fort. Wie es scheint, bevorzugt er die dem Wasser nahegelegenen Bäume vor allen übrigen. An dem ein Mal gewählten Standorte hält er sehr fest. Bei Mensa z. B. sahen wir ihn bei jeder Jagd so ziemlich auf denselben Bäumen über dem Wasser. Zur Zeit unseres Aufenthaltes waren die Jungen bereits vermausert und die Alten im Hochzeitskleide; doch fand ich aller Bemühungen ungeachtet kein Nest auf und vermochte auch nichts Sicheres über das Fortpflanzungsgeschäft zu erfahren. Dafür kann ich die genauen Maße geben, obwohl nur die dreier Männchen.

Es beträgt:

	Zoll Linien.	Zoll Linien.	Zoll Linien.
Die Länge	7 3	6 11	7 1
Die Breite	12 9	12 7	12 6
Die Höhe des Tarsus	— 9,5	— 10	— 10
Die Länge der Mittelzehe . . .	— 8	— 7,5	— 8
Die Länge der Hinterzehe . . .	— 5	— 4,5	— 4,5
Die Länge der innern Zehe . . .	— 5	— 4,5	— 4,5
Die Länge der äußern Zehe . . .	— 6	— 5,5	— 5,5
Die Länge des Oberschnabels . . .	— 8	— 6	— 7

	Zoll Linien.	Zoll Linien.	Zoll Linien.
Die Länge des Unterschnabels ...	— 4	— 3,5	— 4
Die Länge des Flügels vom Bug bis zur Spitze der vierten Schwinge .	4 2	3 —	4 —
Die Länge des Schwanzes	2 7	2 4	2 9

Die Farbe der Iris ist ein ziemlich lebhaftes Braun; Schnabel und Füße sind schwarz.

Auf meinen früheren Reisen habe ich mich vergeblich bemüht, einen der afrikanischen Madenhacker kennen zu lernen. Im ganzen Ostsudahn kam mir der so anziehende Vogel nicht zu Gesicht. Auch Rüppell giebt nur Abissinien als seine Heimat an; Heuglin dagegen scheint ihn vom weißen Flusse erhalten zu haben, weil er diesen als Heimatsgebiet aufführt.

Der Madenhacker (Buphaga erythrorhyncha) ist einer von denjenigen Vögeln, welche man nie verkennen kann. Es scheint wirklich, als vermöchte er ohne die größeren Säugethiere gar nicht zu leben. Nur in der Nähe derselben findet er sich und zwar bei den größeren Herden ebensowohl, wie bei einzeln weidenden Thieren. Ich sah ihn auf Pferden, Kamelen und Rindern. Seine Dienste widmet er namentlich solchen Thieren, welche wunde Stellen haben und deshalb die Fliegen herbeilocken. Die Abissinier hassen ihn, weil sie glauben, daß er durch das Picken die aufgeriebenen Stellen reize und die Heilung verhindere. Die Thiere selbst aber verrathen niemals, daß die Schmarotzerei des Vogels ihnen lästig werde; sie behandeln vielmehr den sonderbaren Gesellen mit wirklicher Freundschaft und lassen ihn gewähren, gleichviel, wie er es treibe, ohne auch nur mit dem Schwanze nach ihm zu schlagen.

Ein mit Madenhackern bedecktes Pferd oder Kamel gewährt einen wirklich lustigen Anblick. Ehrenberg sagt sehr richtig, daß unsere Vögel an den Thieren herumklettern, wie die Spechte an den Bäumen. Der Madenhacker weiß jede Stelle am Körper zu benutzen. Er hängt sich unten am Bauche zwischen den Beinen an, steigt an diesen herab, kopfunterst und kopfoberst, klammert sich sogar an den Geschlechtstheilen fest, setzt sich auf die Nase, auf den Rücken, kurz, sucht so recht buchstäblich den ganzen Leib ab. Fliegen und Bremsen liest er geschickt vom Felle auf; die Maden unter der Haut zieht er hervor, nachdem er sich erst eine Oeffnung gehackt hat. Aber er mag arbeiten, wie er will, die Thiere verharren ganz ruhig; sie scheinen zu wissen, daß der augenblickliche Schmerz nur zu ihrem Besten geschieht.

Der Madenhacker seinerseits vertraut übrigens auch nur dem Thiere: vor dem Menschen nimmt er sich sehr in Acht. Bei Annäherung eines solchen und namentlich eines Fremden klettert die ganze Gesellschaft, welche auf dem Pferde saß, rasch nach der Firste des Rückens empor, setzt sich fest und schaut nun vorsichtig dem Ankommenden entgegen. Alle, welche ich sah, ließen mich nicht näher als vierzig Schritte an sie herankommen. Gewöhnlich erheben sie sich schon viel früher, steigen zuerst in die Höhe, streichen mit leichtem Fluge, die Flügel weit ausgebreitet, oft auf ziemliche Strecken hin und kommen in einem größeren Bogen wieder zurück. Wenn sie Gefahr vermuthen, setzen sie sich dann aber nicht nochmals auf ein Thier, sondern immer auf die höhern Steinblöcke, welche, zumal in der Nähe von Mensa, so häufig sind. Auf Bäumen selbst habe ich sie n i e gesehen.

Ueber das Fortpflanzungs- und Brutgeschäft weiß ich Nichts zu erzählen.

Ehrenberg giebt in seinem großen Werke nur die von Bälgen genommenen Maße; deshalb will ich die von mir nach dem Fleisch entnommenen hier folgen lassen. Ich habe nur Männchen gemessen, weil keine Weibchen erlegt wurden.

Bei ihnen ist:

	Zoll	Linien.	Zoll	Linien.	Zoll	Linien.
Die Länge	8	—	8	—	8	—
Die Breite	12	7	13	3	13	—
Die Höhe des Tarsus	—	9	—	9	—	9
Die Länge der Mittelzehe ohne Nagel	—	6,5	—	7	—	6,5
Die Länge der Hinterzehe	—	3	—	3	—	3,5
Die Länge der innern Zehe	—	4	—	4,5	—	4,5
Die Länge der äußern Zehe	—	3,5	—	4	—	4
Die Länge des Oberschnabels	—	7	—	8	—	8

	Zoll Linien.	Zoll Linien.	Zoll Linien.
Die Länge des Unterschnabels . .	— 3,5	— 3,5	— 3
Die Länge vom Bug bis zur Spitze der vierten Schwinge	4 —	4 2	4 1
Die Länge des Schwanzes . . .	3 3	3 —	3 6

Die Farbe der Iris ist ein schönes Goldgelb, der Schnabel ist lichtroth, der Fuß braungrau gefärbt; der Augenring (welcher im Leben viel größer ist, als auf der von Ehrenberg gegebenen Abbildung) hat dieselbe Färbung, wie das Auge.

Im ganzen Innern Afrikas verleihen die Nester der Webervögel gewissen Bäumen einen prächtigen Schmuck. Bäume, welche mit einem Theil ihrer Krone ein Wasser beschatten, werden von unsern gefiederten Künstlern allen übrigen vorgezogen. Sie sind zuweilen mit Nestern ganz bedeckt. Aber im Nothfall siedelt sich eine Webervogelschar auch an anderen Mimosen an, vorausgesetzt, daß diese einen schlanken und ziemlich hohen Stamm besitzen. Nächst den Mimosen ist es zumeist der Christusdorn, welcher mit Nestern behangen wird, und nur in Umtullu sah ich auf den Parkinsonien die prächtigen Gebäude schweben.

Die Webervogelansiedelungen können geradezu als bezeichnendes Merkmal für Innerafrika gelten. Sie verleihen den Bäumen ein ganz eigenthümliches Gepräge. Erst südlich des 16. Grades trifft man die eigentlichen hängenesterbauenden Webervögel an. Der Feuerfink (Euplectes ignicolor), auch ein Weber, baut kein so künstliches Gebäude, wie seine Familienverwandten. Er legt sich aus frischem, grünen Grase ein hübsches Nestchen an, hängt dieses aber nicht an die äußersten Spitzen der Zweige, sondern legt es zwischen den untersten Halmen der Durrahstengel oder, unter Umständen, im niederen Gestrüpp der Wälder an. Eigentliche Hängenester bauen von den in meinem Verzeichniß aufgeführten Webern nur der gelbe und der graugrünliche Webervogel. Für diese eigenthümlichen Künstler ist es bezeichnend, daß sie stets in größeren Gesellschaften brüten. Ein Webervogelnest an einem Baume ist eine Seltenheit; gewöhnlich findet man ihrer zwanzig, dreißig, ja, es giebt

Bäume, welche mit ihnen beladen sind. Der Feuerfink ist auch ein geselliges Thier; allein er baut doch niemals dem Nest eines andern Artverwandten so nahe, wie die übrigen. Im ersten Extraheft von Cabanis Journal für Ornithologie, Seite 98, habe ich den Bau der Webervögelnester genau beschrieben; dem dort Gesagten weiß ich Nichts beizufügen, als daß die älteren Nester von kleineren Finkenarten zuweilen benutzt werden. Hierauf hat zuerst Heuglin aufmerksam gemacht. Bemerken muß ich noch außerdem, daß die Webervögel beim Füttern nicht in das Innere der Gebäude eindringen, sondern einfach sich unten anhängen und blos den Kopf durch den Eingang des Nestes stecken, um ihre hungrige Brut zu äzen.

Die beiden Webervogelarten, welche ich anführte, bewohnen so ziemlich dasselbe Gebiet. Der graugrünliche scheint häufiger zu sein, als der gelbe. Er brütet schon in den Gärten von Umkullu in zahlreicher Menge. Den gelblichen beobachtete ich zuerst in den Thälern der Samchara, welche nahe dem Gebirge liegen, und in den Gebirgsthälern selbst. Doch scheint es, als ob er nicht so hoch im Gebirge hinaufsteige, als jener, welcher auch im Süden ungleich häufiger ist, als alle übrigen Verwandten. Man findet die Webervögel stets in Gesellschaften, während der Brutzeit, welche in unseren Gebieten mit der Zeit unseres Aufenthaltes zusammenfiel (März, April), in der Nähe des ein Mal gewählten Wohnsitzes, während des übrigen Jahres in Flügen, welche umherschwärmen, wie unsere Finken vor Beginn der Zugzeit.

Unsere Vögel sind echte Finken und gleichsam ein Gemisch von verschiedenen und bekannteren Arten. Dies spricht sich in ihrem ganzen Wesen aus. Nur die unter allen Umständen sich gleichbleibende Geselligkeit ist ihnen eigenthümlich. Morgens und Abends erscheinen sie scharenweise auf gewissen Bäumen, während der Brutzeit selbstverständlich auf dem, welcher die Nester beherbergt. Die Männchen sitzen auf den Spitzen der höchsten Zweige und singen. Der Gesang ist keineswegs schön, aber im höchsten Grade gemüthlich. Das spinnt, schwatzt und schnarrt und pfeift durch einander, daß man gar nicht daraus klug werden kann! Die Weibchen setzen sich neben die Männchen und hören deren Liedern mit wahrer Begeisterung zu.

So treibt sich die Gesellschaft bis ein paar Stunden nach Sonnenaufgang herum; dann geht sie auf Nahrung aus. In den Mittagsstunden

sind die Webervögel still: es ist die Zeit, in welcher sie sich nach den Trink=
plätzen begeben. In dem Gebüsch um die Lachen oder in solchen, welche
an einer seichten Stelle des Stromes liegen, sammeln sie sich jetzt in
verschiedenen Flügen, manchmal zu Tausenden, schreien und lärmen in
ihm nach Art unserer Sperlinge und stürzen sich plötzlich alle
zusammen auf ein Mal an das Wasser, nehmen hier einen Schluck
und eilen so schnell wie möglich wieder in das Gebüsch zurück. Zu diesem
eiligen Trinken haben sie ihre guten Gründe; denn ihre Hauptfeinde, die
Sperber und die kleinen Edelfalken, zumal der rothhälsige
(Falco ruficollis), lauern über den Bäumen auf die Durstigen und
stürzen sich pfeilschnell unter sie, sowie sie das sichere Gebüsch verlassen.
Gewöhnlich verweilt eine Webervogelschar stundenlang an ein und der=
selben Stelle und während dieser Zeit stürzt sie sich vielleicht zehn oder
zwanzig Mal an das Wasser hinab. Nachmittags geht es wieder zum
Futtersuchen, und Abends sammelt sich die Schar auf demselben Baume,
welcher am Morgen sie vereinte, und dasselbe Lied wird gesungen oder be=
züglich gesponnen.

Die Mauser der Weber beginnt im Ostsudahn in den Monaten Juli
bis August. Sie vereinigt noch größere Scharen, als gewöhnlich, und
diese streifen nun längere Zeit mit einander umher.

In den Urwäldern am blauen Flusse wurden die ersten Nester mit
Beginn der Regenzeit angelegt, und schon im August fand ich die grünlich
und weiß gefärbten, braun befleckten und gesprenkelten Eier der verschie=
denen Arten. In unseren Beobachtungsgebieten dagegen brüteten beide
Arten im März und April. Deshalb ist wohl anzunehmen, daß manche
Webervögel, wie z. B. der grünlichgraue und der gelbe, zwei Mal im
Jahre nisten. Ich wenigstens kann nicht glauben, daß das abissinische
Gebirge eine so große Wirkung auf das Leben der Vögel äußern sollte,
daß dieselben Thiere, welche wenige Längsgrade westlicher im August und
September brüten, dort schon, oder erst, im März und April zur Fortpflan=
zung schritten.

Die Arten der Webervögel sind mit Vorsicht zu bestimmen. Nach
meinen Erfahrungen schwanken namentlich die Größenverhältnisse in ziem=
lich weiten Grenzen. Ich gebe hier einige Maße unserer Vögel, theils solche,
welche ich auf der letzten Reise entnahm, theils frühere.

Bei vier Männchen des **grüngraulichen** Webervogels beträgt:

	Zoll Linien.	Zoll Linien.	Zoll Linien.	Zoll Linien.
Die Länge	6 7	6 4	6 3	6 2
Die Breite	10 9	10 4	9 9	9 8
Die Höhe des Tarsus	— 10,5	— 10,5	— 10	— 10
Die Länge der Mittelzehe ohne Nagel	— —	— —	— 7,5	— 8
Die Länge der Hinterzehe	— —	— —	— 5	— 5
Die Länge der innern Zehe	— —	— —	— 5	— 5
Die Länge der äußern Zehe	— —	— —	— 5,5	— 5,5
Die Länge des Oberschnabels	— 9,5	— 9,5	— 9	— 8,5
Die Länge des Unterschnabels	— —	— —	— 4	— 4
Die Länge des Flügels vom Bug bis zur Spitze	— —	— —	2 —	2 —
Die Länge des Schwanzes	— —	— —	2 5	2 5

Zwei Weibchen, welche mit den beiden ersten Männchen erlegt werden sind, sind:

lang	6 Zoll 2 Linien.	6 Zoll 1 Linien.
breit	9 „ 9 „	9 „ 9 „
ihr Tarsus mißt	— „ 10 „	— „ 10 „
ihr Oberschnabel	— „ 9,5 „	— „ 9,5 „

Dagegen sind die hauptsächlichsten Maße von drei andern Männchen folgende:

Die Länge	5 Z. 7 Lin.,	5 Z. 6 Lin.,	5 Z. — Lin.
Die Breite	9 „ 3 „	9 „ 2 „	8 „ 2 „
Die Höhe des Tarsus	— „ 9 „	— „ 9 „	— „ 8,5 „
Die Länge d. Oberschnabels	— „ 8,5 „	— „ 8,5 „	— „ 6,5 „

Und zwei mit diesen Männchen erlegte Weibchen messen:

In der Länge	5 Zoll — Linien.	5 Zoll — Linien.
In der Breite	8 „ 3 „	8 „ 2 „
Ihr Tarsus ist hoch	— „ 8 „	— „ 8 „
Ihr Oberschnabel	— „ 7 „	— „ 7 „

Die Farbe der Iris ist nicht **braun**, wie bei Rüppell angegeben, sondern **hellgelb**, der Schnabel ist **schwarz**, der Fuß **röthlich**.

Bemerken will ich noch, daß der graugrünliche Webervogel in den Brutansiedelungen nicht so zahlreich auftritt, wie sein Verwandter, dagegen sich aber außer der Brutzeit in ungeheuren Schaaren zusammenschlägt.

Die Maße des gelblichen Webervogels kann ich leider nicht geben; er wurde nicht erlegt, obgleich es leicht gewesen wäre.

Auf einigen hohen Mimosen in der Samchara fand ich während unserer Reise Ansiedlungen des großen **schwarzen Webers** (Textor alecto). Dieser Vogel ist unbedingt eine der merkwürdigsten Erscheinungen aus seiner ganzen Verwandtschaft. Er ist ein **Fink** und erinnert doch wieder in mehr als einer Hinsicht an die **Drosseln**; er ist ein **Webervogel** und baut sich ein Nest, welches mit dem unserer **Elster** weit mehr Aehnlichkeit hat, als mit den zierlichen Gebäuden, die seine Verwandten aufführen. Von diesen unterscheidet er sich in Geschrei und Wesen noch viel auffallender, als in seiner Gestalt.

Man kann nicht gerade sagen, daß der schwarze Weber ein besonders häufiger Vogel wäre: ich habe ihn erst südlich des 16. Grades der nördlichen Breite und gar nicht oft gefunden. Wo er vorkommt, bildet er Gesellschaften; einzeln sieht man ihn nicht. Die Gesellschaften sind nicht zahlreich. Ich zählte auf den Bäumen drei, sechs, dreizehn und achtzehn Nester. Es gehört aber auch schon ein ziemlich großer Baum dazu, um soviel dieser sonderbaren Gebäude zu tragen. Jedes Nest nämlich ist ein wahrhaft ungeheurer Bau von drei bis vier Fuß im Durchmesser. Es besteht aus Reisern und Zweigen, zumal denen der Mimose, welche trotz ihrer Dornen benutzt werden. Diese Zweige legt und flicht der Vogel zwischen Astgabeln, aber so wirr durch einander und so unordentlich zusammen, daß man beinahe bis in das Innere der Nestkammer blicken kann. Nach außen hin sieht das Nest kratzborstig aus. Von der einen Seite, nach meinen Beobachtungen vorzugsweise von der westlichen, führt ein Eingang in das Innere. Dieser ist im Anfang so groß, daß man bequem mit der Faust eindringen kann, verengert sich aber mehr und mehr und geht endlich in einen Gang über, welcher gerade für den Vogel passend, also dem Eingang in unseren Starkasten ungefähr gleich ist. Der innere Theil des Nestes ist mit feinen Würzelchen und mit Gras ausgefüttert.

Ein solcher Nestbaum nun wird zu gewissen Zeiten des Jahres von einer überaus lärmenden Gesellschaft bewohnt. Bei Charthum beobachtete ich, daß der schwarze Weber im Anfang der Regenzeit brütet; in der Samchara nistete er im April; es mag also für ihn wohl Dasselbe gelten, was ich vorhin bemerkte.

Ich weiß nicht, ob unsere Vögel während der übrigen Zeit des Jahres ebensoviel Lärm verursachen, wie während der Brutzeit. Die Ansiedelungen, welche ich kennen lernte, machten sich schon von weitem durch das Geschrei der Vögel bemerklich. Die Stimme ist sehr laut und verschiedenartig. Während weniger Minuten, welche ich unter einem Baume verweilte, schrieb ich mir folgende Laute nieder. Eins der Männchen begann: „Ti, ti, terr, terr, terr, zerr, zäh", das andere antwortete: „Gai, gai, zäh", ein drittes ließ den Ton „Guik, guik, guk, guk, gäh" vernehmen. Andere schrien: „Gü, gü, gü, gü, gäh", und einige spannen nach Kräften. Es ging zu, wie bei einem Bienenschwarm. Die einen kamen, die anderen gingen, und es schien beinahe, als hätten sich fast noch alle ausgeflogenen Jungen auf dem Baume versammelt; denn mit den wenigen Nestern stimmte die große Menge der Vögel nicht überein.

Der Flug des schwarzen Webers ist leicht, viel schwebend und durch langsame Flügelschläge ausgezeichnet. Die Flügel werden sehr hoch getragen. Der Lauf ist rasch und behend, und außerdem versteht das Thier das Klettern ganz meisterhaft. Dies sind meine Beobachtungen; ihnen füge ich noch die Maße bei.

Es beträgt:

	beim Männchen:	beim Weibchen:
Die Länge	— Fuß 9 Zoll 6 Lin.	— Fuß 9 Zoll 6 Lin.
Die Breite	1 „ 2 „ — „	1 „ 2 „ 7 .
Die Höhe des Tarsus	— „ 1 „ 1 „	— „ 1 „ 1 .
Die Länge der Mittelzehe	— „ 1 „ — „	— „ — „ 11 .
Die Länge der Hinterzehe	— „ — „ 7 .	— „ — „ 6 .
Die Länge d. inneren Zehe	— „ — „ 7 .	— „ — „ 7 .
Die Länge d. äußeren Zehe	— „ — „ 8 „	— „ — „ 8 .
Die Länge des Oberschnabels	— „ 1 „ — „	— „ — „ 10,5.

	beim Männchen:	beim Weibchen:
Die Länge des Unterschn.	— Fuß — Zoll 6 Lin.	— Fuß — Zoll 5 Lin.
Die Länge des Flügels vom Bug bis zur Spitze der vierten Schwinge	—„ 4 „ 5 „	—„ 3 „ 8 „
Die Länge des Schwanzes	—„ 3 „ 8 „	—„ 3 „ 8 „

Die Farbe der Iris ist **braun**, der Schnabel **horngelb**, an den Schneiden und an der Spitze **bläulich**. Die Füße sind **schmuzig-grau**. Unter den Schwingen ist die **fünfte die längste**; auf sie folgt die sechste, vierte, dritte, zweite, siebente, achte.

•

Jene unter dem Namen „**Witwen**" (Vidua) bekannten Finken sind verhältnißmäßig selten in unseren Beobachtungsgebieten. Die **rothschnäbelige Art** (Vidua principalis) sah ich nur ein einziges Mal und auch die **Paradieswitwe** (Steganura paradisea) nicht häufig. Im Sudahn begegnet man beiden Arten öfter. Die rothschnäbelige Witwe bewohnt dort mehr die Steppenwaldungen und reicht auch weiter nach Norden hinab, als ihre Verwandte. Diese gehört dem Urwald an und findet sich vom 15. Grad nördlicher Breite an südlich ziemlich häufig.

Die Witwen erinnern mehr, als an andere finkenartige Vögel, an die Ammern. Sie leben während der Brutzeit paarweise, sonst aber in Gesellschaften, welche namentlich zur Zeit der Mauser sehr zahlreich werden können. Ihr prachtvoller Federschmuck kennzeichnet sie auf jede Entfernung; viel schwerer aber sind sie zu unterscheiden, wenn sie ihr Winterkleid tragen: denn dann ist nicht nur ihre Gestalt eine ganz andere geworden, sondern auch ihr Betragen. Bei allen Witwen unterscheidet sich das Männchen im Flug leicht von dem Weibchen. Es schleppt mit Mühe das schwere Gebäude seiner Schwanzfedern durch die Lüfte, während jenes leicht dahinfliegt. Dieselbe Leichtigkeit des Fluges aber nimmt es an, wenn es seinen Schmuck verloren hat. Dann fliegt es ganz nach Art der Ammer. Der lange Schwanz bedingt auch nicht unwesentlich die ganze Lebensart unserer Vögel. Sie halten sich so viel als möglich auf den Bäumen auf und kommen nur an grasarmen Stellen auf die Erde herab.

Dort trippeln sie sonderbar umher, gleichsam als wollten sie ihre Schmuck=
federn vor der Abnutzung bestmöglichst schützen. Dennoch schleifen diese
immer auf dem Boden nach und reiben sich deshalb auch bald ab.

Alle Witwen mausern zwei Mal. Das Winterkleid, welches während
der heißen Monate des Jahres angelegt wird, gleicht dem Kleide des
Weibchens; das Hochzeitkleid ist das bekannte. Es wird kurz vor Beginn
der Regenzeit angelegt und etwa vier Monate lang getragen. Die Federn
des Schwanzes wachsen außerordentlich rasch, sind aber gegen Ende der
Regenzeit schon sehr abgenutzt und fallen im Januar und Februar bereits
aus. Dann beginnt die Mauser und mit ihr das Herumschweifen von
einem Ort zum anderen.

Das übrige Leben unserer Vögel und zumal jenes der Paradies=
witwe ist so bekannt, daß ich Nichts darüber zu sagen habe. Man sieht
ja jetzt die Witwen in allen zoologischen Gärten und häufig auch in den
Käfigen der Liebhaber.

Schon von Südnubien an, nach dem Innern zu, macht der prächtige
Blutfink (Lagonosticta minima) dem Haussperling sein Recht
streitig, d. h. siedelt sich, wie er, in den Wohnungen der Menschen an.
In Südnubien und in ganz Ostsudahn ist dieses nette Vögelchen ziemlich
häufig, längs der abissinischen Küste und noch mehr im Gebirge dagegen
selten. Auf dieser Reise wurde der Blutfink nur ein einziges Mal
beobachtet und erlegt, hoch oben im Walde von Mensa. Als eigentlichen
Hausvogel sahen wir ihn nirgends.

Der Blutfink gleicht in seinem Betragen den übrigen kleinen Ver=
wandten seiner Familie, welche wir jetzt in allen Thiergärten und bei
Vogelhändlern zu beobachten Gelegenheit haben. Er ist ein geselliges
Thierchen, welches gern mit anderen seiner Art und mit Verwandten sich
zusammenschart, im dichten Gebüsch sich verbirgt, die Sämereien ver=
schiedener Gräser und ölhaltige Körner zusammenliest und gegen die Brut=
zeit hin zu den Wohnungen der Menschen kommt, um dort an irgend einer
passenden Stelle einen mächtigen Haufen von Grashalmen zum Neste
zusammenzuschichten. — Der Gesang ist recht niedlich, aber sehr einfach
und leise, wie er denn überhaupt ein stiller, anspruchsloser Gesell ist. —

Nicht Dasselbe möchte ich vom Glanzfink (Hypochera nitens) sagen. Ihn fand ich wenigstens ein Mal in der Samchara auf. In Nubien ist er häufig, im Sudahn an vielen Stellen gemein. Nach meinen Erfahrungen ist er der zweite Tropenvogel, welchem man begegnet, wenn man, von Norden herkommend, in das Innere eindringt. Er findet sich schon in Dongola und ist in dem Lande der Scheikîe überall zu bemerken. Die Nubier hassen ihn, weil er mit dem Feuerfink sich verbindet, wenn es gilt, die Felder zu plündern. Aber man verscheucht ihn nur aus diesen und verfolgt ihn nicht weiter. Die Zeit seiner Liebe fällt mit der Reife der Durrah zusammen, ungefähr in die Monate Januar bis März. Das Nest, welches auf irgend einem der Bäume angelegt wird, ist ein wirrer Grashaufen. Gesang und Wesen des Vogels sind bekannt.

Wenig Vögel sind geeigneter, als die Haussperlinge, den Streit zwischen den Verfechtern der „klimatischen Varietäten" und den Artgläubigen zu erhalten. Noch in gar manchem Werke der neueren Naturforscher finden wir den italienischen Sperling (Passer italicus s. cisalpinicus) und den spanischen Sperling (Passer salicarius s. hispaniolensis) hartnäckig als klimatische Varietät unseres treuen Hausfreundes Spatz verzeichnet, und dieser Lehre zufolge muß denn auch der von mir Passer rufidorsalis genannte, mittelafrikanische Haussperling eine durch das Klima veränderte Spielart sein.

Die Sache verhält sich etwas anders, als die Herren am Museum meinen. Ueber den italienischen Sperling vermag ich aus eigener Erfahrung nicht zu urtheilen: ich kenne ihn nicht; dafür aber kann ich mit aller Bestimmtheit sagen, daß Derjenige, welcher in dem spanischen Sperling nur eine Spielart unseres Haussperlings sieht, eben kein Naturforscher ist. Unser Hausspatz nämlich besitzt die Eigenschaft, unter jedem Klima sich sehr wohl zu befinden, vorausgesetzt, daß es Getreidefelder in der Nähe giebt. Ich habe ihn in Lappland und Norwegen, in Deutschland, Spanien und Griechenland, in Egipten und Nubien kennen gelernt und zu meiner wirklichen Ueberraschung gefunden, daß er überall genau derselbe ist und auch in Spanien durchaus noch nicht unter klimatischem Einflusse gelitten hat. Ja, gerade dort fand ich eine früher in Egipten gemachte Beobachtung nur bestätigt, die nämlich, daß der sogenannte spanische Sperling nichts weniger als ein Hausspatz, sondern ein Vogel ist, welcher nur da sich wohl befindet, wo die Gegend sumpfig ist. In Egipten lebt der spanische Sperling in den Reisfeldern, welche bis zu ihrer Reife unter Wasser gehalten werden, in Spanien nur an größeren Flüssen, und deshalb nennen ihn die Spanier auch Gorrion molinero „Sperling der Müller". Zu den Häusern heran kommt er höchst selten, blos dann, wenn besagte Häuser am Flusse liegen. Mit dem gewöhnlichen Spatz hat er gar Nichts gemein, und selbst der Laie muß ihn am Fluge oder an seinem Geschrei unter allen Umständen sofort erkennen. Der Hausspatz dagegen sucht überall den Menschen auf und weiß sich allerorts in Land und Leute zu finden. Er trägt alle Erfordernisse eines Weltbürgers in sich und gehört deshalb auch einem großen Theile der Erde an. Aber eine Grenze für ihn giebt es doch. Südlich des 18. Grades findet er sich nicht mehr. Dort vertritt ihn eben unser rothrückiger Spatz, ein ihm sehr nahverwandter, aber weit schöner gefärbter Vogel. Ich entdeckte ihn in Charthum, fand ihn aber auch in Mocha und Aden auf; somit scheint auch er eine ziemlich große Verbreitung zu haben. In seinem Wesen und Sein unterscheidet er sich von unserm Sperling nicht. Auch er findet sich blos da, wo der Getreidebau blüht und meidet die Walddörfer.

Diese haben ihre eigene Art, den „einfachen" oder Swainson zu Ehren benannten Sperling (Passer simplex), ein hinsichtlich der Färbung und Größe von dem Hausspatz sehr verschiedener, bezüglich des Wesens und Betragens ihm aber sehr ähnlicher Vogel. Der einzige Unterschied, welchen ich wahrnahm, ist, daß der einfache Sperling auch oft fern von den Wohnungen, mitten im Walde getroffen wird, nach Art unseres Feldsperlings (Passer montanus) etwa, welcher doch auch in Feldhainen vorkommt. Im Uebrigen erinnert der einfache Spatz vollständig an seinen weltbekannten Vetter. Seine Stimme z. B. ist ein echtes Sperlingsgeschrei. Das „Tschilp, Zilli und Zerre" ist auch ihm eigenthümlich. Die Bewegungen, die Nahrung, die Klugheit, die Art und Weise seines Nestbaues unterscheiden ihn von unserem Sperling wenig oder nicht. Im April baut er eifrig an seinem Neste, welches gern in den Häusern, z. B. in der Spitze der kegelförmigen Dächer, sonst aber nach jedes Ortes Gelegenheit angelegt wird. Ich beobachtete, daß er schon solche Hütten besucht und bewohnt, welche noch nicht fertig, d. h. noch nicht einmal gedeckt sind. Von dem Haussperling unterscheidet er sich auch noch darin, daß er nicht so große Gesellschaften bildet, sondern streng paarweise lebt. Sonst ist mir aber nichts Absonderliches aufgefallen.

Die Geschlechter sind sich in der Größe ziemlich gleich.

Beim Männchen beträgt:

Die Länge	6	Zoll 7	Linien.
Die Breite	10	„ 5	„
Die Höhe des Tarsus	—	„ 10	„
Die Länge der Mittelzehe	—	„ 7,5	„
Die Länge der Hinterzehe	—	„ 4	„
Die Länge der inneren Zehe	—	„ 5	„
Die Länge der äußeren Zehe	—	„ 5	„
Die Länge des Oberschnabels	—	„ 6	„
Die Länge des Unterschnabels	—	„ 4	„
Die Länge des Flügels vom Bug bis zur Spitze der vierten Schwinge	3	„ 3	„
Die Länge des Schwanzes	2	„ 8	„

Die Farbe der Iris ist licht=rothbraun, der Schnabel ist schwarz, die Füße sind röthlich.

Unter den Schwingen ist die vierte die längste; auf sie folgt die dritte, die fünfte, die zweite, die sechste, die erste und die siebente.

Unsere Beobachtungsgebiete scheinen ziemlich reich an Ammern zu sein. Wir fanden nur eine Art von ihnen, den gestreiften Ammer (Fringillaria septemstriata), aber auch diesen blos einzeln in den breiteren Niederungen der Samchara und in den tiefen Gebirgsthälern. Viel häufiger ist derselbe Vogel in Südnubien, und zwar lebt er hier an den öden, felsigen Ufern des Stromes; auch ist er einer von den wenigen, nicht sandfarbenen Vögeln, welche bis in das Herz der Wüste eindringen. In seinem Betragen und Wesen ist er durchaus ein Ammer. Er lebt halb auf der Erde, halb im Gebüsch, nährt sich von seinen Sämereien und singt die einfache Strophe seines Liedes, in welchem der alle Mitglieder seiner Sippe bezeichnende Ton „Zieb" wiederholt vorkommt. Seine Brutzeit fällt in die Monate unseres Frühjahrs: doch ist es mir nie gelungen, ein Nest von ihm zu erhalten. Unter allen mir bekannten Ammern ist er der zarteste und schwächlichste. Sein Fell ist so haltlos, daß selbst der feinste Vogeldunst zu grob erscheint. Ein Schuß mit Sand genügt vollständig, den Schwächling zu erlegen. Wahrscheinlich ist er überall, wo er vorkommt, Standvogel.

Afrika zeigt uns so recht verständlich, daß jedes Kind ein Geschöpf, ein Erzeugniß seiner Heimat ist und ihr vollständig entspricht. Dies tritt namentlich bei den Wüstenthieren sehr klar vor das Auge: sie tragen alle das gleiche Gewand, jenes isabellfarbige, dem Sande gleichsam entstammte.

Die Haubenlerchen Afrikas ähneln in Gestalt und Wesen denen, welche bei uns leben; einige unterscheiden sich aber durch ihre Färbung. Diese ist nämlich auch in Afrika eine wechselnde, je nach der Oertlichkeit. Auf dem dunkeln Schlammboden des Nillandes leben Haubenlerchen, welche sich von den unsrigen durchaus nicht unterscheiden; wenige Schritte davon in der Wüste werden sie durch ganz verschiedenartig gefärbte vertreten. Die eigentliche Wüste beherbergt die sandfarbene Art, welche ich Galerita flava genannt habe; in den Steppen lebt mehr die gilbliche Haubenlerche (Galerita lutea) und auf den dunkeln Geländen Abissiniens endlich die abissinische (Galerita abyssinica).

Mir gilt es vollkommen gleich, ob man diese Lerchen als „örtliche Formen, klimatische Spielarten" oder sonst wie bezeichnet: so viel ist sicher, daß sie sich ständig unterscheiden und Junge erzeugen, welche ihnen wiederum gleichen. Nach dem Schulbegriff sind sie als Arten anzusprechen, und ich nehme auch keinen Anstand, Dies zu thun.

Die Haubenlerchen sind sehr gemeine Vögel ganz Afrikas. Sie fehlen nirgends. Ihnen begegnet man paarweise auf allen Feldern Egiptens; denn schon von Süd-Europa an verschwindet unsere liebliche Frühlingsbotin, und die Haubenlerche nimmt ihre Stelle ein. Ihr Gesang ist es, den man in ganz Nord-Ost-Afrika vernimmt. Denselben Gesang aber hört man auch mitten in der Wüste und in der Steppe; ihn hört man noch im Hochgebirge da, wo der Baumwuchs kleinere Stellen freigelassen hat. Die Haubenlerche ist so recht eigentlich überall zu finden. — In ihrem Betragen und Wesen unterscheidet sie sich nicht wesentlich von der unsrigen; zumal die egiptische lebt ganz dasselbe Leben, sie brütet sogar fast in denselben Monaten, wie die unsrige. In der Wüste bleiben dieselben Verhältnisse noch maßgebend, und erst da, wo die Regengüsse die Gleicherländer Afrikas wirklich zu den Tropen stempeln, ändern sich die Umstände; dann folgt auch die Haubenlerche dem jährlichen Wechsel im Erblühen und Verwelken. Die Zeit ihrer Liebe ist die des allgemeinen Frühlings.

Mehr über diesen Vogel zu sagen, ist unnöthig; jeder meiner Leser kennt ihn ja aus eigener Erfahrung! —

Fremder dürfte auch selbst dem Vogelkundigen die kleine Wüsten= ammerlerche (Ammomanes deserti) sein. Sie ist mehr noch, als die gelbe Haubenlerche, das Kind ihrer erhabenen Mutter, der Wüste, denn sie gehört ihr vollständig und ausschließlich an. Mich hat es ge= wundert, sie in der Samchara zu treffen, und ich glaube es heute noch nicht, daß sie dort ständig wohnt. Sie meidet das bebaute Land und findet sich erst da, wo der dürre Sand der belebenden Kraft des Wassers zu spotten scheint; hier aber ist sie häufig. Ihren Ruf vernimmt man schon in Oberegipten, sobald man den Fuß über den letzten Damm setzt, mit welchem man die dem Strom enthobenen fruchtbaren Fluthen vor dem gierig nach ihnen verlangenden Sande schützt; sie ist es, welcher man zwischen den großartigen Zeichen vergangener Zeiten des Faraonenlandes, in den Tempelruinen, begegnet; sie waltet wie ein aus alter Zeit zurück= gelassener, verwandelter Priester der Isis in den hehren Räumen; sie ist es aber auch, welche im Zelte des braunen Nomaden förmlich zum Haus= vogel geworden ist.

Die Wüstenammerlerche ist ein liebliches, aber ein stilles, ernstes Thierchen. Lauf und Flug sind behend und gewandt, denn die arme Wüste verlangt derartige leibliche Befähigung von ihren Kindern, — aber das ganze Wesen des Vogels steht nicht im Einklang mit solcher Begabung, und der gewöhnliche Lockruf hat etwas so Schwermüthiges, daß man über diesen Eindruck fast den ihm eigenen Wohllaut vergißt.

Unsere Lerche lebt paarweise, aber mit anderen ihrer Art friedlich zusammen. Zuweilen schart sie sich mit diesen in große Flüge. Sie ist eins der anspruchlosesten Geschöpfe, welche ich kenne. Einige hundert Geviertellen Sandfläche, ein Paar Steine darauf und ein wenig dürftiges Riedgras zwischen ihnen genügen ihr, und vergeblich fragt man sich, wie solcher, dem menschlichen Auge vollkommen todt erscheinender Wohnsitz dem Vogel Heimat sein, wie er ihn ernähren könne. Und doch muß Dies der Fall sein, denn jedes Paar hängt treu an dem einmal erwähnten Wohnorte. Wenn man diesen mehrere Tage nach einander besucht, wird man die Lerche fast immer an derselben Stelle, ja an demselben Steine finden.

In den ersten Monaten des Jahres schreitet die Wüstenlerche zur Fortpflanzung. Ihr Nest steht höchst wahrscheinlich in Steinspalten. Es hält außerordentlich schwer, es zu finden; mir wenigstens ist Dies, trotz des eifrigsten Suchens, nicht gelungen. Das Männchen bekundet die Zeit seiner Liebe durch einen leisen, hübschen, jedoch ziemlich armen Gesang, aus welchem der erwähnte schwermüthige Lockton am öftersten wiedertönt. Nach dem Singen umgeht es sein Weibchen mit etwas von dem Körper abgehaltenen Flügeln. Dann fliegen beide zusammen gewöhnlich auf den höchsten Punkt ihres Wohnortes, auf einen der Steine z. B., und das Männchen beginnt von neuem zu singen.

Die Wüstenlerche ist so harmlos, wie nur irgend ein anderer Vogel des Landes. Sie scheut den Menschen nicht, gleichsam als wisse sie, daß sie seines Schutzes sicher sei. Mit innigem Vergnügen bin ich ganz nahe an sie herangegangen, und mit wahrem Entzücken habe ich gesehen, wie sie vertrauensvoll in das Zelt eines Nomaden kam, welcher an einem Brunnen der Bahiuda zeitweilig sich aufhielt. Dem Araber fällt es nicht ein, dem lieblichen Vogel jemals feindselig entgegenzutreten, und auch der Europäer und zumal der Forscher gewinnt ihn bald so lieb, daß er sich förmlich scheut, ihn zu erlegen. —

Viel von dem Anmuthigen, welches die Wüstenlerche so auszeichnet, ist auch der kurzzehigen Verwandten (Melanocorypha brachydactyla) eigen. Sie ist zu gewissen Zeiten im Innern Afrikas sehr häufig. Ich glaube jedoch nicht, daß ich sie zu den ständigen Bewohnern dieses Erdtheiles rechnen darf; wenigstens habe ich niemals ein Nest von ihr gefunden. In den Herbstmonaten erscheint sie in großer Anzahl in allen Steppengegenden des Innern, schlägt sich hier in ungeheure Flüge

zusammen und schwärmt nun in der Steppe und im Walde umher. In
den lichten Waldungen unweit des blauen Flusses traf ich die kurzzehige
Lerche manchmal in Scharen, welche gar keine Schätzung mehr zuließen:
der Boden wimmelte von ihnen, und ein einziger Schuß streckte mehr als
ein Dutzend nieder: die aufgescheuchten bildeten dicke Schwärme, deren
Ende man nicht absehen konnte.

So häufig fand ich den Vogel nicht in der Samchara; aber er war
auch nicht selten, und mehrmals sah ich Flüge, welche mehrere Hundert
zählen mochten. Immer wählt diese Lerche Gegenden, deren Bodenfär=
bung ihrem Gefieder gleicht. Dieses geht in der allgemeinen Färbung
auf. Das Thier entschwindet, wenn es ruhig ist, schon in geringer Ent=
fernung den Blicken vollständig und wird erst dann sichtbar, wenn es
sich bewegt.

Hinsichtlich ihres Wesens und Betragens ist die kurzzehige Lerche
als ein Mittelding zwischen den eigentlichen Lerchen und den Wüsten=
lerchen anzusprechen. Sie hat mit Beiden viel Aehnlichkeit. Ihr Flug
ist nicht so reißend, sondern viel weicher und sanfter, als der unserer
Feldlerche, auch schwebt sie nicht so oft wie jene, immerhin aber för=
dert der Flug sie sehr. Der Lauf ist so rasch, daß man bei der bekannten
Wechselbewegung der Beine diese auch in der größten Nähe nicht wahr=
nehmen kann. Auf Steine fliegt die kurzzehige Lerche nie: sie hält sich
stets auf dem Boden auf. — Das Uebrige gehört nicht hierher.

Auf allen sandigen, mit Grasbüschen bedeckten Ebenen sind die kleinen
Gimpellerchen und zumal die dunkelköpfige Art dieser Sippe
(Pyrrhulauda crucigera) häufig. Vom 16. Grad nördlicher Breite an
vermißt man sie in tiefer gelegenen Gegenden an keinem geeigneten Orte;
sie fehlen nur im höheren Gebirge und im Walde. Ihr Wohnsitz ist die
Ebene. Sie sind muntere, bewegliche Thierchen, welche paarweise
in treuinniger Genossenschaft zusammenhalten, aber mit anderen ihrer
Art sich wohl vertragen und deshalb auch auf kleinem Raume oft recht
zahlreich anzutreffen sind. Dem ihnen gewährten Schutze vertrauend,
treiben sie sich ungescheut vor den Augen des Menschen herum. Sie
kommen dreist bis in die Dörfer hinein und bis zu den letzten Häusern
der Stadt heran, ja, sie finden sich auch in den Ortschaften, falls irgend
ein wüster Platz ihnen erwünschten Aufenthalt gewährt. In Umkullu sind
sie gemein, mehr dem Gebirge zu werden sie seltener, und da, wo die

Pflanzenwelt reicher sich zeigt, verschwinden sie ganz. In ihrem Betragen und Wesen haben sie Vieles mit der Wüstenammerlerche gemein; doch sehen sie nicht ganz so schmuck aus, wie diese. Sie tragen sich ziemlich lässig, halten die Flügel gewöhnlich etwas vom Leibe ab und ziehen den Kopf sehr ein. Ihr Lauf ist ungemein behend, ihr Flug, wie die unverhältnißmäßig großen Flügel beweisen, leicht, schnell und anmuthig. Früher glaubte ich, daß nur die eine Art, Pyrrhulauda leucotis, sich zeitweilig auf Sträuche setzte; auf dieser Reise habe ich jedoch auch die erstgenannte oft auf Sträuchern, selbst auf mehr als manneshohen Mimosen sitzen sehen und von dort herab singen hören. Der Gesang unseres Vögelchens ist ein höchst einfaches Lied, in welchem der leise, aber wohllautende Lockruf: „Dieb, Dieb, Dieb" der vorherrschende Klang ist.

Das Nest habe ich nie gefunden; doch weiß ich, daß die Brutzeit in die ersten Monate unseres Jahres fällt; denn im Mai und Juni sieht man die so leicht kenntlichen Jungen.

Die Geschlechter sind in der Größe nur wenig verschieden.

Es beträgt beim Männchen:

Die Länge	5 Zoll	—	Linien.
Die Breite	—	9	9 „
Die Höhe des Tarsus	—	„	8 „
Die Länge der Mittelzehe	—	„	5 „
Die Länge der Hinterzehe	—	„	3 „
Die Länge der inneren Zehe	—	„	3 „
Die Länge der äußeren Zehe	—	„	3 „
Die Länge des Oberschnabels	—	„	5,5 „
Die Länge des Unterschnabels	—	„	3 „
Die Länge des Flügels vom Bug bis zur Spitze .	2	„	11 „
Die Länge des Schwanzes	1	„	11 „

Beim Weibchen dagegen ist:

Die Länge	4 Zoll	10 Linien.
Die Breite	—	9 „	3 „
Die Höhe des Tarsus	—	„	8 „

Die Länge der Mittelzehe . . . . — Zoll 4,5 Lin.
Die Länge der Hinterzehe . . . . — „ 3 „
Die Länge der inneren Zehe . . . . — „ 3 „
Die Länge der äußeren Zehe . . . . — „ 3 „
Die Länge des Oberschnabels . . . . . . — „ 5,5 „
Die Länge des Unterschnabels . . . . . . — „ 3 „
Die Länge des Flügels vom Bug bis zur Spitze . 2 „ 10 „
Die Länge des Schwanzes . . . . 1 „ 9 „

Die Farbe der Iris ist ein lichtes Braun, Schnabel und Füße sind licht gelb.

Unter den Schwingen ist die dritte die längste, auf sie folgt die zweite, die vierte und die fünfte.

Ueber den Gimpel des Gebirges, die Pyrrhula striolata, vermag ich nicht viel zu sagen. Der Vogel findet sich paarweise gar nicht selten im Gebüsch und kommt auch bis zu den kleinen, nur des Tabaks wegen angelegten Gärten herein, welche die Hütten der Mensa umgeben. Hier hält er sich ziemlich verborgen, und nur sein einfacher, aber hübscher Gesang verräth ihn. Ich erwähne ihn blos, weil die Größe in ziemlich bedeutenden Grenzen schwankt und deshalb die Rüppell'schen Maße nicht allgemein giltig sind.

Bei drei Männchen beträgt:

	Z.	L.	Z.	L.	Z.	L.
Die Länge	5	9	5	7	5	5
Die Breite	8	6	8	6	8	2
Die Höhe des Tarsus	—	8,5	—	8	—	8
Die Länge der Mittelzehe ohne Nagel . .	—	6,5	—	6	—	6
Die Länge der Hinterzehe	—	4	—	3,5	—	4
Die Länge der inneren Zehe	—	4,5	—	4,5	—	4,5
Die Länge der äußeren Zehe	—	4,5	—	4	—	4,5
Die Länge des Oberschnabels	—	6	—	6	—	6

	Z. L.	Z. L.	Z. L.
Die Länge des Unterschnabels	— 3,5	— 3,5	— 3
Die Länge des Flügels vom Bug bis zur Spitze der vierten Schwinge	2 7	2 7	2 6
Die Länge des Schwanzes	2 3	2 3	2 3

Die Iris ist lichtbraun, der Schnabel gelblich, der Fuß hornfarben.

Unter den Schwungfedern ist die dritte die längste; auf sie folgt die vierte, die fünfte, die sechste, die zweite, die siebente, die erste, die achte u. s. w.

In den von mir durchreisten Gegenden Afrikas finden sich zwei Arten der in jeder Hinsicht merkwürdigen Mäusevögel (Colius): der vom Senegal und der weißrückige.

Hinsichtlich ihres Betragens ähneln sich beide Arten vollständig. Die dichtesten Büsche der Tropenwälder und unter Umständen der Gärten sind ihre Lieblingsplätze. Hier leben sie in den verschlungensten und undurchdringlichsten Hecken, in Büschen, welche derart mit Schlingpflanzen übersponnen sind, daß sie nur ihnen zugänglich werden. Sie zwängen sich wie Mäuse durch die schmalsten Oeffnungen, durchkriechen alle Verzweigungen, welche ihnen soviel Raum lassen, daß sie den Körper gerade durchpressen können, klettern mit großer Geschicklichkeit von Ast zu Ast, kommen auf der andern Seite des Busches wieder hervor und fliegen einem zweiten zu, um dort das alte Spiel von neuem zu beginnen. Niemals findet man sie einzeln; sie sind vielmehr im höchsten Grade gesellig, und die Familien oder Flüge halten sich stets aufs innigste zusammen. Ihr Flug ist wechselsweise ein Schwirren und ein Schweben mit weit ausgebreiteten Flügeln und etwas gebreitetem Schwanz; welcher wie eine Schleppe ihnen nachschleift. Sie fliegen stets geradeaus, vielleicht weil es ihnen viel Mühe macht, das ungefüge Steuer zu drehen und zu wenden. Während des Fluges schreit die ganze Bande durch einander. Wie es scheint, ist ihr Gebiet ein ziemlich großes; wenigstens schweifen sie weit umher. In Charthum sah ich den senegalschen

Mäusevogel ziemlich regelmäßig über unserem Gehöft hin und her fliegen, von einem Garten zum andern. Auf der Hochebene von Mensa fand ich die einzige Familie der weißrückigen Art, welche ich beobachtete, bald in diesem, bald in jenem Theil des dichteren Waldes, immerhin ziemlich weit von einander; selbstverständlich blos da, wo es jene Dickungen giebt: denn in diesen verfließt ihr ganzes Leben. Auf den Boden herab kommen sie nie. Ihre Nahrung besteht zum größten Theil aus Blättersprossen, Blüthen und Körnern; Kerbthiere fressen sie wahrscheinlich nur nebenbei. Ihre Fortpflanzung habe ich nicht kennen gelernt, jedoch erfahren, daß das Nest im dichtesten Gebüsch stehe und vier bis fünf Eier enthalten soll.

Die Mäusevögel sind niemals scheu. Wenn man sich Mühe giebt, kann man die ganze Familie herabschießen. Das einzige Hinderniß bei der Jagd legt der Wald dem Schützen selbst in den Weg. Man muß höchst vorsichtig schießen, damit man die auch dem schwächsten Schuß erliegenden Vögel bekommt; denn gewöhnlich bleiben sie in den Dornen hängen und sind dann nicht zu erlangen. Ihre Gebüsche sind auch ihr bester Schutz gegen etwaige Feinde, z. B. den Sperber. Sonst plagen sie noch riesige Eingeweidewürmer, welche ich fast bei jedem fand.

Die Maße des weißrückigen Mäusevogels (Colius leucotis) sind folgende:

Es beträgt beim Männchen:

Die Länge	1 F.	1 Z.	3 V.	11 Z.	8 L.
Die Breite	— „	11 „	6 „	11 „	4 „
Die Höhe des Tarsus . . .	— „	— „	11 „	— „	10 „
Die Länge der Mittelzehe . .	— „	— „	9 „	— „	9 „
Die Länge der Hinterzehe . .	— „	— „	4 „	— „	3,5 „
Die Länge der äußeren Zehe .	— „	— „	7 „	— „	6,5 „
Die Länge der inneren Zehe .	— „	— „	6 „	— „	5,5 „
Die Länge des Oberschnabels .	— „	— „	7 „	— „	7 „
Die Länge des Unterschnabels .	— „	— „	3 „	— „	3 „
Die Länge des Flügels vom Bug bis zur Spitze der vierten Schwinge .	— „	3 „	9 „	3 „	8 „
Die Länge des Schwanzes . . .	— „	9 „	— „	6 „	— „

Das einzige Weibchen, welches ich maß, ist noch größer, als das Männchen. Es ist:

Die Länge	1 Fuß	1 Zoll	6 Linien.
Die Breite	—	„ 11	„ 3 „
Die Höhe des Tarsus	—	„ —	„ 10 „
Die Länge der Mittelzehe	—	„ —	„ 9 „
Die Länge der Hinterzehe	—	„ —	„ 3,5 „
Die Länge der inneren Zehe . . .	—	„ —	„ 5,5 „
Die Länge der äußeren Zehe . . .	—	„ —	„ 6,5 „
Die Länge des Oberschnabels . . .	—	„ —	„ 7 „
Die Länge des Unterschnabels . .	—	„ —	„ 3 „
Die Länge des Flügels	—	„ 3	„ 8 „
Die Länge des Schwanzes	—	„ 9	„ 2 „

Die Farbe der Iris ist lichtblau, der Oberschnabel ist bläulich; der Unterschnabel röthlich, die Füße sind korallenroth.

Erst ziemlich oben im Gebirge in den reichbewaldeten Thälern des Mensagebietes und da, wo die Kolqualleuphorbie beginnt, begegnet man einem der Prachtvögel Abissiniens: dem von Rüppell entdeckten Helmvogel (Corythaix leucotis) in Paaren oder kleinen Familien. Im Anfang giebt man sich gewöhnlich vergebliche Mühe, das schöne Thier zu erlegen; je mehr man aber mit seinen Eigenheiten vertraut wird, um so leichter fällt die Jagd.

Der Helmvogel hat sehr viel Aehnliches im Betragen mit unserem Heher. Er ist rastlos und unruhig, wie dieser, und besitzt die unangenehme Eigenschaft, den Jäger oft recht lange zu äffen, d. h. beständig weiter und weiter zu fliegen und den Schützen sich nachzulocken. Nach einiger Beobachtung nimmt man jedoch wahr, daß bestimmte Bäume des Gebietes regelmäßig von dem schlauen Gesellen besucht werden, und stellt sich dann einfach unter diesen an. Unter den größeren Bäumen des Mensagebirges sind es hauptsächlich die Sikomoren, welche ringsum von Niederwald umgeben sind, und die Tamarinden, zu denen der Helmvogel immer und immer wieder zurückkehrt und auf denen er sich oft in großer Anzahl sammelt. Nach Heherart lebt er sehr verträglich mit seines Gleichen und die verschiedenen Paare streifen mit einander umher.

Nur auf Augenblicke kommt der Vogel auf die Erde herab, zumal auf die mit Aloe bestandenen Gehänge. Für gewöhnlich hält er sich in dem Gelaube der Bäume und Gebüsche auf. Rüppell sagt, daß er langsam in gerader Linie flöge: ich muß Dem entschieden widersprechen. Der Helmvogel fliegt in Absätzen spechtartig, d. h. in Bogenschwingungen, welche jedoch nicht so tief sind, wie die, welche unsere größeren Spechte ausführen. Mehrere rasche, fast schwirrende Flügelschläge heben ihn zur Höhe des Bogens empor, dann breitet er, aber nur auf Augenblicke, seine Flügel aus, ihre ganze Pracht entfaltend, sinkt ziemlich steil abwärts und erhebt sich von neuem. Dabei wird der Hals ausgestreckt, der Kopf erhoben, der Schwanz aber abwechselnd gebreitet und zusammengelegt, je nachdem der Vogel niederfällt oder sich hebt. In den Kronen der Bäume ist er außerordentlich gewandt, hüpft sehr rasch von Zweig zu Zweig, manchmal mit Zuhilfenahme seiner Flügel, sonst aber auch gleichsam tänzelnd der Länge nach auf einem Aste fort bis zur Spitze desselben. Von dort aus schaut er sich vorsichtig nach allen Seiten um und fliegt nun entweder auf einen zweiten Ast des Baumes oder nach einem andern Baume hin. Dabei hat auch er die Gewohnheit des Hehers, sich einzeln fortzustehlen. Ein Glied des Flugs nach dem anderen verläßt den Baum ton- und geräuschlos, aber alle folgen genau dem ersten und sammeln sich rasch wieder.

Die Stimme des Helmvogels klingt eigenthümlich dumpf und hohl. Am häufigsten vernimmt man folgende Töne. „Ja, hu, ha, ja, ga, ga gua, guh gah", welche im Zusammenhange mit einander ausgestoßen werden; dann auch hört man wieder die Laute, „Guh, ga ga ga guh gua" u. s. w. Aber man täuscht sich gewöhnlich über die Entfernung, weil die Laute fast wie die verschlungenen Töne eines Bauchredners klingen.

In den Bogosländern brütet der Helmvogel im April. Ich schnitt einem Weibchen ein vollkommen reifes Ei aus dem Leibe. Es war reinweiß von Farbe und dem unserer Haustauben an Größe und Gestaltung gleich. Das Nest habe ich nicht gefunden. Meine Maße stimmen nicht ganz mit denen, welche Rüppell auf Seite 9 seiner „Neuen Wirbelthiere" giebt.

Es beträgt beim Männchen:

	F.	Z.	L.	F.	Z.	L.
Die Länge	1	5	3	1	5	–
Die Breite	1	9	6	1	10	–
Die Höhe des Tarsus	–	1	8	–	1	9
Die Länge der Mittelzehe	–	1	6	–	1	6
Die Länge der Hinterzehe	–	–	7	–	–	6,5
Die Länge der inneren Zehe	–	–	11	–	–	10
Die Länge der äußeren Zehe	–	–	11	–	–	10
Die Länge des Oberschnabels	–	–	12	–	–	12
Die Länge des Unterschnabels	–	–	3	–	–	3
Die Flügellänge vom Bug bis zur Spitze der vierten Schwinge	–	6	8	–	6	9
Die Länge des Schwanzes	–	8	3	–	8	–

Beim Weibchen ist:

	Fuß	Zoll	Linien	Fuß	Zoll	Linien
Die Länge	1	4	9	1	4	9
Die Breite	1	9	4	1	9	–
Die Höhe des Tarsus	–	1	8	–	1	7
Die Länge der Mittelzehe	–	1	6	–	1	4
Die Länge der Hinterzehe	–	–	7,5	–	–	7
Die Länge der inneren Zehe	–	–	10,5	–	–	10,5
Die Länge der äußeren Zehe	–	–	10	–	–	10
Die Länge des Oberschnabels	–	–	12	–	–	12
Die Länge des Unterschnabels	–	–	3	–	–	3
Die Länge des Flügels vom Bug bis zur Spitze der fünften Schwinge	–	6	9	–	6	8
Die Länge des Schwanzes	–	7	6	–	7	7

Die Iris ist lichtbraun, der Schnabel an der Spitze blutroth, an der Wurzel des Oberschnabels bis zu den Nasenlöchern grün; die Füße sind graubraun, der Augenring zinnoberroth.

Unter den Schwungfedern ist die fünfte die längste; auf sie folgt die sechste, die siebente, die achte, die vierte, die neunte, die zehnte, die dritte.

Während der Helmvogel nur leise bauchrednert, versucht der Pisangfresser (Schizorhis zonurus) mit dem Affen um die Wette zu schreien. Er ist es, welcher selbst den Erfahrenen oft täuscht und ihn glauben läßt, daß eine Bande der graugrünen Meerkatzen irgend etwas Entsetzliches bemerkt habe und dieses der Welt künden wolle. Sein Geschrei ähnelt dem sonderbaren Gegurgel, oder wie man es sonst nennen will, genannter Affen in jeder Hinsicht auf das Genaueste. Es klingt laut und gellend, wie „Gu, gu, guck, gi gack, ga girr girr guh gi, ge, guh", aber weil gewöhnlich Alle durch einander schreien, so sonderbar verworren, daß es zu einem wirklichen Gegurgel wird. Geht man diesen merkwürdigen Lauten nach, so sieht man die sehr auffallenden Vögel bald auf einem der höchsten Bäume des Gebirges, paarweise vereint oder auch in kleinen Familien, jedoch auch dann noch die Gatten eines Paares neben einander sitzen. Wenn man recht vorsichtig näher kommt, kann man solche Gesellschaften wohl beobachten.

Der Pisangfresser hat im Betragen Vieles mit dem Spornkukuk und dem Nashornvogel gemein. Er fliegt ganz wie letzterer, in Absätzen nämlich, aber nicht gern weit, am liebsten nur von einem hohen Baume zum anderen, setzt sich hoch in die Kronen, hält sich sehr aufrecht, beginnt mit dem Schwanze zu spielen und schreit nun mit einem Male laut auf, daß es rings im Gebirge wiederhallt. Er ist sehr vorsichtig, und man muß sich Mühe geben, wenn man seiner habhaft werden will. Nur in unmittelbarer Nähe der Dörfer ist er weniger scheu; dort hat er sich an den Menschen und sein Treiben gewöhnt. Seine Nahrung besteht aus Beeren der verschiedensten Art, und diesen Beeren zu Liebe kommt er in den Morgen- und Abendstunden zu den niederen Büschen herab. Den übrigen Theil des Tages lebt er nur auf Hochbäumen und namentlich in den Mittagsstunden sucht er sich die schattigsten aus, welche er finden kann, und verbringt in ihrem Gelaube die heiße Zeit.

Aus meinen Maßen ergiebt sich, daß die Geschlechter etwas in der Größe verschieden sind, und zwar ist das Männchen kleiner, als das Weibchen.

Bei ersterem beträgt:

Die Länge . . . . 1 Fuß 7 Zoll 6 Linien.
Die Breite . . . . 2 „ 3 „ 10 „

Die Höhe des Tarsus . . . . — Fuß 1 Zoll 7 Linien.
Die Länge der Mittelzehe . . . . . . — „ 1 „ 9 „
Die Länge der Hinterzehe . . . . . . — „ — „ 7,5 „
Die Länge der inneren Zehe . . . . . — „ 1 „ 2 „
Die Länge der äußeren Zehe . . . . . — „ 1 „ 3 „
Die Länge des Oberschnabels . . . . — „ 1 „ 2,5 „
Die Länge des Unterschnabels . . . . — „ — „ 5 „
Die Länge des Flügels vom Bug bis zur
    Spitze der vierten Schwinge . . . . — „ 9 „ 5 „
Die Länge des Schwanzes . . . . . . — „ 9 „ 6 „

Die Maße des Weibchens sind:

Die Länge . . . . 1 Fuß 8 Zoll 6 Linien.
Die Breite . . . . 2 „ 5 „ 6 „
Die Höhe des Tarsus . . . . — „ 1 „ 7 „
Die Länge der Mittelzehe . . . . . . — „ 1 „ 9 „
Die Länge der Hinterzehe . . . . . . — „ — „ 8 „
Die Länge der inneren Zehe . . . . . — „ 1 „ 1 „
Die Länge der äußeren Zehe . . . . . — „ 1 „ 2 „
Die Länge des Oberschnabels . . . . — „ 1 „ 2 „
Die Länge des Unterschnabels . . . . — „ — „ 5 „
Die Länge des Flügels vom Bug bis zur
    Spitze der vierten Schwinge . . . . — „ 9 „ 6 „
Die Länge des Schwanzes . . . . . . — „ 10 „ — „

Die Iris ist erdbraun, der Schnabel grünlichgelb, die Füße dunkelaschgrau gefärbt. Unter den Schwingen ist die vierte die längste; auf sie folgt die fünfte, die sechste, die siebente, die dritte, die achte, die neunte und die zehnte.

———

Die beiden kleinen Nashornvögel, welche im Ostsudahn häufige Bewohner der Steppen- und Urwaldungen sind, Tockus nasutus und Tockus erythrorhynchos nämlich, gehören auch in den von uns durchreiſten Beobachtungsgebieten zu den gewöhnlichen Vögeln. Man begegnet ihnen, obſchon ſelten, bereits in der Samchara und zwar in allen Niederungen nahe des Gebirges, welche das Gepräge der Steppe an ſich tragen. Aber erſt im eigentlichen Gebirge werden ſie häufig. Hier vernimmt man ihren ſo leicht erkenntlichen Ruf überall; denn ſie bewohnen die Thäler ebenſo häufig, als die Gehänge und Hochebenen.

Alle Nashornvögel, welche ich überhaupt beobachtet habe, leben paarweiſe, ſind aber ſo geſellig, daß ſich ein Paar gern mit einem zweiten und dritten vereinigt und dann geraume Zeit zuſammen lebt. Die kleineren Arten ſind Baumvögel, welche nur ungern auf den Boden herabkommen, vielleicht blos dann, wenn der Mangel an Beeren und Baumfrüchten ſie zwingt, dort unten andere Sämereien ſich zu ſuchen. Gewiſſe Bäume im Gebiete werden zu Lieblingsorten. Auf ihnen erſcheinen ſie, zumal Morgens und Abends, mit großer Regelmäßigkeit. Sie lieben es, ſich frei zu zeigen, und ſetzen ſich deshalb möglichſt hoch in den Wipfeln auf die äußerſten Spitzen der Zweige. Schwerfällig hüpfen ſie in den Zweigen herum; aber wenn ſie einmal auf einem Aſte ſitzen, rutſchen ſie ziemlich behend auf dieſem hin. Ihr Flug iſt eigenthümlich und erinnert einigermaßen an den des Spechtes. Mehrere raſche Flügelſchläge erheben den Vogel auf eine gewiſſe Höhe, dann läßt er ſich mit tief herabgebogenem Schnabel in ſehr ſteilem Bogen nach abwärts fallen, ſteigt von neuem empor und ſchwebt wiederum nach unten. Der Schwanz wird dabei wechſelſeitig gebreitet und zuſammengelegt. Die Stimme der verſchiedenen Arten iſt ſich ähnlich. Sie iſt laut und ziemlich wohltönend. Am häufigſten vernimmt man die Laute „Tututu, tutu" und „Tututitutiti." Jeder einzelne Laut wird mit einer Neigung des Kopfes begleitet, und weil nun das Geſchrei gegen das Ende hin immer raſcher wird, muß ſich der Vogel zuletzt ſehr anſtrengen, um alle Töne nickend beglaubigen zu können.

Die Nashornvögel erinnern in mancher Hinſicht auch an unſere Raben. Wie dieſe ſind ſie aufmerkſame und neugierige Geſchöpfe. Wenn man ein Wild erlegt hat, pflegen ſie herbei zu kommen, ſetzen ſich wohl auch in der Nähe auf einen Baum und theilen ſchreiend dieſes Ereigniß der ganzen Welt mit. Viel mehr noch erregt ſie das Erſcheinen irgend welches Raubthieres. Sie ſind es, welche mit aller Wuth und aller Geſchicklichkeit der Raben auf den Uhu ſtoßen; ſie ſind es, welche den schleichenden Leopard anderen Thieren verrathen; sie zeigen, wie der Honigangeber, selbst Schlangen und andere auffallende Geschöpfe ihren Klassenverwandten und auch den Säugethieren an. Wie das Rothkehlchen oder die Amsel es dahin gebracht haben, daß selbst die Fasane und andere Waldhühner ihrem Warnungsrufe Folge leisten, so haben auch sie in dieser Hinsicht ein gewisses Ansehen unter den übrigen Thieren erlangt. Der Klippspringer spitzt das Gehör, wenn er ihren Ruf vernimmt, und Alles wird aufmerksam und rege.

Im Ostsudahn erfuhr ich, daß die Fortpflanzungszeit der Vögel in die große Regenzeit fällt; in Abissinien habe ich keine Beobachtungen machen können. Das Nest wurde von uns niemals gefunden. Es soll, wie das des größeren Verwandten, in Baumhöhlungen angelegt werden.

Zur Vergleichung will ich noch die von mir den beiden häufigsten Arten entnommenen Maße geben.

Beim Männchen des gemeinen Nashornvogels (Tockus nasutus) beträgt:

Die Länge	1 Fuß	8 Zoll	5 Linien.
Die Breite	2 „	4 „	6 „
Die Höhe des Tarsus	— „	1 „	7 „
Die Länge der Mittelzehe	— „	1 „	1 „
Die Länge der Hinterzehe	— „	— „	7 „
Die Länge der inneren Zehe	— „	— „	10 „
Die Länge der äußeren Zehe	— „	— „	11 „
Die Länge des Oberschnabels	— „	4 „	1 „
Die Länge des Unterschnabels	— „	1 „	9 „
Die Länge des Flügels vom Bug bis zur Spitze	— „	8 „	6 „
Die Länge des Schwanzes	— „	8 „	5 „

Die Farbe der Iris ist dunkelbraun, der Schnabel mit Ausnahme eines gelben Fleckes am Grunde des Oberschnabels schwarz, ebenso auch der Fuß.

Unter den Schwingen ist die vierte die längste; auf sie folgt die dritte, fünfte, zweite, sechste und die erste.

Dagegen ist bei dem Männchen des rothschnäbeligen Nas=
hornvogels (Tockus erythrorhynchos):

Die Länge	1 Fuß	5 Zoll	9	Linien.
Die Breite	1 „	10 „	—	„
Die Höhe des Tarsus	— „	1 „	5	„
Die Länge der Mittelzehe	— „	1 „	0,5	„
Die Länge der Hinterzehe	— „	— „	7	„
Die Länge der inneren Zehe	— „	— „	9	„
Die Länge der äußeren Zehe	— „	— „	10	„
Die Länge des Oberschnabels	— „	3 „	3	„
Die Länge des Unterschnabels	— „	2 „	1	„
Die Länge des Flügels vom Bug bis zur Spitze	— „	6 „	6	„
Die Länge des Schwanzes	— „	7 „	6	„

Die Farbe der Iris ist braun, der Schnabel, mit Ausnahme eines
dunkeln Fleckes an der Wurzel des Unterschnabels blutroth, der
Fuß graubräunlich.

Unter den Schwingen ist die fünfte die längste; auf sie folgt die
vierte, die sechste, die dritte, die zweite, die siebente, die achte, die neunte.

Seine Hoheit, der Herzog, hatte das Glück, in der Nähe von Mensa
das größte Mitglied der Familie, den Hornraben (Bucorax abyssinicus),
zu erlegen. Die übrigen Mitglieder der Jagdgesellschaft sahen den
Vogel nur schwebend in der Luft, wenn er von einer Bergspitze zur
anderen strich.

In unseren Beobachtungsgebieten ist der Hornrabe nicht eben
häufig, jedenfalls seltener, als im Innern Abissiniens oder auch im Ost=
sudahn. In Abissinien soll er, namentlich auf den Weideplätzen der
Herden ziemlich häufig und der beständige Begleiter des Viehes sein; im
Sudahn traf ich ihn nur in den großen Waldungen, welche hohe Bäume
ohne Unterwuchs hatten; in Kordofahn, wo ihn Rüppell wiederholt
auffand und zu Pferde jagte, bemerkte ich ihn nicht. Bei der unserem

Vogel eigenen Scheu und Vorsicht hält es schwer, ihn zu beobachten, und um so werthvoller erscheinen mir deshalb die Angaben, welche der Herzog mir mitzutheilen die Güte hatte. Ich gebe sie mit den eignen Worten Seiner Hoheit:

„Ich sah den Hornraben, als er auf einer Felskuppe auffiel; er stellte sich auf diese, wie ein Ibis auf den Sand sich stellt, den Hals leicht gekrümmt, den Schnabel nach unten gebogen. Sogleich nach dem Einfallen schrie er dumpf „Hu, Hu," wie der Uhu schreit, nur viel tiefer. Als der erste erlegt war, flog der andere von Felsen zu Felsen. Er war sichtlich erschreckt über das Schicksal seines Gefährten und sehr scheu geworden und konnte deshalb auch nicht mehr zu Schuß gebracht werden. Der Flug war schwer im Anfang, dann aber leicht und schön. Nachdem er sich erhoben, strich er wie ein Storch durch die Lüfte."

Die Untersuchung des Magens ergab, daß der Vogel sich vorzugsweise von Kerfen, zumal von Dungkäfern nährt; außerdem fand ich auch Heuschrecken und Würmer und ein ziemlich großes Chamäleon.

Ueber das Brutgeschäft des Vogels fehlen mir genaue Nachrichten. Auf meiner ersten Reise in Afrika fand einer meiner Jäger in einer großen Baumhöhlung ein einziges, beinahe ausgewachsenes Junge des Hornraben, welches später von mir aufgefüttert und längere Zeit in der Gefangenschaft gehalten wurde. Die Alten waren auch am Neste so scheu, daß mein Jäger sie nicht erlegen konnte. Das Junge dagegen wurde bald sehr zahm, und befreundete sich namentlich mit einer aus dem Walde stammenden Meerkatze aufs innigste. Ich habe dieser merkwürdigen Thatsache schon wiederholt Erwähnung gethan und brauche deshalb auf sie hier nicht weiter einzugehen. Nur soviel will ich sagen, daß der Vogel in der Gefangenschaft leicht zu erhalten und mit Fleisch und Kerbthieren ohne Mühe groß zu füttern ist.

Die Maße des von Seiner Hoheit erlegten Männchens sind folgende.

Es beträgt:

Die Länge . . . . 3 Fuß 7 Zoll 6 Linien.
Die Breite . . . . 5 „ 10 „ — „
Die Höhe des Tarsus . . . . — „ 6 „ — „

Die Länge der Mittelzehe . . . . — Fuß 2 Zoll 6 Linien.
Die Länge der Hinterzehe . . . . — „ 2 „ 5 „
Die Länge der inneren Zehe . . . . . . — „ 2 „ 2 „
Die Länge der äußeren Zehe . . . . . — „ 2 „ 4 „
Die Länge des Oberschnabels, vom Nasen=
loch an. . . . . — „ 7 „ 1 „
Die Länge des Unterschnabels. . . . . — „ 4 „ 3 „
Die Länge des Flügels vom Bug bis zur
Spitze der sechsten Schwinge . . . . 1 „ 9 „ 9 „
Die Länge des Schwanzes . . . . . 1 „ 1 „ 6 „

Die Farbe der Iris ist dunkelbraun, der Schnabel schwarz, mit Ausnahme eines Fleckens am Oberschnabel, welcher hinten roth, vorn gelb ist; der Fuß ist schwarz, der Augenring wie die Kehle dunkelbleigrau.

Unter den Schwingen ist die sechste die längste; auf sie folgt die fünfte, die vierte, die siebente, die achte, die zweite, die erste, die neunte u. s. w.

Verhältnißmäßig sehr arm an Vertretern ist in den Bogosländern die Ordnung der Klettervögel. Es ist bekannt, daß Afrika wenig Spechte und Papageien besitzt; aber auch die Bartvögel und Kukufe sind nicht so häufig, wie man vielleicht glauben möchte. Unsere Beobachtungs= gebiete kamen mir allerdings besonders arm vor; ich fand alle die Vögel, welche ich im Verzeichnisse aufführte, nur sehr einzeln. Schon die Ur= waldungen am blauen Flusse sind viel reicher an Klettervögeln, als die Samchara und das Gebirge der Bogos. Dort trifft man wenig= stens drei Arten von Spechten recht häufig und die Papageien oft in zahlreichen Flügen und zwar in jedem größeren Walde an. Im Gebirge der Mensa waren die einen wie die anderen nur spärlich zu finden.

Erst am Ain=Saba erlegte Seine Hoheit, der Herzog, den im Inneren Afrikas so gewöhnlichen Halsbandsittig (Palaeornis torquatus). Den abissinischen Zwergpapagei (Psittacula Tarantae), welchen Heuglin häufig auf den Kolquallenphorbien antraf, bekamen wir gar nicht zu Gesicht. Der von mir aufgezeichnete Bartvogel (Pogonias Saltii) war nur einzeln zu finden, der Perlvogel (Trachyphonus margaritatus) kam uns nur in wenig Paaren vor, und von den Spechten und den Kukuken sahen wir nur je einen. Unter solchen Umständen ist es natürlich schwer, Beobachtungen zu machen, und deshalb muß ich mich bei dem Wenigen, was ich bieten kann, hauptsächlich auf frühere Erfahrungen stützen.

Schon oben habe ich bemerkt, daß die Papageien gewissermaßen nur als die Vertreter der Meerkatzen angesehen werden können und in Nord= ostafrika blos da vorkommen, wo auch ihre Vettern aus der Klasse der Säugethiere leben. In den von mir durchreisten Gegenden Afrikas ist diese Uebereinstimmung eine auffallende. Man darf mit aller Sicherheit darauf rechnen, in demselben Gebiet, in welchem man Papageien fand, auch Affen zu treffen, und umgekehrt, diesen da zu begegnen, wo man jene bemerkte. Diese auf wiederholte Beobachtungen gestützte Ansicht hatte sich in mir so fest gewurzelt, daß ich mich förmlich wunderte, keine Papageien zu sehen oder zu hören, als wir im Mensathale auf Meer= katzen stießen. Aber das oben bei den Affen Gesagte gilt für die Papa= geien auch; denn im Gebirge der Mensa fehlen die zusammenhängenden Wälder, wie Papageien sie bedürfen.

Gerade der Halsbandsittig verlangt große Wälder. Hier lebt er in Familien oder Flügen von geringerer oder größerer Stärke, haupt= sächlich auf Bäumen, jedoch keineswegs so ausschließlich, wie die ameri= kanischen Papageien nach den mir bekannten Schilderungen es sollen. Afrikas Wälder sind verhältnißmäßig noch immer arm an Baumfrüchten; aber die unter dem Schatten der Bäume wuchernde Pflanzenwelt ist reich an Sämereien aller Art: und diese Samen sind es, welche auch die Papageien auf die Erde herablocken. Gar nicht selten sieht man die ganze Familie unten auf dem Boden hinlaufen, oder richtiger, dahin wackeln; denn der Gang ist ein sonderbares Fortschleppen des Körpers. Die Kletterfüße wollen auf dem Boden gar keine rechten Dienste thun, und der lange Schwanz muß sehr beträchtlich erhoben werden, damit er nicht auf dem Boden nachschleift. Eine auf ebener Erde dahin= laufende Papageigesellschaft sieht also höchst komisch aus. Die Vögel scheinen es auch zu wissen, daß sie nicht auf die Erde gehören; denn sobald als nur immer möglich fliegen sie den höchsten und dichtesten Bäumen zu und suchen in deren Kronen Schutz. Es ist bezeichnend für die Papageien, daß sie stets solche Bäume sich erwählen, welche die dichtesten Kronen besitzen. Sie wissen es genau, daß sie hier durch ihr der Blätterfarbe gleiches Gewand am sichersten geschützt sind, und daß sie von hier aus ihre Flucht bewerkstelligen können, ohne daß man es merkt.

Wenn man zu einem der düsteren Bäume tritt, von dessen Krone herab das Kreischen der Papageien durch den Wald tönt, strengt man sich gewöhnlich lange Zeit vergeblich an, einen der mit den Blättern so täuschend ähnlichen gefärbten Vögel zu sehen. Je länger man unter dem Baume verweilt, um so stiller und ruhiger wird es, und schließlich ist — kein einziger mehr oben. Die ganze Bande hat sich nach und nach in aller Stille fortgemacht, ist fort- und einem andern grünen Baume zugeflogen. Ich habe dieses schlaue Gebahren der Papageien später mit großem Vortheil benutzt, um sie sicher und leicht zu erlegen. Wenn ich im Walde eine Gesellschaft aufgefunden hatte, spähte ich einfach nach dem nächsten dichten und hohen Baume, trat in seiner Nähe an und ließ meinen Jagdgefährten von der anderen Seite her nach dem Baume gehen, wo die Vögel gerade saßen. Er verscheuchte sie, und einer nach dem andern kam nun bei mir an und konnte im Fluge herabgeschossen werden.

Der Halsbandsittig brütet während des tropischen Frühlings und zwar in hohlen Bäumen. Um diese Zeit hat auch die Abansonie ihre gewaltige Krone in dichtesten Blätterschmuck gehüllt und alle die zahlreichen Höhlen in den Aesten in wünschenswerther Weise verdeckt. Auf ihr nun siedeln sich jetzt unsere Vögel an. Ich habe den Halsbandsittig zwar nicht am Neste beobachtet, aber dafür den Meyer'schen Papagei (Pionus Meyeri), welcher in seinem Wesen Manches mit ihm gemein hat, und darf der mir gemachten Angabe der Eingebornen schon Glauben schenken.

Junge Halsbandsittige sieht man schon am Ende der Regenzeit, immer in treuer Gemeinschaft mit den Alten. Die Eingebornen fangen sie bald nach dem Ausfliegen in den Höhlungen, in welchen sie übernachten.

Es ist eine eigenthümliche Erscheinung, daß der im Freileben äußerst gesellige Vogel sich in der Gefangenschaft sehr unverträglich zeigt. In Charthum erhielt ich ein Mal achtzehn lebende Sittige, ließ sie in einem Zimmer fliegen, fütterte sie gut und hoffte schon, sie nach Europa zu bringen. Meine Erwartungen wurden jedoch auf das Abscheulichste getäuscht. Die Papageien fielen einander mörderisch an, kämpften wüthend zusammen, und einer biß dem anderen den Kopf auf, bis schließlich nur zwei noch übrigblieben. Vielleicht haben auch die Nordostafrikaner schon solche Erfahrungen gemacht; denn bei ihnen sieht man niemals einen Papagei in der Gefangenschaft.

Die Familie der Bartvögel wird in dem tropischen Ostafrika durch mehrere und zum Theil recht anziehende Arten vertreten. Einige von diesen tragen wesentlich zu dem Leben der Wälder bei. Ihre Stimmen sind es, welche weithin das Tonwirrsal des Urwaldes durchdringen, und die Vögel selbst werden um so fesselnder, je schwerer man sie beobachten kann. Man kann die Stimme der Bartvögel nicht eben wohllautend nennen, hört sie aber doch recht gern; denn sie ist wenigstens nicht unangenehm. Auch das Wesen und Betragen hat manches Anziehende.

In der Samchara und in dem Gebirge der Bogos sind die Bartvögel seltener, als in den eigentlichen Urwäldern. Wir haben nur zwei von ihnen angetroffen, den einen in der Ebene und im Gebirge, den anderen blos in der Höhe. Dieser, der Salt'sche Bartvogel (Pogonias Saltii), ist vielleicht der langweiligste Gesell seiner ganzen Familie. Man sieht ihn selten und hört ihn kaum öfter. Sein Leben verfließt im dichtesten Gelaube höherer Bäume. Hier verbringt er den ganzen Tag und fliegt von hier aus höchstens langsam nach einem zweiten Baume, wenn ein besonderer Zufall ihn wegtreibt. Er bewegt sich ziemlich schwerfällig, hüpft tölpisch auf den Aesten umher, klettert so gut wie gar nicht und fliegt schwerfällig, schwirrend und ungeschickt: kurz er ist ebenso unbeholfen, wie er aussieht. Der einzige Ton, welchen ich von ihm vernahm, ist ein langgezogenes Pfeifen. Gewöhnlich trifft man diesen stillen Gesellen paarweise, aber nicht gerade oft; doch glaube ich, daß er viel häufiger ist, als er scheint. Mehr weiß ich über ihn nicht zu berichten.

Beide Geschlechter sind sich in der Größe fast gleich.

Es beträgt beim Männchen:

Die Länge	6 Zoll	10 Linien.
Die Breite	11 „	3 „
Die Höhe des Tarsus	— „	10 „
Die Länge der Mittelzehe	— „	8,5 „
Die Länge der Hinterzehe	— „	3,5 „
Die Länge der inneren Zehe	— „	5,5 „
Die Länge der äußeren Zehe	— „	8 „
Die Länge des Oberschnabels	— „	10,5 „
Die Länge des Unterschnabels	— „	7,5 „
Die Länge des Flügels vom Bug bis zur Spitze	3 „	3 „
Die Länge des Schwanzes	2 „	— „

Beim Weibchen mißt:

Die Länge	6 Zoll	7 Linien.
Die Breite	10 „	10 „
Die Höhe des Tarsus	— „	9,5 „
Die Länge der Mittelzehe	— „	8 „
Die Länge der Hinterzehe	— „	3 „
Die Länge der inneren Zehe	— „	5 „
Die Länge der äußeren Zehe	— „	7,5 „
Die Länge des Oberschnabels	— „	10 „
Die Länge des Unterschnabels	— „	6,5 „
Die Länge des Flügels vom Bug bis zur Spitze	3 „	— „
Die Länge des Schwanzes	2 „	— „

Die Iris ist hellbraun, Schnabel und Füße sind schwarz.

Unter den Schwingen ist die vierte die längste; auf sie folgt die siebente, die fünfte, die sechste, die zweite, die achte und die neunte.

Viel unterhaltender ist der Perlvogel (Trachyphonus margaritatus). Er spricht von sich selbst; er ist es, welcher die Gärten in den Dörfern, die Niederungen der Steppe und den Wald lebendig macht. Auch

er lebt paarweise, aber keineswegs so versteckt, wie der Salt'sche Bart=
vogel, sondern zeigt sich gern ganz frei. Namentlich in den Morgen= und
Abendstunden schwingt er sich auf die höchsten Spitzen gewisser Bäume
und schreit von hier aus munter und fröhlich in die Welt hinein. Sofort
nach dem Eintreffen beginnen beide Gatten vereint einen höchst eigen=
thümlichen Gesang, welcher wie „Gut, gut, girre, girre, gut, girre, girre,
gut, gut" klingt. Beider Stimmen verschmelzen aber in der sonderbarsten
Weise mit einander, so daß ein äußerst merkwürdiges Concert entsteht, ein
wahrer Tonunfug, ein Gesang, so verworren und dunkel, wie er nur sein
kann. Aber dieser Gesang unterhält. Er ist so komisch und wird mit
so viel Herzenslust ausgestoßen, daß man sich immer über den Vogel freut.

Im Uebrigen lebt der Pfeylvogel nach Art seiner Familie. Er bewegt
sich langsam in den Baumkronen hin und her, liest dort Kerfe auf, geht
Früchte an und sucht sich Sämereien zusammen. Er klettert schlecht,
fliegt bald schwirrend, bald schwebend, nicht gern weit, liebt überhaupt die
Ruhe im hohen Grade und hält an dem einmal gewählten Standort mit
großer Ausdauer fest.

In dem an Spechten so armen Afrika erscheint Abissinien begün=
stigt. Alle Forscher, welche längere Zeit in Habesch waren, haben uns
belehrt, daß wenigstens fünf Arten dieser so anziehenden Vögel dort leben.
Wir haben diesen Reichthum nicht kennen gelernt. Auf unserer ganzen
Reise ist nur ein einziger Specht und zwar der kleine, Hemprich zu
Ehren benannte Baumspecht (Dendropicus Hemprichii) gesehen
worden. Ich fand dieses mir vom Sudahn her wohlbekannte Vögelchen
in der Samchara. Ueber seine Lebensweise brauche ich Nichts zu sagen;
sie ähnelt der unseres Kleinspechtes in jeder Hinsicht. Rüppell giebt auf
Tafel 35 seiner systematischen Uebersicht ein gutes Bild und auf Seite 88
und 89 eine hinreichende Beschreibung unseres Vogels. Doch fand ich,
daß die dort aufgemerkten Maße nicht genau mit den von mir ent=
nommenen stimmen, und lasse deshalb die meinigen hier folgen.

Nach diesen ergiebt sich für das Männchen:
Die Länge . . . . 5 Zoll 10 Linien.
Die Breite . . . . 10 „ 7 „

Die Höhe des Tarsus	—	Zoll 7	Linien.
Die Länge der Mittelzehe	—	„ 7	„
Die Länge der Hinterzehe	—	„ 3	„
Die Länge der inneren Zehe	—	„ 4,5	„
Die Länge der äußeren Zehe	—	„ 7	„
Die Länge des Oberschnabels	—	„ 8	„
Die Länge des Unterschnabels	—	„ 4,5	„
Die Länge des Flügels vom Bug bis zur Spitze der fünften Schwinge	3	„ —	„
Die Länge des Schwanzes	2	„ —	„

Die Iris ist braun, der Schnabel blauschwarz, der Fuß schmuziggrau.

Unter den Schwingen ist die fünfte die längste; auf sie folgt die vierte, die sechste, die siebente, die dritte, die achte und die zweite.

Auch über die Familie der Kukuke kann ich nur sehr Unvollkommenes berichten. Den Honiganzeiger sah ich ein einziges Mal und kaum eine Minute lang; den Spornkukuk (Centropus superciliosus) traf ich zwei Mal in der Samchara.

In Nord-Ost-Afrika wird die letztere Sippe, wie bekannt, durch mehrere Arten vertreten. Schon in Egipten ist der eine nicht selten; im Innern kommen die anderen hinzu, welche uns namentlich durch Rüppell bekannt geworden sind.

Die Spornkukuke unterscheiden sich in jeder Hinsicht von ihren bei uns lebenden Verwandten. Sie müssen diesen gegenüber höchst ruhige und stille Vögel genannt werden. Ihr Leben ist durchaus ein anderes. Sie wohnen paarweise in einem kleinen Gebiet, welches allen ihren Ansprüchen genügt, wenn es viele dichte Büsche und Hecken hat. Die Gärten Egiptens mit ihren Orangenwäldern und den Mimosen zwischen ihnen sind prächtige Orte, und die Buschwaldungen des Innern von Afrika bieten ihnen Alles, was sie bedürfen. In diesen niederen Büschen nun treiben die Vögel ihr stilles Wesen. Sie klettern und schlüpfen, kriechen und drängen sich, wie Mäusevögel, durch das ärgste Dickicht, kommen langsam auf der einen

Seite heraus, haspeln sich bis zur Spitze empor und setzen sich dort nieder, oft minutenlang ohne jede Bewegung verharrend. Dann fliegen sie ebenso langsam, mehr schwebend und mehr gleitend, als flatternd, einem zweiten Busche zu, laufen vielleicht erst eine Zeit lang auf dem Boden unter demselben umher, hüpfen dann auf einen Ast und gehen langsam wieder nach oben.

Ihre Stimme vernimmt man nur selten. Ihre Nahrung besteht in Kerbthieren aller Art, zumal in Raupen; auf letztere sind sie ebenso begierig, wie unsere Kukuke. Abweichend von diesen, leben sie in strenger Ehe. Ich fand nur ein Mal ein Nest und zwar das von dem senegalischen Spornkukuk (Centropus senegalensis). Es stand in der dichten Krone eines Obstbaumes im Delta und bestand hauptsächlich aus den blätterartigen Hüllen der Samenknollen des Maises und enthielt (Ende Juli) vier halberwachsene Junge, welche von den Aeltern mit großer Liebe gepflegt und möglichst vertheidigt wurden. Dies ist Alles, was ich über die Vögel zu sagen weiß.

Zur Vergleichung mit den von Rüppell gegebenen Maßen des abissinischen Spornkukuks will ich die meinigen zufügen.

Es beträgt beim Männchen:

Die Länge	1 Fuß	1 Zoll	9 Linien.
Die Breite	1 „	4 „	4 „
Die Höhe des Tarsus	— „	1 „	5 „
Die Länge der Mittelzehe	— „	1 „	— „
Die Länge der Hinterzehe	— „	— „	6 „
Die Länge der inneren Zehe . . .	— „	— „	8 „
Die Länge der äußeren Zehe . . .	— „	— „	11 „
Die Länge des Oberschnabels . . .	— „	1 „	2 „
Die Länge des Unterschnabels . . .	— „	— „	7 „
Die Länge des Flügels vom Bug bis zur Spitze	— „	5 „	6 „
Die Länge des Schwanzes	— „	7 „	6 „

Die Iris ist prächtig purpurroth, der Schnabel ist schwarz, der Fuß dunkelbraungrau.

Unter den Schwingen ist die sechste die längste; auf sie folgt die siebente, fünfte, die vierte, die achte, die dritte, die neunte und die zweite.

Vor allen anderen Vögeln wird man, nachdem man Afrika von irgend einer Seite her betreten hat, bald diese oder jene Taube wahrnehmen. In seinem Reichthum an diesen schön gestalteten und gefärbten Geschöpfen kennzeichnet sich Afrika als altweltlichen, der eigentlichen Taubenheimat Oceanien verwandten Erdtheil. Ich will damit keineswegs einen Reichthum an Arten gemeint haben, obgleich ich auch von einem solchen reden könnte, sondern vielmehr den Reichthum an Individuen betonen; und hierin steht Afrika wahrlich keinem andern Erdtheil nach. Wer nicht selbst die ungeheuren Flüge mancher Taubenarten gesehen hat, welche zu gewissen Zeiten die Steppenwaldungen des Inlandes durchziehen, wird sich schwerlich eine Vorstellung machen von der Menge der Vögel dieser Ordnung. Und selbst die Schilderungen, welche Wilson und Audubon uns über die Wandertaube (Trygon migratoria) gegeben, verlieren nach derartigen Erfahrungen gar Manches von ihrem überwältigenden Eindruck.

Nach meinen Beobachtungen ist der Taubenreichthum in den verschiedenen Gegenden Nord-Ost-Afrikas ziemlich gleich. In Egipten beleben die wild umherschweifenden oder an den Menschen gefesselten Schwärme der Felsentaube die Felder, oder die überall wenigstens paarweise in großer Anzahl egiptischen Tauben die Wälder. In Nubien treten zu den beiden genannten die Senegal- und Halsbandtaube, im Innern endlich, da wo die größeren Waldungen beginnen, die ganze Schar der übrigen Arten, welche ich oben im Verzeichnisse anführte. In den Waldungen ist das Ruckſen, Girren, Heulen, und wie ich es sonst noch nennen soll, der Tauben eine so gewöhnliche Musik, daß alle anderen Vogelstimmen gleichsam nur als Solopartien erscheinen. Selbst auf den ödesten Stellen der Steppe und bezüglich der Samchara, ja mitten in der Wüste finden sich diese flüchtigen, verhältnißmäßig wenig begehrenden Vögel in zahlreicher Menge. Auch in Afrika begreift man wirklich nicht, wo sie alle ihre Nahrung finden. Ein sogenannter Brunnen, d. h. eine Wasserlache in irgend einer Niederung der Wüste oder der Steppe, wird zum Sammelpunkt für tausende, wenn auch dieselben nicht zu gleicher Zeit hier erscheinen mögen. Von hier aus vertheilen sie sich über die ganze Umgegend, und jeder Baum, ja jeder Mimosenbusch, und sei er noch so verkrüppelt, gewährt ihnen Obdach und Herberge.

Dabei muß man bemerken, daß die verschiedenen Taubenarten sich so recht eigentlich in ihre Welt getheilt haben. Von der Krone hoch= gewipfelter Bäume bis zum dicht verschlungensten Dickicht hart über der Erde, vom weitverbreiteten Hochwalde bis zu dem einzelnstehenden Mi= mosenbusch in der Wüste sind ihnen alle Orte recht. Sie theilen mit dem Edelfalken dasselbe Fächerblatt der Palme und machen der Lerche ihr Besitzthum streitig. Diese Verhältnisse sind überaus anziehend für den vergleichenden Forscher, und ebendeshalb habe ich sie einer besonderen Berücksichtigung werth gehalten. Aber die Tauben geben auch Stoff genug zur Einzelbeschreibung.

Wenn man, den ersten Wall des hehren Gebirges überschreitend, die ärmeren Niederungen der Samchara hinter sich hat und in jene reich bewachsenen Thäler eingetreten ist, in denen der Flötenruf des äthio= pischen Würgers der vorherrschende Ton geworden ist, muß man ein schlechter Naturbeobachter sein, wenn man nicht an dem hochpfeifenden Fluggeräusch oder an den sonderbaren heulenden Tönen, welche am besten noch durch die Silben „Hihahu" ausgedrückt werden mögen, die farbenschönste aller Tauben unserer Gebiete wahrnehmen will.

Die Papageitaube (Treron abyssinica), wie ich sie jetzt wohl nennen möchte, nachdem ich von ihrem Wesen und Sein bessere Kunde gewonnen, bewohnt in kleinen Familien, aber keineswegs selten, die tieferen Gebirgsthäler und die unmittelbar am Gebirge liegenden Niederungen der Samchara, in denen die Tropenwelt zur Geltung gekommen ist. Hochgewipfelte Mimosen, welche der Christusdorn schützend umsteht und der Cissus mit seinen vierseitigen Ranken durchflicht, bilden den bevor= zugten Aufenthalt dieser Tauben in der Samchara, während in den Ge= birgsthälern die prachtvollen Tamarinden, die Kigelien mit ihrem dichten Gelaube und endlich die schattigen Wipfel der gewaltigen Siko= moren zu noch geeigneteren Wohnsitzen werden. Da, wo drei oder vier dieser Bäume zusammenstehen, wird man die Papageitaube schwerlich ver= missen, ja, einzelne Sikomoren werden regelmäßig besucht, wie die höchste Linde im Dorfe von unseren Staren. Sie werden zum Versammlungs= orte am Morgen und Abend und zum schattigen Ruheplatze in der Hitze des Mittags. Hier und da trifft man auch die Tauben paarweise; ge= wöhnlich aber versammeln sich Familien oder kleine Flüge von acht bis zwanzig Stücken; zahlreichere habe ich nicht gesehen. Im Fluge selbst

hält sich Paar an Paar in trauter Gemeinschaft. Dicht an einander ge-
schmiegt sitzen die zärtlichen Gatten, und Derjenige, welcher ruhig beobachtet,
kann gar nicht in Zweifel bleiben, welche Tauben des Flugs mit einander
sich vereinigt haben. Die gegenseitige Zärtlichkeit der gepaarten Tauben
ist wohl allen Arten gemein; denn sie ist ja förmlich zur Redensart geworden; allein die Papageitaube scheint wirklich ihre übrigen Verwandten
hierin noch zu überbieten, scheint besondere Zeichen der Liebe an den Tag
zu legen, welche ich wenigstens bei den anderen noch nicht beobachtet habe.
Das Aneinanderschmiegen, das Schnäbeln, das freudige, ich möchte sagen
aufjauchzende Emporsteigen des Männchens, das Klatschen mit den Flügeln
und das so eigenthümlich sanfte Hinabschweben zur Gattin anderer Arten
ihrer Ordnung bethätigt auch die Papageitaube; aber außerdem breitet sie
noch ungemein zierlich ihre aufgehobenen Flügel über den Gegenstand ihrer
Liebe und versucht Künste und Gewohnheiten nachzuahmen, welche sonst
nur den Papageien eigenthümlich sind. Leider fiel die Zeit unseres
Aufenthaltes nicht in die allgemeine Brutzeit, und somit hatte ich nicht
Gelegenheit, das Betragen der Taubenpaare während der eigentlichen
Blüthe der Liebe zu beobachten: aber ich sah doch genug, um zu dem
Glauben berechtigt zu sein, daß die Papageitaube ihre Verwandten an
Zärtlichkeit noch überbietet.

Unsere Taube hat in der That große Aehnlichkeit mit dem Papagei.
Schon die Färbung ihres Gefieders, das prächtige Grün und das lebendige Gelb erinnert an jene schön gefärbten Affenvögel, dazu kommt aber
noch das eigenthümliche Herumklettern in den Bäumen und die sonderbaren Stellungen, welche die Taube oft annimmt. Selbst der kundige
Jäger wird im Anfang nicht selten getäuscht; er glaubt, wirklich einen
Papagei vor sich zu haben. Als besondere Eigenthümlichkeit erwähne ich
noch, daß unser Vogel sich zuweilen platt auf den Aesten niederlegt, fast
nach Art des Ziegenmelkers. Der Flug ist sehr rasch und reißend,
aber hart und von einem laut pfeifenden Geräusch begleitet, welches sich
von dem Fluggeräusch jeder anderen Taube sofort unterscheidet. Nur
die Stimme hat, wie bemerkt, wenig Anmuthiges, sondern eher etwas
Heulendes; girrende oder eigentlich ruckende Töne habe ich nicht vernommen.

In dem Magen der erlegten fand ich Beeren der allerverschiedensten
Art, und Eingebürgerte im Lande sagten mir, daß man die Taube nur

da finde, wo die Bäume und Sträucher beerenbehangen wären. Mit dieser Nahrung steht im Einklang, daß unsere Taube sehr wenig auf die Erde herabkommt. Ich habe sie niemals auf dem Boden gesehen.

Ueber die Fortpflanzung habe ich Nichts beobachtet und auch Genaues nicht erfahren können; doch glaube ich die Vermuthung aussprechen zu dürfen, daß das Nest der Papageitaube auf den höchsten Bäumen der Umgegend angelegt wird. Wahrscheinlich fällt die Brütezeit mit dem innerafrikanischen Frühling zusammen.

Die Jagd der Papageitaube ist nur dann einfach und ergiebig, wenn man einen jener Lieblingsbäume aufgefunden hat und unter ihm sich anstellt. Der Vogel ist scheu oder wenigstens vorsichtig und läßt den Jäger sonst nicht leicht ankommen. Bei der Höhe der Bäume verlangt er immerhin einen starken Schuß, und da man, um die Schönheit des Gefieders zu schonen, schwächere Schrote wählen muß, geht er oft verloren.

Das Weibchen unterscheidet sich vom Männchen nur durch die etwas geringere Größe. In der Farbenpracht des Gefieders bemerkte ich keinen wesentlichen Unterschied; wenigstens glaube ich, daß einige Zeit nach dem Tode die verschiedenen Geschlechter schwer zu unterscheiden sein dürften. Die Maße sind folgende.

Es beträgt beim Männchen:

	F.	Z.	L.	F.	Z.	L.	F.	Z.	L.
Die Länge	—	12	—		12	3	—	11	9
Die Breite	1	8	11	1	8	10	1	8	—
Die Höhe des Tarsus	—	—	12	—	—	11,5	—	—	11
Die Länge der Mittelzehe	—	—	12	—	—	12	—	—	12
Die Länge der Hinterzehe	—	—	7	—	—	7	—	—	7
Die Länge der inneren Zehe	—	—	8	—	—	8,5	—	—	8
Die Länge der äußeren Zehe	—	—	10	—	—	9,5	—	—	9,5
Die Länge des Oberschnabels	—	—	9	—	—	9	—	—	9
Die Länge des Unterschnabels	—	—	4	—	—	4	—	—	4
Die Länge des Flügels vom Bug bis zur Spitze	—	6	7	—	6	9	—	6	3
Die Länge des Schwanzes	—	4	3	—	4	3	—	4	—

Beim Weibchen ist:

	Fuß	Zoll	Linien	Fuß	Zoll	Linien
Die Länge	—	11	5	—	11	6
Die Breite	1	7	6	1	8	2
Die Höhe des Tarsus	—	—	11	—	—	11
Die Länge der Mittelzehe	—	—	12	—	—	12
Die Länge der Hinterzehe	—	—	7	—	—	7
Die Länge der inneren Zehe	—	—	8,5	—	—	8
Die Länge der äußeren Zehe	—	—	9,5	—	—	9,5
Die Länge des Oberschnabels	—	—	9	—	—	9
Die Länge des Unterschnabels	—	—	4	—	—	4
Die Länge des Flügels vom Bug bis zur Spitze	—	6	6	—	6	7
Die Länge des Schwanzes	—	4	3	—	4	4

Das Auge ist prachtvoll gefärbt. Um den Augapfel zieht sich ein schmaler königsblauer Ring, die übrige Iris ist purpurroth. Der Schnabel ist an der Wurzel weiß, mit einem Schimmer ins Bläuliche, an der Spitze dagegen blaßroth, die Füße sind dunkelorangegelb, die Wachshaut ist roth, der Augenring bläulichgrau mit rothem Schimmer.

Ueber das Betragen und die Lebensweise der blaurückigen Felsentaube (Columba glauconotos) habe ich weniger zu berichten. Ich halte heute noch die in Afrika wildlebende Felsentaube ihres mohnbläulichen Unterrückens wegen für artlich verschieden von der eigentlichen europäischen Felsentaube (Columba livia); denn sogenannte klimatische Varietäten giebt es für mich nicht.

Unsere Felsentaube findet sich in überaus zahlreichen Flügen in ganz Nord=Ost=Afrika und, wie ich schon oben angegeben, auch im südlichen Arabien. Sie ist der egiptische Feldflüchter, welcher in so großen Mengen in allen Dörfern am Nil gefunden wird. Manche Ortschaften Oberegiptens scheinen mehr der Tauben, als der Menschen halber erbaut zu sein. Nur das untere Stockwerk des piramidal aufgeführten, glatt=

gedeckten Gebäudes bewohnt der Bauer; das obere, gewöhnlich weißgetünchte und sonst verzierte, gehört den Tauben an. Man baut hohe, kuppelförmige Thürme einzig und allein dieser Vögel wegen.

Die Taubenschläge Egiptenlands sind gänzlich von den unsrigen verschieden und verdienen wohl, mit ein paar Worten beschrieben zu werden. Ihr Mauerwerk besteht nämlich nicht aus Ziegeln, sondern, von einer gewissen Höhe an, nur aus großen, eiförmigen Töpfen. Jeder Topf ist an dem nach außen gekehrten Ende, dem Boden, wenn man will, durchbrochen; das runde Loch in der Mitte ist jedoch nicht genug groß, um einer Taube Durchgang zu gewähren, und dient nur, um Luft und Licht durchzulassen. Von innen ist jeder Topf bequem zugänglich und giebt einem Neste Raum. Die Eingänge zu den Taubenhäusern sind ziemlich groß; an der Stelle unserer Flugbreter hat man unter und neben ihnen Stöcke und Reisigbündel eingemauert.

Man gewahrt sehr bald, daß diese Taubenschläge im höchsten Grade geeignet sind, den Tauben alle Annehmlichkeiten eines Wohnsitzes zu bieten. Die Taubenthürme sind beständig von äußerst zahlreichen Flügen umschwärmt, und in manchen Gegenden werden die Haustauben geradezu zur Landplage, sind sie so gemein, daß der Fellah selbst den reisenden Sonntagsschützen auffordert, Jagd auf die Hausthiere zu machen, und sich weidlich freut, wenn ein Schuß erfolgreich war.

Kaum in geringerer Zahl bewohnt dieselbe Taube wild die geeigneten Felsenufer des Nil. Namentlich in den Katarakten habe ich an den höheren Felsengalerien jedes Plätzchen von Tauben bewohnt gesehen und ungeheure Flüge von ihr wahrgenommen. Von Oberegipten an hört die Taubenzucht mehr und mehr auf; die wilden Schwärme bevölkern aber auch noch in Nubien zahlreich alle Felsenwände. Man trifft oft große Schwärme mitten in der Wüste an und fragt sich vergeblich, wie die arme Erde hier im Stande ist, den Massen genügende Nahrung zu bieten, zumal diese Nahrung ihnen noch durch zahlreiche Ketten verschiedener Flughühner (Pterocles) nicht unwesentlich verkümmert wird. Der reiche Sudahn beherbergt weniger Felsentauben, aus dem einfachen Grunde, weil er weniger felsige Gebirge hat; an günstigen Stellen aber vermißt man unseren Vogel sicherlich nicht. Und so scheint es auch in Abissinien zu sein. Der einzelnstehende, von mir schon mehrmals erwähnte Felsblock bei Mensa war von einem starken Fluge Felsentauben bewohnt, und namentlich um Mittag und gegen Abend sah man hier die Ansiedler von allen Seiten her eiligen Fluges ankommen. Es gelang mir nicht, eine dieser Tauben zu erlegen; denn sie waren merkwürdig scheu und der Felsen nur an wenig Stellen, und blos bis zu einer gewissen Höhe, zugänglich. Deshalb bin ich auch nicht im Stande, die Maße zu geben. Ueber Betragen, Nahrung und Fortpflanzung brauche ich nach dem Vorstehenden Nichts mitzutheilen; das Vorkommen und die Verbreitung des Vogels scheint mir das Wichtigste zu sein.

Als eigentliche Waldtaube tritt im ganzen Ostsudahn, und nach den Beobachtungen Seiner Hoheit, des Herzogs, auch in den von uns durchreisten Gebieten Abissiniens die Guineataube (Stictoenas guinea) auf. Nach meinen Erfahrungen findet sich dieser stattliche, weit verbreitete Vogel in allen größeren Waldungen Ostsudahns, zumal in solchen, welche die Königin der innerafrikanischen Palmen, den Dulehb', besitzen. Dieser stolze Baum kann gewissermaßen als der eigentliche Wohnsitz unserer Taube betrachtet werden: auf seinen breiten, fächergestaltigen Blättern wird auch das Nest angelegt. Ich habe schon früher mitgetheilt (Extraheft zum Journal für Ornithologie, erster Jahrgang, Seite 100), daß die Taube furchtlos neben dem kühnen und pfeilschnellen Räuber aller kleineren und größeren Finkenarten der Urwälder, dem prachtvoll gefärbten Falco ruficollis brütet, und will meine Angaben insofern vervollständigen, als ich noch ausdrücklich hinzufüge, daß die Nester beider so wenig verwandter Vögel auf ein und demselben Baume, ja beinahe auf ein und demselben Blatte sich finden, daß man Falk und Taube zu gleicher Zeit dicht neben einander sitzen sieht, in tiefstem Frieden dasselbe Haus bewohnend.

Im Betragen und in der Lebensweise kommt die Guineataube am meisten mit unserer großen Wildtaube (Columba Palumbus) überein. Sie lebt, wie diese, paarweise im reichen Urwald, auch wo es den Dulehb weit und breit nicht giebt, sammelt sich Morgens in kleinen Familien und auf einem, die anderen an Höhe überragenden und womöglich einzelnstehenden Baum, ruckst hier bis anderthalb Stunden nach Sonnenaufgang, fliegt dann zur Nahrung aus, einigt sich mit anderen ihrer Art um die Mittagszeit im schattigen Geäst hochwipfliger Bäume, fliegt in den

Nachmittagsstunden erst zur Tränke und dann wiederum zur Nahrung und kehrt Abends zum gewohnten Wohnsitz zurück. Ihr Flug ähnelt dem unserer Wildtaube; doch habe ich das eigenthümliche Emporsteigen und Klatschen mit den Flügeln bei ihr niemals beobachtet. Die Brutzeit fällt im Sudahn in die letzten oder ersten Monate unseres Jahres, allein es ist gar nicht unmöglich, daß auch unser Vogel nach anderer Tauben Art mehrmals im Jahre brütet und vielleicht schon bei Beginn der Regenzeit sein Nest mit dem ersten gelegten Ei schmückt.

Die Guineataube ist überall scheu, oder richtiger, vorsichtig. Man erlegt sie gewöhnlich zufällig. Sie vermeidet den Menschen ängstlich, läßt sich in der Nähe der Dörfer nicht sehen und flieht vor dem Aufkommenden schon aus weiter Entfernung. Dies ist um so auffallender, weil kein Sudahnese Jagd auf sie macht und sie also erfahrungsmäßig von der Furchtbarkeit des Menschen nicht unterrichtet ist. Ungleich gefährlichere Feinde mag sie in den größeren Edelfalken des inneren Afrikas besitzen. Feldegg's Falke zumal verfolgt sie eifrig. In den Urwäldern kommt man gar nicht selten zu einer Schlachtbank dieses Räubers, auf welcher das verstreute Gefieder unserer Taube von ihrem Tode in der Klaue des Raubvogels deutlich genug zu sprechen weiß.

Unsere Turteltaube (Turtur auritus) kommt blos während des Winters und zwar ziemlich selten nach Egipten; dafür vertreten sie in zahlreicher Menge zwei andere Arten, die egiptische und die Senegaltaube (Turtur aegyptiacus et Turtur senegalensis). Ich halte diese Vögel, welche man in der Neuzeit gewöhnlich vereinigt hat, für verschieden. Die egiptische Taube ist stets um ein Bedeutendes größer, als die Senegaltaube, und auch durch die Heimat von jener getrennt. Sie findet sich im Norden Afrikas bis Nordnubien; die Senegaltaube erst im Innern des Erdtheils, etwa vom 18. Grade nördlicher Breite an südwärts. In Lebensweise und Betragen unterscheiden sich die beiden Arten freilich wenig oder nicht.

Die egiptische Taube lebt nicht in so großen Flügen, als die Felsentaube, ist aber nicht minder häufig. Sie wohnt so recht eigentlich überall. Der Sonntagsschütz, welcher den heiligen Nil bereist und irgend einen

Palmenwald betritt, wird von den ihm regelmäßig folgenden Egiptern plötzlich am Arm gefaßt und durch eine Handbewegung oder durch das Wort "Djimrīe" auf unsere Taube aufmerksam gemacht und hat Gelegenheit genug, seine Geschicklichkeit zu beweisen. Dem Forscher wird dieses "Djimrīe" geradezu lästig; auch er vermag das Ehrengeleit der guten Fellahhin nicht von sich abzuwenden und ärgert sich nicht wenig, wenn er durch die Zudringlichkeit der Leute von einem besseren Ziele abgelenkt wird. Uebrigens braucht man sich gar nicht in einen Palmenwald zu bemühen, wenn man die egiptische Taube beobachten will; sie lebt in jedem größeren Garten, auch in denen, welche mitten in den Städten oder auch Dörfern liegen; man gewahrt sie, wenn man vom Fenster des Gasthauses in Kairo aus auf die Esbekīe schaut; man sieht sie in unmittelbarer Nähe des Menschen ihr Wesen treiben. Es ist ein schöner Zug des Mahammedaners, daß er jedem Geschöpfe, welches bei ihm einkehrt und ihm nicht gerade sehr lästig wird, vollste Gastfreundschaft gewährt. Die Worte, welche ich auf Seite 374 ff. meines "Leben der Vögel" sagte, sind buchstäblich zu nehmen, und selbst die schöne Sage, welche von der Gründung Kairo's durch die Djimrīe berichtet, möchte ich nicht von dem klaren Verstande zergliedert und verstümmelt wissen; denn der Gedanke, welcher ihr zu Grunde liegt, hat heute noch seine volle Giltigkeit. Ungescheut vor dem Menschen, dessen Schutz sie sich versichert hat, lebt die Djimrīe in Egipten. Kein schändlicher Bube bedroht ihr Nest, und deshalb steht dieses oft so recht eigentlich vor dem Auge des Menschen da, in einem niederen Busch, kaum fünf Fuß über der Erde. Ich selbst habe mehr als ein Mal brütende egiptische Tauben im Neste gefunden, welche mich ruhig anschauten und gar nicht daran dachten, ihre zwei durch den Nestboden hindurchschimmernden Eilein zu verlassen: sie waren es ja nicht gewohnt, daß der Mensch sie in ihrer heiligsten Beschäftigung stört.

Im Sudahn ist es kaum anders. Die Senegaltaube vertritt ganz die Stelle der egiptischen. Sie wohnt dort in jedem Garten, jedem Walde. Auch sie trifft man gewöhnlich nur paarweise; aber ein Paar wohnt dicht bei dem anderen, und das Girren und Rucksen tönt Einem überall entgegen. Auch sie verfolgt Niemand.

Die **Halsbandtaube** (Turtur semitorquatus) hat mit den beiden Genannten Vieles gemein. Ihr Verbreitungskreis beginnt nach meinen Beobachtungen mit dem 21.-Grad nördlicher Breite. In Süd- und Mittelnubien ist sie überall zu finden, wo ein schmales Band von Mimosen oder ein Palmenwald die Ufer des Stromes besäumt; im Sudahn und in Abissinien tritt sie zahlreich auf, und in dem Gebirge bei Mensa beobachtete ich sie in großen Schaaren, ganz gegen Art der andern Turteltauben. Unterhalb des Dorfes Mensa am Wässerchen stehen mehrere hohe Sikomoren. Zu ihnen kamen gegen Abend Flüge von Hunderten dieser Taube. Einzelne Bäume waren an manchen Tagen buchstäblich mit ihnen bedeckt; es saß, so zu sagen, auf jedem Aste eine von ihnen.

Unsere Taube erscheint viel größer, als sie wirklich ist, und erinnert in ihrem Betragen ebenso sehr an ihre kräftigen Familienverwandten, wie an die ihr zunächst stehenden **Lach- und Turteltauben**. Ihre Bewegungen sind ganz die der letzteren; doch ist das pfeifende Geräusch des Fluges bei ihr stärker, als bei jenen. Der Flug selbst ist leicht, reißend und beim Auffliegen von einem starken, klatschenden Geräusch begleitet. Hinsichtlich ihres Betragens ist sie eine echte **Turteltaube**; auch ihre Stimme ist mehr ein Girren, als ein Ruckfen. Da, wo sie paarweise wohnt, zeigt sie sich den Menschen sehr zutraulich; die großen Flüge sind aber immer sehr, für Afrika geradezu unverhältnißmäßig scheu.

Sie brütet, wie die meisten Verwandten, mehrmals im Jahre. Ich habe ihre Eier in Nubien in den ersten Monaten des Jahres und in Ostsudahn während der Regenzeit gefunden.

Die von Rüppell, Seite 66 seiner neuen Wirbelthiere, gegebenen Maße scheinen nach Bälgen genommen zu sein; denn sie sind nicht ganz genau. Ich lasse hier die Maße eines bei Mensa erlegten Paares folgen.

Es beträgt beim Männchen:

Die Länge	1 Fuß	— Zoll	8 Linien.
Die Breite	1 „	9 „	9 „
Die Höhe des Tarsus	— „	— „	11 „
Die Länge der Mittelzehe	— „	— „	12 „
Die Länge der Hinterzehe	— „	— „	6 „

Die Länge der inneren Zehe.....	— Fuß	— Zoll	9 Linien.
Die Länge der äußeren Zehe.....	— „	— „	9 „
Die Länge des Oberschnabels.....	— „	— „	8,5 „
Die Länge des Unterschnabels.....	— „	— „	3,5 „
Die Länge des Flügels vom Bug bis zur Spitze der vierten Schwinge.....	— „	7 „	6 „
Die Länge des Schwanzes.....	— „	5 „	6 „

Beim Weibchen ist:

Die Länge...........	— Fuß	11 Zoll	9 Linien.
Die Breite...........	1 „	8 „	— „
Die Höhe des Tarsus.....	— „	— „	11 „
Die Länge der Mittelzehe.....	— „	— „	11 „
Die Länge der Hinterzehe.....	— „	— „	5,5 „
Die Länge der inneren Zehe.....	— „	— „	8 „
Die Länge der äußeren Zehe.....	— „	— „	8 „
Die Länge des Oberschnabels.....	— „	— „	8 „
Die Länge des Unterschnabels.....	— „	— „	3 „
Die Länge des Flügels vom Bug bis zur Spitze der vierten Schwinge.....	— „	7 „	1 „
Die Länge des Schwanzes.....	— „	5 „	— „

Die Iris ist nicht graugelb, wie bei Rüppell angegeben, sondern gelblichroth, der Schnabel nicht schwarz, sondern bläulichroth, die Füße korallenroth, wie bei anderen Tauben, der Augenring blutroth.

Während die Halsbandtaube die waldigen Gebirge entschieden der Ebene vorzieht, findet sich die Lachtaube (Turtur risorius) hauptsächlich in der Tiefe, und zwar am liebsten in der Wüste oder in der Wüstensteppe. Schon von Mittelnubien an südwärts ist dieser Vogel häufig, und im Innern Afrikas wird er zur gemeinsten Art der ganzen Familie. Bei einem Ritte durch die Samchara oder durch irgend eine Steppe des Inneren klingt das Lachen und Girren der Tauben beinahe von jedem

Busche herunter, und zu gewissen Zeiten des Jahres, gegen Anfang der Dürre hin z. B., sammeln sich die Lachtauben in manchen Waldungen in geradezu unschätzbarer Menge. Man kann dann Züge gewahren, welche, wenn auch nicht Stunden lang, so doch viele Minuten nach einander im dichten Gewimmel dahinfliegen. Solche Versammlungen scheinen wenigstens einige Wochen lang stets mit einander in der Steppe umherzuschweifen, wahrscheinlich getrieben von Nahrungsmangel. Sie erscheinen an manchen Wasserplätzen in den Vormittagsstunden und gegen Abend zu Millionen, wenn auch nicht sämmtlich auf ein Mal, so doch in ununterbrochener Folge.

Während des übrigen Jahres sieht man die Lachtaube paarweise oder in kleinen Familien. In der Samchara bemerkten wir auf jedem größeren Busch zwei bis drei Paare unseres Vogels, und wenn das eine Paar aufflog und sich einem der anderen Büsche zuwandte, fand es diesen sicherlich schon besetzt.

Das Brutgeschäft schien zur Zeit unseres Aufenthaltes in Abissinien noch nicht begonnen zu haben, wenigstens fanden wir kein Nest auf —; aber die Zertheilung der Massen und Auflösung in Paare sprach meiner Ansicht nach dafür, daß es wohl bald beginnen werde.

Die große Häufigkeit der Lachtaube ist wohl Ursache, daß sie in den abissinischen Küstenländern ziemlich oft gefangen wird. Auf welche Weise Dies geschieht, vermag ich nicht zu sagen; wohl aber gelang es mir, ohne die geringste Mühe, so viel Lach- und Kaptauben zu erhalten, als ich wollte; die Buben brachten sie in großer Menge und waren sehr vergnügt, wenn ihnen für das Stück vier Pfennige unseres Geldes geboten wurde.

Erst in dem eigentlichen Tropenlande hört man die Stimme eines der Zwerge der Taubenfamilie, den ganz eigenthümlichen Ruf der Erdtaube (Chalcopelia afra). Dieses prächtige Thierchen reicht nach meinen Erfahrungen nicht über den 16. Grad nördlicher Breite nach Norden hinauf und wird erst vom 14. Grad nördlicher Breite an häufiger. In den Urwaldungen des blauen Flusses ist es eine alltägliche Erscheinung, und auch in den reichbewachsenen Thälern der Samchara sowie des Gebirges kann es nicht selten genannt werden. Aber man bekommt es gar nicht so leicht zu sehen.

Die Erdtaube bewohnt die dichtverschlungensten Gebüsche und verläßt dieselben nicht oder nur auf Minuten, wenn sie der Durst zu einem der Wässerchen treibt. Sonst verfließt ihr ganzes Leben im Schatten jener Dickungen. Gerade in den undurchdringlichsten Gebüschen darf man sie am ersten vermuthen; aus ihnen heraus tönt der Ruf durch den Wald, in ihnen steht das zierliche Nestchen, welches ich ein paar Mal gesehen habe, ohne es erreichen zu können: so dicht sind die eigentlichen Wohn=sitze unseres Vogels.

Das Betragen der Erdtaube ist ebenso anmuthig, wie sie selbst. Sie ist ein überaus friedlicher, harmloser Vogel, welcher in seiner reichen Buschwelt still sein Wesen treibt. An recht günstigen Orten wohnt in jedem größeren Busch ein Pärchen, und der eine Busch, welcher nur zwei=hundert Geviertfuß Land bedeckt, scheint ihm vollständig zu genügen. Nur selten kommt die Taube unter ihm hervor und ins Freie gelaufen; sobald als möglich verkriecht sie sich wieder im Dunkeln eines anderen, ebenso dicht verschlungenen Gebüsches. Ihre Heimat ist so reich an allerlei Sämereien und Beeren, daß die Taube größerer Wanderungen nicht bedarf, und da sie sich regelmäßig in der Nähe des Wassers an=siedelt, so kann sie so recht nach Herzenswunsch ein behagliches Stillleben führen.

Im Ostsudahn beginnt die Brutzeit der Erdtaube mit Beginn der großen Regenzeit, in Abissinien scheint auch sie im Frühjahr zu brüten; wenigstens vernahm ich sehr oft ihre so bezeichnende Stimme. Diese erinnert nur noch entfernt an das Rucksen der Tauben und hat mit den Tönen, welche der Nashornvogel dem Walde zum besten giebt, weit mehr Aehnlichkeit. Der ganze Ruf besteht aus der Silbe „Du", welche zehn bis fünfzehn Mal nach einander wiederholt wird, Anfangs langsam, dann mit einer mehr sich steigernden Eile. Ein ganz besonderer und un=beschreiblicher Wohlklang kennzeichnet diesen Ruf vor dem ähnlichen des Nashornvogels, und der Geübte kommt sicherlich nicht in Versuchung, beide zu verwechseln, auch wenn er sie aus großer Entfernung hört. Andere Laute, als dieses Rucksen, wie man es wohl nennen kann, habe ich nicht von der Erdtaube vernommen. Nach der Paarungszeit hört man gar keinen Laut mehr. — Das Männchen ist äußerst zärtlich gegen sein Weibchen, umgeht es mit zierlichem Kopfneigen, schnäbelt es, umhalst es und fliegt dann auf einen vielleicht fußhohen über der Erde stehenden Ast, um von dort aus seinen Jubelruf ertönen zu lassen. Das Nest, welches immer im dichtesten Gebüsch hart über der Erde steht, ähnelt dem anderer Tauben, ist aber doch schmucker und auch etwas besser gebaut.

Im geraden Gegensatz zu der Erdtaube bewohnt die Kaptaube (Oena capensis) mehr die freieren Stellen der buschigen Gegenden und recht häufig auch die Gärten. In den eigentlichen Wäldern ist sie seltener, fehlt aber nirgends ganz. Nur das höhere Gebirge scheint sie vollständig zu meiden. Von der Grenze Ostsudahns, welche durch die Gebirge Rherri bezeichnet wird, ist sie überall gemein. Man sieht sie paarweise und in kleinen Flügen.

Unter allen mir bekannten Tauben hat die Kaptaube den schönsten Flug. Derselbe ist fast schwalbenartig, reißend schnell und durch die der Taube eigenthümliche Gewandtheit besonders ausgezeichnet. Die Kaptaube führt Wendungen und Biegungen aller Art mit einem wirklich staunenswerthen Geschick aus. Ihr gegenüber erscheinen die so flugbegabten Verwandten langsam und täppisch. Zuweilen sieht man drei oder vier Männchen dieser Art sich aufs heftigste verfolgen und dabei durch Gebüsche und Hecken jagen mit wirklich großartiger Meisterschaft. Im Laufe dagegen ähnelt sie den übrigen kleineren Tauben; sie hat ganz das Nickende bei jedem Schritte und die den Taubengang auszeichnenden seitlichen Bewegungen.

Man kann nicht gerade behaupten, daß unser Täubchen scheu wäre; vorsichtig aber ist es stets. Es siedelt sich in der Nähe des Menschen an, befreundet sich aber nicht eben besonders mit diesem. Nur in flußarmen Gegenden wird sie zutraulich; hier zwingt sie der Durst, bei den Tränkstellen zu erscheinen, und sie gewöhnt sich dann bald auch an die wasserschöpfenden braunen Leute und trinkt in ihrer unmittelbaren Nähe. Doch wollte mir es scheinen, als ob sie auch dann ihre Vorsicht noch nicht ganz ablege.

Ueber die Brutzeit der Kaptaube bin ich nicht recht ins Klare gekommen. Bei Chartum fand ich Nester zu Anfang der Regenzeit;

während der letzten Reise schienen die Vögel eben bauen zu wollen. Es ist also möglich, daß sie mehrmals oder im Osten zu anderer Zeit brüten, als in der Mitte des Erdtheils. Das Nest ähnelt dem der Erdtaube, es steht immer fast auf der Erde, d. h. höchstens ein bis drei Fuß über ihr in dichtem Mimosengebüsch oder Hecken, in den Gärten Charthums auch zwischen dem Feigenkaktus. Die kleinen Eier zeichnen sich durch einen besonderen Glanz aus.

Bei Massaua wird die Kaptaube oft auch in Mengen gefangen und für wenige Pfennige unseres Geldes den Europäern gebracht.

Afrika ist ebensogut ein Hühnerland, wie Asien, wenn es auch nicht denselben Reichthum an Formen aufzuweisen vermag. Aber die Zahl der Arten ist, wie bekannt, doch schon eine sehr große und die Menge der Individuen eine überraschende. Auch diese Ordnung zeigt sich um so reicher, je weiter man in das Innere eindringt. Nur wenige Arten sind Bewohner des Nordens und kommen in den eigentlichen Gleicherländern nicht vor; diese aber sind gerade von Hühnern so reichlich bevölkert, daß man jene kaum vermißt. Die Hühner haben sich ebenfalls in allen Gebieten angesiedelt. Auf den fast pflanzenlosen Sandfelsen an den Ufern des Nil in Oberegipten findet man kleine prächtige Rebhühner (Ptilopachus Hayi) in schwachen Völkern; auf den von der Halfa, einem Riedgrase, in Besitz genommenen Ebenen des Nilthales lärmen die Flughühner (Pterocles) in sehr zahlreichen Ketten umher, und mit Beginn der Steppe tritt zuerst das Perlhuhn und dann die Sippe der Frantoline in mehreren Arten äußerst zahlreich auf, während die niedlichen Fausthühner (Ortyxelos s. Turnix) die baumarme, aber grasreiche Steppe in ungleich größerer Zahl bevölkern, als der Forscher zuerst glaubt, weil es so gar schwer hält, diese im Graswalde vollkommen unsichtbaren Thierchen vor das Auge zu bringen. In gewissen Gegenden der Steppe und des Gebirges tönt der so kenntliche Hühnerruf dem Reisenden ununterbrochen in das Ohr, und gerade auf der letzten Reise haben wir beobachtet, daß einzelne Arten buchstäblich das Land bedecken, oder so dicht an einander wohnen, daß kein Raum mehr für andere Hühner übrig zu bleiben scheint. —

Schon wenige Meilen von der Küste des rothen Meeres entfernt, lernt der Jäger das östliche Perlhuhn (Numida ptilorhyncha) an allen geeigneten Orten als häufigen Vogel kennen; im Gebirge aber oder im Innern des Erdtheils, z. B. in den Urwäldern, begegnet er Ketten von außerordentlicher Stärke: denn da, wo die Gegend dem Perlhuhn alle Bedingnisse zu seinem Wohlbefinden liefert, vereinigen sich die einzelnen Familien zu Trupps, welche gar nicht selten zwischen funfzig und hundert zählen.

Das Perlhuhn bedarf Gegenden, welche von einem dichten Nieder= walde bedeckt sind, dazwischen aber freie Blößen haben. Jene reichen Thäler der Samchara, die Hochebenen im Gebirge und die sanfteren, mit Fels= blöcken übersäeten und dennoch mit einer üppigen Pflanzenwelt überzogenen Gehänge genügen allen Erfordernissen. Namentlich an den letztgenannten Orten ist der Vogel außerordentlich häufig. Hier hört man in den Mor= gen= und Abendstunden das auch diesem Perlhuhn eigene, trompetenartige Rufen von allen Seiten herschallen, und wenn man vorsichtig sich naht, sieht man die Völker eilig in langen Reihen über die Blößen gehen oder zwischen die Felsblöcke hindurch sich winden und in den Gebüschen wegschlüpfen. Das Perlhuhn ist überall vorsichtig und wird, sobald es Nachstellungen erfährt, sogar scheu. Dazu kommt nun noch, daß seine reiche Befiederung die meisten Schüsse unwirksam macht, daß der Vogel selbst das beste Gewehr zu verspotten scheint, und somit ist es nicht eben leicht, Perlhühner zu jagen. Gleichwohl wird dieses leckere Wildpret dem Koch eines mit Gewehr und Schießbedarf wohl versehenen Jägers selten fehlen. Von unserer Reisegesellschaft wurden täglich Dutzende von Perlhühnern und Frankolinen erlegt, ohne daß eigentlich Jagd auf sie gemacht worden wäre. Ihre unglaubliche Häufigkeit läßt alle Hindernisse, welche die Jagd im Gefolge hat, verschwinden.

Es ist mir wahrscheinlich, daß die Perlhühner in strenger Ehe leben: doch bin ich nicht im Stande, diese Behauptung zu beweisen, weil man nur höchst selten auf einzelne Perlhühner stößt, vielmehr regelmäßig Flügen begegnet, unter denen man die Zusammengehörigen nicht unterscheiden kann. Die Geselligkeit ist ein Grundzug des Wesens unserer Hühner. Wie die Indianer auf ihren Kriegspfaden, laufen sie in langen Reihen hinter einander her, eines nach dem anderen, und was das eine beginnt, thun alle übrigen mit. Nur durch Schüsse erschreckt, zertheilt sich das Volk in einzelne Trupps; — aber diese locken sich sofort wieder zusammen, und wenige Stunden nachher trifft man das ganze Volk wieder bei einander.

Man darf wohl behaupten, daß die Perlhühner den mit niederem Gras bewachsenen oder ganz verdorrten Blößen einen prächtigen Schmuck verleihen. Die dunkeln Vögel verschwinden zwischen den ihnen ähnlich gefärbten Steinen, heben sich aber scharf ab von den grün oder graugelb erscheinenden Grasflächen. Verkennen wird man die Perlhühner nie: der wagerecht gehaltene Körper, die locker zusammengetragenen, wie gesträubt erscheinenden Bürzelfedern und der dachförmig abfallende Schwanz sind für die Gestalt des Thieres so bezeichnend, daß nur der Ungeübteste sie mit irgend einem anderen Huhne verwechseln könnte. In der Schnelle des Laufes kommen ihnen die Frankoline freilich gleich; der Flug aber ist von dem dieser so nahen Verwandten verschieden und durch die vielen, fast schwirrenden Flügelschläge, auf welche nur ein kurzes, schwebendes Dahingleiten folgt, sehr ausgezeichnet.

Blos dann, wenn die Perlhühner schon Verfolgungen erfahren haben, versuchen sie, sich durch Fliegen zu retten; so lange es irgend geht, verlassen sie sich auf ihre behenden Füße. Manchmal laufen sie mehrere Minuten lang vor dem Jäger her, ehe sie sich erheben; dabei halten sie aber immer vorsichtig einen für das Schrotgewehr zu großen Abstand ein und wissen jedes Gebüsch, jeden Felsblock vortrefflich zu benutzen. Ein alter Hahn leitet die ganze Gesellschaft. Er ist immer voraus und bestimmt stets die Richtung der Flucht, auch dann noch, wenn diese mit Hilfe der Flügel fortgesetzt wird. Nach einem Schuß stiebt das ganze Volk in verschiedene Abtheilungen auf, und diese wenden sich auch Anfangs nicht gleich nach der einen Gegend hin, sondern fallen gern noch ein paar Mal ein, ehe sie sich anschicken, zu dem Leithahn zurückzukehren. Der eilt regelmäßig dem geschütztesten Orte zu, sei dieser nun ein undurchbringliches Dickicht oder ein Felsengewirr am Gehänge. Sofort nach dem Einfallen beginnt er laut zu trompeten, und dabei setzt er sich gern auf die höchsten Punkte, auf Felsblöcke, g a n z f r e i (was er sonst nie zu thun pflegt), gleichsam in der Absicht, dem zerstreuten Volk sich auch zu zeigen. Letzteres läuft und fliegt nun sobald als möglich wieder zusammen und treibt es wie zuvor.

Ueber Fortpflanzung und Brutgeschäft fehlen mir Beobachtungen.

Die Geschlechter sind in der Größe ziemlich verschieden und das Männchen noch durch seinen Hornfaserbüschel am Schnabel vor dem Weibchen ausgezeichnet. Ob die Rüppell'sche Angabe, daß das östliche oder nubische Perlhuhn dem gemeinen westafrikanischen vollkommen gleich an Größe ist, ganz richtig genannt werden darf, weiß ich nicht; denn ich habe das letztere nicht gemessen. Von dem nubischen Perlhuhn kann ich aber die Maße geben.

Es beträgt:

	beim Männchen:			beim Weibchen:		
	Fuß	Zoll	Linien.	Fuß	Zoll	Linien.
Die Länge	1	9	6	1	7	6
Die Breite	2	8	—	2	6	6
Die Höhe des Tarsus	—	2	9	—	2	6
Die Länge der Mittelzehe	—	2	2	—	1	10
Die Länge der Hinterzehe	—	—	9	—	—	7
Die Länge der inneren Zehe . . .	—	1	7	—	1	4
Die Länge der äußeren Zehe . . .	—	1	7	—	1	4
Die Länge des Oberschnabels . . .	—	1	1	—	1	—
Die Länge des Unterschnabels . . .	—	—	4,5	—	—	4
Die Länge des Flügels vom Bug bis zur Spitze	—	10	3	—	9	9
Die Länge des Schwanzes	—	6	3	—	6	—

Die Iris ist braun, der Schnabel dunkel horngelb, der Fuß braunschwarz, die Wangen und Lappen sind lichtblau, der Kehllappen bräunlich.

An denselben Orten, zum Theil in Gesellschaft des Perlhuhns, findet man auch ein oder das andere Frankolinhuhn auf. In gewissen Gegenden Mittelafrikas darf man diese schönen, lebendigen und lauten Thiere unter die häufigsten Vögel zählen.

Wenn man von der Küste des rothen Meeres dem Gebirge sich zuwendet, trifft man zunächst mit dem rothkehligen Frankolinhuhn (Pternistes rubricollis) zusammen. Es bewohnt paar- und familienweise sehr zahlreich die Dickichte an den Uferfäumen der Regenbetten und wird um so häufiger, je verschlungener und ausgedehnter diese sind. Im eigentlichen Gebirge bemerkten wir es nicht mehr; wohl aber lebt es noch einzeln unmittelbar am Fuße des ersten Gebirgswalles.

Nur wenige Frankolinhühner lieben es, sich frei zu zeigen; auch ihnen ist die Scheu aller übrigen Waldhühner eigenthümlich. Bei Annäherung eines Menschen laufen sie so eilig als möglich dem nächsten Gebüsch zu und stehlen sich in ihm weiter, mit meisterhafter Gewandtheit jede günstige Stelle sich aussuchend, pfeilschnell über eine Blöße von einem Busch zum andern laufend, immer bedacht, sich bestmöglichst zu decken, und gewissermaßen überzeugt, daß ihr Kleid, trotz seiner oft recht schönen Zeichnung, doch der herrschenden Bodenfärbung in jeder Hinsicht sich auf das Genaueste anpasse. Blos wenn man sie auf freien Plätzen überrascht oder einen Hund auf ihre Spur hetzt, stehen sie unter geräuschvollen Flügelschlägen auf und wenden sich einem entfernteren Dickicht zu, in welchem sie dann die Flucht laufend fortsetzen. Der Flug ist ziemlich leicht, Anfangs allerdings flatternd, in einer gewissen Höhe aber viel schwebend: am meisten hat er mich an den Flug unseres **Birkhuhns** erinnert. So leicht er übrigens auch genannt werden kann, so weit steht er hinter dem Laufe zurück; denn die Frankoline rennen mit unglaublicher Gewandtheit und Schnelligkeit dahin.

Alle Frankolinhühner, welche ich kennen lernte, **leben in Einweibigkeit**. Man trifft Paar bei Paar in trauter Gemeinschaft, und wenn man mehrere findet, sind es zwei oder drei Paare oder eine Familie, d. h. die Eltern mit ihren fünf bis sechs Jungen. Ungeachtet dieses trauten Zusammenhaltens der Gatten ist die Eifersucht der Hähne eine ebenso große, wie bei anderen Mitgliedern ihres streitbaren Geschlechts. Wenn ich auch selbst nicht die Kämpfe mit angesehen habe, welche die Männchen unter sich ausfechten mögen, sprach doch das herausfordernde Geschrei der einen und die trotzige Antwort der andern Hähne deutlich genug für meine Behauptung.

Die Stimme aller Frankoline hat viel Aehnlichkeit; doch hält es nicht schwer, an ihr die bezüglichen Arten zu erkennen. Sie ist ein echtes Waldhuhngeschrei, wenn sie auch manchmal mehr an den Ruf des **Perlhuhns** und unseres **Rebhuhns** erinnern mag, als an das Kollern und Balzen unseres **Birk**= und **Auerwildes**. Von dem rothkehligen

Frankolin hört man am meisten die Laute: „Girrää, Rirrää" aus einiger Entfernung, dem Rufe unseres Rebhuhns täuschend ähnlich klingend. Die Fortpflanzung fiel in die Zeit unseres Aufenthaltes, und deshalb waren alle Frankolinhühner aufs äußerste erregt und riefen und schrien in den Abendstunden ohne Ende.

Auf unserer Rückreise fand ich das Nest der rothkehligen Art in einem dunkelen Busche, zwischen mehreren Stämmen, dicht über dem Boden. Es war eine tiefe, mit etwas Laub und einigen Federn ausgelegte Mulde, welche sechs rein weiße, in Gestalt, Größe und Färbung denen eines kleinen Huhns ähnliche Eier enthielt. Die Henne selbst machte mich auf das Nest aufmerksam. Sie lief bei meiner Ankunft aus dem Busch heraus, ging etwa funfzig Schritt weit fort, stellte sich dort auf eine Blöße hin, breitete die Flügel, schlug mit ihnen und schrie „Hihärr", unzweifelhaft in der Absicht, mich vom Neste abzuführen. Ich bezeichnete mir den Busch und folgte ihr. Sie ging weiter und weiter, huschte und flatterte, schrie beständig vor mir her, führte mich wirklich fast fünfhundert Schritt ihr nach, stieg plötzlich auf und kehrte nun im großen Bogen zum Neste zurück, ganz nach Art ihrer Verwandten. Der Hahn ließ sich nicht sehen, doch zweifle ich nicht, daß auch er sich in der Nähe befand.

Die Küstenbewohner fangen gerade dieses Huhn sehr häufig und zwar in Schlingen, wie man mir sagte. In den Häusern mancher Europäer findet man es in der Gefangenschaft. Diese erträgt es recht gut; es bleibt aber immer wild und unbändig. Ich brachte einen Hahn mit mir nach Europa; er befindet sich gegenwärtig im Thiergarten zu Frankfurt.

Die Jagd hat keine besonderen Schwierigkeiten und dürfte vor den Hunden noch leichter sein, als sie uns wurde. Wenn man im Halbmond die Regenstrombetten abgeht, kann man dieses Huhn in Menge erlegen: denn soviele auch in den Büschen sich wegstehlen, soviele kommen, wenn sie aufgestanden sind, dem Jäger vors Rohr. Jedoch verträgt auch das rothkehlige Frankolinhuhn einen sehr starken Schuß und entgeht selbst todtwund noch gar häufig. Das Fleisch ist im höchsten Grad schmackhaft: es wetteifert hierin mit dem des Perlhuhns.

Da meines Wissens seit Rüppell Niemand die Maße des rothkehligen Frankolins und jener Forscher, wie es scheint, nur die vom Männchen entnommenen, und diese nicht ganz richtig, gegeben hat, lasse ich die in meinen Maßtafeln verzeichneten hier folgen.

Es mißt:

	b. Männchen:			b. Weibchen:		
	Fuß	Zoll	Lin.	Fuß	Zoll	Lin.
Die Länge	1	4	—	1	2	6
Die Breite	2	1	6	2	—	—
Die Höhe des Tarsus	—	2	6	—	2	2
Die Länge der Mittelzehe	—	1	9	—	1	6
Die Länge der Hinterzehe	—	—	6	—	—	5
Die Länge der inneren Zehe	—	1	2	—	1	1
Die Länge der äußeren Zehe	—	1	3	—	1	2
Die Länge des Schnabels	—	1	4,5	—	1	3
Die Länge des Unterschnabels	—	—	5,5	—	—	5
Die Länge des Flügels vom Bug bis zur Spitze der vierten Schwinge	—	7	8	—	7	—
Die Länge des Schwanzes	—	4	—	—	4	—

Die Iris ist l i ch t b r au n, der Schnabel d u n k e l b r a u n g r a u, an der Wurzel des Oberschnabels und auf dem Nasendeckel r o t h; der Fuß ist d u n k e l b r a u n g r a u; Kehle und Augenring sind z i n n o b e r-r o t h, der Hals ist gelb mit mehreren r o t h en Flecken.

Unter den Schwingen ist die v i e r t e die längste; auf sie folgt die fünfte, sechste, siebente, dritte, achte, die zweite, die neunte, die zehnte.

———

Gleich nach dem Eintritt in das Gebirge wird der Forscher durch den von allen Bergen herabtönenden Ruf „Krekrekrekrekrekr" und „Käkäkek-ekekekekkrekr" belehrt, daß er das Gebiet des rothkehligen Frankolins verlassen hat und in das eines anderen Wildhuhnes eingetreten ist. Zumal in den Morgen- und Abendstunden wird das Gebirge laut, Dank dem Eifer und der Ausdauer der streitsüchtigen Hähne; und um diese Zeit sieht man dann auch noch am ersten auf diesem oder jenem Felsblock ein großes, schönes Huhn frei sich zeigen.

Dies ist der Rüppell's Begleiter, Erkell, zu Ehren benannte Frankolin (Francolinus Erckellii), wohl der größte und stattlichste seiner ganzen Sippschaft. Im Mensagebirge ist er überaus häufig. Hier wohnt Paar bei Paar, und je höher man im Gebirge aufsteigt, um so zahlreicher scheint diese Bewohnerschaft zu werden. Erkell's Frankolin zieht entschieden die Höhe der Tiefe vor und kommt erst von dreitausend Fuß über dem Meere an auf die Ebene herab. Für gewöhnlich hält er sich auf an den Gehängen zwischen den Felsblöcken, welche auf denselben lagern, und im Gebüsch, welches die Gehänge reichlich bedeckt. Zur Mittagszeit ist er ganz still und zeigt sich nur, wenn er aufgescheucht wurde, dem Auge des Jägers: in den Morgen= und Abendstunden aber sucht er die höchsten Felsblöcke seines Wohnsitzes auf und schreit von da oben herab. Auch er lebt in Paaren; doch führen die Eltern ihre Kinder lange mit sich herum. Rüppell fand im Monat September angeschwollene Dotter im Eierstock des Weibchens: wir trafen im April auf zahlreiche Ketten dieser Hühner, welche entschieden nur aus den Eltern und ihren Kindern bestanden, und ich beobachtete zugleich, daß die kinderlosen Paare sich zum Brüten anschickten. Es ist deshalb gar nicht unwahrscheinlich, daß unser Huhn zwei Mal im Jahre nistet. Die Gatten eines Paares und die Familien halten sich stets dicht neben einander, und wenn man die letzteren sprengt, vernimmt man sofort nach dem Einfallen des Weibchens ein leises, pfeifendes „Tirr, tirr", dem Lockruf der Henne, welche ihre Kinder wieder um sich zu sammeln strebt.

Die Jagd dieses Frankolins hat ihre besonderen Schwierigkeiten. Nur höchst ungern steht das Huhn auf; es läuft vielmehr so lange als nur irgend möglich auf dem Boden fort. Da kommt ihm nun die Beschaffenheit seiner Heimat vortrefflich zu Statten. Hunderte von Felsblöcken und der dichte, auf Stellen hin geradezu filzige, niedere Pflanzenwuchs bieten ihm überall Versteckplätze. Im Laufe entfaltet es die volle Meisterschaft, welche seiner Familie eigen ist. Es versteht es, vor dem Auge des Jägers buchstäblich zu verschwinden, ohne daß dieser begreift, wo es hingekommen. Zudem ist es mindestens ebenso schwer todtzuschießen, wie das Perlhuhn. Im Lauf nach ihm zu schießen, ist geradezu thöricht; denn nur, wenn man sehr nahe steht, hat der Hagel die zum Durchbringen des dichten und festen Gefieders nöthige Kraft. Ich habe mich zu meiner immer erneuten Verwunderung wiederholt von der geradezu unglaublichen Widerstandsfähigkeit des Gefieders und der nicht minder großen Lebenszähigkeit dieses Huhns überzeugen müssen. Man glaubt zuweilen, es in Stücke zu schießen, und sieht zur größten Ueberraschung, wie es noch ganz flott dahinfliegt. Gar häufig tödtet man erst von drei Frankolinen eines.

Auch die Maße des Erkell'schen Frankolin sind in Rüppells „Neuen Wirbelthieren" nicht ganz richtig verzeichnet. Das Thier ist größer, als dort angegeben.

Es beträgt beim Männchen:

	Fuß	Zoll	Linien.	Fuß	Zoll	Linien.
Die Länge	1	6	3	1	6	—
Die Breite	2	3	6	2	2	6
Die Höhe des Tarsus	—	2	4	—	2	3
Die Länge der Mittelzehe	—	2	—	—	1	11
Die Länge der Hinterzehe	—	—	7	—	—	7
Die Länge der inneren Zehe . . .	—	1	5	—	1	4
Die Länge der äußeren Zehe . . .	—	1	6	—	1	5
Die Länge des Oberschnabels . . .	—	1	5	—	1	5
Die Länge des Unterschnabels . . .	—	—	6	—	—	5,5
Die Länge des Flügels vom Bug bis zur Spitze der vierten Schwinge . . .	—	8	3	—	8	3
Die Länge des Schwanzes	—	4	9	—	4	9

Beim Weibchen dagegen mißt:

	Fuß	Zoll	Linien.	Fuß	Zoll	Linien.
Die Länge.	1	4	—	1	2	—
Die Breite	2	—	—	1	10	6
Die Höhe des Tarsus	—	1	10	—	1	8
Die Länge der Mittelzehe	—	1	8	—	1	8
Die Länge der Hinterzehe	—	—	6	—	—	5,5
Die Länge der inneren Zehe . . .	—	1	1,5	—	1	1
Die Länge der äußeren Zehe . . .	—	1	3,5	—	1	3
Die Länge des Oberschnabels . . .	—	1	1,5	—	1	1
Die Länge des Unterschnabels . . .	—	—	4,5	—	—	4,5
Die Länge des Flügels vom Bug bis zur Spitze der vierten Schwinge . . .	—	7	6	—	6	8
Die Länge des Schwanzes	—	4	3	—	4	3

Die Iris ist rothbraun, der Schnabel schwarz, der Fuß dunkelgelb mit grünlichem Schimmer. —

Inwiefern das Leben der beiden in meinem Verzeichnisse noch genannten Frankolinhühner von jenem der eben beschriebenen Arten abweicht, vermag ich nicht zu sagen; denn ich selbst habe die Thiere im Leben nicht gesehen. Seine Hoheit, der Herzog, erlegte beide Arten in der Nähe des Ain=Saba und brachte mir das Rüppell'sche Frankolinhuhn (Francolinus Rueppellii) zur Bestimmung und Messung mit nach Mensa. Dieses Huhn hatte ich früher im Kordofahn getroffen und zwar hauptsächlich in den Waldungen an der Grenze des Negerlandes Takhale. Es bildete dort einen Gegenstand eifriger Jagd der Eingeborenen und wurde regelmäßig nebst dem ebenfalls häufigen Perlhuhn durch die prachtvollen Windspiele der Kordofahnesen eingefangen. Auch wir erlegten es mehrere Male; doch habe ich damals über sein Leben und Treiben Nichts niedergeschrieben, und die Erinnerung ist zu unsicher geworden, als daß ich sie hier einer Beschreibung unterlegen könnte. Ich vermag also nur die Maße zu geben.

Es beträgt:

	Fuß	Zoll	Linien.	Fuß	Zoll	Linien.
Die Länge	1	3	—	1	1	—
Die Breite	1	11	—	1	9	—
Die Höhe des Tarsus	—	2	—	—	1	11
Die Länge der Mittelzehe	—	1	6	—	1	6
Die Länge der Hinterzehe	—	—	5	—	—	5
Die Länge der inneren Zehe	—	1	1	—	1	1
Die Länge der äußeren Zehe	—	1	2	—	1	2
Die Länge des Oberschnabels	—	1	2,5	—	1	1
Die Länge des Unterschnabels	—	—	5	—	—	4,5
Die Länge des Flügels vom Bug bis zur Spitze	—	6	9	—	6	4
Die Länge des Schwanzes	—	3	11	—	3	6

Die Iris ist rothbraun, der Schnabel im Ganzen schwarz, am Oberschnabel aber ins Röthliche ziehend, der Fuß blaßziegelroth, vorn dunkeler geschildert, der Augenstreif ziegelroth.

Unter den Schwingen ist die **dritte** die längste, auf sie folgt die vierte, die fünfte, die sechste, die siebente, die zweite, die achte, die erste und die neunte.

Schon auf meiner ersten Reise hatte ich beobachtet, daß unsere **gemeine Wachtel** (Coturnix communis) zur Zeit des Winters in allen Nilländern eine ziemlich häufige Erscheinung ist, und wunderte mich daher durchaus nicht, daß wir ihr auf unserer letzten Reise ebenfalls begegneten. Aber das Eine war mir merkwürdig: Wir fanden die Wachtel **nicht blos in der Tiefe der Samchara, sondern auch noch auf der Höhe des Gebirges**, auf der Hochebene ebensowohl, als an den Gehängen zu beiden Seiten derselben.

Gegen die Wintermonate hin erscheinen die Wachteln an allen südlichen Küsten des Mittelmeeres in großer Zahl, gewöhnlich so ermattet, daß man sie mit leichter Mühe fangen oder wenigstens mit einem langen, biegsamen Stocke erschlagen kann. Die Reise über das Meer strengt die schlechten Flieger unglaublich an. Sie stürzen beim Anblick des Landes wie besinnungslos nieder und denken zuerst an nichts Anderes, als an Ruhe. Aber diese währt nur kurze Zeit. Nach wenigen Stunden schon hat sich eine ankommende Wachtelschar allseitig zertheilt und jeden nur einigermaßen günstigen Ort ausgewählt. Von nun an geht die Wanderung höchst wahrscheinlich mehr laufend, als fliegend, weiter, immer dem Süden zu, bis in die Steppen südlich des 18. Grades nördlicher Breite.

Wenn man die Wüstensteppe Bahiuba durchreist oder in Kordofahn und Sennahr jagt, wird man die Wachtel schwerlich vermissen; an manchen Stellen ist sie während des Winters das gemeinste aller vorkommenden Hühner. In Nubien ist sie zur gleichen Zeit nicht selten, in Egipten wohnt sie auch. Ja, sie bleibt, wie mich eine Winterjagd unweit der Stadt Toledo belehrte, sogar schon in Spanien, wo sie überhaupt äußerst häufig ist. Ihre Winterherberge umfaßt also ein Gebiet von mindestens zwanzig Graden der Breite, ein Gebiet, welches ihrem Verbreitungskreise an Ausdehnung gleichkommt.

Es verdient hervorgehoben zu werden, daß die Wachtel, welche bei uns zu Lande nur in den üppigsten Fluren sich aufhält, während ihres

Winteraufenthaltes in Afrika sich höchst genügsam zeigt. Ein paar
Grasbüschel mitten im Sande, ein Buschdickicht in einer Niederung, ein
Feld erscheint ihr dann als passender Aufenthalt. Man begegnet ihr
ebenso oft fern vom Wasser, als nahe den Brunnen; man findet sie an
Orten, wo sie gezwungen ist, sich mit dem wenigen Nachtthau zu letzen.
Besonders häufig ist sie in Feldern aller Art. Hier scheint sie förmlich
Standquartier zu nehmen, immer wieder von neuem dahin einzuwandern.
Wenn man solche Felder wiederholt abjagt, man wird doch stets neue
Wachteln finden. Heuglin sagt auf Seite 26 seiner Forschungen über
die Fauna des rothen Meeres und der Somaliküste (Petermanns Mittheilungen Heft 1. 1861), daß die Wachtel in Egipten Brutvogel wäre.
Ich vermag diese Angabe weder zu bestätigen, noch zu widerlegen; doch
erinnere ich mich nicht, während des eigentlichen Sommers Wachteln in
Egipten gesehen zu haben. Für Algier dagegen dürfte es keinem Zweifel
unterliegen, daß die Wachtel dort Brut= und Standvogel ist, denn in dem
benachbarten Spanien ist sie gerade in den südlichen Provinzen besonders häufig.

Von den vielen Arten der **Flughühner**, welche die Wüsten und
Steppen Nord=Ost=Afrikas in so zahlreicher Menge bevölkern, fanden wir
in der Samchara nur eine einzige Art, das **streifige Flughuhn**
(Pterocles quadricinctus), dieses aber sehr häufig auf.

Wenige Vögel verstehen es, wie die Flughühner, die ödesten und
ärmsten Gegenden zu beleben. Inmitten der dürrsten Wüste, an Orten,
wo nur der stille, leichte **Wüstenläufer** und die schwermüthig rufende
Wüstenlerche den Pfad des Reisenden kreuzen, erhebt sich unter lautem
Geschrei die stürmende Schar dieser Zwittergeschöpfe der Tauben= und
Hühnerfamilie. Mehrere Arten wohnen dicht neben einander und bilden
zuweilen ungeheure Flüge, welche dann monatelang unter dem bekannten Geschrei „Khata, Khata", dem Rufe, welcher ihnen ihren arabischen Namen verlieh, umherschweifen, täglich weite Strecken durchwan-
dernd, weil die so arme Wüste ihnen nur stellenweise Nahrung gewähren
kann. Mit der größten Regelmäßigkeit fliegen diese Schwärme in den
Nachmittags= und Abendstunden irgend einem Wasser zu. Da, wo sie

häufig sind, währt es mehrere Stunden lang, ehe alle die durstigen Seelen sich getränkt haben.

Die Flug- oder Wüstenhühner werden nur da scheu, wo man sie verfolgt. In Spanien ist es ein Kunststück, sie zu erlegen; in Egipten und Nubien lassen sie den Reiter auf seinem Kamele oder Maulthiere dicht an sich herankommen, schauen ihn mit hochaufgestrecktem Halse an, ziehen diesen plötzlich ein, drücken sich platt auf die Erde nieder und sind in demselben Augenblick von der allgemeinen Bodenfärbung so vollkommen aufgenommen worden, daß ein sehr scharfes Auge dazu gehört, sie noch wahrzunehmen. Erst wenn man ganz nahe heran reitet, erhebt sich ein Männchen mit lautem Ruf: und dahin fliegt mit hartem, pfeifenden, schnellen Flug die ganze Kette. Unter allen eigentlichen Hühnern haben sie den schönsten und schnellsten Flug. Sie wetteifern mit den Tauben, doch fehlt ihnen das Schwebende der letztgenannten; denn nur, wenn sie sich zur Erde herabsenken, gleiten sie ohne Flügelschlag durch die Luft. Der gewöhnliche Flug besteht aus einer Reihe gleichmäßig, aber schnell sich folgender Flügelschläge. Der Lauf ist leicht und schön, viel mehr **hühner-**, als **taubenartig**; die nickenden Bewegungen der Tauben fehlen dem Flughuhn ganz. Sämereien aller Art, selbstverständlich auch Getreide, bilden die Nahrung der schönen Thiere; mit ihnen füllen sie den Kropf so an, daß er bauscht. Der Körner wegen bedürfen sie denn auch viel Wasser.

Die Brutzeit fällt in die Monate unseres Frühlings, das Nest ist eine leichte Vertiefung im Sande; ich habe es aber nie gefunden.

Man erlegt die Wüstenhühner am sichersten an den Tränkplätzen, welche man sehr bald kennen lernt, weil die schreiende Schar selbst sie dem Jäger verräth. Hier braucht man sich blos anzustellen, um reicher Beute sicher zu sein.

Soviel im Allgemeinen; nunmehr einige Worte über unser **streifiges Flughuhn**, das Kind der Samchara.

Nach meinen Beobachtungen findet sich dieses wirklich prachtvoll und dennoch sandfarbig gezeichnete Thier nicht nördlich des 19. Grades der Breite: es gehört also mehr den Steppen, als der Wüste an. In der Samchara lebt es in Flügen von sehr verschiedener Stärke. Mehr, als andere Arten, findet man es einzeln: einen Hahn mit zwei oder drei Hennen; — denn es ist durchaus noch nicht ausgemacht, ob die Flughühner paarweise leben oder in kleinen Trupps von vier bis acht Stücken. Aber dasselbe Huhn kommt auch in Flügen von hundert und hundertfunfzig Stücken vor.

Seinem Kleide entsprechend bewohnt das streifige Flughuhn mehr die dunkleren Stellen des Bodens und weniger die reinen Sandflächen; da aber, wo dürftiges Riedgras auf solchen sich findet, fehlt es auch nicht. Wie alle seine Familienverwandten, ist es ein überaus lebendiges Thier; man weiß nicht, wann es ruht. Ich habe es während des ganzen Tages in Bewegung gesehen und zu jeder Stunde der Nacht gehört. Nicht wenig wurde ich überrascht, als ich die höchst wohllautende Stimme dieses Huhnes noch in den spätesten Nachtstunden vernahm und beim bleichen Schimmer des Mondes Trupps zu einer kleinen Mineralquelle fliegen sah, dort sich zu tränken. Diese Quelle war einer der Tränkplätze; ihn umlagerten von Sonnenaufgang an bis zum frühen Morgen verschiedene Trupps und Flüge unseres Huhnes, und wenn die einen davonflogen, kamen die anderen herbei. Mir wollte es scheinen, als ob die Vögel gerade in unmittelbarer Nähe der Quelle ihre Nachtherberge genommen hätten. Von anderen Flughühnern habe ich dieses Nachtleben niemals beobachtet.

Die Stimme des streifigen Flughuhnes unterscheidet sich durch besonderen Wohllaut von der seiner Verwandten. Während diese, wie schon bemerkt, „Khata, Khata" rufen, hört man von jenem die sehr metallreichen Töne „Küllü klüklüörr". Den eigentlichen Lockruf der Familie habe ich gar nicht vernommen.

Das übrige Leben des gestreiften Flughuhnes gleicht dem seiner Verwandten. Ueber die Fortpflanzung fehlen mir Beobachtungen. Die Jagd ist einfach, denn das schöne Thier ist durchaus nicht scheu.

In der Größe sind die Geschlechter nicht besonders verschieden.

Bei zwei Männchen beträgt:

Die Länge	— F: 10 3. 8 L.	— F. 10 3. 3 L.
Die Breite	1„ 9„ 5„	1„ 9„ — „
Die Höhe des Tarsus . . .	—„ —„ 12„	—„ —„ 12„
Die Länge der Mittelzehe . .	—„ —„ 10„	—„ —„ 10„
Die Länge der Hinterzehe . .	—„ —„ 2„	—„ —„ 2„

Die Länge der inneren Zehe . . . — F. — Z. 7 L. — Z. 7 L.
Die Länge der äußeren Zehe . . . — „ — „ 7 „ — „ 7 „
Die Länge des Oberschnabels . . — „ — . „ 8 . — „. 8 .
Die Länge des Unterschnabels . . — „ — . „ 4 . — „ 4 „
Die Länge des Flügels vom Bug bis
zur Spitze der zweiten Schwinge —. „ 7 „ — . „ 7 „ —
Die Länge des Schwanzes . . . — „ 2 „ 11 „ 2 „ 10 „

 Beim Weibchen dagegen ist:

Die Länge . . . . — Fuß 9 Zoll 10 Linien.
Die Breite . . . . 1 „ 8 „ 3 „
Die Höhe des Tarsus . . . . . — „ — „ 11 „
Die Länge der Mittelzehe . . . — „ — „ 9 „
Die Länge der Hinterzehe . . . — „ — „ 1,5 „
Die Länge der inneren Zehe . . . — „ — „ 7 „
Die Länge der äußeren Zehe . . . — „ — „ 7 „
Die Länge des Oberschnabels . . . — „ — „ 7,5 „
Die Länge des Unterschnabels . . . — „ — „ 3,5 „
Die Länge des Flügels . . . . . — „ 6 „ 5 „
Die Länge des Schwanzes . . . . — „ 2 „ 8 „

 Die Iris ist d u n k e l b r a u n, der Schnabel s c h m u z i g o r a n g e = f a r b e n, der Fuß e r z g e l b, der Augenring s c h w e f e l g e l b.

 Aus der Ordnung der L a u f v ö g e l verdienen nur wenig Mitglieder einer eingehenden Beschreibung. Die meisten der in unserem Beobachtungsgebiet gesehenen Vögel dieser Ordnung gehören nördlichen Gegenden an oder selbst unserem Europa und sind also bekannt. Doch giebt es immerhin einzelne, deren Lebensverhältnisse noch nicht vollständig beschrieben wurden, und welche daher jeden, auch den geringsten Beitrag willkommen erscheinen lassen.

 Aus der in Afrika so reich vertretenen Familie der T r a p p e n scheint blos eine Art die Samchara zu bewohnen: es ist dies der a r a b i s c h e T r a p p e (Eupodotis arabs). Auf meinen früheren Reisen fand ich diesen Steppenvogel in allen ebenen Gegenden des inneren Afrika; nirgends aber sah ich ihn so häufig, wie in der Samchara. Dort bot der hohe Graswald, welcher alle Ebenen bedeckt, ihm so vortreffliche Schutzorte, daß er nur selten dem Jäger vors Auge kam; hier zeigte er sich uns schon von weitem. Allerdings sucht er in der Samchara ebenfalls diejenigen Niederungen zu seinem Wohnsitze auf, welche ziemlich reich mit hohem Gras und Gebüsch bestanden sind; allein auch in den üppigst bewachsenen Niederungen giebt es so viele Blößen, daß der große, stolze Vogel überall bald die Aufmerksamkeit auf sich lenken muß.

Wir fanden den arabischen Trappen wiederholt einzeln und paarweise, einmal aber auch in einem kleinen Trupp von vier Stücken, zumeist in den breiten Niederungen; jedoch nicht ausschließlich: denn zu meiner nicht geringen Verwunderung sah ich ihn auch in dem Gehügel der Samchara, selbst an den Wänden mehrerer, doch mindestens zweihundert Fuß über die Ebene sich erhebenden Berge. Er zeigte sich oft ganz frei und schritt scheinbar sorglos über die Blößen dahin; doch gab er sich immer bald als echten Trappen zu erkennen. Sowie er merkte, daß er unsere Aufmerksamkeit erregt hatte, schickte er sich zur Flucht an, schritt ziemlich rasch in gerader Linie vorwärts, nahm dann plötzlich einen Anlauf und strich über die Ebene hin, erst in weiter Ferne wiederum sich niederlassend.

In seinem Betragen und Wesen gleicht der arabische Trappe seinem europäischen Verwandten. Seine Haltung ist ebenso stolz und dabei doch so zierlich, sein Lauf leicht, aber doch ernst und gemessen, sein Flug scheinbar schwerfällig und dennoch ausdauernd und fördernd. Er ist viel weniger scheu, als unser Großtrappe, aber für eine Gegend, in welcher er so gut als gar keine Verfolgung erleidet, in welcher sich das Feuergewehr nur in den Händen der Europäer findet, doch im hohen Grade vorsichtig. Die Büchse ist die Waffe, welche der Jäger führen muß, wenn er ihn erlegen will; mit dem Schrotgewehr kommt er ihm niemals nahe genug. In den Steppen des Innern war Dies umgekehrt. Wenn wir durch den Graswald wandelten, erhob sich einer der erschreckten Vögel oft in gerechter Schußnähe und wurde dann ohne weiteres herabgeschossen.

Die Nahrung ist der unseres Großtrappen im Ganzen entsprechend. In der Samchara giebt es frischsprossendes Gras genug, um Trappen zu ernähren. Die Niederungen allein gewähren Nahrung in hinreichender Menge. Schädlich werden die Trappen in Afrika nicht. Sie meiden die

Felder, und der Reichthum des Landes ist so groß, daß der geringe Nahrungsverbrauch auch da, wo sie in eine Durrahpflanzung einfallen sollten, nicht bemerklich werden kann. Zudem sind die Trappen hier mehr, als irgend wo anders, Kerbthierfresser, und namentlich die **Heuschrecken** haben in ihnen arge Feinde. Solche Kerbthiere fand ich fast immer im Magen der erlegten. Besonders hervorheben will ich, daß der afrikanische Trappe auch Harze und vorzugsweise arabischen Gummi frißt.

Ich vermag nicht zu sagen, ob der arabische Trappe in der Samchara zu derselben Zeit brütet, wie im Innern Afrikas. Dort, und zwar in den Steppen am blauen Fluß, erhielt ich in den Monaten August, September und Oktober die Eier, welche ich auf Seite 100 des Extraheftes zum ersten Jahrgang des Journals für Ornithologie beschrieb; an derselben Stelle befindet sich auch eine Schilderung des Betragens unseres Trappen in der Gefangenschaft. Das Jugendkleid habe ich im vierten Jahrgange des genannten Journals ebenfalls beschrieben. Auf meiner letzten Reise konnte ich über das Brutgeschäft des Vogels Nichts erfahren.

Zur Vervollständigung gebe ich hier noch die Maße beider Geschlechter dieses Trappen.

Es beträgt:

	b. Männchen:			b. Weibchen:		
	Fuß	Zoll	Lin.	Fuß	Zoll	Lin.
Die Länge	3	3	—	3	—	—
Die Breite	6	7	—	6	3	—
Die Höhe des Tarsus	—	7	—	—	6	8
Die Länge der Mittelzehe	—	2	1	—	2	—
Die Länge der inneren Zehe . . .	—	1	6	—	1	5
Die Länge der äußeren Zehe . . .	—	1	4,5	—	1	4
Die Länge des Oberschnabels . . .	—	3	2,5			
Die Länge des Unterschnabels . . .	—	—	—			
Die Länge des Flügels vom Bug bis zur Spitze	1	11	—	—	—	—
Die Länge des Schwanzes . . .	—	11	6	—	10	—

Die Farbe der Iris ist **erzgelb**, der Schnabel an der Firste **schwarz**, übrigens **hornbraun**, beim Männchen ins **Röthliche** ziehend, der Fuß ist **strohgelb**.

Wer nach Sonnenuntergang in einem der größeren Gärten Egiptens auf das mit der Nacht rege werdende Thierleben achtet, wird zu seiner Verwunderung bemerken, daß von den platten Dächern der Häuser große Vögel herabgeflogen kommen, dem Gebüsch der Orangen sich zuwenden und hier verschwinden. Zunächst wird selbst der Forscher nur an Eulen denken, welche zum ersten Jagdausfluge sich anschicken. Wenn er aber einen dieser Nachtgäste herabgeschossen hat, wird er, und sicherlich mit gerechtem Erstaunen, in dem erlegten unseren Dickfuß (Oedicnemus crepitans) erkennen. Daß dieser merkwürdige Nachtgeselle jedem Araber bekannt ist, nimmt den Vogelkundigen nicht mehr Wunder, wenn er seine Aufmerksamkeit ihm mehr und mehr zuwendet.

Der Dickfuß ist in Egipten eben so häufig in den Städten und Ortschaften, wie in Baumwollfeldern zu finden. Die platten Dächer der Häuser sind während des Tages sein Aufenthalt, und namentlich diejenigen Gebäude, welche wenig oder gar nicht bewohnt werden, eingegangene Fabriken, Moscheen und dergleichen, sind ihm höchst erwünschte Wohnsitze. Auf ihren Dächern treibt er sich bei Tage herum; von ihnen aus fliegt er in die Gärten hinab; zu ihnen kehrt er mit der Morgendämmerung wieder zurück.

Ganz anders ist das Benehmen desselben Vogels, oder richtiger, das seiner ihm so nahestehenden Verwandten vom Senegal und der Ostküste (Oedicnemus senegalensis und Oedicnemus affinis). Sie meiden den Menschen und finden sich nur in den dürren Steppen und Wüsten. Auch Dies ist Dickfußart: — in Spanien fällt es dem Erstgenannten gar nicht ein, in die Nähe des Menschen zu kommen. Dort lebt er ausschließlich in den dürren, der Ueberrieselung nicht unterworfenen, von Wildbächen und Schluchten zerrissenen Ebenen, welche der Spanier schlechthin mit dem Namen „Campo" bezeichnet.

Ich weiß nicht, wie weit unser Dickfuß in Afrika vordringt; soviel aber glaube ich behaupten zu können, daß er im Ostsudahn nicht mehr vorkommt. Dort vertreten ihn die zwei vorhin genannten Arten. Beide sind nirgends gerade selten, aber auch nirgends besonders häufig. Man trifft sie paarweise und in Familien ebensowohl in der Nähe der Ströme, als fern von denselben, in den mit Gebüsch bestandenen Niederungen und selbst im Urwalde an. Nur hier im schattigen Dunkel treiben sie sich bei Tage umher; an allen übrigen Orten vernimmt man ihren Ruf blos nach Sonnenuntergang.

Wenn die Dunkelheit hereinbricht, werden sie lebendig. Bei Tage geberden sie sich wie aufgescheuchte Eulen, wie Vögel, denen das Licht schmerzhaft ist, denen die Helle ihren Verstand verwirrt. Laut schreiend fliegen sie vor dem Reiter, vor dem Schützen auf, und so eilig wie möglich suchen sie sich wieder in dem dichtesten Gebüsch zu verbergen. Sobald aber die Nacht beginnt und das Dunkel sich über die Erde breitet, werden sie lebendig und laut! Raschen Laufes huschen sie über den Boden dahin, Schattengestalten vergleichbar, im Strahl des Mondes auf Augenblicke sich verkörpernd, auf nicht beleuchteten Stellen wiederum zu Dämmerungsgestalten sich verwandelnd. Von Zeit zu Zeit klingt ihr lauter Ruf durch die stille Nacht, und auf weithin wird er vernommen. Sie finden sich noch hoch im Gebirge auf allen ebenen Stellen: bei Mensa hörten wir sie jede Nacht und in den Mondscheinnächten natürlich am lautesten.

In ihren Bewegungen, im Betragen und Wesen unterscheiden sich die mittelafrikanischen Dickfüße nicht von den unsrigen, und auch hinsichtlich ihrer Fortpflanzung habe ich nichts Besonderes von ihnen wahrnehmen können. Ueber letztere berichtete ich im Extraheft zum ersten Jahrgang des Journals für Ornithologie. Auf der letzten Reise habe ich keine Beobachtungen machen können.

Die von mir genommenen Maße des afrikanischen Dickfußes (Oedicnemus affinis) beweisen, daß die Größenverhältnisse des Vogels ziemlich bedeutend schwanken. Ich maß ein Männchen und zwei Weibchen.

Es betrug bei ersterem:

Die Länge	1 Fuß	3 Zoll	3 Linien.
Die Breite	2 „	4 „	9 „
Die Höhe des Tarsus	— „	2 „	6 „
Die Länge der Mittelzehe . . .	— „	1 „	3 „
Die Länge der inneren Zehe . .	— „	— „	10 „
Die Länge der äußeren Zehe . .	— „	— „	12,5 „
Die Länge des Oberschnabels . .	— „	1 „	7 „

Die Länge des Unterschnabels . . . . — Fuß — Zoll 9 Linien.
Die Länge des Flügels vom Bug bis
  zur Spitze . . . . — „ 8 „ 2 „
Die Länge des Schwanzes . . . . — „ 4 „ 9 „

Bei den Weibchen dagegen ist:

	Fuß	Zoll	Lin.	Fuß	Zoll	Lin.
Die Länge	1	4	—	1	2	9
Die Breite	2	8	4	2	3	6
Die Höhe des Tarsus	—	2	6	—	2	7
Die Länge der Mittelzehe	—	1	2,5	—	1	2,5
Die Länge der inneren Zehe	—	—	9,5	—	—	10
Die Länge der äußeren Zehe	—	—	12	—	—	12,5
Die Länge des Oberschnabels . . .	—	1	7	—	1	9
Die Länge des Unterschnabels . . .	—	—	9	—	—	9
Die Länge des Flügels vom Bug bis zur Spitze	—	9	7	—	8	2
Die Länge des Schwanzes	—	4	9	—	4	6

Die Farbe der Iris ist ein schönes Goldgelb, der Schnabel ist an der Wurzel **gelb**, an der Spitze **schwarz**, der Fuß **strohgelb**, das Augenlid ist ebenfalls **gelb**.

An einem Regenstrom der Samchara, Gonjal genannt, welcher ein wenig brackiges Wasser enthält, sah ich zu meiner Ueberraschung ein paar Spornkibitze (Hoplopterus spinosus).

Diese Vögel sind außerordentlich gemein in Egipten, schon in Nubien aber seltener, und im Ostsudahn nur sehr vereinzelt zu finden. Sie entfernen sich niemals weit vom Wasser und scheinen ausschließlich süße Gewässer zu bewohnen; denn am Meere selbst fand ich sie nicht. An den untern Nilländern begegnet man ihnen überall, am Strome selbst, wie an seinen Kanälen, auf den überschwemmten und feuchten Feldern, an den Strandseen 2c.

In ihrem Betragen haben die Spornkibitze viel Aehnlichkeit mit den Kibitzen, sind aber nicht so gesellig, wie diese, sondern halten sich mehr paarweise zusammen. Aber ein Paar lebt dicht bei dem andern und vereinigt sich gern mit seines Gleichen auf kurze Zeit.

Wenige Vögel giebt es, welche den Forscher durch ihre Allgegenwart so belästigen, wie die Spornkibitze. Anfangs freut man sich freilich über ihr munteres, lebendiges Wesen, über ihren raschen Lauf, den leichten, schönen Flug, welcher mehr strandläufer-, als kibitzartig ist, und über die laute, wenn auch nicht gerade wohltönende, so doch nicht unangenehme Stimme. Aber bald lernt man sie grünblich hassen. Sie sind für eine ganze Menge Vögel Dasselbe, was die Amsel für das kleine Waldgeflügel, oder die Limose für das Strandgewimmel ist: Wächter und Warner. Ihnen entgeht Nichts. Der Jäger, welcher an einem der Seen viertelstundenlang durch Sumpf und Moor gewatet ist und nun vorsichtig auf dem Bauch herankriecht, um einen der scheuen Flamings oder einen Pelekan zu überlisten, sieht zu seinem größten Aerger, daß er von einem Paar dieser allgegenwärtigen Vögel ausgespürt worden ist und Gefahr läuft, die Beute, die er sich schon ganz sicher dünkt, zu verlieren. In weiten Kreisen umfliegen die Spornkibitze mit lautem, wie „Zick, Zick, Zick, Zäh" klingendem Geschrei den Schützen, stoßen, wie Kibitze bei dem Neste, frech auf ihn herab, erregen durch solches Gebahren die Aufmerksamkeit der übrigen Vögel und bewegen diese regelmäßig, ihr Heil in der Flucht zu versuchen. Erzürnt springt man auf, und mehr als ein Mal habe ich aus reiner Bosheit die Störenfriede aus der Luft herabgeschossen.

Diese Achtsamkeit ist es auch, welche die hübsche arabische Sage ins Leben gerufen hat, deren ich wiederholt, und zuletzt auf Seite 344 meines „Lebens der Vögel", gedacht habe.

Ueber das Fortpflanzungsgeschäft berichtete ich früher an dem angegebenen Orte (Extraheft zum ersten Jahrgang des Journals für Ornithologie) Seite 102. Die Maße besitze ich nicht. —

Mit dem eben beschriebenen Vogel hat der Lappenkibitz (Sarciophorus pileatus) manche Aehnlichkeit, obgleich sein Aufenthalt ein ganz anderer ist. Der Lappenkibitz ist ein Wüstenvogel, welcher niemals an das Wasser kommt, sondern vielmehr ganz nach Art des Wüstenläufers (Cursorius isabellinus) lebt. Auf allen freien Blößen der Steppengegenden ist er keine Seltenheit. Man begegnet ihm hier in Paaren, öfterer noch in kleinen Familien nach Kibitzenart. Häufig kann man ihn eigentlich nicht nennen — er gehört wenigstens nicht zu den alltäglichen Erscheinungen; doch wird man ihn bei einer länger währenden Steppenreise selten vermissen. In der Samchara trafen wir ihn nur ein einziges Mal und zwar innerhalb einer verlassenen Serieba, wo er den übrig gebliebenen Kuhdünger nach Kerbthieren absuchte. Hier erlegte Seine Durchlaucht, der Fürst von Hohenlohe, das Weibchen, dessen Maße ich unten gebe.

Der Lappenkibitz ist gewissermaßen ein Mittelglied zwischen dem eigentlichen und dem sporntragenden Kibitz. Sein Lauf ist ebenso rasch und gewandt, wie bei diesen beiden, der Flug leicht und schön, dem unseres Kibitz täuschend ähnlich, die Stimme jener des Spornkibitz vergleichbar. Aber unser Vogel besitzt nicht die Zubringlichkeit der Letztgenannten, sondern ist im Gegentheil scheu und vorsichtig, auch an unbewohnten Orten, wo er doch sicher keine Nachstellung zu erleiden gehabt hat.

Ueber Fortpflanzung und Brutgeschäft habe ich keine Erfahrung gemacht, und die Eingeborenen wußten mir auch Nichts mitzutheilen. Die Maße sind folgende:

Es beträgt:

Die Länge	—	Fuß	10	Zoll	8	Linien.
Die Breite	2	„	—	„	—	„
Die Höhe des Tarsus	—	„	2	„	—	„
Die Länge der Mittelzehe	—	„	—	„	10	„
Die Länge der inneren Zehe . . .	—	„	—	„	6,5	„
Die Länge der äußeren Zehe . . .	—	„	—	„	7	„
Die Länge des Oberschnabels . .	—	„	1	„	1	„
Die Länge des Unterschnabels . .	—	„	—	„	3,5	„
Die Länge des Flügels vom Bug bis zur Spitze der zweiten Schwinge . .	—	„	6	„	9	„
Die Länge des Schwanzes	—	„	3	„	5	„

Die Farbe der Iris ist ein schönes Goldgelb; der Schnabel ist an der Wurzel blutroth, wie der Fuß, an der Spitze schwarz.

Unter den eigentlichen Regenpfeifern ist wohl nur der asiatische Mornell (Eudromias asiaticus) Standvogel am rothen Meere; die übrigen sehe ich als Wintergäste an. Alle Sumpf- und Strandvögel wandern längst des Nilstroms und an den Küsten des rothen Meeres entlang, bis in sehr niedere Breiten hinab. Man begegnet ihnen zur Winterszeit in großen Scharen an den egiptischen Strandseen und auf den Sandinseln des Stromes, aber auch tief im Innern Afrikas, am blauen und weißen Flusse und ebenso an beiden Küsten des rothen Meeres oder des Meerbusens von Aden. Der Winter übt seine vereinigende Macht auch an den Vögeln aus. Gerade die Strandläufer scharen sich um diese Zeit in starken Flügen zusammen, erwählen sich gewissermaßen einen größeren, namentlich eine Limose, zu ihrem Führer und Leiter, d. h. schließen sich derselben auf das Innigste an und folgen ihr, wohin sie sich auch wenden mag. Recht günstige Stellen der Flußufer und der Meeresküste sind im Winter geradezu bedeckt von derartigen Vögeln, welche man nicht besser bezeichnen kann, als wenn man sie, wie ich es schon wiederholt gethan habe, „Strandgewimmel" nennt. Unter ihnen sieht man nicht selten auch manche, welche man nicht hier vermuthen möchte. So findet sich der Steinwälzer (Strepsilas interpres) in starken Flügen auch im rothen Meere ein und schweift hier bis in dessen südlichste Theile hinab, und auch der Austernfischer (Haematopus ostralegus) kommt blos zu diesem nahrungsreichen Binnengewässer gezogen, wenn der Winter in seiner eigentlichen Heimat einzieht und das Meer, wenigstens auf Strecken hin, für ihn verarmen macht.

Alle diese fremden Gäste führen dann monatelang ein höchst behagliches Leben. Nur die Feinde aus ihrer eigenen Klasse, die Edelfalken, werden ihnen gefährlich: der Mensch gewährt ihnen gern seinen Schutz oder bekümmert sich wenigstens nicht im geringsten um sie. So geschieht es, daß sie bis an die Thore der Städte heraufkommen, ja daß sie selbst innerhalb derselben vertrauensvoll sich zeigen, daß sie bald heimisch werden in der Fremde. Mit Beginn des Frühjahrs rücken sie langsam weiter nach Norden zu, jedes Wässerchen noch ausnutzend. Sie haben dann ihre Mauser beendet und sich dicke Fettlagen, Vorrathskammern für die Reise, zugelegt und sind somit ganz gerüstet, den weiten Rückweg anzutreten. Mehr brauche ich über ihr Winterleben nicht zu sagen, und im

Uebrigen ist ja ihr Wesen und Treiben jedem Forscher wohl bekannt. Dafür will ich von dem in Europa seltenen asiatischen Mornell die vor Jahren entnommenen Maße geben, soweit ich dieselben besitze.

Es beträgt beim Männchen:

Die Länge	8 Zoll —	Linien.
Die Breite	12 „ 3	„
Die Höhe des Tarsus	1 „ 6,5	„
Die Länge der Mittelzehe	— „ 9	„
Die Länge der inneren Zehe	— „ 5,5	„
Die Länge der äußeren Zehe	— „ 7,5	„
Die Länge des Oberschnabels	— „ 10	„

Die Eigenthümlichkeit des rothen Meeres zeigt sich unter anderm auch sehr deutlich in seinem Reichthum an Reihern. Nach meinen Beobachtungen ziehen alle Reiher aus leicht begreiflichen Gründen das süße Wasser entschieden dem Meere vor. Der arabische Meerbusen aber ist wegen der Unzahl seiner seichten Buchten ein viel zu günstiges Jagdgebiet für solche Vögel, als daß sie hier nicht Wohnung nehmen sollten. Ich habe auf unserer Reise allerdings nicht viele Reiher beobachtet, aber doch die Ueberzeugung erhalten, daß wohl die meisten der in Nordostafrika lebenden oder zeitweilig sich aufhaltenden Glieder dieser Familie auch im rothen Meere vorkommen mögen: — erlegte ich ja doch Purpurreiher, welche ich sonst nur in den unteregiptischen Seen beobachtete, bei Massaua!

Der häufigste Reiher im Süden des rothen Meeres ist derjenige, welchen ich Meerreiher genannt habe, die Ardea schistacea Ehrenberg's. Ihn sieht man paar- und familienweise längs der ganzen Küste, etwa von Tor an südwärts, häufig auch noch bis Aden.

Ehrenberg hat über das Leben dieses Vogels so ausführlich berichtet, daß ich nicht im Stande bin, ihm Etwas hinzuzufügen; dagegen kann ich nicht umhin, zu erwähnen, daß ich noch sehr im Zweifel bin, ob der weiße Reiher (Fig. 3 der Taf. 6 der Symbolae physicae) wirklich das Junge des Meerreihers ist. Ich sah die alten Vögel paarweise im März und April an allen seichten Stellen des Meeres, zu gleicher Zeit aber die weißen, also mindestens einjährige Junge, in großen geschlossenen Gesellschaften, zu welchen die Meerreiher in keinem anderen Verhältniß standen, als zu den übrigen Seevögeln. Diese Gesellschaften hielten nach Silberreiherart sich immer geschart, flogen mit einander hin und her, fischten gemeinschaftlich, kurz bewiesen durch ihr ganzes Leben, daß sie so recht eigentlich zusammengehörten. Nun kommt es allerdings oft genug vor, daß man größere Gesellschaften von Reihern vereinigt findet; allein ich habe dabei stets gesehen, daß dann Alte und Junge sich immer zusammenhalten, und da ich nun außerdem erfahren habe, daß gerade die Silberreiher gern andere Verwandte von ihren Trupps ausschließen, will mir die Ehrenberg'sche Ansicht doch nicht ganz glaublich erscheinen. Meiner Meinung nach sind hier jedenfalls noch genauere Untersuchungen abzuwarten, bevor man gedachten Silberreiher als Jungen des Meerreihers annimmt. Es wäre auch wirklich zu auffällig, wenn dieser eine graue Reiher von allen übrigen eine Ausnahme machen sollte; denn bekanntlich ähneln gerade die grauen Reiher in der Jugend ihren Eltern außerordentlich. —

Auch über Sturms Zwergreiher (Ardetta Sturmii) vermag ich nach Dem, was ich Seite 475 des vierten Jahrgangs von Cabanis Journal für Ornithologie gesagt habe, Nichts mitzutheilen. Ich sah diesen prächtigen Vogel mehrmals im Mensathale, wie im Subahn, nur da, wo der Wald bis an die Ufer des Bächleins heranreicht. In freien Sümpfen habe ich ihn nie gefunden. Er ist, wie an gedachtem Orte bemerkt wurde, ein Waldbewohner, welcher in seinem ganzen Leben und Wesen unserer Zwergrohrdommel und gewissermaßen auch dem Rallenreiher ähnelt. —

Den Löffler des südlichen rothen Meeres (Platalea tenuirostris) erlegte ich nicht und habe deshalb die gesehene Art als fraglich hingestellt. Ueber sein Leben und Wesen habe ich am vorher angegebenen Orte das Wichtigste mitgetheilt. Neue Beobachtungen habe ich nicht gemacht.

Dasselbe gilt auch für den Hausstorch Innerafrikas (Sphaenorhynchos Abdimii), welchen wir in der Samchara mehrmals gesehen und bei Mensa erlegt haben; dagegen möchte ich dem Schattenvogel (Scopus umbretta) noch einige Worte widmen.

In dem eigentlichen Stromgebiet des oberen Nil ist dieser sonderbare Gesell ziemlich selten. Während meines Aufenthaltes in Afrika erlegte ich ihn nur zwei Mal und zwar in dem südlichen Gebiet des blauen Flusses. Im Chor von Mensa war er häufig: das Bächlein im Thal mochte ihm und seinem Treiben besonders günstig erscheinen. Im Bächlein selbst wimmelte es von kleinen Fischen; manche Becken waren geradezu schwarz von ihnen. Da hatte denn der Schattenvogel leichtes Spiel, sich die nöthige Nahrung zu erwerben. Er brauchte blos einen kurzen Spaziergang im Wasser zu machen und konnte dann gesättigt den übrigen Theil des Tages in träger Ruhe verträumen. Wir fanden ihn nur paarweise; aber die Gatten hielten sich selten nahe zusammen, sondern jeder ging seinen eigenen Weg und vereinigte sich erst dann mit dem anderen, wenn beide der Ruhe pflegen wollten.

Der Schattenvogel ist in jeder Hinsicht eine auffallende Erscheinung. Im Sitzen fehlt ihm die ganze, schmucke Haltung anderer Reiher. Der Hals wird sehr eingezogen, die Holle für gewöhnlich auf den Rücken gelegt; der Kopf sitzt dicht auf den Schultern. Wenn er sich ungestört weiß, spielt er mit seiner Haube, indem er sie bald aufrichtet und bald niederlegt; aber manchmal sieht man minutenlang nicht eine einzige Bewegung an ihm. Der Flug ist leicht und wirklich zierlich, nicht reiherartig, sondern eher an den des Storchs erinnernd. Der Schattenvogel fliegt gern gerade aus, schwebt viel und steigt oft in bedeutende Höhen empor, wenn er von einer Stelle des Wassers zur anderen fliegen will. Aufgescheucht geht er selten auf Bäume, sondern gewöhnlich auf Felsen. Hier setzt er sich auf einen Vorsprung ruhig nieder und versucht, den Grund der Störung zu erforschen. Er ist nicht gerade scheu, aber doch nach Art aller Reiher vorsichtig, unterscheidet sich von diesen klugen Vögeln jedoch dadurch, daß er, wenn er verfolgt wird, nicht sogleich sein Heil in einer weiten Flucht sucht, sondern blos ein paar hundert Schritt fortfliegt, dort den Jäger wieder erwartet, von neuem seine Flucht antritt und sofort.

Hätte ich mich der schönen Beobachtung von J. Verreaux erinnert, so würde ich jedenfalls, ungeachtet aller Schwierigkeiten, versucht haben, eins der großen Nester zu besteigen, welche ich auf einigen hohen Mimosen im Chor von Mensa fand und nun freilich als die des Schattenvogels erkennen muß. Ich bedaure jetzt lebhaft, das riesengroße und durch den runden hübschen Eingang ausgezeichnete Nest nicht bestiegen zu haben, und kann nur darin eine Entschuldigung finden, daß es zur Zeit unseres Aufenthaltes gerade unbewohnt war.

Aus Hartlaubs „Systematischer Uebersicht" ersehe ich, daß die Maße des Schattenvogels noch nirgends genau angegeben sind. Diesem Mangel kann ich abhelfen. Ich habe Männchen und Weibchen gemessen, auf meiner ersten Reise in Afrika und auf der letzten.

Es beträgt beim Männchen:

	F.	Z.	L.	F.	Z.	L.	F.	Z.	L.
Die Länge	1	8	4	1	8	3	1	8	—
Die Breite	3	4	—	3	3	3	3	3	—
Die Höhe des Tarsus	—	2	7	—	2	6	—	2	6
Die Länge der Mittelzehe	—	—	—	—	1	10	—	1	9
Die Länge der Hinterzehe	—	—	—	—	—	9	—	—	9
Die Länge der inneren Zehe	—	—	—	—	1	5	—	1	5
Die Länge der äußeren Zehe	—	—	—	—	1	7	—	1	7
Die Länge des Oberschnabels	—	—	—	—	3	9	—	3	8
Die Länge des Unterschnabels	—	—	—	—	1	5	—	1	6
Die Länge des Flügels vom Bug bis zur Spitze der dritten Schwinge	—	—	—	—	11	8	—	11	7
Die Länge des Schwanzes	—	—	—	—	6	3	—	6	—

Das Weibchen ist etwas kleiner.

Es mißt:

Die Länge	1 Fuß	7 Zoll	6 Linien.
Die Breite	3 „	2 „	— „
Die Höhe des Tarsus	— „	2 „	5,5 „
Die Länge der Mittelzehe	— „	1 „	9 „
Die Länge der Hinterzehe	— „	— „	8,5 „
Die Länge der inneren Zehe	— „	1 „	4 „
Die Länge der äußeren Zehe	— „	1 „	6 „
Die Länge des Oberschnabels	— „	3 „	3 „

Die Länge des Unterschnabels . . . . — Fuß 1 Zoll 4 Linien.
Die Länge des Flügels vom Bug bis zur
 Spitze der dritten Schwinge . . . . — „ 11 „ 3 „
Die Länge des Schwanzes . . . . . — „ 6 „ — „

Die Farbe der Iris ist ein **dunkles Braun**. Schnabel und Füße sind **schwarz**.

Unter den Schwingen ist die **dritte** die längste; auf sie folgt die vierte, die fünfte, die sechste, die zweite und die siebente.

Ueber das Leben der von mir beobachteten Schnepfenvögel brauche ich nach Dem, was ich hinsichtlich der Regenpfeifer bemerkte, nicht viel zu sagen. Auch die Strand- und Uferläufer gehören zu dem Strandgewimmel. Sie finden sich zu derselben Zeit ein, wie die Regenpfeifer, und leben an denselben Orten mit und unter ihnen. Nur einige machen gewissermaßen eine Ausnahme. So halten sich die Brachvögel immer entfernt von den übrigen, auf deren Treiben sie stolz herab zu blicken scheinen. Man sieht sie nur mit ihrer nächsten Sippschaft vereinigt; um die übrigen Familienverwandten kümmern sie sich nicht. In Egipten treiben sie sich während des Winters hauptsächlich auf den Feldern nahe den Seen umher, ohne jedoch an diesen selbst zu fehlen. In Sudahn finden sie sich weit von den Flüssen, auf den Blößen im Walde, auf den Viehweiden und an anderen nahrungsverspechenden Orten, hier eifrig die Jagd der Heuschrecken betreibend. Die Limosen dagegen halten treu zu ihren Familiengliedern, oder richtiger, diese vereinigen sich, wie ich schon oben bemerkte, mit ihnen. Auch sie leben gern mit andern ihrer Art oder ihrer nächsten Verwandten zusammen; aber ihre große Geselligkeit fühlt sich auch dann befriedigt, wenn ihnen die ebenbürtige Genossenschaft abgeht, und wohl deshalb übernehmen sie gern die Führerschaft der Menge. Für den Beobachter des Thierlebens ist es ergötzlich, das Benehmen eines solchen Führers zu beobachten. Er schreitet ernst und stolz inmitten der um ihn gescharten kleinen Gesellschaft einher, beständig von dieser umringt und umschrien; er ist es, welcher auf Alles achtet, während jene der größten Sorglosigkeit sich hingeben. Sie sind auch ganz im Rechte, wenn sie Dies thun: die Limose scheint sich ihrer hohen Stellung vollständig bewußt zu sein; ich fand sie als Führerin des Strandgewimmels stets viel scheuer, als wenn sie mit ihres Gleichen zusammen war. Sie entflieht gewöhnlich bei der geringsten Gefahr, und die ganze Gesellschaft eilt ihr dann als treues Gefolge auf allen ihren Wegen nach.

Auch die Strandschnepfe (Totanus glottis) und der Rothschenkel (Totanus calidris) erwerben sich zuweilen solche Führerschaft, aber nur dann, wenn es an Limosen fehlt. Dagegen lernte ich den Rothschenkel als Führer und Warner von Enten und Stranbreitern (Himantopus) kennen. Ich fand ein Mal am blauen Fluß eine Gesellschaft von vier dieser hochbeinigen Gesellen und eine Ente, welche von dem Rothschenkel geleitet wurde und diesem gegenüber die größte Folgsamkeit bewies. Nur zwei hierhergehörige Vögel habe ich niemals in Gesellschaft der größeren Familienverwandten gesehen, den Flußuferläufer (Actitis hypoleucos) und den getüpfelten Wasserläufer (Totanus ochropus). Ersterer ist in ganz Nordostafrika ebensogut Standvogel, als in Europa; ihn findet man paarweise überall. In Familien trifft man ihn blos nach der Brutzeit; aber die Jungen halten sich nicht lange mit den Eltern zusammen, sondern gehen bald ihren eigenen Weg. Aehnlich verhält es sich mit dem getüpfelten Wasserläufer, dem einzigen seiner Familie, welchen ich paarweise im Mensathale 'auffand. Er lebt auch in dem Innern an geeigneten Stellen jahraus, jahrein, und ich glaube nicht zu irren, wenn ich ihn ebenfalls für einen Standvogel Afrikas halte. Merkwürdig ist, daß er, selbst in den einsamsten Gebirgsthälern, wo er niemals Nachstellungen erfährt, die ihm eigne Scheu und Vorsicht bewahrt hat.

Schon oben habe ich die Armuth unseres Beobachtungsgebietes an Schwimmvögeln und zumal an Zahnschnäblern hervorgehoben. In den egiptischen Seen geben sich während der Winterszeit die Schwimmvögel dreier Erdtheile ein Stelldichein. Von Norden her wandern in ungeheuren Scharen Enten aller Art diesen beliebten Herbergen zu, und monatelang wimmelt es längs der ganzen egiptischen Küste von ihnen und von Gänsen. Ich würde mich wiederholen, wenn ich hier noch einmal auf diese großartige Versammlung der Vögel zurückkommen wollte. Schon vor Jahren habe ich sie beschrieben und noch neuerdings in meinem „Leben der Vögel" ihrer gedacht. Nur das Eine will ich hier nochmals bemerken: die Entenvögel bleiben keineswegs alle im Egiptenlande. Massen von ihnen ziehen dem Nil entgegen bis tief in das Innere Afrikas, und mit Verwunderung sieht der Forscher, daß die Pfeilente (Dafila acuta) unter dem 11. Grade nördlicher Breite ihren Flug noch immer nach Süden richtet. Solche Erfahrungen berechtigen zu der Vermuthung, daß auch das rothe Meer eine vielbesuchte Herberge der Schwimmvögel sein müsse: aber diese Vermuthung ist falsch. Ich erinnere mich nicht, während der zwanzig Tage, welche ich jetzt auf dem rothen Meere verbrachte, mehr als eine einzige Ente gesehen zu haben.

Aus der Familie der Zahnschnäbler tritt, aber keineswegs überall, häufig nur ein einziges Mitglied, der Flaming (Phoenicopterus erythraeus), auf. Ihn findet man einzeln bereits bei Sues und, wie uns schon Rüppell und Ehrenberg belehrten, in großen Scharen im Süden des rothen Meeres. Auch ich habe einen Flug dieser stolzen Vögel gesehen, leider in weiter Ferne, während der Ueberfahrt von Aden nach Massaua. In die eigentlichen Wohnorte des Flamings kamen wir nicht; denn unser Schiff mied wohlweislich die seichten Stellen, auf denen diese Vögel eigentlich zu Hause sind. Ich wüßte nicht, was ich nach dem früher von mir in der Naumannia und Cabanis Journal und in meinem „Leben der Vögel" Mitgetheilten über den Flaming noch zu sagen hätte. Doch kann ich die hauptsächlichsten Maße der auf dem rothen Meer lebenden Art hier geben. Sie zeigen, daß sie viel kleiner ist, als der eigentliche europäische Flaming (Phoenicopterus antiquorum).

Bei dem jungen Männchen beträgt:

Die Länge	3 Fuß	— Zoll	— Linien.
Die Breite	5 „	4 „	6 „
Die Höhe des Tarsus	— „	9 „	— „
Die Länge der Mittelzehe	— „	3 „	1 „
Die Länge der Hinterzehe	— „	— „	6 „

Die Länge der inneren Zehe . . . . . — Fuß 2 Zoll 7,5 Linien.
Die Länge der äußeren Zehe . . . . . — „ 2 „ 10 „
Die Länge des Oberschnabels . . . . . — „ 5 „ 4 „
Die Länge des Flügels vom Bug bis
zur Spitze der zweiten Schwinge . . 1 „ 3 „ 3 „

Bei dem am Mensalehsee erlegten alten Männchen des europäischen Flamings dagegen betrug:

Die Länge . . . . 4 Fuß — Zoll 6 Linien.
Die Breite . . . . 5 „ 4 „ 6 „
Die Höhe des Tarsus . . . . — „ 11 „ 6 „
Die Länge der Mittelzehe . . . . . . — „ 3 „ 6 „
Die Länge der Hinterzehe . . . . . . — „ — „ 6 „
Die Länge der inneren Zehe . . . . . — „ 3 „ 2 „
Die Länge der äußeren Zehe . . . . . — „ 2 „ 9 „
Die Länge des Schnabels . . . . . . — „ 5 „ — „

Dieser Vogel erscheint als Riese neben jenem.

Von Mittel- und Oberegipten an nach Süden zu vermißt man nur an den ungünstigsten Stellen des Stromes, d. h. blos da, wo er rechts und links Felsenmauern bespült und keinen Raum für große Inseln gewährt, die Nilgans (Chenalopex aegytiacus), und je weiter man südlich kommt, um so häufiger wird dieser schöne und gewandte Vogel. Schon in Südnubien begegnet man Scharen von ihr; im Sudahn ist sie gemein. Während einer Reise auf dem weißen Flusse sah ich drei Tage lang beide Ufer des Stroms von Vögeln dicht bedeckt, und unter ihnen war die Nilgans einer der häufigsten. Aber immer und überall ist sie streng an das Wasser und zwar, wie es scheint, an das Süßwasser gebunden. Nur im und unmittelbar am Flusse findet sie sich; sie entfernt sich auch weidend kaum von seinen Ufern. Um so überraschender war es mir, ihr an einem Regenstrom der Samchara zu begegnen, welcher nur stellenweise Wasser enthielt. Seine Durchlaucht, der Prinz von Leiningen, erlegte hier ein Weibchen.

Unsere besten thierkundlichen Werke beweisen, daß das Leben der Nilgans noch immer sehr unbekannt ist, und deshalb glaube ich, nichts Ueberflüssiges zu thun, wenn ich es hier kurz beschreibe, soweit das nicht schon früher geschehen ist.

Die Nilgans lebt paar- und familienweise an den von mir angegebenen Orten, im Süden weit häufiger, als im Norden. Gewöhnlich sind die Strominseln ihr Aufenthalt; an stehenden Gewässern ist sie seltener. Sie findet sich ebensogut im freien Strome, als da, wo seine Ufer mit Wald bedeckt sind. Während der Brutzeit bewohnt jedes Paar ein gewisses Gebiet; aber tagtäglich kommen die Männchen wenigstens auf mancher Insel zusammen, und auch die Weibchen weiden, wenn sie vom Neste abfliegen, in Gesellschaft. In ihren Bewegungen übertrifft die Nilgans alle mir bekannten Arten. Sie läuft besser, als irgend eine andere Gans, schwimmt den Tauchenten ähnlich mit tiefeingesenkter Vorderbrust, taucht bei Gefahr ausgezeichnet, hält längere Zeit unter dem Wasser aus und fliegt mit starkrauschendem Flug leicht und schön. Sie ist nirgends zutraulich und in allen bewohnten Gegenden scheu und vorsichtig, sucht sich stets zu sichern und weicht dem herannahenden Menschen ängstlich aus. Nur im Innern Afrikas ist sie weniger scheu. Gegen andere Thiere zeigt sie keine Furcht; doch ist sie nur gesellig mit anderen ihrer Art. Ihre Stimme hat Naumann ganz richtig beschrieben.

Die Nahrung ist eine gemischte. Die Nilgans weidet auf den Feldern nach Art unserer Wildgänse und gründelt in dem Schlamm der Buchten am Strome nach Art der Enten, holt sich wohl auch durch Tauchen Nahrung vom Grunde des Flusses herauf und sucht sich solche am Strande zusammen. Als Lieblingsspeise sind die Heuschrecken zu betrachten; ihnen strebt sie eifrig nach.

Das Nest steht, wo es immer angeht, auf Bäumen, am liebsten auf den dornigen Mimosen. Ich habe es auf Seite 103 und 104 des ersten Extraheftes zu Cabanis Journal bereits beschrieben und dort auch meine Beobachtungen über die erste Jugendzeit der Gans veröffentlicht. Hier will ich noch einmal hervorheben, daß die Brutzeit verschieden ist, je nach der Heimat, und daß sie im Sudahn mit der großen Regenzeit beginnt.

Soviel mir bekannt, hat die Nilgans nur in den Krofobilen

gefährliche Feinde; Adler habe ich niemals nach ihr stoßen sehen. Vor diesen kühnen Räubern, wie auch vor den Vierfüßlern, welche ihr gefährlich werden könnten, schützt sie ihr Aufenthalt im Wasser. Daß aber Krokodile Jagd auf Vögel und auch auf Gänse machen, unterliegt für mich keinem Zweifel. Ich selbst habe zu oft beobachtet, wie geschickt die Panzerechsen Vögel wegnahmen, welche auf dem Strome schwammen, und auf einer Sandinsel die deutlichen Spuren gesehen, daß ein Krokodil hier eines Kranichs sich bemächtigt hatte. Was diesem geschieht, kann auch der Nilgans geschehen.

Bemerken will ich hier noch ein Mal, daß alle Nilgänse Ostsudahns bedeutend kleiner sind, als diejenigen, welche in Egipten leben, und jedenfalls als besondere Art anzusprechen sind. Mein Vater hat für sie den Namen Chenalopex varius vorgeschlagen. Ich habe auf meiner früheren Reise leider nicht so viel Maße entnommen, als ich jetzt wünschen möchte, und bin nur im Stande, die jenes von Seiner Durchlaucht, dem Prinzen, erlegten Weibchens zu geben.

Bei ihm beträgt:

Die Länge	2 Fuß	1 Zoll	—	Linien.
Die Breite	4 „	1 „	6	„
Die Höhe des Tarsus	— „	3 „	—	„
Die Länge der Mittelzehe	— „	2 „	11	„
Die Länge der Hinterzehe	— „	— „	9	„
Die Länge der inneren Zehe	— „	1 „	11	„
Die Länge der äußeren Zehe	— „	2 „	7	„
Die Länge des Oberschnabels . . .	— „	2 „	—	„
Die Länge des Unterschnabels . . .	— „	— „	5	„
Die Länge des Flügels vom Bug bis zur Spitze der dritten Schwinge . . .	1 „	2 „	3	„
Die Länge des Schwanzes	— „	5 „	1	„

Die Iris ist orangengelb oder goldgelb, der Schnabel blauröthlich, der Oberschnabel lichter, der Haken und die Basis blaugrau, der Fuß lichtgelb, auf den Zehen röthlich.

Das ewigbewegliche und neidische Volk der Möven bewohnt auch das rothe Meer in zahlreicher Menge. Es wollte mir scheinen, als wäre der Norden dieses Gewässers reicher an Arten, der Süden dagegen reicher an Individuen. Während des Winters finden sich am Golf von Sues und Akaba wohl die meisten Möven, welche in Egipten vorkommen; aber nur wenige von ihnen streichen weit bis nach dem Süden hinab. Dort sind es namentlich die beiden ersten Arten meines Verzeichnisses, welche in ungeheurer Menge vorkommen. Sie sind dort mehr, als irgendwo anders, zu Hausthieren geworden.

Das sich überall gleichbleibende Leben und Treiben der Möven ist so bekannt, daß eine Beschreibung desselben fast unnöthig erscheinen mag. Dennoch halte ich das Benehmen der genannten Möven der Erwähnung werth.

Die Hemprich'sche und weißäugige Möve (Larus Hemprichii und Larus leucophthalmos) sind nicht nur in jedem Hafen regelmäßige Erscheinungen, sondern finden sich auch in jeder seichten Bucht, auf jeder Sandinsel in Mengen vor, welche nur noch von den Massen auf den Brutinseln übertroffen werden können. Wenn ich so in meinem kleinen Boote an einer der Buchten vorüberfuhr, bemerkte ich im Hintergrunde derselben gewöhnlich ein den Blicken geradezu undurchbringliches Gewimmel von Möven, welche niedrig über dem Strande auf und abschwebten in der Absicht, neben den bereits auf dem Strande Sitzenden sich auch noch ein Plätzchen zu erobern. Beim Näherkommen sah man die Vögel in langen Reihen dichtgedrängt auf dem sandigen Boden sitzen, soweit dieser reichte. Aber auch alle Felsen in der Nähe, die Lavablöcke, welche nahe am Meere lagen, waren bedeckt mit den Vögeln. Bei Mocha erlegte ich auf einen einzigen Schuß sechszehn Stück dieser Thiere! In Massaua flogen sie nicht nur über der Stadt herum, sondern setzten sich ganz vertrauensvoll auch auf den Firsten der Häuser nieder, mitten unter die Milane und die Aasgeier. Sie schienen alle übrigen Arten ihrer Familie geradezu verdrängt zu haben; denn von anderen Möven bemerkte ich, nachdem ich in ihre eigentliche Heimat eingetreten war, keine mehr. Zur Zeit meiner Ankunft, Ende Februars also, befanden sie sich alle in voller Mauser. Die Brutzeit fällt, wie uns Heuglin belehrt, zwischen die Monate Juli und September.

Das übrige Leben unserer Möven bedarf keiner Beschreibung mehr; doch glaube ich durch genaue Angabe der Maße Willkommenes zu bieten. Von der weißäugigen Art habe ich drei Männchen gemessen.

Bei ihnen beträgt:

	Fuß	Zoll	Lin.	Fuß	Zoll	Lin.	Fuß	Zoll	Lin.
Die Länge	1	5	—	1	5	—	1	4	6
Die Breite	3	4	—	3	4	—	3	3	3
Die Höhe des Tarsus	—	1	9	—	1	9	—	1	10
Die Länge der Mittelzehe	—	1	6	—	1	7	—	1	5,5
Die Länge der Hinterzehe	—	—	2,5	—	—	2	—	—	2,5
Die Länge der inneren Zehe	—	—	12,5	—	1	1	—	—	12,5
Die Länge der äußeren Zehe	—	1	4	—	1	5	—	1	3,5
Die Länge des Oberschnabels	—	1	11	—	1	11	—	1	11
Die Länge des Unterschnabels	—	—	7,5	—	—	8	—	—	8
Die Länge des Flügels vom Bug bis zur Spitze	—	12	3	—	12	4	—	12	—
Die Länge des Schwanzes	—	4	9	—	4	9	—	4	8

Die Farbe der Iris ist ein schönes Silberweiß, der Schnabel ist korallenroth mit breiter schwarzer Spitze, der Fuß lichtgelb, der Augenring lebhaft roth.

Bei der Hemprich'schen Möve, für deren genaue Bestimmung ich jedoch nicht einstehen mag, beträgt:

	Fuß	Zoll	Linien.	Fuß	Zoll	Linien.
Die Länge	1	6	6	1	5	3
Die Breite	3	7	6	3	5	3
Die Höhe des Tarsus	—	2	1	—	2	—
Die Länge der Mittelzehe	—	1	6	—	1	5
Die Länge der Hinterzehe	—	—	2	—	—	1,5
Die Länge der inneren Zehe	—	1	1	—	1	—
Die Länge der äußeren Zehe	—	1	5	—	1	4
Die Länge des Oberschnabels	—	2	—	—	2	—
Die Länge des Unterschnabels	—	—	7	—	—	7
Die Länge des Flügels vom Bug bis zur Spitze	1	1	3	—	12	3
Die Länge des Schwanzes	—	5	3	—	5	1

Die Iris ist braun, der Schnabel an der Wurzel bleigrau, dann dunkler, hierauf roth, an der Spitze gelb. Der Fuß ist gilblich bleigrau, der Augenring korallenroth. —

In so großen Mengen wie die genannten trifft man die rosen=bäuchige Möve (Gavia gelastes) niemals an; wenigstens erinnere ich mich nicht, größere Gesellschaften, als Flüge von sechs bis acht Stücken, gefunden zu haben, und auch diese sind noch ziemlich selten. Rüppell sagt, daß unsere Möve im Winter und Frühling ungemein häufig auf den Wiesen bei Kairo wäre, wo sie Heuschrecken fräße. Ich habe über gedachten Wiesen, oder richtiger Feldern, diese Möve nie, wohl aber die Lachmöve (Chroicocephalus ridibundus) in großer Menge gefunden. Die rosenbäuchige Möve wurde von mir immer nur in der Nähe der Seen oder über dem Meere beobachtet. Ich erlegte sie am Mareotissee, am Menfalehsee und im Golf von Sues. Es hält nicht eben schwer, sie zu erkennen; die weißen Schwingen sind ein recht gutes Merkmal, und der schnelle, leichte Flug unterscheidet sie gleich von den andern kleinen Möven, denen sie sonst in jeder Hinsicht ähnelt. Ich gebe die Maße.

Es beträgt:

	b. Männchen: Fuß Zoll Lin.			b. Weibchen: Fuß Zoll Lin.		
Die Länge	1	5	—	1	4	3
Die Breite	3	3	—	3	3	—
Die Höhe des Tarsus	—	2	—	—	2	—
Die Länge der Mittelzehe	—	1	5,5	—	1	6
Die Länge der Hinterzehe	—	—	1,5	—	—	2
Die Länge der inneren Zehe . . .	—	1	1	—	1	1
Die Länge der äußeren Zehe . . .	—	1	7	—	1	7
Die Länge des Oberschnabels . . .	—	1	5	—	—	—
Die Länge des Flügels vom Bug bis zur Spitze	—	11	—	—	—	-
Die Länge des Schwanzes	—	4	4	—	—	—

Die Farbe der Iris ist hellbraun, der Schnabel dunkel, der Fuß lackroth, das Augenlid zinnoberroth.

Artenreicher, als die Möven, treten die Seeschwalben im rothen Meere auf; jedoch finden sie sich nirgends in so großer Anzahl, wie die ersteren. Man sieht sie in kleinen Familien; Trupps von zwanzig und mehr Stück sind schon selten. Erst im Süden werden die dem rothen Meere eigenthümlichen Arten, die schnelle und die ähnliche Raubseeschwalbe (Sylochelidon velox und Sterna affinis), häufig.

Nord-Ost-Afrika wird als Winterherberge von fast allen nördlicher lebenden Seeschwalben aufgesucht. Die kleinen, kerbthierfressenden Arten sind dort ganz regelmäßige Erscheinungen, aber auch die größeren, fischraubenden gar nicht selten. Von Egipten aus wandern viele längs des Nils oder auch an den Küsten des rothen Meeres nach Süden hinab. Während der Regenzeit sind unsere Vögel im Innern Afrikas überall gemein, und man sieht sie dann auch weitab vom Strome, mitten in der Steppe. Sie betreiben dort eine sehr eifrige Jagd auf Kerbthiere, zumal auf Heuschrecken. Die englische, oder richtiger, südliche Seeschwalbe (Gelochelidon meridionalis) lebt während des Winters ausschließlich von ihnen; nur die große Raubseeschwalbe (Sylochelidon caspia), welche im Winter über allen egiptischen Seen sehr häufig ist, aber auch bis in das Innere Afrikas wandert, verläßt den Strom nicht. Sie ist die einzige, welche ausschließlich Fische frißt. Den hochrothen Schnabel senkrecht nach unten gerichtet, sieht man sie über dem Wasser einherschweben und dann plötzlich auf dasselbe mit solcher Kraft herabschießen, daß der Fall auf weithin hörbar wird. Neidisch schreiend jagt sie hinter ihren Art- und Sippschaftsgenossen her, und das Einfallen einer ins Wasser ist für alle ein Zeichen, herbeizukommen, in der eigennützigen Absicht, einen etwa gemachten guten Fang soviel als möglich zu beeinträchtigen. Der Jäger kann sich solchen Neid zu Nutze machen. Er braucht nur eine erlegte Möve oder irgend eine Seeschwalbe vom Boote aus in die Luft zu werfen und wird bald gewahren, daß dann alle Seeschwalben, welche dies mit ansahen, so schnell als möglich herbeikommen und sich somit zum sicheren Ziele bieten.

Genau in der Weise, wie die große Raubseeschwalbe, lebt auch die von Rüppell sehr bezeichnend genannte Art (Sylochelidon velox). Ich fand sie namentlich bei Massaua und erlegte sie mehrere Male, zunächst, um meine Maßtafeln zu vervollständigen. Die Maße, welche Rüppell auf Seite 21 seines Atlas giebt, sind nicht genau. Ich habe dagegen folgende verzeichnet.

Beim Männchen beträgt:

	Fuß	Zoll	Linien.	Fuß	Zoll	Linien.
Die Länge	1	7	4	1	5	3
Die Breite	3	6	—	3	6	—
Die Höhe des Tarsus	—	1	3	—	1	3
Die Länge der Mittelzehe	—	1	1	—	1	1
Die Länge der Hinterzehe	—	—	3	—	—	3
Die Länge der inneren Zehe	—	—	9	—	—	9,5
Die Länge der äußeren Zehe	—	—	12	—	—	12
Die Länge des Oberschnabels	—	2	8	—	2	4
Die Länge des Unterschnabels	—	1	6	—	1	4
Die Länge des Flügels vom Bug bis zur Spitze der ersten Schwinge	1	1	6	1	1	3
Die Länge des Schwanzes	—	6	3	—	5	2

Das Weibchen ist kaum kleiner; bei ihm mißt:

	Fuß	Zoll	Linien.	Fuß	Zoll	Linien.
Die Länge	1	6	5	1	6	3
Die Breite	3	6	3	3	6	—
Die Höhe des Tarsus	—	1	3	—	1	3
Die Länge der Mittelzehe	—	1	1	—	1	1
Die Länge der Hinterzehe	—	—	3	—	—	3
Die Länge der inneren Zehe	—	—	9	—	—	9
Die Länge der äußeren Zehe	—	—	12	—	—	12
Die Länge des Oberschnabels	—	2	6	—	2	4
Die Länge des Unterschnabels	—	1	4	—	1	2
Die Länge des Flügels vom Bug bis zur Spitze der ersten Schwinge	1	1	3	1	1	3
Die Länge des Schwanzes	—	5	5	—	5	4

Die Iris ist braun, der Schnabel gelb, der Fuß schwarz, die Sohlen auf den Ballen aber gelb.

Auch die ähnliche Seeschwalbe (Sterna affinis), welche mich am meisten an die Meerschwalbe (Thalasseus cantianus) erinnert hat, ist größer, als Rüppell es angegeben.

Es beträgt beim Männchen:

	Fuß	Zoll	Linien
Die Länge	1	2	6
Die Breite	2	10	6
Die Höhe des Tarsus	—	—	12
Die Länge der Mittelzehe	—	—	10
Die Länge der Hinterzehe	—	—	2
Die Länge der inneren Zehe	—	—	7
Die Länge der äußeren Zehe	—	—	9
Die Länge des Oberschnabels	—	1	10,5
Die Länge des Unterschnabels	—	—	11
Die Länge des Flügels vom Bug bis zur Spitze der ersten Schwinge	—	11	3
Die Länge des Schwanzes	—	4	6

Bei drei Weibchen dagegen ist:

	Fuß	Zoll	Lin.	Fuß	Zoll	Lin.	Fuß	Zoll	Lin.
Die Länge	1	2	1	1	2	1	1	1	6
Die Breite	2	11	—	2	9	6	2	9	—
Die Höhe des Tarsus	—	—	12	—	—	12	—	—	11,5
Die Länge der Mittelzehe	—	—	10	—	—	10	—	—	9,5
Die Länge der Hinterzehe	—	—	2	—	—	2	—	—	2
Die Länge der inneren Zehe	—	—	7	—	—	7	—	—	6,5
Die Länge der äußeren Zehe	—	—	9	—	—	9	—	—	8,5
Die Länge des Oberschnabels	—	1	11	—	1	11	—	1	9
Die Länge des Unterschnabels	—	1	1	—	—	12,5	—	—	12
Die Länge des Flügels vom Bug bis zur Spitze	—	11	4	—	10	8	—	10	8
Die Länge des Schwanzes	—	4	—	—	4	—	—	4	—

Die Iris ist braun, der Schnabel orangengelb, der Fuß schwarz.

Die letzte Familie der Schwimmvögel habe ich zu meinem großen Bedauern nicht so beobachten können, als ich wollte.

Ein eigenes Gefühl überkommt den nordischen Reisenden, wenn er in den südlichen Meeren die in ihnen heimischen Vögel, welche er höchstens in den Museen gesehen hatte, jetzt im vollen Leben beobachten kann. Gerade die Seevögel sind fast ohne Ausnahme leicht kenntlich. Selbst der ungeübte Reisende, welcher auf dem indischen Postschiff durch das rothe Meer fährt, muß die prächtigen Flieger, welche er südlich von Djedda paarweise gewahren wird, alsbald als Tropikvögel erkennen. Wenn er auch geneigt sein sollte, die gewöhnlich in großer Höhe dahinfliegenden Thiere zunächst für Raubseeschwalben zu halten, geben ihm doch die langen Mittelfedern des Schwanzes, welche in jeder Höhe noch sichtbar sind, ein untrügliches Merkmal.

Die beiden von mir aufgeführten Arten dieser prächtigen Südländer, der weiße und der rothe Tropikvogel (Phaethon aethereus und Ph. phoenicurus), scheinen im Süden des rothen Meeres in ziemlich gleicher Anzahl vorzukommen. Man findet sie nur paarweise, nicht in Flügen; vielleicht scharen sie sich blos kurz vor und nach der Brutzeit in solche zusammen. Sie fliegen regelmäßig in hoher Luft dahin, meiden, im Gegensatz zu den Seeschwalben und Tölpeln, die Schiffe fast ängstlich und lassen sich nur von fern beobachten. Ihr Flug ist prachtvoll. Sie übertreffen die Tölpel weit und wetteifern mit den eilfertigsten Seeschwalben. Reißend schnell stürmen sie dahin; aber eine unbeschreibliche Zierlichkeit und Leichtigkeit zeichnet den Flug sofort vor denjenigen Arten aus, mit welchen man sie verwechseln könnte. Die kaspische Seeschwalbe will ihnen gegenüber plump erscheinen, obgleich man sich vergeblich fragt, worin denn die Eigenthümlichkeit ihrer Bewegung sich bekundet.

Die Tropikvögel sind rastlose Jäger, welche keine Entfernung zu kennen scheinen. Man begegnet ihnen ebensowohl in der Nähe des Landes, als mitten auf dem Meere, viele Meilen weit von der Küste entfernt: mir wollte es vorkommen, als ob sie die offene See bevorzugten. Sie halten sich stets in hoher Luft und stürzen, wenn sie einen Fisch ersehen, gleich von oben aus, wie ein Pfeil, senkrecht oder etwas schief herunter, verschwinden auf mehrere Sekunden unter den Wogen, arbeiten sich dann mit mehreren raschen Flügelschlägen wieder empor, schweben mit dem gefaßten Fisch im Schnabel auf kurze Strecken dicht über dem Wasser dahin, drehen und wenden die Beute, bis sie mundrecht wird, verschlingen sie und erheben sich nun wieder zu der gewöhnlichen Höhe. Mehr vermag ich nicht über sie zu sagen: ich war nicht so glücklich, wie die Gebrüder Robatz, welche auf einer der Inseln des südlichen rothen Meeres namentlich den rothen Tropikvogel in Menge brütend fanden. —

Die größeren Verwandten dieser prächtigen Thiere, die Tölpel, sind viel häufigere Erscheinungen, als sie. Im rothen Meere sieht man namentlich den braunen Tölpel (Sula fusca) in zahlreichen Flügen. Man begegnet ihm schon im Golf von Sues und findet ihn noch im Meerbusen von Aden. Am häufigsten sieht man ihn im Süden des rothen Meeres, da, wo dasselbe inselreicher wird. Hier umschwärmt er jedes Schiff in dichtem Gedränge, und so lange es Tag ist, schaut man schwerlich vergebens nach ihm aus. Dennoch gewinnt man erst dann einen Begriff von der Menge, in welcher er auftritt, wenn man im kleinen Boote zwischen den Felsen dahinsteuert. Man kommt auf solcher Fahrt an wirklichen Vogelbergen vorüber, an Inseln, welche, nach der Versicherung der Schiffsleute, ellenhoch mit Dünger belegt sind und welche Hunderten von Schiffen volle Guanoladung gewähren würden.

Solche Inseln werden durch Wolken von Vögeln förmlich verhüllt; die Vogelberge des Nordens zeigen sich hier in anderer Gestalt. Das dahinsegelnde Schiff befindet sich minutenlang im dichtesten Gedränge und, wie auf den nordischen Vogelbergen, wird es dem Jäger schwer, sein Gewehr auf einen einzelnen der Vögel zu richten, weil beständig viele auf ein Mal vor das zielende Auge kommen.

Im Süden tritt auch der schwarzgesichtige Tölpel (Sula melanops) zu dem braunen; er aber findet sich überall einzeln und kommt höchstens in kleinen Flügen vor. Ich sah ihn erst südlich von Hodeida.

Die Tölpel sind viel weniger scheu, als die Tropikvögel. Sie umschwärmen, wie gesagt, jedes Schiff; sie fliegen selbst über das Vordertheil des Dampfers weg, ohne sich um das Treiben der Menschen am Bord zu kümmern. Man kann bequem soviel von ihnen erlegen, als man will; denn wenn man einen fehlte, braucht man nur sein Gewehr wiederzuladen und auf andere es abzufeuern. Auf meiner Meerfahrt von Aden nach Massaua schoß ich täglich mehrere herab, bis endlich jede

Hoffnung schwand, der schönen Vögel mich zu bemächtigen. Denn die vorsintflutliche Takelung der arabischen Schiffe macht das Aufhalten des Bootes zu einem schwierigen Unternehmen, und der Jäger, welcher so eilig ist, wie ich es war, muß seine Beute dem Meere überlassen, ohne sich ihrer bemächtigen zu können. So ist es gekommen, daß ich nicht einen einzigen von den erlegten Tölpeln herausgefischt habe, daß ich nicht ein Mal im Stande bin, die Maße dieser Vögel zu geben. —

Hinsichtlich des unserem Meerbusen so gut als eigenthümlichen Pelekans (Pelecanus rufescens) wäre es mir nicht besser ergangen, hätte mich nicht einerseits der Zufall, andererseits die Vertrauensseligkeit des Pelekans begünstigt.

In ganz Nord-Ost-Afrika sind die Pelekane häufige Vögel. Ich habe wiederholt von den Massen gesprochen, welche alle egiptischen Strandseen bevölkern, und auch der äußerst zahlreichen Flüge gedacht, welche im Innern Afrikas auf Flüssen vorkommen. Ich bin also durch meine früheren Reisen an das massenhafte Auftreten der Pelekane gewöhnt worden; gleichwohl überraschte mich ihre Menge im Süden des rothen Meeres. Man sah hier zwar nicht so große Massen auf einem Punkte zusammen, wie in Egipten; aber man sah sie überall, wo das Meer seichte Buchten besaß. Ich fuhr an Inseln vorüber, auf welchen sie in langen Reihen saßen, welche von weitem wie Schafherden erschienen, und ich besuchte eine andere, sehr kleine, auf deren Gebüsch mindestens drei bis vierhundert Stück ihre Nachtruhe hielten. Doch die größte Ueberraschung sollte mir bis zu meiner Landung in Afrika vorbehalten bleiben. Im Hafen Massauas schwammen zehn Pelekane so ruhig und furchtlos zwischen den Schiffen umher, so dicht an den Häusern vorüber, daß man geneigt war, zu glauben, man habe es hier mit gezähmten Vögeln zu thun! Diese Pelekane waren es, mit deren Jagd Seine Hoheit, der Herzog, zuerst sich beschäftigte.

Auf keiner meiner Reisen habe ich den Pelekan so innig mit dem Menschen befreundet gefunden; selbst im Innern Afrikas, wo der braune Eingeborne wahrlich nicht daran denkt, ihn zu verfolgen, war er immer scheu, und in Egipten durfte es schon als ein Jagdkunststück gelten, wenn man einen der vorsichtigen Vögel erlegt hatte.

Zur Zeit unseres Aufenthaltes in Abissinien begannen die Pelekane zu mausern. Ein Männchen, welches ich auf einer kleinen Insel im

Meere erlegte, hatte bereits seine Hochzeitstracht theilweise angelegt. Alle übrigen trugen ein sehr verschossenes und abgenutztes Kleid.

Das tägliche Leben des röthlichen Pelekans weicht nicht von dem Treiben anderer Arten seines Geschlechts ab. Die frühen Morgenstunden werden zur Jagd benutzt, und man sieht um diese Zeit in allen seichten Buchten die Gesellschaften der eifrig fischenden Vögel. Sie betreiben ihre Jagd stets gemeinschaftlich, und wie ich am Menfalehfee beobachtete, in höchst verständiger Weise, indem sie einen Theil des Sees, z. B. eine Bucht, geradezu abschließen, d. h. einen Kreis oder Halbkreis bilden, und nun langsam vorwärts schwimmen und alle Fische, welche durch ihre Reihen bringen wollen, dabei geschickt aufnehmen. Gegen zehn Uhr Vormittags haben die Vögel sich gesättigt und fliegen nun dem Lieblingsplatze, einer Sandbank oder einer Insel zu, um dort sich zu putzen, das Gefieder einzuölen und auszuruhen. Auf diesen Inseln eben sitzen sie in langen Reihen höchst friedlich bei einander. Manche liegen auch behaglich auf dem Bauch dahingestreckt. Bis zur Mittagsstunde kommen beständig neue herbei, und die Versammlung wächst demnach von Minute zu Minute. Nachmittags zwischen drei und vier Uhr beginnen die Reihen sich zu lichten; gesellschaftenweise ziehen sie zu neuem Fange aus. Die zweite Jagd währt bis Sonnenuntergang: dann fliegt die ganze Gesellschaft dem Schlafplatze zu. Nur da, wo es an Bäumen mangelt, ist dieser eine flache Sandbank oder eine einsame Insel: in Gegenden, wo es Bäume, oder noch besser, wo es Inseln giebt, welche mit Bäumen bestanden sind, schlafen die Pelekane stets auf solchen, dann aber zuweilen in so großer Menge, daß die Bäume von fern her wie mit weißen Blüthen bedeckt erscheinen. Wie alle Vögel, welche einen Nachtplatz für längere Zeit sich auserkoren, halten auch die Pelekane an den erwählten Ruheorten mit großer Zähigkeit fest; selbst wiederholte Jagden vermögen sie nicht zu vertreiben: sie kommen immer wieder zu dem alten gewohnten Orte zurück.

Das Brutgeschäft kenne ich nicht, und über die Jagd habe ich an verschiedenen Orten schon soviel berichtet, daß ich hier Nichts mehr zu sagen brauche. Der Vollständigkeit halber gebe ich noch die Maße von einem Paare des röthlichen Pelekans, welches ich auf der unbewohnten Insel N a m u h s erlegte.

Es beträgt beim Männchen:

Die Länge	4	Fuß	10	Zoll	—	Linien.
Die Breite	—	„	7	„	7	„
Die Höhe des Tarsus	—	„	3	„	1	„
Die Länge der Mittelzehe	—	„	4	„	1	„
Die Länge der Hinterzehe	—	„	1	„	10	„
Die Länge der inneren Zehe	—	„	2	„	11	„
Die Länge der äußeren Zehe	—	„	4	„	4	„
Die Länge des Oberschnabels	1	„	1	„	6	„
Die Länge des Unterschnabels	—	„	—	„	5	„
Die Länge des Flügels vom Bug bis zur Spitze der dritten Schwinge	1	„	10	„	6	„
Die Länge des Schwanzes	—	„	8	„	6	„

Beim Weibchen dagegen mißt:

Die Länge	4	Fuß	3	Zoll	—	Linien.
Die Breite	—	„	6	„	9	„
Die Höhe des Tarsus	—	„	3	„	1	„
Die Länge der Mittelzehe	—	„	3	„	10	„
Die Länge der Hinterzehe	—	„	1	„	9,5	„
Die Länge der inneren Zehe	—	„	2	„	8	„
Die Länge der äußeren Zehe	—	„	4	„	—	„
Die Länge des Oberschnabels	1	„	—	„	—	„
Die Länge des Unterschnabels	—	„	—	„	5	„
Die Länge des Flügels vom Bug bis zur Spitze der dritten Schwinge	1	„	8	„	—	„
Die Länge des Schwanzes	—	„	7	„	5	„

Die Farbe der Iris ist **graubraun**, der Oberschnabel ist hinten und in der Mitte **gelb**, an der Spitze **hornfarben**; der Unterschnabel ist hinten **bläulich**, vorn **röthlich**; die Füße sind **erbsengelb**; der Augenring ist **hellgelb**, dahinter befindet sich eine **dunkelgraue** Stelle; der Kropfsack ist **röthlich**, **blau** geädert und gestreift.

Unter den Schwingen ist die **dritte** die längste; auf sie folgen die zweite, vierte, fünfte, erste, sechste.

Das sind die Beobachtungen, welche ich während der Jagdreise Seiner Hoheit, des Herzogs, zu sammeln Gelegenheit fand. Sie sind das treue Bild des Mangels, mit welchem wir zu kämpfen gehabt haben: des Mangels an Zeit! Was ich mir selbst erwarb, habe ich hier niedergeschrieben. Ich habe während unseres Aufenthaltes in den Bogoslnndern soviel zusammengetragen, wie mir möglich war. Hier gab ich das Gesammelte im übersichtlichen Bilde. Die Mängel desselben werden dem kundigen Auge nicht entgehen; aber der Kundige weiß auch die Schwierigkeiten zu würdigen, welche zu überwinden sind, wenn im Fluge gesammelt werden muß. Eben deshalb halte ich mich seiner Nachsicht versichert. Ich habe Eins bezweckt: eine ungefähre Schätzung des unendlichen Reichthums, in welchem wir schwelgen durften, möglich zu machen, und glaube, daß meine Arbeit wenigstens das Leben der beiden Klassen des Thierreichs in seinen größten Zügen wiedergiebt. Die feinere Ausführung der Zeichnung solch reichhaltigen Lebens bleibe Andern vorbehalten.

Alphabetisches Verzeichniß

der

naturwissenschaftlichen und geographischen Namen.*)

Aasgeier (Schmutzgeier) 7. 9. 11 f. 33. 48. 205. 237 ff. 242. 245.
Abu-Bateen f. Raubseeschwalbe, schnelle.
Abu-Belabb f. Raubseeschwalbe.
Abu-Tjirreb f. Raubseeschwalbe.
Abu el Hosseen f. Schakal, schwarzrückiger.
Abu-Fatbme f. Löwe.
Abu-Gumba f. Hornrabe.
Abu-Keem f. Honigdachs.
Abu-Kbirbe f. Pelekan, rötlicher.
Abu-Kurabn f. Pelekan, rötlicher.
Abu-Risch f. Honigsauger.
Abusalahm 68.
Abu-Schod f. Igel.
Actitis hypoleucos f. Flußuferläufer.
Adansonie (Affenbrodbaum, Boabab) 43.
Aben 3. 6. 175. 237.
Abjameh f. Möve, Hempich's.
Adler 17. 48. 250. 256. 263.
— Adalbert's 250.
— Brehm's 250.
— geierartiger 48.
Aedon minor f. Baumnachtigall.
Aegialitis cantianus f. Seeregenpfeifer.
— hiaticula f. Regenpfeifer.
Aesalon ardosiacus f. Edelfalk.
Aesseb f. Löwe.
Affe 19. 32. 72. (f. die Arten!)
Affenbrodbaum f. Adansonie.
Ain-Saba 20 f. 37. 40. 47. 95. 184.
Akazie 32.
Alcedo ispida f. Eisvogel.
Alexandrien 3.
Algaseen (Kubu) 20. 47. 76. 9 7. 167.

Aloe 15.
Amba 14. 19.
Ambabs f. Löwe.
Ambassa f. Löwe.
Ambukol 129.
Ammer 15. 36. 343.
— gestreifter 36. 218. 343.
Ammerlerche, kurzzehige 13. 219. 346.
Ammomanes deserti f. Wüstenlerche.
Amseling 14. 214. 301.
Ans f. Hausziege.
Ansa f. Hausziege.
Antilope 9. 18 f. 32. 97. f. auch Algaseen, Beisa, Klippspringer.
Antilope, Hemprich's 33.
— Sömmerring's 15. 32. 47. 65. 145 f.
Aquila f. Adler und Arten.
— Adalberti f. Adler, Adalbert's.
— albicans f. Raubadler, lichter.
— Brehmii f. Adler, Brehm's.
— rapax f. Raubadler.
— vulturina f. Adler, geierartiger.
Arab f. Antilope, Sömmerring's.
Arabischer Busen 26.
Ardea (cinerea,) f. Reiher.
— purpurea f. Purpurreiher.
— schistacea f. Reiher, schwarzköpfiger.
Ardeola bubulcus f. Kuhreiher.
Ardetta Sturmii f. Zwergreiher, Sturm's.
Aria f. Warzenschwein.
Arment 118.
Aschkoko f. Klippschliefer.
Asclepius 32.
Asinus f. Esel.

---

*) Der Fremdwörter halber war es nöthig,
1. i und j als gleich anzunehmen;
2. die Umlaute ä, ö, ü wie ae, oe, ue zu betrachten und sie daher zwischen ab, ob, ub und af, of, uf einzuordnen.

Asinus africanus s. Esel, afrikanischer.
— hemionus s. Dschiggetai.
— onager s. Onager
— taeniopus 143, s. Wildesel.
Asube 18. 120. 174.
Atbara 93. 168.
Athene nilotica s. Steinkauz.
Atticora pristoptera s. Seglerschwalbe.
Atro s. Klippspringer und Zwergböckchen.
Augur 48. 206. 218 f.
Austerfischer 225.

Bab el Mandeb 7.
Babuin 91.
Bachstelze 213. 262.
Bädje s. Peletan, röthlicher.
Barbara 177. 189.
Balsamodendron africanum s. Balsamstrauch.
Balsamstrauch 32.
Barta 34. 92. 144.
Bartgeier 48.
Bartvogel 52.
— geperlter (Perlvogel) 13. 52. 221. 362. 363.
Bartvogel, Salt's 220. 362. 364.
Bascharobsch s. Flaming.
Baschóm s. Schakal, schwarzrückiger.
Babiuba 129.
Bathyergus splendens s. Felsel.
Baumeichhorn 17. 20. 62.
Baumnachtigall, abissinische 13. 30. 212. 289.
Baumwiedehopf 49 f. 211. 279.
Beisa 17. 32. 66. 171.
Beit-Abribi s. Frankolin, isabellfebliges und rothfehliges.
Beni Israel s. Zwergböckchen.
Berbera 189.
Bedingan el Fil s. Kigelie.
Bienenfresser 49. 210. 275.
— Lafrenay's 210. 275.
— Savigny's 49. 210.
Bischaribn 177.
Blaßfuchs 118.
Blaudrossel 301.
Blaurace s. Mandelkrähe, abissinische.
Blutfink 217. 340.
Boabab s. Adansonie.
Bogenschnabel 227.
Bogos 12. 21. 38 ff. 48. 92.
Bos africanus aethiopicus s. Zebu.
— africanus Sancha s. Buckelochs.
Brachpieper 298.
— Vierthaler's 214. 298.
Brachvogel 28 f. 226. 410.

Bubalus Caffer s. Büffel.
Bubo s. Uhu.
— ascalaphus s. Uhu, südlicher
— cinerascens s. Uhu, großer.
— maculosus s. Ohreule, afrikanische.
Buckelochs 67. 177.
Bucorax abyssinicus 17. 52. s. Hornrabe, Nashornvogel.
Budytes atricapillus s. Schafstelze, schwarzköpfige.
Budytes campestris s. Schafstelze, grünköpfige.
Budytes cinereocapillus s. Schafstelze, grauköpfige.
Budytes flavus s. Schafstelze, gemeine.
— melanocephalus s. Schafstelze, sammtköpfige.
Büffel 4. 47.
Büffelwebervogel 18. 217. 337.
Bürniko s. Flughuhn, streifiges.
Buhme s. Uhu.
Buphaga erythrorhyncha s. Madenhacker.
Buschböckchen s. Zwergböckchen
Buschschlüpfer 17. 50.
— rothstirniger 17. 212. 287.
Bussard 48. 248.
Butalis grisola s. Fliegenfänger, gemeiner.
Buteo Augur s. Augur.

Calotropis procera s. Ischr.
Camaroptera brevicaudata s. Kurzschwanz.
Camelus Dromedarius s. Kamel.
Canis Anthus s. Wolfshund.
— aureus s. Schakal.
— famelicus s. Fuchs.
— Grajus africanus s. Windhund, afrikanischer.
Canis mesomelas s. Schakal, schwarzrückiger.
Capparis 32
Caprimulgus s. Nachtschatten.
— tristigma s. Nachtschatten, dreifleckiger.
Caricicola cisticola s. Cistenseggensänger.
Cassia 43.
Cathartes monachus s. Mönchsgeier.
Catus maniculatus s. Katze, kleinpfötige.
Cecropis abyssinica 17. 49. s. Schwalbe, gestreifte.
Cecropis filifera s. Schwalbe, fadenschwänzige.
Cecropis melanocrissus 49. s. Schwalbe, schwarzsteißige.
Cecropis rufifrons 49. s. Schwalbe, rothstirnige.

Cecropis rustica f. Rauchschwalbe.
Centropus monachus s. superciliosus
  f. Sporntutut.
Centropus senegalensis f. Sporntutut,
  senegalischer.
Cephalophus Hemprichiana f. Zwergböckchen, Hemprich's Antilope.
Cephalophus Madoqua f. Madoqua.
Cerchneis f. Thurmfalk.
Cercopithecus f. Meerkatze.
— griseo-viridis f. Meerkatze, graugrüne.
— pyrrhonotus 80.
Cercotrychas erythroptera f. Amsseling.
Certhilauda 5.
Ceryle rudis f. Eisvogel, gescheckter.
Chalcopelia afra f. Erdtaube.
Charadrius 37. f. Regenpfeifer.
Chelidon urbica f. Mehlschwalbe.
Chenalopex aegyptiacus f. Gans, egypt.
— varius 415.
Chizaerhis f. Pisangfresser.
Christusdorn 32. 187.
Chroicocephalus f. Möve.
— capistratus 5.
— crassirostris. 29.
— ichthyaëtos f. Fischermöve.
— leucophthalmus 29.
— minutus f. Zwergmöve.
— ridibundus f. Lachmöve.
Chubahra f. Trappe.
Ciconia f. Storch.
— Abdimii f. Storch, Abbim's.
Circaetos orientalis f. Schlangenadler.
Circus cineraceus f. Wiesenweih.
— cyaneus f. Kornweih.
— pallidus 14. f. Steppenweih.
Cissus 32.
Cistensängenfänger 287.
Colius f. Mäusevogel.
— leuconotus f. Mäusevogel, weißrückiger.
Collurio f. Neuntödter.
— Smithii f. 51. Würger, Smith's.
Columba glauconotos f. Felsentaube.
— livia f. Felsentaube europäische.
Coracias f. Mandelkrähe.
— abyssinicus f. Mandelkrähe, abiss.
Corax affinis f. Rabe, kurzschwänziger.
— scapulatus f. Rabe, weißbrüstiger.
— umbrinus f. Wüstenrabe.
Corvus f. Krähe.
— affinis f. Rabe, kurzschwänziger.
— brachyurus f. Rabe, kurzschwänziger.
Corvus cornix f. Nebelkrähe.
— frugilegus f. Saatkrähe.
— scapulatus f. Rabe, weißbrüstiger.

Corydalla campestris f. Brachpieper.
— sordida f. Pieper, dunkler.
— Vierthaleri f. Brachpieper, Viertthaler's.
Corythaix leucotis f. Helmvogel.
Coturnix communis f. Wachtel, gemeine.
Cotyle obsoleta f. Felsenschwalbe.
Crateropus loucocephalus und leuco
  pygius f. Weißkopf.
Crocodilus f. Krokodil.
Curruca f. Grasmücke.
— atricapilla f. Mönch.
Cursorius f. Läufer.
— isabellinus f. Wüstenläufer.
Cynailurus guttatus f. Jagdleopard.
Cynocephalus Gelada f. Gelada.
— Hamadryas f. Silberpavian.
Cypselus f. Segler.
— abyssinicus f. Segler, abissinischer.
— parvus 273.

Dahalakinseln 11.
Dableb f. Schakal.
Dammah f. Beisa.
Danileb f. Sirene.
Delula f. Hund, gemalter.
Delfin 5. 27. 68. 202.
Dendrobates f. Specht, Zwergspecht.
Dendropicus Hemprichii (Dendrobates
  Hemprichii) f. Specht, Hemprich's.
Dendrofalco concolor f. Edelfalk
Desset 13. 19.
Dib f. Schakal und Wolfshund.
Dickfuß, abissinischer 53. 224. 400 f.
— senegalischer 400.
Dicrurus lugubris f. Würgerschnäpper.
Djebabb el Barr f. Frankolin, isabelllebiges.
Djebabb el Wadi f. Perlhuhn.
Djemel f. Kamel.
Djesihret el Namuhs 12. 423.
Djib f. Hiäne, gefleckte.
Djilib f. Sirene.
Djimrië f. Senegeltaube.
Diuna f. Abansonie.
Dipus aegyptiacus f. Wüstenmaus.
Diubb f. Wolfshund.
Doble 318.
Dothen f. Elefant.
Dompalme 26.
Dorneidechse 196.
Dromas ardeola f. Reiberläufer.
Dromebar f. Kamel.
Dromolea f. Steinschmätzer.
Drossel, abissinische 214.
— europäische 297.

Drossel, simenische 300.
Drosselrothschwanz 50. 213. 295.
Drosselschmätzer 213. 292.
Droßling 13. 50. 214. 304.
Drymoica f. Buschschlüpfer.
— lugubris 17.
— rufifrons f. Buschschlüpfer, rothstirniger.
Dryoscopus Cubla f. Kubla.
Dschiggetai (Halbesel) 142.
Dujong f. Sirene.
Durrah 16.
Dysopes 33. f. Fledermaus.
Dysporus fuscus (brasiliensis) f. Tölpel, brauner.

Eb 10.
Edelfall (einfarbiger Fall) 5. 17. 30. 48. 207. 234. 256.
Edelschwalbe 49.
— fadenschwänzige 49.
— schwarzsteißige 49.
Egretta alba, garzetta, orientalis f. Reiher, Silberreiher.
Eichhorn 46. 62.
— buntes 47. 62. 130.
Eidechse 37. 53.
Eilet 18. 200.
Einhufer 34.
Eisvogel 16. 49.
— blaurückiger 210. 275.
— gescheckter 4.
Elanus f. Gleitaar.
Elefant, afrikanischer 19 ff. 35. 47. 67. 180.
Elephas africanus f. Elefant.
Elster 319.
Emberiza f. Ammer.
— caesia 36.
— striolata 36.
Endet f. Stachelschwein.
Enbju f. Zwergböckchen.
Ente 4. 12.
Ephialtes Scops f. Zwergohreule.
Epilais f. Mönch.
Equus caballus domesticus f. Pferd.
Erdeichhorn, rothes 20. 34. 63. 130. 132.
Erdferkel 114.
Erdtaube 14. 36. 52. 222. 380.
Erdwürger, rothfüßgeliger 13. 213. 315.
Erinaceus f. Igel.
— platyotis (?) f. Igel, großohriger.
Erneb f. Hase.
Eschmett f. Tölpel, brauner.
Esel, afrikanischer (Steppenesel) 6. 9. 34. 64. 141. 144.
Eudromias asiaticus f. Morinell.

Eule 265.
— kurzöhrige 265.
Euphorbien 26. 32. 34.
Eupodotis arabs f. Trappe, arabischer.

Fabbab f. Jagdleopard.
Fahr f. Maus.
Fahr el Sabjar f. Eichhorn.
Falco f. Fall und Arten.
— cervicalis (?) f. Wanderfalke.
— Feldeggii f. Falke, Feldegg's.
— lanarius f. Schlachtfall.
— peregrinus f. Wanderfall.
Fall 30. 154. 267. f. die Arten.
— einfarbiger, f. Edelfall.
— Feldegg's 48.
Fartale f. Silberpavian.
Faustbuhn 383.
Feldmaus 63. 136.
Felfel 47. 63. 136.
Felis f. Katze.
— maniculata f. Katze, kleinpfötige.
Felsenschwalbe 17. 49. 209. 272 f.
Felsenstar 218. 325.
Felsentaube, blaurückige 7. 52. 221. 369. 373.
Fettschwanzschaf (Stummelschwanzschaf) 6. 33. 66. 175.
Fettsteißschaf 176.
Ficedula umbrovirens (?) f. Laubsänger.
Fibl f. Elefant.
Fink 39.
Fischadler 6. 30. 207. 233
Fische 53 f.
Fischermöve 3.
Flaming, afrikanischer 29. 228. 412.
— europäischer 4. 29. 412.
Flechten 43.
Fledermaus 33. 92.
Fliegenfänger 217. 306.
— kleiner 306.
— gemeiner 306.
— rothkehliger 306.
Flötenvogel f. Orgelwürger.
Flötenwürger f. Orgelwürger.
Flughuhn (Wüstenhuhn) 5. 383. 394 f.
— streifiges 13. 32. 223. 304 f.
Flußadler f. Fischadler.
Flußuferläufer 227. 411.
Francolinus f. Frankolin und Arten.
— gutturalis (?) f. Frankolin, isabellkehliges.
Francolinus rubricollis f. Frankolin, rothkehliges.
Frankolin 14. 19 ff. 36. 52. 126. 383. 386 f.

Frankolin, Clapperton's 21. 33.
— Erkel's, 20. 32. 223. 389 f.
— isabellfarbiges 223.
— rothfarbiges 14. 36. 52. 223. 386.
Frankolin, Rüppell's 53. 233. 392.
Fringillaria septemstriata f. Ammer, gestreifter.
Frosch 38. 34.
Fuchs 14. 33. 46. 117.

Gabar 48. 258.
Gäleb f. Frankolin, isabellfarbiges.
Gänsegeier 242. 245.
Gassot 54.
Gahn f. Uhu.
Galerita f. Haubenlerche.
— abyssinica siehe Haubenlerche, abissinischer.
— flava f. Haubenlerche, sandfarbene.
— lutea f. Haubenlerche, gilbliche.
Gambialöwe f. Löwe, brandmähniger.
Gans, egypt. (Nilgans) 37. 228. 413.
— ostsudanesische 315.
Garrat-Ali f. Dickfuß.
Garrat-Mimose f. Kharrat-Mimose.
Garrua f. Algaseen.
Gartenrothschwanz 213.
Gaukler 14 f. 30. 48. 206. 252.
Gavia gelastes f. Rosenmöve.
Gazella dorcas f. Gazelle.
— Soemmerringii f. Antilope, Sömmerring's.
Gazella subgutturosa f. Gazelle, persische.
Gazelle 5. 7. 10 f. 13 ff. 32. 47. 63. 147. 149 ff. 159. 168.
Gazelle, persische 7.
— Sömmerring's f. Antilope, Sömmerring's.
Gebirgsrabe 178.
Gebaleb f. Augur.
Gebafie 54.
Géhé f. Klippschliefer.
Geier 13. 35. 48. f. Arten.
— Rüppell's, 35. 48. 206. 240 ff.
Geierkönig 241.
Gelaba 90.
Gelochelidon meridionalis. f. Seeschwalbe, südliche.
Gemse 166. 181.
Gepard f. Jagdleopard.
Gesella (Leopard) 106.
Gete-Gete f. Wanderfalk.
Gimpel, gestreifter 51. 219., 349.
Gimpellerche 13. 219. 347.
Gimpellerche, dunkelköpfige 347.

Gingero f. Silberpavian.
Ginsterkatze 34.
Glanzdrossel (Schillerdrossel) 13. 36. 104. 216. 326 f.
Glanzdrossel, eigentliche 326 f.
— rothbäuchige 13. 216. 326 f.
Glanzelster 36. 104. 216. 326.
Glanzfink 218. 341.
Gleitaar 48.
Gonzal 11.
Goptuf. Klippspringer.
Goral 166. 181.
Gotme, Gorne f. Zebramanguste.
Granit 40.
Gras 45.
Grasmücke 50.
Graupanther 107.
Grünfuß f. Wasserläufer, getüpfelter.
Guineataube 222. 375.
Gurre f. Nachtschatten.
Gusella f. Gesella.
Gypaëtos meridionalis f. Bartgeier.
Gypogeranus serpentarius f. Sekretär.
Gyps f. Geier und Arten.
— bengalensis 35.
— fulvus f. Gänsegeier.
— Rueppellii f. Geier, Rüppell's.

Habichtsadler f. Haubenadler.
Haematopus ostralogus f. Austernfischer.
Hänisch-Inseln 10.
Hagäl f. Perlhuhn.
Haifisch 10.
Halbesel f. Dschiggetai.
Haliaëtos (funereus) f. Seeadler.
Hali-Basta f. Uhu.
Halicore cetacea s. Dujong f. Sirene.
Halsbandsittig 20. 52. 220. 361.
Halsbandtaube 52. 222. 369. 378.
Haluff-Abu-Kharn f. Warzenschwein.
Hamadryas f. Silberpavian.
Hamahn f. Felsentaube.
Harmajahn f. Elefant.
Haroja, Baruja f. Warzenschwein.
Hase, abissinischer 9. 13 ff. 20. 34 f. 46. 138.
Haubenadler (Schopfadler) 17. 48. 79.
— weißgefleckter 206.
Haubenlerche, abissinische 344.
— gilbliche 5. 9. 11. 13. 36. 50. 218. 344.
Haubenlerche, sandfarbene 344.
Haubensteißfuß 3.
Hauskatze f. Katze.
Hausmaus, morgenländische 63.
Hausratte f. Ratte.

Hausschwalbe 273.
Haussperling 9. 218. s. Sperling und Arten.
Hausziege 66. s. Ziege.
Heliotropen 45.
Helmvogel 17. 52. 219.
Helotarsus ecaudatus s. Gaukler.
Heremat s. Elefant.
Herodias schistacea s. Reiher, schwarzköpfiger.
Herpestes Ichneumon s. Ichneumon, Manguste.
Herpestes fasciatus s. Manguste, gestreifte.
— gracilis s. Manguste, schlanke.
— Mungos s. Mungo.
Hevai-Semai s. Gaukler.
Hewe s. Silberpavian.
Gharuf s. Fettschwanzschaf.
Hiäne 14. 120.
— gefleckte (Tigerwolf) 13. 20. 33. 46. 60.
Hiäne, gestreifte 33..122.
Hierofalco s. Jagdfalk.
— islandicus s. Jagdfalk, nordischer.
Himantopus rufipes s. Strandreiter.
Hircus aethiopicus 173. s. Ziege, Hausziege.
Hircus reversus s. Zwergziege.
Hitaie s. Schmarotzermilan.
Hoba s. Silberpavian.
Hörnchen s. Eichhorn.
Honiganzeiger s. Honigkukuk.
Honigdachs 16. 20. 46. 61. 128.
Honigkukuk 52. 104. 221. 367.
Honigsauger 11. 13. 36. 49 s. 211. 281 ff.
— abissinischer 49. 211. 284.
— ähnlicher 49. 211. 284.
— blutfleckiger 49. 211.
— prächtiger 49. 211.
— schimmernder 11. 13. 211. 281.
Hoplopterus spinosus s. Sporntibit.
Hornrabe 220. 359. s. auch Nashornvogel.
Hub-Hub s. Wiedehopf.
Hühner 52.
Hund 6. 118.
— gemalter 33. 121.
Hyaena crocuta s. Hiäne, gefleckte.
— striata s. Hiäne, gestreifte.
Hydrochelidon s. Seeschwalbe.
— nigra s. Wasserschwalbe, dunkle.
Hyphantornis flavoviridis s. Webervogel grüngrünlicher.
Hyphantornis galbula s. Webervogel, gelber.
Hypochéra nitens s. Glanzfink.

Hyrax abyssinicus s. Klippschliefer
Hystrix cristata s. Stachelschwein.

Jagdfalk 30.
— nordischer 30.
Jagdleopard 14. 18. 33. 109.
Jasmin 45.
Ichneumon 4. 127.
Jebba 5.
Igel, großöhriger 46. 61.
Indicator minor s. Honigkukuk.
Ischr 282.
Isisgazelle s. Gazelle.
Isomys variegatus s. Feldmaus.
Ispidina cyanotis s. Eisvogel, blaurückiger.

Kababisch 177.
Kaffee 9.
Kairo 4 s.
Kaltus 39. 41.
Kaltol s. Gepard.
Kamel 6. 14. 41. 65. 141. 143 s.
Kampfläufer 227.
Kaptaube 13. 36. 52. 222. 382.
Karawahn s. Dickfuß.
Katze 6. 113.
— kleinpfötige 59. 113.
Kegelschnäbler 51.
Kelb s. Windhund, afrikanischer.
— el Ebala s. Wolfshund.
— el Wadi s. Schakal, schwarzrückiger.
Kerai s. Hiäne, gefleckte.
Keren 20. 52.
Ketabf s. Fischadler.
Kharrat-Mimose 106. 175.
Khata s. Flughuhn.
Kherra s. Frankolin, Rüppell's.
Khirb s. Silberpavian.
Khut s. Katze, kleinpfötige.
Kiebitz 37.
Kigelie 43.
Klettervögel 52.
Klippdachs ⎱ 17. 20. 47. 53. 67. 104.
Klippschliefer ⎰ 127. 191 ff.
Klippspringer 16 s. 19 s. 47. 65. 163. 181. 358.
Königsmilan 256.
Kokfo s. Klippschliefer.
Kokospalme 26.
Kolquallenpeuphorbie siehe Kronleuchtereuphorbie.
Kombei s. Silberpavian.
Konfus s. Igel.
Kornweih 260.
Korsak 118.
Krabben 31.

Kräbe 4.
Kröte 38.
Krokobil 37. 414.
Kronleuchtereuphorbie 16. 39. 44 f.
Kubla 314.
Kubu f. Algafeen.
Kubreiber 4.
Kuhuf 52.
Kurzschwanz 50. 212. 288.

Laba 19.
Labla 47.
Lachmöve 5. 418.
Lachtaube 9. 13. 36. 222. 379.
Läufer 5.
Lagonosticta minima f. Blutfink.
Lamprocolius chalybaeus f. Glanzdroffel, eigentliche.
Lamprocolius ruflventris f. Glanzdroffel, rothbäuchige.
Lamprotornis aeneus s. nitens f. Glanz-
  elfter.
Laniarius (?) cruentus f. Würger, blut-
  fleckiger.
Laniarius erythrogaster f. Würger, roth-
  bäuchiger.
Laniarius erythropterus f. Erdwürger.
Lappenliebitz 224. 403.
Larus crassirostris 5.
  — fuscus (Häringsmöve) 5.
  — Hemprichii(?) f. Möve, Hemprich's.
  — leucophthalmus f. Möve, weiß-
  äugige.
Larus ridibundus f. Lachmöve.
Laubfänger 11. 212. 289.
Laufvögel 48.
Leo f. Löwe.
  — gambianus s. senegalensis f. Löwe, brandmähniger.
Leoparb 16. 33. 46. 59. 100. 106 ff.
Leopardus antiquorum f. Leoparb.
  — Poliopardus f. Graupanther.
  — Serval f. Serval.
Lepus abyssinicus f. Hase, abissinischer.
  — isabellinus f. Wüstenhase.
Lerche 48.
Limose 28 f. 227. 410.
Löffler 4. 9. 12. 29. 226. 407.
Löwe 19. 33. 46.
  — brandmähniger 58. 94.
Lurche 53.
Lycaon pictus f. Hund, gemalter.
Lynx Chaus f. Sumpfluchs.

Rabenhacker 13. 51. 217. 331.
Maboqua 47.

Mäusevogel 51. 303. 350.
  — senegalischer 350.
Mäusevogel, weißrückiger 219. 350.
Mabammebsbrunnen 16.
Malven 45.
Mantelträbe, abissinische 21. 101. 210.
  275.
Mangufte (Schleichkatze) 14. 31. 46. 53.
  123.
Mangufte, gestreifte (Zebramangufte) 14.
  34. 61. 125. 133.
Mangufte, schlanke 14. 31. 61.
Manfubri f. Fischabler.
Mantelpavian, f. Silberpavian.
Marafil f. Hiäne, gefleckte.
Massaua 3. 9. 12.
Maulefel 141.
Maultbier 41. 141. 144. 181.
Maus 34. 37. 63 f. 135. f. Feldmaus, Hausmaus.
Meerkatze 16. 46.
  — graugrüne 16. 20. 57. 72. 80.
Meerreiher f. Reiher, schwarzköpfiger.
Mehlschwalbe 49. 210. 272.
Melanocorypha brachydactyla f. Wüsten-
  ammerlerche, kurzzehige.
Melanocorypha deserti \
  — isabellina   / f. Wüstenlerche.
Melierax Gabar f. Gabar.
Melierax musicus f. Singhabicht, eigent-
  licher.
  — polyzonus f. Singhabicht.
Mensa 15 ff. 19. 22. 39 ff. 46.
Merops apiaster f. Bienenfreffer.
  — Lafrenayi siehe Bienenfreffer, La-
  frenay's.
Merops Savignyi f. Bienenfreffer, Sa-
  vigny's.
Merops variegatus 49.
Micronisus f. Sperber, Singsperber.
  — Gabar f. Gabar.
  — sphenurus f. Sperber, keilschwän-
  ziger.
Milan 12 f. 35. 207.
Milvus ater f. Milan, schwarzbrauner.
  — parasiticus f. Schmarotzermilan.
  — regalis f. Königsmilan.
Mimose 11. 15. 26. 31 f. 39. 43. 45. 187.
Minbéle f. Hase, abissinischer.
Mittelmeer 3.
Miur f. Katze, kleinpfötige.
Mocha 5. 9.
Mönch 212. 289.
Mönchsgeier 12. 35. 48. 205. 231 fi.
  245. 247.

Möve 3. 5. 7 ff. 11 f. 27 ff. 416.
— Hemprich's 228. 416.
— rosenbäuchige 4. 228. 418.
— weißäugige 9. 228. 416.
Mor(i)nell, asiatischer 225. 405 f.
Monedula turrium f. Dohle.
Motacilla alba f. Bachstelze.
— sulphurea s. boarula f. Stelze,gelbe.
Mubjibjella f. Manguste, gestreifte und schlanke.
Mungo 127 f.
Mus orientalis f. Maus, Hausmaus.
— variegatus f. Feldmaus.

Nabaldbaum 26. 32.
Nachtreiher 4.
Nachtschatten (Ziegenmelter) 49. 271.
— dreistediger 208. 271.
Näthe el Babhr f. Sirene.
Nager 34.
Nageschnabel } 49. 210.276.
Narina }
Nasborn 17. 185.
Nasbornvogel 15. 17. 51. 80. 104. 219. 266. 336 f.
Nashornvogel, gemeiner 15. 104.219.358.
— rothschnäbliger 15. 104. 220. 359.
— verbrämter 104. 220.
Natter 53.
Nebelkrähe 318.
Nebri=Kaltol f. Leopard.
Nectarinia f. Honigsauger.
— affinis f. Honigsauger, ähnlicher.
— cruentata f. Honigsauger, blutflediger.
Nectarinia famosa f. Honigsauger, prächtiger.
Nectariuia metallica siehe Honigsauger, schimmernder.
Neophron percnopterus f. Aasgeier.
— pileatus f. Mönchsgeier.
Neuntödter 51.
Newer f. Leopard.
Newer=Golgol (Kaltol) f. Gepard.
Nilfuchs 118.
Nilgans f. Gans, egiptische.
Nilpferd 181.
Nimbre } f. Leopard.
Nimmr }
Nisabf f. Flaming, afrikanischer.
Nisnabs f. Meerlaye.
Nisr f. Ohrengeier.
Nisr el Charra f. Mönchsgeier.
Nisus sphenurus f. Sperber, teilschwänziger.
Numenius arcuatus f. Brachvogel.

Numida ptilorhyncha f. Perlhuhn.
Nycticorax griseus f. Nachtreiher.

Ochs 6. 14. 41. 141. 182.
Oedicnemus affinis f. Dickfuß, abiss.
— crepitans f. Dickfuß (400.)
— senegalensis f. Dickfuß, senegalischer.
Oelbaum 11 f.
Oena capensis f. Kaptaube.
Ohrengeier 35. 48. 206. 242. 245 ff.
Ohreule, afrikanische 17. 49. 208. 270.
Onager 10. 143.
Oreotragus saltatrix f. Klippspringer.
Orgelvogel } 13. 50. 213. 310. 312.
Orgelwürger }
Oryxolos f. Faustbuhn.
Oryctoropus capensis f. Erdferkel.
Oryx Beisa f. Beisa.
— leucoryx f. Oryrantilope.
Oryxantilope 171 f.
Otis arabs f. Trappe, arabischer.
Otogyps auricularis (nubicus) f. Ohrengeier.
Otus africanus (maculosus) f. Ohreule, afrikanische.
Otus brachyotus f. Eule, kurzöhrige.
Ovis pachyceros persica s. platyura persica f. Fettschwanzschaf.
Ovis stentopyga capensis f. Fettsteißschaf.

Palaeornis torquatus f. Halsbandsittig.
Palme 9. 26.
Pandion haliaëtos f. Fischadler.
Papagei, Meyer'scher 363.
Papageitaube 15. 52. 221. 370.
Paradiesfliegenfänger 17. 50. 213. 306.
Paradieswitwe 17. 217.
Parber 106.
Partinglonie 13.
Passer domesticus f. Sperling.
— italicus f. Sperling, italienischer.
— rufidorsalis f. Sperling, mittelafrikanischer.
Passer salicarius f. Sperling, spanischer.
— simplex f. Sperling, Swainson's.
Pavian 80 f. f. Silberpavian.
— ein unbekannter 91.
Pelecanus rufescens f. Pelekan.
Pelekan, rötblicher 3. 10 ff. 28. 230. 424.
Pentonix Gehatie f. Gebasie.
Perim 8. 136.
Peristera chalcopsilos 14. f. Erbtaube.
Perlhuhn, nubisches 20. 36. 242. 383 f.
Perlvogel f. Bartvogel, geperlter.
Petrocincla saxatilis f. Steindrossel.
Petrocossyphus cyaneus f. Blaudrossel.

28*

Pferd 6. 61. 141.
Phacochoerus Aeliani s. africanus f. Warzenschwein.
Phaëton aethereus und phoenicurus f. Tropikvogel, weißer u. rother.
Phalacrocorax africanus f. Scharbe.
— carbo f. Scharbe.
— pygmaeus f. Scharbe.
Philomachus pugnax f. Kampfläufer.
Phoenicopterus antiquorum f. Flaming, europäischer.
Phoenicopterus erythraeus s. minor f. Flaming, afrikanischer.
Pholidauges (Lamprotornis) leucogaster f. Schuppendrossel, weißbäuchige.
Phylopneuste 11.
Pica caudata f. Elster.
Picnonotus Arsinoe f. Drossling.
Pionus Meyeri f. Papagei, Meyer'scher.
Piper 50.
— dunkler 298.
Pisangfresser 44. 52. 219. 353.
Platalea leucorodia f. Löffler.
— tenuirostris (?) 9. f. Löffler.
Ploceus f. Webervogel.
— flavoviridis 13.
— galbula 17.
— griseoviridis 17.
— larvatus 17.
Podiceps cristatus f. Haubensteißfuß.
Pogonias Saltii f. Bartvogel, Salt's.
Porfir 40.
Pratincola Hemprichii f. Wiesenschmätzer, Hemprich's.
Promerops f. Baumwiedehopf.
— cyanomelas 50.
— erythrorhynchus 49.
— minor 50.
Psittacula Tarantae f. Zwergpapagei.
Pternistes rubricollis f. Frankolin, rothkehliges.
Pterocles f. Flughuhn.
— quadricinctus 36. f. Flughuhn, streifiges.
Ptilonorhynchus albirostris f. Felsenstar.
Ptilopachus Hayi f. Rebhuhn.
Puffinus f. Sturmtaucher.
Purpurreiher 225. 406.
Pyrrhula f. Gimpel.
— (?) striolata f. Gimpel, gestreifter.
Pyrrhulauda crucigera f. Gimpellerche, dunkelköpfige.
Pyrrhulauda leucotis 348.

Rabe 11. 17. 104. 267.
Rabe, kurzschwänziger 216. 243. 322.

Rabe, weißbrüstiger (Schildrabe) 11. 51. 216. 321.
Racham f. Aasgeier.
Ras Mahammed 5.
Ratelus capensis f. Honigdachs.
Ratte, weißpfötige 63. 136.
Rattus albipes f. Ratte, weißpfötige.
— decumanus f. Wanderratte.
Raubadler 14 f. 33. 48. 206. 240.
— lichter 206. 230.
Raubseeschwalbe 29. 419.
— schnelle 5. 29. 229.
Rauchschwalbe 40. 209. 272.
Rebhuhn 53.
— Hay'sches 383.
Recurvirostra avocetta f. Verkehrtschnabel.
Regenpfeifer 28. 53.
— buntschnäbliger 225.
Reiher 4. 7. 9. 11 f. 406.
— schwarzköpfiger (Meerreiher) 7. 9. 28 f. 223. 406.
Reiher, weißer 407.
Reiherläufer 12. 29. 226.
Rhasabl f. Gazelle.
Rhataß f. Fischadler.
Rhinoceros f. Nashorn.
— bicornis 47.
— cucullatus 47.
Rhizomys splendens f. Felfel.
Rburabb nochi f. Wüstenrabe.
Rhynolophus 33. f. Fledermaus.
Ricinus 32.
Rosenmöve f. Möve, rosenbäuchige.
Rothes Meer 5. 25.
Rothkehlchen 297.
Rothschenkel 227. 411.
Rothschwanz 297.
Rubecula pinetorum f. Rothkehlchen.
Ruticilla phoenicura f. Gartenrothschwanz.
— rufocinerea f. Drosselrothschwanz.
Ruticilla thytis f. Rothschwanz.

Saatkrähe 318.
Sabaä f. Löwe.
Sabera a) f. Schmalfuchs. b) Erdeichhorn 132.
Sadjer el Fibl 187.
Sänger 28. 50.
Sakie f. Manguste, schlanke.
Salsoleen 32.
Salvadore 45.
Samchara 12 f. 14 f. 23. 30 ff. 48.
Sanga } f. Buckelochs.
Santba }
Sarciophorus pileatus f. Lappenkiebitz.
Sarcoramphus Papa f. Geierkönig.

Saffa f. Klippspringer.
Saxicola isabellina f. Steinschmätzer, sandfarbener.
Saxicola lugubris siehe Steinschmätzer, dunkler.
Saxicola melanura f. Steinschmätzer, schwarzschwänziger.
Saxicola oenanthe f. Steinschmätzer.
— saltatrix (?) 9. 11.
Schaf 6. 14.
Schafstelze, gemeine 214.
— graukopfige 213.
— grünköpfige 214.
— sammtköpfige 213. 298.
— schwarzköpfige 213.
Schakal 115.
— schwarzrückiger 15. 20. 33. 46. 60. 115.
Scharaja 19. 22.
Scharbe 3.
Schattenvogel 16. 53. 226. 408.
Schicksalsvogel f. Sekretär.
Schildkröte 31. 53 f.
Schildrabe f. Rabe, weißbrüstiger.
Schillerdrossel f. Glanzdrossel.
Schillu f. Erdeichhorn.
Schizorhis zonurus f. Pisangfresser.
Schlachtfalk 154.
Schlangen 38. 53.
Schlangenadler 36. 49.
Schlangengeier f. Sekretär.
Schleichkatze f. Manguste.
Schleiereule 265.
Schlingpflanzen 44.
Schlupfwespe 170.
Schmalfuchs 60. 118.
Schmarotzermilan 4. 7. 9. 11 f. 48. 207. 254.
Schmarotzerpflanzen 44.
Schmutzgeier f. Aasgeier.
Schöten f. Gazelle.
Schopfadler f. Haubenadler.
Schopfgeier 48. 206. 242.
Schora 12. 26. 28. 31.
Schreivögel 36.
Schuppendrossel, weißbäuchige 15. 81. 217. 326. 329.
Schwalbe 17. 49. 272.
— fadenschwänzige 49. 209. 272.
— gestreifte 17. 49. 209. 273.
— rothstirnige 49. 209. 272.
— schwarzsteißige 49. 209. 273.
Sciurus f. Eichhorn.
— multicolor f. Baumeichhorn.
Scopus umbretta f. Schattenvogel.
Seeadler 30.

Seeregenpfeifer 225.
Seeschwalbe 5. 7. 9 ff. 12. 27 ff. 419.
— ähnliche 229. 421.
— südliche (englische) 419.
— weißwangige 229.
Segler, abifslnischer 17. 49. 209. 272 f.
Seglerschwalbe 17. 49. 209. 272 f.
Sekretär (Schlangengeier) 13. 36. 48. 208. 263.
Senegaltaube 32. 222. 369. 376 f.
Serval 107.
Sikomore 43 f.
Silberpavian 7. 9. 13 f. 19. 46. 58. 81.
Silberreiher 9. 12.
Simmr f. Hund, gemalter.
Singdrossel 300.
Singhabicht f 15. 33. 48. 134. 207. 238.
Singsperber { 207.
Singsperber, eigentlicher 238.
Singvögel 36. 50.
Sirene 28. 201 f.
Sömmerringsantilope (f. Antilope, Söm-
Sömmerringsgazelle (merring's.
Solaneen 45.
Specht 13. 52. 366.
— Hemprich's 13. 221. 366.
Sperber 11. 33. 48.
— keilschwänziger 14. 207. 260.
— schwarzer 48.
Sperling 4. 9. 218.
— italienischer 341.
— mittelafrikanischer 341.
— spanischer 341 f.
— Swainson's 51. 218. 342.
Spermosciurus rutilus f. Erdeichhorn.
Sphenorhynchus Abdimii f. Storch, Ab-
bim's.
Spizaëtos leucostigma f. Habichtsadler, weißgefleckter.
Spizaëtos occipitalis f. Haubenadler.
Sporenkibitz 4. 53. 221. 402.
Sporenkukuk 13. 221. 367 f.
— senegalischer 368.
Sproo morio 51.
Stachelschwein („Stachelträger") 34. 137.
Stapelie 32. 45.
Star 13.
Staticeen 32.
Steganura paradisea f. Paradieswitwe.
Steinbock 181.
Steindrossel 50. 214. 301.
Steinschmätzer 5. 7 ff. 11. 28. 50. 212. 289.
Steinschmätzer, dunkler 212. 289.
— sandfarbener 212. 289.
— schwarzschwänziger 7 f. 213. 290.

Steinwälzer 225.
Stellio cyanogaster 53.
Stelze 28. 30. 297.
— gelbe 213. 297.
Steppeneiel s. Esel, afrikanischer.
Steppenweih 14. 35. 208. 260 f.
Sterna affinis f. Seeschwalbe, ähnliche.
— albigena (?) f. Seeschwalbe, weiß-
wangige.
Sternula f. Seeschwalbe.
— minuta 29.
Stictoenas guinea f. Guineataube.
Storch 17.
— Abbim's 17. 33. 226. 407.
Strandläufer 28. 37.
— Temmind's 228.
Strandreiter 4. 30.
Strandschnepfe 227. 411.
Strauß 11. 15. 36. 224.
Strepsiceros Kudu f. Algaseen.
Strepsilas interpres f. Steinwälzer.
Strigiceps pallidus f. Steppenweih.
Strix flammea f. Schleiereule.
Struthio camelus f. Strauß.
Stumnielschwanzschaf f. Fettschwanzschaf.
Sturmschwalbe 3.
Sturmtaucher 3.
Sturmvogel 6.
Sues 5.
Sllwi f. Hiäne, gefleckte.
Sulhr f. Augur.
— el Hatihm f. Gaukler.
— el Seith f. Wanderfalk.
Sula melanops f. Tölpel, weißer.
— fusca f. Tölpel, brauner.
Sumpfluchs 5.
Sumpfvögel 36 f. 53.
Sylochelidon caspia f. Raubseeschwalbe, große.
Sylochelidon velox f. Raubseeschwalbe, schnelle.
Sylvia f. Sänger.
Synotus 33 f. Fledermaus.

Tabaldië f. Abansenie.
Tachyoryctes splendens f. Felfel.
Taha f. Hornrabe.
Talhale 189.
Tamarinde 43.
Tamariske 26. 32.
Taube 44. 52.
— egiptische 369. 376.
Taucher 6. 8.
Tchitrea melanognstra f. Paradiesfliegen-
fänger.
Tebal f. Antilope, Sömmerring's.

Telephonus erythropterus f. Erdwürger.
Telephorus aethiopicus f. Orgelwürger.
Tenbal f. Algaseen.
Testudo sulcata f. Gassot.
Textor Alecto f. Büffelwebervogel.
Thalassidroma f. Sturmschwalbe.
Thalasseus f. Seeschwalbe.
— affinis 29.
Thalassipora f. Seeschwalbe.
Thamnolaea albiscapulata f. Drossel-
schmätzer.
Thamnolaea infuscata 29.
Their el Tjiene f. Rauchschwalbe.
— el Reisibb f. Sekretär.
Thonschiefer 40.
Thurmfalk 9. 15. 30. 35. 48.
Tigerwolf f. Hiäne, gefleckte.
Tockus f. Nashornvogel.
— erythrorhynchus f. Nashornvogel,
rothschnäbliger.
Tockus limbatus f. Nashornvogel, ver-
brämter.
Tockus nasutus f. Nashornvogel, ge-
meiner.
Tölpel, brauner 5. 9 f. 12. 27. 229. 423.
— weißer (schwarzgesichtiger) 5. 9.
230. 423.
Tohr f. Budeloche.
Tota f. Meerkatze, graugrüne.
Totanus f. Wasserläufer.
— calidris f. Rothschenkel.
— glottis f. Strandschnepfe.
— ochropus siehe Wasserläufer, ge-
tüpfelter.
Trachyphonus f. Bartvogel.
— margaritatus f. Bartvogel, geperlter.
Trappe, arabischer 14. 36. 224. 397.
Treron abyssinica f. Papageitaube.
Tringa f. Strandläufer.
— minuta f. Zwergstrandläufer.
— subarcuata f. Bogenschnabel.
— Temminckii f. Strandläufer, Temmind's.
Trogon Narina f. Nagesschnabel.
Tropikvogel 5. 8 f. 29. 229. 422 (rother
und weißer).
Turdus simensis f. Drossel, abissinische.
Turnix f. Fausthuhn.
Tarsio Abusalam f. Abusalahm.
Turteltaube 9. 17. 52.
— europäische 376.
Turtur aegyptiacus f. Taube, egiptische.
— auritus f. Turteltaube, europäische.
— risorius f. Lachtaube.
— semitorquatus f. Halsbandtaube.
— senegalensis f. Senegaltaube.

Ubromitus filifera f. Schwalbe, fahnenschwänzige.
Uferläufer 28.
Uhu, großer (lichter) 49. 208. 266.
— südlicher 266.
Uller f. Gaffot.
Ulme 23.
Umlullu 12 f. 13.
Ummat f. Igel.
Um-Tortor f. Hornrabe.
Upupa Epops f. Wiedehopf.
Urum f. Sirene.

Vater der Dornen f. Stachelschwein.
Vater des Heils f. Delfin.
Verkehrtschnabel 30.
Vesperugo 33. f. Fledermaus.
Vidua principalis f. Witwe, „rothschnäbl."
— paradisea f. Paradieswitwe.
Vitiflora f. Steinschmätzer.
Viverra Civetta f. Zibetkatze.
— f. Ginsterkatze.
Vulpes f. Fuchs.
— Corsac f. Korsak.
— famelica f. Schmalfuchs.
— nilotica f. Nilfuchs.
— pallida f. Blaßfuchs.
Vultur f. Geier und Arten.
— occipitalis f. Schopfgeier.

Wabbr f. Klippschliefer.
Wachtel 53. 223. 393.
Wanderfalk 6. 48. 207. 256.
Wanderratte 8. 27. 63. 136.
Warzenschwein 35. 47. 67. 199 f.
Wasserläufer 37. 53.
— getüpfelter (Grünfuß) 37. 411.
Wasserschildkröte 38.
Wasserschwalbe, dunkle 229.
Wasservögel 36. 53.
Webervogel 16 f. 51. 266.
— gelber 17. 217.
— graugrünlicher 13. 17. 217.
— schwarzer f. Büffelwebervogel.
Weißkopf 50. 214. 302.

Whip-poor-Will f. Nachtschatten.
Wiedehopf 49. 211 277.
Wiesenschmätzer, Hemprich's 213. 292.
Wiesenweih 261.
Wildesel (?) 113.
Wildkatze f. Katze, kleinpfötige.
Wildschaf 181.
Winde 32. 45.
Windhund, afrikanischer 60. 119.
Wiß f. Gans, egyptische.
Witwe, rothschnäblige 217. 339.
Wobo 107. 109.
Wolere f. Schakal, schwarzrückiger.
Wolfshund 33. 46. 60. 114.
Würger 15. 39. 50.
— blutfleckiger, 215. 317.
— rothbäuchiger, 310. 312.
— Smith's 215.
Würgerschnäpper 215. 309.
Wüstenlerche 5. 15. 36. 140. 218. 345 .
Wüstenhase 140.
Wüstenhuhn f. Flughuhn, streifiges.
Wüstenläufer 140. 403.
Wüstenmaus 5.
Wüstenrabe 216. 319.

Xerus rutilus f. Erdeichhorn, rothes.
— leucoumbrinus f. Sabera, b.

Zebramanguste f. Manguste, gestreifte.
Zebu 7. 33.
Zibetkatze 34.
Ziege 9. 14. 33. 173. f. Hausziege.
Ziegenmelker f. Nachtschatten.
Zieselhörnchen f. Erdeichhorn.
Zwergböckchen 13 ff. 19 f. 47. 156 ff. 160.
Zwergfink 51.
Zwergmöve 3.
Zwergohreule 263.
Zwergpapagei, abissinischer 360 f.
Zwergreiher, Sturm's 226.
Zwergspecht 52.
Zwergstrandläufer 228.
Zwergziege 6.

Berichtigungen.

Seite 13 Zeile 19   lies Aedon statt Aeodon.
 „   14   „ 16   „ rubricollis.
 „   „   „ 11 v. u. „ Strecken statt Straßen.
 „   15   „ 5 u. öfter lies Sömmerring.
 „   17   „ 5   lies Cecropis.
 „   18   „ 9   „ Cynailurus.
 „   20   „ 21   „ Erkelii.
 „   29   „ 14   „ ⎱ Banb statt Lanb.
 „   31   „ 11   „ ⎰
 „   35   „ 10 v. u. „ Otogyps.
 „   37   „ 6   „ ochropus.
 „   40   „ 10   „ Bergriesen:
 „   48   „ 11   „ Otogyps.
 „   49   „ 13 v. u. „ Sperrvögel statt Spechtvögel.
 „   50   „ 8   „ Aedon.
 „   51   „ 6 v. u. „ Colius leuconotos.
 „   52   „ 7 v. u. „ glauconotos.
 „   „   „ 2 v. u. „ Erlel'sche.
 „   59   „ 11 v. u. „ Nimmr.
 „   61   „ 2   „ Amharisch.
 „   „   „ 8 v. u. „ Sundevall.
 „ 118   „ 9 v. u. „ Windhunde.
 „ 132   „ 15   „ leucoumbrinus
 „ 215   „ 19   „ Telephorus.
 „ 218   „ 4 u. 7   „ Hypochera.
 „ 219   „ 3   „ melanocorypha.
 „ 220   „ 9   „ Pogonias.
 „   „   „ 15   „ Abu=Gumba.
 „ 226   „ 3   „ Ardetta.
 „   „   „ 13   „ Leucorodia.
 „   „   „ 9 v. u. „ Reiherläufer.
 „ 250   „ 11   „ milchkaffeegelb.
 „ 272   „ 4 v. u. „ pristoptera.
 „ 273   „ 2   „ melanocrissus.
 „ 313   „ 17   „ überhaucht statt überhaupt.
 „ 365   „ 4 v. u. schalte nach „die sechste" ein: „die dritte."
 „ 389   „ 1 u. 2 v. u. streiche ein l in Erlel.
 „ 409   „ 5 v. o. lies System der Ornithologie Westafrikas.

www.ingramcontent.com/pod-product-compliance
Lightning Source LLC
Chambersburg PA
CBHW020525300426
44111CB00008B/544